第二次世界大戦直後の暴力

蛮行のヨーロッパ

SAVAGE CONTINENT

Europe in the Aftermath of World War II

キース・ロウ
Keith Lowe
猪狩弘美・望龍彦◆訳

白水社

1.ワルシャワの廃墟、1946年1月。
「[……]何かあまりにも悪意に満ちていて、僕はそれを信じることができない。」
ポーランドの首都は、戦争によって荒廃させられた
何千もの町や都市のわずかに一つに過ぎなかった。

2.
戦争はヨーロッパ中で
破滅的な住宅不足を
惹き起こした。
この女性と
その子供たちは、
他の数百の人々とともに、
ナポリの洞窟に
住まいを構えていた。
彼女の背後に見える
パネルには、
「食料、健康、希望」を
約束するUNRRAの
ポスターが貼ってある。

3.戦後、ギリシアへと帰還する元強制労働者たち。移送船がピレウスに近づくにつれ、これらのギリシア人男性に沸き起こった綯《な》い交《ま》ぜになった感情は、彼らの表情に明らかである。

4.
60歳の
フィリップ・パルフの
運命は、
戦後ありふれたと言うのも
愚かしいほどだった。
ポーランドへと
帰還するや否や、
わが家が
なくなっていたのに気づき、
家族は全員殺されていた。
彼が写真に撮られたのは、
ここポトフォルフの
村の外を走る道路で、
彼はそこで食料を
乞い続けていたのである。

6. ギリシア飢餓の生き残り

5.10歳頃のボスニア人パルティザン、
ボグダン・ベラコヴィチ。
55人からなる拡張家族の最後の一人だった
ボグダンは、戦争の最終局面になる戦闘で
殺されたのだった。

ヨーロッパの子供たちに対する戦争の影響

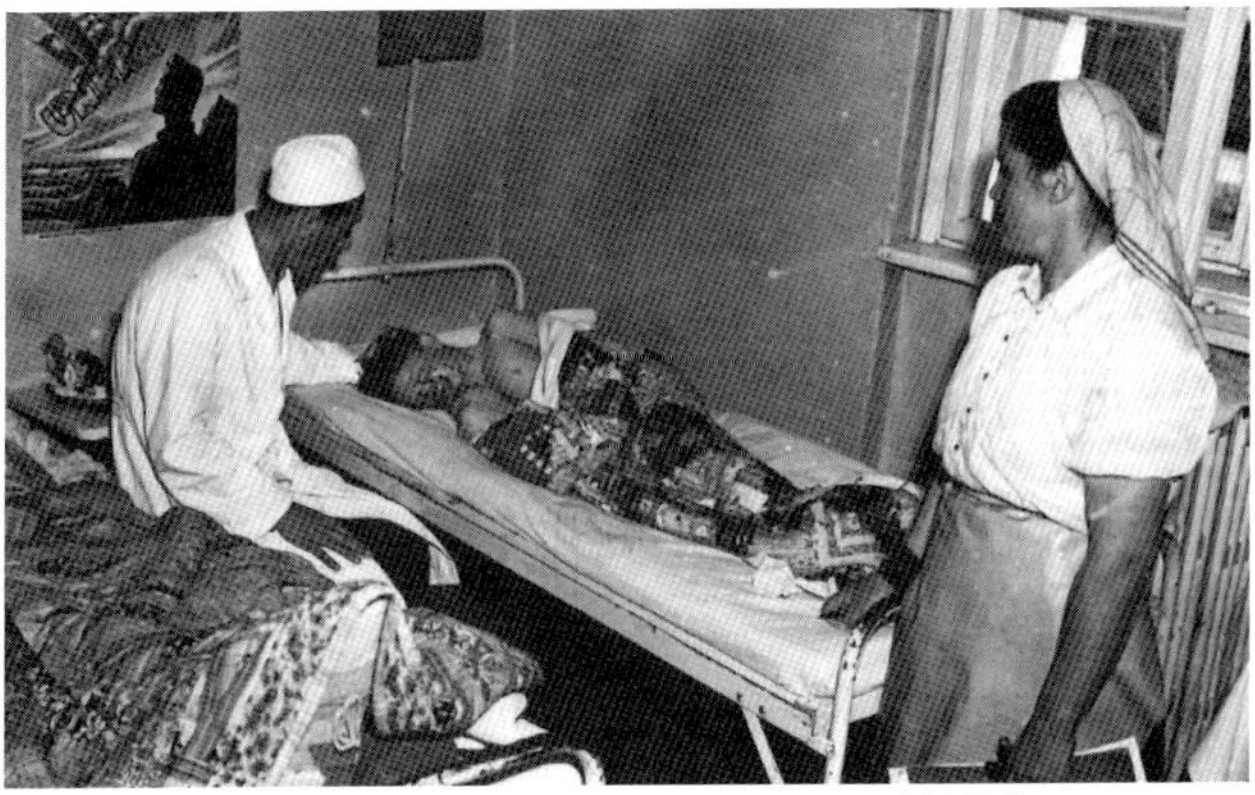

7.1946年3月、9歳の男の子の治療をするユーゴスラヴィアの医師たち。
男の子は4時間前に、家の近所の原っぱで遊んでいたところ、地雷が爆発したのだった。

彼は両腕を失い、目が見えなくなった。

9.ライプツィヒのドイツ人女性に
乱暴するソヴィエト兵たち、1946年。

8.女性たちの窮状。ナポリの米水兵たちが
貧困にあえぐ地元の少女たちにつけ込む。

10.戦争の直後、ドイツでは誰一人としてどこで雨風を凌ぐか、つべこべ言う余裕はなかった。
UNRRAはハイルブロンのこの建物を強制移送された人々の収容に利用したのだった。

11.戦後ヨーロッパは法と秩序のほとんど完全な瓦解を見た。
ここでは、解放された奴隷労働者たちがドイツの操車場で略奪を行なっている。

12.復讐。
ロウドニツェ・ナド・ラベムの町で、
街灯柱や街路樹から吊り下げられた
ドイツ人男性らの遺体。
ここはチェコ人の町で、
テレージエンシュタット強制収容所から
わずかに数キロメートルのところにあった。

13.ダッハウで、解放された囚人たちが収容所の元看守の一人をなじる。

14. 1944年8月。ブルターニュ地方レンヌの解放後、打ち据えられるフランス人対独協力者。

15. ミラノのパルティザンによって即時処刑されたファシスト党員たち、
1945年4月。およそ1万5000人のファシスト党員が同様の運命に遭った。

16. 戦争の最後の週、レーマーゲンのこの一時的な囲いを、
わずか200〜300のアメリカ兵が10万人を超えるドイツ人捕虜の見張りをしていたのだった。

ドイツ人戦争捕虜のぞっとするような状況

17.ズィンツィヒでは、戦争が終わってもまだ、
ドイツ人囚人たちは地面に穴を掘って生活するのを余儀なくされていた。

18.涙ぐむコルシカの女性。ドイツ兵と交際したかどで、隣人に辱められている。
頭髪を剃り、裸にするこの儀式でもって、
彼らは彼女の身体がフランスのためであると効果的に再主張しているのである。

19.戦争が終わってもなお続いた反ユダヤ主義の暴力が、戦後、
東欧からのユダヤ人の逃亡に火を点けた。このおんぼろ船、「エクソダス47」号は、
ユダヤ人をパレスティナまで運んでいる途中、英国軍に拿捕されたのである。

20.1946年5月。ウクライナ人パルティザンに放火された後、
ヴォンヴォルニツァの村から逃げ出すポーランド人たち。

戦争により点火されて、1945年を過ぎても長く続いた
ナショナリスティックな暴力

21.ポーランド人ナショナリストの部隊によるヴィエシュホヴィニの村の襲撃後の
ウクライナ人犠牲者たち、1945年6月。

戦後の国境変更による人間的諸帰結

22.ポーランド南東部がウクライナの一部となったとき、
ルドゥキ出身のこの家族は所持品をすべて纏めて、ポーランドの新たな「野生の西」へと
移動しなければならなかった。鉄道での旅は、12日間続いた。

23.900万のドイツ人が、このような家族に場所をつくるべく
シレジアとポメラニアから追放された。
ここでは、ドイツ人避難民がベルリンの列車に群がっている。

24.1944年12月の反政府デモのさなかに、2人の抗議者がアテネ警察に発砲され殺された。
これらの事件は、これからさらに5年におよぶ
血腥《なまぐさ》いギリシア内戦の開始を標しづけることだろう。

25.
共産主義の
シンパであるとの嫌疑で
収容された、
数万人のギリシア人民間人。
この少女は、
有刺鉄線を使って
洗濯物を乾かしている、
1948年。

26.
ルーマニア、1946年。
いかさまの選挙後、
共産主義者の手先
ペトル・グローザが、
恥知らずにもミハイ王の
肖像画の下に立ち、
勝利の演説をしようとする。

27.ハンガリー、1947年6月。セゲドで開いていた会合を散会させようと、
押し込んできた共産党の暴漢に対し、椅子でもって武装する自由党員たち。

28.リトアニアの民衆の英雄ユオザス・ルクシャ(中央)、
パルティザンの同志クレメンサス・シルヴィース(左)、
ベネディクタス・トゥルンピース(右)とともに、1950年。
ルクシャは、翌年裏切られ殺害されることになる。

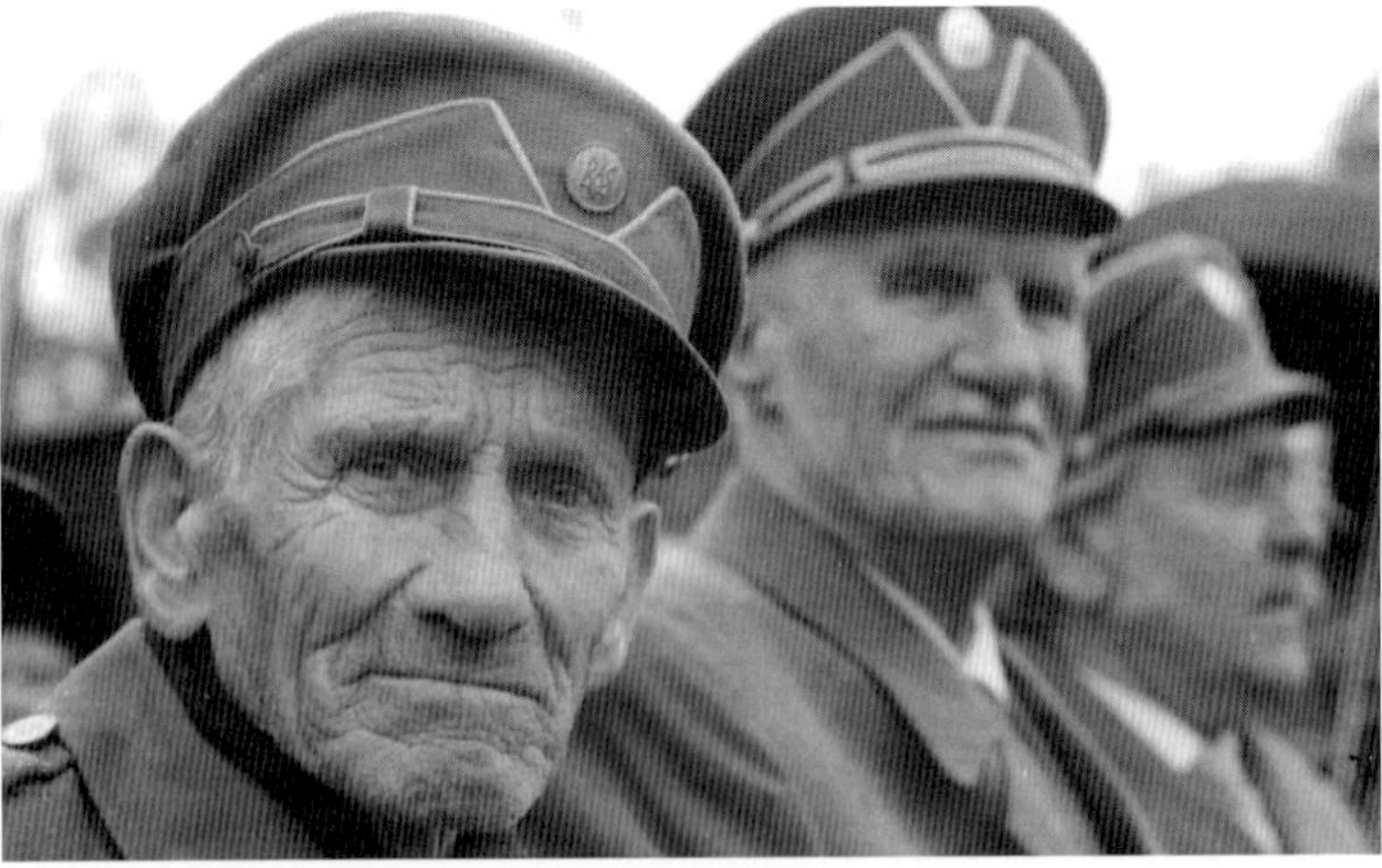

29.リヴィウでの記念行進に参加したところを撮影された、
ウクライナ蜂起軍の退役軍人ら、2009年。
今日の世代にとっては、彼らがソヴィエトの支配に抵抗した英雄として記憶されるべきなのか、
それとも民族浄化に従事した悪漢としてなのか、覚束なくなっている。

蛮行のヨーロッパ◆第二次世界大戦直後の暴力

First published in Great Britain in the English language by Penguin Books Ltd.

Japanese translation published by arrangement with Penguin Books Ltd.
through The English Agency (Japan) Ltd.

Cover Photo/Corbis via Getty Images

ヴェラに

蛮行のヨーロッパ◆第二次世界大戦直後の暴力

目次

地図1◆ヨーロッパの領土変更、1945-47年

序

制度がない世界を想像してみよ。そこは、国境が溶解し、残された単一の終わりのない風景の上を、人々がもはや存在しないコミュニティを求めて旅する世界だ。政府は、もはや全国的規模においても地方のそれにおいても存在しない。学校も大学もなく、図書館も文書館もなく、情報へのいかなるアクセスも存在しない。映画館も劇場もなく、もちろんテレビもない。ラジオは時々は動くものの、信号は遠く、ほとんどいつも外国語だ。何週間も誰も新聞を読んでいない。鉄道も自動車もなく、電話も電報もなく、郵便局もなく、そもそもコミュニケーションはと言えば、人々の口の端《は》に上るもの以外まったく存在しないのだ。

銀行もない。だが、大した問題ではない。なぜならば、金にはもはやどんな価値もないからだ。店もない。なぜならば、誰も何も売るものを持っていないからだ。何ものもここでは作られない。かつて存在した大工場と商店が軒並み破壊されるか解体されているからで、それは他の大半の建物にしたって同じことだ。道具もない。あるのは瓦礫から掘り出せるものだけだ。食料がない。

法と秩序は存在しないも同然だ。なぜならば、警察と裁判所がないからだ。地域によっては、もはや何が正しくて何が間違っているか明白な基準が存在していないように見える。人々は欲しいものがあれば何であれ所有者が誰かお構いなしに拝借し——事実、所有権という観念自体があら方消えてしまっているのだ。財貨は、ただそれらを手放さずにいられるだけ強い者と命懸けで守る用意のある者にだけ所属する。武装した男たちが通りを練り歩き、欲しければ奪い、邪魔ならば殺す。あらゆる階級と年齢の女たちが食料と保護を求め春を鬻《ひさ》ぐ。恥はない。道徳はない。あるのは唯一、生き残りだけだ。

現代の世代にとって、ハリウッドの脚本家の想像力の外部にあるこのような世界を思い描くのは難しい。とはいえ、精確にこうした状況を経験した何十万という人々が今日もなお健在で、それも、この地球の片隅にというわけではなく、数十年来、この地上で最も安定し発展した地域と目されてきたところの中心にあってそうなのである。一九四四年と四五年、ヨーロッパの広大な地域が、数ヶ月にわたり、一時に混乱のうちに打ち捨てられた。第二次世界大戦——史上、断然最も破壊的な戦争——は、物理的インフラはもとより、国家を束ねていた諸制度をも荒廃させていたのだった。政治体制の破壊の程度はひどく、アメリカの監視員たちは全ヨーロッパ規模の内戦の可能性を警告していたほどだった。(1) コミュニティの計画的かつ入念な破砕は、隣人間《かん》に取り消しようのない不信の種を撒いていた。加えて、万人の飢餓は、個人道徳を的外れなものにしてしまった。「ヨーロッパは」、と四五年三月に『ニューヨーク・タイムズ』紙は述べた。「アメリカ人の誰もが理解するのを望まない状況にある」。それは、「新たな暗黒の大陸」だったのだ。(2)

ヨーロッパがこの泥濘から這い上がり、その後、豊かで寛容な大陸へとどうにか変じ得たのは奇跡以外の何ものでもない。達成された再建の業《わざ》を顧みても——道路の、鉄道の、工場の、それどころか都市をまるごと複数個さえ——、進歩以外の何ものをも見ない誘惑に駆られそうになる。西側で生じた政治的再生も同様に印象的だ。とりわけドイツの復権はそうであって、ほんの数年足らずの間に除け者国家《パリア》からヨーロッパ一門の責任ある一員へと変貌を遂げたのだった。国際協力への新たな渇望も戦後期に産まれたもので、繁栄ばかりでなく平和をもたらすことになる。一九四五年に始まる数十年間は、ローマ帝国以来、ヨーロッパで最長の、単一の国際平和の時代として歓迎されている。

戦後転換期について書く人々――歴史家や政治家、そして経済学者たち――が、しばしば一様に、それをヨーロッパが破壊の灰から不死鳥のごとく甦った時期と描くのもほとんど不思議ではない。その顰《ひそみ》に倣えば、戦争の終結は抑圧と暴力の終わりだけでなく、大陸全体の精神的、道徳的および経済的再生をもしるしづけたのだった。ドイツ人は戦後数ヶ月をシュトゥンデ・ヌル（「ゼロ時間」）と呼ぶ*1――時あたかも、すべてが白紙となって、歴史は再度出発を許されたという含みだ。

だが、これが戦後史の明白に楽天的な見方であることを悟るのに、大した想像力はいらない。第一に、戦争は単にヒトラーの敗北とともに終わりはしなかった。第二次世界大戦のような規模の戦争は、それが包含したより小さなあらゆる内紛をともなって、数年ではないにせよ数ヶ月を停止に要し、その終わりはヨーロッパの別々の地域に別々の時期にやってきたのだった。たとえば、シチリアとイタリア南部では、一九四三年秋にはそれは終わったも同然だった。フランスでは大半の市民にとって、一年後の四四年秋に終わった。対照的に、東欧諸地域では、暴力はヨーロッパ戦勝記念日の後も長く続いた。ティトーの軍勢は依然ユーゴスラヴィアでドイツ軍の部隊と戦闘を繰り広げており、それは少なくとも四五年五月一五日まで続いた。ナチの関与によって最初に点火されて以来、主たる戦争が終わってからも数年の間、引き続き内戦がギリシアとユーゴスラヴィア、およびポーランドで猛威を揮った。さらにウクライナとバルト諸国では、国粋主義的パルティザンがソヴィエトの軍勢を前に優に一九五〇年代に入るまで戦い続けた。

ポーランド人の中には、第二次世界大戦はもっと最近になるまで真には終わらなかったと主張する者もいる。戦争は、公式にはナチとソヴィエトがともに侵略したことに始まるのだから、一九八九年にソヴィエトの最後の戦車が撤退するまで終わらなかったというわけだ。バルト諸国の多くの人も同様に感じている。二〇〇五年、エストニアとリトアニアの大統領は、ヨーロッパ戦勝記念日から六〇周年を記念するためにモスクワを訪問するのを拒絶したが、それは、少なくとも彼らの国にとって解放は一九九〇年代初めまでは訪れなかったからという理由だった。もし人が冷戦を、事実上東西ヨーロッパの永続的戦闘状態だったとして、また、ソヴィエトの支配に対するいくつかの民族的蜂起をもともに考慮に入れるとき、戦後は破られることのない平和の時代だったとする主張は、どうしようもなく誇張されているように見えるのである。

同様に、シュトゥンデ・ヌルという観念も疑わしい。すべてが白紙になってなんてことはもちろんあるはずもなく、ドイツの政治家がどれほど懸命に願ったかもしれぬにせよそうなのだ。戦争の直後、復讐と報復の波がヨーロッパ人の生活のあらゆる圏域を洗い流した。国家は領土と資産を剝奪され、政府と諸制度は粛清に遭い、コミュニティ全体が戦時中彼らが行なったと見なされたことゆえに恐怖に震えた。最悪の復讐のいくつかは、個人に対し向けられた。ヨーロッパ全土でドイツ人民間人が打ち据えられ、逮捕され、強制労働に使われ、あるいは単に殺された。ナチに協力した兵士や警官は拘束され拷問された。ドイツ兵と寝た女性は裸にされ、頭髪を剃られ、タールを塗られた街路を行進させられた。ドイツ人、ハンガリー人およびオーストリア人女性が多数レイプされた。白紙に戻すどころではなく、戦争の直後は、単にコミュニティ間と国家間に不和の種をばら撒いただけで、その多くは今日もまだ消えずに残っている。

戦争の終わりは、ヨーロッパの民族融和の新時代の開始を告げたわけでもなかった。それどころか、ヨーロッパのいくつかの地域では、民族間の緊張は実際には悪化したのだった。ユダヤ人は犠牲になり続け、戦争自体が終わってもそれは変わらなかった。マイノリティは至るところでまたしても政治的標的となり、地域によっては、これがナチが犯したそれらに匹敵するほどにおぞましい残虐行為へと繋がった。戦争の直後はまた、異なった人種を分類し、分離しようとナチが懸けた全精力の論理的帰結をも見ることになった。一九四五年から四七年の間何千万という男女や子供たちが、史上類を見ない民族浄化の行為によって故国を逐《お》われた。これは、「ヨーロッパの奇跡」の崇拝者によっては滅多に議論されることがないテーマであり、理解されるところの一層稀な主題である。ドイツ人の追放について承知している者ですら、東欧全土で行なわれた他のマイノリティの似たような追放についてはほとんど知るところがないのだ。戦前はおろか戦中でさえ、かつてはヨーロッパの風景のあれほどに不可欠の部分をなしていた文化的多様性の、その死の一撃を、戦争はやっとそれが終わって後に加えたのだった。

ヨーロッパの再建がこれらすべての難題の只中で始まったという事実は、それだけ一層これを注目すべきものにしている。だが、戦争が終わるまでに長く時間を要したというその同じ理由によって、その再建は動き出すまでに長く時間を要したのだった。ヨーロッパの荒廃した都市の真っ只中に住んだ人々は、社会の建材の復旧をよりは日々の生き残りにつき纏《まと》う些事をこそ案じたのだった。彼らは腹を空かせ、親しい人を亡くし、自らが堪えねばならなかった苦しみの歳月に苦々しい思いを抱いていた――彼らが再建に着手する気になれるまでには、怒りを吐き出し、反省し、死者を悼む時間が必要だったのだ。

ヨーロッパの全域で業務を開始し始めた当局も、自己確立のための時間が必要だった。彼らにとっての急務は、瓦礫の片づけや鉄道の修繕、あるいは工場の再開などではなく、偏《ひとえ》に国内各地域に代表者や評議会を任命することだった。これら評議会が今度は人々の信を勝ち取らねばならず、というのも、これらの人々の大半は六年にわたる組織的兇行の時代を経ることで、あらゆる制度を極度の警戒心をもって扱う術を学んでいたからだった。このような状況にあっては、法と秩序といったものの確立は、まして物理的再建などというものは、ほとんど煙を燻《くゆ》らせての夢想以上のものではなかった。そんな偉業を企てるだけの権威と人員を備えていたのは、局外の機関、つまり、連合軍や国際連合、赤十字社だけだった。そのような機関が存在しなかった地域では、混沌が支配した。

それゆえ、戦後間もない時期のヨーロッパの物語は、まずは再建と復興のそれというわけではない——それは、何よりもまずアナーキーへの転落の物語なのだ。これはいまだかつて適切に書かれたことがない歴史である。何十もの優れた書物が個別の国——ことにドイツの——出来事を記述しているものの、それはより大きな構図を描くのを犠牲にしてのことだ。要は、遍《あまね》く大陸中で同一のテーマが一度ならず何度も生起するのである。トニー・ジャットの『戦後』[*2]のような、大陸全体をより包括的な視点で見る史書もないではないが、もっと広大な時間的尺度を通じてそうするのであって、そのため、戦後ほどない歳月の出来事をほんの二、三章に要約せざるを得ないわけである。管見によれば、この重大かつ激動の時代を通じて、大陸全体を東西にわたり微に入り細を穿ち記述した書物は、いかなる言語でも存在していない。

本書は、この状況を矯正する部分的試みである。それは、他のあれほど多くの書物がそうしてきたように、いかにして大陸がついに灰の中から甦り、自らを物理的、経済的かつ道徳的に再建すべく企てたかを説明しようと試みるものではない。それは、ニュルンベルク裁判やマーシャル・プラン、あるいは、戦争によって産み出された傷を癒やす他のいかなる試みにも専念しないだろう。かわりに、それ以前の、復興に向けたこのような企図が可能性でしかなかったような時期に関心を抱くのである。当時、ヨーロッパの大部分は極度に不安定で、ほんのわずかな挑発でも再度暴力が燃え上がる危険があった。ある意味で、それは、不可能をなそうと試みるものだ——混沌《カオス》を記述しようというのである。それは、あの混沌から種々別々の要素を掬《すく》い上げて、これら諸要素が共通のテーマと連結する様を示唆することで、それを行なおうというのである。

私は、戦争の間、精確に何が物理的かつ道徳的に破壊されたかを示すことから始めることにしよう。後続する出来事を私たちが理解できるようになるのは、ただ何が喪われたかを十分に正しく識別することによってだけなのだ。第2部は、大陸全土を浚《さら》った復讐の波を記述し、この現象が政治的利益のために操作されたやり方を暗示する。復讐は、本書の不断のテーマであり、その論理と、そのために人々が復讐へと駆り立てられた諸目的の理解は、もし私たちが戦後ヨーロッパの雰囲気を理解しようというのならば、本質的である。第3部と4部は、この復讐と、他の形態の暴力が箍《たが》を外すのを許されたとき何が生じたかを示す。そこから結果した民族浄化と政治的暴力、および内戦は、ヨーロッパ史の並外れて重大な出来事のいくつかをしるしづけていた。私は、これらは事実上、第二次世界大戦の末期の痙攣であって——多くの場合、冷戦の開始へとほとんど継ぎ目なく繋がっていたと是が非にも論じることになるだろう。本書はそれゆえ、大まかに言って、一九四四年から四九年までの年月を扱うことになる。

本書を書くにあたっての私の主だった狙いの一つは、この時期について書かれた大半を支配するきらいのある狭い西側的見方から逃れることにあった。数十年にわたり、戦争の直後について述べる書物の数々は、西欧での出来事に集中してきたのであり、その理由は一《いつ》に、東に関する情報が容易には入手可能でなかったからであり、東欧その地にあってさえそうだったからだ。ソヴィエト連邦とその衛星諸国の解体以降こうした情報はより容易に入手可能となったが、依然として曖昧なままのきらいがあり、一般的にアカデミックな書物と雑誌にのみ現われ、しばしばその研究の創始者の言語でしか出てこない。それゆえ、多くの草分け的仕事がポーランド語やチェコ語、ハンガリー語で行なわれてきたにもかかわらず、それらにはポーランド語かチェコ語、あるいはハンガリー語でしかアクセスできなかったのだ。それらの仕事はまた、大半がアカデミズムの手中にあり、このことが、私に本書を書くもう一つ別の目的を与えてくれている。つまり、一般読者のためにこの時代を活写するということだ。

私の最後の、ことによると最も重要な目的は、戦争の直後について喧伝されてきた諸々の神話の迷宮を抜ける小径を掃き清めることである。私が調査してきた「虐殺」の多くは、もっとつぶさに調べてみると、普段描かれるよりもずっと劇的ではないということが見えてくる。同時に、いくつかのかなり驚くべき残虐行為が他の歴史的出来事の押し寄せる中で抹消されたり、単に忘れ去られたりしてきた。これらの出来事のいくつかの陰から真実そのものを掘り出すのは不可能であるかもしれないにせよ、せめて不真実のいくつかを取り払うことは可能である。

私の一つ、特殊な悩みの種は、この時代に関する議論で定期的に撒き散らされている曖昧で、かつ実証されぬままの統計である。統計は本当に重要だ。なぜならば、しばしば政治的諸目的のために利用されるからだ。隣人の犯罪を日常的に誇張して、自身の犯罪から注意を逸らしたり、国家的大義を推進しようとする国もある。あらゆる立場の政党が政敵の悪行を誇張し、盟友のそれを軽視したがる。歴史家も時折は誇張し、あるいは単に利用可能な数字の範囲から最もセンセーショナルなものを採用し、物語を一層劇的に見せようとする。だが、この時代の物語は十分に途方もない。それらは誇張を必要としないのだ。これがために、可能なところでは、すべての統計を公的史資料に基づけるか、それが欠けていたり疑わしかったりする場合、信頼できる学問的研究に基づけるよう試みた。統計に疑問の余地があるところではどこでも、最も信頼できる数字と考えるものを本文に記し、これと別の数字は註に記載することに必ずしよう。

かく述べた上で、精確さに向けられた私の努力に改良の余地がないなどと想像することは馬鹿げたことだろう。また、本書がヨーロッパの戦後間もない時期の「極めつきの」、もしくは「包括的」歴史書であるなどと主張することもできない。それには主題があまりに漠に過ぎるのだ。そうではなく、それは驚くべき、かつ時折は恐るべき出来事の全体を、さもなければ決してそれと気づくことがなかったかもしれぬ人々に向けて照らし出す試みなのである。

私の希望は、これらの出来事がどのようにして大陸に、その復活の最も苦痛に満ちた諸段階を貫き作用したかについての論争の緒を開き――さらなる研究の余地が膨大であることを考えれば――、あるいは他の人々により深く調査するよう刺激となるかもしれない、ということだ。もし過去が外国であるならば、ヨーロッパ史のこの時期にはいまだ広大な地域が残されており、そこにはただ「ここにドラゴンあり《ヒア・ビー・ドラゴンズ》」とのみ標されているのだ。

原註

（1）Dean Acheson memorandum to Harry Hopkins, 26 December 1944, *Foreign Relations of the United States* (*FRUS*), 1945, vol. II, pp. 1059–61. Pope Pius XII's address to the Sacred College of Cardinals, *New York Times*, 3 June 1945, p. 22.

（2）'Europe: The New Dark Continent', *New York Times magazine*, 18 March 1945, p. 5.

訳註

＊1　The Germans call the months after the war *Stunde nul*

('Zero Hour') ―本書ドイツ語訳 *Der Wilde Kontinent: Europa in den Jahren der Anarchie 1943–1950*, aus dem Englischen übersetzt von Stephan Gebauer und Thorsten Schmidt, Klett-Cotta, Stuttgart 2016, pp. 13, 14 に従い、Stunde Null と読んだ。

＊2　like Tony Judt's *Postwar*, 邦訳トニー・ジャット『ヨーロッパ戦後史（上）1945–1971』森本醇訳、みすず書房、二〇〇八年；トニー・ジャット『ヨーロッパ戦後史（下）1971–2005』浅沼澄訳、みすず書房、二〇〇八年。

地名についての註記

ヨーロッパの地図は、第二次世界大戦の直後に相当程度変化し、町や都市の名前もそれとともに変化した。それゆえ、たとえばドイツの都市シュテティンはポーランドの都市シュチェチンになり、ポーランドのヴィルノはリトアニアのヴィルニュスに、イタリアのフィウメはユーゴスラヴィアのリエカになった。

ある都市に対しすでに確立された英語名がある場合を除いて、私はつねに地名を、それらが当時一般的に受け入れられていたであろうように用いるよう努めた。それゆえ、戦争の間そこで起きた出来事を物語るときにはシュテティンを、その後の出来事を記述するときにはシュチェチンを用いている。同様に、ハリコフやドニエプロペトロフスクのようなウクライナの都市にロシア名を与えたが、それはソヴィエト連邦の一部として、これがそれらの都市が同時代の記録にいつも現われる仕方だからだ。

ことに微妙な境界領域に位置する町に与えられた名前の背後には、強い国粋主義的意図が存在したし、いまなお存在している。読者諸賢には、これらは必ずしも私が共有する感情ではないということを改めて請け合っておきたい。

第1部 戦争の遺産

僕は君（たち）がそこで待ってくれているのだと思っていた……。
かわりに僕を待っていたのは、
いつまでたっても消えることがない灰の悪臭と荒れ果てて空き家となった僕たちの家だった。
サムエル・プテルマン、ワルシャワ帰還に際して、一九四五年(1)

われわれは物理的破壊は見てとることができたが、
巨大な政治的混乱と、政治的、社会的および心理的破壊の影響は……完全にわれわれの注意を逃れた。
ディーン・アチソン、合衆国国務次官、一九四七年(2)

第1章 物理的破壊

一九四三年、旅行書の出版者カール・ベデカーは、総督府領への一冊の案内書を世に出した。総督府領《ゲネラールグヴェルヌマン》——すなわち、帝国《ライヒ》からの独立がいまや名ばかりであった、中央および南部ポーランドのあの地域への案内書である。当時、ドイツの出版物すべてがそうであったように、それは、読者に情報を与えるのとちょうど同じ分だけプロパガンダの普及に与っていた。ワルシャワについての節がその的例だ。本は、都市のドイツ的起源やドイツ的性格、およびいかにして「主としてドイツ人の努力の賜物で」それが世界の偉大な首都の一つとなり果《おお》せたかを説き、陶然となった。それは旅行者に中世の王城や一四世紀建立の大聖堂、ルネサンス後期の美しいイエズス教会を訪れるようせっついた。すべて、ドイツの文化と影響の産物だ。中でも興味深いのが、ピウスツキ広場を囲んで複雑に入り組むバロック後期の宮殿の数々で——「ワルシャワで最も美しい広場」——、それがいまや、アドルフ・ヒトラー広場《プラッツ》と改称されたのである。中でも目玉は「ザクセン宮殿」で、もちろんあるドイツ人の手になるもので、加えて、その麗しきザクセン庭園。これまた、ドイツ人建築家たちの設計によるのだった。旅行案内は、不幸にも一、二の建物が、一九三九年のワルシャワ戦によって傷つけられたのをしぶしぶ認めたものの、爾来《じらい》——こう言って読者を元気づけるのだ——ワルシャワは、「いま一度ドイツ人の指導の下再建されつつある(1)」。

市の西郊外については、一言も触れられなかった。そこは、ユダヤ人のゲットーに換えられていたのだった。このことは多分、旅行書がまさに出版されようというときになって反乱がそこで始まり、親衛隊中将ユルゲン・シュトロープ(2)*1に、地区の家屋ほとんどに残らず火を放つよう強いた分だけ好都合だったろう。市のほぼ四平方キロメートルが、こうして灰燼に帰したのだった。

翌年、残りの市中至るところで二度目の反乱が始まった。ポーランド国内軍に吹き込まれただけあって、今回は一斉蜂起の色合いが一層濃かった。四四年八月、ポーランド人の男性、女性、十代からなる集団がドイツ人兵士を待ち伏せし、武器と弾薬を盗み始めた。それから二ヶ月にわたり、彼らは旧市街の内部と周囲にバリケードをめぐらして、一万七〇〇〇人を超えるドイツ人反乱鎮圧部隊をねじ伏せた(3)。反乱は、ようやく一〇月に、この戦争で最も残忍な戦いのいくつかを経た後に治まった。その後、ポーランド人の不服従にうんざりし、どのみちロシア軍が市にまさに入ろうとしているのを知ったヒトラーは、市《まち》をすっかり破壊し尽くすよう命じたのだった(4)。

命令を受けたドイツ軍は、ベデカーにあれほどに感銘を与えた中世の王城を爆破した。彼らは一四世紀建立の大聖堂の地下に坑道を掘り、これも爆破した。次に彼らはイエズス教会を破壊した。ザクセン宮殿は、四四年のクリスマス直後の三日のうちに整然と爆破されたが、それは複雑に入り組んだバロックとロココ様式の宮殿の全体にしたところで同じだった。ヨーロッパ・ホテル、ここはベデカーのおすすめだったのだが、まず一〇月に焼き払われ、その後、ただ確実を期すためだけに四五年一月に爆破された。ドイツ軍は家から家へ、通りから通りに出て、整然と市《まち》全体を破壊していった。ワルシャワの住居の九三パーセントが破壊、もしくは修復不能なほどに傷つけられた。破壊活動の総仕上げに、彼らは国立公文書館と古文書館、会計文書館、市公文書館、新文書館、それに公立図書館を焼き払ったのだった。[5]

戦後、ポーランド人が首都の再建に思いを馳せるに至り、国立博物館はドイツ占領期に毀損または破壊された建物や手工芸品のかけらを集めた展示会を催した。彼らはそれに添える案内書も準備したが、それは、ベデカーのそれとは違い、ひたすら過去時制で通して書かれていた。その意図は、ワルシャワの住民と、さらにはより広い世界とに、精確に何が喪われたのか思い出させることにあった。案内書と展示会それ自体のうちにはともに暗黙の認識がある。すなわち、ワルシャワの破壊を切り抜けてきた人々には、もはや彼らの都市に起きたことの巨大さを正しく評価することができなかったということだ。彼らにとってそれは徐々に生じたことだった。一九三九年の爆撃に始まり、占領期ドイツ軍の略奪とともに継続したそれは、四三年のゲットーの破壊と四四年末の最終的荒廃とともに終わりを迎えたのである。いまでは、解放後わずか二、三ヶ月あまりのうちに、彼らは家の骨組みの中で、山なす瓦礫に四方を囲まれて暮らすのに慣れてしまっていたのだった。[6]

ある意味で、破壊の真のスケールを正しく評価できたのは、ただ、それが現に生じるところを目のあたりにすることなく結果だけを見た人々だった。ジョン・ヴェイションは若い写真家で、戦後、救済活動の一員としてワルシャワに来た。妻のペニーに宛てて四六年一月に書いた手紙には、図らずも破壊の規模を目前にしての彼の完全な無理解が露呈している。

こいつは本当に信じられない都市《まち》で、僕はそれがどんな感じか伝えたいのだけど、どうすればそうできるか分からないんだ。大きな都市《まち》だ、分かるかい。戦前は一〇〇万人を超える人がいたんだ。デトロイトと同じくらい大きかったんだよ。それがいまや九〇パーセントがすっかり破壊されちゃったんだ……。ここのどこを歩いても、屋根か大抵は側面を失って立ち尽くしている建物のだだっ広い塊で、人々はその中で暮らしてるんだ。ゲットーは別にして、というのもそこはただの巨大な煉瓦の平原だからね。ねじれたベッドやバスタブにソファー、額に入った写真、トランク、何百万というものが煉瓦の中から顔を突き出している。どうやってこんなことができたのかわからないよ……。何かあまりにも悪意に満ちていて、僕はそれを信じることができない。[7]

カール・ベデカーによってほんの二年前に描かれた美しいバロックの都市は、跡形もなく消え去っていたのだ。

第二次世界大戦によって引き起こされた破滅のスケールを意味のある言葉で伝えるのは難しい。ワルシャワは破壊された都市のほんの一例にすぎない――ポーランド国内だけで、数十もが破壊されたのだ。ヨーロッパ全体では、数百もの都市が、完全にまたは部分的に荒廃させられた。戦後撮られた写真からは個々の都市に起きた破壊の規模についていくらか見当をつけることができるものの、大陸全体にわたりこれを掛け算する段になると、理解は必然的に拒まれるのである。いくつかの国では――ことにドイツやポーランド、ユーゴスラヴィア、そしてウクライナでは――千年におよぶ文化と建築がわずか数年の短時間のうちに粉砕された。このような全体的荒廃をもたらした暴力は、一人ならずの歴史家によってハルマゲドンにも準《なぞら》えられてきた。[8]

ヨーロッパ諸都市の破滅を目撃した人々は、彼らが見た局所的荒廃を受け入れるのにさえもがき苦しみ、そして、破壊のいくらかが想像可能になるのは、ただ、彼らの苦痛に歪む、不十分な記述においてだけだ。けれども、破砕され、粉砕された光景に対するこうした人間的反応へと至る前に、私たちはいくつかの統計を書き留めておくことが必要である——なぜならば、統計は重要だからだ。どれほどそれらが捉まえどころがなかろうとも。

　戦争の全期間にわたり首尾よくヒトラーを寄せつけなかった唯一の国として、英国は大いに苦しんだ。電撃戦《ブリッツ》の間、ドイツ空軍《ルフトヴァッフェ》はほとんど五万トンにおよぶ爆弾の雨を英国に降らせ、二〇万二〇〇〇戸の家屋を破壊し、さらに四五〇万戸を傷つけた。[9] 英国の主要都市が蒙った大打撃は夙《つと》に知られている。だが、爆撃の真の程度を示すのは、若干のより小さな町に生じたことだ。コヴェントリーへの攻撃の残忍さは、ドイツ語に新たな動詞を生んだ。Coventrieren《コヴェントリーレン》——「コヴェントリーする」こと、あるいはすっかり破壊すること、である。[*2] クライドバンクはグラスゴウ郊外の比較的小さな工業都市だ。一万二〇〇〇戸の家屋のうちわずかに八戸だけが損傷を免れた。[10]

　イギリス海峡を渡ると、被害は確かに遍《あまね》く拡がっていたわけではないものの、一層集中していた。たとえば、カーンは四四年に連合軍がノルマンディーに上陸したときには、地図上からほぼ消えていた。市の七五パーセントが連合軍の爆撃によって抹消されていたのだ。[11] サン・ローとル・アーヴルの苦しみは一層ひどく、建物の七七パーセントと八二パーセントが破壊されていた。[12] 連合軍がフランス南部に上陸したとき、マルセイユでは一万四〇〇〇棟を超える建物が部分的にか完全にか破壊されていた。[13] 戦時損失に対する補償請求と貸付に関する政府記録によると、フランスの四六万棟の建物が戦争で破壊され、さらに一九〇万棟が損壊させられていたのだった。[14]

　戦後、さらに東へ旅をすればするほど、それだけ荒廃はひどくなった。ブダペシュトでは八四パーセントの建物が損壊させられ、そのうち三〇パーセントはあまりにひどいので全然住むことができなかった。[15] ベラルーシではミンスク市の約八〇パーセントが破壊された。市の主要な工場三三二のうちわずかに一九だけが難を免れたが、それはただ、退却するドイツ軍が仕掛けた地雷から、赤軍の工兵があわやというところで信管を抜くことができたからに過ぎなかった[16]。キエフの公共建築の大部分には、四一年にソ連兵が退却する際に地雷が敷設された——残りは、四四年に彼らが戻ってきたときに破壊された。ウクライナ東部のハリコフはあまりに多くの回数にわたり戦われたので、ついに獲得されるべき何ものも残らなかった。ロストフとヴォロネジでは、ある英国人ジャーナリストによれば、「破壊はまさしく一〇〇パーセントに近かった」[17]。そして、リストは続く。ソヴィエト連邦では、およそ一七〇〇の町と都市が荒廃させられ、そのうちウクライナだけで七一四を数えた[18]。

戦争の直後、この荒廃した風景を旅して回った人々の目には、見る都市、見る都市、見る都市、破壊されていた。これらの人々のうち、かつて彼らが見たものの全体を記述しようと企てた者はごく少なかった——それどころか彼らは、彼らが出くわしたそれぞれ個別の都市の、より局所的被害を受け入れるのにさえもがき苦しんだのだった。たとえば、スターリングラードは「壁の塊、半ば崩れた建物の箱、瓦礫の山、孤立した煙突」以外の何ものでもなかった[19]。セヴァストポリは「いまや言語を絶して憂鬱で」、「郊外にあってさえ……ほとんど家の一軒も立っていなかった」[20]。四五年九月、アメリカの外交官ジョージ・F・ケナンは、以前はフィンランドの、しかしいまではロシアの都市ヴィヴォルグにあって、「早朝の日の光が……焼け残ったアパートメントの骨組みを照らし、束の間それらを冷たい、青白い微かなきらめきで氾濫させる」様に見惚れていた。崩れた戸口の一つで彼がびっくりさせた一頭の山羊を別にして、ケナンは街全体で生きた唯一の存在に思われた[21]。

これら破壊のすべての中心に、ドイツが位置していた。その諸都市は疑いもなく戦争の最も包括的な被害に苦しんだのだった。約三六〇〇万戸のドイツのアパートが英国およびアメリカ空軍に破壊された。すなわち、ドイツ国家の全生活空間《リヴィング・スペース》の約五分の一である[22]。絶対項においては、ドイツの生活空間に対する被害は、英国のそれのほとんど一八倍もひどかった。個々の都市の被害は平均よりも一層ひどかった。(23) 帝国《ライヒ》統計局の数字によれば、ベルリンは五〇パーセントにおよぶ居住可能な家屋を失い、ハノーファーは五一・六パーセントを、ハンブルクは五三・三パーセントを、デュースブルクは六四パーセントを、ドルトムントは六六パーセントを、そして、ケルンは七〇パーセントを失ったのだった。(24)

戦後、連合国の監視員がドイツに来たとき、ほとんどは電撃戦《ブリッツ》のさなか英国で目撃したのと同等の破壊に出会うものと考えていた。英米の新聞と雑誌が写真や文章で荒廃の様子を公開し始めた後でさえ、現実の光景への心構えをしておくのは不可能だった。たとえば、オースティン・ロビンソンは、戦後間もなく英国生産省の代表としてドイツ西部に派遣された。彼の滞在中のマインツの記述は、その衝撃の感覚を物語っている。

街区ことごとくが均《なら》されて、壁が立っている他には何もない広大な領域にまたがり、ほぼ焼き尽くされた工場の姿を晒すあの焼け残りは、私が死ぬまでともに生きてゆくであろうイメージである。人はそれを頭では知っていたが、心でまたは人間的には感じていなかったのだ。(25)

英国海軍大尉フィリップ・ダークも、戦争末期にハンブルクで見た黙示録的光景に、同様に慄然とさせられたのだった。

［……］われわれはドイツ中心部に向けて威勢よく行進し、一市中に入り始めた。そこは、あらゆる理解を超えて荒廃していた。ぞっとさせられたどころではなかった。目の届く限り、何平方キロも何平方キロも続く、ねじ曲げられた桁が案山子のごとく天に突き出た建物の抜け殻、い

まだ立ち尽くしている壁の柱身から跳び出たラジエターが、礫にされた翼手竜の骨格さながらだった。見るも恐ろしい、身の毛もよだつ姿で壁枠から煙突が生えている。すべてが永遠の静寂で満たされていた……。このような印象は、見たことなしには理解できない。[26]

一九四五年に記されたドイツ諸都市の記述の多くには、あるまったくの絶望の感覚がある。たとえば、ドレスデンはもはや「エルベ河畔のフィレンツェ」というよりは「月面」さながらで、復興計画の監督者らは、再建に「最低でも七〇年」はかかるだろうと思っていた。[27] ミュンヒェンはあまりにひどく破壊されていたので、「真に最後の審判が間近に迫っているという思いを人に抱かせた」。[28] ベルリンは「完全に粉砕されていた――瓦礫の山と家の骨組みだけだった」。[29] ケルンは「横倒しになって、美に見放され、瓦礫の中で形姿の欠けたる、まったき物理的敗北の孤独たる」街だった。[30]

一八〇〇万から二〇〇〇万人のドイツの住民が、住んでいた都市の破壊によってホームレスになった――それはつまり、戦前のオランダとベルギー、ルクセンブルクの人口を足し合わせたのと同じだけの数だ。[31] さらにはウクライナの一〇〇〇万の人々にも家がなく、これはつまり戦前のハンガリーの全人口をはるかに凌ぐ数だった。[32] これらの人々は地下室や廃墟、地面の穴に住んでいた。どこであれ、わずかに雨露を凌ぐことができればそこに住んだのだ。彼らは水道やガス、電気といった生活に不可欠のサーヴィスを完全に奪われていた――ヨーロッパ中でさらに数百万という人々がそうであったように。たとえばワルシャワでは、点いている街灯はわずかに二つしかなかった。[33] オデッサでは、水は掘り抜き井戸から汲む他なく、高官の滞在の折でさえ、一日わずかにボトル一本分が洗濯のために供されるだけだった。[34] これら不可欠の公共設備を失ったヨーロッパ諸都市の住民は、あるアメリカ人コラムニストの言を借りれば、「壊れた二〇世紀の機械装置に囲まれて、中世の流儀で」生きるのを余儀なくされたのだった。[35]

荒廃はヨーロッパの諸都市においてその劇性を極めていたものの、しばしば農村共同体もきっかり同じだけ苦しんだのだった。ヨーロッパ中で農園は戦争のために略奪され、焼き払われ、水浸しにされ、あるいは単に放っておかれた。南部イタリアの沼沢地は、ムッソリーニによってえらく念入りに水抜きされた挙句、退却するドイツ軍によって再度故意に氾濫させられ、マラリアの再流行の温床となった。[36] オランダの五〇万エーカーを超える土地（二一万九〇〇〇ヘクタール）が、湾内に海水を留めておく堰をドイツ軍が故意に開いたがために台無しにされた。[37] 戦争の主だった劇場から遠く離れているというのは、このような扱いからの何の防備にもならなかった。ラップランドの居住地の三分の一より以上が退却中のドイツ軍によって破壊された。[38] その意図は、裏切り者のフィンランド軍に冬の間いかなるシェルターも与えないことにあったが、しかしまた八万人を超える避難民を生む結果にもなった。ノルウェー北部とフィンランド中で道路に地雷が敷設され、電話線が引きずり降ろされ、橋が爆破されたが、それらは戦終数年を経ても相変わらず悩みの種となった。

もう一度、東へ行けば行くほど、それだけ破壊はひどくなった。ギリシアはドイツ占領時に森林の三分の一を失い、一〇〇〇を超える村が焼かれ無人のままに打ち捨てられた。[39] ユーゴスラヴィアでは、戦後補償委員会によれば、果樹園の二四パーセントが破壊され、葡萄園の三八パーセントと全家畜の六〇パーセントを失った。何百万トンという穀物と牛乳、そして羊毛の略奪がユーゴスラヴィア農村経済の破壊の総仕上げをした。[40] ソヴィエト連邦では被害は一層ひどかった。ここでは、七万もの村がコミュニティと全農村インフラとを一緒くたに破壊された。[41] このような被害は戦闘とその都度の収奪の結果ばかりではなかった。むしろ、土地と財産の体系的で計画的な破壊によってもたらされたのである。ほんの微かに抵抗の気配を見せただけで、農村と農園が焼き払われた。道路に沿って広く森の両側が、待ち伏せの危険を最小化するべく切り払われた。

ドイツ軍とロシア軍とが互いに攻撃し合ったとき、彼らがどれほど無慈悲であったかについて多くのことが書かれてきた。だが、彼らは防御においても、同じくらい無慈悲であったのだった。四一年夏にドイツの軍隊がソヴィエト領に雪崩込んできたとき、スターリンはラジオ放送で、逃亡前に捨て去れるものは何であれ捨て去るよう人民に命じた。「非鉄金属を含むあらゆる貴重品、回収不能な穀物と燃料は、過たず破壊されねばならない。敵に占領された地域では、ゲリラ部隊が……森と商店、輸送手段に火を放たねばならない[42]」。

潮目が変わり始めると、同じようにヒトラーも、戻ってくるソヴィエト軍に何一つ残っているものがないよう命令した。「住民には構わず、敵から便宜便益を奪うためにあらゆる場所が焼き払われ、破壊されねばならない」と、ウクライナ駐留軍司令官に対するヒトラーの四一年一二月の命令の一つには読まれる。「無傷のまま残された場所は、その後空軍により滅ぼされねばならない[43]」。その後、事態がより絶望的になってくると、ヒムラーは部下の親衛隊指導者らに何もかもことごとくを破壊してしまうよう命じた。「人一人、牛一頭、穀物の一キンタル、鉄道の線路一つ残されていてはならない……。敵が戻ってきたとき、国土はすっかり焼かれ破壊されていなければならない[44]」。

かくのごとき命令の結果、ウクライナとベラルーシの広大な農地の範囲が、一度ならず二度も業火に焼かれ、それとともに、敵に避難所を提供しかねない数え切れぬ村と農場主の屋敷が燃やされたのだった。当然ながら、産業は一番最初に破壊されるべきものの一つだった。たとえばハンガリーでは、主だった工場五〇〇が解体されドイツへと移送された——残りの九〇パーセントは入念に毀損されるか破壊された。加えて、ほとんどすべての炭鉱が水浸しにされるか潰《つぶ》されるかしたのだった[45]。ソヴィエト連邦では、約三万二〇〇〇の工場が破壊された[46]。ユーゴスラヴィアでは、九一億四〇〇〇万ドル分の産業を失ったと、言い換えれば、国家の全産業財の三分の一を失ったと補償委員会が見積もった[47]。

ことによると、最悪の被害は、大陸の輸送インフラに降りかかったそれかもしれない。たとえば、オランダは道路と鉄道、水路輸送の六〇パーセントを失った。イタリアは国内の三分の一に至る道路網が使えなくなり、一万三〇〇〇の橋が毀損もしくは破壊された。フランスとユーゴスラヴィアはともに、鉄道機関車の七七パーセントと全車両の同程度の割合を失った。ポーランドは道路の五分の一と鉄道の三分の一（合計で約一万六〇〇〇キロ）、全車両の八五パーセント、および民間航空機の一〇〇パーセントを失った。ノルウェーは戦前の船舶総トン数の半分を失っており、ギリシアは全船舶の三分の二から四分の三を失った。戦争も終わり頃になると、遍《あまね》く信頼に足る唯一の移動手段は徒歩だけだった[48]。

ヨーロッパの物理的荒廃は、単に建物とインフラの喪失という以上のものだった。それは、数世紀にわたる文化と建築の破壊以上でさえあった。廃墟をめぐり真に気懸かりなのは、それらが象徴していたものである。山なす瓦礫は、ある英国軍人が書きつけたように、「人類の自己破壊力へのモニュメント」だったのだ[49]。何億という人々にとって、それらは大陸の目撃した邪悪さを日々思い出させるものなのだった。しかもそれは、いつ何時再浮上してこないとも限らないのだ。

プリーモ・レーヴィは、アウシュヴィッツを生き延びて後、ドイツ人たちの何であれ出くわしたもののすべてを破壊していった様を見て、何かほとんど超自然的なものがあると述べた。彼にとって、ミンスク郊外のスルツク軍事基地の残骸は、「アウシュヴィッツでそうであったように、ここでも破壊の、反創造の天才を」証示していたのだった。「それは不毛さの神秘であって、あらゆる戦争の要求ないしは戦利品への衝動を超えていた[50]」。連合軍によって加えられた破壊も、ほとんど同じだけひどかった。ヴィーンの廃墟を見たときレーヴィは、「回復不能で決定的な悪の重苦しくも不吉な感覚」に打ちのめされた。それは「あらゆるところに現在し、ヨーロッパと世界の腸《はらわた》に巣喰う未来の災いの種」たる悪なのだった[51]。

ヨーロッパの町や都市の破壊を沈思してかくも気懸かりなのは、「反創造」と「決定的な悪」のこの底流なのだ。この時代のあらゆる記述に含意され、けれども決して公然と言明されていないのは、物理的荒廃の背後には何かずっと悪いものがあるということだ。ワルシャワの瓦礫の中から突き出ている家の「骨組み」や額に入った写真は、高度に象徴的である。廃墟の真下に隠れて、文字通りかつ隠喩として、離れ離れになった人間と道徳の破滅が口を開けていたのだ。

章扉原註

（1）Samuel Puterman の言葉、Michał Grynberg（ed.）, *Words to Outlive Us: Eyewitness Accounts from the Warsaw Ghetto*（London: Granta, 2003）, p. 440 に引用。

（2）Acheson, p. 231.

原註

（1）Baedeker, pp. 85–94.

（2）Davies, *Rising '44*, p. 556.

（3）Ibid., pp. 666–7.

（4）Ibid., p. 439.

（5）Ministry of Culture & Art, *Warsaw Accuses*, pp. 19–24; および Davies, *God's Playground*, p. 355.

（6）Ministry of Culture & Art, *Warsaw Accuses*, pp. 19–24.

(7) Vachon, p. 5, letter of 10 January 1946.

(8) HM Government, *Statistics*, p. 9; また、The National Archives（TNA）: Public Record Office（PRO）CAB 21/2110 および *Daily Express*, 29 November 1944 も見よ。

(9) Ray, pp. 95–6.

(10) Hitchcock, p. 44.

(11) Hitchcock, p. 44.

(12) Florentin, p. 430.

(13) Florentin, p. 430.

(14) Rioux, p. 471.

(15) Ferenc Nagy, p. 129 に拠る。

(16) Judt, p. 16; および Werth, p. 864 を見よ。

(17) Werth, p. 709.

(18) Kondufor, p. 239; および Krawchenko, p. 15 を見よ。

(19) Valentin Berezhkov の言葉、Beevor, *Stalingrad*, p. 418 に引用。

(20) Werth, p. 837.

(21) Kennan, pp. 280–82.

(22) United States Strategic Bombing Survey（USSBS）, *Over-all Report*（*European War*）, 1945, p. 72. Tooze は三八〇万戸としている、p. 672; また、ヴィースバーデン市のドイツ連邦統計局は、三三七万戸と算出した——Hastings, *Bomber Command*, p. 352 を見よ。

(23) 英国の修復不能なまでに損なわれた二〇万二〇〇〇戸の家屋は、全体のわずか一・五パーセントあまりにしか相当しなかった。HM Government, *Statistics*, pp. 31–2、また、TNA: PRO CAB 21/2110 も見よ。

(24) Rumpf, pp. 128–9 を見よ。The British Bombing Survey Unit は、ベルリンを三三パーセント、ハノーファーを六〇パーセント、ハンブルクを七五パーセント、デュースブルクを五四パーセント、ケルンを六一パーセントとしている。Webster and Frankland, vol. IV, pp. 484–6 を見よ。The United States Strategic Bombing Survey は、再度別の数字を出している。たとえば、ハンブルクは六一パーセントである——Lowe, p. 318 を見よ。

(25) Robinson, diary entry for Monday, 28 May 1945.

(26) Philip J. C. Dark, IWM Docs 94/7/1, typescript account, 'Look Back This Once: Prisoner of War in Germany in WWII'.

(27) Herbert Conert の言葉、Taylor, p. 396 に引用。月面風景としてのドレスデンについては、Kurt Vonnegut, *Slaughterhouse 5*（London: Vintage, 1991）, pp. 130–31 を見よ。

(28) Klemperer, p. 596, diary entry for 22 May 1945.

（29）Colonel R. G. Turner, IWM Docs, 05/22/1, letter to his mother, 11 July 1945.

（30）Sebald, p. 31 に引用の Janet Flaner の言葉。

（31）USSBS, *Over-all Report*, p. 95. 戦前の人口については、Maddison, pp. 38–9 を見よ。

（32）Taras Hunczak, 'Ukrainian-Jewish Relations during the Soviet and Nazi Occupations', in Boshyk, p. 47; また Kondufor, p. 239. 戦前のハンガリーの人口は、九二二万七〇〇〇人だった。Maddison, p. 96 を見よ。

（33）Lane, p. 26.

（34）Werth, p. 815.

（35）Anne O'Hare McCormick, 'Europe's Five Black Years', *New York Times Magazine*, 3 September 1944, p. 42.

（36）Ibid., pp. 42–3.

（37）Judt, p. 17. SHAEF（15 December 1944）による初期の概算は、わずかに低く、五〇万エーカー（二〇万二〇〇〇ヘクタール）である。Coles and Weinberg, p. 826 を見よ。

（38）Nøkelby, p. 315.

（39）Mazower, *Inside Hitler's Greece*, p. 155; Judt, p. 17; および Hitchcock, p. 228 は、一七〇〇の村というより大きな概算を出している。

（40）Tomasevich, p. 715.

（41）Judt, p. 17. ウクライナだけで二万八〇〇〇の村が破壊された。Krawchenko, p. 15 を見よ。

（42）Stalin, *War Speeches*, p. 7.

（43）Andrew Gregorovich, 'World War II in Ukraine', *Forum: A Ukrainian Review*, no. 92（Spring 1997）に引用、http://www.infoukes.com/history/ww2/page-26.html で閲覧可能。

（44）Order to SS-Obergruppenführer Prützmann on 3 September 1943, Dallin, p. 364 に引用。

（45）Glanz, pp. 170 and 186 を見よ。

（46）Judt, p. 17.

（47）Tomasevich, p. 715.

（48）フィンランドとノルウェーについては、Nøkelby, p. 315 を見よ。ポーランドについては、Jan Szafrański, 'Poland's Losses in World War II', in Nurowski, pp. 68–9 を見よ。オランダ、フランスおよびソヴィエト連邦については、Judt, p. 17 を見よ。ギリシアについては、Judt, p. 17 および Hitchcock, p. 228 を見よ。イタリアについては、Hitchcock, p. 234 に引用された UNRRA による統計、および Vera Zamagni, 'Italy: How to Lose the War and Win the Peace', in Harrison, p. 212 を見よ。ユーゴスラヴィアについては、Tomasevich, p. 715 を見よ。ウクライナについて

は、Kondufor, p. 239を見よ。

(49) Philip J. C. Dark, IWM Docs 94/7/1, typescript account, 'Look Back This Once: Prisoner of War in Germany in WWII', entry for 19 April 1945.

(50) Levi, pp. 288–9.

(51) Ibid., p. 367.

訳註

＊1　This was probably just as well because even as the book was being published an uprising broke out here, obliging SS-Brigadeführer Jürgen Stroop to set fire to virtually every house in the district.—本書ドイツ語訳p.21に従い、SS-Gruppenführerと読んだ。

＊2　The ferocity of the attacks on Coventry gave birth to a new German verb, *coventriren*—本書ドイツ語訳p.24に従い、coventrierenと読んだ。

第2章 不在

死者数

もしヨーロッパの物理的荒廃が安易な理解を拒むとすれば、戦争の人的損害は同じことを一層巨大な度合いでなす。このような事柄のいかなる記述も必然的に不十分だ。私は一九四三年のハンブルク大火を記述しようと企てた、小説家ハンス・エーリヒ・ノサックの試みを思い出す。「ああ、記憶を遡ってあの道を下りハンブルクへと至るにつれて、私は立ち止まり、やめてしまいたいという強い衝動に駆られる。なぜ続けるのか。つまり、なぜそれをすべて書き留めるのか。永遠に忘却の彼方へ明け渡した方がよいのではないか」(1)。そしてにもかかわらず、ノサック自身悟得《ごとく》したように、そのような出来事を記録することは、たとえそれらに意味を与えようとする彼らの企図が必然的に失敗を運命づけられているとしても、目撃者と歴史家の務《つと》めなのだ。

破局をそのような広大なスケールで記述するとき、歴史家はつねに矛盾する衝動の前に引き出されることになる。一方で、彼は生《き》のままの統計を呈示して、そのような数字の意味するところを読者の想像するままに任せることができる。戦争の直後、政府や援助機関は紛争のあらゆる側面について一つ残らず統計を作成し、それは殺害された兵士や民間人の人数から、特定の産業への爆撃の経済効果にまでおよんだ。ヨーロッパ中で測り、見積もり、量にすることへの公的な衝動があった――あるいは、ノサックが「死者たちを数字によって追い祓おうとする試み」と呼んだもののうちに、である。[2]

他方で、数字をすっかり無視して、これらの出来事を目撃した普通の人々の経験をひたすら記録したいという誘惑がある。たとえば、ハンブルクの大火の直後、ドイツ人住民を狼狽《うろた》えさせたのは四万人が死んだという事実ではなかった――これらの死の死に方がそうさせたのである。猛烈な地獄《インフェルノ》の炎が、嵐《ハリケーン》のごとき暴風と火の粉の猛吹雪《ブリザード》が、人々の髪の毛や衣服に燃え移る物語――これらの話が生のままの数字よりはるかに効果的に想像力をかき立てるのだ。いずれにせよ、当時ですら人々が本能的に理解していたように、統計はあてにならない。瓦礫の下に隠されて、猛烈な熱のために死体が溶け合ったり単なる灰に還元されてしまった都市では、いかにしても死者の数を精確に測ることはできなかった。どんなアプローチを採ろうとも、そのような破局が現実に意味することのごく微かなきらめき以上のものを伝えることは不可能なのだ。従来の歴史学は、ノサックが「何か別のもの……奇妙さそのもの……本質的に可能ではないもの」と呼んだところのものを記述するだけの素養を備えていないのだ。[3]

いくつかの点で、ハンブルクの大火は戦時中ヨーロッパで生じたことのミクロコスモスと見なすことができる。ヨーロッパの残りの場所についてと同様に、爆撃は都市《まち》を廃墟の風景へと変形したが――そしてにもかかわらず、それらのうちにはいまだ晴朗に、奇跡的に無傷のままやすらう部分も存在したのである。大陸の他の多くの場所で起きたのと同様に、大火の結果、郊外の全体が避難し、事実上その先何年も見捨てられたままになった。被害者は、再度他の場所と同様に、多くの国籍と民族にわたり、あらゆる職業と階級にまたがっていた。

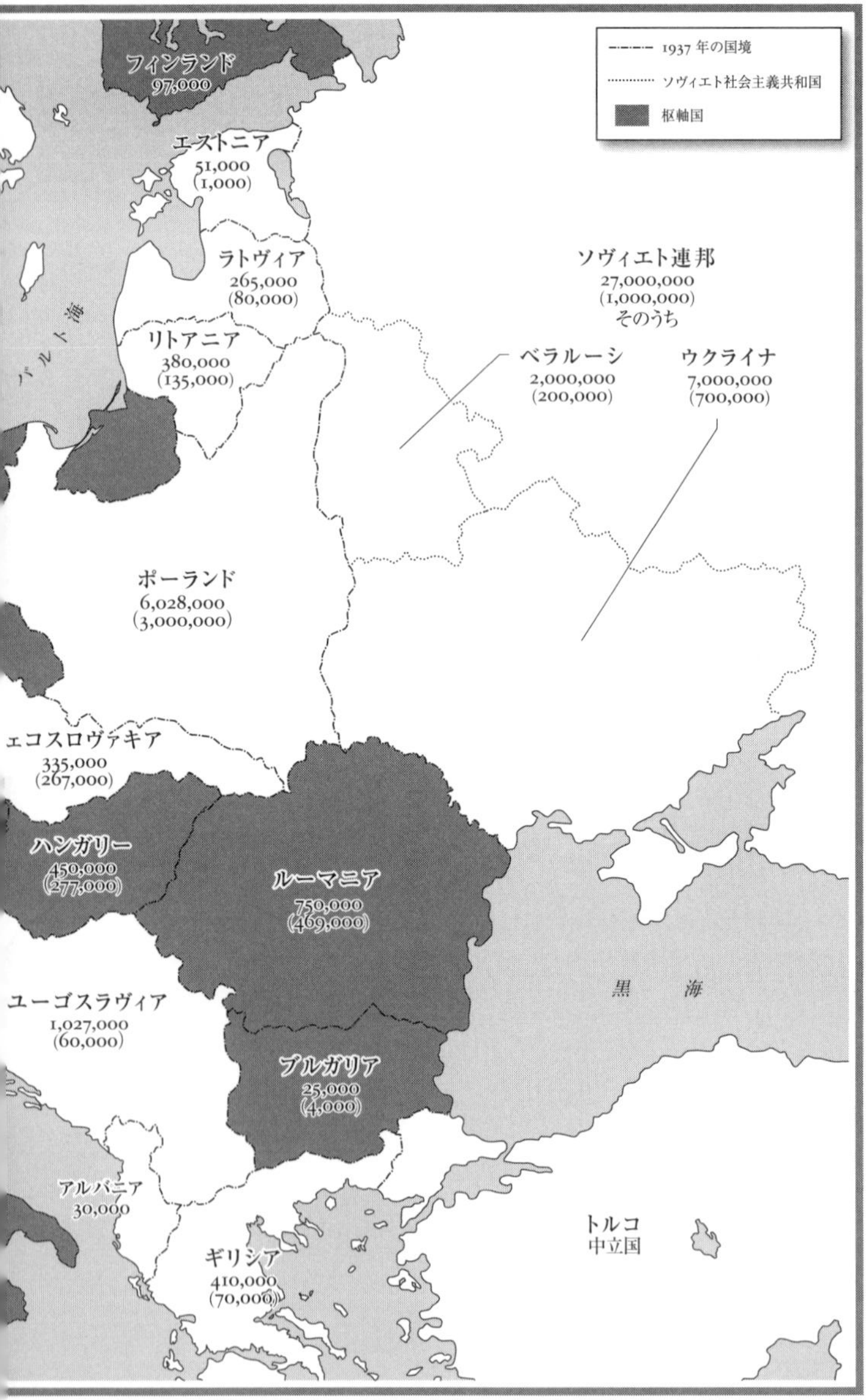
1937 年の国境
ソヴィエト社会主義共和国
枢軸国
フィンランド
97,000
エストニア
51,000
(1,000)
ラトヴィア
265,000
(80,000)
リトアニア
380,000
(135,000)
バルト海
ソヴィエト連邦
27,000,000
(1,000,000)
そのうち
ベラルーシ
2,000,000
(200,000)
ウクライナ
7,000,000
(700,000)
ポーランド
6,028,000
(3,000,000)
ェコスロヴァキア
335,000
(267,000)
ハンガリー
450,000
(277,000)
ルーマニア
750,000
(469,000)
黒海
ユーゴスラヴィア
1,027,000
(60,000)
ブルガリア
25,000
(4,000)
アルバニア
30,000
ギリシア
410,000
(70,000)
トルコ
中立国

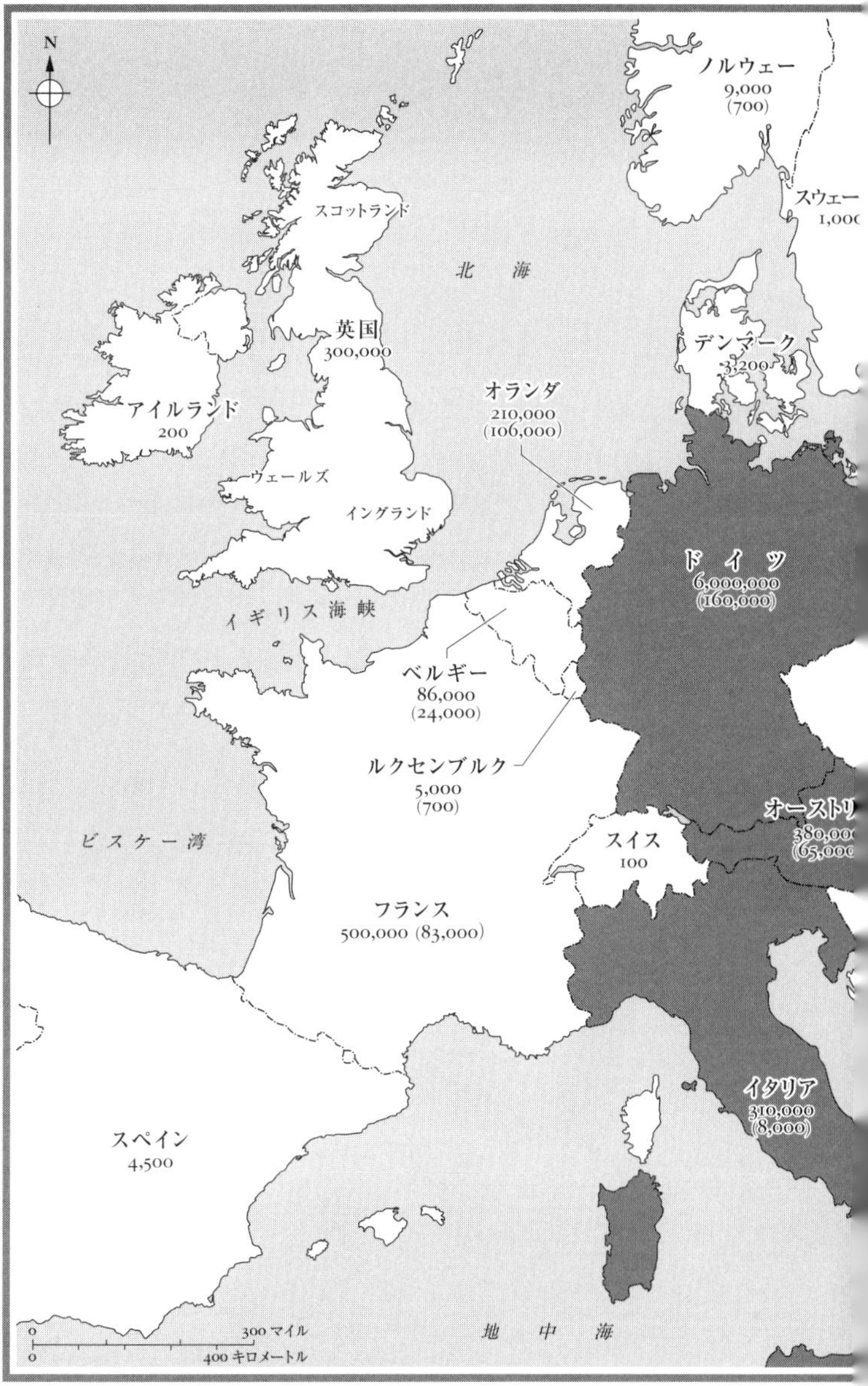

地図2◆ヨーロッパの死者数、1939-45年(括弧内はユダヤ人)

けれども、この都市の運命と大陸の残りの場所のそれとの間には、いくつかのくっきりしたコントラストも存在している。ハンブルクの爆撃は恐るべきものではあったものの、現実にはそれが殺害したのは住民の三パーセントに満たなかった。ヨーロッパ全体での死亡率は、その二倍ではすまなかった。ヨーロッパで第二次世界大戦の直接の結果亡くなった人の数には、心底度肝を抜かれる。全部で三五〇〇万から四〇〇〇万人が死んだのだ。[4] これは、戦前のポーランドの総人口（三五〇〇万人）とフランスのそれ（四二〇〇万人）の間のどこかに位置する数だ。[5] あるいは別の仕方で表現すれば、もしハンブルクの大火が、毎夜千夜にわたり繰り返されたとしたら生じたであろうような死の数だ。

総死者数は、諸国家間に存する いくつかの巨大な不均衡に覆いをかける。たとえば、英国の損失は恐ろしいものではあったが比較的軽かった。およそ三〇万人の英国人が第二次世界大戦で殺害された――第一次世界大戦で殺された人の約三分の一だった。[6] 同様に、五〇万人を超えるフランス人が殺され、約二一万人のオランダ人が、八万六〇〇〇人のベルギー人が、そしてほぼ三一万人のイタリア人が殺された。[7] これに対して、ドイツはほぼ四五〇万人の兵士とさらに一五〇万人の民間人を失ったのだった。連合軍の爆撃だけでドイツの民間人は、英国人とベルギー人、そしてオランダ人が戦争の全期間にわたりありとあらゆる原因で死んだのとだいたい同じだけ多く死んだのだった。[8]

もう一度、東へ行けば行くほど、それだけ犠牲者の数はひどくなる。ギリシアではおよそ四一万人の戦死者を出した――すでに挙げた他のいくつかの国よりも格段にひどいとは思われない数字だ。だがそれも、戦前ギリシアが約七〇〇万の人口しか持たなかったことに気づくまでの話だ。戦争はそれゆえ、全ギリシア人の約六パーセントを殺害した計算となる。[9] 同様に、ハンガリーの四五万の戦死者数は人口のほぼ五パーセントにあたった。[10] ユーゴスラヴィアでは、一〇〇万人をほんの少し超える人々が殺された。すなわち人口の六・三パーセントである。[11] エストニアとラトヴィア、そしてリトアニアの死者数は、おそらく戦前のバルト人全体の八から九パーセントに達したろう。[12] 一国民としては、ポーランド人が割合として最も大きな被害を蒙った。六人に一人を超えるポーランド人が殺されたのだ——全体で、計六〇〇万人を超える人々が殺害されたのだった。[13]

戦死者の最大の無名数は、ソヴィエト連邦にて刻まれた。およそ二七〇〇万人である。[14] この理解不能な数字は、再度、必然的に巨大な地域的変差を覆い隠す。たとえば、ベラルーシやウクライナといった個々の地域に対する信頼に足る数字は存在しない。というのも、それらは当時国際的に別個の国とは見なされていなかったからだ。だが、ウクライナの戦死者について、大方は七〇〇から八〇〇万人の間と推定する。もしこの数字が正しければ、五人に一人のウクライナ人が戦争で殺されたことになる。[15] ベラルーシ人の死者数はすべてのうちで最大だったと考えられており、人口の四分の一が殺害されたと見られている。[16]

一九四五年当時においてと同様、今日、そのような統計が実際に意味しているところを捉えるのはほとんど不可能であり、それらの数字を賦活《ふかつ》しようとするどんな試みも失敗する定めにある。人は、総死者数は、平均して五秒に一度、ほぼ六年の長きにわたり殺すことに当たると言うかもしれない——だが、そんなことは想像しようもないことだ。戦争を経験し、虐殺を目撃し、死体の山の戦場と遺体でいっぱいの集団墓地を目の当たりにした人々でさえ、戦時中ヨーロッパ全土で起きた殺人の真のスケールを理解することは能《あた》わないのだ。

ひょっとすると、何が生じたのか理解するのに近づく唯一の方法は、ヨーロッパを死者に棲まわれた場所と想像しようとするのをやめ、かわりに不在によって特徴づけられた場所と見なすことかもしれない。終戦時生きていたほとんど誰もが友人や身内を亡くしていたのだった。村全体や町全体、それどころか都市全体でさえ事実上消滅させられ、それとともに住民も消えたのである。かつて賑わい栄えたコミュニティの故郷だったヨーロッパの広大な領域は、いまやほとんど完全に人の姿がなかった。戦後ヨーロッパの雰囲気を決定づけたのは、死の現前ではなく、むしろかつてヨーロッパの茶の間や店、街路や市場を占めた人々の不在だったのだ。

二一世紀の隔たりからすると、私たちは戦争の終結を祝典の時期と振り返るきらいがある。私たちは、ニューヨークのタイムズ・スクウェアで少女にキスする水兵の姿や、パリのシャンゼリゼ通りに沿ってあらゆる国籍の兵士が腕を組んでいる姿を目にしてきた。けれども、終戦時催されたあらゆる祝典にもかかわらず、ヨーロッパは、実際には哀悼の場所だったのだ。喪失の感覚は、個人的かつ共同体的だった。ちょうど、大陸の町と都市が崩れ落ちる廃墟の風景に置き換えられてしまったのと同様に、家族とコミュニティの後にもぽっかりと一連の穴が口を開けていたのだ。

ユダヤ人の消失

不在の中にはもちろん、他より大きなものもある。最も明白な不在は、ことに東欧にあっては、ユダヤ人のそれだった。ロンドンの帝国戦争博物館で進められたオーラル・ヒストリーの計画のためのインタヴューで、チェコスロヴァキア出身のユダヤ人生存者エディット・バネトは、この不在が今日もなおどんな風に個人的水準で感じられるか纏《まと》めていた。

私たち皆が喪った家族のことをはたと思う段になると、それが本当はどんなことなのか言い表わすことは決してできません。彼らは戻ってこられません。取り替えがきかないのです——第二世代も第三世代もいまだにそれを感じるのです。私たちが結婚式やバルミツワーを行なうとき、先方からは五〇人か六〇人が家族から出席します。息子がバルミツワーを行ない、結婚式を行なったとき、家族と呼べるようなどんなものもありませんでした――第二、第三世代がホロコーストを感じるというのは、このようなことなのです。家族がいないということに気がつくのです。私の息子は家族のいる生活というのを経験していません――おじ、おばがいて、祖父母がいる。そうではなく、ただ、あの穴が開いているのです[17]。

一九四五年、大方の人が戦争で亡くした家族や友人の数を数えたのに対して、ユダヤ人生存者たちはいまなお彼らに残されていた人の数を数える向きがあった。時には残された人が一人もいないこともあった。ベルリンに住んでいたユダヤ人の追悼書には、拡張家族全員の死が一人また一人と相並んで記されている――小さな子供から曾祖父母に至るまで。アブラハム家に六ページ、ヒルシュ家に一一ページ、レーヴィ家に一二ページ、ヴォルフ家に一三ページが割かれている[18]。似たような本は、かつてヨーロッパ中の至るところに存在したユダヤ人コミュニティのどれに対しても作ることができた。たとえば、ヴィクトール・ブライトブルクは家族全員を一九四四年にポーランドで亡くした。「一族五四人の中で私だけが唯一生き残りました。一族の中で誰か生き残った者はいないか探そうとウッチに戻ったはいいものの、一人だっていませんでした[19]」。

それらすべてが足し合わされたとき、エディット・バネトの言うところの「穴」が諸々の家族全体だけでなく、諸コミュニティ全体をのみ込むということになった。ポーランドとウクライナには、戦前ユダヤ人が住民のかなり大きな割合をなしていた何十もの大都市が存在していた。たとえばヴィルノは、今日リトアニアの首都ヴィルニュスとして知られているが、戦前は六万人から七万人のユダヤ人の故郷だった。四五年半ばまで生き延びたのは、ひょっとすると一〇パーセントだけであったかもしれない[20]。ユダヤ人はまた、ワルシャワの人口のおよそ三分の一をなしていた――合計で約三九万三なかったのである。[21]

九五〇人である。そしてにもかかわらず、四五年一月に赤軍がついにヴィスワ川を渡りワルシャワに到着したとき、彼らはわずかに二〇〇人のユダヤ人の生き残りを市内で見出したに過ぎなかった。四五年末に、一握りの生き残りたちがぽつぽつ市に戻ってきたときですら、ただの五〇〇〇人にもならなかったのである。[21]

農村地域のユダヤ人コミュニティのあり様もまさに同じだけひどかった。ベラルーシのミンスク近郊の広大な田園地帯では、ユダヤ人の存在は人口の約一三パーセントからたった〇・六パーセントにまで減少した。[22] 戦前ポーランドの、大半が時代に取り残された感があったヴォリニアでは、ユダヤ人共同体の九八・五パーセントがドイツ軍と地元民兵によって殺された。[23] 総計で、少なくとも五七五万人のユダヤ人が第二次世界大戦のさなか殺害され、ために、歴史上最も悪く最もシステマティックなジェノサイドをなしたのだった。[24]

もう一度、かかる統計は、もっと人間的な尺度でそれらが何を意味していたかもしれないか想像し始めるまでは、理解が難しい。ポーランドのドロホビチの生き残りだったアリシア・アダムズは、彼女が目撃した出来事を赤裸々な言葉で述べている。

私の両親やおじ、おば、兄（弟）だけでなく、私の幼年時代の友達やその時代に知り合ったすべての人々――ドロホビチの全住民がきれいに消し去られ、大体三万人ですが、皆射殺されたのです。ですから、殺されたのは私の最も親しい家族だけだったのではなく、一人一人を見守ったのです。私は毎日誰かが殺されるのを見守りました――それが、私の幼年時代の一部だったのです。[25]

逃れるか生き延びるかしたユダヤ人にとって、人気《ひとけ》がなく見捨てられた東欧の地に戻ってくるのは、比類なく憂鬱な経験だった。誉れ高きソヴィエトの作家ヴァシリー・グロスマンは、ウクライナで成人し、ドイツ軍の侵略時にはしかしモスクワに住んでいた。一九四三年末に戦争記者として戻ってきたとき、彼は友人と家族全員が皆殺しにされたのを知った。彼は、間もなくホロコーストとして知られることになるであろうものについて書いた最初の人々の一人だった。

ウクライナには一人のユダヤ人もいない。どこに行っても――ポタヴァ、ハリコフ、クレメンチュグ、ボリスポリ、ヤゴチンのどこに行っても――、どの街にあっても、何百というどの町にあっても、あるいは何千というどの村にあっても、あなたは、黒い両の瞳を涙でいっぱいにした少女の姿を見ることはないだろう。老婆の苦痛に満ちた声を聞くことはないだろう。腹を空かせた赤ん坊の黒ずんだ顔を見ることはないだろう。すべては静寂だ。何もかもが静かだ。すべての人が容赦なく殺されてしまったのだ。(26)

大陸の大半の地からの一人種全体の効果的な除去によって、数世紀来築き上げられてきた独自の文化も同じく失われてしまったのだった。

これは何千もの職人の家族とインテリゲンチャの面々によって、一つの世代から次へと連綿と受け継がれてきた、偉大かつ往古の職業的経験の殺害であった。これは祖父たちが孫らに伝えてきた日々の伝統の殺害であった。これは記憶の殺害であり、哀悼の歌、幸福で痛切な人生の殺害であった。これは路床と墓地の破壊であった。これは、ウクライナ人と数百年にわたり相並んで生きてきた一民族の死であった……。

ユダヤ人は、第二次世界大戦中ヨーロッパで生じたことの法外さの理解へと近づくに至った数少ない集団の一つだった。選別され、家畜のごとく駆り集められたという事実は、彼らに唯一無二の視点を与えた。すなわち、大量殺人は単に局所的問題に過ぎなかったわけではなく、大陸中の至るところで起きていたということを彼らは見てとることができたのである。子供たちですらこれを理解した。たとえば、一一歳のツェリーナ・リーベルマンは、四二年にウクライナでキリスト教徒の夫婦に慌ただしく里子に出されたにもかかわらず、ユダヤ人のアイデンティティを保持し続けようと試みた。彼女は毎晩神様に、新しい両親と一緒に教会についていくのを謝った。というのも、彼女は自分が生きた最後のユダヤ人だと大真面目に信じて疑わなかったからだった。[28]

そしてにもかかわらず、この絶望のさなかにあってさえ、なお希望の種は存在するにはしていたのだ。ツェリーナ・リーベルマンは生きた最後のユダヤ人ではなかった。戦争が過ぎ去ると、ユダヤ人たちは最もありそうにもない場所に隠れていたのから忽然と現われ出始めたのだった。数千人のユダヤ人がリトアニアやポーランド、ベラルーシの森や沼で生き延びていた。さらに数千人が思いやりのある異邦人の地下室や屋根裏部屋に匿《かくま》われて戦争の時を過ごしていた。壊滅後のワルシャワでさえ、一握りのユダヤ人が廃墟から現れ出て、さながらそれは聖書のノアが変わり果てた世界の岸辺を踏むがごときだった。彼らはホロコーストの洪水を下水道やトンネル、特定の目的のために造られた壕に籠もることで切り抜けていたのである——彼らならではの個人的方舟だ。ひょっとすると、最も偉大な奇跡は、そうは感じられてはいなかったかもしれないものの、ヨーロッパの強制収容所内でのユダヤ人の生き残りだったかもしれない。死ぬまで彼らを飢えさせ働かせようとナチが払った徹底した努力にもかかわらず、約三〇万人のユダヤ人が連合軍によって解放される四五年までを生き延びたのだった。総じて、約一六〇万人のヨーロッパのユダヤ人がどうにか死を免れたのだった。[29]

戦争は加えて、ナチからの容易ならぬ圧力などものともせずに、国家がユダヤ人に対して名誉ある振る舞いをした稀有な例をも提供する。デンマークは、反ユダヤ主義的法律を一本も通さず、ユダヤ人の財産を一度も没収せず、一人のユダヤ人も行政職から逐わなかった。親衛隊が国内の七二〇〇人のユダヤ人を駆り集める計画を立てているのを知ると、デンマークの人々はユダヤ人コミュニティをほぼまるごと秘密裡にスウェーデンに退避させるべく謀った。[30] イタリア人もまた、ユダヤ人を強制移送しようというあらゆる企てに抵抗し、それも、イタリア国内だけではなしに征服した諸領土においてもそうしたのだった。[31] 親衛隊がブルガリアの四万九〇〇〇人のユダヤ人を強制移送するよう要求したとき、王と議会、知識人、さらには農場主たちが猛烈にその措置に反対した。事実、ブルガリア人農場主たちは、ユダヤ人が連行されるのを阻止しようと鉄道線路に身を横たえる覚悟ができていたという話だった。そのため、ブルガリアは戦時中、実にユダヤ人人口の増加を見たヨーロッパで唯一の国となった。[32]

最後に、己が命の危険を顧みず、進んでユダヤ人を救おうとした個々人の実話がいくつかある。これらの人の中には、ドイツ人産業資本家のオスカー・シントラーのようによく知られた人もいる。だが、一九五三年以降、さらに二万一七〇〇人を超える人々がユダヤ人を救った功績でイスラエル国家によって顕彰されている。[33] これらの人々の中には、ユダヤ人に対する自身の激しい偏見にもかかわらず彼らを庇護した者もいた。たとえば、あるオランダ人聖職者はユダヤ人に対して激しい嫌悪の情を抱いているのを認め、彼らのことを「我慢ならず……われわれと大変異なっていて、別の種の、典型的に別の人種の人々」と考えていた。そしてにもかかわらず、彼は、ナチから逃げてきたユダヤ人を助けたかどで逮捕され収容所送りになるのを厭《いと》わなかったのだった。戦中および戦後、ユダヤ人にとってのみならず、ヨーロッパの人々全体にとって希望が湧き出づるのは、このようなありそうもない源からなのだ。(34)

他のホロコースト

ユダヤ人の絶滅は大陸大のジェノサイドであったがゆえに、最も見えやすいものであった一方で、局所的スケールに限れば同程度に圧倒的な不在は他にもあった。クロアチアでは、国全体を民族的に浄化しようとしたウスタシャ政権により、五九万二〇〇〇人のセルビア人とムスリム、およびユダヤ人が殺害された。(35)ヴォリニアでは、ユダヤ人の絶滅後、数万人のポーランド人がウクライナの民族主義者により殺された。ブルガリア人はエーゲ海北岸沿いに侵略した地域のギリシア人コミュニティを皆殺しにし、ハンガリー人は同じことをユーゴスラヴィアのヴォイヴォディナ地方のセルビア人に対してやってのけたのだった。

ヨーロッパの多くの地域で、望まれない民族集団は、単に彼らの町や村から追い出されるだけのことだった。このことは戦争の初期に中欧および東欧の全域で生じたが、それは、旧諸帝国が第一次世界大戦直後に失った領土をどうにか取り戻すに至ったからだった。だが、一民族集団の最も劇的な大移動《エクソダス》は一九四五年に生じ、その際、数百万のドイツ人が進撃する赤軍に東プロシアとシレジア、ポメラニアから追われ、後にはゴーストタウンと化した風景を残したのだった。ドイツ東部のこれらの地域が戦争の直後ポーランドに譲渡されたとき、到着したポーランド人たちは、さもなければ完全に通常の街路に見えたもののうちでの薄気味悪い生命の不在を記述した。家屋敷によってはなおも食卓に料理の盛られた皿が置かれたままになったものもあり、あたかも彼らが慌てて見捨てていったかのようだった。「何もかもが空っぽだった」、と四五年の春、ドイツの都市シュテティンにいち早く任じられたポーランド人官吏の一人ズビグニェフ・オグロジンスキは思い出す。「部屋に入ると、何もかもがそこにあった――棚の本、家具、何もかも。ドイツ人は一人もいなかった[36]」。ドイツ東部の田園地帯では、生命の不在は完全であるように思われた。四五年夏、一人の英国人少佐が、ロシア人担当者と物資の交換をしにドイツのメクレンブルク州を抜けた旅路の様子を記している。

われわれの行く手最初の数キロは、ラーベンシュタインフェルトの森を抜けるというもので、次に見事な農地の間を貫いてゆき、とうとうクリヴィッツへと到着した。この旅はこれまで私がした中で最も気味の悪いものだった。われわれが見た人間は、年老いた赤軍兵士と歩哨たちだけだった。農地は捨てられ、納屋は空っぽで、畑には牛と馬の姿が欠けており、鶏もいない。要するに死んだ土地だったのだ。(数人の赤軍兵士を除き) クリヴィッツへと至るあの一八キロの道程で、私は生きたものを見た覚えがこれっぽっちもない。一羽の鶏が鳴くのだって聞かず、いかなる野生動物の姿も見なかった[37]。

わずか六年の経過する間に、ヨーロッパの人口統計は取り返しのつかないほど変わってしまった。ポーランドの人口密度は二七パーセント減少し、東部のいくつかの地域ではいまではほとんど誰も住んでいなかった[38]。かつて民族的に混淆していた国々はあまりに大規模に「浄化」されたので、どの点から見ても、いまやただ単一の民族集団しか含まなかった[39]。それゆえ、人々の不在に加え、コミュニティの不在と多様性の不在が統《す》べていたのだった。ヨーロッパの広大な領域が同質になっていたのである。この過程は、戦争が終わり数ヶ月でひたすら加速するばかりだろう。

もしコミュニティ全体の大仕掛けな虐殺が部外者に対し風景を気味の悪いものに仕立てていたとしたら、空虚の只中でいまなお生きていた少数の人々にとっては、それははるかに混乱させるものだった。たとえば、フランスはリムーザン地方のオラドゥール・シュル・グラーヌでの虐殺の生存者は、その後、決して完全には彼らに生じたことと折り合いをつけることができなかった。一九四四年の夏、地元レジスタンス活動に対する報復として、町の男たち全員が駆り集められ射殺された。女性と子供たちは教会へと追い立てられ、その後火を点けられた。戦後、当局は村を再建せず、近くに新しい町を建てることに決めた。オラドゥールの町全体は虐殺の日のままとこしえに保存されることとなった。村は今日もまだゴーストタウンのままだ。[40]

等しく残忍な、似たような虐殺が、ヨーロッパ中の無数の地元コミュニティで生じた。ひょっとすると、それらすべてのうちで最も恥ずべきものだったのは、チェコスロヴァキアのリディツェで起きたそれだったかもしれない。ボヘミアとモラヴィアのドイツ保護領副総督だったラインハルト・ハイドリヒの暗殺の報復に、その地の住民男性全員が射殺されたのだ。村の子供たちはその後、ヘウムノ強制収容所に連れて行かれ、そこでガス殺にされ、女性たちはラーフェンスブリュックに監禁され強制労働に付された。村自体はその後燃やされ、ブルドーザーで均され、瓦礫が運び出され、かつて建物が軒を連ねた場所には草が生えるにまかされたのだった。この虐殺の目的は、単に占領に抵抗したかどで地元コミュニティを処罰するだけではなく、いまだかつてそれが存在しなかったかのように完全にそのコミュニティを消去することにあった。その後、ナチはリディツェの村の体系的破壊を、他のいかなる村であれ、もしレジスタンス活動にごくわずかでも関わった形跡があればどうなるか、見せしめのために用いたのだった。[41]

このようなコミュニティの完全な抹消の心理的インパクトは、過小評価されるべきではない。一九四五年、強制収容所からの解放後、生き存らえたリディツェの女性たちが村に帰った。彼女らは自分たちのコミュニティに何が起きたのか村境でチェコ人の兵士に出会うまで知らなかった。これらの女性の一人、ミロスラヴァ・カリボヴァーは後年自身の反応をこう述べている。

兵士たちは項垂《うなだ》れ、多くが目に涙を溜めていました。私たちは言いました、「ああ、どうか！もっと悪いことがあるなんて仰らないでください……」。兵士たちの一人が私に話しかけてきて、私が彼から聞いたことには、三年前に男性全員が撃ち殺された……。幼い男の子を殺すこと。男性全員をただちに殺すこと……。そして、すべてのうちで最悪なのは、子供たちをガスで殺すこと。それは、凄まじい衝撃でした。[42]

村に着いたとき、彼女が見つけたのは「ただ不毛な平原だけ」だった。村にもともとあった何ものも、彼女自身の記憶の中と彼女の生き残りの仲間たちの記憶の中を除き、実在してはいなかったのである。[43]

このような経験は、局所的水準では、いちいちホロコーストと同じだけ呆然とさせられるのだった。町や村の破壊は、それらの場所に住む生き残りたちにとってのみ喪失だったわけではなく、その周囲の都市全体にとっても、さらに拡大していけば大陸全体にとっても喪失だったのであり、大陸は、アントワーヌ・ドゥ・サン＝テグジュペリの言葉を借りれば、「記憶の積荷……伝統の一房」を奪い取られたのだった。[44] リディツェは、他の何千もの村とともに、灯火を消すように消されたのだった。

寡婦と孤児

もし殺人がヨーロッパ社会の織地に数個の「穴」を開けたとしたら、より微妙な人口統計学的不在は他にも存在し、あたかもそれはタペストリーから縒《よ》り糸がまるごと一本抜かれたかのようだった。これらのうちで最も目立ち、ほとんどどこにあっても感じられたのは、男性の不在だった。ヨーロッパ戦勝記念日に英国の地方を写した写真からは、戦争の終結を祝う女性や子供でいっぱいになった街頭祝典の様子が偲ばれる――年老いた、あるいは休暇中の予備役の兵士を除いて、写真には大概男たちの姿が欠けている。これらの写真の中の人は微笑んでいるが、それは彼女たちがわれらが男たちの不在はかりそめに過ぎないことを知っているからだ。ヨーロッパの他の地域では、そんな確実さなど存在しなかった。ドイツ軍兵士のほとんどや、他の枢軸国の兵士らは戦争が終わると抑留された――これらの男たちの多くが、その先何年も戻ることがなかった。そしてもちろん、数百万のあらゆる国籍の男たちが決して戻ることがなかったのだ。「われわれが旅したドイツのいく千キロのうちで」と、戦後、ある英国人少佐は書いた。「すべてのうちで最も顕著な事実は、一七歳から四〇歳までの男子のまったくの不在だった。そこは、女と子供、そして年老いた男たちの国だったのだ[45]」。

ヨーロッパの他の多くの地域で、若い女性の数世代全体が独身を余儀なくされたが、地元の男たちの大半が死んでいたという単純な理由のためだった。たとえば、ソヴィエト連邦では終戦時には女性が男性より一三〇〇万人を超えて多かった。男手を失ったことは、農村部で最も過酷に感じられた。一九五九年の人口調査によれば、二九年から集団農場の労働者の八〇パーセントが女性だったのだ。一九五九年の人口調査によれば、二九年から三八年の一〇年間に二〇歳に達した全ソヴィエト人女性の三分の一が未婚のままに留まったのだった[46]。

もしヨーロッパが女たちの大陸になっていたとしたら、それはまた子供たちの大陸なのだった。戦争の直後の混乱の中で、多くの子供が家族から引き離され、安全のために徒党を組んで一緒に暮らしていた。四六年になってもローマとナポリおよびミラノでは、まだ約一八万人の流浪の子が住んでいた。彼らは戸口や小路で眠ることを強いられ、盗みや乞食、売春をして生きていた。問題があまりに重大であったために、ローマ教皇その人が、「あてどなく町や村を彷徨《さまよ》い歩き、見捨てられ、しかも多くの危険に晒されている」イタリアの子供を救うよう世界に訴えたのだった。(47) フランスでは、彼らはしばしば干し草の山の中で眠っているところを農家に見つけられた。ユーゴスラヴィアとスロヴァキア東部では、半ば餓死した子供たちが森や洞窟や廃墟に住んでいるのをパルティザンが見つけた。一九四五年の夏、ベルリンだけで五万三〇〇〇人のみなしごがいた。(48)

そのような子供が一人、英国人中佐ウィリアム・バイフォード＝ジョウンズによって、ベルリンの皇帝ヴィルヘルム記念碑の隙間に暮らしているところを発見された。中佐がそこで何をしているのか尋ねたところ、彼女はそこは彼女が探せるうちで最も安全に眠れる場所なのだと答えた。「誰にも見つからないの。ここは暖かいし、誰もやってこないの」。ドイツ社会福祉局が彼女を連れ出そうとやってきたとき、なだめすかして誘い出すのに数時間の辛抱が必要だった。(49)

このような物語は、ヨーロッパの織地に開いたもう一つの呆然とさせられる不在を指し示す――両親の不在である。この問題は、とりわけ戦争によって最も荒廃させられたあれらヨーロッパの諸地域でひどかった。たとえばポーランドでは、優に一〇〇万を超える「戦争孤児」――英米の役人たちのジャーゴンで、少なくとも両親の一方を喪った子供たちのことを意味した――がいた。(50) ドイツではおそらく、さらに一〇〇万人はいただろう。英国地区だけで四七年に、三二万二〇五三人の戦争孤児が登録されていたからである。(51) 父親の欠如、それどころか、いかなる男性の手本も欠けているということはあまりにありふれていたので、子供たち自身それを至極当然のことと見なしたほどだった。「思い出せるうちで父親がいたのは、たった一人の少年だけだった」。ワルシャワ出身のポーランド人アンジェイ・Cは言う。彼は戦後すぐ強制追放者収容所を転々としたのだった。「男性は見慣れない生物だった、ほとんどそこら辺にはいなかったから」[52]。ユネスコによれば、ドイツの子供たち全体の三分の一が父親を喪っていたのだった[53]。

両親の、および両親による監督の不在は、時折思いもかけぬ利得を生むこともあった。たとえば、アンジェイ・Cは幼年時代の苦難を認めつつも、彼と他の少年たちがドイツ南部の強制追放者収容所と周囲でいつも遊んでいたゲームのうちいくつかを愉しそうに思い出すのだ。アンジェイ自身、ほとんどの子供たちが今日日、ただ夢見ることしかできないようなおもちゃで遊ぶ機会があった。

私たち子供はまるで野良犬のようだった。その頃、人生は大変興味深かった！　恐怖は去り、日は輝き、探せば面白いものがあった……。一度など、私たちは大砲の不発弾を見つけたことがあった。危険だとは知っていたので、一時小川に浸してみた。というのも私たちはそれをどうしてよいか知らなかったからだ……。結局、別の焚き火に砲弾を入れて谷の反対側まで走り、何が起きるのか見てやろうとした。凄まじい爆発が起こったよ。もしかすると誰かがまずいときにやってくるんじゃないかなどと、私たちは決して考えなかった――私たちには考えというものがまるでなかったんだ。別の時など、私たちはドイツ軍の機関銃の弾薬を見つけたことがあった。たくさんあったよ。それで、そいつらを誰かが森に捨てていった金属製のストーブに入れ、薪を入れストーブを焚いた。あれは素晴らしかった！　弾薬が弾けて穴が開いて、最後はまるでざるみたいだった！

別の折には、アンジェイと友人たちはガソリンで一杯になったジェリカンで焚き火をし、無煙火薬に火を点けて眉をすっかり焼き落とし、臼砲の砲弾の投げっこをし、あまつさえ対戦車ロケット弾のパンツァーファウストを見つけ発射したことさえあった。「あれもまた大層よかった!」この一部始終を通じての彼の最大の不安は、ひどい怪我をするかもしれないということではなかった。自分のしでかしたことを母親に見つかるのではないかということなのだった。

一度など地雷原を歩いて渡り、見捨てられたドイツ軍の掩蔽壕沿いに生えていた野生のラズベリーを採りに出かけたことさえあった。「これは戦争の数年後だった」。彼は説明する。「地雷は見えていた。それで私たちは歩いて渡れると踏んだんだ──つまるところ、見えるのだから安全だ、とね……。私たちは愚かで、そして幸運だったんだ。[54]もしおつむがないのなら、運がなければね。それにしても、あれは素晴らしいラズベリーだったよ……」。

アンジェイは、一つならずの仕方で幸運だった。危険な怪我を避けられたというだけでなく、彼には母親がまだ傍についていてくれたのだった。戦後いくらか経つと、父親もイタリアでポーランド第二軍団の一員として戦った末にひょっこり帰ってきた。これは、約一三〇〇万人のヨーロッパの他の子供たちには味わうことのできなかった贅沢だった。[55]かなりの割合の子供たちが両親を喪い、四八年九月になっても相当数の子供たちが──全部でおよそ二万人が──いまだ、誰かわずかでも身内の消息はないか待ち侘びていたのだった。[56]

孤児についての心理学的諸研究は、彼らが、無理もないことだが、しばしば他の子供たちに比べてずっと不安や憂鬱に捉えられやすいということを示している。彼らはより奇行や反社会的行為を起こしがちであり、より自殺を企てがちであり、より麻薬とアルコールの常習率が高く、より自尊心が乏しく、より貧弱な健康しか持ち合わせていない[57]。幼い子供にとって、両親は世界の堅固さとそれが働く仕組みとを表象している。両親が突如奪われると、彼らはその上に世界の理解を築いていた礎を失うことになるのである。通常の死別のプロセスに加えて、これらの子供たちは、世界が彼らの目には本質的に不安定な場所となってしまったという事実と折り合いをつけねばならないのである。

戦時中、ヨーロッパ全体で同様のプロセスが生じたという感覚がある。不在の陰鬱な雰囲気は、大陸の心理を基礎的な水準で変容させた。何千万もの個人が友人や家族、愛する人を喪った経験をしたばかりでなく、多くの地域が諸コミュニティ全体の絶滅と、さらには、すべての国民が巨大な人口断面の死と折り合いをつけねばならなかった。安定性に関するいかなる観念も、それゆえ、失われたのだ——個々人にとってだけでなく、社会のあらゆる水準において。

もし死に別れた個人が奇行に陥りがちなら、同じことはコミュニティや、それどころか国家全体についてさえ正しい。もし以下の頁で、私がなぜ戦時中何が喪われたのかこれほど縷縷《るる》述べて厭《あ》かないのか訝しむ向きがあれば、読者諸賢にはこのことを心に留めておかれる価値がある。ヨーロッパはそれまでにもたくさんの激変に苦しんできたが、第二次世界大戦のまったきスケールの前では、それ以前の数世紀に生じたことなどどれも小さく見えてしまう。戦争は、ヨーロッパを死別させただけでなく、動転もさせたのである。

原註

(1) Nossack, p. 67.
(2) Ibid., p. 98.

(3) Ibid., p. 68. Lowe, *passim.*

(4) 戦死者数に関する統計を弾き出すのは、極度に困難な事柄である、しっかりしたデータの欠如、領土の変更、何が「戦死」を構成するかをめぐる問題、巨大な人口移動、等々により込み入るからである。各国毎に込み入らせる要因については、Frumkin, *passim* を見よ。

(5) 戦前のポーランド領土に基づいている。Frumkin, pp. 60 and 117 を見よ。比較については、Maddison, pp. 38 and 96 を見よ。

(6) Frumkin（p. 168）と Dupuy and Dupuy（p. 1309）は、大いに異なる数字を挙げている。しかし、Britain's Central Statistical Office（pp. 13, 37 and 40）は、戦争により殺された六万三六三五人の民間人と、二三万四四七五人の軍務従事者らとを挙げている――それゆえ、私はこれらの数字が最も信頼に足ると想定してきた。Milward は、英連邦出身の人々を含む六一万一五九六人の死者数を挙げている――彼の *War, Economy and Society*, p. 211 を見よ。

(7) フランス： Frumkin は六〇万人を挙げ、Rioux, p. 18 も同じである。しかし、Milward は *War, Economy and Society*, p. 211 で四九万七〇〇〇人の死を挙げ、かつ Rioux と同様、さらに三〇万人の間接戦争死傷者（栄養失調等による）の考え得る旨触れている。オランダ： Frumkin は二一万人を挙げており、p. 168、the Centraal Bureau voor de Statistiek も同じである、p. 749、そして七万人の間接戦争死傷者が考え得る。ベルギー： Frumkin は八万八〇〇〇人を挙げ、p. 168、そのうち二万七〇〇〇人がユダヤ人と見積もっている。Martin Gilbert は二万四三八七人のベルギー系ユダヤ人を挙げている、*Atlas of the Holocaust*, p. 231. イタリア： Frumkin は四一万人を挙げている、p. 103。しかし、イタリア政府公式統計は、一五万九九五七人の軍死傷者と一四万九四九六人の民間人死傷者を示し、総計三〇万九四五三人としている――Istituto Centrale di Statistica, pp. 3–11.

(8) 見積もりは、ドイツ国境の画定、ドイツ国籍の規定、いつまでを戦争死者と見なすかの日付期間、ソヴィエト捕虜収容所内の死者数の見積もり等に依存して、大幅に変動する。Frumkin は不精確にも四二〇万のドイツ人死者数を挙げている（p. 83）。Overmans は六〇〇万を超える人数を挙げ、そのうち四四五万六〇〇〇人は戦死とする――*Deutsche militärische Verluste*, pp. 333–6. Milward もまた、六〇〇万人を挙げている、*War, Economy and Society*, p.

211. The USSBS *Over-all Report*, p. 95 によれば、三〇万五〇〇〇人のドイツ人民間人が連合軍爆撃により殺された。しかし、より包括的な一九六二年の Statistisches Bundesamt は五七万人を挙げている——その *Wirtschaft und Statistik*, 1962, p. 139 を見よ。

(9) Frumkin は一六万の死者数を、加えて一四万の飢餓による死者数を出している。しかしながら、餓死者の数は実際にははるかに高かった。赤十字社の研究によれば二五万人である。Mazower, *Inside Hitler's Greece*, p. 41 を見よ。多くの歴史家が、餓死者数を三五万人としている。Hionidou, pp. 2, 158 を見よ。Maddison, p. 44 は戦前のギリシアの人口を七一五万六〇〇〇人としている。

(10) Frumkin は四三万人の戦死者数を出している（p. 94）; Glanz は四二万から四五万人の間と見積もっている、p. 169. Maddison は戦前のハンガリーの人口を九二二万七〇〇〇人としている（p. 96）.

(11) 最も信頼に足る数字は、一〇二万七〇〇〇人である。Tomasevich, pp. 718–50 における議論と、Croatian State Commission, pp. 19–26 を見よ。Maddison, p. 96 によれば、戦前のユーゴスラヴィアの人口は一六三〇万五〇〇〇人だった。

(12) このパーセンテージは、Misiunas and Taagepera, p. 356 による知識経験に基づく推測である。

(13) Frumkin はポーランド人死者数を五八〇万人とし、その中には三二〇万人のユダヤ人が含まれている（p. 122）が、一九四七年のポーランド公式統計は六〇二万八〇〇〇人としている（これは、非公式に、二九〇万人のユダヤ人を含んでいる）——Biuro Odszkodowańjennych przy Prezydium Rady Ministrów を見よ。また、Davies, *God's Playground*, p. 344 と Jan Szafrański, 'Poland's Losses in World War II', in Nurowski, p. 44 も見よ。戦前のポーランドの人口は三四八〇万人である——註5を見よ。

(14) 見積もりは大幅に変動する。Krivosheev, p. 83 を見よ。また、Barber and Harrison, p. 206 も。Milward はわずか一七〇〇万人としている、*War, Economy and Society*, p. 211. Overy, p. 288 は二五〇〇万人としていて、一九五六年にフルシチョフにより発表された公式の数字は二〇〇〇万人で、また一九九一年にゴルバチョフにより発表されたのは二五〇〇万人だったと註記している。

(15) Yekelchyk, p. 151. また、Krawchenko, p. 15 も見よ、彼は六八〇万人としている。Kondufor は五〇〇万人である、p. 222.

(16) Statiev, p. 64.
(17) Edith Baneth の言葉、Smith, p. 318 に引用。
(18) Moorhouse, p. 183.
(19) Anon., *The Day War Ended*, p. 200 に引用された Victor Breitburg の言葉。
(20) Friedländer, p. 219 を見よ、より低い戦前の数字を出している。また、Snyder, pp. 74 and 86 を見よ、より高い戦前の数字、および戦後のパーセンテージを出している。また、Skolnik and Berenbaum, vol. XX, p. 531 も見よ。
(21) Skolnik and Berenbaum, vol. XX, pp. 670, 674.
(22) Skolnik and Berenbaum, vol. XIV, p. 294.
(23) Spector, pp. 357–8.
(24) Gilbert, *Atlas of the Holocaust*, p. 232. The Nuremberg evidence によると、その数字は五七〇万人で、もっとも後の見積もりは五九三万三九〇〇人とした——Dawidowicz, pp. 479–80 を見よ。
(25) Alicia Adams の言葉、Smith, p. 317 に引用。彼女が挙げる数字は誇張されている。戦争開始時の一万七〇〇〇人のユダヤ人のうち、ソヴィエト解放時わずか四〇〇人しか残らなかった。Skolnik and Berenbaum, vol. VI, p. 24 を見よ。
(26) Beevor and Vinogradova, p. 251 に引用。
(27) Ibid., p. 253 に引用。
(28) Anon., *The Day War Ended*, p. 184 の Celina Liberman testimony.
(29) Gilbert, *Atlas of the Holocaust*, p. 229. Dawidowicz は三〇〇万人の生き残りを挙げており、しかし八六万八〇〇〇人のロシア系ユダヤ人生存者を含んでいる。p. 480 を見よ。
(30) Gilbert, *Atlas of the Holocaust*, p. 154; Dawidowicz, p. 446.
(31) Steinberg, *passim*.
(32) Gilbert, *Atlas of the Holocaust*, p. 140; Dawidowicz, pp. 464–5.
(33) Gilbert, *Atlas of the Holocaust*, p. 230.
(34) Hondius, p. 97.
(35) 戦争中殺害されたセルビア人の数に関してはかなり乱暴な誇張がされてきた。この数字がおそらくもっとも精確である。Tomasevich, pp. 727–8 を見よ。
(36) Zbigniew Ogrodzinski, personal interview, 30 October 2007. 同じことがトランスニストリアでも起きた。Werth, pp. 814–15 を見よ。
(37) Major A. G. Moon, IWM Docs 06/126/1, typescript memoir, p. 50.
(38) Milward, *War, Economy and Society*, p. 215.

(39)一九四五年一二月時点で諸々のナショナル・マイノリティは東欧人口のわずか一〇パーセントしか占めていなかった。Pearson, p. 229 を見よ。

(40)Farmer, *passim*.

(41)Lidice に関する統計については、Anon., *Komu sluší omluva?*, p. 70 を見よ。また、Sayer, pp. 231 and 369, fn. 45.

(42)Miloslava Kalibová interview in Charles Wheeler's BBC documentary *A Shadow Over Europe*, 2002.

(43)Miloslava Kalibová interview with Carmen T. Illichmann, 'Lidice: Remembering the Women and Children', *UW-L Journal of Undergraduate Research*, 8 (2005).

(44)Saint-Exupéry, p. 63.

(45)Major A. G. Moon, IWM Docs 06/126/1, typescript memoir. ベルリンでは、男性一人ごとにほぼ二人の女性がいた。Naimark, *Russians*, p. 127 を見よ。

(46)Barber and Harrison, p. 207 を見よ。また、Mark Harrison の小論 'The Soviet Union: The Defeated Victor', in Harrison, p. 286; および Milward, *War, Economy and Society*, p. 212 も見よ。

(47)Macardle, pp. 107, 202, 231 を見よ。また、Brosse, p. 29 も見よ。

(48)Byford-Jones, p. 52.

(49)Ibid., p. 55.

(50)Macardle, p. 80. これは控え目な数字である。一九四六年の UNESCO の数字は一七〇万人と示唆している。Brosse, p. 30 を見よ。

(51)TNA: PRO FO 938/310.

(52)Andrzej C., personal interview, 3 March 2008.

(53)Brosse, p. 29.

(54)Andrzej C., personal interview, 3 March 2008.

(55)一九四八年の赤十字社の見積もりによる。Brosse, p. 28.

(56)いろいろの国の公式統計については、Macardle, pp. 58, 80, 107, 156, 200, 206 and 287 を見よ。

(57)たとえば、Lucie Cluver and Frances Gardner, 'The Mental Health of Children Orphaned by Aids: A Review of International And Southern African Research', *Journal of Child and Adolescent Mental Health*, 19 (1) (2007), pp. 1–17 を見よ。これは、AIDS の孤児を他の原因（戦争を含む）になる孤児および非孤児と比較している。

第3章 強制追放

もし第二次世界大戦が史上他のどの戦争よりも多くのヨーロッパ人を殺害したとすれば、それはまた、かつて世界が目撃した最大の人口移動のいくつかの原因でもあったのだった。一九四五年の春、ドイツは外国人労働者で溢れていた。その国土は、終戦時、ほぼ八〇〇万になんなんとする強制労働者を容れており、彼らはドイツの農園や工場で働くべくヨーロッパの各地から連れてこられていたのだった。ドイツ西部だけで、UNRRA、すなわち国連救済復興機関は、六五〇〇万人を超える強制追放者の世話をし、祖国へと帰還させた。彼らの大部分はソヴィエト連邦とポーランド、そしてフランスの出身だったが、かなりの数のイタリア人やベルギー人、オランダ人、ユーゴスラヴィア人、そしてチェコ人も含まれていた。これら強制追放者の割合の多くは、女性と子供たちだった。近代戦の中でも第二次世界大戦を唯一無二のものにする多くの側面のうち一つは、伝統的な軍事的捕虜の傍らで膨大な数の民間人が捕虜に連れられたという事実だ。男性はもちろん、女性と子供も事実上戦利品として扱われたのだった。彼らは、ローマ帝国の時代以降、ヨーロッパでは見たことがないような仕方で隷従させせられたのだった。(1)

ドイツの状況を一層込み入ったものにしたことに、何百万というドイツ人が自国の内部で強制追放されたのだった。四五年初めまでに、四八〇万人と推定される国内避難民が、大半は爆撃された都市から南部と東部に逃れてきており、さらに四〇〇万人の強制追放されたドイツ人が赤軍への恐怖から帝国《ライヒ》東部区域を後にしていた。[2] これにざっと二七万五〇〇〇人の英国人、アメリカ人戦争捕虜を加えると、ドイツだけで、総計で最低でも一七〇〇万人の強制追放者がいた計算になる。[3] これはかなり控えめな推計で、他の歴史家たちはもっと大きな数字を据えてきた。[4] ヨーロッパ全体で見れば、ある研究によれば、四〇〇〇万を超える人々が戦時中いろいろな時期に力ずくで追放させられたのだった。[5]

戦争状態も終盤に差しかかるにつれて、膨大な数の人々がわが家に向けて長い旅路に就いた。英国陸軍工兵隊の一員で英国人工兵隊員だったデリク・ヘンリーは、四五年四月の中旬にミンデン郊外で初めてそのような集団に出会い始めた。

われわれはいまだ交戦を続けているドイツ軍の残党に用心するように命じられていたが、幸い出会ったのは、皆、あらゆる国籍と民族からなる数千のDP〔強制追放者〕と避難民で、全員がこちらに向かって、そして西に向けて進んでくるのだった。ブルガリア人、ルーマニア人、ロシア人、ギリシア人、ユーゴスラヴィア人、そしてポーランド人――どこの人であれ、彼らはそこにおり、二、三人のグループでそれぞれが惨めな所持品の束を自転車の上か農家の荷車の中に積み上げているのもいれば、大集団ですし詰めのバスやトラックの後部に群がっているのもおり、それが決して途切れようとはしないのだ。われわれが停止すると彼らは決まって押しかけてきて、食糧をいくばくかねだるのだった。[6]

その後、合衆国情報部員ソール・パドーヴァーによれば、「何千もの、何万もの、ついには何百万もの解放された奴隷たちが、農場や工場や鉱山からどっと街道に流れ出ていた」[7]。強制追放された人々のこの巨大な奔流に対する反応は、目撃した人次第で、甚だしく違いがあった。パドーヴァーにとっては、彼はドイツ人にはほとんど我慢ならなかったので、「あるいは史上最も悲劇的な人類の移動」だったかもしれず、率直に言って、ドイツ人の罪のより一層の動かぬ証拠なのだった。地元住民にとっては、不機嫌な外国人がこれだけ大集団でいることに神経質になるのも無理からぬことだったので、彼らは脅威を表わしていたのだった。「彼らはまるで野生動物のように見えた」。戦後、あるドイツ人女性は書いた。「人なら誰でも彼らのことを恐れるでしょう」[8]。彼らをともあれコントロールすることが仕事で打ちのめされていた軍政府の将官にとっては、彼らはひたすら「群がり集う大群」に過ぎなかった[9]。彼らは道路を埋め尽くし、その一方で、すでにあまりに損傷のひどかった道路は役に立たず、彼らは喰うために途次《みちすがら》大小の店や農家を略奪し強奪していった。行政組織が崩壊し、地元警察が皆殺しにされたか抑留されたかし、風雨を凌ぐ場所がどこにもなく、そして食べ物がもはや配給されない国では、彼らは法の支配に対するどうしようもない重荷と抗しがたい脅威を表わしていたのだった。

だが、これは、これらの人々を外側から見ることだ。強制追放された人々自身にとっては、彼らは単に彼らなりの方途で安全へと至ろうと努力する人たちでしかなかった。幸運な人はフランス兵か英国兵、またはアメリカ兵に拾われて、集団で西側の強制追放者用施設に送られた。しかるに厖大な事例にあっては、彼らを扱うに充分なだけの連合軍兵士が全然足りていなかった。何十万という人が事実上見捨てられて、自分の身は自分で守らなければならなかった。「誰一人いなかった」とアンジェイ・Cは思い出す。戦争が終わったとき、彼はまだ九歳だった。彼と彼の母親、そして姉(妹)はボヘミアで強制労働に従事させられていたのだった。戦争の最後の数週間に彼らはかき集められ、カールスバート（現代のチェコ共和国のカルロヴィヴァリ）というズデーテン地方の町に連れて行かれたが、そこで彼らはとうとうドイツ人警衛の最後の一人にも見捨てられたのだった。「私たちは真空地帯にいた。ロシア人も、アメリカ人も、英国人もいなかった。純然たる真空地帯だった」[10]。彼の母親は針路を西にとりアメリカ軍の前線に向けて進むことに決めたが、ソヴィエト軍に身を委ねるよりはその方が安全だろうと考えたからだった。彼らは数週間を費やしてドイツに入り、米軍が占領地区に後退するのに応じて前線を行きつ戻りつした。アンジェイはこれが不安に満ちた時間で、ドイツ軍の捕虜であったときと比べてさえずっとストレスが多かったと振り返る。

あれは実にひもじい時期で、というのも何もなかったからね。私たちは施しを乞い、盗みを働き、やれることは何だってしてた。畑からじゃがいもを掘った……。いつも食べ物のことが夢に出てきた。マッシュポテトにベーコンを載せてね——あれが特上の上だった。もっと旨いどんなものも思いつかなかった。ほかほかと湯気を立てている黄金色のマッシュポテトの山！

彼は、ばらばらで、お互いに混ざり合うようには見えなかったグループからなる、途切れることのない避難民の流れに紛れて旅をした。彼のグループは約二〇人で、大半はポーランド人だった。道々彼らが通過した土地の人々は、彼らの窮地に対して思いやりがあるどころではなかった。グループの男性の一人が得た、馬に生草を食ませるという仕事を与えられたアンジェイに向かって、ドイツ人農場主一人が「さっさと失せろ！」と叫んだ。別の折には、彼らは水を断られ、犬を嗾《けしか》けられ、それどころか、ポーランド人のお前らが戦争を始め、この災厄全体をドイツにもたらしたのだと非難さえされたのだった——両者の置かれた苦境の甚しい不均衡を思えば、二重に皮肉に感じられたに違いない告発だった。

たっぷり一ヶ月におよぶ安全に向けての旅の間にアンジェイが出会った光景は、彼の記憶に焼きつけられた。彼は森の木立にあるドイツ軍の野戦病院を歩いて通り過ぎたときのことを思い出す。彼はそこで、壊れた武器を持ち鉄条網の檻に入れられた男たちを見たのだった。頭のてっぺんから爪先まで包帯で覆われた者もいれば、「猛烈に臭って生きたまま腐っていく」者もいた。彼らを助ける者はそこには誰もいず、というのも、医療職員は全員逃げ出していたからだった。彼はポーランド人戦争捕虜収容所に着いたときのことを思い出す。被収容者たちはそこで門は開いているのに出ることを拒んでいて、というのも、誰も彼らにそうするよう命令をくれなかったからだった。「彼らは兵士で、誰かがどこかへ行進するよう命令してくれるものだと考えていた。誰が——どこに——彼らには全然見当がつかなかった。彼らは完全に途方に暮れていた」。彼は捕虜の一団がパジャマ姿の制服で、ドイツ人民間人に見張られながらいまなお畑を耕しているのを見た。その後、彼は谷に入った。そこでは、数千にさらに数千を数えるドイツ兵がおとなしく座り、その間には焚き火が疎らにたかれ、ほんの一握りのアメリカ人憲兵隊がそれを見張っているのだった。

彼らがついにバイエルンのホーフに設けられたアメリカ軍の検問所を通過すると、赤い旗のはためく建物へと行くよう指示された。このことは束の間パニックを引き起こした。というのも、彼の母親はそれをソヴィエトの収容所に送られるのだと勘違いしたからで、ほどなく彼女はそれがUNRRAの旗だと気づいた——赤地に白文字の旗なのだった。彼らはとうとう安全へと辿り着いたのだった。

アンジェイのような避難民が克服しなければならなかった危険や困難を過小評価すべきではない。

これらは九歳の男の子にはすぐには明らかではなかったかもしれないが、より年長の世代にはあまりに明白だったのだ。ドゥルーム夫妻は、終戦時、六〇代後半でベルリンに住んでいた。少しの間赤軍の無法ぶりに囲まれて過ごした後、彼らは危険を冒してエルベ川対岸にある娘の家へと一四〇キロあまりを旅することに決めた。軽々に下された決断ではなく、夫妻の旅はまさしく最初から難事に囲まれ、とりわけ一度ベルリン郊外の田舎に着いてからはそうだった。

ところどころでまだ小競り合いが起きていました。銃声が聞こえ、しばしば音が已むまで足を止めて待っていなければなりませんでした。これらの辺鄙な場所では、兵士たちは戦争の終結を知らなかったのです。それから、しばしば橋が消え、道路はあまりに傷んでいたので、私たちは戻って別のルートを探さねばならなかったのでした……。心が折れそうになる出来事がたくさんありました、何キロも重い足取りで歩いて行って、それ以上どうやっても進めないから引き返さなければならないというような。一度、すっかり寂れた広い本街道に沿って歩いて行ったことがありました。ロシア語で書かれた大きな標識が立っているのを見て、そのまま進んだはいいものの、あまり安全とは感じませんでした。突然、私たちは怒鳴りつけられました。誰も見えないなと思っていたら、銃弾が私の耳を掠め襟を削っていきました。私たちはそこにいるべきではないことに気づき、来た道を引き返して何キロも迂回して、ようやく待ち望んでいた場所に辿り着いたのです。

彼らが、途次出会った荒廃は、戦争それ自体とソヴィエト占領軍の両者による直近の暴力をにおわせていた。

森の中には、ソファや羽毛ベッド、マットレスに枕が散乱し、しばしば破裂させられていたり切り裂かれていたりして、そこら中に羽毛が撒かれ、中には樹上に引っかかっているものさえありました。赤ちゃんの乳母車や果物ジャムのガラス瓶、それどころか小型オートバイやタイプライター、自動車、荷車、石鹸、ペンナイフの山。さらには、店から持ち出された新品の靴までありました……。私たちは他に、死んだ馬も見ましたが、その中には見るもおそろしい、臭うもおぞましいものもありました。

そしてようやく、街道に他の強制追放者の姿が見えたが、彼らは年老いつつある夫婦に対しソヴィエト兵がやったのとちょうど同じだけ脅威を与えたのだった。

あらゆる国籍と民族のたくさんの人が私たちと反対側にやってきて、そのほとんどが強制労働者たちで、彼らは家へと帰ろうとしていたのでした。彼らの多くは赤ん坊を連れていて、欲しいものは何だってただ盗んでいくばかりで、馬や荷車を農家から拝借し、時々など雌牛を背中にくくりつけ調理用具を携えておりました。彼らはまるで野生動物のようでした……[11]。

少なくともドゥルーム夫妻には農家の戸を叩き、同胞に助けを求めることができるという強みがあった。これら「野生動物」のほとんどには、地元住民から盗むという以外に選択肢がなかった。彼らは歓迎されず、そしていずれにせよ、ドイツ人の見張りによる積年の仕打ちで、いかなるドイツ人であれ信用しようという気には全然なれなかったのだった。

二〇歳のポーランド人少女マリルカ・オソフスカはそんな人々の一人だった。四五年四月までに、彼女はすでにアウシュヴィッツとラーフェンスブリュック、ブーヘンヴァルトで二年間を過ごし、その後チェコスロヴァキアへと向かう死の行進からとうとう逃げ果《おお》せていたのだった。ソヴィエト解放軍の残忍さを目の当たりにした後、彼女と他の元捕虜たちのグループは、アメリカ軍の前線に向けて進めばもっと安全かもしれないと思い定めた。彼女もまた街道に溢れる人々のまったきヴォリュームに衝撃を受けたのだった。

一九四五年のドイツは、一つの巨大な蟻の巣でした。誰も彼もが動いていました。これはドイツの東側領土がどのように見えたかということです。ロシア人から逃げているドイツ人がいました。これら戦争捕虜の全員がいました。私たちのいくらかもおりました——あれほど多くではありませんが、それでも……。本当に信じられないことで、人と動きに満ち満ちていました。(12)

彼女と二人のポーランド人の友だちは、三人のフランス人労働者、二人の英国人戦争捕虜、そして一人のアメリカ人黒人兵士と仲間になった。彼らは連れ立ってムルデ川に向けて進んだ。そこは、当時ロシア軍とアメリカ軍の境界線を標しづけていたのだった。彼らは道中地元のドイツ人農家に施しを求めたり、彼らを脅して食糧をいくばくか手渡すよう仕向けた。黒人男性がいるということはこの点で確かに助けにはなったのだった。アメリカ人は、いつもはマリルカの面前ではかなり控えめだったが、ドイツ人の人種的偏見にわざとつけ込んで裸になり、歯でナイフを挟み、野蛮人のように彼らに踊ってみせた。これを見て恐れをなした主婦たちは、この上なく熱心に籠いっぱいの食料を手渡して彼を追い払おうとした。その後、彼は再び服を身に着け、いつものように旅を続けた。

ドレスデンとライプツィヒの中ほどに位置するザクセンの町リーザで、マリルカと二人の友達はロシア兵を担いでついに輸送手段を手に入れることに成功した。退屈そうな顔つきをした二人の兵士が略奪した数百台の自転車の倉庫番をしているところに出くわした彼女たちは、間髪を容れず愛嬌を振りまいたのだった。「ああ、あなたたちはきっと寂しいのね！」彼女たちは言った。「そっちに行って付き合ってあげてもいいわよ。それに私たちはどこにシュナップスがあるかだって知ってるんだから！」喜びに湧いた見張り番らは、彼女たちに自転車を三台与え、行って作り話のシュナップスを取ってこさせようとして、そのまま二度と彼女たちの姿を見ることがなかったのだった。

　六日間のサイクリングの後、一団はついにアメリカ地区のライプツィヒに到着した。そこで、女性たちはトラックに乗せられ、ハノーファー近郊のノルトハイムの収容所に連れて行かれた。そこからマリルカはヒッチハイクをしてイタリアへ行き、四六年の終わりにとうとう英国へと移送された。彼女はその後一五年間、ポーランドへは帰らなかった。

　これら二、三の物語はそれを何十万倍も掛け算しないことには、一九四五年春のヨーロッパの街道に実在した混沌のスナップすら与えることができないに違いない。二〇の異なった言語を喋る避難民の群れは、六年にわたる戦争の歳月を通じて爆撃され、地雷を敷設され、またなおざりにされた交通網と渡り合わねばならなかった。彼らは連合軍の爆撃によってすっかり破壊された都市に集ったが、地元住民にすらそこは益体《やくたい》なあり様だったので、新参者の莫大な流入を受け止められるはずもなかった。様々な軍政府や援助機関がこれらの人々の大多数をかき集め、食事を与え、衣服を与え、行方不明の身寄りを捜し当て、その後、それから六ヶ月以内に大半を故国に帰還させたという事実は、まさに奇跡と言うに他ならない。

とはいえ、この慌ただしい送還のプロセスは、負わされた傷を拭い去りはしなかった。戦争による住民追放は、ヨーロッパの心理に深甚な影響をもたらしていた。個人的水準では、それは強制追放された人々にとってだけでなく、彼らが後に残した人々にとってもトラウマになったのであって、彼らはしばしば、彼らのいるまさにその場から引き拐《さら》われた愛する人々に何があったのか訝りながら何年も過ごしたのだった。コミュニティの水準でも、それは破壊的だった。ありったけの若者を強制的に徴用した結果、共同体は主だった稼ぎ手を奪われ、飢餓の危険に対して脆弱なままにされていた。だが、戦時の強制追放が最も重大だったのは、もしかすると集団的水準においてかもしれない。人口の諸セクション全体を根扱《ねこ》ぎにするという考え方を標準化することによって、それらはより包括的な戦後の人口移動の雛形を用意したのである。戦後起きることになる民族追放の汎ヨーロッパ的プログラムが可能になったのは、唯一、何世代にもわたり変わらない安定したコミュニティという概念が、これを最後にと破壊されてしまっていたからだった。ヨーロッパの人口はもはや定常項ではなかった。それはいまや、不安定で、移り気で——束の間のものなのだった。

原註

(1) Tooze, p. 517 によれば、ドイツ国内の外国人労働者は一九四四年末には七九〇万七〇〇〇人のピークに達した。また、IWM Docs 84/47/1, statistical tables kept by Miss B. F. N. Lewis; Spoerer, p. 222; Proudfoot, p. 159 も見よ。

(2) 爆撃避難者の数については、TNA: PRO WO 219/3549 を見よ。赤軍を逃れてきたドイツ人避難民については、Tooze, p. 672 を見よ。また、Beevor, *Berlin*, p. 48 も見よ。

(3) 英国人およびアメリカ人戦争捕虜についての相争う様々な数字については、Nichol and Rennell, pp. 416–20 を見よ。

(4)ドイツの全土で強制追放された人々の総数について、Tooze は二〇〇〇万人としている、p. 672. この総体内部の個々の集団に関する数字については Spoerer, p. 212; Hitchcock, p. 250; Proudfoot, pp. 158–9; Marrus, pp. 299, 326 を見よ。

(5)Proudfoot, p. 34.

(6)Derek L. Henry, IWM Docs 06/126/1, typescript memoir, p. 93.

(7)Padover, p. 273.

(8)Mrs E. Druhm, IWM Docs 02/28/1, manuscript memoir.

(9)Major A. G. Moon, IWM Docs 06/126/1, typescript memoir, p. 58.

(10)Andrzej C., personal interview, 11 February 2008.

(11)Mrs E. Druhm, IWM Docs 02/28/1, manuscript memoir.

(12)Marilka Ossowska, personal interview, 17 November 2007.

第4章 飢餓

戦時中ヨーロッパを一つにした数少ない出来事の一つは、遍《あまね》き飢えの現在だった。食料品の国際貿易は戦争が勃発するとほぼ同時に衰退し、種々の軍事封鎖が大陸をしっかりと包囲するとまるっきり已んでしまった。消えた最初の食品は、輸入の果物だった。英国では、公衆はこれを気の利いたヒューモアで受け止めようとした。前兆は青物屋の陳列窓に現われ、「もちろん、バナナはございません」とそこにはあり、一九四三年のフィーチャー・フィルム『われらに似たり百万の民《ミリオンズ・ライク・アス》』は、皮肉めいた銀幕上のオレンジの定義で始まり、どうやらそれはオレンジがどんなものか思い出せない人々のためなのだった。大陸でその欠乏が最もたちどころに感じられたのはコーヒーで、あまりに稀少になったがために、人々はチコリーやタンポポの根、でなければどんぐりから作られた様々な代用品を飲むのを余儀なくされたのだった。

　他の、もっと深刻な欠乏が後に続いた。砂糖は最初に稀少になったものの一つで、牛乳やクリーム、卵、新鮮な肉のような傷みやすい食品とて同じことだった。このような食料品の欠乏に対応しようと、配給制が英国や大陸ヨーロッパのほとんどの国はもちろん、合衆国にさえ導入された。中立国もその欠乏を免れたわけではなかった。たとえば、スペインではジャガイモやオリーヴオイルのような主要食料品ですら配給が逼迫し、輸入品の巨大な減少は、スイスの人々に一九四四年を戦前より二八パーセント少ないカロリーでやり繰りするよう強いたのだった[1]。それから五年の歳月にわたり、卵はほとんどどこでも保存のために粉末状にされ、バターはマーガリンに換えられ、牛乳は幼児のためにとっておかれ、さらにはラム肉や豚肉、あるいは牛肉のような伝統的な肉はあまりに稀少になったために、人々は裏庭や家庭菜園でウサギを飼い始めてそのかわりとした。飢えを食い止めるための闘いは、どの点から見ても軍事的闘争と同じだけ重要で、まさしく同じだけ真剣に受け止められたのだった。

　崩壊の瀬戸際まで追い詰められた最初の国は、ギリシアだった。一九四一年から四二年の冬、枢軸軍に侵略されてちょうど六ヶ月後に、一〇万人を超える人が餓死した。戦争の到来はギリシアの国家を行政的アナーキーへと陥れており、人々の移動制限と相俟《ま》って、食料の分配システムの崩壊を引き起こしていた。農家は食料品を貯蔵し始め、インフレが制御を超えて悪化し、失業率が急上昇した。法と秩序もほとんど完全に瓦解していた。多くの歴史家が食料品店の徴発によって飢餓を惹き起したかどで占領ドイツ軍を非難してきたが、実のところ、これらの店はしばしば地元住民かパルティザン、あるいは個々の兵士により略奪されていたのだった[2]。

　飢餓を引き起こしたのが何であったかにかかわらず、結果は破滅的だった。アテネとテッサロニキでは、死亡率は通常の三倍に上った。ミコノスのような島のいくつかでは、死亡率は通常の水準の九倍まではね上がった[3]。戦争の期間全体で生じた四一万人のギリシア人の死のうち、おそらく二五万人が飢えとそれに纏《まつ》わる問題のために死んだろう[4]。状況があまりに危険になったので、四二年秋に英国軍は、封鎖を解き食糧を積んだ船舶を通過させギリシアに運び入れるのを許可するという異例の措置をした。ドイツ軍と英国軍の合意によって、戦争の残りの全期間を通じて救援物資がギリシアに流入し、さらに四四年末の解放に続く混沌とした時期のほぼ全期間にわたり物資の搬入が続けられたのだった。

もしギリシアの食料分配への戦争の影響がかなり覿面《てきめん》だったとすれば、西欧において欠乏の威力が遺憾なく発揮されるまでにはずっと長い時間が必要だった。たとえば、オランダで飢餓の最悪の影響が感じられたのは、四四年から四五年の冬になってからだった。ギリシアとは違い、オランダの「飢えの冬」をもたらしたのは行政の混沌ではなく、オランダが生き延びるために必要なものを奪っていくナチの長期的方針だった。四〇年五月に到着したほとんどその瞬間から、ドイツ軍はありとあらゆるものを徴発し始めていった。金属、衣服、繊維、自転車、食料、そして家畜である。工場がまるごと解体されドイツに送られた。オランダはつねに輸入食料と家畜用飼料に頼ってきたが、これらの輸入も四〇年には止まってしまったので、ドイツ軍の徴発後は残されたわずかばかりのものでどうにかやっていかざるを得なかった。ジャガイモとパンは戦争の間中配給が厳しく、人々は日々の栄養をテンサイや、それどころかチューリップの球根で補充しなければならなかった。(5)

四四年五月の頃には、状況は絶望的だった。オランダ内部からもたらされる報告は、もし早急に解放が行なわれなければ災厄が差し迫っていると警告した。英国軍はまたしても封鎖を解き援助を通す許可をしたものの、非常に限られた度合いでしかなかった。チャーチルは定期的な食糧援助が結局はドイツ軍の手に落ちるのではないかと気を揉み、英国軍参謀長らは、機雷を敷設されたオランダの海岸線沿いの海域を抜ける水先案内としてドイツ海軍が援助船を利用するであろうことを恐れていた。それで、オランダの人々は解放を待ちながらも、飢えに苦しむのを余儀なくされたのだった。(6)

連合軍がオランダ西部にようやく入った四五年五月時には、一〇万人から一五万人のオランダ人が飢えによる浮腫（「水腫症」）に苦しんでいた。[7] オランダがギリシアの飢餓のスケールでの破局を免れたのは、偏《ひとえ》に戦争が終わり、莫大な量の救援物資がついに入ることが許されたからに過ぎなかった。だが、何千人もの人々にとって、それはすでに遅きに失したのだった。アムステルダムに入るジャーナリストは、市を「巨大な強制収容所」と描き、「ベルゼンとブーヘンヴァルトのそれらに匹敵する恐怖」を呈していると述べた。[8] 五〇〇〇人を上回る住民が、かの都市だけで飢餓かそれに関連する病で亡くなっていた。オランダ全体での飢餓の犠牲者数は、一万六〇〇〇人から二万人に上る。[9]

ナチはオランダを、純粋に悪意から飢えさせたわけではなかった。他の国民に比べると、ナチは事実オランダ人に対しては好意を抱いていたのであり、彼らのことを「ゲルマン的共同体へと」連れ「戻さ」ねばならない本質的に「ゲルマン的」な人々と見なしていた。[10] 問題は、ドイツその国自体が食料問題を悩みの種としていたということだった。戦争の始まる前ですら、ドイツの指導部は、国家の食料生産は危機にあると信じていたのだった。[11] 一九四二年の初めには穀物の蓄えは尽きたも同然で、餌不足のために国内の豚は二五パーセント減っており、パンと肉のどちらの配給も切り詰められていた。[12] 四三年のドイツ国内の豊作でさえ飢餓を食い止めることはできず、一時的に増やされた配給もほどなくまたしても減り出したのである。

ドイツが直面した問題についていくばくか見当をつけるためには、住民が必要とするカロリーのことを考えなければならない。平均的成人が健康を保つためには、一日あたり約二五〇〇カロリーが不可欠で、重労働についているのならさらに多くが必要となる。極めつけに重要なのは、炭水化物だけでこの量を摂っていては、もし彼らが浮腫のような飢えに関係した病気を避けるべきというならだめということで、新鮮な野菜によって補給されるヴィタミンや、蛋白質、脂肪も含んでいなければならない。戦争の初期には、ドイツ人民間人は一日平均で健康を保つには十分な二五七〇カロリーを消費していた。それが翌年には二四四五カロリーに落ち、四三年には二〇七八カロリー、さらに戦争が終わる頃には一四一二カロリーになっていた。[13]「扉という扉を飢えがノックする」と、四五年二月にあるドイツ人主婦は書いた。「新しい配給カードは四週間はおろか五週間もつという触れ込みだが、でも誰もそれらが支給されるかどうかまったくわからない。私たちは毎日ジャガイモの数を数え、めいめいに小さなのを五つずつ、パンはさらに足りなくなってきている。私たちはいよいよ痩せ細り、いよいよ冷たく冷えて、ますます腹ぺこになりつつある[14]」。

自国民が飢えるのを防ごうと、ナチは方々の占領領土から略奪をした。早くも四一年には、ノルウェーとチェコスロヴァキアの「標準的消費者」のための公式配給を一日あたり約一六〇〇カロリーにまで減らし、ベルギーとフランスでは一日あたりたった一三〇〇カロリーにまで切り詰めた。[15]これらの国にあっては地元住民は緩慢に餓死するのを防ぐために、ひたすら闇市に頼る他なかった。オランダの状況はベルギーとフランスのそれと実質的には変わらなかった。主たる違いは、オランダはその後九ヶ月間解放されなかったということだった。飢餓が起こったのは、その頃には闇市でさえ食い尽くされており、国防軍《ヴェーアマハト》の焦土政策がオランダの農園の二〇パーセントより以上を冠水でもって破壊していたからだった。終戦時には、占領オランダの一日あたりの食糧の公式配給はわずか四〇〇カロリーにまで落ち込んでいた——それはつまり、ベルゼン強制収容所の被収容者が受け取った半分の量である。ロッテルダムでは、食糧はすっかり底を突いてしまった。[16]

戦争のあらゆる側面について言えることだが、帝国《ライヒ》の東方支配圏に対する扱いは、西側占領地域に対するそれと比べて比較にならぬほど苛酷だった。アテネに住む若いアメリカ人がドイツ人兵士らにギリシアの悲惨な食糧事情について尋ねたところ、彼はこんな答えを得た。「ああ、あなたはまだ何も見ていないんだな。ポーランドでは毎日六〇〇人が飢えで死んでるんだよ」[17]。もしオランダとギリシアの食料不足が単なる戦争の一症候に過ぎなかったとすれば、東欧ではドイツの主要な武器の一つだった。ナチはヨーロッパのスラヴ系住民を食わせようといういかなる意図も持ち合わせてはいなかった。ほとんど端《はな》からわざと彼らを餓死させようと企んでいたのだった。

ポーランドとソヴィエト連邦を侵略する全目的は、ドイツ人入植者のために生存圏《リヴィング・スペース》を解放し、帝国《ライヒ》の残りの領域、ことにドイツに食料を供給するための農地を提供することだった。東方領土に対する彼らのもともとの計画、すなわち東部総合計画《ゲネラールプラーン・オスト》によれば、八〇パーセントを超えるポーランド系住民が彼らの土地から追放され、ウクライナ人の六四パーセントとベラルーシ人の七五パーセントがそれに続くはずだった。ところが、一九四二年の終わりにはナチ支配層の内部に住民全体の「物理的絶滅」を迫る層が出てきて、ユダヤ人はもとより、ポーランド人やウクライナ人をも絶滅させようと訴えたのだった[18]。このジェノサイド計画の主たる武器は、その野心のスケールたるやホロコーストをも小さく見せるのだが、飢えであるべきなのだった。

東欧の飢餓はポーランドで始まった。四〇年の初め、ポーランド主要都市の配給はかろうじて六〇〇カロリーを超えるだけと決められ、もっともその後、戦争でナチがポーランド人労力が必要であるのを悟るとこれが引き上げられたのだった[19]。戦闘が東方へと拡大すると、民間人の飢えは悪化した。ソヴィエト連邦への侵攻後、ナチの計画立案者らは、軍は現地の全食糧を徴発し、かつウクライナ諸都市への供給を完全に遮断することで自活すべきだと主張した。この方法で集められたいかなる余剰食糧もドイツ本国に送られるべきとされ、その一方で、キエフやハリコフ、それにドニエプロペトロフスクは飢えるにまかせるものとされた。この計画の立案にあたり、軍当局者らは飢餓により起こりそうな二〇〇〇万から三〇〇〇万人の死について公然と語り憚らなかった。[20] 捨て鉢になった全住民は食糧を闇市に頼る他なく、しばしば何百キロもきつい旅をしなければならなかった。[21] 田舎の人々は一般に町の住人よりも暮らし向きがよかった。たとえば、ハリコフだけでおよそ七万から八万人が餓死したと考えられている。[22]

結局は、東方諸領土を飢えさせようというナチの計画は頓挫した。あるいは、ともかくも緩慢になったが、それは、折しも帝国《ライヒ》の労力が不足しているというのに、それだけたくさんの強壮な労働者を死に至らしめるのにいかなる経済的意味もなかったからだった。そしていずれにせよ、それは無理な計画だったのだ。ウクライナ諸都市への食料供給を断つことは土台不可能な話で、都市から地方へと住民が落ち延びるのを防ぐことはできず、闇市――文字通り何千万もの人々がそのお蔭で生き延びることができた――を取り締まるのはできない相談だった。とはいえ、食べ物があるところへと旅ができない人々にとって、飢餓は痛ましくも避けようがなかった。四一年の冬、ドイツ軍は一三〇万から一六五万人のソヴィエト軍捕虜を餓死させるのに成功した。[23] ゲットーでは、数万人のユダヤ人が餓死したと考えられている。大仕掛けな殺害が始まる前ですら、九〇〇日におよぶレニングラード攻囲のさなか、市のおよそ六四万一〇〇〇人の住民が飢えと飢えに関連する病気で命を落とした。この一都市だけで、ギリシアの飢餓全体の死者のほぼ倍の人々が飢え死にしたのだった。[24]

一度戦争が終われば、ヨーロッパの食料事情は和らぐだろうと人は期待したかもしれない。だが事実は、多くの場所でそれは悪化したのだった。平和宣言に続く数ヶ月間、連合軍はヨーロッパの飢えに苦しむ数百万を食わせようと遮二無二あがいて首尾を損ねた。私が言及しておいたように、戦争終結時にはドイツの日々の標準的配給はかろうじて一四〇〇カロリーを超えるほどにまで落ち込んだ。

四五年九月には、ドイツの英国地区ではさらに一二二四カロリーにまで落ち、あくる三月にはたった一〇一四カロリーになっていた。フランス地区では、公式配給は四五年末には一〇〇〇カロリーを下回り、その後六ヶ月間その水準に留まった[25]。

ヨーロッパの残りの状況はずっとよいというわけではなく、多くの場合より悪かった。イタリア南部が解放されてから一年後、かつ一億ドルの援助が同国に流入して以降も、主婦たちはローマでまだ食品価格に関して騒ぎを起こし、四四年一二月には食料不足に抗議して「飢餓行進」が催された[26]。終戦時には、UNRRAのある報告書によれば、食料暴動はイタリアの国中各地で続いていた[27]。ヴィーンの公式配給は、一九四五年の大半を通じ八〇〇カロリー前後を彷徨っていた。ブダペシュトでは、一二月分の配給は一日わずかに五五六カロリーに落ち込んだ[28]。かつての東プロイセンの住民は、道端で見つけた犬の死骸を食べて凌いだ[29]。ベルリンでは子供たちが公園で芝生を食べようと集めているところが見かけられ、ナポリでは水族館の熱帯魚すべてが盗まれ食料となった[30]。深刻かつ広範な栄養不足の結果、大陸中で病気の大流行を見た。南欧ではマラリアが返り咲き、ほとんどどこでも結核が盛り返した。ルーマニアでは、窮乏生活に関連した別の病気、つまりペラグラ（ニコチン酸欠乏症候群）の症例が二五〇パーセントも増加した[31]。

問題は、食料不足が世界中に拡がっていたということだけでなく、どんな食べ物があるにせよそれを適切に分配することができないということだった。戦争の六年間を経て、ヨーロッパの輸送インフラは粉々になっていた。食料をヨーロッパ諸都市に効率よく搬入できるようになる前に、鉄道網が再建され、道路の手当てがされ、商船の修繕がされなければならなかった。それとちょうど同じくらい決定的なことだが、法と秩序の修復もされなければならなかった。ヨーロッパのいくつかの地域では、食料が到着するやほとんど略奪され、援助機関が死活的に重要な配給物資を最も必要な場所へと支給することができなくなるということが起きたのだった。
多くの英軍並びに米軍兵士は、解放の直後にヨーロッパに到着して見たものに慄然とした。彼らとて戦争で引き起こされた破壊や、ひょっとするといくらかの無秩序を目の当たりにするのは予想していたものの、ほとんどは彼らの出遭った窮乏の水準に対して心構えができていなかった。
レイ・ハンティングは、四四年秋に解放されたイタリアに着いたとき英国陸軍暗号部隊の将校だった。彼は中東で物乞いを見るのには慣れていたが、旅の列車を取り巻き押し寄せる群衆にはまったく気構えができていなかった。ある乗換駅でのこと、泣き喚く群衆にもはや堪えかねた彼は、袋の中に手を伸ばすと、とっておきだった糧食のいくつかを人混みに向けて投げた。次いで起こったことが、彼の魂を震撼させたのだった。

腹を空かせた人々の真っ只中に無差別に食糧を投げ入れるのは、ひどい間違いだ。彼らは落ちてきた贈り物を求めて争いもがく肉体の塊へと瞬時に変貌した。男たちは残酷なまでの決意をもって、缶詰を獲ようと互いに殴り合い蹴り合った。女たちはお互いの口から食べ物をむしり取っては、暴力のさなかに危うく地面に踏みつけられかねない子供たちの手にそれを押し込もうとした。

列車がようやく乗換駅を発つ段になっても、群衆はまだ彼が投げ与えたわずかばかりの食べ残しをめぐり争っていた。ハンティングはその後も彼らのことを開けた窓ごしに見守っていたが、それも隣の仕切り客室から身を乗り出してきた一人の将校が彼の思案に割り込んでくるまでだった。「何たる浪費だ――あの食い物全部を捨てるなんて」、その将校は言った。「いいか、お前は分からないのか。

あの缶詰が二つ三つあれば、お前はあそこで一番見た目のいい女とやることができたんだぞ？[32]」

飢餓は、戦争のまさに直後において最も困難かつ危急の問題の一つだった。連合国政府は早くも一九四三年にはこれを理解しており、食料分配を彼らの最優先課題とした。だが、最も啓蒙された政治家や行政官でさえ、食料を純粋に物理的な要求と見なすきらいがあった。食料には精神的な次元も属していることを悟るのは、飢えに苦しむ人々と直に向き合った最前線の人々に委ねられていたのである。

バイエルンに設けられた多くの強制追放者収容所の一つで副所長だったキャスリン・ヒュームは、このことを理解していた。四五年末に、彼女はヴィルトフレッケン収容所での赤十字の小包をめぐる争奪戦について、大いなる悲しみをもって書いた。

若干のピカピカの肉のペーストや鰯の缶詰が収容所でほとんど暴動を引き起こしもし、リプトンのティーバッグやヴァリントン・ハウスのコーヒーの缶やヴィタミン入りのチョコレートが男たちを欲望でおかしくもするなんてことを信じるのは困難だ。だが、これがそうなのだ。これはフランクフルトのうら寂しい廃墟がそうであるのと同様に、ヨーロッパの破壊の一部なのだ。ただ人間の魂の破壊ということだけが違うのだ。それは、千倍も見ているのが苦痛なのだ。[33]

私たちが次章で是が非にでも考察したいのは、人間の魂のこの破壊である。

原註

(1)スペインについては、*New York Times magazine*, 18 March 1945, p. 51を見よ。スイスについては、Milward, *War, Economy and Society*, p. 255を見よ。

(2)Hionidou, esp. ch. 4を見よ。

(3)Ibid., p. 162.

(4)赤十字社による： Mazower, *Inside Hitler's Greece*, p. 41を見よ。一〇万人から四五万人の間を動く数字については、Hionidou, pp. 2, 158を見よ。

(5)ドイツ軍による徴発とそれに続くオランダ人の艱難については、van der Zee, *passim*とFuykschot, pp. 124–50を見よ。

(6)オランダに関する諸報告については、TNA: PRO FO 371/39329, 20 May 1944; および AIR 8/823, 'Interview between the Prime Minister and Dr Gerbrandy, Prime Minister of the Netherlands', 5 October 1944を見よ。オランダに船便で送られた緊急支援物資の、ベルギーへと船便で送られたそれらとを対照させる統計については、WO 106/4419, and FO 371/49032を見よ。また、Hitchcock, pp. 98–122も見よ。

(7)NARA RG 331 SHAEF G-5, entry 47, box 27, Military Government Branch, Main HQ, First Canadian Army, Weekly Report no. 27, period 13–19 May 1945.

(8)*The Times*, 7 May 1945.

(9)低い方の数字については Hitchcock, p. 122を見よ。高い方の数字ついては Hirschfeld, p. 53を見よ。

(10)Himmler to Seyss-Inquart, 7 January 1941, Hirschfeld, p. 46に引用。

(11)Tooze, p. 264.

(12)Ibid., p. 539.

(13)Judt, p. 21に見えるカロリー摂取量の数字。Tooze, p. 361.

(14)Letter of 4 February 1945, Wolff-Mönckeberg, p. 107に収録。

(15)Tooze, p. 419.

(16)解放後のオランダにおける配給については、TNA: PRO WO 32/16168, Montgomery message to Eisenhowerを見よ。ドイツ占領下オランダにおける配給については、Burger et al., pp. 20–24を見よ。Rotterdamについては、Hitchcock, p. 114を見よ。

(17)Mazower, *Inside Hitler's Greece*, p. 33に引用。

(18)Tooze, p. 467.

(19)Ibid., p. 366.

(20)Ibid., pp. 479–80. ロシアへの侵略が始まる直前の週末のパーティーの席上、ヒムラーは同僚に語った。「ロシア方面作戦の目的は、スラヴ人を三〇〇〇万人出鱈目に殺して人口を一〇分の一減らすことにある」。Rees, *Auschwitz*, pp. 53–4 を見よ。

(21) たとえば、Geddes, *passim* に読まれるたくさんの物語を見よ。

(22) Krawchenko, p. 27.

(23) 低い方の数字については Spoerer, p. 72 を見よ。高い方の数字については Tooze, p. 482 を見よ、彼はさらに六〇万人が処刑されたと述べている。また、Herbert, p. 141 も見よ。

(24) Glantz, p. 220.

(25) TNA, FO 1005/1631, Reports on conditions in Germany, 1945–1946.

(26) *New York Times*, 9 September 1944: '$100,000,000 in Aid Sent to Italians'; *Daily Express*, 6 September 1944: 'Finished with War, Rome Cries for Bread'; *New York Times*, 8 December 1944: 'Housewives Riot on Prices in Rome'.

(27) Hitchcock, p. 234.

(28) Macardle, p. 206 を見よ。

(29) Ruth Irmgard testimony in Jacobs, p. 72.

(30) Botting, p. 168; Lewis, p. 61.

(31) Macardle, p. 201.

(32) R. J. Hunting, IWM Docs 10519 P339, typescript memoir, pp. 272–4.

(33) Hitchcock, p. 277 に引用。

第5章 道徳の破壊

一九四三年一〇月の初め、ナポリの解放後ほどなくして、第九一英国軍野戦保安分隊所属のノーマン・ルイスは、市郊外いずこかの広場に車で乗り入れていた。広場を支配しているのは、広大な、半ば崩壊した公共建築で、その前には数台の軍用トラックが停まっていた。これらトラックの一台はアメリカ軍の支給品でいっぱいなようで、大勢の連合軍兵士が配給の缶詰を勝手に拝借していた。その後、これらの兵士たちは缶詰をしっかりと前に抱いたまま市庁舎の内部へと雪崩込んでいった。何が行なわれようとしているのか一つ見破ってやろうと好奇心に駆られたルイスと仲間の兵士は、後を追って中へと入り群衆の正面に陣取った。彼は自分の発見をこう日記に記録した。

目の前には、ご婦人方がずらりと約一メートルおきに一列になって壁を背にして座っていた。これらの女たちは外出用の衣服に身を包み、尋常の、手入れの行き届いた、見苦しくない、買い物と噂話に興ずる労働者階級の主婦の顔つきをしていた。それぞれの女の傍らには缶詰が小さな山になっていて、もう一つ缶を積めば、この甚だ公然たる場所で彼女たちのどの一人とでも好きに性交ができるということがすぐさま明らかになった。女たちは身じろぎ一つせず、押し黙っており、その顔は彫像かと見紛うばかりに表情がなかった。彼女たちは魚売りをしていたのかもしれない。もっともそれにつきものの興奮はこの場所には欠けていた。どんな勧誘も、どんな仄めかしも、どんな誘惑もなく、最も控えめで最も偶発的な肌肉の露出すらなかった。兵士たちのうち最も豪胆なのが缶詰を片手に前へかき分け出て、しかしいまではもう、空の食料置き場のためにここに押しやられてきたこれら事務的な一家の稼ぎ手を前にして、彼らは白旗を揚げたようだった。またしても現実が夢を裏切ったのであり、気の抜けた空気があたりを覆った。弱気な笑い声が上がり、冗談は平板で、こっそり立ち去ろうとする明らかな気配があった。一人の兵士がほろ酔い加減で、絶えず仲間に唆《そそのか》された挙句、ついに一人の女の脇に配給の缶を置き、ボタンを外し、彼女の上に覆い被さった。腰臀部のおざなりな上下動が始まったかと思うと、直ちに終わりを迎えた。ほどなく彼は立ち上がり、ボタンを掛け直した。それはできるだけ早く克服しなければならない何ものかだったのだった。彼は、愛の行為というよりは戦地刑罰に服したのかもしれなかった。

当然のことながら、ルイスは悪習に耽る気にはなれず、五分後、再び旅の途上にあった。「仲間の旅人が集めた缶詰は、彼らの後を乱暴に追ってきた通行人へと投げ入れた。私のトラックに乗って旅する兵士の誰一人として、積極的に楽しみに加わろうとする者はいなかった[1]」。

この物語を興味深いものにするのは、見るからに絶望的なイタリア人主婦の苦境というよりは、むしろルイスの記述した兵士たちの反応である。一方で、彼らは自分の幸運を信じることができない。彼らは望むことは何であれこれらの女性たちにすることができるのであり、外には支給品で満載のトラックが停まっており、女性らに対する彼らの権力は見たところ際限がない。他方で、この状況の現実が彼らの大多数を大いに不安にさせる。この取引に関わったら最後、女性たちに対してだけでなく自分自身に対しても堕落してしまい、それどころか、まさしくセックスの行為それ自体に対してさえそうしてしまうという認識がある。同じく重大なのが、どの点から見ても、これら主婦に対する一片の共感すら示されてないということである。彼女たちは単なる物体に過ぎず、「彫像」よろしく魂がないのだ。

ノーマン・ルイスによれば、このような振る舞いは南イタリアの解放直後にますますありふれたものとなった。彼はあるイタリア人王子の訪問を受けたときのことを書いている。王子は、自分の妹が軍の売春宿で働けるかどうか知りたかったのだった。ルイスが英国軍はいかなる公的売春宿も持たないことを説明すると、王子と妹はがっかりして去っていった。別の折には、ある幼い少女に対する重大な性的暴行の事件を調査していたときに、彼女の父親はトラウマを負った少女の好意を彼に押しつけようとした。その返礼に父親が期待したのは、ただ娘のための上等で十分な量の食事だけなのだった。(2)

かかる絶望は何もナポリや、イタリアに限ったことではなかった。ドイツのまるまる一世代にあたる若い女性は、板チョコ一枚のために連合軍兵士と寝るのをまったく普通のことと考えるのを学んだのだった。オランダのヘールレンの町では、合衆国ライフル銃兵ロスコウ・ブラントに幼い少女が近寄ってきて、「私に、『ファック ficken』したいか『キス kuszen』だけでいいか事務的に聞いてきた。彼が脳にギアが入り彼女が何を聞いているのかはたと合点がゆくまで、しばらく時間が必要だった」。彼がいくつかと尋ねると、彼女は一二歳と答えた。(3) ハンガリーでは、一三歳という幼さのたくさんの少女が性病で病院に収容された。ギリシアでは、一〇歳という幼さの少女について性病の記録が残っている。(4)

かくのごとき堕落が、『デイリー・エクスプレス』紙の従軍記者アラン・ムーアヘッドを、彼が見てきた物理的荒廃をはるかに超えて動揺させたのだった。解放直後のナポリに着いたとき、彼はやってきたばかりの兵士たちが投げ与えた一握りの甘味を我がちにとろうと、男と女、さらには子供たちが互いに叩き合う様を見て、絶望的な気持ちでそれを記したのだった。彼はポン引きや闇商人がにせのブランデーを売るのを見、子供たちが一〇歳の幼さで身を売るのを見ていたのだった。さらには六歳の少年たちが猥褻な絵葉書を売り、姉妹の好意を売り、自分自身の身さえ売るのを見ていたのだった。

人間のあさましい悪徳の全リスト中で、あのナポリでの最初の数ヶ月間で見過ごしたものは何一つないと思う。私たちが実のところ目撃していたのは、人々の道徳的崩壊だった。彼らはもはやいかなる矜持も、あるいはいかなる尊厳も持ってはいなかった。生存への獣的闘争があらゆるものを統《す》べていた。食料だ。それだけが唯一問題だったのだ。子供たちのための食料。自分自身のための食料。いかなる頽落や堕落を支払おうとも食料。そして食料の後はわずかばかりの暖気と風除け(5)。

ムーアヘッドがはっきりと理解したのは、食料はもはや単なる物理的問題ではなく道徳的それであるということだった。ヨーロッパ中で飢えに苦しむ何百万という人々が、次の食事のために全道徳的価値を抛《なげう》つ用意があった。それどころか、多年の欠乏が食べ物のまさしく本性を変容させていたのである。英国で日々の権利と見なされていたものが、ヨーロッパの残りの土地では権力の表現になっており、それで、ある英軍兵士が彼と寝、彼のために買い物をし、彼の服を繕ったドイツ人女性に関してこう言うことができたのだった。「彼女はまさしく僕の奴隷のようだった(6)」。

これらのごとき物語を考えるとき、二つのことが即座に明白となる。第一に、ヨーロッパの道徳的風景は、どの点から見ても、物理的風景と同程度に認知不可能になったように見える。廃墟の真っ只中で生きるのに慣れてしまった人々は、もはや周囲を取り巻く瓦礫について何ら異常なものを見ることがなかった——同様に、戦後多くのヨーロッパ人女性にとって、食料のために自分の身体を売らねばならないことにもはや何ら異常なことはなかった。破滅を目撃して驚きを表わすのは、大陸ヨーロッパ外からやってきた人々に委ねられていたのである。

第二に、少なくとも大多数の人にとって、生き残りが賭けられるときには、性道徳は席を後ろに譲ったということは明らかだ。それどころか、自らの生き残りに対する脅威と知覚されさえすれば、徳性の放棄を正当化するのに十分だと見なす人もいたように見えるのだ——だが、脅威が現実的で、しかも掃いて捨てるほどにあった雰囲気において、そのような観念はほとんど的外れになってしまったように見えるのである。

略奪と盗み

食料を求めての探索は、戦争とその直後のもう一つ別の現象の一因でもあった。すなわち、略奪と盗みの凄まじい増加である。多くのギリシア人が四一年に地元の大小の店を略奪したが、それは飢えていたからであり、しかももし、自分たちで食料を盗まなければ占領軍に徴発されるだけだと決めてかかっていたからだった。(7) ベラルーシのパルティザンは、生き延びるために地元小作農から食糧を徴発し、出したがらないときには強奪した。(8) 戦争の最後の日々、ベルリンの主婦たちはありとあらゆる場面をつかまえては、略奪は死刑だと警告済みだったにもかかわらず、店を漁って回った。(9) どっちみち飢えに直面していたようなのだから、彼女たちには大して失うものがなかったのだ。

とはいえ、戦間期と戦後期の盗みと略奪の割合の高さは、単に必要からのみもたらされたわけではない。この現象の最も重要な要因の一つは、戦争が盗みをするより大なる機会を与え、かつより大なる誘惑をも与えたということだ。爆弾で扉と窓が吹き飛ばされた物件に入る方が、自分で扉や窓を割るよりずっと簡単なのだ。そして、交戦地帯にあって持ち主が物件を置き去りにしたとき、その持ち主が帰ってくることは二度とないと自分自身に言い聞かせることは容易い。空になった物件の略奪は、それゆえ戦争が何らかの欠乏をつくり出すはるか以前より始まった。ワルシャワ周辺の村では、人々は隣人の家をほとんど戦争が始まるのと同時に略奪した。たとえば、アンジェイ・Cの家族は、三九年九月の戦闘を逃れた。数週間後戻ってくると、彼らは自宅の基礎的な構造をなす諸部分さえ解体されていたのを見出した――彼の両親は、たるきや他の財産の諸々を回収しようと、隣人を続けざまに訪問せざるを得なかったのだった。[10]

戦火が大陸中に拡がるにつれて、盗みと略奪もそれと軌を一にし、しかも戦争による直接の影響を受けた国においてだけのことではなかった。たとえば、中立国のスウェーデンでは、有罪判決が三九年に突如増加し、戦争の残りの全期間を通じて高止まりした。ストックホルムでは三九年から四五年の間に窃盗事件がほぼ四倍になった。[11] これは、たとえばフランスと比べてさえひどく、というのは、こちらは戦時中三倍になったからだった。[12] 同様に、スイスのバーゼル州のような地域では、未成年の非行率が二倍になった。[13] 戦時中、中立国がなぜ犯罪の増加に苦しまねばならなかったかについて、社会学者は長らく頭を悩ませてきた。信頼できる唯一の説明は、戦争の到来でヨーロッパを隈なく覆った底深い不安の感覚にあるというものだろう。社会の不安定化が伝染病のように大陸中に感染したように見えるのだ。

占領されたヨーロッパのたくさんの地域で、盗みはあまりに当たり前のことになったので、犯罪と目されることをすっかり已めてしまったのだった。それどころか、地元憲兵や警察官、行政当局がナチの手先に置き換えられていたので、盗みと他の犯罪はしばしば抵抗の行為へと格上げされたのだった。パルティザンは小作農のための闘いを続けようとその同じ小作農から財貨を盗んだ。農家は食べ物を占領者に渡ることがないようにと闇市に売った。商店はドイツ兵に一番手を越されぬよう略奪された。あらゆる種類の窃盗や闇商売がとりわけ遡及的には正当化可能だったが、なんとなれば、そのような主張にはしばしばどこか真実の音《ね》があったからだった。実際、道徳世界は上下逆立ちになっていたのだった。かつて不道徳だった行為が、いまでは道徳的義務へと格上げされていたのである。

連合軍の進撃がヨーロッパをとうとう解放し始めると、盗みと略奪の機会は増加した。地元憲兵と首長の多くが逃げたからである。残った者はしばしば連合軍の到着とほぼ同時に解任され、土地の問題などほとんど理解していない不慣れな軍官憲の最小限度の人手と置き換えられた。その結果生じた混沌の中で、法と秩序のあらゆる仮象が消え失せた。ヨーロッパを洗い流した犯罪の波は戦時中押し寄せたそれを小さく見せ、しかも爾来いまだかつて匹敵するものがない。ポメラニアとシレジアのかつてのドイツ領はあまりに無法だったので、その地に入るポーランド行政当局には「野生の西」と知られていた。シュテティンで（あるいはその後知られることになる名称では、シュチェチンで）最初に任命されたポーランド人官吏の一人だったズビグニェフ・オグロジンスキは、強盗や追い剝ぎから身を守るために日常的にピストルを持ち歩き、かつ定期的にそれを抜かなければならなかった。同じ街に配属されたある英国人軍医によると、「強暴な殺人、レイプ、強盗はあまりに日常的なので、誰一人注意を払わなかった[14]」のだった。

ナポリは、解放後、一時的に世界で最大の供給港になったが、同時に組織的窃盗の世界的中心地の一つともなったのだった。「軍の紙巻き煙草とチョコレートはハンドレッドウェイト単位で盗まれ、途轍もない価格で転売された」と四五年にアラン・ムーアヘッドは書いた。「乗り物は一晩に六〇か七〇ばかりのペースで盗まれた（いつもイタリア人によってというわけではなかった）。タイヤのような特別に貴重な品の略奪は確立されたビジネスになった」[15]。街中に隈なく立つ間に合わせの露店が、連合軍の配給列車を競って略奪する腐敗した役人やマフィアの一味、追い剝ぎ、および軍の脱走兵の一団から供給された軍の盗品をおおっぴらに販売した[16]。子供たちの一団は軍用トラックの後ろに跳び乗り、手当たり次第掻《か》っ攫《さら》おうとした――連合軍兵士はそれを思い止まらせようと彼らの手を銃剣で切りつけ、ために、多数の子供が指の切断で医療の助けを必要としたのだった[17]。

戦後のベルリンは、ある歴史家によれば、「世界の犯罪の首都」となった。戦争の直後、この街では、毎月二〇〇〇人が逮捕され、これは戦前の数字に比べると八〇〇パーセントの増加だった。四六年の初めには毎日平均で二四〇件の強盗があり、組織化したギャングの一団が日夜街を恐怖に陥れた[18]。ベルリン在住の一女性は、「所有権の全観念が完全に消え失せた。誰もが誰かから盗む、なぜならば誰もが誰かから盗まれたことがあるからだ」と日記に認めた[19]。ベルリンに住んでいた別の女性、ルート・アンドレアス＝フリードリヒは、その地の生活を「取り換えゲーム」と呼んだが、そこではものがある人物から別の人物へと誰が所有者なのか誰も知ることなしに流れてゆく[20]。同じような気持ちはヨーロッパ中で感じられ、あるハンガリー人女性はそれをこう明らかにしている。「時々はロシア人が私たちから盗んだ。時々は私たちが彼らのあれやこれやを失敬した。あるいはその反対に……[21]」。私有財産という概念全体が無意味になっていたのだ。

必要がこの犯罪の波にあって大きな役回りを演じたのに疑いはないにしても、他にも同じくらい重要な要因が存在した。第一に、一度盗みの禁忌《タブー》が破られてしまうと、もう一度、さらにはもう一度と盗みをやることがずっと簡単になってしまうということがある。六年にわたる戦争の後で、このような振る舞いが生き方の一つになってしまった人々がいた。略奪や違法取引によってどうにか生き延びてきた人々は、戦争が終わったという理由だけでそれをやめる気にはなれなかったのであり、ことにいまだ困窮がひどくなっているのであればそうなのだった。

とはいえ、戦後広範に拡がった窃盗は、それを犯した人々の多くのうちにあったより深い必要に応じるものであったということを多くのことが示唆している。多くの人が盗みの欲望を強迫として経験し、彼らが勝手に拝借しようとしているものに何の使い道も思いつかなかった場合でさえそうなのだった。かつての強制追放者（ＤＰ）は、しばしばレストランのテーブルクロスや「巨大な花瓶のようにまったくもって馬鹿げたもの」を盗む話をしている。[22]監獄と労働収容所の四年間を生き延びたポーランド人女性のマリア・ビェリツカは、何かを盗むという強迫をほとんど物理的な衝動として経験したと主張する。戦後一時、アメリカ人の一家が彼女と彼女の姉（妹）をドイツ人の邸に住まわせたことがあった。そこからさほど遠くない場所には、彼女がかつて強制的に働かされた磁器工場があった。

私が姉（妹）と一緒に座っていると、ヴァンダがこう言いました。「あのね、私は壁のこの絵が好きなのよ。私はそれを貰っちゃおうと思うの。だってあんなに苦しんだのだもの。絵の一枚くらいいいわよね」。それで私はこう言ったのです。「そこに磁器がいくつかあるわ。私はそれがすごく好きなの。私たちは何年もの間、あの工場であの磁器を作るために奴隷として働かされたのよ。私はあれを貰うわ」。[23]

翌朝、自分たちの仕出かしたことに恥ずかしくなった二人の少女は、略奪品を元の場所へと戻したのだった。

闇市

戦後最もありふれた軽罪は、闇市で売り買いすることだった。またしても、戦争のさなかの違法取引は、人々の心の中で抵抗の行為へと格上げされていたのだった。どんなものでも、ことに食べ物は闇市で売られることで占領ドイツ軍の手に渡ることを効果的に拒まれたのだった。たとえば、フランスでは毎年公式に記録されたより三五万頭少ない動物しか屠畜へと回されなかった。これらの動物たちは、占領軍の食卓でよりはむしろフランス人民のテーブルの上で一生を終えたのだった[24]。酪農家は、どうにかやっていくためにはしばしば闇市に頼らざるを得なかった。輸送網があまりにひどく損なわれていた大陸では、毎日の牛乳の収集に頼ることができず、生産物を確実に売るためには彼らは非公式の局地的ネットワークの展開を余儀なくされたのだった。西欧中で非公式のネットワークが公式の市場とほとんど同じくらい包括的になった。東欧でも、意図してナチが可能な限りの食糧を徴発したために同じことが言える。ここでは、他のどこにもまして、闇市が生き残りのためには不可欠で、農家と業者にとってのほとんど道徳的義務となった。それなしには、さらに何十万人というポーランド人とウクライナ人、そしてバルト三国人が餓死したことだろう。

非合法の取引の問題点は、それが元来不公正なシステムであるということである。配給がすべての人にバランスのよい食事を、より大変な肉体労働を行なう人々にはより豊かな食事を提供するよう設計されていたのに対して、闇市はそれを利用する余裕のある人々だけを満足させた。解放直前のフランスでは、闇市のバターの値段は公認のそれの五倍半におよび、卵は闇市で四倍も高値だった[25]。その結果、卵とバターはほとんど表の市場に出ることがなく、裕福な人々を除いて誰も手が出せなかった。農家や業者の中にはこの市場を食い物にするのに無慈悲なのがいて、極端に金持ちとなり、しばしば同胞の強い反感を買った。ギリシアでは食品投機家が食料を退蔵し、情況の改善の噂が入り食品価格が急落したときにだけ大量にそれを売り払った。「全世界がギリシア人民の運命に苦悩したときに」と、ある外国人監視員は苦々しげに書いた。「それらギリシア人たちは同胞の血で肥え太っていった[26]」。チェコスロヴァキアでは、戦後こうした振る舞いにあまりに政府が憤慨したために、戦時中国家またはその国民を犠牲にして私腹を肥やした罪は、禁固五年から一〇年の刑に処されることになった[27]。

非合法の取引が不可避で、戦時にあって時々は正当化さえし得るものであったとしても、一度戦闘行為が終わりを迎えてしまえば打ち破るのが難しい習慣だということが分かった。事実、法と秩序の瓦解は言うにおよばず、あらゆる行政および輸送組織の崩壊の後で、現に問題はよりひどくなったのである。一九四六年の秋には闇市はあまりにありふれていたので、ほとんどの人にとって犯罪とさえ見なされなくなっていた。「西欧のあらゆる男性と女性、そして子供たちが多かれ少なかれ一ないしは他の種類の違法取引に携わっていると言っても、ほとんど誇張にはならないでしょう」と、ドイツ西部担当のＵＮＲＲＡの長は英国外務省に宛てた手紙の中で述べている。「ヨーロッパの多くの地域で、事実、そんな風にすることなしに生存を維持することはほとんど不可能なのです[28]」。

住民の全体が日毎それを馬鹿にして従おうとしないとき、法律に対する尊敬の念を維持することは不可能だった。このことは、不可避に道徳的な帰結を伴った。英国においてさえ、かかる諸活動ゆえに道義的水準が低下したという知覚があった。一九四五年に航空輸送予備隊をしていたマーガレット・ゴアの言葉を借りれば、「英国では、闇市は人々の真率さを掘り崩してしまい、そして、一社会としての私たちは爾後《じご》はるかに不正直になっていたと思う……。あれが、それが始まったときなのだ」(29)。

暴力

もし盗みと違法取引がヨーロッパ中至るところで深刻な問題であったとすれば、遍在する暴力の脅威は危機だった。すでに私が触れておいたように、多くの人にとって極度の暴力は毎日の出来事だった。終戦時には、ドイツの人々は日夜爆撃を受けるのに慣れっこになっていた。つまり、瓦礫の中の死体の光景はすっかり当たり前になっていたのである。程度こそ小さいものの、同じことは英国や北フランス、オランダ、ベルギー、ボヘミアとモラヴィア、オーストリア、ルーマニア、ハンガリー、ユーゴスラヴィア、そしてイタリアについても言うことができた。さらに東に行けば、住民は彼らの都市《まち》が粉々にされたのを見ており、それと同時に人間が木っ端微塵にされるのも見ていたのだった。何百万という兵士にとっても、これは毎日の経験なのだった。

戦闘地帯を離れたところで、暴力は等しく残忍で、かつ終わりがなかった。たとえ、より個人的な尺度であったとしてもそうだったのだ。ヨーロッパ中の何千もの強制労働収容所や強制収容所において、被収容者は日々野蛮な仕方で叩かれた。東欧中の至るところで、ユダヤ人は狩り出され殺害された。北イタリアでは、対独協力者の射殺は復仇と反‐復仇の終わりのないサイクルの緒を開き、それは時に血讐《ヴェンデッタ》の趣を帯びたのだった(30)。帝国中《ライヒ》でおしゃべり屋は逮捕され打ち据えられ、脱走兵は縛り首にされ、そして誰であれその意見ないしは民族的背景が彼らの大多数の隣人と合わない者は打たれるか、投獄されるか、あるいは殺害さえされる恐れがあるのを見てとることができたのだった。終戦時には、これらすべてがお決まりだった。結果、衝撃を与えるどころか、極度の暴力行為は大陸中多くの各地ですっかり目立たないものになってしまったのである。

日常的に暴力の犠牲となった人々が、彼ら自身、断然暴力沙汰を起こしがちになるということを悟るのに多くの想像力を必要とはせず、このことを証明する数え切れない心理学的諸研究が存在する。一九四六年、ドイツ西部担当のUNRRAのかつての長であるサー・フレデリック・モーガン中将は、強制収容所から解放されたユダヤ人指導者のいく人かに関する懸念を表明した。「[……]これらユダヤ人の指導者は、何ごとにも身が入らない絶望した男です。生き残りに賭けようとする人間に起こり得るあらゆることが彼らには起こったも同然で、彼らは人間の生に一片の価値も置いてはいないのです[31]」。同じことは、ドイツの強制労働者たちにも言えた。強制移送者の心理学的諸問題に切り込んだUNRRAのある研究によれば、DPらにとって、「手に負えぬ攻撃性」を見せるのはかなり当たり前のことで、そこには、「価値がないという感覚[……]」に、辛辣さや怒りっぽさの感覚」を含む数知れない他の心理学的諸問題も伴われているのだった。DPたちは高い割合で極度のシニシズムの徴候を示した。すなわち、「助けになってくれる人々によって行なわれたことでさえ、何ごとも真正のもしくは真率のとは見なされない[32]」のである。

もし暴力の犠牲者があらゆるところにいたとすれば、ある程度まではその犯人もそうだった。戦争の終了時点で、ドイツ軍に対するいよいよ邪悪な戦争に関わっていたパルティザンらは、いまではギリシアの大半とユーゴスラヴィア、スロヴァキアの全土、北イタリアの多く、バルト諸国のかなりの範囲、そしてポーランドとウクライナの広大な地帯の支配者になっていた。フランスでは、レジスタンスは少なくとも一五の県《デパルトマン》を自力で解放し、連合軍がパリに到着する前ですら国内の南部および西部の大半を支配下に入れていた[33]。これらの場所の多くで——わけてもユーゴスラヴィアとイタリア、ギリシアで——、戦争の暴力の多くはドイツ軍に対してではなく、自国住民に紛れるファシストと対独協力者に向けられたのだった。この暴力を主宰した人々が、いまでは責任者の地位にあったのだ。

ナチとその同盟者たちのために残虐行為を犯した人々について言えば、彼らの多くは戦争捕虜となったものの、さらに多くがDPになりすますか、単に市民生活の中へと再び溶け込むかしたのだった。これらの人々は数万人に達し、しかも多くの仕方で彼らの犠牲者たちとちょうど同じだけ心理学的に傷ついていた。重要なことは、残虐行為を働いた兵士たちの大半はサイコパスだったわけではなく、社会の普通の一員として戦争を始めたということを忘れずにいることである。そのような個々人についてのある心理学的研究によれば、当初、彼らの大部分は、実行するように求められた諸行為に対して極度の嫌悪の情を催したのであり、しかもその多くが長期間任務を続けられないことに気づいたのだった。けれども、経験とともに、人間の生命を奪うことに対するこの嫌悪の情は治まり、自ら道徳的コードを破ることに対する倒錯的喜びに、それどころか多幸感にさえ道を譲ったのである。[34]

これらの人々の中には殺人に溺れるようになった者もあり、彼らは以前にも増して倒錯的なやり方で残虐行為を働いたのだった。クロアチアでは、ウスタシャはセルビア人を単に殺害したばかりでなく、女性の乳房を切り刻み、男性を去勢するのに時を費やしもしたのだった。[35]ギリシア北東部のドラマでは、ブルガリア人兵士がギリシア人犠牲者の頭でフットボールに興じた。[36]ヘウムノ強制収容所では、ガス・トラックを生き延びた赤ん坊たちは、ドイツ人看守らが木に頭を打ちつけて叩き割るのがつねだった。[37]ケーニヒスベルクでは、ソヴィエト兵らがドイツ人女性の脚を左右別々に二台の車に縛りつけてから反対方向に走り出し、文字通り真っ二つにした。[38]ウクライナ人パルティザンは、ヴォリニアのポーランド人を農具で滅多切りにした。[39]そのお返しにと、ポーランド人パルティザンもウクライナ人を拷問にかけた。「われわれの部隊の一人が赤ん坊か小さな子供を銃剣の剣先で拾い上げ火に焚べるのを見たことは、私は一度としてないものの、そんな風に死に、黒焦げになったポーランド人の赤ん坊の死体を見たことはある」と、そのようなパルティザンの一人は言った。「もしわれわれの仲間の誰もそれをやっていないのであれば、それはわれわれが働かなかった唯一の残虐行為だ」[40]。このような人々が、いまではヨーロッパの日々のコミュニティの一員をなしていたのである。

傍註ながら、残虐行為を働くことは、部下の隊員のうちに不都合な心理学的効果をもたらす原因にもなりかねないということをヒムラーその人自身が悟っていたということには触れておき甲斐がある。彼はそれゆえに、麾下の親衛隊指揮官らに、続けざまに殺人を犯すストレスで隊員らが「獣的」になってしまうことがないよう指示を出したのだった[41]。ヒムラーが、部下の親衛隊員らが殺害していた人々に一片たりとも思いを馳せることなしに、彼らを彼ら自身の残虐行為の「犠牲者」と見ることができたというのは、道徳的秩序がどれほどに完全に転倒させられていたかということの証しなのである。

レイプ

私がこれまでに論じてきたテーマの多くを互いに結びつけ、その上、続けて検討するであろうテーマの多くを先取りもする一つの主題がある。戦時にレイプするということは、無力な民間人に対する軍事力の濫用と暴力の不当な使用の典型である。第二次世界大戦において、それは、それ以前に知られたいかなる比率をも超えて増加した現象だった。すなわち、歴史上の他のいかなる戦争の時期よりも多くのレイプがこの大戦において、就中《なかんずく》その最終局面にて生じたのである。その第一の要因は、ことに戦争の直後にあっては、復讐だった――ものの、問題は交戦国の軍双方の制度的欠陥ゆえに掌から零《こぼ》れるにまかされた。人々の、わけてもレイプが最も広範に行われた中欧および東欧の人々の道徳的および身体的健康への帰結は、恐ろしいものだった。

レイプは、つねに戦争と結びつけて考えられてきた。つまり、一般に、戦争が残忍になればなるほど、それが敵対国の女性のレイプを伴う恐れは大きくなるのだ(42)。第二次世界大戦の最後の諸段階において、レイプの最悪の事例は確かに戦闘の最も激烈な地域において生じたのであり、しかも激戦のさなかと直後の方が身の危険が大きいと当の女性たち自身が感づいていた節があるとする挿話《アネクドータル》風の証拠がある(43)。当時の目撃者の中には、これら兵士たちが置かれた戦闘の兇暴さを考えれば、レイプは避けられなかったと仄めかす者もいた。「一体何ができると言うんだ」と、あるロシア人将校は言った。「戦争なんだ。人は残忍になるんだ(44)」。

最悪の事例は、東欧で起こった。シレジアと東プロシアのあれら、ソ連兵が最初にドイツの地を踏んだ地域である。だが、レイプはその周囲で戦闘が起きた地域でのみ生じたわけではない。そこから遠く離れて――事実、レイプは戦時中至るところで増加したのであり、それどころかいかなる戦闘も行なわれなかった地域でさえその増加を見たのである。たとえば、英国と北アイルランドでは、レイプを含む性犯罪が一九三九年から四五年の間にほとんど五〇パーセントも増加した――当時、重大な関心を呼んだ事実だった(45)。

戦争の最終局面とその直後にヨーロッパで生じた、レイプの凄まじい増加のための手っ取り早い説明は存在しない。とはいえ、大陸全体に共通の、一定の傾向は存在する。つねと同様、問題は西側よりも東部戦線においての方がずっと、ずっとひどかった。民間人男性が時折この犯罪を犯すことに責めがあったにしても、それは圧倒的に軍事的な問題だった。連合国の軍隊が四方からドイツに集結するにつれて、性暴力の波が他の犯罪も伴って押し寄せたのである。レイプは状況の混乱した場所で最悪になる傾向があった。たとえば、激しい戦闘の直後や、規律に乏しい軍隊に囲まれたときである。そして、これが重要なのだが、解放された国よりも征服された国の方が、比較にならないほどひどかったということだ。これは、復讐と支配の欲望が四五年に起きた大量レイプの背後に働く重要な要因であったことを示唆している——事実、おそらくは主要因だったのだ。

　諸研究の示唆するところによれば、戦時のレイプは、占領軍と現地民間人の間に比較的大きな文化的分割が存在するところではことのほか残忍で、とりわけ広範だった。そして、この理論は確かに、第二次世界大戦の諸々の出来事によって支持されるのである[46]。バイエルンに入ったフランス植民地軍はとりわけ悪名高かった。黒い森《シュヴァルツヴァルト》にほど近い村に住んでいたイングランド人女性、クリスタベル・ビーレンバーグによれば、モロッコ人の軍勢は、到着するなり「私たちの村をレイプして回った」。その後、彼らと入れ違いにサハラ砂漠からやってきた別の軍勢が、「夜やってきて、村の家を一軒一軒残らず囲んでは、一二歳から八〇代までのあらゆる女性をレイプして回った[47]」。テュービンゲンでは、老いは七〇歳の女性から若きは一二歳の少女までモロッコ軍にレイプされた[48]。当の女性らの恐怖は、これら男たちの見慣れない外見によってさらに強められたのだった。ことに、ナチによる長年にわたる人種的プロパガンダの後では[49]。

　この文化的分割は、東部戦線での要因ともなった。ソヴィエト連邦を侵略した際に多くのドイツ人兵士が東欧の下等人種《ウンターメンシェン》に対して感じた侮蔑の念は、確かに、ウクライナ人女性とロシア人女性とが彼らの手から受けた悪辣な仕打ちの一助となったのだ。ヴァシリー・グロスマンは、ドイツ人将校にレイプされた一人の教師をインタヴューした。将校は彼女の生後六ヶ月の赤ん坊を撃ち殺すぞと脅したのだった[50]。ゲニア・デミアノーヴァという名の別の学校教師は、一ダースを超えるドイツ人将校らが彼女を輪姦する様を描写した。彼らのうちの一人が彼女を鞭で打ち据えたのだった。「[……]彼らは私を粉々に引き裂きました」。彼女は書いた。「……私はただの一体の死体です[51]」。

潮目が変わり、赤軍が中央および南東ヨーロッパに向かって進撃したとき、彼らもまた人種的・文化的諸動機によって影響を受けていた。たとえば、ブルガリアは隣国と比較してほとんどいかなるレイプの被害も被らなかったが、一つには、ブルガリアに入った軍は他のいくつかに比べずっと規律が行き届いていたからで、しかしまた、ブルガリアはロシアとよく似た文化と言語を持ち、二つの国は一世紀におよぶ友好関係を築いていたからだった[52]。赤軍がこの地に到着すると、彼らは大多数のブルガリア人からの心から歓迎を受けた。それに対して、ルーマニアはソヴィエトとは非常に異なった言語と文化を持ち、一九四四年まで彼らに対する非常に野蛮な戦争に携わっていた。その結果、ルーマニア人女性はブルガリア人女性よりも多くの被害を受けたのだった。

ハンガリーとオーストリアでは、女性たちの状況は一層ひどく、地域によっては真に恐るべきものだった。再度、双方の側での文化的差異はかなりのもので、けれどもこの場合、ソヴィエト側の敵意は、ハンガリー人とオーストリア人が、ルーマニア人とは異なり、赤軍の到着時、ソヴィエト連邦と依然交戦状態にあったという事実によって焚きつけられていた。ブダペシュトのすぐ西、チャクヴァル周辺の地域の多くの女性はあまりに暴力的なレイプを受けたので、その背中は男たちの暴行の力のあまり折れていた。トランシルヴァニア出身の二〇歳のハンガリー人女性、ポルッ・アラーヌはこうして重傷ではあるが、幸いにも一時的な背骨の傷を負った。彼女は数週間にわたり繰り返しレイプされ、しばしば、夜が明ける頃には彼女のことを暴行した男たちの人数を忘れてしまった。「これは、性交やセックスとは何の関係もなかった」。後に彼女は書いた。「それは何ものとも関係がなかった。それは単に――こう書きながら、たったいま私は悟った、言葉が精確なことを――攻撃だったのだ、これが、詰まるところ、それがそうであったところのものなのだ」。同時に彼女は、「このことが国中のあらゆるところで繰り広げられ続けていること」を知り、憔悴もしたのだった[53]。

　だが、レイプの最も広範な事例が生じたのは、ドイツだった。東プロシアとシレジア、そしてポメラニアでは、数万人の女性が真に中世的な暴力のお祭り騒ぎ《オルギア》の中でレイプされ、次いで殺害されたのだった。ポメラニアのベーアヴァルデ出身の若い母親、マリー・ナウマンは一団の兵士によってレイプされ、次いで夫と二人で干し草置き場で吊るされた。その間、彼女の子供たちは彼女が吊るされている真下の床でロープで絞め殺されたのだった。ポーランド人の民間人数人に助け降ろされたとき、彼女はまだ息があったが、誰がこれをやったのかと尋ねられた彼女がロシア人だと答えると、彼らは彼女を嘘つき呼ばわりし散々殴りつけた。自分の身に起きたことに耐えられなかった彼女は、近くの入江で溺れ死のうとしたものの、死に切れなかった。濡れそぼった彼女が知り合いのアパートの一室へと向かうと、別のロシア人将校に出くわし再度レイプされた。将校が立ち去ると、さらに四人のソヴィエト兵が現われ、彼女を「不自然な仕方で」レイプした。用が済むと、彼らは彼女を蹴飛ばして気絶させた。彼女はまた別の兵士二人組が部屋に入ってきたときに意識を取り戻したが、「彼らは私を放っておきました。というのも、私は生きているというよりは死んでいたからです[54]」。

　何千というよく似た話が、ドイツ・オーラル・ヒストリーの諸プロジェクトや教会書庫、さらにはドイツ政府によっても集められてきた。ソヴィエト側の史料もこれらの主張を裏づける。レフ・コペレフやアレクサンドル・ソルジェニーツィンのようなロシア人将校の回顧録は、ソヴィエトの行き過ぎについて、秘密警察の部隊NKVDが四五年に作成した数篇の報告書と同様、広範なレイプの光景を述べている[55]。

　レイプは、赤軍がシレジアとポメラニアを抜けてベルリンへと向かう間続いた。膨大な数の事例で女性たちは輪姦された。しばしば何度も何度も、来る夜も来る夜も。ヴァシリー・グロスマンがシュヴェリンでインタヴューしたある女性は、「今日はもう一〇人の男にレイプされている」と答えた[56]。ベルリンでは、ハネローレ・ティーレが「七人が一列になって」レイプされた。「まるで動物だった」[57]。ベルリンの別の女性は、自宅地下倉で山積みになった石炭の後ろに隠れていたところを捕まえられた。「二三人の兵士が一人また一人と」と、彼女は後になって言った。「私は病院で縫ってもらわねばなりませんでした。私はどんな男性とも、いかなる関係でも二度とごめんです」[58]。東プロシア駐在のドイツ人将校カール・アウグスト・クノアは、一軒の邸宅から数十の女性を救出したと主張する。「そこで彼女たちは、平均して一日に六〇から七〇回レイプされていた」[59]。そして、リストは続く。

四五年のレイプの報告は、戦時中の他の残虐行為の諸報告に関してと同様、本当に気分が悪くなる。なぜならば、それらはあまりに夥《おびただ》しいからだ。コブレンツ連邦文書館の東側文書に記録された話は、ニュルンベルク裁判でのユダヤ人虐殺の記述と同じモノトーンで読まれる——終わりのない恐怖の反復で、それが一番耐え難くなるのだ。中欧諸地域でのレイプは、孤立した偶発事例の集積ではなく、全住民女性によって耐えられた一つの集団的経験だった。ヴィーンでは、八万七〇〇〇人の女性がレイプされたと診療所や医師によって報告された[60]。ベルリンでは輪をかけてひどく、約一一万人の女性が犠牲になったと考えられている[61]。ドイツ東部では、ことにソ連軍の兵舎に近かった地域では、四八年末まで絶え間のない暴行の脅威が続いた[62]。ドイツ全体で、ほぼ二〇〇万人の女性が戦争直後にレイプされたと考えられている[63]。

ハンガリーに関する数字は、より発見が難しい。ドイツ人およびオーストリア人女性のレイプは戦後細心の注意を払って記録されたのに対して、ハンガリーではこの現象は戦後共産主義政権によって決して認知されなかった。然るべき研究が行なわれ得るようになったのは、一九八九年を俟ってからではなかった。というのも、その時点では情報を得ることはまだ難しかったからだ。病院の記録に基づく諸々の概算の示唆するところによれば、五万人から二〇万人のハンガリー人女性がソ連兵によりレイプされた[64]。西欧における数字は、ずっと小さいものの、それでも相当なものだ。たとえば、合衆国陸軍は、四二年から四五年の間に北アフリカと西ヨーロッパで一万七〇〇〇人もの民間人女性をレイプしたかどで告訴されている[65]。

戦後の性的暴力と搾取の帰結は、甚大だった。ドイツでは毎年二〇〇万回の違法な堕胎が行われたにもかかわらず、一五万人から二〇万人の「外国人の赤ん坊」がドイツ人女性に産まれ、そのうちいくらかはレイプの結果だった。これらの子供の多くは、彼らの母親の憤懣に死ぬまで苦しまなければならなかった[66]。女性の多くが性病に感染させられた――地域によっては、六〇パーセントもの高い割合だった。これは一般に治療のしようがなかった。というのも、ドイツでは、四五年八月の時点で抗生物質の注射一回分がまがい物ではないコーヒーの二ポンド分に当たったからである[67]。このような身体的問題に相携えて、感情的・心理的帰結が訪れる――直接に被害を受けた女性たちにばかりでなく、女性全体にとってである。これほどに多くの女性が戦利品の一項目に還元されたとき、すべての女性が受け取ったメッセージは、彼女たちは決して安全でなく、男性支配の世界は彼女たちをたった一つの物事ゆえに値踏みする、ということだった。ヨーロッパの広大な地域で、女性らはそれゆえ、絶え間のない不安の状態に生きるのを強いられたのである[68]。

私たちは、男性たちもまたこの集団的現象によって影響させられたという点を忘れるべきではない。多くの男性が、彼らの妻や母、姉妹、そして娘がレイプされる間それを見守っているよう強いられたのだった。介入しようとした者はしばしば撃ち殺されたが、概してドイツの男性はひたすら静観し、以後とこしえに自らをインポテンツゆえに苛んだ。それゆえ、ハンガリーとオーストリア、そしてとりわけドイツにおいて、大量レイプの経験は、女性にとって暴力と恥辱の経験であったばかりでなく、男性にとっては去勢を行使するそれであったのだった。解放時、家を離れていた男性たちでさえ、帰ってきて妻や恋人が苦しい体験の末に最早取り返しようもなく変容してしまっているのを見つけて、影響を受けたのである。多くはその変容を受け止めることができず、妻のもとを去り、それゆえ彼女たちの苦境を一層強めたのだった。夫の反応を恐れた多くの女性は、自分の経験を秘密にし、莫大な数の女性が性病にかかったり、堕胎したり、あるいは「ロシア人の赤ん坊」を産みすらしたという事実を隠しておいた(69)。夫婦関係にかかる様々なストレスの結果、戦後ドイツの離婚率は、戦前と比べ倍増した——事実、ヨーロッパの至るところでそうなったように(70)。

最後に、習慣化したレイプと女性の搾取が、この行為に耽った兵士たちにもたらした影響を思い出しておくことが重要である。わけても、彼らの大多数が自らの行ないに対してどんな罰らしい罰もまったく受けなかったからには、である。戦後数年にわたりレイプの発生率が高かったという事実は、それが多くの人が主張するようには、ただ復讐にのみ動機づけられていたわけではなかったということを示唆している——そうではなく、私たちはもっとずっと不安にさせる可能性に直面しているのだ。つまり、多くの兵士は、単にそれができたからレイプしたのだ、という可能性である(71)。

当時の兵士たちの陳述は、彼らにはセックスへの権利があり、必要なら力ずくでもそれを獲得してやるという信念の存在を漏らしている。「俺たちがお前らを解放してやったんだ、それなのにお前らは俺たちにごくわずかなことをも拒むっていうのか?」「俺には女が必要なんだ! これのために俺は血を流したんだ!」「〔……〕GIと英国兵《トミー》はお嬢さん方《フロイラインズ》にくれてやる煙草とチョコレートを持っている。だから奴らはレイプする必要がない。ロシア人はどっちも持ってない(72)」。兵士が女性に対する無制限の権力を持ち、懲罰を受ける恐れがほとんどなく、かつ、仲間の兵士たち全員が性的暴力にうつつを抜かした環境では、レイプはノルマとなったのだ。それゆえ、たとえば、ヴァシリー・グロスマンの同僚の従軍記者の一人が、外で酔っ払った兵士の群れから逃れようと彼らの部屋に入ってきた一人のロシア人少女をレイプしたとき、それは彼が怪物だったからではなく、単に彼が「誘惑に抗すること」ができなかったからなのだった。(73)

今日アメリカ人が「最も偉大な世代」と呼ぶ男たちは、皆がしばしばそのように描かれることのある無私の英雄であったというわけではなかった。彼らのいく分かは、同時に最悪の種類の盗賊でもあり、略奪者でもあり、虐待者でもあったのだ。連合軍、ことに赤軍の何十万という兵士は、連続強姦魔でもあった。当時、レフ・コペレフがこう論じたように、

「……」恥すべき行ないを、決して気にするな——ドイツ人女性一人を求めて戦績順に列になったり、幼い女児をレイプしたり、老婦人を殺害したりしたこれら兵士については、どうなのか。彼らは、われわれ自身の都市《まち》に、われわれ自身の女性たちのもとに、われわれ自身の少女たちのもとに戻ってくるのだ。何千何万という潜在的犯罪者が、それも倍も危険に、なんとなれば英雄の誉れを得て帰還してくるだけに。(74)

軍務を終えたこれらの男たちは、ヨーロッパのコミュニティに再度溶け込み、しかしまた、カナダやアメリカ、オーストラレーシア、そして世界中の他の国々に舞い戻ったのである。戦後、これらの男たちが自国の内部に住む女性たちに対する態度に受けた影響があったとすれば、真に興味深い研究だろう。

道徳性と子供たち

戦争の直後に実在した空気を顧みれば、ヨーロッパの子供たちがどのように成長しているのか広く懸念があったとしても驚くにはあたらない。ただに彼らがつねに物理的危険に取り巻かれていた――すでに私たちは、廃棄された弾薬の山で遊ぶか、向こう側に生えたラズベリーを採りに地雷原を渡るか、あるいは、それどころか道端に捨てられていたのを見つけたパンツァーファウストをぶっ放しさえした話を聞いている――というばかりでなく、道徳的危険もちょうど同じくらい重大だったのだ。彼らが蒙った心理的ダメージは、遊びの中に明白だった。自分の子供が「空襲」か、「女来い《フラウ・コム》」（レイプしたいと思ったドイツ人女性を選び出す際にロシア兵が用いたフレーズである）の遊びをするのを見たドイツ人女性は絶望に打ちひしがれた[75]。ベルリンでは、建物の壁三面にわたって、一人の男性が吊るされているところが繰り返し単純な線で一五回にわたり落書きされているのを見て、ウィリアム・バイフォード＝ジョウンズ中佐がショックを受けた。救世軍孤児院のある職員によれば、彼が世話したドイツ人の子供たちは自分たちの人形に例外なく制服を着せる一方、強制移送させられた孤児たちのほとんどは、制服を着込んだ男性が近づいてくるところを見ると金切り声を上げたのだった[76]。

すでに私が強調しておいたように、子供たちにとって制服を脱いだ男性を見るというのはかなり稀だった。実際、大陸のいくつかの地域では彼らにとってそもそも男性を見るということ自体が稀だったのである。男性のロールモデルがこのように欠如しているということは、成人の権威の象徴の縮減と相俟って、子供たちの振る舞いに動かし難い影響を与えた。英国では、戦時中未成年の非行がほとんど四〇パーセントも増加し、とくに家宅侵入罪や悪意的損害、および窃盗（二倍どころではなかった）で顕著だった[77]。ドイツでも、マルティン・ボルマンにより広まった数字によれば、一九三七年から四二年の間に少年犯罪は二倍したどころではなく、四三年になってもまだ増加していた。ハンブルクのようないくつかの都市では、戦争中、未成年の非行が三倍になった。[78] 四五年の半ばには、ソヴィエト占領地区で「食べ物と金」を求めて人々を襲撃し、時には殺害する「子供ギャング」の集団が報告された。両親の監視の欠如と、いくつかのケースでは両親の完全なる不在が彼らを「小さな野蛮人」へと変えていたのである。[79]

最も心配の種となったのは、ドイツ人の子供だった。中には、単にその血統ゆえに、彼らは生まれながらに脅威であると信じる者もいた。ノルウェーでは、ドイツ兵を父親に持った子供たち全員の移送を求める大規模な要求があった。数年もすれば、成長した彼らがナチの第五列になるかもしれないからだと言うのだった。ナチが自らを支配的人種と信じ込むに至ったその同一の優生学的原則が、いまやドイツ人の子供に適用され、彼らを将来の脅威と同定するという事態になったのである。[80]

ドイツその国の内部では、連合国は幼児よりは十代の方が不安の種だった。一九四五年のドイツ人十代は、生まれてこの方、ずっとナチのイデオロギー漬けであり、一二年間の学校生活と、加入が義務のドイツ少女同盟とヒトラーユーゲントの両者を通じ散々に叩き込まれていたのだった。多くの人が、この世代の子供たちには改心の見込みがないかもしれないと恐れていた。四四年から四五年に戦った英国兵は、しばしば、「若ければ若いほど、ますますドイツ人は高慢で『支配者然としたがる』ようになる」と書き留めている。『デイリー・エクスプレス』紙のある異常な記事の中で、R・クリスプ少佐は、以前彼が出くわすのがつねであった尋常のドイツ兵は、蛮行の他には何一つできない一五歳から一六歳の狂信者の軍隊に取って代わられたと述べた。

彼らのうちには、どんな優しいところも、親切なところも、あるいは慎ましいところも見当たらない。これは、残虐さの中で入念に仕込まれた、一人の狂人の恐ろしい命令を実行するよう仕込まれた世代の男たちなのだ。一つの汚れのない思想だって、かつて彼らの心に去来したことはないのだ……。一九二〇年以降に生まれたいかなるドイツ人も、このサタンの呪いのもとにある。若くなればなるほど、一層彼らは激烈にその悪の毒素を孕《はら》まされているのである。ヒトラーのもとで生まれたどんな子供も、迷い子《ロスト・チャイルド》である。それは、失われた世代《ロスト・ジェネレーション》なのだ。

記事は続けて、これらの子供たちのあれほど多くが戦闘で殺されつつあるのは天恵であり、残った子供も世界の善のためには同様に処理されるべきだと暗に主張した。「だが、あなた方が彼らを絶滅させるにせよ断種ないしは不妊手術を施すにせよ、その恐怖の極みにおけるナチズムは、ナチの最後の一人が死に絶えるまではこの地上から消え失せはしないだろう[81]」。

ナチ支配の恐怖は、とうとう、連合国の思想と著述のうちにその鏡を見出した。ここでは、つまり英国の主流紙上では、ヒトラーがヨーロッパに解き放った悪に対する道徳的解決としての絶滅の提案だった。こうした着想を、『フェルキッシャー・ベオーバハター』紙に掲載されたゲッベルスによる狂信的極まりない論説のいくつかから分け隔てるものは何もない。違いは――そして、それは甚だしい差異だ――、英国ではこんな着想に憑かれた男たちが実際に政権を掌握したことはなく、それゆえに、かかる提案が実行に移されたことは決してなかったということだ。だが、これらの思想が全国的な媒体で真剣に表明され得たというそのまさに事実は、戦時中占領を免れた国々にすら実在した道徳性の傷を証示しているのである。

原註

(1) Lewis, pp. 25–6.
(2) Ibid., pp. 42–3, 56–7.
(3) Blunt, p. 56.
(4) Macardle, pp. 94, 206.
(5) Moorehead, p. 66.
(6) Byford-Jones, p. 38 に引用。
(7) Hionidou, ch. 4.
(8) たとえば、Tec, p. 91 を見よ。
(9) Anon., *A Woman in Berlin*, pp. 57–60.
(10) Andrzej C., personal interview, 11 February 2008.
(11) Risto Jaakkola and Henrik Tham, 'Traditional Crime in Scandinavia During the Second World War', in Takala and Tham, pp. 38–51.
(12) Fishman, p. 85.
(13) Brosse, p. 80.
(14) Zbigniew Ogrodzinski, personal interview, 30 October 2007; Captain I. B. Mackay, IWM Docs 94/8/1, typescript memoir, p. 130.
(15) Moorehead, p. 66.
(16) Porch, p. 518.
(17) Lewis, p. 100.
(18) Botting, p. 183。また、TNA: PRO FO 1050/292, letter from anti-Fascist parties of Germany on increase in brigandage, 31 January 1946; および FO 1050/323 for Berlin statistics in 1945 も見よ。
(19) Anon., *A Woman in Berlin*, p. 209.
(20) Andreas-Friedrich, p. 20, entry for 9 May 1945.
(21) Polcz, p. 92.
(22) Alik Ossowski, personal interview, 17 November 2007; Maria Bielicka, personal interview, 28 January 2008.
(23) Maria Bielicka, personal interview, 28 January 2008.
(24) Milward, *War, Economy and Society*, p. 282.
(25) Ibid., p. 283.
(26) Mazower, *Inside Hitler's Greece*, pp. 60–61 に引用。
(27) The Great Decree, no. 16/1945, para. 10: see Frommer, p. 353.
(28) Lt Gen. Sir Frederick Morgan to the Foreign Office's Under Secretary of State, 14 September 1946, IWM Docs 02/49/1.
(29) Margaret Gore interview, IWM Sound, 9285, reel 4.
(30) Pavone, pp. 475–91.
(31) Lt Gen. Sir Frederick Morgan to the Foreign Office's Under Secretary of State, 14 September 1946, IWM Docs 02/49/1.

(32) Quoted in Hitchcock, p. 252.
(33) The *New York Times*, 23 August 1944 に拠る。
(34) Dutton, pp. 114–22.
(35) このような人体切除の証拠写真は、the Italian Foreign Ministry Archive, Archivo Storico Diplomatico Jugoslavia（Croazia）AAPP B.138（1943）に実在する――Steinberg, pp. 30, 271 を見よ。
(36) Hitchcock, p. 229 を見よ。
(37) ユダヤ人目撃証人の Yakov Groyanowski に拠る、Friedländer, p. 318 に引用。
(38) De Zayas, *Terrible Revenge*, p. 45.
(39) Snyder, p. 172.
(40) Lotnik, p. 59.
(41) Konrad Kwiet, 'Erziehung zum Mord: Zwei Beispiele zur Kontinuität der deutschen "Endlösung der Judenfrage"', in Grüttner et al., p. 449 を見よ。
(42) Bourke, p. 359.
(43) Polcz, p. 104.
(44) Kopelev, p. 57.
(45) Central Statistical Office, pp. 48–50. また、'Combating Crime', *The Times*, 23 July 1946, p. 5; および 'A Problem Picture', *The Times*, 3 June 1948, p. 5 も見よ。
(46) Bourke, p. 378.
(47) Botting, pp. 35–6 に引用。
(48) Werner, p. 88.
(49) Bosch, pp. 34, 52; および Willis, pp. 69–70 を見よ。フランス植民地軍によるレイプの規模の知覚は現実のそれよりもひどかった。
(50) Beevor and Vinogradova, p. 209.
(51) Owen and Walters, p. 134 に引用された Genia Demianova の言葉。
(52) Naimark, Russians, p. 70 を見よ。
(53) Polcz, pp. 89, 90, 105.
(54) de Zayas, *Terrible Revenge*, pp. 54–65 に引用。
(55) Alexander Solzhenitsyn, *Prussian Nights*: A Narrative Poem, trans. Robert Conquest（London: Fontana, 1978）, pp. 41, 51–3, 93–103; および Lev Kopelev's memoirs, pp. 50–56 を見よ。また、Beevor, *Berlin*, p. 29 も。
(56) Beevor and Vinogradova, p. 327.
(57) Andreas-Friedrich, p. 16 に引用の entry for 6 May 1945.
(58) Kardorff, p. 217.
(59) Ost-Dok 2/14, p. 106, de Zayas, *Terrible Revenge*, p. 45 に引用。
(60) Judt, p. 20.

(61) Johr, p. 54. Botting, p. 92 に拠れば、ベルリンの女性九万人がレイプの結果、医療による支援を捜し求めた。Laurel Cohen-Pfister, 'Rape, War and Outrage: Changing Perceptions on German Victimhood in the Period of Post-unification', in Cohen-Pfister and Wienroeder-Skinner, p. 316 も見よ。

(62) Naimark, Russians, pp. 79, 94–5.

(63) Johr, p. 59.

(64) Kenez, p. 44.

(65) Lilley, pp. 11–12.

(66) Ruhl, p. 155. 西ドイツに関する公式統計だけで、六万八〇〇〇人の「占領児《ベザッツングスキンダー》」を数えており、そのうち三一九四人がレイプの結果産まれた子供だった。Ebba D. Drolshagen, 'Germany's War Children', in Ericsson and Simonsen, p. 232 に引かれた Statistisches Bundesamt の数字を見よ。*Die Welt*, 17 August 1948 に拠れば、戦後、毎年二〇〇万件の堕胎手術がドイツで行なわれた。Naimark, *Russians*, p. 123 を見よ。

(67) ヨーロッパ中至るところで生じた性病の大流行に関する諸統計については、Naimark, *Russians*, p. 98; War Office, *Statistical Report on the Health of the Army*, p. 264; United States Army, Office of the Surgeon General, vol. V, p. 257; および Andreas-Friedrich, p. 84, entry for 18 August 1945 を見よ。

(68) レイプを受けていない女性がどのように戦後の雰囲気によって影響されたかの諸事例については、Lena Berg, Donat, p. 317 に引用の言葉; Yvette Levy, Hitchcock, p. 307 に引用の言葉; Muriel Heath, IWM Docs 98/25/1, manuscript booklet を見よ。

(69) たとえば、Jacobs, p. 77 に見える Ruth Irmgard の証言を見よ。

(70) Naimark, *Russians*, p. 125. イングランドとウェールズでは一九三九年から四五年の間離婚率が三倍になった。

(71) Kopelev, pp. 51, 55. また、Anon., *A Woman in Berlin*, p. 158; Naimark, *Russians*, p. 109 も見よ。

(72) それぞれ、Donat, p. 317 に引用の Lena Berg の言葉に拠るソヴィエト兵たちの言葉。Kopelev, p. 51 に引用のあるソヴィエト人戦車兵の言葉。そして、シュヴェリン駐留英国軍司令官付ソヴィエト人通訳者の言葉、Major A. G. Moon, IWM Docs, 06/126/1, typescript memoir, p. 56.

(73) Beevor and Vinogradova, p. 327.

(74) Kopelev, pp. 56–7.

(75) Grassmann, p. 28; MacDonogh, p. 100.

(76) Byford-Jones, p. 53.

(77) Central Statistical Office, p. 51.

(78) United States Strategic Bombing Survey, vol. I, pp. 89–90. また、Beck, p. 220, note 111 も。

(79) ストックホルム特派員からの『ニューズウィーク』誌掲載の報告、一九四五年六月一一日付、p. 56.

(80) Borgersrud, p. 75.

(81) "'I have looked into the souls of these Nazi boys - they are black'", Daily Express, 26 October 1944.

第6章 希望

人々の生活と物理的環境に対するあらゆる破壊にもかかわらず、戦争の終わりはまた、たくさんの楽観主義をもたらした。ヨーロッパの住人が一九四五年五月の時点であたりを見回してみると、誇りに感じるべきたくさんの事柄があるのに気がついた。彼らに押しつけられた変化のすべてがまったく否定的なそれであったというわけではなかった。独裁政権の除去は大陸を戦前より自由に、安全に、かつ公正にしていたし、民主主義的政権がついに自らを再確立することができた——一時とはいえ、東欧の多くにおいてさえ——のである。将来何が起ころうとも、最々小限、たったいま彼らが切り抜けてきたばかりの時代に比べれば輝かしいだろうとする普遍的感覚があった。

戦後、時代は社会のあらゆる水準で活動と理想主義の爆発を見た。美術、音楽そして文学がもう一度花開き始め、何百という新しい雑誌と新聞が大陸で創刊された。新たな哲学が生まれ、楽観主義と行動の世界を観じたのであり、そこでは、人間の条件は「完全に拘束されながらも完全に自由」であるというそれなのだった。(1)数十もの新たな政治運動や政党がつくられ、それらのいくつかは、その後半世紀間政治思想を牛耳った。(2)

これらの事物は、もしヨーロッパの住民がもっぱら非道徳化され、疲弊させられ堕落していただけだったら不可能だったろう。希望は、戦後の雰囲気をなすこれらより暗いエレメントと少なくとも同程度に重要だった。大陸を再生させ、重い身体を引き摺って立ち上がるのを許したのは、希望だったのだ。この希望の多くは、ヒトラーの失墜に伴った権利と自由の再生に対する自然で、かつ自発的な反応だった。だが、そのいくらかはヨーロッパ社会の深みに根づいた必要や欲望、さらには偏見によってすら拵えられたのだった。

英雄崇拝

戦いが終わると、ヨーロッパは戦争の物語への飽くなき要求を感じたようだ。これは部分的には、人々がまさに経験したばかりのことについて意味を得る必要があったからだ。だが、湧き出てきがちな物語の種類から見れば、これらは叶えられた唯一の必要ではなかった。最も人気があったのは最高の英雄のそれで、大陸中のありとあらゆるところで千単位で語られたのだった。ほとんどどの場合も、英雄は地元の男や女たちで、彼、彼女たちの勇気や犠牲の勲《いさお》が少なくとも大衆の想像力の裡《うち》では、同胞の真の精神を表わすことになるのである。片や戦争の悪は、物語の悪役へと投射され、ほとんどつねに外国人、通常はドイツ人なのだった。外国人の悪と土地育ちの高潔さとの間のこの対照は、戦後、国民的アイデンティティを再建する上で大いに重要で、叩き潰されたヨーロッパの国々が傷を舐めようと選んだ主要なやり方の一つだった。

他のどこよりも、英国でこれが顕著だった。そこでは、戦後大いに積極的な気晴らしが必要だったのだ。一九四五年の英国は打ちひしがれた国だった。英国人は、自国の損傷したインフラと実質的に破産した経済の手当てをするよう強いられていただけでなく、ヨーロッパの残りの場所と、アフリカおよび中東で瓦解しつつある彼らの帝国を警察管理する重荷を担ぐことも期待されていたのだった。

この先十年におよぶ艱難と配給の時代に対して彼らが有した唯一の補償は、彼らが戦争によって打ち負かされなかったという、かつ、彼らは悪を目の前にして高貴に振る舞ったという思想――手短に言えば、彼らが英雄たちの国民であるという思想なのだった。

外国からの恐怖の物語と、自国の悲嘆の物語に対する解毒剤として、英国人は数十単位で英雄の物語を産み出した。一九四〇年代の終わりと五〇年代の始まりは、英国の戦争物語の文字通り雪崩を見た――『大脱走』『残酷な海』『ダム・バスターズ』『月に憑かれた病人』『コルディッツ物語』『空へ届け』――最も有名な一握りの話だけに留めよう。これらの物語の主人公の誰一人として、彼らの大義の正当性、能力、ないしは目前に迫る見たところ乗り越えがたい障害にもかかわらず、成功するであろうという信念に決していかなる疑いも差し挟むことがない。これは単に戦中プロパガンダの再利用というだけではなかった――これは、英国人が戦後自らをどう見る必要があったのかということなのだった。英国人は決して絶望しなかった、疑わなかった、それどころか不平すら言わなかったという神話――戦時「世論調査」文書館を短時間訪れるだけですら齟齬をきたす神話――は、今日まで持ちこたえている慰めになるステレオタイプなのである。

同胞について積極的な物語を語ることのこの必要性は、ヨーロッパの戦争の直後においては普遍的だった。ナチに占領された国々にとっては、そのような物語は、もしあれば一層重要だった。英国でそうなったように、戦後の生活の苛酷さから人々の気を散らすのに役立ったばかりか、対独協力をしたという不愉快な事実から注意を逸らしもしたからだ。

たとえばノルウェーでは、対独協力者の社会からの粛清は、戦争の国民的英雄のまさしく公的な祝賀に伴われ――結局、影を落とされた。数十ものスピーチがレジスタンスの勇敢さを賛嘆し、最高に血湧き肉躍る物語に謳われた者たちに報いようと勲章授与式が催された。四〇年代の半ばから終わりにかけて、一連の戦争回顧録が出版され、ノルウェー人兵士や、諜報員、破壊活動家らの偉業を詳《つまび》らかにした。イェンス・ミュラーの『帰ってきた三人』は、第三空軍捕虜収容所《スタラグ・ルフトⅢ》からの「大脱走」の物語を語った。ミュラーは、はるばる家に帰り着いた三人のうちの一人だった。オルフ・オルセンの回顧録は、ナチの侵攻後彼がどのようにしてリサーカー橋を爆破し、英国へと逃れ、その後、英国特殊作戦執行部のための諜報員として四三年にパラシュートでノルウェーに舞い戻ったかを物語った。クヌート・ハウケリードは、彼と仲間の諜報員がどのようにしてリューカンのナチ重水プラントを破壊したかを語った――英国映画『テレマークの要塞』の中で不滅になるであろう行動だ。マックス・マヌスの並外れた経歴は、一連の息をのむような脱出、陰謀、そして破壊活動の行為を含んでいる。彼の回顧録はノルウェーで四六年に出版されたが、物語は最近も二〇〇八年になってフィーチャー・フィルムへと作り変えられた。本書執筆の時点で、ノルウェー史上最大の興行収入を上げた映画である。それは、ノルウェー国家の戦争の英雄が持つ不朽の魅力の証しなのだ[3]。

十分に頻繁に繰り返されるとき、戦時の抵抗活動がノルウェー国内の大多数の人にとって日々の経験になっていたと想像するのは易しかった。そうした物語には、他にも積極的な効果があった。戦時中のレジスタンスと英国の間の絆に絶えず言及することで、ノルウェーは自らの解放のみならずヨーロッパ全体の解放において積極的な役回りを演じたと認められたのである。

これらの理由のために、抵抗活動の物語は、ナチに占領されていたすべての国で支配的なナラティヴになった。オランダは、「大脱出者たち」の一人で、この時代全体を通じて最も多く叙勲された軍人だったブラム・ファン・デル・シュトークのような男たちの勇敢さを讃えた。デンマークには、モーンス・フォーのような人々がいた。レジスタンス紙『自由デンマーク』を創刊した彼は、英国空軍（RAF）がその司令部を爆撃した隙に運よくゲシュタポのもとから逃れたのだった。チェコ共産主義者たちには、ナチの支配に抗議して処刑された学生だったマリー・クデリコヴァーのごとき英雄がいた。他方、チェコ保守主義者には、名うてのスパイにして破壊活動家だったヨゼフ・マシンがおり、彼の息子らはその後父の足跡を追い共産主義政治に抵抗することになる。

かくのごとき物語が、第二次世界大戦で積極的な役割を果たしたどの国にも、もし数千でなければ数百存在した。誇張されたものもあれば理想化されたものもあったが、普通の人々が常軌を逸した賭けに勝って凱歌を上げる様を率直に描写するうちに、それらはヨーロッパ全体のより広範な闘争を表象するに至ったのだった。これらの話が、いつもそれほど高い理想に従って生きてきたわけではない一世代全体に対しての激励となったというばかりでなく――、それらは人々に、戦後ヨーロッパの生活がどれほど困難であろうと、彼らが打倒した専制政治の下で暮らすよりは無限によいということを思い起こさせもしたのである。

友愛と団結

英雄の行ないは、戦争の直後遍《あまね》く祝賀された唯一の側面ではなかった。一九四五年五月九日、ユーゴスラヴィアの指導者ヨシップ・ブロズ・ティトー元帥は勝利の演説を行ない、戦争の間彼が率いたパルティザンの「英雄的行為」を讃え、その「並ぶ者なき偉業」は「未来の世代を激励し、彼らにいかに祖国を愛するかを教える」であろうと述べた。だが、彼の演説の主たる関心は英雄的行為の称揚というよりは、むしろ団結への賛辞にあった。

ユーゴスラヴィア人民よ！

セルビア人、クロアチア人、スロヴェニア人、マケドニア人、モンテネグロ人、ムスリムよ！

長らくあなた方が待ち焦がれた日はやってきた！［……］あなた方を隷従させようとやっきになった権力は打ち負かされたのだ。ドイツとイタリアのファシストは、あなた方を互いに嗾《けしか》け合い、殺し合いの中で共倒れになるのを目論んだ。だが、あなた方の最良の息子たちと娘たちが、祖国とその国民への愛に励まされて、これら悪魔のごとき敵の計画を挫いたのだ。お互いの不和と敵意のかわりに、あなた方は今日、新たな、そしてより幸福なユーゴスラヴィアにおいて団結しているのである。［……］

演説の後半に入ると、ティトーは、彼自身の同胞の「友愛と団結」だけでなく、全体としてのバルカン諸国のそれへの、連合国とその軍隊のそれへの、それどころか反枢軸連合国全体のそれへの訴えをした。彼が言うには、ヨーロッパ戦勝記念日はすべての人にとっての「共通の勝利」の日なのであって、「戦場におけるこの偉大な勝利の直後にあって、平時においても戦時におけるのと同一の反枢軸連合国間の合意と理解が浸透するの」を彼は希望するのである(4)。

この演説に込められた心情は、ヨーロッパのほぼあらゆる指導者によって戦争の様々の時点で繰り返し表明された。たとえばチャーチルは、「英連邦および大英帝国が［……］その長くロマンティックな歴史のいかなる時代においてよりも団結している」ことを請け合ったばかりでなく、連合軍の間に存在する「一体感、友情および友愛」も繰り返し強調したのだった。戦いは勝たれた、と彼は言う。なぜならば、「ほとんど全世界が悪の担い手たちに対抗して連合した」からだ(5)。ルーマニア解放後の最初の指導者だったコンスタンティン・サナテスクは、「国全体」に遍く漲《みなぎ》る「完璧な団結の精神」について語った[6]。スターリンでさえ、「諸国民間の友誼《ゆうぎ》のイデオロギーが、いかにしてヒトラー主義的[7]［……］人種主義的憎悪のイデオロギーに勝利を収めるべく発現した」かについて語ったのだった。

「団結」という語は、この時代の標語の一つだった。あまりにそうだったので、シャルル・ドゥ・ゴールは、それを彼の戦争回顧録の最も重要な巻のタイトルにさえしたのだった。それは誰もが憧れた理想であって、戦争がそれを可能にしたのだった。西欧中で、大いに異なった政治的信条を持つパルティザンのグループが互いの違いを一時脇にやり、「国民抵抗評議会」を結成しようとしていた。四五年には、ヨーロッパのほとんどの国が、そのうちでありとあらゆる政党が協力する「国民統一政府」を結成していた。終戦時、連合国間の団結の精神に鼓吹されて、一五カ国が寄り集まり、ある真新しい国際的制度のための憲章を起草しようとした。国際連合である。

　多くの人にとって、異なった国民・民族間の、そして異なった階級と政治的信条の人々の間の協力は、戦争をめぐり最も励まされる事柄である。「あらゆる恐怖にもかかわらず」と、シオドーラ・フィッツギボンは回顧録に記した。「戦争は完全に破壊的というわけではなかった。というのもそれは、英国の人々のお互いに対する態度を著しく変容させたからだ。共通の危難を経験することが、赤の他人同士の間に友情を、ほとんど愛を産み出したのだ」。伝統的な階級や性の障壁になど頓着することなしに[8]。

　ベルギー人とノルウェー人とともに軍務に就き、フランス人、ロシア人そしてポーランド人と陸軍病院を共有した英国人兵士、リチャード・メインにとって、戦争は「欧州教育《ユ・ネデュキャション・ウロペエンヌ》」の場だった。後に、彼はヨーロッパ人政治家となり、ジャン・モネとヴァルター・ハルシュタインの同僚となり、ヨーロッパの団結の最も熱狂的な闘志の一人となった。後年、彼がこう思い起こすであろうよう

に、

ヨーロッパのあらゆる「偉大なる期待」が充足されることになったというわけではなかった。だが、一が他のすべての基礎をなしていたのだ。すなわち、あれほど多くの人が戦時中垣間見た結束の感覚である。そうと認められていようがいまいが、それは、よりよい世界を、よりよいヨーロッパを、そしてよりよい社会を築こうという男たちの努力の大半を激励したのだ——つまりは、より平等で、より柔軟で、より階層や序列から自由な、しかも第二次世界大戦が掃き清めた人工的障壁から解放された世界、ヨーロッパ、さらには社会を築こうというそれを、である。(9)

不幸にも、歴史が示してきたように、普遍的結束に対するこの期待は短命だった。冷戦がヨーロッパの東西半分に亀裂をつくり、それはその先四〇年より以上も乗り越えられないだろう。ユーゴスラヴィアとヨーロッパの他の地域では、「友愛と団結」のレトリックは現実とはほとんど似ても似つかぬあり様で、競合する集団間の平和は自発的というよりは強制されての方が多かった。「見知らぬもの同士の友情」のどの事例にも、憎しみと復讐のそれが対比されることになるのである。

そしてにもかかわらず、戦後の歳月の最も冷酷な時期にあってさえ、あれら戦時の理想の核心部分は生き存えたのだった。それらは、ゆくゆくはヨーロッパ諸国間の正式な協力関係の基礎をかたちづくることになるだろう。今日にあっても、それらは拡大し続けているのである。(10)

素晴らしき新世界

戦争の歳月の困難と破壊が、誰もに平等に作用したわけではないというのを忘れずにいることは重要だ。実際、人々の中には戦争が終わって暮らし向きが、かつて以前に想像したよりもよくなっているのに気づいた者もいた。多くの地域で戦争は、社会構造全体を変容させ、新たな支配層と新たな権力の中心に自己確立の道を開いたのだった。

この飛び入り自由の、戦後の大乱闘の最大の勝利者は、疑いもなくヨーロッパの共産諸政党であり、その党員はヨーロッパ全土で指数関数的に増加した。このため、左派の多くはそれがもたらしたあらゆる破壊にもかかわらず戦争を天佑と考えるのを学んだのだった。「ユーゴスラヴィアの戦後世代にとってさえ」とザグレブ出身のジャーナリスト、スラヴェンカ・ドラクリッチは書く。「戦争は無益かつ無意味な流血だったのではなく、反対に、その百万の犠牲者よりも価値のある英雄的かつ有意義な経験だったのだ[11]」。

戦争の革命的帰結は、共産党支配下に結局は入ることになったあれらの国々においてだけでなく、西側でも感じられた。来たるべき変化の時を経験した最初の国の一つは英国で、戦争のまさしく最初期に気づかれたことだった。戦争の勃発とともに英国で立ち上げられた配給制度は、共産主義者が思いつき得たいかなるものとも同じくらい革命的だった。ほとんどどんな基本的な食品も配給され、衣類や家事の必需品についても同様だった。誰一人、隣人より金持ちだから、社会的地位が高いからといってより多くの食料を受け取る権利はなかった。よりよい配給を受け取ることができた唯一の人々は、軍隊にいるか、重い肉体労働を要求する職業に就くかしている人々だけだった。言い換えれば、食料は、社会的ないしは経済的特権というよりは、むしろ必要に応じて分配されたのだった。その結果、住民人口全体の健康は戦争中、実に改善したのである。一九四〇年代の終わりまでに、英国の幼児死亡率は着実に下降し、種々の病気による死亡者数も戦前以降大幅に減少していた。公衆衛生の見地からは、戦争は英国をはるかに公正な社会にしていたのだった[12]。

似たような効果をもたらした諸変化は、戦時中英国で他にもあった。たとえば、あらゆる階級、および両性を対象にした徴用の導入である。「社会的性差別は掃き清められた」と、シオドーラ・フィッツギボンは書いた。「そしてあのような劇的な変化が生じるとき、二度とすっかり同じ仕方では戻らないものだ[13]」。アメリカ人戦争記者のエドワード・R・マロウも、英国で惹き起こされた社会変化を目の当たりにして、一層力強く書きつけた。「［……］この戦争は、諸象徴と民間人が関わる限りにおいて、最終戦争とは関係がない。あなた方が理解しなければならないのは、世界は死にかけており、権力と特権の旧い価値、旧い偏見、そして旧い基礎が消え失せようとしている、ということだ[14]」。

戦争中、大陸でも同様な変化が起きたものの、かなり違った仕方でだった。ここでは、より大なる欠乏と、ナチとその同盟者がヨーロッパを支配したより阿漕《あこぎ》なやり方の両者のせいで、配給制度が機能しなかったのだった。かわりに、人々はより甚だしく闇市に頼る羽目となり、都市住民は所持品を食料に換えるために定期的に田舎に旅しなければならなかった。戦争の歳月は、都市部から田舎への富の巨大な再分配をもたらし、それゆえ数世紀来の潮流を逆転させたのだった。たとえば、イタリアでは中産階級の都市住民が使用人に見捨てられたが、彼らは食料がより豊富な故郷の村に帰るのを好んだのだった。北イタリアのある既婚貴婦人《シニョーラ》がこぼしたように、小作農と小売商人が「今日日の金持ち」なのだった[15]。チェコスロヴァキアでは、いくつかの農村共同体に生じた変化は劇的だった。「農家の大きさは戦前の二倍が相場だった」と、政治囚で、戦後チェコスロヴァキアに帰ったヘダ・コヴァーリは書いた。「冷蔵庫が台所に居座り、大広間には洗濯機が収まっているのがつねだった。床には決まって東洋風のカーペットが敷かれ、壁にはまがいものではない絵が掛かっていた」。チェコ人農家でさえ、これらの変化を自ら認めるに吝《やぶさ》かではなかった。「否定するまでもない――私たちは戦争中、実にうまくやったのだから」[16]。

戦争が押しつけた社会変化に便乗することができなかった人々にとっては、解放が別の機会を提供した。ハンガリーでは、小作農の四〇パーセントが土地を持たないか事実上持っていなかったが、赤軍の到来が大いに必要だった農地改革への道を開いた。ハンガリーの政治理論家ビボー・イシュトヴァーンによれば、一九四五年は、実のところ、そのあらゆる暴力と不愉快にもかかわらず、様々な種類の解放の年だったのであり、なんとなれば、それは古色蒼然たる封建制の遺構への弔鐘を鳴らしたからだった。「[……]一五一四年以来初めて、硬直した社会制度が動き始めたのであり、それも、より大きな自由へと向けて動き始めたのである」[17]。同様に、解放はフランスや北イタリアのような、ヨーロッパの工業地帯で働く労働者にも好機をもたらした。工業と財政の大物が戦時政府との協力ゆえに面目を失っていたので、労働者は、戦前には考えられなかったような仕方で職場を管理する申し分ない口実を得たのである。

時に、戦争で惹き起こされた社会変化にはより暗い理由もあった。とくに東欧では、旧態依然とした戦前のエリートが一掃されたが、それは最初にナチが、次にソヴィエトが彼らが蹂躙した社会を入念に破壊していったからだった。また、ユダヤ人の除去は、他の社会集団が社会的にも経済的にも躍進し、彼らに取って代わる道を均した。ハンガリーでは、多くの小作農が初めてきちんとした服と履き物を手に入れたが、これは追放されたユダヤ人の財産が分け与えられた一九四四年のことだった[18]。ポーランドでは、ユダヤ人が中産階級のかなりの割合を占めていたのを、新しくポーランド人中産階級が勃興し、これに取って代わったのだった[19]。

このような変化がどのように起きたかとは別に、多くの人がとっくに機は熟していたと考えていた。一般に、イングランド人自由主義者の改革家だったにせよ、フランス人工場労働者だったにせよ、あるいはハンガリー人小作農だったにせよ、戦争とその直後には、いくつかの非常に積極的な側面があったという結論に至らないということは難しかった。ひょっとすると、すべての人にとってではなかったかもしれないが、そうであった人もいたのである。

戦後、時代は社会のあらゆる水準で政治活動と理想主義の爆発を見た。これらの希望と理念の多くは短命で、ことに新たな独裁政権の樹立をいまにも目の当たりにしようとしていた、あれらヨーロッパの地域においてはそうだった。さらに多くが、政治的言い争いか経済的困難、あるいは息の詰まるような官僚制度によって妥協を見ることになるだろう。だが、ともかくもそれらが、世界がかつて目の当たりにした最も破壊的な戦争の後に花開いたというまさにその事実は、断じて詰まらない事柄ではない。ヨーロッパは経済的かつ精神的再生の瀬戸際にあったのであり、後続諸世代はそれを「奇跡」と称するだろう。

もし当時の人々がこの「奇跡」の接近を、今日それがとうに到来していたと私たちが想像するのとはすっかり同じようには経験しなかったとしても、少なくとも、遍《あまね》き安堵の感覚はあった。大陸の抑圧的独裁政権のほとんどが最早存在せず、爆撃が已み、やっとのことで戦争が終わったというのを知るだけで十分だったのだ。

原註

(1) Jean-Paul Sartre の *Les Temps modernes* のモットー：Watson, p. 410 を見よ。

(2) Mayne, pp. 12–32.

(3) Jens Müller, *Tre kom tilbake* (Oslo: Gyldendal, 1946);

Oluf Olsen, *Contact*（Oslo: Erik Qvist, 1946）および *Vi kommer igjen*（Oslo: Erik Qvist, 1945）; Knut Haukelid, *Det demrer en dag*（Oslo: Nasjonalforlaget, 1947）; Max Manus, *Det blir alvor*（Oslo: Steensballes Boghandels, 1946）.

（4）Speech by Josip Broz Tito, 9 May 1945, reproduced as doc. 239 in Trgo, pp. 718–21.

（5）Churchill speech, 13 May 1945, Cannadine, p. 258 に引用。VE Day speech, 8 May 1945, www.winston-churchill-leadership.com/speech-victory.html に引用——二〇一一年九月二三日にアクセスした。

（6）Declaration of the new Romanian government, as broadcast on Radio Romania, 23 August 1944: *FRUS*, 1944, vol. IV, p. 191 を見よ。

（7）Stalin, *War Speeches*, p. 110 に引用。

（8）FitzGibbon, p. 63. FitzGibbon は、アイルランド人のフード・ライターで、電撃戦《ブリッツ》のさなかロンドンに住んでいた。

（9）Mayne, p. 12.

（10）これを書いている時点では、クロアチアはちょうどヨーロッパ連合加入の正式許可を得たところで、他方セルビアは数ヶ月以内に先例に倣うことを期待されていたのだった。

（11）Drakulić, p. 35. これらの線に沿って展開された議論、および Drakulić の経験のポーランド人による肯定については、Jan Gross, 'War as Revolution', in Naimark and Gibianskii, pp. 17–40 を見よ。

（12）Milward, *War, Economy and Society*, pp. 284–6.

（13）FitzGibbon, p. 63.

（14）Owen and Walters, p. 80 に引用。

（15）Philip Morgan, p. 64 に引用。

（16）Kovaly, p. 57.

（17）Kenez, p. 107 に引用。

（18）Pelle, p. 151.

（19）Gross, p. 40.

第7章　混沌の風景

近年、西欧の歴史家や政治家の中には、第二次世界大戦の直後を薔薇色の眼鏡越しに振り返るという風潮がある。二一世紀の初頭、アフガニスタンとイラクでの戦後復興と和解の成り行きに失望して、一九四〇年代のヨーロッパにおける似たような計画の成功へと注意を向けたのだ。とりわけマーシャル・プランが、戦後の経済的再建のためのテンプレートにうってつけと考えられたのだった。

そのような政治家たちは、ヨーロッパで直ちに復興のプロセスが始まったわけではないということを覚えておいた方が賢明だったろう。マーシャル・プランは四七年になるまでそもそも思いつかれもしなかったし、大陸全体は経済的に、政治的に、かつ道徳的に四〇年代の終わりをはるかに越えて不安定なままに留まったのだった。より最近のイラクとアフガニスタンでのように、国連は、地元指導者が自前の制度の指揮をとる必要性を悟った。しかしそのような指導者が現われるのには時間がかかる。戦争のまさに直後、責任を担うだけの道徳的権威を備えていたのは、唯一抵抗運動の記録証明を持った人々だけだった。だが、ゲリラ戦や破壊活動、暴力行為に長け、厳しい秘密主義のうちに物事を運ぶのに慣れ切った人々は、必ずしも民主主義的な政府の運営に最適な人々というわけではない。

それゆえ、久しく支配を維持できた唯一の権威は、連合国自身だけだった。唯一連合国の当局者だけが、ナチとの提携によって汚されていないと遍《あまね》く認められていたのだった。唯一連合軍だけが、何らかの形態の法と秩序を圧しつける力と威信を備えていた。そして、唯一連合軍の現前だけが、民主主義へのいかなる還帰にとっても必要な安定をもたらすことができたのだった。すぐにその長っ尻が嫌われているのがはっきりしたという事実にもかかわらず、ヨーロッパ中で、連合軍の巨大な駐留を維持する以外に、本当にどんな選択肢もなかったのだ。

不幸にも、連合国は戦争の直後突きつけられた複雑で広範な難題に対処するだけの用意がまったくできていなかった。彼らの抱えた兵士や事務官は、数百万に数百万を足した強制追放者に人数ではるかに劣り、にもかかわらず、食事や衣服や家を与え、しかもどうにか故郷へと帰還させるよう求められていたのである。彼らは数千万という現地民間人に食糧と薬を分配するよう求められていたが、というのも、その多くが戦争で家を失い、飢えに苦しみ、心的外傷を受けていたからだった。彼らは多くの場合、ゼロから文民政府を創設し奨励せねばならなかったが、それもほとんどの場合、連合軍兵士が理解できない言葉や習慣を持つ住民の受け取り方を斟酌《しんしゃく》してのことでなければならなかった。彼らが警察として振る舞うのを余儀なくされたのは、混沌と無法地帯に落ち込み、あらゆる種類の武器が使用可能な大陸においてだった。そして、ともかくも彼らは、非道徳化して意気阻喪した人々に、瓦礫を片づけ、粉砕された生を再建するよう動機づけるべく期待されていたのである。

このすべてが、憤懣と憎悪の空気のうちで進められねばならなかったのだ。ドイツ人はどこでも、まずは戦争を始めたことで、しかしまた、戦争を遂行したナチのやり方のせいでひどく嫌われ者だった。他の国民的民族的憎悪も、先立つ六年間の出来事によって点火され、あるいは場合によっては単に復活させられていた。つまり、ギリシア人のブルガリア人に対する、セルビア人のクロアチア人に対する、ルーマニア人のマジャール人に対する、ポーランド人のウクライナ人に対する憎悪である。

国内での兄弟殺しの闘争も同じく燃え上がり始めたが、それは、戦争後の新しい社会がいかなるものであるべきかについての相異なる社会的政治的諸構想に基づいてのことだった。このことは、戦時中互いに目を光らせ合った隣人同士に存在した摩擦を単に増しただけだった。ヨーロッパのそこら中で、対独協力者と抵抗者とがいまなおその土地土地のコミュニティで一緒に暮らしていた。ヒトラーの犠牲者が囚われの身から戻っていたときですら、残虐行為の犯人が住民の中に溶け込んだ。共産主義者とファシストが、より穏健な政治観を持つ住人の間で解きほぐしようもなく混ざり合い、政治に対するあらゆる信頼をすっかり失くしてしまった人々もいた。数え切れない町と村で、加害者が直接手を下した人々と一緒に住んでいた。

このすべての只中で連合軍の駐留は、しばしば地元住民の恨みを買った。というのも、彼らの多くは軍事的占領者のそれとは優先事項が一致しなかったからだった。戦いの直後、段々と時限爆弾の上に座っているということが連合軍にも分かってきたように見える。一九四五年の連合国の報告書や覚書に繰り返される唯一のフレーズは、戦争には勝たれたかもしれないが、平和はなお敗れ得るというものだ。

一九四四年一二月、滞在先のギリシアで、合衆国国務副長官ディーン・アチソンは、ローズヴェルト大統領の特別補佐官だったハリー・ホプキンズに宛てて短く覚書を記し、もしヨーロッパが直ちに復興しなければ待ち受けているであろう大量殺戮の可能性を警告した。解放された人々は、と彼は書く。「世界で最も燃えやすい物質だ。彼らは好戦的な人々だ。暴力的で、休むことを知らない。彼らは塗炭の苦しみを味わったのだ」。もし連合軍が努めて彼らに食事を与え、回復させ、彼らの国の社会的道徳的諸構造を修復する積極的な援助をしなければ、その後には「不満」「煽動と不穏」、そしてついには「政府の転覆」しか続かないだろう。このシナリオは、すでにユーゴスラヴィアとギリシアで展開しつつあった。アチソンの怖れは、そのような光景が大陸中で掛け算され、全ヨーロッパ規模の内戦を惹き起こすであろうというものだった[1]。

連合国の勝利のわずか数週間後、教皇ピウス一二世も新たに確立された平和がどれほど脆いものか警告した。彼は枢機卿会へと向けた中で、戦争は「寄る辺なく、幻滅し、失望し、そして希望がない男たちの集団」を生み出し、「彼らは、その打倒のための計画を男たちが練った当のそれらに負けず劣らず独裁的な専制国家に傭われて、革命と無秩序の軍隊の人員を膨らませるのも厭わないのだ」と述べた。この独裁的専制国家がどこであるか彼は名こそ挙げなかったものの、スターリンのソヴィエト政権を言っているのは明白で、この体制はすでに共産党による中欧および東欧数ヵ国の乗っ取りの監督に乗り出していたのだった。教皇は、新たな政治的ないし文化的諸システムの圧しつけに小国が抵抗する権利を支持したが、国家間および国家内部の真実で永続的平和への前進は長く時間がかかることを認めた――「秩序と平穏に飢えた人類の、鬱積した熱望にとってはあまりに長い[2]」。

不幸にも、時間は、西側連合国に与えられていなかったたくさんのもののうちの一つだった。彼らに突きつけられた非常に大きな課題を思えば、ヨーロッパの戦後諸問題を、さらなる流血沙汰を避けるのに必要なだけのスピードをもって処理することはできなかったのである。物理的荒廃に対する対応は不十分で――当然ながら、被害の規模を考えればそうだったのだ――、彼らはまずは、大陸中に供給網を再確立するために、ひたすら道路を片づけ輸送網を再建するのに専念するのを余儀なくされたのだった。同様に、人道的危機に対する対応も不足していた。大陸はその後何年も絶望的に食料と医薬品が不足したままで、強制追放者たち、ことに「国なし」のユダヤ人とポーランド人は、優に五〇年代までかまぼこ兵舎の収容所の中で干涸びていくだろう。けれども、もっと不十分だったのは、道徳的危機に対する対応だった。戦争犯罪者全員の居場所を突き止め、恥ずべき譲歩をした指導者全員を権力の座から取り除き、彼らを勾留し、証拠を集めて突きつけ、裁判にかける――それも手早く済ます――などというのは、四四年と四五年の困難な状況を考えれば、とてもできることではなかったのである。

終戦時に広く行き渡った暴力的で混沌とした雰囲気にあって、人々が法を自らの手の内に納め私刑に走ろうと決断したとて驚くにはあたらない。物理的荒廃を変えるべく、あるいは人的損失を変えるべく彼らにできることは何一つなかったが――、少なくとも道徳的不均衡を糺すことならできると信じたのである。第2部で私が示すであろうように、この信念は概して幻想以外の何ものでもなかった。それは、都合の良いスケープゴートを見つけ、住民人口の諸セクション全体を数人の犯罪に対し共同体的に有罪と扱うことにかかっていた。こうして、戦争によってもたらされた傷ついた道徳の風景に新たな犯罪が加えられることになるだろう――すなわち、復讐という犯罪である。

原註

(1) Dean Acheson memorandum to Harry Hopkins, 26 December 1944, *FRUS*, 1945, vol. II, pp. 1059–61.

(2) *New York Times*, 3 June 1945, p. 22. また、*Newsweek*, 11 June 1945, p. 60 を見よ。

第2部

復讐

われわれに遺されたのはたった二つの言葉。
一つは「愛」、もう一つは「復讐」。
ヴァシリー・グロスマン、一九四三年一〇月一五日(1)*1

第8章 血への渇き

一九四四年一〇月、二年を越えるドイツ軍とソヴィエト軍の凄惨な殺し合いの末に、赤軍がとうとう国境を越えてドイツの地を踏んだ。ネマースドルフという小さな村は、彼らが最初にぶつかった人の住まう場所であったということと、ほどなく残虐さの代名詞になった村の名前であるという嬉しくもない称号を担っている。暴力に逆上《のぼ》せた赤軍兵士は、見つけた者は誰であれ——男性、女性、子供たちの別なく——殺害し、その後、彼らの身体の切断へと進んだと考えられている。スイスの『ル・クリエ』紙の通信員の一人は、ソヴィエト軍が一時的に撃退された隙を見て村に入ったとのことだが、そこで見たものの不快さのあまり、それを伝えることができないと述べた。「私は読者諸賢に、戦場に散らばった死体の切除や、そのぞっとするような状態について記述することは差し控えたい」。彼は書いた。「これらは、最も野蛮な想像力をさえ超えた印象である」(1)。

ソヴィエト軍が進撃するにつれて、このような光景がドイツ東部地域の全域で繰り返された。たとえば、ケーニヒスベルク近郊のポヴァーイェンでは、そこかしこに女性の死体がばら撒かれていた。彼女たちはレイプされ、その後銃剣や銃の台尻で無残に殺されていたのだった。この地の四人の女性は、裸にされ、ソヴィエトの戦車の後ろに繋がれた後、そのまま引き摺られて死んだのだった。グロース・ハイデクルークでは、女性一人が地元教会の祭壇の十字架に磔にされ、その両隣にはドイツ兵二名が似たような仕方で吊り下ろされた[2]。磔刑は他の村々でも行われ、その際女性らはレイプされ、その後納屋の大戸に釘で打ちつけられたのだった[3]。メトゲーテンでは、殺され切り刻まれたのは女性たちだけでなく、子供たちもなのだった。死体の検分をしたドイツ人陸軍大尉によれば、「子供たちのほとんどは鈍器による頭部への一撃で殺されていた」が、「中には小さな身体に銃剣による無数の刺し傷を負った子もいた」のである[4]。

女性と子供たちの虐殺には、いかなる軍事的目的もなかった。事実、それは赤軍にとってはプロパガンダの完全な失敗であり、ドイツ軍の頑強な抵抗を招くのを手伝っただけだった。加えて、ドイツの街や村の無茶苦茶な破壊は逆効果でもあった。ドイツの村を焼き払うところを目撃したソヴィエト軍兵士、レフ・コペレフが指摘したところでは、復讐に勤しむのは大変結構だが、「しかしその後、われわれはどこで夜を明かすのか。どこに負傷者を収容するのか[5]」。だが、このような出来事を純粋に実際的な観点から見るのは、もちろん的を外しているのである。復讐への欲望は、ひょっとすると、かつて男性によってなされた最大の不正義のいくつかに対する不可避の応答だったのかもしれない。これら残虐行為を働いた兵士らは、深く、しばしば個人的な恨みを動機にしていた。「俺は復讐してきたし、これからも復讐するだろう」。ゴフマンという名の赤軍兵士は四四年にこう語った。彼の妻と二人の子供は、ナチによってベラルーシの街クラスノポーリエ（ポーランド名クラスノポル）で殺害されていたのだった。「俺はドイツ人の死体がぶちまけられた戦場を見てきた。でもそれで十分じゃない。奴らの何人が死ねば、殺された子供たち皆が浮かばれると思ってるんだ！　森にいようが掩蔽壕にいようが、クラスノポーリエの惨劇が目の前に迫ってくるんだ……。だから俺は、この手で武器を握れる限りは復讐すると誓うよ[6]」。

他の兵士にも同じような物語があり、同じような血への渇きがあった。「私の人生はねじくれてしまった」と、サルマン・キセレフは妻と六人の子供の死後書いた。(7)「奴らは私の小さなニューセンカを殺した」と、ソヴィエト連邦の英雄で、妻と娘をウクライナでアインザッツグルッペンのために喪ったクラツォフ少尉は言った。「私にはたった一つのことしか残されていない。復讐だ」。(8)

第二次世界大戦のまさしく直後にあっては、復讐の脅迫か、あるいは約束があらゆる事物に浸透した。それは、ナチとその協力者の逮捕から戦後結ばれた条約の言葉遣いに至るあらゆる出来事を実質的に貫く一筋の縫い糸をなしたのだった。これらの出来事が、爾後数十年にわたりヨーロッパを形成したのである。ローズヴェルトからティトーに至る指導者たちは、彼らの部下が復讐に燃えたファンタジーに耽るのを快く満足させてやり、大衆の復讐への欲望を自らの政治目標の追求のために利用しようと努めた。どの連合軍の司令官も、彼らの行き過ぎに見て見ぬふりをした。そして、民間人たちは、独裁者とけちな専制君主の両者による不能と犠牲の歳月の立て直しのために混乱を利用したのだった。

戦争直後の時期についてのどの研究にも現われる全テーマのうちで、復讐のそれは、あるいは最も普遍的かもしれない。そして、にもかかわらずそれは、いかなる深みにおいてもほとんど分析されたことがない主題なのである。その正統ないとこたる――というのはつまり、正義の合法的で、かつ公平であると想定された行使であるところの――懲罰については優れた研究がたくさん存在するのに対して、戦争直後に復讐が果たした役割についてのいかなる一般的研究も存在していない。復讐についての言及は、大抵、特定の出来事の表面的で党派色の強い説明に限られている。いくつかのケースでは、そのまさに実在が歴史家によって故意に軽視され、またはきっぱりと否定される。別のケースでは、それはあまりに大袈裟に誇張される。これら両立場には、政治的および感情的理由が存在し、もし諸々の出来事の公平な理解がともかくもなされるというのなら、これは勘定に入れておかねばならぬことである。

　加えて、多くの歴史家が復讐についての当時の話を額面どおりに受け取り、それらの話を最初に採り上げた人々の動機を問うために立ち止まるということをしてこなかった。ネマースドルフの物語は、その完璧な例である。冷戦の進行下にあったほぼ五〇年間にわたり、西側の歴史家はナチのプロパガンダ由来の出来事の解釈を受け入れていた。これは一つには、それが彼らには好都合だったからで――ロシア人はヨーロッパの悪霊《ブギーマン》だ――、他方、出来事のかわりの解釈を求めてソヴィエトのアーカイヴにアクセスすることが彼らにはできなかったからである。けれども、もっと最近の研究は、ナチがネマースドルフの写真を変造し、虐殺が経過した時間枠と殺害された人数をともに誇張したことを示している。真実のそのような歪曲は、戦争の直後においてはありふれたことだった。当時、陣営双方の働いた残虐行為が、彼らのプロパガンダの価値のために阿漕《あこぎ》なまでに利用されていたからだ。ネマースドルフで起きた本当の話は、伝来の説明と同じくらい恐ろしいが、それがゆえに、今日私たちが言うところの「紡ぎ話《スピン》」の層の下に隠されているのである。[9]

　以下の頁で、私は戦争のまさしく直後において、個人的共同体的両水準でなされた復讐の最もありふれた形態のいくつかを記述することにしよう。私は、いかにして復讐の知覚が復讐そのものとまさしく同じくらい重要であったか、また重要であるかを示すことにしよう。私は、いかにして復讐に燃えた住民が時折は、肚《はら》に一物あって自分の立場を強化したいと願った人々によって操作されたか証示することにしよう。さらに私は、いかにしてヨーロッパの新たな権威が、何はさておき復讐の力を支配下に置くまでは己自身を打ち立てることができなかったかを示すことにしよう。

復讐は、戦後ヨーロッパがその上に復興した基盤の基礎的な部分をなしている。戦後生じたあらゆる物事、そして、この本の残りで記されるであろうあらゆる事物は、その刻印を帯びている。今日に至るまで、個々人、諸コミュニティ、そして諸国民の全体がなお、この復讐から生まれた苦々しさとともに生きているのである。

章扉原註

(1) Beevor and Vinogradova, p. 248.

章扉訳註

＊1　アントニー・ビーヴァー、リューバ・ヴィノグラードヴァ『赤軍記者グロースマン』川上洸訳、白水社、二〇〇七年。

原註

(1) *Le Courrier de Genève*, 7 November 1944. Fisch, pp. 151–3 は、この報告の精確さに異を唱え、そもそも記者が目撃証人であったという主張の正当性を争っている。

(2) Spieler, p. 148 に引用の Hermann Sommer の言葉。

(3) Fisch, pp. 165–7 を見よ、彼はこれがネマースドルフで起きたことだとはしていないものの、多分東プロシアのどこかで事実起きたことだということは認めている。

(4) Spieler, p. 147 で引用された Hermann Sommer の言葉。

(5) Kopelev, p. 37.

(6) Ehrenburg and Grossman, p. 236 に引かれている。

(7) Ibid., p. 234 に引用。

(8) Ibid., p. 38 に引用。

(9) Fisch, pp. 141–53: たとえば、村でおそらくは二六名が殺害されたが、これが六〇名を上回る人数へと誇張されたのである。

第9章 解放された収容所

第二次世界大戦の歴史が撒き散らした暴力と悪行のすべての象徴のうちで最も強力なのは、あるいは強制収容所のそれかもしれない。これらの収容所、およびそれらが象徴したこととの全体は、戦争の直後にあってあらゆる種類の復讐を正当化するのに用いられ、それゆえ、それらが当時産み出した衝撃とまったくの不信の感覚を理解することが重要である。収容所には多くの種類があったが、最も声高に喧伝されたのは、「死の収容所」――囚人は餓死させられるか、もっと念入りにガス室あるいは銃殺執行隊により絶滅させられた――だった。

発見

発見されることになる最初のナチ死の収容所は、ポーランドの街ルブリン近郊のマイダネク収容所で、四四年七月末に赤軍により接収された。戦争もこの時期になると、ロシア人はドイツ人の残虐行為によく通じていた。彼らはバビ・ヤールのことを聞きおよんでおり、ロシア西部あるいはウクライナ中で行なわれた数え切れない他のより小さな虐殺についても聞き知ってはいたものの、当時、ある新聞記者が言ったとおり、「これらすべての殺人は比較的幅広い地域にわたり、マイダネクに比べもっと多くの人が殺されたにもかかわらず、それらは、ルブリンから三キロほどのところにある、あの信じ難い死の工場の巨大な記念碑的、『産業的』性質を持ち合わせてはいなかった[1]」のだった。

ドイツ人たちは赤軍の到着前マイダネクを空にすべく最善を尽くしてはいたものの、その場を立ち去るのを急ぐあまり、ここで何が起きていたのかを示す証拠を消すのにしくじったのだった。ソヴィエト軍がその複合施設に突入したとき、彼らが見出したのは、一揃いのガス室、黒焦げになった骨格の残りが周囲にばら撒かれた六つの大きな炉、そして、その近くには数個の山なす人骨でいっぱいになった白い灰だった。灰の山は広大な野菜畑を見下ろしており、ソヴィエト兵はそれでその間違いようのない結論に至ったのだった。マイダネクの組織者は人間の遺骨を肥料に使っていたのだ。「これはドイツ式食料生産だ」と、あるソヴィエト人ジャーナリストは当時記した。「人々を殺せ。キャベツを肥やせ[2]」。

ここと、近隣の他の収容所で起きた殺人のスケールは、ソヴィエト兵がガス室と火葬場の間の建物のいくつかを開放したときに明らかになった。一棟の巨大な納屋のような建物で、彼らは何十万足もの靴とブーツを見つけた。別の大きな建物は「まるで巨大な五階建てデパートのようだった」。ここで彼らは、棚という棚に髭剃り用ブラシやペンナイフ、テディベア、子供用ジグソーパズルが置かれ、廊下には何千もの外套と婦人用ドレスが並んでいるのを見つけた[3]。この建物の一階には会計課があり、出発するナチはそれを破壊する暇がなかったのだった。ここで、ソヴィエト軍当局者らは後にホロコーストとして知られることになる出来事についての、最も破滅的な証拠資料を発見したのである。マイダネクは、絶滅収容所のネットワーク全体の中央貯蔵《ストレージ》基地として働いていた。ソビボルとトレブリンカ、そしてベウジェツで殺されたユダヤ人の所持品がここに持ち込まれては選別され、その後帝国《ライヒ》へと送り返され、そこから避難してきたり空襲で焼け出されたりしたドイツ人家族のもとへと分け与えられるのである。一九四四年の最初の数ヶ月だけで、この貯蔵所から鉄道貨車一八輌分の貨物がドイツに送られた。(4) 後に、収容所を生き延び解放されたソヴィエト人戦争捕虜と話した後、調査官らは身の毛のよだつような名前の、四三年一一月の「収穫祭」の殺戮について聞き知った。生き残りたちは彼らを一続きの共同墓所に案内した。一万八〇〇〇人のユダヤ人がそこには埋葬されていたのだった。(5)

これらの発見の効果はすぐに出た。ソヴィエトのプロパガンダ作家コンスタンチン・シモノフが収容所について書くようマイダネクへと派遣され、記事は八月の初旬に『プラウダ』と『クラスナヤ・ズヴェズダ』紙に掲載された。(6) 外国人ジャーナリストも収容所に招待され、ロシア兵とポーランド兵の大部隊も案内つきの見学に連れて行かれ、彼らの見たものが赤軍の隅々にまで伝播するよう計られた。(7) マイダネクが事実上無傷のまま攻め落とされたと聞いて、ヒトラーは激怒したと伝えられている。ヒムラーはホロコーストを隠蔽するためには手段を選ばず、主だった殺人施設を解体し、その後根こそぎ破壊した――ものの、マイダネクの発見は、ポーランドからやってくる恐るべき諸報告がまったくもって正しいということの、最初の具体的証拠をもたらしたのだった。(8)

その後数ヶ月を経るうちに、強制労働収容所と捕虜収容所および絶滅収容所からなるネットワークの全体が、かつてナチに支配された領土の全域で見つかった。トレブリンカはマイダネクの少し後に発見され、脱走者と捕らえられた看守が一様に、九〇万のユダヤ人が殺害され「巨大な噴火口を思い出させる」炉で焼かれた「地獄」の様を描写した。(9) その六ヶ月後、赤軍はアウシュヴィッツを壊滅させたが、そこでは、ほぼ一〇〇万人のユダヤ人と、一〇万人を超えるポーランド人、ジプシー、およびソヴィエト人戦争捕虜がガス室送りとなり、射殺され、また、死ぬまで働かされたのだった。(10) ソヴィエト兵ですら、長らく自前の強制労働の、あるいはグラークのネットワークを持ち合わせていたにもかかわらず、殺害のスピードと効率性、およびその包括的性質に衝撃を受けたのだった[11]。傍註ながら、しばしば、これら死の収容所の最多の犠牲者がユダヤ人だったという事実についてソヴィエト兵が何の言及もしていないと言われてきた[12]。これは必ずしも正しくはない。一九四四年イリヤ・エレンブルクは『プラウダ』紙上に発表した記事の中でこう述べている。

捕まったドイツ人に訊いてみよ、なぜ君の同胞は六〇〇万の罪なき人々を亡き者にしたのか、と。彼はこう答えるだろう、「奴らはユダヤ人だ。奴らの髪は黒か赤だ。奴らには同じ血が流れていない」……。これらすべてのことは馬鹿げた冗談から、通りの子供の喚声から、案内標識から始まり、それがマイダネクやバビ・ヤール、トレブリンカへと、子供たちの遺体でひしめき合う排水溝へと繋がったのだ[13]。

『プラウダ』紙に掲載されたアウシュヴィッツに関する別の記事も、ことさらにユダヤ人犠牲者について触れている[14]。にもかかわらず、非常に多くのロシア語の新聞や演説、そして後には死者の慰霊碑が、ヒトラーの犠牲者を単に「ソヴィエト市民」としかしていない。死の収容所が発見されつつあったときでさえ、クレムリンの決定は、ナチのジェノサイドをユダヤ人種に対する罪としてではなく、ソヴィエト国家に対する罪として描くというものだったのだ。

これらの出来事がソヴィエトの報道紙面を即座に埋めたのに比べると、英国とアメリカの反応ははるかに鈍かった。早くも四二年一二月には、英国人は数十万というユダヤ人が「労働収容所でゆっくりと死ぬまで働かされ」ており、「大量処刑で故意に虐殺され」さえしているということを知っていた。しかし政府は、それに対して何ごとか行動を起こすのを期待されかねないとして、あまり広く事実を公表するのを嫌がった。[15] 英国情報省は、いまだ戦争の初期の段階で通達された指示に従っており、曰く、「恐怖に関する事柄［……］は極めて慎重に用いられ、つねに争う余地なく罪なき人々を相手にしなければならない。狂暴な敵対者を相手にしてはならない。また、ユダヤ人を相手にしてはならない[16]」のだった。英国民はそれゆえ、ドイツ人の残虐行為についてソヴィエト人民とほぼ同程度には知らされていなかったのである。

同様にアメリカ政府も、迫害されている他のいかなる集団に比べてもユダヤ人の方が一層状況が悪いということを認めるのに気乗りがしないようだった。早くも四〇年には始まるヨーロッパ・ユダヤ人に対する脅威についての定期的な報告にもかかわらず、かつ、四四年三月に出された「全歴史上最も邪悪な犯罪［……］ヨーロッパのユダヤ人の無差別かつ組織的殺害」についてのローズヴェルトの声明にもかかわらず、アメリカ人はホロコーストが本当に起きていると信じるのを嫌がっているように見えた。[17] ローズヴェルト政権内部にさえ懐疑論が存在し、ヘンリー・スティムソン陸軍長官とその次官補ジョン・マックロイは、ユダヤ人による「特別訴追」の件を疑いの目で見た。こうした態度は、単に反ユダヤ主義からのみ生まれたわけではない。人間の脂肪から石鹸を作る工場の「発見」のごとき、第一次世界大戦の残虐行為の物語の多くが真実ではなかったのを思い出して、死の収容所についての情報がどれだけ多く信じるに値するのか、彼らは量りかねていたのだ。[18]

死の収容所をめぐる似たような懐疑を抱いた報道もあった。『サンデー・タイムズ』紙の記者アレクサンダー・ウェルスは、解放後ほどなくマイダネクを訪れ、その目でガス室と共同墓所、および人間の遺骸を見た。そしてにもかかわらず、彼が記事を提出するとBBCは放送を拒み、というのも

「彼らはそれをよくできたロシアのプロパガンダと思ったからだった」[19]。『ニューヨーク・ヘラルド・トリビューン』紙も同様に、記事について控えめで、曰く、「ナチの気違いじみた冷酷さについて教えられてきたことすべてを熟知しているわれわれですら、この例は思いもよらないように思われる」のだった[20]。

　態度が変化したのは、ようやく西側連合軍が自ら似たような強制収容所を発見し始めてからだった。西側で最初に発見されることになった収容所は、アルザスのナッツヴァイラー・シュトゥルートホーフ収容所で、フランス軍が四四年一一月二三日に入った。ナッツヴァイラー・シュトゥルートホーフは、「夜と霧《ナハト・ウント・ネーベル》」作戦で用いられた主だった収容所の一つだった――嫌疑をかけられたレジスタンスの闘士が「夜と霧」の中に消えていくようデザインされたあれら諸施設の一つである。フランス軍はここで小さなガス室を見つけたが、そこでは、囚人が手首をフックに吊るされている間に、部屋にはツュクロンBガスが注入されたのだった。犠牲者の多くはストラスブール大学の検屍台行きが決まっており、そこでは、アウグスト・ヒルト博士がユダヤ人種の劣等性を解剖学的研究により立証しようとユダヤ人の骨格を蒐めていた。他の囚人は、ほとんどがアウシュヴィッツからここへ連れてこられたジプシーだったが、収容所内部の医療実験の実験台にされた[21]。

　四四年一二月の初め、『ニューヨーク・タイムズ』の記者、ミルトン・ブラッカーが収容所を訪れた。ブラッカーは多くのアメリカ人将校が収容所内を見学して回ったにもかかわらず、依然として惨劇のまったき巨大さと細部とを受け入れることができないことに気がついた。多くが、己が目前の証拠を疑っているように見え、ブラッカーの言うところの「二重視（ダブルヴィジョン）」――ドイツ人の残虐行為の結果を同時に見、同時に見ない状態――を呈した。同時代の別の報告によれば、地元住民がドイツ人の犯罪の話をして訝しがられ、あるいは嘲られさえして、米兵が信じてくれないことに業を煮やして、激怒するという一幕もあった。[22]

このような「二重視」は翌四月に、アメリカ軍がブーヘンヴァルトの下位収容所の一つ、オーアドゥルフを解放したときに終わりを告げた。オーアドゥルフはことに重要だが、それはヨーロッパ連合軍最高司令官だったドワイト・アイゼンハワー元帥が四月一二日に、すなわち発見されてちょうど一週間後にそこを訪れたからだった。彼はオマー・ブラッドリーとジョージ・パットンの二人の将軍をお供に随《したが》え、収容所を「隅から隅までくまなく」見て回ると言って譲らなかったが、それは「爾後、ナチの残忍さについての物語が単なるプロパガンダに過ぎないという信念や仮定が本国で生じた場合の用心に、これらの事物について直ちに証言できるようにすることがわが責務と心得たから」だった。[23] 彼らはここで、拷問器具や、死体の口からとった金の詰め物を打ち砕くのに用いた肉屋の俎《まないた》、遺体で天井まで埋まった部屋、さらには、巨大な穴の中で、あたかも「巨人の共喰いバーベキューの網」の上ででもあるかのように焼かれた何百という死体の名残を注意深く見た。[24] 戦場の惨劇には慣れっこだったパットンですら、穴の中を満たす「緑色の水から突き出ている腕や脚や身体の一部」に一瞥をくれるなり、物置の後ろに下がって吐かざるを得なかったのだった。[25]

オーアドゥルフを発見して間もなくノルトハウゼンの発見が続き、地下のV－1およびV－2飛行爆弾工場で働いていた三〇〇〇人の強制労働者の遺体が乱雑に山になっているのが見つかった。同じ日、ブーヘンヴァルトで二万一〇〇〇人の囚人がかろうじて生きているのが見つかった。ヴァイマールの北わずかに数キロのところである。これらの男たち、女たち、そして子供たちは、東部の収容所からここへ、後に「死の行進」として知られることになる強行軍をしてきており、いまや疲れ切って痩せ細り、病気まみれになっていた。アメリカ心理作戦部は、およそ五万五〇〇〇名の男性と女性、および子供たちが戦争中この強制労働収容所で亡くなったと推定した。[26]

このような発見の報せがよりよく知られるにつれて、アメリカ軍はいよいよドイツ軍に嫌悪をつのらせていった。オーストリア生まれでノルトハウゼンの解放に加勢したアメリカ兵フレッド・ボウムによれば、仲間のGIのほとんどは「ドイツ人と戦うことに何ら特別の感情も抱いておらず」、彼らが聞いていた話の多くは「本当ではないか、少なくとも誇張されているか」だと思っていた。ナチの残虐行為について本当のところが正確に「のみこめ」てきたのは、ようやく彼らがノルトハウゼンに辿り着いたときだった。(27) アイゼンハワーが前線任務に就いていない近隣の全部隊に、オーアドゥルフとノルトハウゼンの収容所を訪れるよう命令を下したのは、まさしくこのことを繰り返し徹底的に頭に叩き込まんがためだった。たとえ平均的なGIが「何のために戦っているのか」よくは承知しなかったとしても、と将軍は言う、いまや少なくとも「彼が何に対して戦っていたか」は承知しているだろう。(28) アイゼンハワーはまた、英米の政府高官を招き、世界の報道陣に対してと同様、最近解放された強制収容所を訪ねて見学して回るよう求めた。これらの訪問から生まれたニュース映画のフィルムは、最終的に五月一日にアメリカの映画館のスクリーン上で上映され、アメリカ国民を心底震撼せしめたのだった。(29)

合衆国陸軍が発見しつつあったものへの怒りは、四月二九日にピークに達した。ヨーロッパで戦争が終わるわずか九日前のことで、その日、第四五師団が死闘の末ダッハウへと活路を拓いたのである。彼らはここで、まったき恐怖の光景を目の当たりにし、その中には、裸の死体が「薪の山のごとく」貯蔵庫に積み上げられていたというのもあった。(30) 鉄道の側線では、東方より立ち退かされた囚人を載せた列車を見つけた。その三九輌の有蓋車を開けてみると、二〇〇〇人の囚人が皆死んでいたのだった。(31)

他の収容所とは違って、ダッハウは主だった戦闘からは外れた部隊によって解放された。アメリカ兵の中には戦闘への心構えはできていたものの、ここで目撃した残虐さを平静に受け止める用意がなく、自分の手で勝手に法の裁きを下そうと決意した者もいた。第一五七歩兵連隊中隊長の一人ウィリアム・P・ウォルシュ中尉は投降してきた親衛隊員四名を鉄道有蓋車の一つに連れて行き、自ら銃で撃った。その後すぐに部下の一人、兵卒アルバート・C・プルーイットが有蓋車に乗り込み、ライフル銃でとどめを刺した。その後、もう一人別の将校ジャック・ブッシーヘッド中尉と一緒に、ウォルシュはドイツ人囚人を国防軍《ヴェーアマハト》に属する者と親衛隊に属する者に選別する作業を監督した。親衛隊兵士らは、石炭集積場の近くに一列に並ばされ、機銃隊がそこ目がけて発砲し、少なくとも一二名を殺害した。この事件に対する取り調べに続き作成された公式報告書には、ウォルシュとブッシーヘッド並びにプルーイットの名前がとくに記され、同じく、大隊長フェリックス・L・スパークス中佐の名前も挙げられた。事件後、ほどなく現場に出合わせた軍医ハワード・E・ビュクナー中尉も、同様にドイツ兵にいかなる手当を施すのも怠ったかどで批難された。まだ息のある者もいたからだ。(32)

収容所の外辺部に築かれた櫓の一つでは、約一七名の親衛隊員からなる一団が投降を試みて射殺された。収容所の別の場所でも、さらに二五名から五〇名が怒れる被収容者によって殺害され、そこにはしばしばアメリカ兵の助けがあった。これらの殺害を目撃したGIの一人だったジャック・ハレットは、後日、これら復讐殺人がどれほど凄惨なものになり得るか、振り返って語った。

われわれの見た光景の後、統制が効かなくなり、兵士らは手近な看守をわざと傷つけ、それから彼らを囚人に引き渡し復讐を加えるのを許した。そして実際、兵士一人が被収容者の一人に銃剣を与え、彼が男の首を落とすのを見守っている写真を見たことがあるだろう。ひどい流血沙汰だったよ。たくさんの看守が脚を撃たれて動けなくされて、それで……それで、これが俺の言えることすべてだ[33]。

これらの事件に関して報告書の作成は命じられはしたものの、米軍兵士の誰一人として、かつて戦争捕虜の権利に関するジュネーヴ条約に違反したかどで裁判にかけられた者はいない。

英国兵もまた、ヒトラーの強制収容所の意味するところを見出し始めていた。四月一五日にベルゲン・ベルゼンに到着したとき、彼らはそこに待ち受けていた光景や物語、そして挑戦に対してまるで準備ができていなかった。収容所司令官ヨーゼフ・クラーマーによるまずまず文明化された投降の後、英国軍将校らは司令官その人によって案内されて回った。しかしながら、収容所内部で彼らが目撃したものは、文明からはほど遠かった。重い棍棒で囚人を打ち据えようと跳びかかる囚人班長《カポ》、「やつれて黄色い顔の生きた骸骨」さながらの被収容者、「肉の腐った悪臭」、そして囲い地の中で、それどころか自分たちの小屋の床にすらところ構わず排泄する人々[34]。最も心がかき乱されるのが、またしても、数え切れない遺体が織りなす光景で、頽《くずお》れた場所にそれぞれ別々に横たわっているのもあれば、部屋に積み上げられていたり、囲い地の周囲に山積みにされているのもあった。収容所に最初に入った将校の一人、デリック・シントンが言うには、それらは「まるで積み上げ過ぎた肉屋のカウンターのように」見えた。「死体硬直《リゴル・モルティス》が、人間の顔《かんばせ》を用いて演じることができるいかなる悪戯であれ、陽光差すあれら樺の木立を歩くさなかに研究できないというものはなかった[35]」。

その後数日が経つうちに、英国兵に最も衝撃を与えたのは、生き延びた囚人たちが死体に囲まれ生を営むその仕方で、あたかもそんな光景はまったくの当たり前であるかのようなのだ。ぞっとしたある軍医が、そんな場面を数個記した。

われわれが与えた食料を暖炉の火で調理する間も、弱り切って死体の山に身を寄せ掛ける女性、ところ構わず戸外でしゃがんでは腸を洗う赤痢ゆえに用を足そうとする男女、まる裸で立ったまま、配給された石鹸で、子供一人の遺体が浮かぶ貯水槽の水を浴びて身体を洗う女性。[36]

あまりにたくさんの死体が種々の腐敗の段階を呈していたので、どれほど多くの人が亡くなったのか推定することはできなかった。囚人の数の監視の任にあたったヴィルヘルム・エメリヒによれば、英軍到着を目前にした二ヶ月間で、約一万六〇〇〇人が亡くなり、しかし他の推定によれば、三月の一月だけで、一万八〇〇〇人もの多くがそこで亡くなったとされる。[37] ベルゼンの小さな火葬場では、それだけの人数を処理することはできず、さらに燃料の不足が戸外の穴で多数の死体を焼くことを妨げたのだった。

英軍がこの地の被収容者に尋ねるにおよび、彼らは自分が経験した恐怖をぽつぽつ打ち明け始めた。チフスと赤痢が収容所中で猛威を揮っていた。薄いカブハボタンのスープしかない食事で囚人たちは棒のように痩せこけた。飢えと欠乏がここではあまりにひどくなったので、たくさんの人が生き残りをかけて食人に訴えた。ヤン・ベルネクというチェコ人の囚人が英国軍将校に語ったことによれば、彼は心臓を切り取られた死体を目撃し、別の囚人が「そのような死体の一つの隣に座り、人間であることに疑いがない肉を食べていた」のを見た。この話は、診療所で働いていた他の二人の被収容者、ドレスデン出身のフリッツ・レオという名前の医師とズデニェク・ヴィーズネルという名前のチェコ人医師の話により裏づけがとれた。どちらの医師も死体の肝臓が定期的に盗まれていたのを報告し、ヴィーズネル博士本人が、人々がそれを食べているのを見かけたことがあった。レオ博士は収容所で約三〇〇〇例の食人があったと報告し、しばしば人々が人間の肉を、それどころか「茹でた性器」をさえ食べているのを見かけていた[38]。

囚人たちはまた、ここや帝国《ライヒ》中の他の強制収容所でも起きた数え切れぬほどの蛮行や殺人、医療実験や大量処刑の事例も報告した。四五年四月二七日に作成されたベルゼンについての初期の報告書は、「収容所の目的は人口の構成諸部分の破壊だった」と結論づけ、続けて、「強制収容所で生じたことは単なる監禁を意図したものではなく、即座のもしくは遅延された破壊であった」と繰り返し述べた。ベルゼンその場所について言えば、クランケンラーガー（「病人収容所」）と名指しされていたにもかかわらず、「いかなる意味においても」それは「病院収容所ではなく、というのも、囚人たちが回復するようには意図されていたようには見えないからだ[39]」った。

英国人兵士は、ドイツ人の敵役に対してダッハウでのアメリカ人ほどには暴力的な復讐を加えなかったが、しかし状況は極めて異なっていたのだった。ダッハウとは違い、英国軍はベルゼンに気勢を上げて踏み入ったわけではなく、ただ医療上の、管理運営上の、警衛監視上の任務をのみ予想していたのだった。ダッハウとは違い、ドイツ軍からのいかなる抵抗の気配もなかった。それどころか、彼らは英軍を歓迎しているようにさえ見え、彼らからの最初の接触はかなり心が籠もっていた。だが、収容所の本当の恐怖がのみ込めてくるにつれ、英軍兵士と収容所職員の間の関係は急速に悪化した。英国軍は親衛隊員らに死者を埋葬する仕事をやらせ、炎天下に制服を一式着込ませた上で労役を強制した。彼らは素手で腐敗の進む遺体を運ばされた。襤褸《ぼろ》や布の切れ端で手を保護しようとした者は即座にライフルの台尻で小突かれた。収容所の被収容者も彼らの働くところを見にこようと、集団墓地の周りに寄り集まってはかつての責め手に向かって侮辱の言葉を叫ぶことがよくあった。「私が見て唯一喜ばしかったのは、親衛隊の隊員が脅されて仕事をさせられていることだった」と、英国人医療スタッフの一人が四月二二日に書いた。

彼らは死体と汚染された衣類を集める――手で荷車を押し、まぜこぜの積み荷を巨大な集団墓地に投げ入れる（それぞれ五〇〇〇体分）、その間われわれの武装した兵士が絶えず彼らを怒鳴りつけ、蹴りつけ、嚇しつけ、片時も休ませない。何という嫌な奴らだろう――これら親衛隊の連中は！――ハリウッドの犯罪者のような面構えをして。奴らに宿営は与えられないことになっている――奴らは、仕事が終わればどんな結末が待ち受けているか知っている。(40)

別の兵士、第三六九砲兵特務曹長サンダーソンは、英国人の報復は時折より極端になったと述べた。

われわれは親衛隊に飢餓配給を与え、不潔極まりない仕事を休みなしにやらせた。わが兵士たちはどんなびくつきもまるで見せることがなく、むしろライフルの台座で一撃を加え、銃剣で突き、駆け足で働き続けさせた。あるケースでは、親衛隊員一人が共同墓地に投げ込まれ、遺体で覆われて窒息しそうになるまで大してかからなかった。彼は必死になって逃れようとしたが、銃撃を受け負傷した。そこで、兵士らは彼を墓穴へと連れ戻し、いかなる被収容者であれ彼ならばそうしたであろうような仕方で彼を扱ったのである。(41)

ほぼ七〇年後のいまとなっては、そのような出来事が現実に起きたのか、それとも単に英軍兵士を代表した願望に基づく思念に過ぎなかったのか知るのは難しい。私は、ベルゼンで親衛隊員一名が生き埋めにされたということにどんな確証も得ることができないが、そのような話が流通していたという事実は、それでもなお重要である。それらはある重要な心理学的機能に適っていたのだ。英国人兵士らは、親衛隊のまさしく最悪の所業の何割かが、いまやその犯人に跳ね返ってきつつあると感じる必要があったのである。

ベルゼンで苛酷な扱いを受けたのは、収容所の看守だけではなかった。ここで捕らえられた親衛隊員の大部分を占める専門技術者と事務官を含む、収容所で働いていた全員がそうした扱いを受けたのである。ツェレや他の近隣の町からきたドイツ人民間人も、ドイツの名においていかなる犯罪が行なわれたのかその目で見られるようにと、ベルゼンに来るよう強制された。地元町村民を集めてくる任務を課されたある英国人工兵によれば、彼と仲間の兵士らはチフスの危険があるということで収容所内部に入るのを許されなかったのに対し、彼らが預かるドイツ人に対してはそのような配慮は示されなかった。彼らが戻ってくると、兵士《トミーズ》らは、わざとライフルの台尻を落として彼らの足の指を砕こうとして、「われわれの怒りの船首」を示した。これら民間人の多くは、目にしたものにすっかり衝撃を受けているようだった。「吐いている者もいれば、あたり憚《はばか》らず泣いている者もおり、しかし数人は信じられないという風情でただ空中を睨んでいた(42)」。

ロシア人がマイダネクでそうしたのとまさしく同様に、英国人もベルゼンをプロパガンダに仕立てる好機と悟った。軍のカメラマンがほとんど間髪を容れず送られ、新聞記者や写真家も同様に招待された。だが、より大きなインパクトがあったのは、四月二三日の英国ムーヴィートーン・ニューズの到着で、収容所発見の八日後のことだった。すぐさま共同墓地や死体の山の映像が英国各地のスクリーン上で上映されることとなり、その後、他の国々でも上映された。

これと他の、脳裏に焼きついて離れないフィルムの光景は、死体の山の上で遊ぶ子供や、棒のように痩せこけて立ち上がることのできない生き霊の姿や、何百という死体を共同墓地の中に転がすブルドーザーの様子を映して、ナチ・ドイツに対する世界の見方を永遠に確固たるものにした。ここには、ついに単なるプロパガンダと片づけるわけにはいかない、ドイツ人による残虐行為の目に見える証拠があった。もっと重要なことには、当時それは、ドイツ国民全体を連座させるように見えたのである。ベルゼンを訪れるドイツ人民間人に対してカメラの前で演説を披露した軍政府司令官、スポッティスウッド大佐の言を借りれば、このような収容所の存在は「ドイツ人民に対してあまりに不名誉」だった「ので、彼らの名前は文明化された国民のリストからは抹消されねばならない」のだった。罰せられるべきは、これら犯罪の犯人ばかりでなく、国民全体だったのだ。「あなた方は、あなた方の子供がしでかしたことと、それを防ぎそこなったことについて、労苦と汗とをもって償うつもりでなければならない(43)」。

強制収容所の発見は、道徳の風景を取り返しようもなく変容させた。それは、戦争の推移とともに連合軍が行なったことごとくを擁護するように見えた――ドイツ諸都市への爆撃、無条件降伏への固執、ヨーロッパのあれほど多くに飢餓をもたらした経済封鎖、をである。それはまた、この先数ヶ月の間に連合軍が行なうことになる多くに対する正当化をも与えた。今後、いかに苦しむことになろうとも、ドイツ人は大して憐れみを乞うこともできないだろう。ドイツ人兵士や民間人に対する不正は、ダッハウであれら不正がそうであったように、また、ドイツ東部の赤軍によるレイプのさなかそれがそうであったように、見て見ぬふりをされることだろう。これから私たちが見ていくように、時折は、盲目的復讐が当局により鼓吹されることさえあるだろう。ある歴史家が結論づけたように、マイダネクとダッハウ、さらにはベルゼンで露呈したような暴力と堕落は、「全員を、それどころか解放者たちをすら連座させる道筋に繋がっていた」のだった(44)。

ユダヤ人囚人の復讐

もし収容所を解放した兵士らがナチへの復讐の欲望を露にしたとすれば、彼らが救出した囚人たちもそれを表わした。「時々は」、とマイダネクとアウシュヴィッツ、そしてグンスキルヒェンを生き延びたイスラエル・グートマンは書いている。「復讐への欲望と期待」は、「収容所生活の最後の、かつ最も厳しい段階で」被収容者たちを生かしておいた「希望」だったのだ[45]。

ほとんどの歴史家は、強制収容所の生き残りによってなされた復讐についてさっと触れてお仕舞いにしがちである。それは、連合軍兵士が当時気づかぬふりをしがちだったのと同じ理由によっている。そのような行為は、囚人自ら経験したことに比べればせいぜい蜂の一刺しに過ぎないのだから。彼らは、他のいくつかの国民や民族によって惹き起こされた大破壊に比べれば、ユダヤ人の復讐など取るに足らないことを正しく指摘したのであり、これは、米軍司令官ルシアス・クレイその人が四七年に認めたことと軌を一にしている。「［……］ドイツ人に対する当然の憎悪にもかかわらず、「ユダヤ人DPたちは」ドイツ人住民との重大事件を避けることにおいて、著しく控えめであり続けている……。法と秩序の維持に関する彼らの記録は、二年を越える私のドイツ滞在の間目撃した注目すべき達成の一つであると考えられる[46]」。

とはいえ、非常に小さな割合のユダヤ人しかこのやり方に熱中しなかったのは事実だとしても、復讐は、ことによると通常認められているよりは広範に拡がっていたのかもしれなかった。ほとんどの強制収容所の生き残りは、たとえ自分たち自身は参加していなかったとしても、何らかの形態の復讐を目撃していたように思われるのだ。最初の標的は収容所の看守で、もし見つからないときには——なぜならば、ほとんどの看守は連合軍兵士の到着以前に逃げ出してしまうきらいがあったからだ

――、被収容者たちの攻撃は彼らの仲間内でナチの手先として振る舞った者、つまりはカポへと向けられることになるのだった。もし彼ら自身の惨状に直接責めを負うべき者に復讐できないときには、被収容者たちは他のドイツ人に、ことに親衛隊員か、ドイツ軍兵士ないしはナチ当局者に不満ゆえの八つ当たりをし、しかしそれも適わぬ場合、ドイツ人でありさえすれば誰彼なかったのだった。

　復讐は、男たちや女たち、それどころか子供たちによってさえなされた。たとえば、チェコスロヴァキア領内のテレージエンシュタットの解放後、ベン・ヘルフゴットは、二人のユダヤ人少女がライプニッツへの途次ドイツ人女性に乳母車で襲いかかっているのを見かけた。彼は彼女たちに止めるよう言ったが、彼女たちは彼が物理的に介入するまで止めようとはしなかった。後に、彼は収容所内で、群衆が親衛隊員一人を殴り殺すのを目撃した。「それを見て私は胸が悪くなりました」と、数十年後彼は語った。「私は何ものも憎みません。が、群衆は憎みます。人々が群衆に変わると、彼らは最早人間ではありません[47]」。

　ハスキエル・ローゼンブルームは、同じくテレージエンシュタットで解放されたものの、一人のドイツ人も殺さなかった。何もことさらに道徳的罪悪感からというわけではなく、単にどうしてもそれをする気になれなかったからだった。けれども彼は、両親が殺されるところを目にした一〇歳の少年を知っており、「それで、彼はナチを一人、また一人と殺していました[48]」。ピンクス・クルネツは、かつてテレージエンシュタットでカポをしていた一人が近隣の村で蹲《うずくま》っているところを、彼の友達の一団に発見され殺害されるのを見た。「彼は納屋の中に隠れていて、私たちは彼を引き摺り出しました。また、その小さな一画にはロシア軍の戦車が二輌来ていました。その上、ロシア人たちは手伝ってもくれたのです。それで私たちは、文字通り、彼のことを死ぬまで殴ったのです[49]」。

　明白な理由により、復讐行為を働いたことを認めるユダヤ人による説明を見つけるのは極端に難しいが、二、三の勇敢な魂が彼らの行ないを公然と述べている――歴史的記録が可能な限り正確だということを保証したいという願いから発してのことであるか、あるいは、正当化されていると彼らが信じ込んでいる行為を相も変わらず恥じぬままにいるかのどちらかである。たとえば、一九八八年にシュムレク・ゴンタシュという名前のポーランド系ユダヤ人が、ロンドンの帝国戦争博物館のためにインタヴューを録音し、その中で彼は、解放のさなか彼と彼の友達がドイツ人に対し復讐を加えたこと、およびその後長らくそうし続けたことを認めたのだった。

私たち皆が参加した。甘美だったよ。唯一私が残念に思うのは、もっとやらなかったということだけだ。何だってやった。奴らを列車から振り落とした。優位に立ててると踏んだところではどこでだって、奴らを叩いてだがね、よくそうしてやったよ。オーストリアでのとびっきりのやつがある。私たちは馬小屋に泊まっていて、するとそこにはドイツ人将校一人が隠れていた。木に奴を縛りつけて撃ち殺してやったんだ。奴らが私たちにやったこととときっかり同じことをしてやった。私たちは奴を見つけ、奴らが私たちにやったこととときっかり同じことをしてやった。もしあなた（方）がいま私にそれをやれと言ったら、どうやりようもない――だが当時は、甘美だったんだ。私は楽しんだよ。当時、私たちのうちの誰であれ、味わうことのできた満足は他になかったんだ。そしていま、私はあなた（方）に申し上げるがね。似たような状況でそれを楽しまなかっただろうという、どんな人物も私は疑うよ……。ひょっとすると、戦争を生き延びるに足る唯一の事柄だったかもしれないね、あれができるようになるというのは。そして、大満足だったよ。(50)

オーストリア系ユダヤ人で、ベルゼンで解放されたアルフレート・クノラーは、食料を求めて英国兵の明らかな許可のもと地元農園を襲撃したときのことを憶えている。ある時、彼とその友達は、納屋に隣接した中庭に置かれた数個の袋の後ろにヒトラーの写真が隠されているのを見つけた。納屋の内側には銃も数丁発見された。激高のあまり彼はヒトラーの写真を叩き割り、それから農家と妻の、自分たちは反ナチであるという俄《にわか》に信じ難い抗弁を聞き流すと、両人を撃ち殺したのだった。

われわれのやったことがかなり非人間的なのは分かっている。だが、残念ながらわれわれにとってはそれは、多分、何かぼんやりと長いことわれわれがやりたいと望んでいたことだったのだ。われわれはドイツ人と戦いたかった。われわれは奴らと戦えなかった。が、どうにかわれわれはその次によいことはやってのけたのだ……。われわれは復讐を望んでいた。その間中ずっと。それは絶対的に復讐の行為だった。それは起こらねばならなかったのだ。

自分たちの行なったことに関し罪の意識を感じさせるどころか、その出来事は、クノラーと彼の友達たちに、彼らにとっては大いに必要だった感情の解放をもたらしたように見える。「われわれはそのことについてかなりあけすけだった。誰にだって話した。収容所に戻ってきたとき、われわれはそのことで有頂天だったよ(51)」。

当初、このような襲撃は、連合軍兵士によって見て見ぬふりをされるか奨励されさえした。収容所の生き残りの間には、一般に、限られた期間ならば好きなように行動する白紙委任状が与えられてはいるものの、最終的には、法と秩序のために、ドイツ人に対する攻撃は禁止されることになるという思いがあった。たとえば、アレク・ヘルシュは、「ロシア人は私たちに二四時間の間なら、ドイツ人に対し何でも好きなことをしてよいと言った」と述べている(52)。テレージエンシュタットで解放された別の生き残り、ハリー・スピーロも、ロシア人が彼らに二四時間の間なら「何でも私たちの望むこと、ドイツ人を殺すことさえ」してもよいと言ったことを憶えている。[53] ベルゼンで解放されたポーランド系ユダヤ人のマックス・デッサウによれば、英国人もまた「一定時間なら、それをすることを、復讐を果たすことを許した」が、「その時間が過ぎると、彼らはそれでお仕舞いにしようと言った」[54]。死の行進のさなかに解放されたポーランド系ユダヤ人のクルト・クラップホルツは、あるアメリカ人中尉によって一人の親衛隊員に引き合わせられたが、彼はすでに中尉によってしこたま殴られていた。「アメリカ人が乱暴に私に言ってきたのに、『ここにお前の責め手の一人がいる、お前は報復することができる』というものでした[55]」。これらの人々の誰一人、提供された好機につけ込んだ者はいなかったが、他のたくさんの人がその限りではなかったのはまったく明らかだ。

時とともに、ひとりでに、これら元囚人のほとんどの気持ちは和らぎ始めた。復讐への欲望は、しばしば、その名において彼らが監禁されたところの「支配人種」であるはずのいく人かのお粗末な本性が見えたとき、融け失せた。たとえば、ペーター・フランクはノルトハウゼンで解放されたが、戦争の終わりを二五キログラムをかろうじて上回る体重で迎えた。彼の唯一の願いは、「全ドイツ民族を全滅させ、この種の出来事がもう二度と起こり得ないようにする」ことだった。けれども、あまりに弱り切って自力であちこち動き回ることができないので、ドイツ人戦争捕虜一名を彼の「馬」として扱うようあてがわれたとき、彼の怒りは最初侮辱に、そしてついには憐れみへと変わったように見える。「彼は私に割り当てられて、そして私の所有物でした、いわば。彼は、戦争でどれだけひどい目に遭ったか私にこぼすのがつねでした――でも、彼はかなり短時間のうちに生意気な態度をとるようになったのです。いやそうではなくて、彼は哀れな奴で、奴に復讐を働いたところで無駄だったのです……。一度、個々人と交渉し出せば、彼らだって多くの仕方で犠牲者であった以上、それを諦めたというわけです」[56]。ブーヘンヴァルトとレームスドルフの生き残りだった、アルフレート・フーバーマンもそれに同意する。「解放された当初、私はドイツは地図上から完全に抹消されるべきだと考えていました。時が経つにつれもしドイツ人に出会えば、と私は考えたのです。私は彼に何を言えるか？ と。そのことで彼は気を咎めたまま生きてゆかねばならない、その彼のことを気の毒に思う以外に」[57]。

とはいえ、中にはその怒りの波が短時間には治まらず、何か記念碑的な復讐が繰り返しドイツ人に起こるまでは、ユダヤ人は決して安んずることができないと信じた者もいた。そのような集団の一つが、いわゆる「復讐者たち」で、かつてのユダヤ人パルティザン、アッバ・コフナーにより設立されたのだった。この集団は、一〇〇名を超える戦争犯罪容疑者の暗殺の手筈を整え、しかしそれだけでは飽き足らず、親衛隊員を収容した捕虜収容所内部に爆弾を仕掛け、被収容者八〇名を殺害したようだ。彼らの哲学は、意図して大人数のドイツ人に対する無差別攻撃を含んでおり、その上で彼らの復讐の非人間的性質は、ホロコーストの間ユダヤ人が殺害された非人間的手法の鏡像となるべくデザインされていた。彼らのスローガンは「ユダヤ人一人につきドイツ人一人」で、彼らの明白なる意図は、グループのメンバーの一人ガビック・セドリスによれば、「六〇〇万のドイツ人が抹殺されること」だった。この目標を達成するために、彼らはドイツ五都市の水道に毒を入れる陰謀を企んだものの、コフナーその人がパレスティナからヨーロッパに毒薬を密輸入しようと帰ってきたところを逮捕されて失敗に終わったのだった[58]。ニュルンベルク抑留収容所に収容されていた親衛隊員一万五〇〇〇人のパンに毒を仕込もうというもう一つの計画の方は、より首尾がよかった。少なくとも二〇〇〇名のドイツ人捕虜が砒素中毒で病に臥し、とはいえそのうち何人が、もしいたとすればだが、死亡したのかは分かっていない[59]。

このような計画は、戦争のまさしく直後の時期に威を揮った混沌に頼っていた。避難民の巨大な移動は復讐を追い求めている者たちに願ってもない隠れ蓑を提供し（落ち延びようとする戦争犯罪人にもちょうど同じだけそれを提供したように）、いかなる形態であれ法と秩序が欠落していたことで、殺人者たちは報告もされなければ捜査もされず、しばしば気にも留められずに済んだのだった。とはいえ、最終的には状況が変わり、「復讐者たち」自身でさえ仇討ちの夢を諦め、そのかわりにパレスティナのユダヤ人のための独立国家の未来のために戦うことを選んだのである。(60)

ひょっとするとここに、なぜユダヤ人の復讐がもっと広範囲に拡がらなかったのかを説明するかもしれぬ手がかりがあるのかもしれない。ホロコーストのまさに直後においては、生き存《ながら》えたユダヤ人のほとんどはあまりに病んでいるか、あまりに弱っていたかのどちらかであったので、いかなる形態であれ能動的な報復を考えることができなかった——そもそも生き存えたということだけで、十分な抵抗だったのだ。しかしもっと重要なことには、復讐は、何らかの種類の道徳的均衡を回復することに関心を抱いた人々により行なわれた行為だったということがある。多くのユダヤ人にとって、おそらくは大多数にとって、そんなことは関心の埒外だった。彼らはヨーロッパにすっかり背を向けて、道徳の均衡が損なわれていないかわりの土地へと逃れる決意を固めていたのである。つまり、アメリカと英国、そして最も重要なことには、パレスティナである。それゆえ、復讐に燃える彼らの気持ちは、ヨーロッパを大挙して去るということによって象徴的に表明されたのであり、あるユダヤ人著述家はそれを一九四五年末にこう説明している。

> われわれは、敵に対する復讐を、批難と拒絶、禁止、そして相手との距離をとり続けることによって果たそうとしたのだ……。ただ、これらの殺人者どもからすっかり離れていることによっ

てのみ……復讐に対する欲望を満たすことができるのだ。それが本質的に意味するところは、こうである。すなわちヨーロッパの放浪生活を終わりにし、イスラエルの地に祖国を建設しようというのだ[61]。

パレスティナでは彼ら自身が主人であるがゆえに、迫害されるということが起こり得ないユダヤ人の国家という希望を彼らに与えた。その結果、彼らは大陸ヨーロッパから密出国し、新たなイスラエルの地の礎を築くべく、われらが兄弟たちと合流するためになら何だってしたのだった。ドイツに復讐を試みるか、ないしは、ついには彼らを完全な絶滅から救い出した連合国とトラブルを起こすことは、彼らの長期的な関心事ではなかった。それゆえに、しばしば復讐は、ナチが迫害した他の元囚人たちに委ねられたのだった。まったく、同様に肚に一物あった集団には事欠かなかったのである。

原註

(1) Werth, pp. 889–90.

(2) Hitchcock, p. 288 に引用。また、Werth, pp. 892–3 も見よ。Werth は一九四四年にマイダネクを訪れ人の遺灰を肥料として利用するのを目撃した。

(3) Werth, p. 896.

(4) Ibid., p. 897.

(5) Arad, p. 368; Werth, pp. 890–99 を見よ。

(6) *Pravda*, 11 and 12 August 1944, 16 September 1944. また、Rubenstein, p. 426 fn. 82; Beevor and Vinogradova, p. 281 も見よ。

(7) Werth, p. 895; Rubenstein, p. 426 fn. 82.

(8) Gilbert, *The Holocaust*, p. 711.

(9) Vasily Grossman, 'The Hell Called Treblinka', in Ehrenburg and Grossman, pp. 399–429. また、Beevor

and Vinogradova, pp. 280–306も見よ。諸々の数字については、Burleigh, *Third Reich*, p. 650を見よ。The US Holocaust Memorial Museumは、八七万人から九二万五〇〇〇人の間と推定している。彼らのHolocaust Encyclopedia page for Treblinkaを見よ、www.ushmm.org/wlc/article.php?lang=en&ModuleId=10005193, 二〇一一年九月二七日にアクセスした。

(10)US Holocaust Memorial Museum, Holocaust Encyclopedia page on Auschwitz, www.ushmm.org/wlc/article.php?lang=en&ModuleId=10005189, 二〇一一年九月二七日にアクセスした。

(11)ナチのホロコーストとソヴィエトのグラークのシステムとの見事な比較については、Dallas, pp. 456–68を見よ。

(12)たとえば、Burleigh, *Third Reich*, p. 752を見よ。

(13)*Pravda*, 17 December 1944, Rubenstein, p. 220に引用。

(14)*Pravda*, 27 October 1944, ibid., p. 426 fn. 82に引用。

(15)Anthony Eden speech to Parliament, 17 December 1942, Hansard, series 5, vol. 385, col. 2083.

(16)TNA: PRO INF 1/251 Part 4: 'Plan to combat the apathetic attitude of "What have I got to lose even if Germany wins?"', 25 July 1941.

(17)Roosevelt statement to reporters, 24 March 1944, quoted in Beschloss, p. 59. 大規模な絶滅政策をアメリカ人が嫌々信じたがらなかったことについては、Abzug, pp. 5–19; およびMarcuse, pp. 53–4を見よ。

(18)Beschloss, p. 61.

(19)Werth, p. 890.

(20)Ibid., p. 898.

(21)Abzug, pp. 3–4; testimony of Dr Fritz Leo, TNA: PRO WO 309/1696を見よ。

(22)*New York Times*, 5 December 1944; Abzug, pp. 5–10を見よ。

(23)Eisenhower, p. 446.

(24)Patton, pp. 293–4.

(25)Ibid., pp. 293–4.; また、Abzug, p. 27も見よ。

(26)Hackett, pp. 103, 112–15.

(27)Abzug, p. 33に引用。

(28)Marcuse, p. 54に引用。

(29)Ibid., pp. 54–5.

(30)Abzug, p. 92. また、*Time*, 30 April 1945に掲載のPercy Knauthによるブーヘンヴァルトの描写も見よ。

(31)Marcuse, pp. 51, 54.

(32)Buechnerは後にこの事件に関して*The Hour of the Avenger*（Metairie, LA: Thunderbird Press, 1986）と称

する本をものしたが、それは事実を歪め、殺害されたドイツ人の数を誇張していると批判されてきた。Jürgen Zarusky, 'Die Erschießungen gefangener SS-Leute bei der Befreiung des KZ Dachau', in Benz and Königseder, pp. 113–16, および Israel, pp. 175–8 を見よ。また、www.scrapbookpages.com/dachauscrapbook/dachauliberation/BuechnerAccount.html - 二〇一一年九月一三日にアクセス、も見よ。

(33) Abzug, p. 94 に引用。

(34) Sington, pp. 20–25, 37; および Shephard, *After Daybreak*, p. 37 に引用の Lt Col. R. I. G. Taylor の言葉。

(35) Sington, pp. 49–50.

(36) Lt Col. M. V. Gonin, IWM Docs 85/38/1, typescript account, 'The RAMC at Belsen Concentration Camp' (no date, c.1946), p. 5.

(37) Testimony of Wilhelm Emmerich, 'Interim Report on the Collection of Evidence at Belsen-Bergen Camp', TNA: PRO WO 309/1696; 18,000 という数字は Shephard, *After Daybreak*, p. 37 により与えられたもの。

(38) Testimonies in 'Interim Report on the Collection of Evidence at Belsen-Bergen Camp', TNA: PRO WO 309/1696.

(39) Ibid., p. 1.

(40) Shephard, *After Daybreak*, p. 55 に引用。

(41) Major A. J. Forrest, IWM Docs 91/13/1, typescript memoir, ch. 17, pp. 5–6 に引かれた BSM Sanderson の言葉。

(42) Derek L. Henry, IWM Docs, 06/126/1, typescript memoir, p. 95.

(43) Shephard, *After Daybreak*, pp. 76–7 に引用された Spottiswoode speech from Movietone film.

(44) Abzug, p. 93.

(45) Gilbert, *The Day the War Ended*, p. 391 引用の Israel Gutman の言葉。

(46) Gringauz, 'Our New German Policy', p. 510 に引用の Clay の言葉。

(47) Ben Helfgott, personal interview, 19 May 2008.

(48) Gilbert, *The Boys*, p. 252 に引用。

(49) Pinkus Kurnedz interview, IWM Sound, 9737, reel 3.

(50) Szmulek Gontarz interview, IWM Sound, 10348, reel 4.

(51) Alfred 'Freddy' Knoller interview, IWM Sound, 9092, reel 12.

(52) Gilbert, *The Boys*, p. 251 に引用。

(53) Ibid., p. 256 に引用。

(54) Max Dessau interview, IWM Sound, 9236, reel 4.

（55）Kurt Klappholz interview, IWM Sound, 9425, reel 23.

（56）Peter Leo Frank interview, IWM Sound, 16690, reel 4.

（57）Alfred Huberman interview, IWM Sound, 18050, reel 6.

（58）Cohen, pp. 191–217; p. 191 に引用の Sedlis の言葉、p. 224 に引用のスローガン。また、Mankowitz, pp. 236–8; および Elkins, pp. 193–249 によるより煽情主義的な報告も。彼はインタヴューした人々の名前を変更した。

（59）The *New York Times*, 24 April 1946 に拠れば、二二三八名の囚人が病気になったが、死亡者は一人もいなかった。他の著者たちは、これはセキュリティ面での自らの過失を隠蔽したいがための、アメリカ軍当局者による作り話だと主張している。

（60）Cohen, pp. 221–38.

（61）Shlomo Frenkel の言葉、Mankowitz, p. 239 に引用。

第10章 抑制された復讐
強制労働者たち

自身のことさらに陰惨な歴史を顧みれば、ユダヤ人が収容所の痛ましい解放劇の舞台中央に陣取りがちなのはもっともなことだ。だが、多くの歴史家が指摘してきたとおり、私たちが今日理解するような「大文字のホロコースト」は、主として遡行的に構成されたものである[1]。当時、少なくとも連合国の間では、人種集団間の区別はずっと小さかった。事実、連合国はしばしば意図してそれらの間に区別をつけず、かわりにヒトラーの犠牲者をその国籍によって分類した。膨大な数の恐怖の物語がずらりと並ぶのを見たUNRRAのような救済組織は、当初ユダヤ人の物語を特別な事例とは認識せず、ポーランド系ユダヤ人は他のポーランド人と一緒に、ハンガリー系ユダヤ人は他のハンガリー人と一緒にといった具合に一塊に扱った。一九四五年九月になって初めて、ユダヤ人たちは住まいをあてがわれ、とくにユダヤ人救済機関によって世話をされる権利を勝ち得たのだった[2]。

　現場の多くの連合国兵士や救済機関の職員にとって、彼らの出くわした他の集団の多くより多少なりともユダヤ人が多く苦しんできたということは、即座に明らかではなかった。苦しみは至るところにあった。強制収容所は、帝国《ライヒ》全土を覆った、搾取と絶滅の広大なネットワークにおいて単に収容所の一種類に過ぎなかった。戦争捕虜収容所は、そのうちでソヴィエト人捕虜の数百万という多数が飢え死にするに任されたが、東欧に点在していた。強制労働収容所は、主要などの工場や鉱山、農園および建設用地にも併設されていた。（たとえば、ダッハウは、英国とフランス、アメリカの新聞のヘッドラインを飾ったかもしれないが、単にシステムの集線装置《ハブ》に過ぎず、そこからあらゆる国籍の囚人らが南バイエルン全土に散らばる二四〇の下位収容所に供給されたのだった。）加えて、たくさんの一時滞在収容所が存在し、ある地域から次へと移動する人々を処理するためにのみ造られていたはずが、終戦時には、有刺鉄線の背後に食料も世話もなく打ち捨てられた被抑留者のための事実上の掃き溜めと化していた。孤児や非行少年のための特別な収容所や、犯罪者や政治囚のための犯罪者収容所も存在した。これを纏めると、これら鉄条網を巡らした何千もの宿営地は、ある歴史家が「恐怖の風景」と記述してきたものを織り成したのである[3]。

ここで、これらの収容所における人々の扱いは、収容所ごとに大幅に違いがあったことに触れておきたい。英国およびアメリカ人の戦争捕虜が、しばしば赤十字の小包を受け取り、適度な食事を与えられ、文化的活動に従事するのを許されていたのに対して、イタリア人やソヴィエト人は毎日のように殴られ、過度に働かされ、飢えで死んだ。同様に、「義務労働奉仕」に携わったフランス人労働者が時折は給料を支払われ、十分な食事をあてがわれたのに対し、ポーランド人東方労働者《オストアルバイター》は、よりしばしば文字通り骨の髄まで働かされた。強制収容所の内部にあってさえ、苦境には段階があった。アーリア人の囚人に比べると、ユダヤ人とジプシーのような「劣等」と想定された人種ははるかに頻繁に虐待されたのだ。

ドイツの人々が彼らの只中にいたこれら外国人の存在に、あるいはその苦境に気づいていなかったと空惚けるのは、ナンセンスだったろう――にもかかわらず戦争のまさに直後、多くのドイツ人がまさしくそうしようと試みたのだった。ピーク時には、外国人労働者はドイツの労働人口の約二〇パー

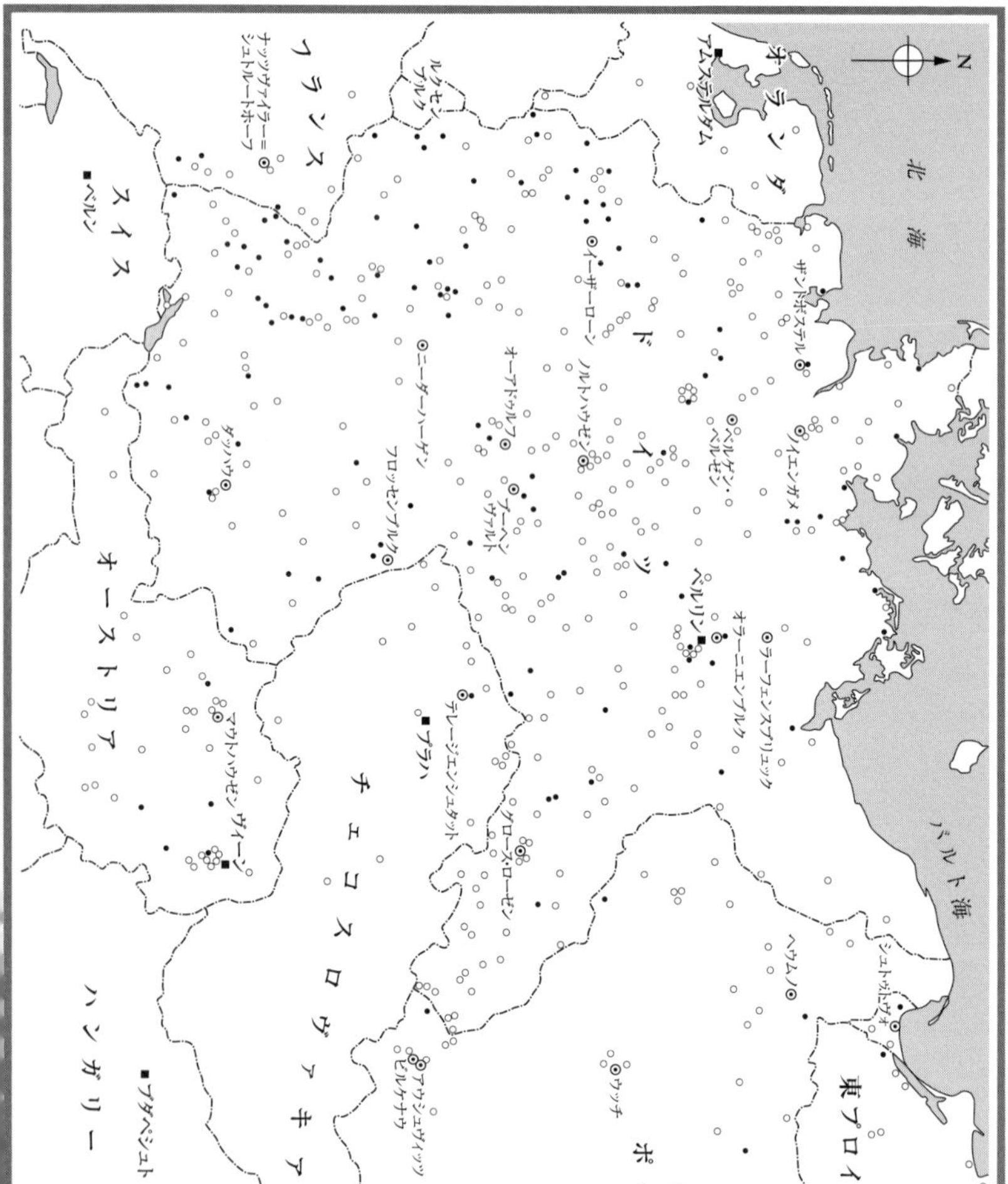

地図3◆ドイツ強制収容所群島

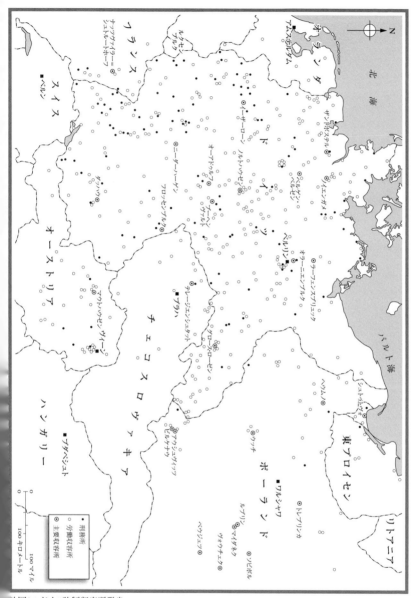

セントを占め、兵器や航空機の製造のような若干の産業ではしばしば四〇パーセントかそれを超えることもあった。(4)ドイツ人は、これらの人々と並んで働き彼らがどのように扱われているか見ていた――それどころか、多くのドイツ人が彼らを助けたいという願いからか、彼らから小金をせしめようとしてか、彼らのもとにこっそりと食べ物を持ち込んだのだった。

戦争も終わり頃になると、ほとんどのドイツ人は状況を熟知していて、これら数百万の外国人が一度解放されれば何をしでかすか恐れがつのり始めた。ハンブルクでは四四年末に、外国人労働者による反乱の用心のためにナチ党員によって特別緊急防衛隊が結成された。*1 アウクスブルクでは武器を隠し持った新入りの労働者が到着したという話が出た。(5)ベルリンでは外国人が敵に情報を送り、ドイツ内部で「トロイの木馬」として活動しているという噂が流れた。(6)多くの外国人労働者が意図的にこれらの恐怖を煽った。フランス人捕虜は自分たちが侵入軍の「落下傘先発部隊」だと冗談を飛ばし、ポーランド人労働者は戦後殺害されるべきドイツ人の名前からなる「リスト」の話でもってドイツ人をからかった。(7)ドイツ人と外国人労働者の間に存在した恐怖と憤懣の空気を思えば、二者間の容易ならざる対決が実体化し始めるのも単に時間の問題に過ぎなかった。

強制労働者たちの復讐

巻き返しは、連合軍がドイツに入るのとほとんど同時に始まった。ドイツ侵攻の初期の日々、英仏および米軍のいずれもが、解放された外国人による略奪と無規律を報告したものの、しばしば彼らを止めるだけの力はなかった。「略奪は手に負えない」と、英国民政委員会のルービン・セドン大尉は、四五年四月の初めにライン川を越えた後に言った。「ロシア人、ポーランド人、フランス人、そして市民たちは皆、一生にこれが一度という時間を謳歌しており、収まり始めたとはいえ、早ければ早いほどそれはよい」[8]。さらに東に行くと、状況は一層ひどくなった。メクレンブルクのシュヴェリンの街の軍新司令官によれば、「何千というDPがうじゃうじゃとそこらを練り歩き、殺し、レイプし、略奪していた――手短に言えば、目抜き通りから一歩入れば、法は存在しなかった」[9]。五月、ベルリンでは一〇〇名からなるDPの一団がアンハルト鉄道駅で列車を立ち往生させ、それはさながら西部劇の一幕のようだった[10]。

多くの人がこのような振る舞いの原因を、上機嫌と、ナチ政権に対して彼らが抱くのも無理なかった、不満と怒りを表現したいという願望との結合に求めた[11]。だが、解放された労働者たちの祝典には、ドイツ人住民と連合軍の双方をぎょっとさせた野性の荒々しさがあった。何年もの間、彼らは虐待され、異性から隔離され、十分な食事を与えられず、アルコールから遠ざけられていたのだった。いまや、その多くが失われた時を、いかなる代償を支払ってでも、食べ物やアルコール、そしてセックスに対するバッコス的探求に乗り出すことで埋め合わせをしたのである。何年もの間男女を隔てていた労働収容所は瞬く間に「肉切り台」となり、そこら中で人々は排便し、誰憚ることなく宿舎で姦通し始めた[12]。デリク・ヘンリーという名の工兵は後年、ミンデン近郊のノルトヘメルンの村近くにあったかつての労働収容所で、四月一一日付で法と秩序の維持を命じられた際に目の当たりにした光景をこう記している。

男女両方の被収容者がおり、小屋に入っていくと彼らはわれわれの周りに群がってきた。彼らのほとんどはわれわれに強引に押しつけてきた自家製のウオッカで酔っ払っており、寝棚で大っぴらにセックスをしているのもいれば、歌い踊っているのもいた。彼らはわれわれを仲間に加わらせようとしたものの、われわれは幸運にもライフルを携えていた……。DPたちは汚らしいあり様で、小屋はそれはひどい悪臭だったが、われわれは、彼らが食卓の上席に注ぎ、その後、それがどれだけ強いのか分からせてやろうと、煌々と炎を上げさせたウォッカの味見をしなければならなかったのだった。

その後、ヘンリーによれば、一人のポーランド人被収容者が「連れの女性と一夜をともにするよう私に申し出た。私は丁重にそれを断った」[13]。

アルコールは、解放に引き続き生じた無秩序において、ことのほか非常に大きな役割を演じた。ハーナウでは、何百というロシア人が工業用アルコールを飲んで、少なくとも二〇人が死に、二〇〇人を超える人々が半麻痺状態になってしまった[14]。ヴォルフスブルクでは、市のフォルクスヴァーゲン社のプラントで働いていた何百という労働者が、市の造兵廠や地元のヴェルモット工場に闖入した。群衆の武装解除を手助けするよう命じられていたあるアメリカ人中隊長の思い出すには、「彼らのいくらかはあまりに酔っ払っていたので、よく土手や建物の上で発砲しては反動で後ろ様に倒れ込んでいたものだ」った[15]。ジャーナリストのアラン・ムーアヘッドがヴェーザー渓谷のシュタイアーベルクの村に入ったとき、彼は「かつて私が見た最も美しいワイン」を貯えたワインセラーを略奪している村人や避難民に出くわした。彼らの大半は酔っ払っているか「半ば呆けている」かで、ボトルをぶんどっては叩き割り、割れたガラスの軟氷とシャトー・ラフィット一八九一年ものに床上から「踝《くるぶし》の高さまで」浸かっている他には、とうとう何もセラーには残っていなかったのだった[16]。

最も野蛮な光景のいくつかは、ハノーファーで起きた。解放の混沌のさなか、数万ものかつての強制労働者が街中で酒屋を略奪し建物に火をつけ暴れ回った。ドイツ人警官の残党が介入しようとはしたが、彼らは圧倒され、打ち捉えられ、街灯柱から吊るされた[17]。かつての強制労働者の中には、ドイツ人民間人を駆り集め、数週間前なら彼ら自身がしなければならなかったであろう仕事をやらせる者もいた。親衛隊に射殺されたロシア軍将校の死体二〇〇体を埋めるような仕事で、彼らの働く間中、「棒で打ちつけたり武器の台尻で叩いたり」したのだった。[18] 他には、市中の女性を捜し出し、彼女たちの家で、それどころか街路でさえ強姦する者もいた。町に配属されたある英国軍砲兵中隊長によれば、酔っ払いのロシア人の一団が、「見捨てられたドイツ軍の八八ミリ砲を強奪し、そこら中に引き回し、彼らにとっては明らかに喜ばしいことに、何であれ気まぐれを捉えたものに向けて弾をぶっ放した。つまりは、彼らの邪魔になる人目につきやすい建物か家屋に向けてである[19]」。

四五年六月、市が連合国の管理下に入り一〇週が過ぎた後で、英国人戦争記者のレナード・モウズリーが現地に到着し、ハノーファーが依然ほとんど混沌状態にあるのを見出した。軍新政府はどうにか電気とガス、水の供給を復旧させ、瓦礫を貫き道路を片づけ、ドイツ人市長一人と間に合わせの警官隊を採用したはいいが、何であれ法と秩序に近いものを布《し》くことはできないでいた。「問題はあまりに多かった。この種のどんな俄仕立ての警官隊も、ここ数年で初めて本当の自由を味わっている一〇万人を超える外国人奴隷の間で秩序を維持することはできなかった[20]」。

問題の規模は、軍司令官がモウズリーを、市庁舎《ラートハウス》から数キロ離れた彼の住む地区へと車を運転し案内した際に証された。その途上、車は五回にわたり通りを埋め尽くす本格的な規模の暴動のために立往生し、その度ごとに軍司令官自ら、それはつまりG・H・ラム少佐その人が繰り返しピストルを空に向けて発砲し、群衆を追い散らしたのだった。「この種の出来事が日がな一日続くのだ[21]」。伝えられるところでは、彼はモウズリーにこう言った。「略奪、戦闘、強姦、殺人——何たる町だ!」

ハノーファーでの略奪や暴力の多くは、ただひたすらそのためにのみ起きているように見えた。戦後の混沌についての最も印象的な目撃報告の一つで、モウズリーは市郊外の倉庫を半狂乱になって略奪する様を記している。

誰かがかつて私に話したことに、略奪の熱に浮かされているとき人は何かを得るためなら殺しも傷つけもするものだ、たとえその「何か」が盗むに値しなかったとしても、というのがあったが、ハノーファーはそれを確証したのだった。私たちはあの短い旅の途上、ちょうど一団の群衆がある倉庫へと雪崩れ込んだところに出くわした。あてどなく動き回り金切り声を上げる人々の集団の中には、外国人労働者に混じってドイツ人の姿もあった。彼らは扉や窓を蹴破り、その後すぐに戻ってきたが、その腕にはいっぱいの――ドアノブを抱えていた！　そこはドアノブ倉庫だったのであり、これらの人々がそんなもので扉の半数がもはや存在しないような都市《まち》で何を望むことができたのか、私には分からない。にもかかわらず、彼らは単にあれらドアノブを略奪しただけでなく、それを求めて争ったのだ。彼らは自分よりたくさんのドアノブを持つ者を蹴飛ばし、引っ掻き、鉄棒で打ち据えた。私は一人の外国人労働者が少女一人を転ばせ、その両腕からドアノブをひったくり、それから繰り返し彼女の顔面と身体を蹴り、仕舞いには彼女が血だらけになったのを見た。その後、彼はまっしぐらに通りを駆けていった。中ほどで、彼は我に返ったようで、自分の抱えている物体に目を落とし、それからいかにも嫌気した風情でそれらを全部放り出したのだった。(22)

解放後間もない日々、こうした光景は遍在した。ほとんどのドイツ人警官が逃げ出したか、職を解かれていたので、地元住民は連合軍兵士に助けを求める以外、選択肢がなかったが、巡回できる人員がとにかく足りていなかった。ハノーファーでは、軍政府が連合国の戦争捕虜を一時的に警官隊に徴募したものの、そのような男たちは警察の仕事には絶望的に不慣れで、しかも彼ら自身しばしば土地のドイツ人に対して底意があったのだった[23]。主だったあらゆる都市でドイツ人警官が採用されたが、ここでも経験不足が見られた。分かりきった理由から、連合国は彼らに武器の携帯を許さなかった。そのため、暴動を起こすDPや増長する外国人労働者の一味に対しては大した相手にならなかったのである[24]。

ある英国人中尉が話した物語が、当時存在した高度に張り詰めた空気に対処する連合軍兵士の無力さと、ナチにより個人的に暴行された人々とそうでなかった人々の間に存在する道徳的ギャップとを証示している。四五年五月、レイ・ハンティングはヴェーゼル市郊外の静かな田舎道伝いに旅をしていた。その際、彼はその後、一生ついて離れなくなる出来事を目撃したのだった。

私は二人の男が前を行くのを見た。ヴェーゼルへと進む一人のロシア人と、杖を突き突きゆっくりと駅へと向かう一人のドイツ人老人だ。私たちが近づくと、男たちは立ち止まり、見たところロシア人は時間を訊いているようだった。なぜならば、老人はチョッキのポケットから鎖懐中時計を外したからだ。よく噛み合った一連の動作でもって、ロシア人は時計をひったくると、刃の長いナイフをドイツ人の胸に差し込んだ。老人はよろめき、仰向けにどぶに落ちた。私たちが詰め寄ると、老人の両足は宙に浮き、ズボンの両脚がずり落ちて痩せこけた白いこむらが見えた。

私が拳銃の銃口をロシア人のあばらに押しつけたのは、彼がナイフを抜き取り、刃についた血を悠然と老人の外套で拭っていたときだった。ロシア人が路上で手を上げ立っている間に、私は拳銃をパトリックに渡し、同時にどぶに跳び込み犠牲者を助けにいった。老人は死んでいた。ロシア人、この発音不明瞭な此畜生《こんちくしょう》は、死体の傍らに跪いた私を一片の感激も自責の念も示すことなく見下ろしていた。

私はナイフと時計を押収し、トラックの後ろに彼を押し込み、拳銃を片手に彼の真向かいに座った。私たちは彼をグラブ大尉に引き渡すべく軍政府当局に向かったが、大尉はいなかった。私たちは囚人を兵舎《カゼルネ》に連行し、彼がソヴィエトの法律に従って裁かれるのを期待した。

私は囚人の首根っこを摑んで指揮官室に放り込み、ナイフと時計を示しつつ彼を殺人容疑で告発した。指揮官の一人が、自ら事務官（ロシア語の単語は英語と同じだ）と名乗り、前へと進み出た。

「あなたはこの男がドイツ人を殺したと仰るのですか？」彼はにこにこして訊いてきた。私は彼に殺人の凶器を見せた。彼は反対側の同僚の元へ行き、帽子から赤い星の徽章を外すと、それを殺人犯の胸に留め、頬にキスをした！ 老人の殺人犯は勲章を胸に部屋を滑り出ると、兵舎に集う数百名の間にまんまと姿を眩ました。私が彼の姿を見つけることは、それきり一度もなかった。[25]

軍によるDPの管理

この無政府状態に終止符を打とうと奮闘する中で、ドイツ各占領地区の連合国軍政府は過激な措置をとるのを余儀なくされた。彼らが最初に行なったのは、新たに解放された囚人と労働者を可能な限り多く駆り集め、錠前と鍵のもとに置くこと——祖国への帰路につくことだけが唯一の希望だった人々の多くの間に、怒りと狼狽をもたらした行為——だった。厳しい夜間外出禁止令が出され、地域によっては午後六時という早さで、夜間に収容所を離れているところが見つかった者は例外なく逮捕、または射殺をさえ免れなかった。暴力による威嚇は、しばしば秩序を圧しつける唯一の方法だった。たとえば、A・G・ムーン少佐はブクステフーデで軍政府の監督権を握ると、即座に地元DPセンターの住人に向けて、略奪の現場を押さえられた者は誰であれ射殺されると通告をした。結果として、この地域ではほとんど騒ぎが起こらなかった[26]。その後、八月に、ドイツ北西部の英国軍政府が略奪者の射殺を正式の方針とした[27]。ヘッセンのアメリカ軍政府も、食糧不足のことで暴動を起こしているところを捕らえられた者は例外なく死刑になると警告をした[28]。このような通知と、ナチ自身によって出されたそれらとの間にはほとんど違いがなく、それどころか、こうした通知をそれほどに効果的にしたのは、ことによると二つの管理システム間の連続性の装いだったのかもしれない[29]。

法と秩序への脅威は、外国人の四人がいまだドイツにいる限りは残り続けることが明らかだったので、連合国は可能な限り短期間でDPを本国へと送還するのに着手した。優先権を与えるべきは誰か、たくさんの論争があった。英国人およびアメリカ人戦争捕虜と抵抗運動組織のメンバーには、特別扱いを要求する正当な資格があった。これは、ソヴィエト市民の返還にしびれを切らしたソ連当局の意向を比較考量しなければならなかったが、とりわけ、解放された何千人という連合国捕虜がいまだソヴィエトの前線の背後に拘束されていた以上、そうなのだった。他の人たちは、法と秩序の再確立のために、最も手に負えぬ分子から最初に送還すべきだと論じた。これらの人々を破壊されたヨーロッパの鉄道網を通じて輸送することの兵站学的困難は、DPら自身多くが祖国への送還を実は望んではいないという事実によって倍加された。ユダヤ人とポーランド人、バルト三国人は、いまでは自らを国なしの身と見ており、それゆえ帰るべき家を持たぬ者と見なしているのだった。他の集団、ことにロシア人、ウクライナ人、そしてユーゴスラヴィア人は、一度帰還すればどんな処罰が待っているか知れたものではないと恐れていたために送還を望んではいなかった。これらの人々の多くは、想像を絶する苦難に耐えてきたのであり、戦争の終結にもかかわらず、期待すべきものをほとんど持ってはいないように見えた。

本国への送還を待つ間、DPは大規模な中央集合施設に移され、国籍集団ごとに別個に纏められ、ドイツ、オーストリアおよびイタリア中のDP収容所に送られた。これらはかつての軍用兵舎であるか、町の小分けされた区画だった。その中には、DPを住まわせるために特別に設えられたものもあった。だが、他はかつての労働収容所か、強制収容所であることさえあった。絶望的にシェルターが足りていない大陸にあって、連合国はどんな建物であれ見つけ次第利用するしかなかったのである。多くの元囚人が虱《しらみ》をとられ、髭を剃られ、彼らがついいまし方逃れてきたばかりの、まさにその強制収容所に押し返されるわが身を見出したのは、いくらか呆然としてだった[30]。

連合国当局がドイツ人よりもはるかにDPに用心していたということは、当時の公式報告からも、普通の兵士によって書かれた多くの覚書や日記からも明らかだ。その後数ヶ月の間に、彼らは解放からはほど遠く、流《る》にあって守衛と軍の規則下で生を送り続けている人々の憤懣と絶望の情を懼れ始めた。八月には、英軍がポーランド人DPの中から同胞に規律を守らせるべく警官を採用し始めたが、それは彼らを取り締まるのに十分な連合軍兵士がいなかったからであり、また、ドイツ人警官には敬意が払われないであろうからだった[31]。一一月にもなると、英米軍の双方が「強制追放者らの活動が脅威になってきた」地域でドイツ人警官を再武装させることを考えていた[32]。翌月に出された、連合国に対するあり得べき危険に関する合同情報委員会の報告書は、連合国側の懸念を率直な言葉で綴った。「もし冬のより厳しい諸条件がDPの生活状況に影響を与えるならば、おそらく彼らは収容所内で団結し、かつ、ドイツ人とは異なり一定数の武器を入手する手段を持ちかねないだけに、ドイツ人よりもさらに大きな騒ぎを起こす可能性がある[33]」。

地図4◆ドイツ、オーストリアおよび北イタリアのDP収容所

このような報告書には、あるいは取り越し苦労の要素もあるかもしれない。ドイツ西部のUNRRAの長は、「UNRRA管理下にある強制追放者は、暴動的振る舞いということに関して、他の大衆の諸セクションに比べより注目に値する「わけではない」」と固く信じていた。[34] DPたちが、実際にはしばしばドイツ人その人たちによってなされた略奪の事例のために非難された逸話風の証拠が膨大に存在し、[35] 事実また、公式報告によれば、DPの大部分が国に還され長く経った後でも犯罪の水準は依然として高かったことが示されている。[36] ある軍政府職員の言を借りれば、「DPらは除け者《アウトカースト》だった……。ありとあらゆる問題がDPに押しつけられた」[37]。戦争が終わりいまや、DPは新たな敵と性格づけられることになる危険にあったのだ。

「解放コンプレクス」

DPたちが解放後自らを見出した状況を顧みれば、当初の多幸感がほどなく幻滅に取って代わられたとしてもほとんど驚くべきことはない。ドイツ国内のDPの大部分を観察した最初の人々の一人は、マルタ・コルヴィンで、ポーランド人ソーシャルワーカーだった彼女は英国軍政府の一団に随《したが》い、四五年四月にボホルトに入ったのだった。当時彼女が行なった会話や評価によれば、これらの人々の多くは、戦争を生き延びてくるにあたり、

> つねに極度に困難で、しばしば汚らしく恐ろしい現実を、過去の生活の夢想に耽ることで相殺したのであり、それは解放されるや否や、戦前親しんだ同じ幸福な、美しい世界に身を置くのを彼らがほとんど確信するまで続いた。過去の困難すべてが忘れ去られ、自由がかつて何ものも道義を外れたことのない世界へと彼らを連れ戻してくれるのだ……。そこではすべての人が善良で

……すべての家が美しかった楽園。

だが、この「楽園」へと帰還するかわりに、彼らは自らが「収容所に集められ、多くの場合……解放前よりも悪い状態に身を置いて」いるのに気がついた。一層悪いことには、長期間活動しないまま過ごしたことで、彼らは夢にまで見た楽園がもはや存在しないという事実を沈思する機会を得たのである。あたりを取り巻く廃墟の中で、彼らはただ「よりよい未来への希望が破壊された」のを見たのだった。(38)

マルタ・コルヴィンの観察は、国際社会によって実施されたより尺度の大きな研究によって裏づけられた。一九四五年六月、UNRRAの監督の下、間連合国心理学研究グループがDPの精神状態について報告書を作成した。報告書の記すところでは、多くのDPは解放を喜んでいるどころか、ひたすら苦々しげで怒りっぽかった。多くの連合国兵士が期待した感謝の念もそこには存在しなかった。かわりにあったのは、「増進した落ち着きのなさ」「完全な無感動」「イニシアティヴの喪失」、そして「あらゆる権威に対する……重大かつ陰鬱な疑念」だった。それどころか、DPの多くはあまりにシニカルになっていたがゆえに、「助けになってくれる人々によってされたことでさえ、何ものも真実の、もしくは真率のものとは見なされない」。そのような態度こそ、連合国職員によっては「解放コンプレクス」と呼び始めたものなのだった。(39)

このコンプレクスの創造にあたって、連合軍に必ずしも非難の余地がないというわけではなかった。英国並びにアメリカ軍の人員が先立つ二年間に遂げた救済活動の巨大な進展にもかかわらず、ほとんどの軍幹部はDPをいまだに人道的問題というよりは兵站のそれと見なすきらいがあった。彼らは膨大な数の人々が登録され、虱をとられ、服を着せられ、食事を与えられ、様々な国籍に分類され、有用な仕事を課され、ゆくゆくは故郷に帰される必要があるのを見た。四五年ともなると、すべての連合軍がこの種の仕事をこなすのに極めて有能になっていた。とはいえ、彼らが不得手だったのは、今日私たちなら「対人スキル」と呼ぶであろうものだ。努めてDPをシステムを通じて処理しようとするあまり、しばしば彼らは、自分たちが心的外傷を負った人間存在を扱っているということを忘れたのだった。

人道ワーカーたちは、しばしば軍の職員がDPたちに見せる無神経さに呆然とさせられた。UNRRAに雇われたある英国人女性は、ある米軍尉官がどんな断りもなしに女性と子供たちの大集団を立ち退かせるよう命令したとき、たしなみを忘れたのだった。「私は軍隊が憎い」、気がついたときには彼女は彼に向かって叫んでいた。「なぜ出ていって誰かと戦わないの？　なぜ民間人に、平和を好む人たちにちょっかいを出すの？　あなたたちとは反対の人たちなのよ——あなたたちは、戦争で歩兵中隊や砲兵中隊を動かすのと同じ要領で母親や子供たちや病気の人々を動かせると思っている。なぜ、あなたたちが多少なりとも理解している何ものかに専念しないの？」[40]

DPが疲れ果てているあるいは無感動だったときに、軍部は判で押したように柔軟性を欠き、手荒な権威主義に頼り、彼らに行動するよう苛み苦しませた。たとえば、ランツベルクのユダヤ人DP収容所の汚らしい状態を目にしたある米軍将校は、衛生学的規則と規制を「強制的または規律的行動によって」守らせるべきだと提案した。[41]このような将校らは、軍の規律は新兵をげんこつでしごくのには適しているものの、長年にわたる非人間化と虐待から回復する途上にあるホロコーストの生存者には、とても似つかわしくはないということを理解していなかったように見えた。

同様に、四五年九月に実施されたヴィルトフレッケンのポーランド人DP収容所についての一連の急仕立ての調査後、アメリカ軍の将軍たちは収容所が軍の規律下に置かれるよう命じた。それ以降、通りにごみを捨てているところや洗濯物を木々の間に干しているところ、あるいは地階の隅にがらくたを隠しているところを押さえられたDPは誰でも即座の収監を免れなかった。仕事を拒否したいかなるDPも逮捕されることとなり、収容所の女性は残らず即座に性病検査を受けねばならなかった。民主的に選出された収容所委員会は解散を余儀なくされ、加えて、二週間ごとに一五〇〇名のポーランド人の帰還が——必要なら、力ずくで——即刻開始されねばならなかった[42]。

言うまでもないが、このような命令は甚だしき苦々しさをもって迎えられた。長年ナチの手で同様の扱いを受けた後で、これらDPたちが一番望まなかったのがさらに同じことをされることだったのだ。「救済事業に関する軍の才能は[43]」、ヴィルトフレッケン収容所の部長の一人は皮肉交じりに述べた。「とても一流《トップフライト》とは呼べないね」。

救済と復興

連合国政府は頗る《すこぶ》早い時点で、この種の仕事に軍事組織が一番適しているわけではないのを悟った。DPたちの日々のケアが軍の手を離れ、新たな国際的人道機関へと移ったのはこのためだ——国際救済復興機関、またの名をUNRRAである。この機関は一九四三年に、解放後のヨーロッパの大部分の地域に隅々まで食料医療援助を行き渡らせるべく調整するために設立された。当初、その活動はバルカン諸国に限られていたが、四五年春までにはヨーロッパの残りの地域の多くへと、とりわけ東方へと拡大し始めていた。その最も重要な責務の一つは、大陸中の至るところで避難民と強制追放者に囲まれながら福祉の調整をすることだった。

一九四五年から四七年の間、UNRRAは、ドイツとオーストリア、イタリア中の収容所に収容された何百万という強制追放者のニーズに気を配っていた。これらのニーズは単に物理的なものばかりでなく、精神的、社会的、および感情的なものだった。UNRRAのエトスの中心にあるのは、DPには食料や避難所、医療処置だけではなく、カウンセリングや教育、レクリエーション、さらには政治活動の機会さえもが与えられねばならないという思想だった。これは、単に彼らのエネルギーを建設的な諸目的へと向け直す訓練というだけではなかった。このような活動が一新された自尊の念を与えることで、彼らを人間として再建するであろうことが期待されていたのである。

UNRRAの職員は、この「自助のための他助」というプログラムを真心を込めた熱狂でもって抱き締めた。[44] ほとんどのDP収容所でほぼ最初に設立されたのは、学校だった。これはそれまで子供たちに拒まれてきた教育を提供しただけでなく、時に、何年もの間で初めて彼らに構造と正常性の感覚も与えたのだった。ボーイないしはガールスカウトのグループや若者のクラブ活動も同じく非常な人気で、もちろん、それは収容所のいくつかに浸透した不健康で、攻撃的かつ非道徳的な雰囲気から子供たちを引き離したからに他ならなかった。[45]

DPたちには、最悪の行き過ぎのいくつかを挫き、堕落し意気阻喪した男女に大いに必要とされたいくらかの精神的救済を与えるという目論見で、自分たちの教会と宗教集団を設立するよう励まされた。職員たちは、DPが自分たちの新聞を発行できるように印刷用紙を確保するためならばどんなことだってし、その際決まって新聞を検閲せずにおくのを忘れなかった。コンサートや演劇のような文化的活動も奨励され、あらゆる種類の成人教育もまた奨励された。DPは自前の徒弟制度の枠組みをつくり上げ、ミュンヒェンではDP大学をさえ開学させたのだった。[46]

まさしく当初から、連合軍もUNRRAもDP収容所内の自治を奨励しようと試みた。ほとんどの収容所で選挙が行なわれ、また、手に負えぬ分子に対処しようと、DPたちは彼ら自身の法廷と警官隊も組織した。このような収容所の制度は、いつも全面的に信頼に値するというわけではなかった。

たとえば、ヴィルトフレッケンのポーランド人収容所では、収容所の評議員たちが「闇市を、シュナップスの蒸留器を、牛の窃盗と鶏小屋の襲撃を止めさせる旨を約束する」そのさなかにあってすら、彼らの囲んで座るテーブルには、ローストビーフにチキン、そしてブランデーのボトルが並んでいるのを見た皮肉を、UNRRAの一職員が書き留めている。[47]収容所によっては、過激派の、またとに国粋主義者の政治集団の形成という悩ましい動向もあった。それでも、収容所の職員が弁《わきま》えていたように、犯罪的振る舞いや過激派のそれに対する管理はつねに勝ち目のない戦いとなりそうだった。重要だったのは、DPたちにその試練の間中彼らに欠けていた何ものかを与えることだった。すなわち、方向づけと自尊の念だった。

不幸にもUNRRAの寛容は、悪弊に対し広く開かれていた。DPたちはしばしば、UNRRAの支給品を収容所を闇活動の中心地へと変えるのに用いた。ヴィルトフレッケン収容所では、腐敗ゆえに全警察官が解雇され新規に入れ替えられねばならなかった——それも一度でなく、最初の一八ヶ月で五回もだ。[48]盗みや強請《ゆすり》、アルコールの違法蒸留はあまりに広く行なわれていたので、人々はUNRRAの頭文字は、「お前らは決して誰も本当には更生させられやしない（You Never Really Rehabilitate Anyone）」の意味だと冗談を飛ばし始めた。[49]

無能な慈善家の組織という評判を機関が得だしたのは、このような理由からだった。批難はまさしく最高レヴェルで行なわれた。ドイツ国内の英軍司令官バーナード・モントゴメリー陸軍元帥は、のっけからこの仕事をこなすにはUNRRAは「まったくの無力」だと考えていて、DPに対する責任を譲渡するのに納得したのは、ただ英軍による救済事業を政府が最早まかなうことができなかったからに過ぎなかった。アメリカ人政治家らは、UNRRAの予算のほぼ四分の三を負担しているのに憤慨し、組織の無駄遣いや財務管理の失敗、そして腐敗に激怒した。中には「国際的たかり」と非難する向きさえあり、その主たる目的はＤＰの救済ではなく、共産主義者のごとき「団体や政治集団の維持」とさえ主張したのだった[50]。

　そしてにもかかわらず、その失敗にもかかわらず、ＵＮＲＲＡはしばしばＤＰたち自身によって熱烈な感情をもって思い出された。ＵＮＲＲＡに勤務するワーカーたちは、通常これらの人々が出会った最初の非暴力的な外国人だったのであり、多くのＤＰが何ものにもまして渇望したその当のものを提供したのだった。つまり、憐れみである。組織は、ひょっとすると軍がそうはできなかったような仕方で、時には親切や共感も、かつての強制労働者に復讐へと向かわせない効果的な方法であるということを理解していたのだった。

　このことを最も本能的に理解していたのは、おそらくは子供たちだった。その多くは、より輝かしい未来の味をＵＮＲＲＡが運営するＤＰ収容所にて初めて味わったのだった。数多の子供たちが制服に身を包んだ男性を恐れていた大陸にあっては、一人のフランス人の子供がＵＮＲＲＡの制服を見たときの反応が重要な意味を持つ。イヴェット・リュバンは、一九四二年にドイツへと移送された一三歳のユダヤ人少女だった。母親の惨殺を含むたくさんの恐怖を目の当たりにした後、彼女は三年後パリに戻った。家に帰り、彼女は自分の恐ろしい物語を縷々《るる》家族に話したものの、彼女の目が俄に輝いたのは、唯一おじの着ている服に気づいたときだけだった。

　トントン、あなたは兵士じゃないのね。あなたはＵＮＲＲＡなのね。私は彼らを知っている。英国軍によって解放された後、私は二週間を越えて彼らと一緒にいたの。彼らは素晴らしかった。彼らは私の命を救ってくれた。彼らは私をチフスから助けてくれた。まだ、その頃罹っていたの。彼らは私に食べ物をくれて、いま着ているこのドレスをくれた……。私は彼らのことがすごく好き。彼らは私に親切にしてくれた最初の人々だったの。[51]

個人的権力の問題

戦後ドイツにおけるかつての強制労働者たちの振る舞いをどのように性格づけるのが最適なのか、知るのは難しい。ある程度まで、彼らの行ないは、単に大陸全体を押し流していた同じ無法状態の一つの極端な形態に過ぎなかった。とはいえ、その動機はただ単に犯罪的だというわけではなかった。長年にわたり不満が鬱積した後で、彼らは暴力と酩酊、そして性的放縦を正当と見、長く未払いだった自己表現の一形式と見たのだった。彼らの行為には強い怒りの要素もあった。多くが一定量の略奪や暴力ですら、彼らに加えられてきたことを糾す一つの手段として正当化されると信じていた。彼らは、彼らが集団的報復と見たもの、だがより精確には、復讐と記述されるかもしれぬものを渇望していたのだった。

これらの動機すべてが、ＤＰたち自身すら適切には理解できていなかった、葛藤する感情のカオスのうちで縺《もつ》れ合っていた。ＵＮＲＲＡのような人道的組織の天才は、その多くが詰まるところそれに帰着することになったところのものが、個人的権力の問題だったということを理解することにあった。戦時の試練のさなか、多くの強制労働者が虐待され、非人間化されていた。彼らは自らの生のあらゆる側面を残忍に統制され、時にそれは数年にわたっていた。それほど長くにわたりいかなる形態の権力をも拒絶された後で、解放時、振り子は真逆に振れていたのだった。束の間、彼らは単に自由にのみならず、まったくの免責をもって振る舞うのを許された。もしこの時、彼らが自分自身を制御し切れなかったとすれば、それはしばしば、単に彼らができたからであり、新たに見出された権力の感覚が夢中にさせたからだった。ＵＮＲＲＡによる一心理学的報告書の言を借りれば、「ブレーキは

取り外された」のだった。(52)

　軍事機関によっては、この暴力的エネルギーに苛烈な強制を再導入することで轡《くつわ》を食ませようと試みたのに対し、UNRRAの職員はこれらの人々を何らかの種類の平衡状態に戻すことを望んだのだった。DPに自身の生に対する統御の手段を与えるという方針は、疑いもなくより開明的なアプローチだった。際限のない時間と予算が与えられれば、それが個々人を回復させる見込みは単なる規律よりもはるかにあったろう。だが、戦争直後の混沌たる状況において、それはまた、絶望的にどうしようもなく理想主義的だった。収容所の住人たちはしばしばあまりに移り気で、そのようなプログラムからどんな利益も見出すことができず、個々人はあまりに心的外傷を負っており、UNRRAの職員に対する要求は度を超えていた。あまりに多くのケースにおいて、とりわけ戦後初期においては、DPに権力を返還することは彼らの復讐のための機会をひたすら増したに過ぎなかった。その結果、UNRRAの職員は、DPの責任を是認することと彼らを抑制することとの間の難しい線上を歩くのを余儀なくされたのだった。

　もし、解放の最初の日々が終わった後で、かつての強制労働者による復讐が大規模には生じなかったとすれば、これは主として、ドイツ国内のDPが自らを真の現実的権力の地位に見出すことが決してなかったからだった。彼らがもし――ヨーロッパの他地域で起きたのと同様に――ドイツ人が囚人となった収容所を預かっていたとすれば、状況は違っていたかもしれない。

　だが実情は、ドイツで唯一現実的な支配を達成できる人々は――事実、その権力は情況によっては絶対的なものと言い得た――、連合軍だけだった。占領軍は、戦争の直後、かつてDPが持ち得たよりはるかに大きな復讐の機会を誇っていたのである。

　連合軍兵士と指揮官たちが、これらの機会に乗じてどのように反応したかということは、以来ずっと論争の的になっている。

原註

(1) Novick, *The Holocaust and Collective Memory*, *passim*.
(2) Hitchcock, pp. 245–6.
(3) Abzug, p. 61.
(4) Tooze, p. 517.
(5) Beck, p. 164.
(6) Kardorff, pp. 152–3.
(7) Beck, p. 143.
(8) Major R. C. Seddon, IWM Docs 95/19/1, typescript diary, entries for 6 and 12 April 1945.
(9) Major A. G. Moon, IWM Docs 06/126/1, typescript memoir, p. 46.
(10) Botting, p. 282.
(11) たとえば、Major A. J. Forrest, IWM Docs 91/13/1, typescript memoir, ch. 16, p. 4; ch. 18, pp. 11–12 を見よ。
(12) Bernard Warach, UNRRA welfare officer, Wyman, p. 38 に引用。
(13) Derek L. Henry, IWM Docs 06/126/1, typescript memoir, pp. 92–3.
(14) Mrs M. Heath, Welfare Officer of DP centre at Hanau, IWM Docs 98/25/1, manuscript diary, entry for 7 May 1945.
(15) David Campbell of 180th Engineers の言葉、Abzug, p. 72 に引用。
(16) Moorehead, pp. 241–2.
(17) R. J. Hunting, IWM Docs 10519 P339, typescript memoir, p. 368; Mosley, p. 72.
(18) Major A. J. Forrest, IWM Docs 91/13/1, typescript memoir, ch. 18, p. 7.
(19) Ibid., ch. 17, p. 6.
(20) Mosley, p. 80.
(21) Ibid., p. 69.
(22) Ibid., pp. 69–70.
(23) Ibid., pp. 73, 80, 81.
(24) Davidson, p. 54.
(25) R. J. Hunting, IWM Docs 10519 P339, typescript

memoir, pp. 378–9.

(26) Major A. G. Moon, IWM Docs 06/126/1, typescript memoir, p. 34.

(27) TNA: PRO FO 945/595, General Montgomery telegram to Foreign Office, 6 August 1945.

(28) Katherine Morris により保存されていた日付のない新聞の切り抜き：'Death warning to food rioters: U.S. may invoke military law', IWM Docs, 91/27/1.

(29) Major A. G. Moon, IWM Docs 06/126/1, typescript memoir, p. 34.

(30) DP収容所のタイプと状況については、Wyman, pp. 38–60 を見よ。一九四六年以後の状況については、Shephard, *Long Road Home*, pp. 267–99 を見よ。

(31) TNA: PRO FO 371/47719, telegram C-in-C Germany's political adviser to Foreign Office, 11 August 1945.

(32) TNA: PRO FO 1005/1631 - 'Report on life in Germany during October 1945', p. 3; および Hitchcock, p. 279.

(33) TNA: PRO FO 1032/1933 - JIC report, 'Possible dangers to the occupying power during the coming winter', 29 November 1945.

(34) Lt Gen. Frederick Morgan to Foreign Office, IWM Docs 02/49/1.

(35) たとえば、Moorehead, p. 240; Botting, p. 46; Andreas-Friedrich, p. 43 を見よ。

(36) たとえば、TNA: PRO FO 1005/1631 - 'Report on conditions in Germany during May 1946' を見よ。

(37) Major A. G. Moon, IWM Docs 06/126/1, typescript memoir, p. 69.

(38) Shephard, *Long Road Home*, pp. 68–9 に引用。

(39) Hitchcock, p. 252 に引用。これらの観察は軍職員により裏づけられている、Coles and Weinberg, p. 858 を見よ。

(40) Francesca Wilson, p. 131.

(41) Hitchcock, p. 332 に引用。

(42) Shephard, *Long Road Home*, p. 167; Hitchcock, pp. 275–6.

(43) Kay Hulme の言葉、Shephard, *Long Road Home*, p. 167 に引用。

(44) Kay Hulme に拠る、UNRRA の使命の宣言、Hitchcock, p. 167 に引用。

(45) Wyman, pp. 99–104.

(46) Ibid., pp. 117–21.

(47) Kay Hulme による記述、Shephard, *Long Road Home*, p. 166 に引用。

(48) Ibid., pp. 173, 204.

(49) Ibid., p. 143.

（50）Ibid., pp. 152–4. また、Acheson, p. 201; Hitchcock, p. 216 も見よ。
（51）Jean Newman により語られた Yvette Rubin の物語、Hitchcock, pp. 248–9 に引用。
（52）Ibid., p. 252 に引用。

訳註

＊1　In Hamburg a special emergency guard was formed by party members at the end of 1944―本書ドイツ語訳 p. 128 に従い、eine spezielle Schutzwehr, NSDAP-Mitglieder と読んだ。

第11章 ドイツ人戦争捕虜

戦時においては、最悪の残虐行為は、一般に戦闘においてではなく、戦闘の終了後に起こる。兵士は獰猛に戦うことで戦死した戦友の仇を討つこともできようが、一度敵が打ち負かされ、武装解除され、なすがままになると、彼は仇討ちにより有利な立場に立つのである。彼が最も力強く、かつ敵が最も無力なのは、兵士が戦争捕虜を預かっているときなのだ。

一九二九年に国際社会が第三ジュネーヴ条約を起草したのは、このような権力格差の濫用を防ぐためだった。条約は、単に戦争捕虜の暴力的または屈辱的扱いを禁止したばかりでなく、その下で彼らが宿をあてがわれ、食を与えられ、さらには世話を受ける諸条件も約定した。けれども、第二次世界大戦のさなか、これらの規則はあらゆる陣営からあまりにしばしば軽視されたので、大変速やかにナンセンスと化したのだった。ドイツ軍は戦争捕虜を処刑し、辱め、飢えさせたが、これはとりわけ東部戦線でひどかった――しかるに、形勢が逆転すると、捕虜にとられたドイツ人をほぼ同じ具合に扱いたいという欲望が芽生えたとしても驚くにはあたらないのである。

その数巻よりなる戦争回顧録において、ウィンストン・チャーチルは、当時支配的だった戦争捕虜に対する態度を証示する物語を語っているが、そこでは、まさしく最高のレヴェルにあってすら復讐への傾向が存在していたことが曝露されている。そのエピソードは、一九四三年の末、テヘランでの「三巨頭」の最初の会談で生まれた。チャーチルは会談の二日目、スターリンとローズヴェルトとともに晩餐を摂っていた。その席で、スターリンが「最少で五万人の、ひょっとすると一〇万人のドイツ軍幕僚」の一掃を期した乾杯の音頭をとったのだった。チャーチルは戦争の初期にカティンで起きたポーランド人将校の大量射殺の次第をすべて心得ていたので、この演説には嫌気がし、英国民は大量処刑を決して許容はしないだろうと率直に述べた。なおもスターリンが五万人は「射殺されねばならない」と言い張ると、チャーチルは最早我慢ならなかった。「私だったら、いまここで庭に連れ出されて、自ら撃ち殺された方が」、彼は言った。「そのような恥ずべき行ないで、私自身と私の国の名誉を傷つけるよりもましです」。

場の調子を和らげようと無分別に試みて、このとき不意にローズヴェルトが、射殺するのはより少人数で、たとえば四万九〇〇〇人で妥協してはどうかと提案して間に入った。彼はこれを冗談として言ったようだが、スターリンの過去について彼も同様に知っていたのを考えれば、ひどく趣味が悪かった。チャーチルが返答できないでいると、ローズヴェルトの息子のエリオットが、同じく晩餐を前にはしたを足した。「わが軍が西から転がり込んできて、貴軍が依然東から押し寄せてきているのであれば、われわれは一切合切を解決しようとしているのではないですか？　ロシア兵とアメリカ兵、それに英国兵があれら五万人に関しては戦闘で問題を解消するでしょうし、私としては、単にあれら五万人の戦争犯罪人が片づけられるであろうことだけではなく、さらに何十万というナチも同様であればと願うのです」。

これを聞くと、スターリンは立ち上がり、エリオットを抱き締め彼とグラスを触れ合わせた。チャーチルは度を失った。「君のことは大好きだけど、エリオット」、彼は言った。「私はそんな卑劣なことを言う君を許すことができない。どうしてそんなことが言えるんだね！」彼は立ち上がり、怒って部屋から飛び出した。残されたスターリンと外相ヴャチェスラフ・モロトフは、急いで後を追い、君はあまりに真面目にとり過ぎだよと言い張らなければならなかった――われわれは皆、ただ「遊んでいた」だけなんだよ。[1]

この逸話は多くの歴史家によって繰り返し語られ、そして様々に、スターリンの無慈悲さの証拠やローズヴェルトのナイーヴさの証明、また、他の二人の陰に隠れたチャーチルの次第につのる無力さの例証として解釈されてきた。[2]最も曝露的なのは、間違いなくローズヴェルト大統領のコメントで、もちろんそれが一番思いがけないものだからだ。事実、彼は五万人のドイツ人捕虜を処刑するという思いつきに夢中になったように見える。というのも、ちょうど一年を経てヤルタで三人が再度二度目の会談に臨んだ際、それは実質的に彼が触れた最初の事柄だったからだ。[3]もし人がローズヴェルトのコメントを額面どおりにとり、大統領の周知の反ドイツ的偏見を考慮に入れれば、彼はどの点から見てもスターリンと同じくらい無慈悲に見え始めてくるのである。

一九四五年におけるドイツ人戦争捕虜の扱いは、つねに論争の的になってきた。なぜならばそれは、連合国がそのために戦っていると主張してきたまさにその価値を問いに付すからだ。スターリンとローズヴェルト、そしてチャーチルが議論していたのは、解放の避けがたい裏面だった。そのうちで、いく百万というヨーロッパ人が解放されるのではなく、監禁されるであろうプロセスだ。そして、いく千が救われるのではなく、死に至らしめられるプロセスである。チャーチルは、つねに後代への目を備えていたがゆえに、これが軽々に扱われるべき主題ではないことを弁《わきま》えていた。解放された奴隷たちが復讐を追求しているところを見られるのと、世界の強力な指導者がそうしているところを見られるのは、まったく別の事柄だからだ。

戦争の直後にあって、ドイツ人捕虜の命運はひたすら彼らの捕獲者の気まぐれにかかっていた。彼らの寄る辺なさが憐れみを、あるいは侮りや単に無関心を招き寄せたかどうかは、単に運次第だった。それは、個々別々の連合国軍隊に、司令部のあらゆるレヴェルに実在した支配的態度如何《いかん》だったのである。

アメリカ軍抑留の戦争捕虜

戦争の経過する中で、一一〇〇万人を超えるドイツ兵が連合軍によって捕虜にとられた。ロシア戦線で生じた戦闘の巨大なスケールを思えば、ほとんどの捕虜がソヴィエト軍にとられたと予想する向きもあるだろうが、実際には、全体の三分の一未満――およそ三一五万五〇〇〇人に過ぎない――しか赤軍には捕らえられなかったのだった。さらに多くの捕虜がアメリカ軍（約三八〇〇万人）と英国軍（三七〇〇万人）にとられた。フランス軍でさえ、捕虜をとる任務にかかずらったのが一年に満たず、しかも比較的小さな軍しか持ち合わせなかったにもかかわらず、どうにか二五万人近くの兵士を捕まえたのだった。(4)

捕虜の数の不均衡は、ソヴィエト軍の相対的勇敢さについてというよりは、ドイツ軍の彼らに対する恐怖について語っている。戦争の最後の日々、ドイツ兵は赤軍に捕虜にとられるのを避けるためならばできることは何でもした。降伏するのが賢明になった後も多くの部隊が長く戦い続けたが、もしソヴィエトの手のうちに落ちたら最後、何が自分の身に起きるか知れたものではないとひたすら恐れたからだった。他の者たちは、東部戦線から身を引き離そうと全力を尽くし、かわりに英国軍かアメリカ軍に降参するのに望みをかけた。降伏を目前に控えて、これはドイツ軍のあらゆるレヴェルでの優先事項となった。ドイツ陸軍参謀長アルフレート・アウグスト・ヨードル大将は、降伏文書調印のためにアイゼンハワーの司令部に到着した際、わざと二日ばかり巧みに時間稼ぎをし、ドイツ軍が西方に活路を見出せるよう可能な限りたくさんの時間を与えようとした。[5] ユーゴスラヴィアでは、ドイツ軍とクロアチア軍が五月八日の降伏命令を公然と無視し、それからまる一週間にわたり進路をオーストリア側国境へと拓き続けた。[6] そのため、戦争のまさに最終局面にあって、西側連合軍に降伏する兵士数の爆発が起きた――四五年四月と五月だけで、アメリカ軍は約一八〇万人の兵士を拘束した――これに相当するどんな増加も、東側では見られなかった。[7]

西側連合軍に降伏するドイツ軍兵士の途轍もない数に、英国軍と米軍は不意を衝かれたようだ。一時的措置として、彼らはこれらの捕虜を、ドイツ西部にわずかに入ったところにある、一纏めにラインヴィーゼンラーガー(「ライン牧草地」)として知られた一六の広大な囲い地の中に閉じ込めた。これらの収容所のほとんどが一〇万人の兵士を収容可能だったものの、降伏時ともなると、その多くがはっきりともっと多くを受け容れざるを得なかった。たとえば、一一万八〇〇〇人を上回る囚人がズィンツィヒの囲い地に詰め込まれ、レーマーゲンの収容者数はすぐに一三万四〇〇〇人を超えた。より小さな収容所では、もっとはるかに混んでいたのもあった。たとえば、ベールは一万人の定員だったが、その三倍を超える人数を収容していた。[8] 連合軍がその処理に苦戦しているのはすぐに明らかとなり、余剰資源の緊急支給を求める連合軍司令官同士のメモの伕に夥しい数の応酬があった。[9]

大学研究者とドイツ政府の機関が戦後集めた同時代の写真や目撃報告が、これらの囚人がどのような条件に曝されていたのかその見当を与えてくれる。[10] 収容所は、伝統的な意味での「収容所」ではなかった。なぜならば、それらはもしあっても数個のテントか小屋しか含んでいなかったからだ。それらは単に田舎の土地を有刺鉄線で囲んだものに過ぎなかった。囚人にはどんな避難所もなく、来る日も来る日も風雨に曝され続けたのだった。「いつも地面の上で横になった」と、一人の捕虜が書いた。彼は広大なラインベルクの囲いの中で過ごす間、トイレットペーパーで日記をつけていたのだった。

暑さの時分には、私は地面の窪みに腹這いになる。コートとブーツを身に着け、略帽を耳まで下ろす。小雑嚢には銀のスプーンとフォークが入っているが、枕に使う。雷雨の折には、窪みの一方の壁が私の上に崩れてくる。コートとソックスはすっかり濡れそぼつ……。どれだけ長くわれわれはシェルターなしに、毛布もテントもなしにいなければならないのだろう。どんなドイツ兵にだって、一度は荒天を凌ぐシェルターがあった。犬でさえ、雨が降れば這い入る小屋がある。われわれの唯一の望みは、ついに六週間が過ぎて、頭上に屋根を仰ぐことだ。野蛮人でさえ、もっとよい家がある。[11]

シェルターの欠如に、毛布と適切な衣服の欠如が輪をかけた。囚人たちはわずかに拘束時の着の身着のままで、ほとんどの場合標準的な軍装からは隔たっていた。彼らは「しばしば太古より以上のもの」は置いてきて、「コートもなければジャケットもなく、多くの場合わずかに民間人の服と街路用靴しかなかった」。ハイデスハイムでは、一四歳の子供たちがパジャマ以外に着るものがなかった。彼らは夜間、潜在的な「狼男たち」――絶体絶命の狂信的抵抗者に対して用いられた用語――として拘束され、そのまま寝間着姿で収容所へと連れてこられたのだった。[12]

もし衣服とシェルターの欠如が悲惨だったとすれば、衛生の欠如も同様にそうだった。囚人たちにはどこにも洗い場がなく、地面に開いた不十分な数の穴しか便所に使えなかった。ラインベルクに収監された人々によれば、収容所は「巨大な下水溝以外の何ものでもなく、誰もが立ったその場でひり出していた」。バート・クロイツナハの収容所は、ところどころ「文字通り尿の海」で、兵士たちはその中で眠るのを余儀なくされた。トイレットペーパーはあまりに支給が足りなかったので、しばしばドイツ銀行券をかわりに用いたが、それに仰天した囚人はほとんどいなかった。というのも、すでに噂では、ドイツ貨幣はどのみち流通から引き上げられることになるだろうと言われていたからである。[13]

最も重大な心配事の一つは、食糧の不足だった。捕虜の巨大な集中は、レーマーゲンの収容所が最初開かれた際、毎日の配給が二五人の男たちでわずかにパン一塊という事態をもたらした。後にこれは一〇人で一塊へと引き上げられたが、生命の維持にはまだ十分ではなかった。バート・クロイツナハでは、六週間にわたりパンがなく、そのため、ついにそれが届いたときには上を下への大騒ぎとなった。それまでは、毎日の配給は「スプーン三杯分の野菜、スプーン一杯分の魚、一個か二個のプルーン、スプーン一杯分のマーマレード、それに四から六個のビスケット」からなっていたのである。バート・ヘアスフェルトでは、囚人は一日をわずか八〇〇カロリーで生き延び、それは彼らの五分の一が「骸骨」になるまで続いた。貧弱な食事を補おうと、彼らは収容所に生えている食べられる草を片っ端から引っ掻き回して探すのを余儀なくされ、棘のあるイラクサとタンポポのスープを小さなキャンプファイアで調理している男たちの報告はありふれたものだ。多くが缶詰の缶で地面を掘ってカブラを見つけようとし、見つければ生で食い、下痢の大流行に繋がった。[14]

水の不足は、一層大きな問題だった。「三日半、われわれには水がまったくなかった」と戦車の修理工、ゲオルゲ・ヴァイスは言った。

よくわれわれは自分の尿を飲んだものだった。酷い味だったが、われわれに何ができたろう？　男たちの中には、地面に四つん這いになって土を舐め、湿気をいくらか得ようとする者もいた。弱り切った私がすでに跪いていたときに、とうとうわれわれはいくばくかの飲み水を得た。あの水なしには、私は死んでいたと思う。しかるに、ライン川は鉄条網のすぐ向こうにあったのだ。[15]

バート・クロイツナハには、五万六〇〇〇人を超える男たちに対してたった一つの水道栓しかなく、しかも水は毎日トラックで外辺部の囲いまで配達されねばならなかった。ビューデリヒでは、七万五〇〇〇人の捕虜に供給する五つの水道栓が毎晩一時間しか緩められなかった。収容所のアメリカ人司令官が囚人たちはなぜこのような非人間的な状況に苦しんでいるのか尋ねられたところ、彼は、伝えられるところではこう答えたのだった。「彼らに兵役に就く喜びをこれを最後にと失わせんがためだ[16]」。

このような収容所が、ことにすでに戦闘で負傷し消耗し切っていた兵士たちの間で死亡率が高かったのも驚くにはあたらない。だが、精確にどれだけ高かったのかについては、以来ずっと議論の的となっている。その問題の多い書『その他の喪失』において、ジェイムズ・バックは、ドイツ人の殺害についてのローズヴェルトの悪趣味な冗談は、合衆国政府全体を貫く復讐の文化の徴候を示していると示唆した。彼は八〇万人のドイツ人捕虜が合衆国の虜となって死んだと主張した――アメリカ人の復讐を、ソヴィエトおよびナチの最悪の戦時残虐行為のいくつかに匹敵させるであろう数だ。この馬鹿馬鹿しいほど大きな数字は、爾来、他のバックの多くの主張がそうであったように、かなり多くの国の大学研究者によって徹底的に虚偽と撥ねつけられてきた。[17] 正式な数字は、その一六〇分の一をはるかに下回る。エーリヒ・マシュケが議長を務めたドイツ政府の委員会によれば、ライン牧草地ではわずかに四五三七人しか死亡しなかったと推定されている。[18]他の研究機関は、真の死者数ははっきりとより大きかったかもしれない可能性を考慮している。とりわけ当時の混沌ぶりを考えればそうなのであって、精細な記録へとは決して繋がらなかったのである。とはいえ、一般的には、せいぜい五万から六万人を上回ることはあり得なかったということで一致している。[19]

このことは、バックが示唆する規模の喪失が生じなかったということを意味するわけではなく、バックはそれらを間違った劇場に帰せしめさえしなければよかったのである。真の恐怖は、例によって西側ではなく東側で生じたのだ。

ソヴィエト軍抑留の戦争捕虜

もし西側連合軍の捕虜に対する条件が悪かったとすれば、東側で捕虜が経験したそれは凶悪だった。実際、あまりに凶悪であったために、比較にはほとんど価値がない。ライン牧草地で戦争捕虜が経験したことごとくが、ソヴィエトの捕虜収容所でも起き、しかしより長期間にわたり、より巨大なスケールで生じたのだった。加えて、ドイツ人捕虜たちは通常彼らの囚われの地まで強行軍をさせられた。これら「死の行進」はしばしば一週間かそこら続き、その間捕虜たちはしばしば決まったように水と食べ物の提供を断られたのだった。

ソヴィエト軍によって戦争中連行された三〇〇万人の捕虜のうち、三分の一より以上が虜の身のまま死んだ。ユーゴスラヴィアは、割合からすれば一層酷かった。およそ八万人の戦争捕虜が処刑され、餓死させられ、医療を拒まれ、あるいは死ぬまで強行軍をさせられた——それはつまり、五人ごとに二人の捕虜が、である。そんな数字は西側では考えられなかったろう。二〇七頁掲載の表1を一目見れば、ドイツ兵があれほどに赤軍や彼らと連合したパルティザンに捕らわれぬよう用心していたのにも納得がいく。東側で連行された捕虜は、西側でそうされた者に比べ、九〇倍より以上も死に至りやすかったのだ。

なぜ東側で戦争捕虜の死亡者数がそれほどに高かったかについては、数多くの理由がある。第一に、資源がはるかに乏しかった。ソヴィエト軍と彼らの同盟者は戦時中、食糧と物資の供給を大いに西側諸国に頼っており、これらの乏しい供給を自国民、とりわけ軍に使うのは予想されたことだったのであり、それからようやく囚人たちに残飯を食わせる運びとなるのだった。輸送機関とインフラは西より東側でずっと激しく損傷しており、しかも踏破しなければならない距離ははるかに大きかった。何万人という枢軸軍捕虜が、ソヴィエトと東欧の広大な地景をわたる強行軍の途次息絶えたのだった。ロシアの冬がどれほど厳しいものになり得るか考えたとき、西側収容所よりもソヴィエトの収容所でより多くの囚人が風雨風雪に曝されて落命したとしても驚くにはあたらない。それほど多くのドイツ人捕虜がソヴィエトの虜となり死んだのは、彼らを世話した事実上誰一人としてその生死を気にかけなかったからに他ならない。

ドイツとドイツ人に対する絶対的憎悪は、戦時中ソヴィエト社会に固有のものだった。一九四五年春までに、ソヴィエト兵らは、可能な限りあらゆる手段を用いてドイツとドイツ人を悪魔化するどぎついことこの上ないプロパガンダに曝されていたのだった。ソヴィエト軍の機関誌『クラスナヤ・ズヴェズダ』は、アレクセイ・スルコフの「私は憎む」のようなタイトルの詩を掲載し、その最終行は「私は奴らのどの一人だって絞め殺したい」だった。[20]『プラウダ』はコンスタンチン・シモノフの「あいつを殺せ!」のような詩を印刷し、ヴォロシロフグラート陥落の日に掲載されたこの詩は、ロシア兵にこう熱っぽく説いたのだった――

［……］ドイツ人を殺せ、早くあいつを殺せ――

そしてドイツ人一人見る度に、そいつを殺せ[21]。

ミハイル・ショーロホフとヴァシリー・グロスマンのような他の作家も、ドイツに纏わるあらゆる事物に対してソヴィエト人の憎悪を煽るべく構想された辛辣な物語や報告を著わした。だが、ソヴィエト兵の心の特別な場所を占めたのは、イリヤ・エレンブルクだった。『クラスナヤ・ズヴェズダ』紙掲載のエレンブルクの煽動的な歌は、あまりにしばしば印刷され復唱されたので、ほとんどの兵士はそらでそれらを歌えた。

ドイツ人どもは人間ではない。いまより後、「ドイツ人」という言葉はわれわれにとって想像し得る最悪の呪いを意味する。いまより後、「ドイツ」という言葉はわれわれの肺腑を突く。われわれは逆上はしない。われわれは殺すのだ。もし君が一日に少なくとも一人のドイツ人を殺さなかったら、君はその日を無駄にしたのである……。もし君が君のドイツ人を銃弾で殺せないのなら、銃剣で殺せ。もし前線の君の持ち場が凪いでいたら、または君が戦いを待っているのなら、その合間にドイツ人を殺せ……。もし君が一人のドイツ人を殺すなら、もう一人殺せ――何ものもドイツ人の死体の山以上に喜ばしいものは存在しないのだ[22]。

ドイツ人の非人間化は、エレンブルクの不動のテーマだった。早くも四二年夏には彼はこう主張した。

人は何にだって耐えることができる――疫病に、飢えに、死に。だが、人はドイツ人に耐えることはできない……。われわれは、これら灰緑色のナメクジどもが生きている限りは生きていけないのだ。今日、書物は存在しない。今日、空には星がない。今日、たった一つの思想だけがある――ドイツ人どもを殺せ。奴ら全員を殺せ、そして大地に奴らを突き立てろ[23]。

これら「灰緑色のナメクジども」[24]は、他の時にはサソリや疫病を運ぶドブネズミ、狂犬病の犬、さらにはバクテリアとさえ描かれた。ちょうど、ナチのプロパガンダがスラヴ人を下等人種《ウンターメンシェン》として非人間化していたのと同様に、ソヴィエトのプロパガンダは全ドイツ人を害虫に帰せしめたのである[25]。

このような著作の血に飢えた調子は、他の国々で行なわれたプロパガンダのいくつかから著しく異なっていたというわけではなかった。たとえば、フィリップ・ヴィヤネは占領下のフランスで、ドイツ人とその協力者、警官らを殺害するよう熱烈に励ました[26]。けれども、大方のフランス人とは異なって、ソヴィエト人らは彼らの言葉を巨大なスケールで行為へともたらす力量を備えていたのだった。しばしば指摘されてきたのは、このようなプロパガンダが、一度赤軍がドイツの地を踏むや生じた「絶滅のお祭り騒ぎ《オルギア》」の主たる原因だったということだ[27]。だが、それはまた戦闘中捕らえられたドイツ兵の扱いにも大いに寄与した。ドイツ人が己が囚人に対しあれほどにわずかな人間性しか示さなかった以上、多くのロシア人がこちらも非人間性でもって応じる権利があると感じたのである。数え切れないドイツ兵が、その正反対を命令されていたにもかかわらず降伏中か降伏後射殺され、さらに数え切れない兵士が、復讐を勝利の宴の一環と見る酔っ払いの赤軍兵士によって殺害された。時折、ソヴィエト兵は戯れに、ドイツ人捕虜の縦隊目がけて手当たり次第発砲した――ちょうど、一九四一年にドイツ人がソヴィエト人捕虜に対してそうしたように[28]。ユーゴスラヴィアでも、ドイツ人捕虜はごく些細な不品行や、衣服や装備のため、復讐のため、あるいは単に気晴らしのためだけに射殺されたのだった[29]。

ドイツ人捕虜が最も大勢だったのは確かだったにせよ、この代価を支払ったのがドイツ人兵士だけではなかったということを私たちは忘れずにおくべきだ。七万人のイタリア人も同じく赤軍により捕虜に連れられ、多くは二度と戻らなかった[30]。三〇万九〇〇〇人を超えるルーマニア人兵士が東部戦線で行方不明となり、そのどれだけ多くが捕虜になるだけ十分に長く持ちこたえたかはいまもって知られていない[31]。とはいえ、かつまた、囚人全員が戦闘員というわけでもなかった。事実、公式統計において民間人と軍人を選り分けるのはしばしば不可能である。戦争の直後、少なくとも六〇万人のハンガリー人が、民間人も軍人も等しく、ただ間違った国籍に属していたという理由だけで、赤軍にさらわれ、ソヴィエト連邦中の労働収容所に送られたのだった[32]。

これら寄る辺ない囚人が忍んだ屈辱は、どの点から見ても、ナチ・ドイツで強制労働者が味わったのと同じくらい酷かった。彼らに最初に起きたのは強奪だった。時計や結婚指輪、そして他の貴重品はソ連兵により極度に珍重されたが、次から次へと押し寄せてくる略奪者の一団は、軍の装備や衣類すらも奪っていった。「乗馬靴を履いている者に災いあれ」。四五年二月、ブダペシュト陥落後に拘束されたハンガリー人医師トート・ゾルタンはこう書いた。「ロシア人らはまだ使えるブーツを履いた囚人を見つけると、決まって彼を列から連れ出し、頭を撃ち抜き、ブーツをもぎとった[33]」。

数少ない所持品の略奪は、その三分の一を殺すことになる剝奪の時代の開始の合図だった。その上、この剝奪はしばしば意図的だった。もしアメリカ軍捕虜が適切な配給を受けられなかったとすれば、それは通常ただ供給が不足していたからだった。それに対して、ソヴィエト軍捕虜らは、最初は彼らを捕らえた兵士により、次には彼らを移送した警衛により、そして最後は彼らが行き着いた収容所の職員によりしばしばわざと食糧と水を拒まれたのだった。これの完璧な一例をハンス・シュッツが与えてくれている。彼は終戦の直前にソ連軍によりドイツ東部で捕らえられた兵士だった。囚われの身となるべく東へと向かう長い行進の間、多くの地元住民がサンドウィッチの箱詰めと牛乳の入った水差しを手に表へ沿道に出てきた。「けれども、警衛らは何も触るなと厳命を下した。彼らは壺や缶やサンドウィッチの山に銃弾を撃ち込んだ。牛乳と水は地面に浸み込み、サンドウィッチは空中に弾け、泥に塗れた。われわれは何ものにも触れる勇気がなかった[34]」。

もしアメリカ軍捕虜が水を求めて列に並ばなければならなかったとすれば、ソヴィエト軍捕虜は時にそれを盗むか、あるいは冬には雪を食って間に合わせねばならなかった[35]。アメリカ軍が病気の大流行に対処するのに十分な医薬品を支給できなかったとすれば、ソヴィエト軍の医者は時には持っていたどんな薬をも囚人に与えるのを拒み、いく人かによれば強請目的の取引道具としてさえそれらを用いた[36]。アメリカ軍収容所に収容された誰一人として、ソヴィエトのグラークでそうなったようには、迷い犬や猫を食べたり、パンを餌にドブネズミを食用に捕らえようとする羽目になったりはしなかった[37]。ソヴィエト軍収容所での飢餓食は、アメリカ軍捕虜が耐えるのを余儀なくされたいかなるものよりもはるかにひどく、それも数日や数週間どころの話ではなく数ヶ月間続いたのだった。トート・ゾルタンは、四六年にグラークの仮設医療センターで働き、霊安室に置かれた死体が度々開かれ臓器が盗まれているのを見た――多分食べるためだろう――。ちょうどベルゲン・ベルゼンでそんな案配の死体があったようにである。このことを彼が医師長に報告すると、彼の気懸かりはこんな言葉で綺麗さっぱり吹き飛んでしまった。「もし君が一年前にここで起きたことを見ていればねえ……[38]」。

いく人かの幸運な囚人は早くも四七年には家路についたものの、大半はソヴィエトのグラークに一九五〇年になるまで取り残され、その年、ようやくあれら「よい労働者」だったドイツ人に向けてスターリンが「恩赦」を発したのだった。[39] しかしながら、どうにか面倒を避けられなかった人々は再度政治犯と称され、五三年のスターリンの死後、フルシチョフがさらなる恩赦を出すまで解放されなかった。最後の一人がドイツに帰ったのは一九五七年であり、終戦から一二年ばかりが経っていた。何年間も遠いソヴィエトの鉱山や森、鉄道や皮なめし工場、集団農場や工場で働いた末に、彼らの多くは挫けた男になっていた。ハインリヒ・フォン・アインズィーデル伯爵は、彼が最も早い時期の輸送の一つで家に帰した人々のことを後年こう描写した。「しかし、あれら列車の運んだ積み荷といったら! 飢えて、痩せ衰えた骸骨たち、食糧不足ゆえの下痢で痙攣する人の残骸。震える手足の痩せこけた姿、無表情な灰色の顔、そして、ただパンか煙草を目にしたときしか輝かない仄暗い目」。一度は熱烈な共産主義者だったアインズィーデルが、その光景ですっかり信念を揺るがせられたことに気づいた。これら囚人の誰もが、と彼は言った。「ソヴィエト連邦に対する生きた告発状で、共産主義に対する死刑宣告」だったのだ。[40]

悪い歴史の代価

ドイツ人戦争捕虜の扱いは、アメリカ軍下におけるよりもソヴィエト軍下においての方が指数関数的に悪かった。国際的に認められた犠牲者数によってばかりでなく、何百というかつての捕虜自身の証言によっても確証される事実である。とはいえ、このことはいく人かの書き手が別様に主張するのを思い止まらせはしなかった。一九八九年にジェイムズ・バックが『その他の喪失』を出版したとき、数十万というドイツ人捕虜の死を主宰したのは、ロシア人というよりはむしろアメリカ人だったということを世界に得心させようとした。彼はこれら推定された死を断固としてアメリカ人指導部の責任に求め、その際、意図的な復讐政策を追求し、その後「真実」を粉飾決算の重ね層の下に隠匿したかどで彼らを告発したのである。バックの主張は、ただに、われわれは道徳的戦争を戦ったのだというアメリカ人の強硬な信念に疑義を挟んだばかりでなく、アメリカ人指導者らを人道に対する罪のかどで効果的に告発もしたのだった。

これは古典的な陰謀論であって、もし同書が出版時惹き起こした論争がなければ触れる価値はないだろう。世界中の大学研究者が列をなしてバックの歴史学的方法、文書の誤伝、膨大な量の組織立った研究の棄却、そして就中《なかんずく》統計学の完全な誤解を屑扱いした(41)。他方、戦後監獄の看守をしたアメリカ人退役軍人の中にはバックの擁護に名乗り出る者もあった。彼らが看守をした収容所の状況は事実ひどく悪かったのであり——そう彼らは主張したのだ——無視の文化、それどころか消極的復讐のそれさえ事実収容所の多くに実在したのである。バックの誹謗者たちでさえ、そのような論点は妥当だと認めざるを得なかったのだった。

もし論争の気配がいまだにこの主題の周りにたなびいているとすれば、数十年を経て史書の脚註の一つになっているはずなのだが、それはバックの主張につねに真実の小さな種が含まれているからである。ひょっとすると、最もバックが批判されねばならなかったのは事実の誤読ではなく、彼が本当の物語から注意を逸らしたということかも知れない。これは彼が見出そうと望んだ物語と同じだけセンセーショナルというわけではなかったかもしれないが、にもかかわらず衝撃的なのだ。

一九六二年にドイツ政府により、ドイツ人戦争捕虜の運命の調査のために設立されたマシュケ委員会によって作成された公式統計からは、米軍政府には、フランス軍政府と同様に事実申し開きをしなければならない事例があるように見える。米軍収容所における損害数の割合は、ソヴィエト軍のそれと同程度に高いわけではないが、それでも英国軍によって運営された戦争捕虜収容所の四倍を超えて悪かった(表1を見よ)。さらに悪かったのはフランス軍によって運営された収容所で、英軍収容所

収容国	戦争捕虜の人数	死者数	パーセント
英国*	3,635,000	1,254	<0.1
アメリカ合衆国*	3,097,000	4,537	0.1
フランス*	937,000	24,178	2.6
ソヴィエト連邦*	3,060,000	1,094,250	35.8
ユーゴスラヴィア	194,000	80,000	41.2
ポーランド	70,000	5,400	7.7
チェコスロヴァキア	25,000	1,250	5.0
ベルギー、オランダ、ルクセンブルク	76,000	675	0.9
総計	11,094,000	1,211,544	10.9

表1◆戦争捕虜に占める死者数(42)
註＊ヨーロッパ大陸の収容所での数字を含む。

の三分の一しか容れていなかったにもかかわらず、ほとんど二〇倍の死者数（全部で二万四一七八人）が記録されている。私たちはこれらが控えめな数字だということを忘れずにおかねばならない。当局公認の歴史家たちですら、何千という死が記録されず仕舞いだったのを認めているのだ。

フランス軍収容所の損害数の高さは、少なくとも当時フランスで起きた食糧危機によって説明することができる。一九四五年秋ともなると状況はあまりに悪かったので、赤十字国際委員会が、もし状況が変わらなければ捕虜の間で起こり得る二〇万人の死を警告していた。その結果、救済事業へと乗り出された。飢餓水準を超えた配給をしようと米軍の支給物をフランス軍収容所に流用し、さらなる災厄は避けられたのだった(43)。

英国軍の損害数とアメリカ軍のそれとの間の食い違いは、しかしながら、より説明が難しい。アメリカ軍が、少なくとも英国軍がそうできたのと同じだけよく、彼らの戦争捕虜に必需品を支給できなかったなどという理由は何ら存在しないからだ。それどころか、米軍は全連合軍の中で必需品の支給が断然最もよかったのだ。人によっては、アメリカ軍がより多くの捕虜を失ったのは彼らが悪名高いライン牧草地の担当だったからだと示唆してきたものの、なぜこれらの収容所が他のいずれと比べても実質的により支給が困難でなければならなかったのか明らかではないし、いずれにせよ、それらのうちいくつかは戦争終結後ほどなく英軍管理下へと引き渡されたのである[44]。戦争のまさに直後の危機の時期のさなか、アメリカ軍は英国軍よりも多くの捕虜を預かってはいたものの、度を超してそうだったわけではない。すなわち、二五九万人であって、対して後者は二一二万人である。もしこれを英国軍とアメリカ軍の相対的規模と比較すると、英国軍は事実、割合としてはより多くの捕虜に責任を負っていたのである[45]。

英国軍とアメリカ軍の数字の間の唯一の実質的差異は、捕虜が解放されたスピードにある。英国軍が四五年秋までに八〇パーセントより以上を解放したのに対し、アメリカ軍は捕虜の大半を冬の間中手放さないでおいたのだった[46]。その理由は、ローズヴェルトが戦争犯罪のかどでドイツ兵をはるばる最低の階級に至るまで審理にかけるのに固執したからだった。米軍に抑留された囚人らはそれゆえ、篩《ふるい》にかけられるべく、より長きにわたり収容所に留まらなければならなかったのである[47]。

ひょっとすると、私たちはここに、なぜアメリカ軍が、英国軍がそうしたよりも囚人たちの間でより高い損害数を記録したのか、その手懸かりを得られるのかもしれない。すでに私が仄めかしておいたとおり、ドイツ人に対する当局の態度はアメリカの方が英国に比べてずっと苛烈だった。テヘラン会談で、英側は敗北したドイツを三つの行政地区に分割するよう主張したのに対し、ローズヴェルトは「ドイツ国家をさらに解体するのを望んでいた。「ドイツは」、と彼は言った。「一〇七の領邦に分かれていたときは、文明にとってこれほど危険ではなかった」[48]。四四年ケベックでの英米会談のさなか、合衆国財務長官ヘンリー・モーゲンソーは、ドイツの全産業インフラを解体し、事実上ドイツ国家を中世へと先祖返りさせる計画を提唱した。ローズヴェルトがこの計画を承認したのに対し、英側は脅迫の下それに同調しただけだった。[49] そして、両国が戦争が終わってからも長く囚人を強制労働に使うことに同意したのに対し——実際、英側はむしろ米側よりも長期間にわたり使うのに同意した——、彼らを地雷原の後片づけに用いるのを提案したのは米仏だけだった。[50]

このような方針は必ずや高い死亡率へと帰結するはずだったものの、それらの大部分が実施されることは決してなかった。結局のところ、捕虜に対する英米の方針は大いに似通っていた。とはいえ、当局の態度は、当局の方針とちょうど同じだけ状況に影響を与え得るのだ。敵意に満ちた言葉が上から立て続けに流れてくれれば、より下位のレヴェルは、捕虜に対する苛烈さは単に黙認されるにとどまらず奨励されているという印象を抱き得る。もし能動的敵意の文化が花開くことを許されるのなら、囚人たちはこっぴどく扱われる羽目になるだろう。極端な状況下ではこれは残虐さへと繋がるが、より温和な状況にあってさえ、すでに敗北し疲弊し切っていたかもしれぬ囚人に対する必要のない苦難へと通じ得るのである。

ドイツ人捕虜に対するアメリカ側の態度と彼らの死亡率の間に何か相関性があるのかどうかは、未決の論点であり、より一層広範な研究調査を俟つ必要がある。同じことはフランス側についても当てはまる。もしジェイムズ・バックがこのことにのみ調査を専念し、より手の込んだ理論を創り出そうとしていなければ、彼の本は大学研究者の共同体によりよく受容されていたかもしれない。だが、そのような調査研究が実施されるまでは、ローズヴェルトが戯れに戦争捕虜の殺害を口にしたとき、彼の言葉はヒューモアとして意図されたにもかかわらず、きっかりその効果を得ることになったというのは、甚だ現実的な可能性としてあり続けるのである。

原註

(1) Churchill, vol. V, pp. 330; そして、Elliott Roosevelt, pp. 188–90.

(2) このエピソードの種々の読み方については、たとえば、Rees, *Behind Closed Doors*, pp. 229–32; Beschloss, pp. 26–8; Burleigh, *Moral Combat*, pp. 351–2; Sebag-Montefiore, pp. 415–16.

(3) Beschloss, p. 179.

(4) Werner Ratza, 'Anzahl und Arbeitsleistungen der deutschen Kriegsgefangenen', in Maschke, vol. XV: *Zusammenfassung*, p. 208.

(5) Botting, p. 112; Eisenhower, p. 464; Overmans, 'German Historiography', p. 143 を見よ。

(6) Tomasevich, p. 756.

(7) Kurt W. Böhme in Maschke, vol. X: *In amerikanischer Hand*, p. 11. また、Overmans, 'German Historiography', pp. 143, 147, 155 も見よ。

(8) Kurt W. Böhme in Maschke, vol. X: *In amerikanischer Hand*, p. 15.

(9) たとえば、Bacque, p. 51 に引用の、General Lee's memo to SHAEF, 2 June 1945, in NARA を見よ。

(10) たとえば、Kurt W. Böhme in Maschke, vol. X: *In amerikanischer Hand*, *passim*; および Bischof and Ambrose, *passim* を見よ。

(11) Anonymous diary of a German sergeant, entries for 17 and 20 May 1945, Kurt W. Böhme in Maschke, vol. X: *In amerikanischer Hand*, pp. 309–13 に引用。

(12) Kurt W. Böhme in Maschke, vol. X: *In amerikanischer Hand*, p. 150.

(13) Ibid., p. 148.

(14) Ibid., pp. 151–2, 154.

(15) Bacque, p. 40 に引用。

(16) Kurt W. Böhme in Maschke, vol. X: *In amerikanischer Hand*, pp. 152, 154 に引用。

(17) Bacque, *passim*; Bischof and Ambrose, *passim* を見よ。

(18) Werner Ratza, 'Anzahl und Arbeitsleistungen der deutschen Kriegsgefangenen', in Maschke, vol. XV: *Zusammenfassung*, pp. 207, 224–6. 教区の諸記録によれば、より小さな収容所からさらに七七四名の死者が出た。Kurt W. Böhme in Maschke, vol. X: *In amerikanischer Hand*, pp. 204–5 を見よ。

(19) たとえば、Albert E. Cowdrey, 'A Question of Numbers', in Bischof and Ambrose, p. 91; and Overmans, 'German Historiography', p. 169 も見よ。

(20) Werth, p. 413.

(21) Service, p. 284 に引用。また、Werth, p. 417 も見よ、この詩をわずかに違った仕方で引用している。

(22) de Zayas, Terrible Revenge, p. 40 に引用。この一節のこれにかわる翻訳については、Werth, p. 414, and Tolstoy, pp. 267–8 も見よ。

(23) *Krasnaya Zvezda*, 13 August 1942, Werth, p. 414 に引用。

(24) De Zayas, *Terrible Revenge*, p. 40.

(25) Beevor, *Berlin*, p. 199.

(26) *Défense de la France*, no. 44（15 March 1944）.

(27) Von Einsiedel, p. 168.

(28) たとえば、von Einsiedel, p. 164; Beevor, *Stalingrad*, pp. 386, 408 を見よ。

(29) Rupić et al., docs. 10 and 60（pp. 60, 171）; Kurt W. Böhme in Maschke, vol. I: *Jugoslawien*, pp. 104–34.

(30) Istituto Centrale di Statistica, p. 10.

(31) Giurescu, p. 157.

(32) Schieder, vol. II, Hungary, p. 46. Glanz, p. 169 は、八五万から九〇万人というより高い数字を出している。

(33) Toth, p. 5.

(34) Schuetz, p. 21.

(35) たとえば、Becker, pp. 73–4; および Toth, p. 7 を見よ。ユーゴスラヴィア人パルティザンの捕虜は、しばしば水の提供も断られた。たとえば、Kurt W. Böhme in Maschke, vol. X: *In amerikanischer Hand*, pp. 218–19 を見よ。

(36) Beevor, *Stalingrad*, pp. 408–9; Becker, pp. 77–81.

(37) Becker, p. 87; Toth, p. 48.

(38) Toth, p. 48.

(39) Becker, p. 184.

(40) Von Einsiedel, p. 206.

(41) Bischof and Ambrose, *passim* を見よ。

(42) 出典： Werner Ratza, 'Anzahl und Arbeitsleistungen der deutschen Kriegsgefangenen', in Maschke, vol. XV: *Zusammenfassung*, pp. 207, 224–26. 一九九〇年代に Rüdiger Overmans はこれらの数字を、利用可能な他のいくつかのデータの一式と比較し、それらが大まかに精確であるのを見出した。彼の 'German Historiography', pp. 146–63 を見よ。

(43) Overmans, 'German Historiography', p. 152.

(44) Ibid., p. 148.

(45) Werner Ratza, 'Anzahl und Arbeitsleistungen der deutschen Kriegsgefangenen', in Maschke, vol. XV: *Zusammenfassung*, pp. 194–5.

(46) Ibid., pp. 194–7.

(47) Brian Loring Villa, 'The Diplomatic and Political

Context of the POW Camps Tragedy', in Bischof and Ambrose, pp. 67–8.

(48) Beschloss, p. 28 に引用された Roosevelt の言葉。

(49) 原文書については、Morgenthau, prelim. pages; 議論と合意に関しては Beschloss, pp. 125–31; Rees, *Behind Closed Doors*, pp. 302–8 を見よ。

(50) International Committee of the Red Cross, pp. 333–5.

第12章 抑制されなかった復讐

東欧

もし復讐が権力の一機能なら、真の復讐が果たされるのは、唯一、犯人と犠牲者の間の権力関係が完全に逆転されたときだけである。犠牲者は犯人とならねばならない。無力な者が全能とならねばならない。そして、加えられる苦痛は、何らかの仕方で被られたそれと同等でなければならない。

これはドイツ国内では大規模には生じなかった。なぜならば、連合軍の現前がそれを妨げたからである。解放された強制労働者は、以前の彼らの主人たちの強制労働を主宰することができなかった。強制収容所の生き残りは、ドイツ人囚人を預かる立場にはならなかった。だが、そうした状況が個人的並びに共同体的両水準で起きた国々が他に存在したのである。

ポーランドとチェコスロヴァキアではとくに、しかしまた、ハンガリーやルーマニア、ユーゴスラヴィア、バルト諸国、さらにはロシアにさえ、故国を離れたドイツ語話者が数多く定着してすでに長く、その集団は民族ドイツ人《フォルクスドイチェ》として知られていた。これらの人々は戦争の間あらゆる種類の特権を与えられていたがゆえに、いまでは彼ら自身が大衆の怒りの矛先になっていたことに気がついた。彼らは家を捨てざるを得ず、配給は断られ、戦時中のナチのやり方に直接張り合うような仕方で辱められた。彼らの何十万もが、地域一帯の工場や炭鉱、さらには農場へと、かつての隣人がナチにそうされたのとまさしく同じように強制労働に狩り出された。残りは監獄に送られるか、ドイツへの追放を待ち一時収容所に駆り出されるかしたのだった。

本章が扱うのは、数百万もの民間人ドイツ語話者についてであって、彼らはヨーロッパの捕虜収容所、一時収容所並びに強制収容所を、一旦はそれらが戦時収容者を吐き出した後に再度満たしたのだった。これらの場所のいくつかは、最も悪名高いナチ収容所にも準《なぞら》えられてきた。ここで起きた残虐行為がナチの戦争犯罪とは比べるべくもない規模であったことを最初から明確にしておくのが重要であるとはいえ、それらが実際に生じ、かつ十分に野蛮であったということを知っておくのは、同様に重要なことなのである。

極端なサディズムは、被害者が誰であるかを問わずつねに消化が難しい。ところが、このケースでは被害者がドイツ人だったということが、より一層私たちを居心地悪くするのである。ヨーロッパのどの国でも、そして事実世界中いかなるところでも、ドイツ人はつねに残虐行為の加害者であって被害者ではないと見なされてきた。世界は、もし戦後いくらかの些細な復讐行為があったとしても、これはドイツの人々にせいぜい見合う程度でしかないと好んで信じ――その上、私たちはドイツ人に加えられた復讐はともあれかなり穏当で、とりわけ事情を鑑みればそうであったと好んで信じたがるのである。ドイツ人もまたいくつかの恐ろしい形態の拷問と恥辱を受けた――それもナチの信奉者だけではなく、女性や子どもたちまで――という想念は、かつ、わが国の同胞にもかかる犯罪が可能であったという認識は、連合国の主流文化がつねに本能的に後ずさりをするところの主題である。

そのような物語は、もし私たちが過去についてとにかく真実を学ぶべきか、あるいは今日私たちが生きている世界の適切な理解を得るべきというなら、対決されねばならない。ここ数十年間、過激派や陰謀論者は、この主題がいまだ他の人々によって、ちょっとした罪深い秘密として扱われているという事実の上に栄えてきた。新たな神話と誇張が根を張り始め、そのいくつかは相当に危険である。それゆえに、居心地はよくないものであれ、不愉快な真実とそこから増長した諸々の神話の両者に光を当てることが重要なのだ。

チェコスロヴァキアのドイツ人たち

ドイツ人民間人に対する最も強烈な水準の敵意を見たヨーロッパの地域は、ドイツ人と他の国民民族が相並んで暮らしていた地域である。チェコの首都プラハは範型的なケースだ。プラハは何百年もの間ドイツ人にとってもチェコ人にとっても故郷であったのであり、二コミュニティ間の憤懣は、オーストリア＝ハンガリー帝国の時代にまで遡る。[1]ヴィーンを除けば、プラハはナチに占領された最初の外国の首都であり、しかも解放された最後の首都だった——それゆえ、チェコ人民間人はヨーロッパのどこよりも長く占領に苦しんだのである。彼らの多くがドイツ人の隣人を、一九三八年のドイツの侵略のための地均しをした裏切り者と見なしていたのだった。

それゆえ、戦争の最後の週にプラハの住民がナチに対して立ち上がったとき、これら積年の憤懣がついに暴力を生むに至ったとしても驚くべきことはない。捕まったドイツ人は打たれ、ガソリンをかけられ、焼かれて死んだ。[2]何十もの兵士が街灯柱から吊るされ、その肉には鉤十字が刻まれていた。ゲリラ兵がドイツ人男性と女性、そして子供たちが隠れていた地下室に押し入ってきて、彼らを打ち、レイプし、時には虐殺した。[3]何千ものドイツ人が家から連れ出され、学校や映画館、兵舎に抑留され、その多くが政治的協力関係の発見を企んだ容赦のない尋問にかけられたのだった。[4]

この数日間街に立ち籠めた空気は、どんよりと恐怖で湿っていた。プラハの住民の中には後に第一次世界大戦のさなかのドイツ軍塹壕での気持ちを思い起こさせた「伝染性の」パニックについて語る者もいた。あるドイツ人公務員は、この時のプラハを「バリケードと怯えた人々」の継起と描写した。なんとか家路につこうとした彼は、繰り返し、憤激した男たちの、悪態をつく暴徒の、金切り声を上げる女たちの、投降するドイツ兵の集団に紛れ込み、果たしてそのどの集団にも、チェコ国旗色のペナントとバッジを売っている少年がいたのだった。「どの家からも弾丸が発砲されていた」。後に彼はこう記した。

チェコ人の十代が、しばしば拳銃を両手に、身分証明書の呈示を求めてくる。私は一軒の家のポーチに隠れる。上階から身の毛のよだつような金切り声が聞こえ、その後すぐに銃声があり、またその後すぐに静かになる。猛禽のような顔つきをした若い男が階段を降りてきしなに何かを素早くズボンの左ポケットに隠す。一人の老婦人が、明らかに管理人だが、こう叫ぶ。「あの女は殺したかい、あのドイツのあばずれは？　よろしい、あいつらは皆そうやって死ななければならないのよ！」

街中でドイツ人は、地下室に隠れるか、チェコ人の友人や知人の家に匿われて暴徒の憤怒を免れようとしたのだった。(5)

一九四五年五月五日、暴動の開始時点で、プラハには約二〇万人のドイツ人がおり、その大半は民間人だった。(6)チェコ側の報告によると、わずかにその一千弱が暴動の間に殺され、その中にはたくさんの女性と少なくとも八人の子供が含まれていた。これは確かに過小評価であり、ことに市の内部と周囲で生じた暴力の範囲と性質を顧みるとそうなのであって、しかも、民間人に対する暴力を揉み消したいという当局の企図を考慮に入れていないのである。たとえば、後にブジェヴノフ郊外の共同墓地で集団墓地が発見されたが、そこには「西側へと向かう戦闘の間殺害された」三〇〇人のドイツ人が含まれていた。犠牲者の大半は民間人の服を着ており、にもかかわらず、チェコ側の報告はその四分の三は兵士だったと推定し、それがゆえにそれらを民間人であるよりはむしろ軍人の死と記載したのだった[7]。そのような信頼の置けない報告と、その死が記録されぬままとなった不明のドイツ人の人数を考えれば、暴動のさなかプラハで殺害されたドイツ人民間人の本当の数を確定するのは不可能なのである。

戦争が終わってから数日のうちに、さらに数千人のドイツ人がプラハに抑留され、最初は一時凌ぎの中央拘留施設に、次にストラホフのスポーツスタジアムのような大中央集合施設に、そして最終的には市郊外の抑留収容所に収容されたのだった。目撃者によれば、これら抑留施設のドイツ人被収容者は日常的に打ち据えられ、時には裁判なしに処刑された。たとえば、クルト・シュミットという名前の民間人技師は、五月の終わりにブルノからプラハへと強行軍を課された後、ストラホフに抑留されていた。「飢えと死が収容所を支配していた」と、後に彼は述べた。

> われわれは収容所内部の誰の目にも公然と触れる場所での処刑によって、より一層力ずくで死を思い起こさせられたのだった。収容所で見つかったどの親衛隊員も公然と殺害された。ある日、六人の若者が殴られて動かなくなり、彼らの上に水（ドイツ人女性が汲んでこなければならなかった）がかけられ、それからまた続けて殴られ、残されたどんな生命の片鱗も見えなくなった。恐ろしい仕方で切り刻まれた死体が、故意に数日間便所の隣に晒されていた。一四歳の少年が両親と一緒に撃ち殺されたが、それは彼が鋏で革命防衛隊員一名を刺そうとしたという申告がされたからだった。これらは、ほぼ毎日起きた処刑の単に数例に過ぎず、その大半は射殺だ

った。[8]

シュミットによれば、食料の供給は散発的でつねに足りず、最近のチェコ側の報告はこの印象をはっきりと裏づけている。[9] 衛生状態はせいぜい原始的で、食べ物を持ってくるために必要だったバケツは、夜間「別の目的」に使われた。流行性の赤痢が収容所中で猛威を揮い、シュミットは一五ヶ月の息子をこれと飢えの組み合わせのために喪った。公衆衛生と十分な配給の欠如は、戦後抑留された人々全員の陳述に再三再四現われてくる主題である。ストラホフ収容の女性たちは、ことに酷い経験をし、恒常的にチェコ人看守とロシア人兵士の残虐行為に曝された。シュミットが釈明したとおり、彼と他の男たちは彼女たちを守るには無力だった。

もし誰かが彼の妻を守ろうとすれば、彼は殺される危険があったろう。ロシア人らは、チェコ人らも同様だが、しばしば女性たちを連れ去る労を惜しむ必要すらなかった――子供たちの間で、かつ収容所の全被収容者の面前で、彼らは動物のごとく振る舞った。夜な夜なこれらの哀れな女たちの呻き声や啜り泣きが聞こえた。どの一角からも銃声がし、弾丸がわれわれの頭上を掠めた。それほど多くの人の現在が絶え間のない噪音を立てた。暗闇はサーチライトで照らされ、ロシア人たちは絶えず照明弾を打ち上げた。日夜、われわれの神経にはいかなる平穏もなく、あたかも地獄に入ったようだった。[10]

このような状況から逃れようと、多くのドイツ人が努めて外での仕事を買って出、とりわけ市中で必要とされた修繕仕事に志願したが、その中には暴動のさなか暴徒により急拵えされたバリケードの解体も含まれていた。だが、もし彼らが監獄の外でならまだ扱いがましだろうと思っていたのなら、大いに間違っていた。シュミットは、そのような仕事の一団の周囲に集った群衆による、打擲《ちょうちゃく》、唾吐き、投石の模様を記述した。彼の記述は、別の捕虜収容所からきた女性により確証されるが、戦争の間、彼女はプラハ・ドイツ女性通信隊に勤めていたのだった。

> 通りの暴徒は、「看守よりも」一層たちが悪かったのでした。とくに中年女性が抜きん出ており、この目的のために鉄の棒や警棒、犬の鎖その他で武装しておりました。私たちの中にはあまりにもひどく叩かれたので、頽れて二度と起き上がれない者もいました。残りの者は、私もその中に含まれるのですが、橋のバリケードを片づけなければなりませんでした。チェコ警察が私たちの働く場所に非常線を張ったものの、暴徒が乱入してきてまたしても私たちは何の防備もなく彼らの虐待に曝されたのでした。苦しむ仲間の受難者の中には、絶望のあまりモルダウ河に跳び込む者もおり、河に入るや否や彼（女）らは即座に「そこ目がけて」発砲されたのです……。チェコ人の一人は大きな鋏を持っており、私たちの一人また一人と髪の毛を切り落とされていきました。別のチェコ人は私たちの頭に赤いペンキをかけました。私自身四本の歯を叩き折られました。私たちの腫れ上がった指から力ずくで指輪がむしり取られました。他の者たちは私たちの靴や衣服に興味を示し、とうとう私たちは裸同然の有り様になりました――下着の類でさえ私たちの身体からむしり取られたのです。若者や男たちが私たちの腹を蹴りました。まったくの絶望のあまり、私も河に身を投げようとしました。けれども、かろうじて私は引き戻され、さらに叩かれたのでした。[11]

ドイツ人の中には、そんな扱いに耐えるよりはむしろ自死を選んだ者がいたとしても、驚くにはあたらない。たとえば、プラハのパンクラーツ監獄では、二人の若いドイツ人の母親が子供たちを絞殺し、その後自殺を試みた。息を吹き返したとき、彼女たちは自分たちがこんなことを仕出かしたのは看守らが「ちょうどドイツ人がチェコ人の子供にそうやってやったように、彼女たちの子供の目を抉り出し、拷問し、殺す」と脅したからだと主張した。[12] 戦争のまさに直後における自殺に関するどんな信用の置ける統計も存在しないものの、一九四六年のチェコ側の報告は、ボヘミアとモラヴィアの民族ドイツ人の間で五五五八例を挙げている。もう一度、本当の数字ははるかに高かったに違いない。[13]

プラハでのドイツ人の状況は、チェコ国内の残りの地域の状況も大雑把に表象しており、もっとも、多くの地域では最悪の行き過ぎはその後夏までは起こらなかった。ひょっとすると最も有名な虐殺は、ウスティ・ナド・ラベム（かつてドイツ人にアウスィヒと知られていたところ）で起こったものかもしれず、そこでは七月の終わりに一〇〇人を超えるドイツ人が殺されたのだった――もっとも、衝撃を受けた目撃者らが、その後その数を一〇倍か、それどころか二〇倍にさえ誇張したのだった。[14] よりひどく、しかしより知られていないのは、ボヘミア北部の町ポストロプルティの虐殺で、熱に浮かされたチェコ軍分遣隊がドイツ人地域の「浄化」命令を遂行したのだった。ドイツ側史料によれば、八〇〇名が冷酷に殺害された。チェコ側史料もそれと一致している。事件の二年後、チェコ当局は町を囲む集団墓地に七六三体の遺体が埋められているのを発見した。[15] タウス（チェコ人にはドマジュリツェと知られている）では、一二〇名の人々が駅舎の陰で射殺され、大量墓地に埋められた。[16] モラヴィアの町プレロフ近郊のホルニー・モシュチェニツェでは、カロル・パズールという名のチェコ人将校が、表向きはナチの残党狩りという名目で、スロヴァキア系ドイツ人でいっぱいの列車を停車させた。その夜、彼の兵士は七一名の男性と一二〇名の女性、七四名の子供を射殺した――そのうち最も幼かったのは八ヶ月の赤ん坊だった。またもや、彼らは大量墓地に埋められた。後に、パズールはこう言って子供の殺害を正当化した。「二親を撃った後で、われわれにそいつらをどうすればよかったと言うのだ？」[17]

この所業は、チェコ新当局によって決して是とはされなかった。事実、当局はしばしばそのような行き過ぎを咎めていたのである。[18]とはいえ、このことは彼らからいかなる責任をもすっかり赦免するというわけではなかった。チェコスロヴァキアに帰還すると同時に、エドヴァルド・ベネシュ大統領は、ドイツ人を選別し処罰する一連の法令を出し、土地の収用、財産の没収、チェコ市民権の剥奪、加えて全ドイツ人高等教育機関の解散を打ち出した。ベネシュ並びに新政府内部のその他によって用いられたレトリックは、どう見ても風波を鎮めるべく目論まれたものではなかった。たとえば、亡命から帰還後のプラハでの最初の演説で、ベネシュは道徳的犯罪に関してナチだけを非難したのではなく、ドイツ国民全体をそうしたのであり、彼曰く、彼らは「全人類の際限ない侮蔑」に値するのだった。[19]未来の法務大臣プロコップ・ドゥルティーナはさらに進み、「よいドイツ人などいない。いるのは悪いドイツ人ともっと悪いドイツ人だけ」だと公然と主張し、彼らは「われわれの身体に巣喰うよそ者の潰瘍」で、「ドイツ国民全体がヒトラーやヒムラー、ヘンラインおよびフランクに対して責任があり、全国民が犯された犯罪に対する罰を受けねばならない」のだった。[20]四五年七月、未来のチェコ大統領アントニーン・ザーポトツキーは『プラーツェ』に論攷《ろんこう》を寄せ、当局は対独協力者の疑いのある者を処罰する際には敢えて法律に従ってはならないと述べ、なんとなれば「木を切れば、木っ端が飛ぶものだ」(「卵を割らずにオムレツは作れない」によく似た意味のチェコ語表現)からなのだった。[21]似たような所感は、首相ズデニェク・ネイェドリー、副首相ヨゼフ・ダヴィット、法相ヤロスラフ・ストラーンスキー、およびその他大勢によって表明されたのだった。[22]

もし当局のこのような文彩が全ドイツ人に罵倒を浴びせるのに甘んじたとすれば、彼らはまた己が人民による復讐を容赦するのも速かった。終戦一周年記念日に、ナチ当局かその共犯者に対するあらゆる「正当な報復」行為を、たとえそのような行為が通常は犯罪と見なされるであろう場合ですら赦免する法律が起草された。重要なことに、この恩赦は、戦時中遂行された報復のみならず、一九四五年五月九日から一〇月二八日の間に犯されたそれらにも適用されたのだった。[23]

精確にどれだけ多くのドイツ人が、戦争の直後の混沌たる出来事の結果チェコスロヴァキアで死んだのかを言うのは難しいが、その数は間違いなく数万人単位である。この主題はいまだにあまりに論争の的で、双方にあまりに強烈な感情を呼び覚ますので、死者数に関連したあらゆる統計に疑義が差し挟まれている。ドイツ側の史料は、一万八八八九人が、チェコスロヴァキア追放以前とそのさなかに死亡し、そのうち五五九六名が暴力的な死を遂げたと見ている。だが、これらの数字は、その死が記録されぬままになった人々のことを勘定に入れていない。[24]ズデーテン地方のドイツ人は、しばしば真の数字はむしろ二五万人に近いと主張するが、これはほとんど間違いなく出鱈目な誇張である。[25]逆に、チェコ人の歴史家の中には、戦争の直後起きたどの暴力も、今日でもなお補償を求めたがるドイツ人らが創作した単なるフィクションと主張する向きもある。[26]最も信頼に足り、公正な見積もりは、チェコ人の歴史家トマーシュ・スタニェクによって編纂されてきたもので、そこで彼は注意深く、二万四〇〇〇人から四万人のドイツ人がチェコスロヴァキアで、戦後の混沌のさなか受けた扱いの直接の結果死亡したと示唆している。[27]この数字でさえ、それに続く数年間に早まって、彼らが切り抜けてきた物事のために健康を損ない、亡くなった人々のことを勘定に入れてはいないのだ。

スタニェクは、戦争の直後収監されたドイツ人の人数についても数字を挙げている。当局による追放を目前に大規模な抑留が始まる前ですら、チェコ側の記録は九万六三五六名のドイツ人囚人を数えている。もっとも、スタニェクは本当の数字は、最小でも二万人は大きかったと論じている。事実、四五年八月中旬で、ボヘミアとモラヴィアで拘束された全囚人の九〇パーセントより以上がドイツ国籍だった。表向きこれは、彼らが脅威の典型であると想定されていたからで、そしてにもかかわらず、その一万人もの多くは一四歳未満の子供だった。[28]

これら囚人の中に、集団的に非難される犯罪を犯した者がいたことにいかなる疑いもない。だが、戦後彼らがかくも長きにわたって収容所に入れられたままであった主な理由は――そして私たちは、その多くが四八年になるまで解放されなかったことを憶えておかねばならない――、彼らがただ働きの有用な供給源だったからで、とりわけ重要な農業および工業分野ではそうであったからなのだった。

原理的には、徴用されたドイツ人労働者の使用は、ヨーロッパの残りの地域で行なわれていたことから著しく異なっていたわけではなく、英国では一一万人のドイツ人捕虜が一九四八年初頭に至ってもなお働いていた。[29] それどころか、ドイツ人強制労働の利用は、ヤルタおよびポツダムでの三巨頭間の国際協定によって裏書きされていたのである。だが、英国にあっては専ら軍人の捕虜に限って強制労働に使われたのに対し、チェコスロヴァキアで徴用された人々のほとんどは民間人だった。また、そのような労働者が扱われた仕方には巨大な違いもあった。英国では、赤十字国際委員会によれば、ドイツ人労働者は英国人労働者と同じだけの食事を与えられ、かつ同一の安全規則に従った。チェコの地では、赤十字はしばしば近づくことすら許されず、多くの囚人が一日に一〇〇〇カロリー未満の食事しか与えられず――健康維持のために必要な量の半分未満だ――地雷の撤去を含むあらゆる種類の危険な仕事をこなすよう強制されたのだった。[30]

チェコスロヴァキアの強制労働者はまた、ナチによるユダヤ人の扱いの故意に向こうを張った仕方で日常的に辱められた。それゆえ、彼らは鉤十字章か白の腕章、「N」（ドイツ人を意味するNěmec《ニェメツ》を表わす）と塗られた布切れを身に帯びさせられた。[31] 労働義務のために抑留収容所から連れ出された際には、彼らは公共交通機関を利用することも、店や公園に入ることも、舗道を歩くことすらも度々禁止された。[32] ナチズムの亡霊がしばしば打擲や他の懲罰のさなかに召還され、ことに収容所の看守が自身ナチの無慈悲さの犠牲者であったときにはそうだった。たとえば、あるドイツ人公務員は彼の拷問手がこう叫ぶのを憶えている。「ついにお前らを打ち負かしてやったぞ、お前ら畜生め！　四年もの長きにわたりお前らは俺を収容所で苦しめてくれた。今度はお前らの番だ！」[33]

　テレージエンシュタットに収監されたユダヤ人、ハンス・ギュンター・アードラーによれば、彼自身の扱いと、戦後まさしくその同じ収容所に収監されたドイツ人の処遇とにはごくわずかな違いしかなかった。

> 彼らの多くが戦争の歳月のさなか疑いもなく罪人となり果《おお》せていたものの、その大半は子供や若者であり、それがただドイツ人であるというだけで収監されていたのだった。ただドイツ人であるということだけで……？　この文には、ぞっとするほど馴染みがある。「ユダヤ人」という語が単に「ドイツ人」に換えられているだけだ。ドイツ人が着ていた襤褸《ぼろ》は鉤十字に塗られていた。人々の食事と虐待はまったくひどく、ドイツの強制収容所で慣れていたよりもよりよい暮らし向きだったというわけではなかった。唯一の違いは、ここで働いている冷酷な復讐の機微が、親衛隊により遂行された大規模な絶滅のシステムには基づいていない、ということだけだった。[34]

アードラーの道徳的議論には争う余地がない。無辜のドイツ人の虐待は、どの点から見ても無辜のユダヤ人の迫害と同じように間違っている。とはいえ、これら二つの出来事の間のスケールの違いを軽視しているという点で、彼は間違っている。また彼は、ドイツ人が個々人の手にかかって苦しんだとき、彼らの拷問や殺害は一度たりとも政府の公式方針ではなかったという事実を糊塗している。チェコ当局は単にドイツ人の追放を望んだだけで、絶滅を望んだわけではなかった。このことはもちろん、まったく決定的な違いをなすのである。

けれども、大規模なドイツ人の絶滅は、テレージエンシュタットでは議事日程には載っていなかったかもしれないが、他の場所では確かに載っていたのだと主張する人も他にいる。何百万という傷つけられ貧窮した避難民が、四五年秋にどっとドイツに殺到したとき、彼らは「地獄の収容所」や「死の収容所」、「絶滅収容所」と呼ぶ場所についての心をかき乱す物語を自ら携えてきた。これらの場所では、ドイツ人は日常的に死ぬまで働き、死ぬまで飢え、さらには大量処刑へとかけられるという噂だった。収容所の看守が用いたサディスティックな方法は、どの点から見てもアウシュヴィッツで親衛隊が用いたそれらと同じくらい、ひょっとするとそれ以上にひどかった。収容所によっては、被収容者の「わずか五パーセントばかり」しか生き延びられなかったと主張された。[35]

このような申し立ては、ドイツ政府によって極度に真剣に受け取られ、また、残虐行為の犯人というよりは、むしろ犠牲者として自らを見るのを好む大人口の諸セクションによってもこれ幸いと歓迎された。これらの信念は、長らく二〇世紀とその後にまでおよぶ政治的帰結をもたらすことになるだろう。

これらの収容所のうち最も悪名高いのは、チェコスロヴァキアではなくポーランドに存在した以上、私たちが次に注意を向けねばならぬのは、かの国である。

ヴィノフラディ市民よ！

プラハ12区の地方全国委員会の最高会議幹部会は、ドイツ人とハンガリー人、および裏切り者の問題の解決を決意した。

1.「ドイツ人」という用語並びにそのあらゆる曲用は、今後はつねに小文字で書かれる。「ハンガリー人」も同様である。
2. ドイツ人とハンガリー人、および裏切り者には、今後、以下の規定が適用される。
a）14歳以上のすべてのドイツ人、またはハンガリー人、裏切り者、ないしは対独協力者のカテゴリーに属するものは、鉤十字と、今後割り振られるであろう登録番号を記した10センチ四方の白い布地を、左側に見えるかたちで着用すること。鉤十字を付けているいかなる者も、通常の配給券を受け取ることはできない。登録証明書の6の欄（国籍）に「D」と書かれた者も、同様である。

b）鉤十字を付けているいかなる者も、職場に直接向かうとき以外は路面電車を利用してはならない。また、その際には、連結貨物車《トレイラー》に乗車せねばならず、座席を利用してはならない。

c）鉤十字を付けているいかなる者も舗道を利用してはならず、移動には車道しか使ってはならない。

d）鉤十字を付けているいかなる者も、日刊またはその他の新聞を購入したり、定期購読したり、読んだりしてはならない。これは、もしその者に転借人がいるならば、その転借人にも適用される。

e）鉤十字を付けているいかなる者も、公共の庭や公園、または森林に滞在したり、そこを横切ったりしてはならず、理髪店、レストラン、とりわけ劇場、映画館、講義や講演のような、あらゆる種類の娯楽施設に立ち寄ったり、利用したりすることを許されていない。同様に、彼らはクリーニング店や洗濯店、およびアイロン掛けのプレス店を利用することも許されていない。彼らが買い物をできるのは、もっぱら午前11時から午後1時まで、および午後3時から午後4時までだけである。この時間を守らなかった場合、買い手と売り手の双方が同一の刑罰に処せられることになる。これらの人々が当局とやり取りできるのは、すべての役所で、もっぱら7時30分から8時30分までのみと定められている。

f）鉤十字を付けているいかなる者も、午後8時以降に外出してはならない。

g）登録証明書の記載が「D」である14歳を超えるすべての者は、直ちに、遅くとも2日以内に、記章と登録証の交付に関して、プラハ12区の地方全国委員会の管理報告委員会に申し出ること。決められた期限内に申し出をせず、指示通りの適切な記章の不着用が見つかった者は、同様の事例に対しナチ当局が採用したのと同じやり方でもって、厳しく処罰されることになる。これらの者を何らかの仕方で教唆した者も、いかなる目的であれ彼らと共謀した者もまた、同様に処罰されることになる。

h）登録証明書の記載が「D」であるすべての者は、移動の自由等に関する暫定証明書をあるいは交付されていたかどうかにかかわらず、前記の調査委員会に遅滞なく出頭しなければならない。同時に、彼らは全財産の適切なリストを提示し、全貴重品とともに、12区全国委員会の国有財産管財人に提出［しなければならない］。銀行ないしは他の預金通帳についても、もしあれば同様である。彼らは、何らかの資本利子を有しているか、またいかなる仕方でそうしているかを、適切な証拠を提出して報告しなければならない。さらに、彼らはあらゆる無線機器をその免許とともに引き渡さなければならない。いかなる金融取引も禁止され、無効である。ドイツ人には煙草の供給を受ける権利がなく、また、公共の場あるいは仕事中に喫煙してはならない。


市民、労働者並びに額に汗して働く人々よ！　われわれは、わが政府の諸原則にしたがって、適切な粛清を実施し、少なくともわが地区では秩序を確立するであろう。それゆえ、できるだけ速やかにヴィノフラディをわれわれのものにするために、皆さんにもわれわれに力を貸してほしい。

これらの措置は、これらすべての人々が国外追放されるまでの一時的なものに過ぎない。

1945年6月15日、プラハにて作成
プラハ12区の地方全国委員会
オルドリヒ・ハラス議長

プラハの一地区に貼られていたポスターの翻訳、1945年6月(36)

新たな「絶滅収容所」

一九四五年二月、ドイツ領深くに赤軍が雪崩れ込んできた後、打ち捨てられた労働収容所が今日の南西ポーランドにあたる地方の田舎町、シフィエントフウォヴィツェ近郊のズゴダで発見された。報復を熱望したポーランド人の準軍事的公安警察（Urząd Bezpieczeństwa Publicznego《ウジョンド・ベスピェチェインストファ・プブリチネーゴ》あるいはＵＢＰ）は、それを「懲罰収容所」として再開する決定をした[37]。数千人の地元ドイツ人が逮捕され、労働義務のためにそこへと送られた。地元住民には、ズゴダはナチの傾倒者やドイツ人活動家のためだけのものと言われていたにもかかわらず、現実は、仕舞いにはほとんど誰もがそこへと放り込まれる羽目になり得たのであり、かつてナチだった囚人と並び、ドイツ人スポーツクラブの会員だったか、身分証明書を携えていなかったか、あるいは時々はどんな理由もなしに逮捕された人々がそこにはいたのだった。

そのような囚人たちは、到着したなり何が彼らを待ち受けているか推し量ってみたかもしれない。収容所は高圧電流の柵で囲まれ、そこには骸骨に交差する二本の骨と「死の危険」の文字があしらわれていた[38]。数名の目撃者によれば、これらのメッセージは鉄条網に掛かる死体の光景によって倍加されていた[39]。囚人たちは門のところで収容所の所長サロモン・モレルに出迎えられ、「アウシュヴィッツが意味していたところを披露」しようと彼らに言ったのだった[40]。あるいは、しばしば彼は、こう言って嘲弄するのだった。「俺の両親と兄弟（姉妹）はアウシュヴィッツでドイツ人にガス殺された。だから、俺はすべてのドイツ人が当然至極の罰を受けるまではやめはしない[41]」。ズゴダは、戦時中アウシュヴィッツの衛星収容所だった。この連繫を強めようと、何者かが門の上に「労働は自由にする《アルバイト・マハト・フライ》」と殴り書きしていた[42]。

拷問はすぐさま始まり、とりわけ誰であれナチの組織の一員と目された人物に対してはそうだった。ヒトラーユーゲントのメンバーは地面に寝るよう命令され、その上を看守が踏みつけるか、あるいはナチ党の頌歌「ホルスト・ヴェッセル歌」を歌わされ、その間、両腕を上げている囚人を看守がゴム製の警棒で叩いた[43]。時には、モレルは囚人を互い違いに積んでゆき、彼らの身体がついには巨大なピラミッドを形成するまで頑としてそれをやめようとしなかった。しばしば彼は、彼らをスツールで叩き、あるいは看守の気晴らしに囚人に互いを撃ち合うよう命令するのだった[44]。囚人たちは時に懲罰房である地下の掩蔽壕へと送られ、そこで何時間も凍てつく水に胸まで浸かりながら立ち続けなければならなかった[45]。特別の折には、割り増して打つことでこれを標示した。たとえば、ヒトラーの誕生日には、看守らが第七棟に入り——ナチの嫌疑のかかった者のためにとっておかれた兵舎だった——、椅子の脚で彼らを打ちにかかった[46]。ヨーロッパ戦勝記念日には、モレルは囚人の一団を第一一棟から連れ出して、お祝いの打擲をさらに加えた[47]。

　これら囚人たちが生きざるを得なかった状況は、故意に人間以下だった。収容所の設計はわずかに一四〇〇名が定員だったが、七月にはすでにこの人数の三倍半を容れていた。ピーク時には五〇四八名の囚人が抑留され、六六名を除いて全員がドイツ人か民族ドイツ人《フォルクスドイチュ》だった[48]。彼らは虱の這う七棟の木造兵舎にすし詰めにされ、十分な食事を与えられないか、適切な洗浄設備の利用を拒まれるかした。配給は日常的に食い意地の張った収容所職員に抑えられ、心配した収容所外の親族の送った食べ物の包みは没収された[49]。男性の三分の二は毎日地元の炭鉱に送られ、時にそこで文字通り死ぬまで働いた[50]。ナチの嫌疑がかかった第七棟収容の囚人は仕事に出こそしなかったものの、収容所内部のＵＢＰ看守の絶えざる注意下に置かれた。チフスの流行に襲われたときには、病気の囚人が隔離されず過密した兵舎に無理矢理留め置かれた。その結果、死亡率はうなぎ登りだった——死者の埋葬に携わったある囚人によれば、毎日二〇名におよぶ人々が亡くなったのだった。[51]

この地獄を逃れようとした者は誰でも、即座に選り出され特別の扱いを受けた。収容所に投獄された一四歳のドイツ人少年ゲアハルト・グルシュカは、不幸にも再度捕まってしまった脱獄者に加えられた罰を目の当たりにした。彼の名前は、エーリク・ファン・カルステレンだった。一度兵舎に連れ戻されると、一団の看守が繰り返し拳骨と棍棒で徹底的に殴り、その一部始終を残りの囚人たちは見守る他なかった。グルシュカによれば、それは、かつて彼が目にした最も残忍な打擲だった。

> エーリクは……、不意に民兵らから身を引き剥がすと板ベッドの一つに這い登った。四人は、振り向きざまに背後に詰め寄り部屋の中央にそのベッドを引き寄せた。明らかに彼らは、そうした抵抗の試みに極度に苛立っていた。彼らの一人が、食べ物の運搬用の大桶を置いていた部屋の一隅から鉄棒を一本持ってきた。大桶の両手にこの棒を通すと、食料でいっぱいの容器を運ぶのが楽になるのだ。だが、いまやそれは拷問器具となったのだった。民兵たちはそれをとると怒りを爆発させて、かわるがわるエーリクの両脚を打ちつけた。床に頽れる度ごとに彼を散々蹴りつけ、再度引き上げ、再度鉄棒で叩いた。絶望のあまり、エーリクは拷問手たちに「もう撃ち殺してくれ、もう撃ち殺してくれ！」と懇願した。だが、彼らは一層激しく打ちつけた。それは、ズゴダでの最も恐ろしい夜の一つだった。私たちの誰もが、仲間の囚人は殺されることになると思ったのだった。[52]

奇跡的にも、ファン・カルステレンはどういうわけかこの打擲を生き延びた。グルシュカと同じく、彼もまだ一四歳だった。しかも、彼はオランダ市民で、それゆえに、そもそもがポーランドで投獄される謂われは決してなかったのだった。

これらが、ズゴダで日々生じた類いの出来事だ。この収容所とナチの強制収容所との間にしばしば平行線が引かれたとて驚くべきことはなく、とりわけ収容所長官その人が意識的にアウシュヴィッツの空気を復活させようとしていたのだからなおさらなのである。そのような平行線はまた当時部外者によっても引かれていた。地元のある聖職者がベルリンの英国政府高官に収容所の情報を流し、今度はこちらがロンドンの外務省にそれを手渡した。「強制収容所は廃止されてはおらず、新たな所有者に引き継がれている」と、英国の報告書には読まれる。「シュヴィーントホロヴィッツでは、飢えたり打たれたりしても死なない囚人が、夜な夜な冷水に首まで浸かり、それが死ぬまで続いた」[53]。ズゴダから解放されたドイツ人囚人たちもまたナチ収容所と比較した。その一人、ギュンター・ヴォルニーという名の男性は、不幸にもアウシュヴィッツもズゴダも経験する羽目になった。「ポーランドの収容所で一日過ごすくらいなら、いっそドイツのそれで一〇年過ごす方がいい」。後に、そう彼は述懐した[54]。

ズゴダで行なわれた拷問にもかかわらず、最も致命的となったのは食糧不足と腸チフスの到来だった。とはいえ、生き残った人々にとっては、伝染病は救済となったのである。大流行の詳細がポーランドの新聞にリークされ、最終的にポーランド政府内の監獄と収容所を所管する部局へと上げられた。モレルは、それほどまでにひどく収容所内の状況の悪化を許したかど、および囚人に対しあまりに武器を使い過ぎたかどで正式に譴責《けんせき》され、収容所の主任管理官の一人カロル・ザークスは配給を抑えたかどで首になった[55]。その後、当局は囚人の解放か、他の収容所への移転を開始した。四五年一一月までに、経験したことについて一切他言しないという条件で囚人の大半が解放され、収容所は閉鎖された。

当局の数字によれば、ズゴダを経た六〇〇〇人のドイツ人のうち一八五五人が死んだ——ほぼ三人に一人である。ポーランド人およびドイツ人歴史家の中には、懲罰収容所から労働収容所への正式な格下げにもかかわらず、そこはつねにドイツ人の囚人に死をもたらすべく、故意に食事と医療を拒まれる場所として機能したと結論づけてきた人もいる。[56]

ズゴダを単一の、残忍な収容所長官の個人的復讐と片づけるのは、同様の状況がもし他の多くのポーランドの収容所と監獄に浸透していたという事実がなければ、心をそそるものだろう。たとえば、トシェビツァ（ドイツ語のトレプニッツ）のポーランド民兵収容所では、ドイツ人被収容者は定期的に気晴らしのために打たれ、しばしば看守によって犬を嗾《けしか》けられた。一人の囚人は、うさぎ跳びで監房の周りを回るように強いられ、その間、看守が鉄で先を覆った棒で打ってきたと主張した。[57] グリヴィツェ（あるいはグライヴィッツ）の監獄は、ホロコーストを生き延びたユダヤ人生存者によって運営され、箒の柄や棍棒、ばね仕掛けの警棒でドイツ人囚人を叩いて罪の告白を引き出そうとした。[58] クウォツコ（あるいはグラッツ）の監獄の生き残りは、「太い棍棒で目ん玉が飛び出るほど叩かれた」囚人のことや、直接の殺害を含むあらゆる種類の他の暴力の物語を語っている。[59]

女性たちも男性たちとちょうど同じくらい苦しんだ。ポトゥリツェの労働収容所では、女性たちは日常的に収容所職員にレイプされ、打たれ、性的サディズムに苛まれた。ひょっとすると、男性よりさらにひどかったかもしれない。なぜならば、子供たちは彼女たちから引き離され、母親に会えるのは日曜日のほんの一、二時間しかなかったからだ。ある目撃証人は、このことは、ちょうど戦時中ナチがポーランド人の子供をドイツ化しようとしたように、子供たちを連れ去りポーランド化するより広範な政策の一環であったとさえ主張している。もっとも、これはわが子から一年半にわたり引き離された苦痛に対する感情的反応といったところだろう。[60] ポトゥリツェの他の被収容者は、「労働班」の間、裸になるよう強制され、液体肥料の中に沈められ、それどころか、看守一人がヒキガエルを捕まえ、ドイツ人囚人の喉に窒息死するまで押し込み続けたのを見たとさえ主張する。[61]

けれども、多分最も悪名高いポーランドの収容所は、ワンビノヴィツェの――あるいはそのドイツ人占領者に馴染みだった名前では、ラムスドルフのそれかもしれない。この、かつての戦争捕虜収容所は四五年七月に再開され、新生ポーランドからの追放を待つドイツ人民間人向けの強制労働収容所として利用された。その運営は、「堕落した顔つきのポーランド人で、蹴りつけることでしか相手に自分自身を分からせることができなかった」二〇歳のチェスワフ・ゲムボルスキに任されたのだった。[62]

最初の囚人の一人によれば、残虐行為はほとんど即座に始まった。到着した日の晩、彼と他の四〇人は寝ているところを起こされると兵舎から収容所の中庭へと急き立てられ、そこで彼らは地面に寝るよう強制され、民兵らが背中に跳び乗ったのだった。その後、彼らはゆっくりと中庭を走って回らねばならず、その間中、鞭紐とライフル銃の台座で打たれ続けた。地面に倒れた者は誰であれ即座に民兵の群れに襲われた。「翌朝、われわれは一五人の男たちを葬った」と、この目撃者は主張する。「その後数日間、私は極度の激痛なしには動くこともできず、尿には血が混じり、心臓の鼓動は不規則だった。そして、一五人の男たちが地面の下だった[63]」。

二、三日後、初めて囚人が大量に到着したときも残虐行為は続いていた。打擲《ちょうちゃく》に耽ったのは何もポーランド人民兵だけではなく、ドイツ人の三下どももそうで、中でも「収容所の上官」、すなわちヨハン・フーアマンという名のルブリニェツ（ドイツ語でルブリニッツ）出身のサディスティックな民族ドイツ人《フォルクスドイチェ》がそうだった。「私の目の前で彼は赤ん坊を殴り殺した。母親は子供のためにスープをいくばくか懇願しただけだったのに。というのも、それはラムスドルフでは最年少の子供たちのために与えられていたからだった。それから、彼はいまだ小さな血塗れの身体をその両腕に抱き締めていると女性を追い回し、中庭中で鞭で打ち据えた……。それから彼は、『助手』を従えて部屋に引き上げると、その幼児のために拵えられたスープをさっさと平らげた」[64]。

同じ目撃者によると、収容所の看守は徐々にサディズムの行使において、いよいよ創意工夫の才を見せるようになった。収容所の指揮官は気晴らしに、囚人の一人に強いて中庭に立つ木に登らせ、「俺は偉大なる大猿だ」と叫ばせ、その間、彼と部下の看守らは声を立てて嗤い声を上げ、男がとうとう地面に落ちるまで手当たり次第撃ちまくった。ひょっとすると、この目撃者による胸の最もむかつくような陳述は、近隣のグリューベン（今日のポーランドのグラビン）という村の女性たちについての描写かもしれない。彼女たちは、収容所近隣で発見された大量墓地を掘り起こすために派遣された。というのも、そこには数百人のソヴィエト兵の死体が戦争捕虜収容所で死亡後ナチの手で埋められていたからだった。女性たちは、手袋も、他にどんな防護服も与えられていなかった。夏のことで、死体は腐敗が進んでおり、耐え難い悪臭を放った。

遺体が表に現われると、女性と少女らはこれらぬるぬるして吐き気を催すような遺体の頭部に俯せに横たわるよう強制された。ポーランド人民兵はライフル銃の台座でもって、犠牲者の顔を地獄のような腐敗の中へと押し込んだ。こうして、潰れた人間の名残が彼女たちの口と鼻の中に入り込んだ。六四人の女性と少女が、ポーランド人の「英雄的」行ないの結果亡くなったのだった[65]。

このような話の妥当性を立証するのは不可能であり、かつ、いくつかの側面は大いに誇張されているそうだ。しかし、墓から死体を掘り起こしている写真が残存し、ポーランド人の歴史家でさえ、女性たちが手袋も防護服もなしにその任務を引き受けるのを余儀なくされたことは認めているのだ。[66] 細部の多くも収容所の他の生き残りたちによって裏づけられている。ある囚人女性は、彼女の息子のフーゴも同じく素手で死体を掘り起こすよう強いられ、あまりにひどく腐敗していたためにそのぬめりが靴ごしに滲んできたと語った。[67]

気まぐれなサディズムの文化が、ワンビノヴィツェに実在したことは否定しようがない。人々が死ぬまで打たれたり、あるいは脱走の試みの報復に射殺されたりしたのを数人の目撃者が証言している。[68] 懲罰は疑いなく最も些細な逸脱にも加えられ、たとえばそれは、ドイツのアメリカ軍地区への逃走の欲望の表明であったり（そのために、申し立てによれば、十代の少年一人が殴打されて死んだ）、あるいは異性のメンバーの一人に話しかけたりであった。[69] ある女性の主張するところでは、収容所で夫が生きているところを見つけた彼女が喜びのあまり大声で叫ぶと、夫婦二人は罰として三日間太陽に向けた格好で縛りつけられたのである。[70]

この暴力の文化に加え、囚人らは極めて苛酷な状況に耐えるのを余儀なくされた。他の収容所と同じく、彼らは非常に乏しい食事しか与えられなかった。通常、わずかに二、三個の茹でたジャガイモが一日に二回に、昼食時に水っぽい煮出し汁だけだった。衛生は存在せず、死者を包むのに使ったシーツでさえ、病院で藁布団をそうしたように再利用されねばならなかった。[71] 収容所の墓掘り人夫の一人によれば、彼の埋葬した遺体に乗った虱は時に「二センチメートルの太さ」があった。[72] 当然ながら、他の場所と同様に収容所で最大の死因は、病と栄養不足の双子の悪魔だった。ポーランド側資料によれば、ここでの死因の六〇パーセントはチフスで、斑点熱や赤痢、疥癬、それに他の病気によってさらに多くが亡くなったのだった。[73]

収容所を生き延びた人々にとって、その記憶はまるで地獄の光景だった。解放されドイツへ移送されたとき、彼らは家を失い、財産のすべてを失い、健康を失い、そして時々は体重の半分に至るまでを失っていた——だが、彼らに最も重くのしかかったのは、死別の重荷だった。ある女性が自らの試練の二、三年後、こう説明したように。

収容所で私は、実の十歳の娘と母、姉妹と兄弟、それに二人の義理の姉（妹）と義理の兄（弟）一人を喪いました。私自身死にかけで、別の娘と息子を連れてなんとか西ドイツ行きの列車に乗り込んだのです。私たちは収容所で一四週間を過ごしました。私の町の半数を超える人々が亡くなりました……。思慕の情をいっぱいにつのらせて、私たちは夫の到着を待ちました。一九四六年七月、私たちの耳に恐ろしい報せが飛び込んできました。彼もまた、私たちの出発後あれほど多くの人がそうなったように、あの地獄の収容所の犠牲者となっていたのです。[74]

このような物語は、爾来、ドイツの集合的記憶の一部となった。それらを根拠に、図書館数館を埋め尽くす本が書かれてきた。その結果、ポーランドの労働収容所についての私たちの見方は、印象に基づく漠然としたものに留まっている。次に私が示すように、統計を収集しようというドイツ政府の最良の努力にもかかわらず、精確にどれほど多くの人がこれらの収容所に抑留され、どれほど多くがそのうちで死亡したのか、信頼に足る確かな事実を得るのは、極端に難しいのである。

数の政治

ラムスドルフで起きた最も有名な事件の一つは、一九四五年一〇月に突如兵舎の一つに上がった火の手である。精確にどうやって炎が上がったのかは誰も知らないのだけれど、後に続く混乱した出来事は申し分なく刻明に記録されている。ドイツ人の目撃者らによれば、収容所の看守はその機会を虐殺を始める口実として用いたのだった。彼らは見境なく銃撃を始め、ただ炎を消そうとしているだけの人々を多数殺害し、その後囚人たちを真っ逆さまに炎の中に投げ入れ始めた。火事の直後、囚人たちは共同墓地を掘らされた。病棟で回復しかけていた患者の病軀もまたこの頃埋められた。彼らのうちいく人かはいの一番に射殺されたものの、多くはただ殴って気絶させられただけで生き埋めにされたのだった(75)。

一九六五年にポーランド共産党政府にこれらの話が突きつけられると、彼らはにべもなく否定した。事件についての彼らの見解によれば、火が出た後、好機と悟った囚人たちは反乱の火蓋を切り、ポーランド人看守らは力ずくでそれを抑えざるを得なかったと言うのである。ポーランド政府は断固として収容所の指揮官チェスワフ・ゲムボルスキを擁護し、彼に提起された全告発を無実であると主張した。その上彼らは、そのような物語は単にドイツ人の政治的圧力団体により創作されたプロパガンダに過ぎず、その目的は唯一、ポーランドの信用を傷つけ、一九四五年のポツダム合意で割譲されたあれらの土地の返還を強いることなのだと主張した(76)。

この火事の間とその後で、どれほど多くの人が死亡したかについての論争も同様に激烈だ。与えられた最小の数字はわずかに九名である(死体を埋葬した男性によるもので、戦後ポーランド共産党当局によってすら認められたものだ)(77)。しかしながら、いく人かのドイツ人目撃者によれば、これは過小評価も甚だしい。収容所のドイツ人医師ハインツ・エッサーは、ゲムボルスキは、意図して彼に死体を三つの別々の場所に移動させるよう命じて、適切に数え上げるのを邪魔しようとし、かつ、女性と子供たちは正式な墓掘り人夫の部隊から離れて墓を掘らされたと主張した。エッサーは、様々なカテゴリーからなる火事の犠牲者の秘密のリストを保存していた。すなわち、火事それ自体で殺された人々、火事の回りで射殺された人々、火事直後のさなか生きたまま埋められた人々、そしてその後数日して怪我のために死んだ人々、である。彼は最終的な死者数を五八一名としている。不幸にもこの数は、それより数年早くエッサーが挙げていた数字と見るからに矛盾する。彼はその際、わずかに一三二名が亡くなったと主張していたのだ。[78] 直接の報告のあてにならなさと妥当な記録の不在、戦後支配的だった大いに張り詰めた空気を顧みるに、その日、ラムスドルフでどれほど多くの人が実際に死亡したのか言うのは不可能である。九名の死と五〇〇名を超えるそれとの間の差異は、甚だしい。(二〇〇〇年に開廷した収容所指揮官チェスワフ・ゲムボルスキの裁判では、この火事とその周囲で亡くなったと言われた人々の数は、四八である。[79])

同様の論争が、収容所が開いていた一年間の総死者数についても起きた。ハインツ・エッサーの数字によれば、一九四五年と四六年に六四八八名の囚人がそこで死亡した。ポーランド共産党政府は再度これを撥ねつけ、これまでにたった四〇〇〇人の囚人しかラムスドルフに抑留されておらず、それゆえにエッサーの数字は不可能であると主張した。[80] ポーランド側の最新の研究によれば、約六〇〇〇名の囚人がいたのであって、そのうち約一五〇〇人が死亡したらしい。そのうち、一四六二名の名前が知られている。[81]

数をめぐる諍いは、単なるアカデミックな不一致に過ぎないというわけではない。個人的および国民的民族的両水準において、入り組んだ激しい感情が縺れ合っているからだ。図らずも火事で殺された九名の人々は不幸な出来事であるけれど、ひょっとすると数百名が故意に焼かれ生きたまま埋められたのは残虐行為である。チフスで二、三〇〇人が死ぬのは、不可避の悲劇かもしれないが、数千人に故意に食糧を断ち医療を拒むのは人道に対する罪である。数は極めて重要である。なぜならば、それら自身が物語を語るからだ。

この問題を国民的尺度で見やると、ドイツ側の数字とポーランド側のそれとの不均衡は甚だしいものとなる。一九七四年にドイツ議会に提出された、被追放民・難民および戦傷者に関する連邦省による研究では、ラムスドルフとズゴダ、ミスウォヴィツェ、およびトシェクのNKVD監獄を含むポーランドの労働収容所に、戦後二〇万人が収監されたと主張された。総死亡率は二〇パーセントと五〇パーセントの間と推定された。これが意味したのは、およそ四万人から一〇万人がそのような収容所で死亡したということであり、もっとも、報告書は「間違いなく六万人を超える人々が、そこで非業の死を遂げた」と主張してはいたのだった。[82] 対照的に、ポーランド側の公安省（Ministerstwo Bezpieczeństwa《ミニステルストフォ・ベスピェチェインストファ・》[*1] Publicznego《プブリチネーゴ》）による報告書は、わずかに六一四〇名のドイツ人が労働収容所で死亡したと主張した——報告書の編集者がきっと知っていたに違いない数は、あまりに小さく、その当時ですらそうだった。[83] ドイツ側の数字は、それゆえ、ポーランド側の数字のほとんど一〇倍だった。

もう一度、それらの数は双方にとって重要だった。ポーランド人にとっては、それは道義的優位を維持するという問題だった。第二次世界大戦は、数十年にわたるドイツとポーランド間の緊張の頂点だった。ナチ（とその後のソヴィエト）の手にかかり国土を荒廃させられ寸断させられた後、ポーランド人が戦争の直後に生じた短期間の混沌について、いかなる有責性であれ受け入れることを期待されているのに憤然としたのも無理はなかった。それゆえ、彼らの関心には、これらのばつの悪い数字を可能な限り小さくしておこうという狙いがあった。当時の公式記録には露骨な改竄の事例が存在し、そこでは死亡率はあり得ないほどに小さいのである。

対照的に、ドイツは数字を誇張することに抜き差しならぬ関心を抱いていた。人道に対するポーランド人の犯罪の物語が、中には戦争のさなかそれを抱き続けていたドイツ人の人種的偏見に油を注いだというだけでなく、それらはまた、国民的な罪の意識の軽減にも役立ったのである。そのような物語は、ドイツ人が単に残虐行為の犯人であるばかりでなく、犠牲者でもあるということを示しもしたからだ。ドイツその国が耐え忍んだ悲劇が大きければ大きいほど、自らの負い目からますます遠く距離をとることができる——東欧のドイツ人に行なわれた罪科が、彼ら自身がユダヤ人やスラヴ人に行なった罪科を部分的に「相殺する」というほどの意味において。これがドイツで主流の見方だったわけでは決してないにしても、今日いまだかの地には、ホロコーストの実在を、東欧のドイツ人が被ったものが「まさしく同一だ」という理由で認めない政治的諸集団が存在する。[84] これは極度に危険なものの見方だ。なるほどポーランドの労働収容所がドイツ人に対するいくつかの極端なサディズムの厭わしい事例を含んでいたのは間違いないにしても、これが公式の絶滅政策の一環であったことを示す証拠は絶対に存在しない。それどころか、ポーランド当局は彼らの収容所指揮官に、囚人を叩くかまたは別様に虐待するのは違法であり、そのような罪を犯したのが分かった者は例外なく処罰される旨を強調する厳命を出していた。[85] 囚人を虐待したことが分かった者らは、(軽くではあったにせよ)懲戒され地位を追われた。ラムスドルフかズゴダの残虐行為をホロコーストと同一視するのはナンセンスであり、質、規模の両面でそうなのである。

この話題を終わらせることができない主だった理由の一つは、戦後の捕虜収容所で起きた犯罪に責を負うべき人々のあまりにわずかしか審理にかけられていないということだ。ラムスドルフの指揮官チェスワフ・ゲムボルスキは、一九五六年に共産党政府により裁判にかけられたが、有罪にはならなかった。一九八九年の共産主義崩壊後、ラムスドルフの事件の調査が再開され、ゲムボルスキは二〇〇一年にオポーレで審理されることになるはずだった。けれども、ゲムボルスキと、彼にとって都合の悪い目撃証人双方の健康がすぐれなかったために繰り返し延期され、最終的に二〇〇五年に中止された。ゲムボルスキは、その一年後に死んだ。

ズゴダ／シフィエントフウォヴィツェで指揮官だった、サロモン・モレルも同様に公判をどうにか回避した。共産主義崩壊後、彼はイスラエルに渡り、以来ずっとそこに住んでいる。ポーランド法務省は逃亡犯罪人の引渡し照会をしたが、イスラエルはそれを拒絶せざるを得なかった。なぜなら、かの国の出訴期限によれば、犯罪が犯されて以来あまりにも多くの時間が経ってしまっていたからだった。[86]

二人の男は、一九四〇年代に他の何百という者たちとともに訴追されるべきだった。が、そうはされなかった。なぜならば、当局は他のことが念頭にあったからだ。ポーランド人は、ナチの占領を忍んだ他のあらゆる国民民族と同じく、ドイツ人民間人の権利に意を留めることよりも、己自身の勢力を再建することに意を砕いていた。このことは私たちを憤慨させるかもしれないが、しかし驚かせはしないはずだ。戦争の直後にあって、正義はいずれにせよ高度に主観的な問題であって、今日私たちが通常の法的枠組みと考えるであろうものの内部では、稀にしか行使されなかったのである。

これらの出来事のどれ一つとして、ポーランドや東欧にだけ特有というものはなかった。次に私が示すであろうように、同じ主題が大陸中至るところに存在した。唯一の違いは、他では罰せられたのがドイツ人ではなく、むしろ彼らに協力した人々であったということだ。

原註

（1）Gary B. Cohen, *The Politics of Ethnic Survival: Germans in Prague 1861–1914*（Princeton University Press, 1981）, pp. 274–82 を見よ。

（2）このような拷問は通常、兵士や親衛隊員に対して留保されていたものの、時折は民間人もまた同じ仕方で扱われた。Staněk, *Verfolgung 1945*, p. 95 を見よ。

（3）Schieder, vol. IV: *Czechoslovakia*, pp. 390–91.

（4）Ibid., p. 57; and Staněk, *Verfolgung 1945*, p. 94.

（5）Testimony of 'F.B.', doc. 24, in Schieder, vol. IV: Czechoslovakia, p. 366.

（6）Schieder, vol. IV: *Czechoslovakia*, p. 49; and Staněk, *Verfolgung 1945*, pp. 89–90 を見よ。

（7）Staněk, *Verfolgung 1945*, p. 97.

（8）Report 29 in Schieder, vol. IV: *Czechoslovakia*, p. 404 に引用された Kurt Schmidt の言葉。また、比較のために、p. 59, および、Staněk, *Verfolgung 1945*, pp. 94–5 を見よ。

（9）収容所の内情については、Staněk, *Retribuční*, pp. 36–8 を見よ。労働収容所の内情については、同著者の *Internierung und Zwangsarbeit*, pp. 111–32 を見よ。

（10）Report 29 in Schieder, vol. IV: *Czechoslovakia*, pp. 404–5 に引用された Kurt Schmidt の言葉。

（11）Report no. 26 by 'A.L.', ibid., p. 389 に引用。

（12）Staněk, *Retribuční*, p. 39.

（13）Staněk, *Verfolgung 1945*, p. 210; Kucera, p. 24; Naimark, *Fires of Hatred*, p. 118.

（14）Staněk, *Verfolgung 1945*, p. 174; および Pustejovsky, p. 561 を見よ。感情に訴える目撃者報告については、Pustejovsky, pp. 315, 338–9 にある諸証言、および Schieder, vol. IV: *Czechoslovakia*, pp. 68, 430 を見よ。

（15）Staněk, *Verfolgung 1945*, pp. 143–8.

（16）Ibid., pp. 148–9.

（17）Ibid., pp. 155–6.

（18）たとえば、Anon., *Komu sluší omluva?*, p. 90 に見える Beneš の演説を見よ。

（19）Beneš, *Speech, May 16th 1945*, p. 5

（20）Drtina による戦後の小論文 *My a Němci*（「われわれとドイツ人たち」）、pp. 5, 13, Schieder, vol. IV: *Czechoslovakia*, pp. 66–7 fn. 13 に引用。Staněk, *Odsun Němců*, p. 59.

（21）Article in *Práce*, 14 July 1945, Petr Benařík, 'Retribuční soudnictví a český tisk', in Vĕdecká Konference, p. 23 に引用。

（22）Staněk, *Odsun Němců*, p. 59.

(23)Law reproduced as Annex 19 in Schieder, vol. IV: *Czechoslovakia*, p. 276.

(24)*Frankfurter Allgemeine Zeitung*, 4 April 1988. また、Sayer, p. 243 も見よ。

(25)たとえば、二〇一一年一〇月三日にアクセス済みのZentrum gegen Vertreibungen のウェブサイト www.z-g-v.de/english/aktuelles/?id=56#sudeten; Schieder, vol. IV: *Czechoslovakia*, p. 128; および MacDonogh, p. 159を見よ。Staněk は説得力をもって、かかる大きな数字を解体している。*Verfolgung 1945*, pp. 208–12.

(26)たとえば、ブルノからのドイツ人の「自発的」移送についての Nováček の記述、p. 31 を見よ。

(27)Staněk, *Verfolgung 1945*, pp. 208–12.

(28)Staněk, *Retribučni*, pp. 24–5. 一四歳未満に関する公式の数字は六〇九三人で、これは Staněk に言わせれば過小な見積もりである。

(29)Maschke, vol. XV: *Zusammenfassung*, p. 197.

(30)International Committee of the Red Cross, pp. 334, 336, 676; フランスおよびアメリカ当局により拘禁された戦争捕虜も、地雷原を片づけるよう強制されたものの、民間人は決して使われなかった。Staněk, *Retribučni*, pp. 28, 37 も見よ。

(31)Schieder, vol. IV: *Czechoslovakia*, p. 75, および pp. 392, 441 にある目撃者報告 27 と 59.

(32)Ibid., pp. 75, 88, および Dr Hermann Ebert による目撃者報告、Report 66, p. 450.

(33)Ibid., Report 24, pp. 373–4.

(34)Adler, p. 214.

(35)Kaps, Reports 193 and 195, p. 535.

(36)Anon., *Tragedy of a People: Racialism in Czecho-Slovakia* (New York: American Friends of Democratic Sudetens, 1946), p. 2 から転載されたポスター。

(37)後に「労働収容所」と改称されたが、その気風《エトス》は変わらなかった。Dziurok, p. 17 を見よ。

(38)Gruschka, p. 42.

(39)Testimony by Jadwiga Sonsala, doc. 35 in Dziurok, p. 115; また、Henryk Grus testimony, doc. 38 ibid., p. 120 も見よ。

(40)Testimony of Henryk Wowra, doc. 47 in Dziurok, p. 146.

(41)Gruschka, p. 47 に拠る。また、Dziurok, p. 146 も見よ。

(42)Edmund Kamiński に拠る、Dziurok, p. 133 に引用。

(43)Testimony of Jadwiga Sonsala, doc. 35 in Dziurok, p. 115; Gruschka, pp. 48–9, 56.

(44)Gruschka, pp. 55–6; および Nikodem Osmańczyk testimony, doc. 39 in Dziurok, pp. 123–4.

(45) Henryk Grus testimony, doc. 38 in Dziurok, pp. 121–2; および Gruschka, p. 50 を見よ。
(46) Dziurok, p. 27; および testimony by Józef Burda, doc. 42, pp. 130–31.
(47) Testimony of Henryk Wowra, doc. 47 in Dziurok, pp. 25–6.
(48) Doc. 7, Świętochłowice statistical report, 1 August 1945, doc. 7 in Dziurok, pp. 46–7.
(49) Dziurok, pp. 21–5.
(50) Doc. 6 in Dziurok, p. 45.
(51) Gerhard Gruschka testimony, doc. 46 in Dziurok, p. 144.
(52) Gruschka, p. 59.
(53) Statement by R. W. F. Bashford, TNA: PRO FO 371/46990.
(54) Testimony by Günther Wollny, German Federal Archives Ost-Dok 2/236C/297, Sack, pp. 109, 204 に引用。
(55) Docs. 9 and 10 in Dziurok, pp. 49–50 を見よ。
(56) Doc. 21 in Dziurok, p. 78; また、pp. 17, 31 も見よ。
(57) Kaps, Report 195, pp. 537–8.
(58) Sack, p. 67.
(59) Kaps, Report 192, p. 532.
(60) According to eyewitness report by 'P.L.' of Łódź, in Schieder, vol. I: *Oder-Neisse*, Report 268, pp. 270–78.
(61) Testimonies by Christa-Helene Gause von Shirach and E. Zindler in Bundesarchiv, Ost-Dok 2/148/103 and Ost-Dok 2/64/18, Sack, p. 110 に引用。
(62) Anonymous testimony, Esser, p. 40 に引用。
(63) Anonymous testimony, ibid., p. 41 に引用。
(64) Anonymous testimony, ibid., p. 42 に引用。
(65) Anonymous testimony, ibid., pp. 43–5 に引用。
(66) Edmund Nowak, 'Obóz Pracy w Łambinwicach (1945–1946)', in Nowak, pp. 277–8.
(67) Anonymous testimony, Esser, p. 38 に引用。
(68) Anonymous testimony, ibid., pp. 35, 37 に引用。
(69) Anonymous testimony, ibid., p. 46 に引用。
(70) Anonymous testimony, ibid., p. 40 に引用。
(71) Anonymous testimony, ibid., p. 39 に引用。
(72) Anonymous testimony, ibid., p. 33 に引用。
(73) Nowak, p. 284.
(74) Anonymous testimony, Esser, p. 39 に引用。
(75) Anonymous testimony, ibid., pp. 38, 44 に引用。
(76) Ibid., pp. 51–61.
(77) Anonymous testimony, ibid., p. 32 に引用。および、ibid., p. 59 に引用されたポーランド共産党報告。
(78) Ibid., p. 26; Kaps, Report 193, p. 534 に見える彼の証言を参照せよ、数字以外は同一である。

(79)検察官の一人 Frantiszek Lewandowski に拠る、*Sunday Telegraph*, 3 December 2000 に引用。
(80)Esser, pp. 60, 98.
(81)Nowak, pp. 283–4; Borodziej and Lemberg, vol. II, p. 379; Esser, pp. 99–127.
(82)Spieler, p. 40.
(83)Borodziej and Lemberg, vol. I, p. 98. 興味深いことに、この文書は、ズゴダ／シフィエントフウォヴィツェに関する数字はほんの三〇名の死者に過ぎないと主張したのであり、さらにはラムスドルフ／ワンビノヴィツェについては指摘すらされていない。
(84)たとえば、BBC放送の Charlie Russell のテレビドキュメンタリー *The Last Nazis*, Part II, Minnow Films, 2009 に見られる Ursula Haverbeck-Wetzel のインタヴューを見よ。
(85)Order no. 19 from the Department of Prisons and Camps of the Ministry for Public Security: in Borodziej and Lemberg, vol. I, doc. 25, pp. 151–2.
(86)Dziurok, pp. 93–100. また、www.ipn.gov.pl/portal.php?serwis=en&dzial=2&id=71&search=10599, 二〇一一年一〇月三日にアクセスも見よ。

訳註

＊1　By contrast, a Polish report by the Ministry for Public Security（Minsterstwo Bezpieczeństwa Publicznego）claimed that only 6, 140 Germans died in labour camps—Ministerstwo Bezpieczeństwa Publicznego とした。

第13章 内なる敵

戦争酣《たけなわ》の頃、ドイツはヨーロッパ中の一ダースを超える国を直接間接に支配し、さらに半ダースに桁外れの影響力を行使した。その軍事的強勢にもかかわらず、ナチはこれを何万という、ひょっとすると何十万という、あれらの国内部の対独協力者なしにはなしえなかったろう。戦争の直後、ヨーロッパの人々がいかほどドイツ人を憎もうとも、彼らは対独協力者たちをこそより憎んだのだった。少なくともドイツ人には、彼らが外国の文化の、外国の勢力の一部だという弁解があった。対して、対独協力者たちは祖国への裏切り者であったのであり、戦争末期ヨーロッパ全体に行き渡った猛烈に愛国的な空気の中では、これは赦すべからざる罪なのだった。

戦争の直後における対独協力者たちの非人間化は、現代の世代にとっては理解し難いものだ。ヨーロッパの出版物では、彼らは社会から「浄化」される必要がある「害虫」「狂犬」ないしは「劣等」分子と描かれた。[1]デンマークとノルウェーでは、彼らは大衆美術の中でドブネズミとして描写され、他方ベルギーでは、彼らに対する集合的敵意が、英国人観察者たちによれば「宗教的熱情」に通じた。[2]かかる空気の中では、彼らに対して暴力的になる人々がいたとしてもとり立てて驚くべきことはない。ちょうど、オランダ人レジスタンスと共に働いたペーター・ヴァウテが戦後、こう書き記した

ように、

対独協力者に対する底深い嫌悪の情と復讐への欲望はあまりに広範に拡がっていたので、何らかの種類の懲罰は避け難かった。それは誰の心にもあったものの、誰一人どのような形態をこの報復がとることになるのか本当には知っていなかった。巷では「斧の日」のことが言われており、その日、暴徒らがリンチを加えるであろうとの噂なのだ。[3]

この「斧の日」、あるいはフランス人が呼ぶところの「野蛮な粛清《レピュラシヨン・ソヴァージュ》」は、ある程度まではどの国でも繰り返された。標的とされた人々のリストは見たところ際限がない。つまり、単に戦時指導者や政治家ばかりでなく、地元首長や行政官も標的とされたのだった。単にヨーロッパの極右民兵ばかりでなく、抑圧的な法律を強制した普通の警官や憲兵も標的になったのだった。単にナチとの契約で金儲けをした著名な産業資本家ばかりでなく、ドイツ人兵士に給仕して金を得たカフェや商店の店主も標的になったのだった。ジャーナリストやキャスター、映画制作者はナチのプロパガンダをばら撒いたかどで中傷された。俳優や歌手はドイツ軍を楽しませたかどで攻撃され、同様に、ファシストに救いの手や激励を与えた聖職者やドイツ兵と寝た街娼、それどころかドイツ人に向かって少しばかり進んで微笑み過ぎた普通の女性や少女たちですら攻撃されたのだった。

チェコスロヴァキアとポーランドでドイツ人に示された復讐のどの形態も、ヨーロッパ中の対独協力者やファシストの身に降りかかった。解放の混沌のさなか、オランダ人やベルギー人の対独協力者たちは即決処刑され、その家は焼き払われたが、「その際、警察は無関心に、もしくは賞賛をさえ浮かべて傍観していた」[4]。イタリアでは、ファシスト党員の死体が通りで見世物にされ、通行人がそれに蹴りつけたり唾を吐きかけたりできた。ムッソリーニの遺体でさえこのように扱われ、その後、ミラノのロレート広場の給油所の屋根から吊り下ろされたのだった。(5)ハンガリーでは、極右の矢十字党の党員が酷暑の中、ユダヤ人集団墓地を掘り起こすよう強制され、その間地元住民らは彼らに棒切れや石礫《せきれき》を投げつけた。(6)フランスでは、秘密裡に地下監獄が設立され、対独協力者の嫌疑をかけられた者はそこで手足の切断やレイプ、強制的な売春、および想像し得るあらゆるタイプの拷問を含む種々の形態のサディズムに曝されたのだった。(7)

後から入ってきた当局や連合軍は、これらの出来事を目撃して戦慄した。レジスタンス自身ですら、かかる話を苦々しく感じた。「恐るべきは」、と四四年一〇月二九日付『ラ・テール・ヴィヴァロワーズ』紙は報じた。

ゲシュタポにより実行された最も恥ずべき手口のいくつかをわれわれが繰り返しているということだ。ナチズムはどうやら多数の個人を毒してしまい、そのため、彼らは暴力はいつでも正当であると、彼らが自分の敵対者と見なす人々に対しては何なりと好きなことができると、そして誰もが他人の生命を奪う権利があると信じるに至ったようなのだ。野蛮人どもに打ち克ったとて、もし彼らを模倣し彼らのようになるだけというのなら、何の意味があったというのか？(8)

明らかに、このような状況が続くことは許されなかった。連合国は、自分たちの前線の背後に拡がる混沌についていかなるヒントも与える余裕はなく、ことに戦争がなお続いている間はそうだった。後任の政府も地元住民にリンチを許しはしなかった。彼ら自身の権威への挑戦だったからである。「公共の秩序は生死の問題だ」、と四四年八月にパリに帰還すると同時にシャルル・ドゥ・ゴールは言った。国民に向けたラジオ放送の中で、彼はいまや暫定政府が任を負い、「すべての間に合わせの権威は絶対的に停止しなければならぬ」と力説したのだった。[9]

西欧の新政府は、この問題にいくつかの角度から一挙に攻勢をかけた。最初に、問題の一部が人々の警察への信頼の欠如であるのを見抜いた上で、彼らは法と秩序の最も重要な柱石としての警察の梃子入れのために全力を注いだ。いくつかの地域では、とりわけイタリアとギリシアでは、彼らはその支持を提供するのにわずかに連合軍の巨大な駐留しかあてにできなかった。だが、別の地域では、彼らは問題に真っ向から取り組み、疑わしい警官を警察から一掃したのだった。たとえば、フランス解放の一年以内に、八人に一人の警官が停職にされ、五人に一人のフランス人刑事が首になった。他の国々もその先例に倣った。ノルウェーとデンマークの警察の粛清も同様に印象的ではあったが、ひょっとすると、西欧の残りの場所ではそれほどでもなかったかもしれない。重要なことは、警察の正統性を回復することで、それにより、多くの町と隣近所を支配した自警団に敢然と立ち向かえるようになったのだった。[10]

次に、新当局は、暴力の大半を揮っていたかつての抵抗者の集団の武装解除に乗り出した。これは、しばしば言うは行なうよりも易しだった。たとえばパリでは、愛国的民兵が公然と当局に反旗を翻して武装パトロールを実施し続けていた。ヴァランシエンヌでは、膨大な数の隠匿武器を維持しており、その中には手榴弾に対空機関銃、さらには対戦車ライフルまでもが含まれていた。[11]ブリュッセルでは、「秘密軍隊」のメンバーに解散のために二週間が猶予されたところ、抗議のデモが小規模の暴動へとなり下がった。警察が発砲を始め四五人が負傷した。[12]イタリアとギリシアでは数千人のパルティザンが武器を手放すのを拒み、理由は単に彼らが当局を信用していなかったからで、解放時の流血の惨事の後でさえ、依然当局は旧体制への関与で腐敗した数え切れない人々を内に抱えていたのだった。

かつてのパルティザンをなだめすかして尋常の市民生活へと逆戻りさせようと試みる中で、多くの国は、解放の名において行なわれた犯罪に対する恩赦を宣言した。たとえば、ベルギーの当局は、ドイツ軍が追い出されて後四一日間に生じたほとんどいかなるレジスタンス活動に対しても、見て見ぬふりをするのを厭わなかった。イタリアでは、復讐殺人に対する恩赦は戦争終結後の最初の一二週間に適用され、チェコスロヴァキアでは驚くべきことにそれが五ヶ月半も続いた。(13) もし解放の熱気に煽られて激情犯罪が寛仁《かんじん》をもって見られたとすれば、国家に権力が返還されたことになっていたそのずっと後になり行なわれたそれらに対する処罰は苛烈を極めた。たとえばフランスでは、四四年から四五年に行なわれた元マキ〔ドイツ占領下のレジスタンス組織〕の一連の逮捕は、広く、レジスタンスに対して私刑の正義を止めるよう警告するものと解釈された。(14)

そのような措置は、けれども、ほとんど絆創膏の一貼りに過ぎなかった。本当の問題は、そしてなぜリンチに逸る暴徒がかくもありふれていたかということの主たる理由は、多くの人々が復讐を正義を果たすための唯一の真のよすがと信じていたということである。フランス国内の私刑について数篇の報告書を書いたパリ駐在英国大使ダフ・クーパーの言葉を借りれば、「罪人は処罰されるであろうと人々が信じている間は、彼らは罪人を法の手に委ねる用意があるが、これがそうであることを疑い始めると、法を自らの手の内に納めることになるだろう(15)」ということなのだった。戦争の直後、かかる疑念は至るところにあった。報復攻撃を止める唯一真なる方法は、国家は、ベルギーの新聞が「迅速かつ厳正な裁き《ジュスティス・セヴェール・エ・エクスペディティーヴ》」と呼んだものを執行する能力があるということを、人々に確信させることだけだった。(16)

それゆえに、ヨーロッパの後任のどの政府も、これ見よがしに法とその諸制度の刷新をしたのだった。新たな法廷が設立され、新たな判事が任命され、そして逮捕された人々の突然の殺到に対処すべく新たな監獄と抑留収容所が開かれた。新たな反逆罪が時代遅れで的外れなそれに代わるべく制定された。対独協力のスケールゆえに、正義の新たな概念が案出され、しかも遡及的に適用されねばならなかった。西欧では微罪に対して新たに「国民権剝奪」の刑罰が導入され、それにより対独協力者は選挙権を含む公民権をそっくり剝奪された。より重大な犯罪に対しては死刑が、デンマークとノルウェーではるか歴史の彼方に忘れられていたにもかかわらず復活したのだった。(17)

ヨーロッパの地域によっては、この見世物によって他の地域よりはるかに容易く納得させられたところもあった。ベルギーとオランダ、デンマーク、そしてノルウェーでは、概してレジスタンスは対独協力者を適切な官庁に引き渡し、彼らと手を切れたことで満足だった。けれども、フランスのいくつかの地域や、イタリアの広大な地域、ギリシアと東欧の多くの地域では、パルティザンは――そして、それどころか一般の人々も――法をわが掌中に納め私刑をなすことに、はるかに熱心だった。これについてはあらゆる理由の揃《そろ》えが存在したが、その多くは政治的で後にそれが明らかになる。だが、最も重要な理由は、当局に対する信頼の欠如だった。ファシスト支配の歳月の果てに、ヨーロッパの人々は当局の「正義」に疑り深い視線を投げていたのだ。

ひょっとすると、そのような不信の最上の例をイタリアが提供してくれるかもしれない。この国は、確かに極端なケースである。ヨーロッパの残りの地域が相対的に短期間の対独協力に対して報復を求めたのに対し、多くのイタリア人はファシストに対する憤懣やる方ない気持ちを二〇年を超えて胸の内に積み上げてきたのだった。解放のプロセスは、ここでは他のどの場所に比べても長引き――ほとんど二年続いた――、この全期間を通じ北部は惨たらしい内戦に巻き込まれていた。ヨーロッパの他の地域で生じた多くの出来事がここでも起こり、しかし誇張された形態でだった。結果、イタリアは大陸中で大衆に不機嫌をもたらしていた主題の多くを、赤裸々に例証してくれるのである。

イタリアの粛清《エプラツィオーネ》

一九四五年、イタリアは分断された国家だった。戦争の最後の二年間の大半を通じて、この分断は物理的なものだった。南部は英国およびアメリカ軍により占領され、他方北部はドイツ軍により占領されていた。だが、この分割は政治的でもあって、とくに北部ではそうだった。片やファシスト党員がおり、己が人民に対するその残忍さはドイツ軍の侵入後加速していくばかりだった。片やそれに対抗する集団があり、その多くは共産主義者であり、その多くはそうではなく、彼らはただムッソリーニとその三下どもに対する共通の憎悪でのみ結束しているのだった。

四五年四月にファシスト党員らがついに打ち負かされると、パルティザンたちは復讐の狂躁へと乗り出していった。どんな関係であれファシスト党員と関係を持った者は例外なく標的にされた。黒い旅団やデチマ・マスの戦闘員だけでなく、婦人補助義勇軍のメンバーか、あるいは平凡な共和ファシスト党の書記官や行政官でさえ標的にされたのだった。イタリア側史料によると、ピエモンテとエミリア・ロマーニャ、そしてヴェネト地方が最も暴力的で、そのどの地域でも何千という発砲があった。[18] 英国側史料は、ヨーロッパ戦勝記念日を目前に控えた時期にミラノで五〇〇〇人ばかりが、トリノではさらに一〇〇〇人が処刑されたと言い、もっとも、連絡将校らがローマ駐在英国大使に伝えたように、「報いを受けるに値しないものは、誰一人として撃たれはしなかった」のだった。これらの数字は、どちらかと言えば過小な見積もりだった。[19]

連合軍には、明らかにこの血の粛清に介入するだけの力がなかった、少なくともその初期においては。トリノでは、地元解放委員会の議長だったフランコ・アントニチェッリは、伝えられたところによれば、連合国使節団の団長ジョン・スティーヴンズ大佐にこう命じられたのだった。「宜しいですかな、議長殿、二、三日の間に物事を片づけなさい。ただし三日目には、通りに死人が横たわっているのをもう見たくはありません」[20]。多くの普通のパルティザンも、連合軍が彼ら独自の形態の正義を執行するのを許したと述べた。「アメリカ軍はわれわれにそれをするのを許してくれた」と、あるかつてのパルティザンは戦後語った。「彼らはわれわれを見ると、少しばかり奴らを痛めつけるのを許し、それから奴らをわれわれのもとから連れ去っていった」[21]。

かくのごとき諸要因の結果、イタリア北部で起きた戦後の暴力は西欧の他のどこの追随も許さなかった。統計がそれを物語っている。ベルギーの解放のさなか殺害された対独協力者はおよそ二五六人、オランダではわずかに約一〇〇人だった[22]。フランスは、より引き延ばされかつ暴力的な解放に苦しんだだけあって、数ヶ月間でおよそ九〇〇〇人のヴィシー政権支持者が殺されたが、これらのうち解放後に起きたのはわずかに二、三〇〇〇件に過ぎなかった[23]。イタリアでは、最終的な死亡者数はより一層高かった。およそ一万二〇〇〇人から二万人で、誰の数字を信じるかによるのである[24]。

言い換えれば、各国の一〇万人ごとに、オランダはわずかに嫌疑をかけられた対独協力者一人だけが殺害されたのに対し、ベルギーでは三人より以上が、フランスでは二二人より以上が、そしてイタリアではおよそ二六人から四四人が殺害されたのだった。

北イタリアでの復讐をめぐり刮目すべきことの一つは、その殺人のスケールというよりは、それが遂行された切迫性だ。四六年のイタリア内務省によると、四五年の四月と五月だけで約九〇〇〇人のファシスト党員か彼らのシンパが殺害された。歴史家によってはこれを暴力のお祭り騒ぎ《オルギア》と描き、その性格において多かれ少なかれ箍《たが》が外れたものとしてきた。だが、激情犯罪の発生が夥しかったのは確かとして、より冷静で、そのアプローチにおいてより強固に組織だった要素も存在したのである。特定の個人が軍隊式の銃殺刑執行分隊により捜索され処刑されたのであり、いくつかの事例では、パルティザンらは彼らの虜を処刑するにあたり短時間即席の審理に割きさえしたのだった。[25]

連合軍の到着を待ち、囚人たちを従来の慣習的な司法制度に委ねる――西欧の他の大半の国のほとんどの抵抗者がそうしたように――よりはむしろ、これらのパルティザンたちは意識的に自らの手の内に法を納める決断をしていた。これは、彼らのほとんど誰一人として、もしファシスト党員らがイタリアの裁判所に委ねられれば、彼らが受けるに値する判決を宣告されるだろうなどとは信じていなかったからだった。かつてのパルティザンの師団長ロベルト・バッタ－リアの言を借りれば、「われわれはいま、粛清を実行せねばならない。なぜならば、戦場でなら撃ち殺せもしようが、戦争が終わってしまえばもはや撃ち殺しようがないからだ[26]」。

イタリアの司法に関して広範にわたったシニシズムは、理由がないわけではなかった。北イタリアのパルティザンはすでに、先立つ一八ヶ月の間南イタリアで生じたことを見守ることで、彼らが期待できる粛清の種類を目の当たりにしていたのだった。こちらでは、ピエトロ・バドーリオの腐敗した指導のもとに、ファシスト党の残党が社会のあらゆる水準で支配を続けていた。いくつかの地域では、連合軍がファシスト党員をその役職から排除するように迫ったものの、解放された地域がイタリア当局に返還されるや否やその多くが旧に復したのだった。警官は共産主義者らを悩ませ続け、それどころか左翼へと公然と共感を示す者なら誰であれ苦しめ続けたのであり、また、公にファシスト党頌歌を歌うこともかなりの程度ありふれたものであり続けた。四四年にはカラブリア地方でファシスト党のちょっとした復活があり、ファシスト党員によるテロリズムやサボタージュの短期間の激発さえあった。解放後一年より以上を経ても、南イタリアのコミュニティはいまだ同一の首長や警察署長、地主によって運営されており、彼らはファシスト党の歳月の間そうしたのと同一の暴力的かつ抑圧的手段を用いてそれらコミュニティに圧制を加えたのだった(27)。

イタリア北部が解放されたときには、南部での粛清の挫折はすでに申し分なく確立されていた。問題は、ファシスト党員であることそれ自体は、決して犯罪と見られなかったということだ——それは問題になり得なかったのである。元来、イタリアのファシスト党政府は、久しく戦争の以前から国際的に正統と承認されてきたのだから。だが、北部では事態はいささか違っていた。こちらではファシスト党員は、いまでは本拠をサロに置き、四三年に権力の座を逐われていたにもかかわらず、相も変わらず人々に支配を圧しつけていた。さらに重要なことには、彼らはドイツ軍が故国を占領する支援と手助けをしていたということだ。その結果、サロ共和国当局に地位を占めた者は誰であれ、同時にファシスト党員かつ対独協力者として訴追される可能性があった。

一見したところ、北イタリアにおける適切な粛清の見通しは、南部での当初の見込みに比べてはるかに有望に見えた。けれども、実際には、そのような変化をもたらそうという政治的意志はのっけから欠けていたのだった。連合軍の到着時、官吏や公務員は事情を申し立てて首尾よく権力の座に居座った。解放の混沌にあって彼らの経験は、もし状況がともかくもコントロールされなければならないとしたならば必要だったろう。同様に、多くの警官とカラビニエリ（憲兵）がそのまま職に留めおかれたが、それは連合国が、無理もないことだが、警察権をパルティザンに委ねることに神経質になっていたからだった。対独協力した企業や商店は労働者の職を奪わないようにと商売を続けるのを許され、経済をさらに損なうのを怖れてその所有者や経営者も地位に留められた。実際、パルティザンが変化を圧しつけたあれらの地域を除けば、規定路線は現行の権力構造をその場に留めるというものだった。
粛清は、それが行なわれるときには法廷に委任された――が、まずは司法制度を改革しようというどんな真の試みも行なわれなかったのだった。新たな法律や新たな法廷、新たな判事や法律の専門家を要求する呼び声にもかかわらず、司法の構造内部を満たす全体的空気は変化というよりはむしろ連続性のそれだった。新たな法律もいくつかは制定されたものの、一九三〇年のファシスト党刑法典は廃止されなかった――事実、それは今日もなお用いられているのだ。新たな法廷が設立され、対独協力の事例が審理された――特別陪審裁判所――ものの、概してこれらはムッソリーニの下に仕えていた同一の判事と弁護士で占められていた。それゆえ、イタリアの法廷に立った多くの対独協力者が、少なくとも彼らと同じだけの罪科がある者によって裁かれているという、馬鹿げた状況に身を置いているのに気がついたのだった。彼らの判決は、無罪放免にされなかったときでも、恥ずかしくなるくらい寛大だった――判事らは、自身の役回りを同時に問いに付しにでもしなければ、他の公務員を処罰することがまったくできなかったのである。[28]
その落ち度にもかかわらず、特別陪審裁判所は最低限、悪名高い黒い旅団による民間人の殺害か拷問のような暴力犯罪に有罪の判決を下すことはした。だが、これらの判決でさえ、イタリアの最上級審、つまり破毀院に上告することで覆ることもあった。この法廷に務める裁判官は恥知らずにもあからさまにファシズムに親しく、明らかに熱心に前政権の行為を擁護していた。陪審裁判所によって言い渡された判決を絶えず破毀して顧みることなく、かつ黒い旅団によりなされた最悪の残虐行為のいくつかを容赦し、無視し、また隠蔽することで、破毀院は、[29] ファシスト党員の犯罪者らを法に照らして処断するあらゆる企てを組織的に掘り崩したのだった。

戦争の終結から一年を経るか経ぬうちに、当局による粛清は、茶番劇《ファルス》らしきものになり果てていた。四六年二月に至るまでに、三九万四〇〇〇人の政府職員のうちわずかに一五八〇人しか解雇されず、しかもこの大半がほどなく元の職に返り咲くことになった。イタリアで収監されたファシスト党員のうち、ごくごく小さな少数派しか現実に多くの時間を牢獄で過ごさなかった。四六年夏に五年未満の全禁固刑が取り消され、囚人たちは解放された。西欧における最悪の残虐行為のいくつかを目の当たりにしていたにもかかわらず、イタリアの法廷は、割合から言って他のいかなる西欧諸国よりもわずかな死刑判決しか言い渡さなかった——すなわち、戦後の四五〇〇万人を超える人口からわずかに九二件に過ぎなかった。これは、一人あたりとしてはフランスの二〇分の一の少なさだ。[30] 彼らのドイツ人の相棒とは違い、かつてイタリア人の誰一人として、国外で犯された戦争犯罪のかどで公判に付された者はいなかった。

かくのごとき目覚ましき司法の挫折に直面して、再度大衆の不満が表面化し始めたのも驚くにはあたらない。一度いかなる粛清も当局にまかせたら不可能だと人々が結論づければ、彼ら自身の手に法を納めて処断しようという決断まではほんの小股一歩である。戦争が終わってから数ヶ月後に大衆の暴力の第二波が国内各地に吹き荒び、その際人々は、監獄に押し入り囚人をその場でリンチすることで当局による粛清に対する不信の念を明示した。これはエミリア・ロマーニャとヴェネト地方中の町で生じたが、他の北部の地域でも起きた。[31] 最も有名な例は、ヴィチェンツァ地方はスキーオでのもので、パルティザンの残党が地元の監獄に押し入り被収容者五五名を虐殺したのだった。この犯罪に居合わせたいく人かの言葉は、当時どれだけ人々が粛清の失敗に激しく憤慨したかを示している。「もし彼らが二、三公判を開きさえしていれば」、一人が言った。「もし彼らが何かしようと試みてさえいれば、人々の間で感じられていた緊張を緩めるには十分だったかもしれないのに」。「私はつねにその行為を擁護してきました」。別の一人は五〇年より以上を経てインタヴューされたとき、こう主張した。「なぜなら私にとって、彼らが殺されたのは正義の業だったからです……。あの人々に私は何の憐れみも抱いていていません、たとえ彼らが死んでいるのだとしても」。[32]

ヨーロッパ中での粛清の挫折

イタリアの経験は、西欧中の至るところで生じた何ごとかの一つの極端な例だった。戦後の粛清は少なくとも、どこにあっても部分的には失敗だった。たとえばフランスでは、連合国によってその粛清の「徹底性」と「力量」とが賞賛されたにもかかわらず、法廷に対する幻滅は広範に拡がっていた。[33] フランスで取り調べられた三一万一〇〇〇件の事例のうち、苟《いやしく》も何らかの種類の刑罰に結果したのはわずかに約九万五〇〇〇件しかなかった。全体のたった三〇パーセントである。この半分にも満たないわずか四万五〇〇〇人しか禁固刑かそれより重い刑を受けなかった。最もありふれた刑罰は公民権の喪失で、選挙権かまたはいかなる種類であれ公職に就く権利を失ったのだった。けれども、これらの処罰のほとんどは四七年の恩赦の後取り消され、収監された者の大半が釈放されたのだった。五一年のさらなる恩赦の後は、最悪の戦争犯罪者のうちわずかに一五〇〇人しか監獄に残らなかった。粛清の最初の日々に解任された一万一〇〇〇人の公務員のうち、大半はそれから六年のうちに元の職に復帰した。[34]

オランダで処罰された人々のうち、半分は単に選挙権の剝奪を蒙っただけで、もう半分の大半は収監されたものの、判決は概して刑期が短かった。ベルギーでは処罰は少しばかりより厳しく、四万八〇〇〇件の禁固刑が言い渡され、そのうち二三四〇件は終身刑だった。だが、これでもなお取り調べられた総件数のわずかに約一二パーセントにしか相当しなかった。ベルギーの裁判官はまた二九四〇件の死刑判決を言い渡したが、このうち二四二件を除く全件が減刑されたのだった。[35]

大陸中のたくさんの人々が、そうした量刑の宣告を絶望的に寛大と見なした。彼らは自分たちの不満をしっかりと知らしめた。四五年五月、ベルギー中で一連のデモが行なわれ、対独協力者がリンチされ、その家族は辱められ、家は略奪された。[36]デンマークでは、重大な対独協力の事例はほとんど知られていなかったにもかかわらず、約一万人がオルボーの通りに出て対独協力者に対するより厳正な扱いを求め、ゼネストが呼びかけられた。より小規模なデモがデンマーク国内の他の土地土地で生じた。[37]フランスでは、イタリアと同様に、監獄に暴徒が闖入し被収容者をリンチしようという数多の企てがあった。[38]

ひょっとすると、北西ヨーロッパで粛清に対し人々が何らかの満足らしきものを示した唯一の場所は、ノルウェーだけであったかもしれない。そこでは、審理は迅速かつ手際よく、処罰は苛烈だった。たった三〇〇万の人口から、九万件の事例が取り調べられ、この半数より以上が何らかの種類の処罰を受けた。言い換えれば、全人口の一・六パーセントより以上が、戦後何らかの仕方で処罰されたのである。しかもこれは、女性と子供たちに科された非公式の懲罰は含んではおらず、これに関しては次章の主題となるだろう。[39]

事実は、正義は一つの国から次へと移るにつれてひどくまちまちであった、ということだった。個人が取り調べられる恐れが最も大きかったのは言うまでもなくドイツで、非ナチ化のプロセスが否応でも全国民を悪霊化したのだった。けれどもより驚いたことには、個人が収監される恐れが最も大きかったのはベルギーで、ノルウェーがそれに肉薄する。個人が処刑される恐れが最も大きかったのは、まさしく同じくらい驚くべきことだが、ブルガリアで、一五〇〇件を上回る死刑判決が執行されたのだった。（もっとも、東欧の残りの地域と同じで、これら処刑の多くは実際の犯罪に対する懲罰というよりは、共産主義者による権力の奪取に関係していた。)

異なった国々で対独協力者が扱われた仕方のこの食い違いは、ことによると中欧で生じたことにより最もよく例証されるかもしれない。オーストリアとチェコスロヴァキアは隣国同士だったにもかかわらず、粛清についてそれぞれ大幅に異なった結果を得た。オーストリアでは、対独協力は圧倒的多数が微罪と扱われ、罰金または公民権の喪失をもって処罰された。五〇万人余りがこの仕方で罰せられたのである。しかしながら、こうした制裁も長くは続かなかった。一九四八年四月、恩赦により、四八万七〇〇〇人のかつてのナチが公民権を回復し、残りは五六年に仲間内に戻るのを許された。およそ七万人の公務員が免職されはしたものの、他の国々と同様、彼らの退場は何かしら回転ドア経由に過ぎないものだということが判明したのだった。(40)

対照的に、チェコ領内では、対独協力ははるかに深刻にとらえられたのだった。チェコの裁判所は戦時中犯された犯罪に対し七二三件の死刑判決を言い渡し、判決の三時間以内に刑を執行するという当局独特の方針ゆえに、ヨーロッパの他のどの場所にもましてここでは高い割合の死刑が実行に移されたのだった――ほぼ九五パーセント、もしくは全部で六八六件である。処刑の絶対数は、たとえばフランスに比べてずっと悪くは見えないものの、忘れてならないのは、チェコの地がフランスのわずか四分の一の人口しか有していなかったということだ。彼らの処刑率はそれゆえ、フランスの四倍にも達したのである。チェコ人が対独協力のかどで処刑される恐れは、ベルギー人の二倍あり、ノルウェー人の六倍、国の東半分のスロヴァキア人のいとこに比べると八倍もあった。だが、オーストリアとの比較がすべてのうちで最も意味深い。オーストリアでの四三の死刑判決のうち、かつてわずかに三〇件しか執行されず、そのことがオーストリアをヨーロッパで対独協力者にとって最も安全な場所の一つたらしめているのだった。チェコ人が「戦争犯罪」のとがで処刑される恐れは、彼らのオー

	ノルウェー	デンマーク	ベルギー	オランダ	フランス	イタリア	チェコスロヴァキア	オーストリア
1945年の人口	310万	400万	830万	930万	4000万	4540万	1050万	680万
死刑*	1	0.7	3	0.4	3.8	0.2	6.5	0.4
禁固刑*	573	33	582	553	110	110	208	200
より寛大軽微な刑*	1,083	—	378	663	188	—	234	7,691
総数*	1,656	33	963	1,216	309	—	449	7,892

表2◆西ヨーロッパの対独協力者に対する司法制裁(41)
註*10万人当たりの数。上記の数値のうちのいくつかの正確性にもかかわらず、
絶対数の多くに異論の余地があるため、これらは推定値と理解されるべきである。
しかしながら、国家間比較のためには、これらは大まかには正確なイメージを与えるものである。

ストリアの隣人の一六倍をはるかに上回るにおよんだのだった。

　もちろん、この二つの国の違いには、あらゆる種類の文化的、政治的、そして民族的理由が存在する。チェコ人は彼らの国家の解体と、ドイツ人マイノリティによる己が真っ只中での周縁化に対する復讐を求めたのであり――、彼らはこのドイツ人マイノリティの追い出しにかかっており、裁判の続くさなかですらそれは進行していたのだった。オーストリア人はと言えば、対照的に、一九三八年の併合《アンシュルス》を大いに歓迎していたのであって、ドイツ語を話す同胞に対する自然な親しみの情を感じていたのだった――そのすべてが、ヒトラーの「最初の犠牲者」という彼らの表向きの立場を鼻で笑ったのである。オーストリア人による対独協力を当局が適切に処断できないと感じたのは、まさしくあまりにもそれが普遍的だったからだった。

　この二カ国で対独協力者が扱われた仕方の差異が公平だったか否かは、完全に別の問題である。国際的観点からは、一方の苛烈さと他方の寛大さとを同時に正当化するのは不可能だ。

対独協力者たちの異なった国々での異なった扱いは、戦後ヨーロッパの正義の追求を阻んだ数ある不整合のほんの一例に過ぎない。裁判所はどこも貧乏人と若者により厳しくなりがちであり、もちろんそれは、彼らは他と比べてよいコネに乏しく、言語の明瞭さに乏しく、かつ高額の弁護士費用を賄う余裕に乏しかったからだった。(このことは東欧にあってさえ、共産主義者が自身の政治的諸目的のために粛清をハイジャックする前の数ヶ月においては正しかった。)それらはまた、粛清の初期に審理された人々に対してより苛烈であり、というのも、当時はまだ感情が激していたからである。一九四四年に死刑をもって処罰された数多の犯罪が、戦争が終わった後では禁固数年で済んだ[42]。さらには異なったカテゴリーの対独協力が異なった処遇を受けた。たとえば、軍事的並びに政治的対独協力者はどこにあっても厳しく処罰され、密告者とてそれは同じだった。メディア従事者は、彼らの罪の相対的に軽微な本質を考えれば、あるいはすべてのうちで最も厳罰に処せられたのかもしれない。というのも、彼らの有罪の証拠は記録資料にあり余るほど存在し、見せしめにするのは容易かったからだ[43]。対照的に、経済的対独協力者はほとんどまったく罰せられず、少なくともヨーロッパの西半分ではそうだった。大半の実業家に対して有罪を立証するのが困難だっただけでなく、無罪放免の見込みが一層大きくなるまで裁判を引き延ばす術に長ける弁護士を賄える見込みがはるかに大きかったからだ。加えて、実業家らを裁判にかける政治的意志がそこには欠けていた。戦後ヨーロッパの底無しの状況は、たとえどれほど嫌われ者であっても彼らが必要だということを意味していたのである。

この体たらくについて、裁判所だけをひたすら叩くことはできない。人々の感情的な要求を一時脇に措けば、裁判所が格闘しなければならなかったジレンマのいくつかは真に困惑させるものだ。たとえば、まさしく何が「対独協力」を構成したのかという問いをめぐる法的議論は解きほぐしようがなかった。たとえば、被告が彼自身本当に国家の最善の利益のために振る舞っていると信じていたのなら、それは本当に反逆罪だったのか？　多くの政治家と行政官が、彼らはただ、もし集団的に抵抗していたならば招来していたであろう大規模な抑圧よりもその方がましだったがゆえに、ナチに協力したのだと主張した。同様に、経済的対独協力者はしばしば、もし工場を止めていれば人々は飢え死にし、労働者たちは強制労働に徴発されドイツへと移送されていただろうと主張した。ドイツ人と協力することで、彼らは祖国がもっとひどい運命を経験するのを防いでいたのだというわけである。他の者たちは、対独協力に対する新たな法律が遡及的に適用されていると指摘した――換言すれば、彼らの活動は当時どの法律にも違反していなかったのだから、どうすればそれらが犯罪と見なされ得るのか？　誰かある人が強迫の下で「協力」するとき、その振る舞いに責めを負い得るのか？　そして、どうすれば戦後当局が極右政党の党員であることを違法だと宣告することが――再度、遡及的に――できるのだろう、そのまさに同じ時に結社の自由の普遍的権利を信奉しているというのに？

　フランスとスロヴァキア、ハンガリー、そしてクロアチアの検事は加えて、国家それ自身がドイツに協力したという問題と格闘した。これら国家の指導者たちがドイツ人のために働いたということで告発され得るのは間違いないにしても、平凡な官吏や事務官のほとんどはドイツやナチとは何の関係もなかったのだ。もし人が、ただ単にその見たところ正統な政府の指示に従っていたに過ぎないのならば、彼は裏切り者であり得るのか？[44]

　そのような法的議論の機微は、一般住民の水準では失われてしまった。彼らは良識ある司法をよりは、人々が処罰されるのを見たいという自らの感情的必要の方を気に懸けていたからだった。必然的に、多くの審理が些事にはまり込み動きがとれなくなった。「迅速かつ厳正な裁き《ジュスティス・セヴェール・エ・エクスペディティーヴ》」からはほど遠く、しばしばそれは生温く、うんざりするほど遅々として進まなかった。たとえば、ベルギーでは解放の六ヶ月後一八万件の冒頭陳述が行なわれたものの、わずか八五〇〇件しか審理にかけられなかった。ある連合国の観察者の皮肉たっぷりに記したとおり、「もしこのまま遅々として捗らなければ、最後の事例が法廷にかけられるまで一〇年はかかるだろう[45]」ということなのだった。

ことを促す唯一の手段は近道をするか、そもそも審理にかけられる前に諸事例を考慮の外に置くことだった。詰まるところ、こちらがまさしくベルギーで起こったことだった。経済的協力のかどで告発された一一万件のうち、かつてわずかに二パーセントしか審理にかけられなかった[46]。ヨーロッパの残りの場所でも、大部分の事例が審理にかけられる前に取り下げられたのだった。

都合のよい神話の構築

ヨーロッパの粛清がそのような寛大な成り行きになり果てたのは、何と言っても、何にせよより激烈なものを求める政治的な意志が、結局のところまったく存在しなかったからだ。苛烈かつ厳正な処罰は、どの国の関心でもなかった。たとえば、ドゥ・ゴールの亡命政府は、戦争の大半を、ドイツ人とヴィシーのちっぽけなエリートの両者に対する苦闘にあって団結した人民としてフランス人を描くのに費やしていた。解放後ドゥ・ゴールが権力の座についたとき、この団結の神話を棄てることに意味はなく、ことに見たところ彼を前にフランス人民が団結していたからにはそうなのだった。加えて、そもそももし自らを再建する力を持とうというのなら、フランスは団結している必要があったのだ。対独協力者と抵抗者は、戦後なお同一のコミュニティで相並んで暮らさなければならなかった。彼らの間で敵意を助長するのは、ただ将来の頭痛の種を蓄えることにしかならなかったろう。

ヨーロッパ中の他の政府とレジスタンスのグループも、まったく同じ手を打った。ノルウェーとオランダ、ベルギー、チェコの亡命政府も、それぞれの人民がナチに対して団結したと描き出すことで国民の間の緊張を緩和するのを望んだのだった。レジスタンスは、戦時中の彼らの偉業が戦後もなおお題目のごとく繰り返されるのに満足で、たとえそれが、彼らの立ち居振る舞いが日々のけちな対独協力のそれよりもむしろ当たり前だったという印象を与えるのであったとしてもそうなのだった。共産主義者は、とりわけ彼らを前に人々が一枚岩だったと触れて回るのに熱心で、もちろんそれは、東欧での権力奪取により大なる正統性を与えてくれるからだった。団結の幻想は、すべての戦後政府にとって、いまだかつて粛清がそうであった以上にはるかに重要だったのだ。それゆえ、概して粛清は、いまだかつて、ただその団結を脅かす者を排除するためにのみ精力的に追求されたのだった――たとえば、敵対的な民族集団の追放を正当化するために、ないし、東欧でずけずけと言ってくる政敵を排除するためにそうされたのである。

　団結のこの強調は、戦後期の最も有力な神話の一つだった――戦争のあらゆる悪に対する責任は偏《ひとえ》にドイツ人にとっておかれるのだという考えである。もし「われわれ」に残虐行為を働いたのがただ「彼ら」だけに過ぎないのであれば、ヨーロッパの残りの場所は、それが自身に働いた不正に対する説明責任から解放されるのだ[47]。それどころか、あら方のヨーロッパはドイツに対する「勝利」に与ることさえできるのである。戦争の直後にヨーロッパ人すべてがドイツとドイツ人に露にした嫌悪の情は、それゆえ、ただ部分的にしか実際にドイツが行なったことに対する反発になっていないのだ――それは、各国が自分の傷を癒やす一つの手段でもあったのである。

　敗北した国家たるドイツには、じっとこれを忍ぶ以外にほとんどどんなやり様もなかった。何と言ってもドイツが戦争を始めたのである。ヨーロッパ中の至るところから何百万という強制労働者を奴隷にし、ホロコーストを主宰したのだ。そしてにもかかわらず、ドイツにあってすら、これらの犯罪に対するいかなる説明責任の気持ちであればぐらかすのは可能だった。戦争について絶えず謝罪するドイツというステレオタイプなイメージは、多分に一九六〇年代の創作である。それ以前は、ドイツ人も他の国民とちょうど同じくらい、一九三九年から四五年までの出来事に対する個人的および集団的両責任を否定しがちだったのである。大多数のドイツ人は自らを犠牲者として見、犯罪者とは見なかった。つまり、ナチズムの、戦争に勝利することに失敗した指導者たちの、爆撃の、連合国の復讐の、そして戦後の欠乏等々の犠牲者というわけだ。責めは、容易くどこかよそへと転じられたのだ。

概して、非ナチ化の裁判はよそでの粛清と同一の結果をもたらし、同一のあらゆる不整合を伴っていた。ドイツのいくつかの地域では、他に比べてより精力的にナチが追跡された。いくつかのカテゴリーの囚人は、他に比べてより厳しく扱われた。そして、たくさんの悪名高いナチが、彼らの『旅の道連れたち』が罰を受けているのを尻目に、晴れて自由の身となったのだった。[48]

他のすべてに影を落とした唯一の裁判は、一九四六年にニュルンベルクで開かれたナチ指導者らのそれだった。この出来事に伴った大変な注目は、ナチズムの恐怖に関してドイツ国民を教育すべくデザインされていた。しかしそれはまた、責めはただ彼らだけにあるという印象をもたらしたのだった。一度裁判が終われば、正義は行なわれたと想像するのは容易なことだったのである。

続く数年間に継続されたナチ根絶の作業は、とりわけアメリカ占領地区でのそれは遍《あまね》く憤懣を買った。新たな連邦共和国が西ドイツに設立された四九年になるまで、それは終わらなかったのだった。ヨーロッパの他の場所と同様に、公式に粛清が終了したのと同時に、かつてのナチに与えられた刑罰が正式に破棄され取り消された。その年の九月二〇日、西ドイツの新首相コンラート・アデナウアーは議会での最初の公式演説で、いまや「過去を過去に流す時」だと宣言した。[49] 戦争の悪夢は、故意に忘れ去られることになるだろう。未来の新しい夢のために。

そのような戦後の神話づくりがそこそこ良性だったと想像するのには、そそられるものがある。もし団結の神話がいろいろな人の間に本当の団結をもたらしたのなら、どんな害があったというのか？　また、もし戦時の罪責と対独協力の事実を忘れることがヨーロッパに歩を進め、よりよい未来の鍛造を許したとすれば、それはきっとまた最善を思ってのことだったのではあるまいか？　けれども、不幸にもこの特殊療法には重大な副作用があった。西欧における政治的右派の復権の試みは、単に体のいいごまかしに帰着したばかりではなかった。場合によっては、馬鹿げたことにも右翼過激派に自らを被害者として描くのを許したのである。

責任は専らドイツにのみあるという神話が根を下ろし始めるにつれて、対独協力者に対する苛烈な扱いは粗暴な正義というよりは無辜の者の殺戮と見え始めるようになった。フランスでは、一九五〇年代までに何百といういうどぎつい物語が、民間人にマキザールがおよぼした拷問と虐待の詳細な挿絵つきで大衆紙誌に掲載され始めた。これらの物語のすべてで犠牲者の無垢は当然のことと決め込まれたか、あからさまに強調されていた。多くが女性の扱いに焦点を当てており、彼女らは裸にされ、髪の毛を刈られ、辱められ、鉄の棒で打たれ、性的に不自由にされ、そしてレイプされているのだった。こうしたことは事実、戦後起きはしたが、出版物に現われた物語はしばしば事実によりはむしろ伝聞に基づき、相応に誇張されていた[50]。

物語にはいんちきの統計もついていた。一九五〇年代の多くの書き手が、戦後数ヶ月間で約一〇万五〇〇〇人の対独協力者がフランス・レジスタンスにより処刑されたと主張した。この数字はおそらくは四四年一一月に当時の内相アドリヤン・ティクシエの行なった思いつきの発言に基づいていた――ところが、ティクシエ本人は四六年に死亡しており、この数字を裏づけるいかなる証拠資料もいまだかつて発見されていない。政府機関と独立した大学研究者による研究が繰り返し確証した本当の数字は、この総数の一〇分の一にも満たないというものだ[51]。

時を措かずイタリアでも、政治的右派は自らを犠牲者と描き出し始めた。五〇年代以降彼らはつねに戦争のまさに直後を血の粛清として描き続けるのをやめず、三〇万人を下らない人々が殺害されたとしてきた[52]。率直に言って馬鹿げたこれらの主張が、しかし十分に頻繁に繰り返されるや、何か真正さの気配といったものを帯び始める。一層重要なのは、彼らは戦時中ファシスト党員によって殺されたパルティザンの人数を矮小化し――ほんの四万五〇〇〇人ばかりと言う――、あたかも抵抗者たちの方がよほど強大な悪党であったかのような印象をつくり出すということだ[53]。現実には、戦後パルティザンに殺された人数はとても三〇万人などということはなく、少なくともその二〇分の一でしかない[54]。

右派の無垢の神話は、フランスでそうであるのときっかり同じだけイタリアでも抜き難い。それどころか近年、それは強さを増しつつあるのである。二一世紀初頭に出版されて最も物議を醸した書物の一つは、ジャンパオロ・パンサの『敗者の血《イル・サングエ・デイ・ヴィンティ》』で、解放のさなかと後でなされた殺人を微に入り細を穿ち叙述することで、イタリア抵抗運動についての英雄的幻想を攻撃したのだった。パンサの本は、殺害された人々の多くの無実に甚だしく傾注し、しばしばその無実の証拠に裁判所からの「無罪」判決を引くのだった。本は左派の憤激を買った。なぜならば、それには他の諸研究の持つ精妙さが欠けていたからで、そうした研究は、これら殺人が生じたコンテクストや当時ファシズムに対して感じられていた大衆の怒り、さらには裁判所の判決に対する信頼のしばしば無理からぬ欠如についての説明にはるかに多くの紙数を割いていたのである。だが、真に左派を怒らせたのはその本の人気で、最初の一年で三五万部を超える部数を売り上げたのだった[55]。パンサは再び自信を回復したイタリア右翼の心的態度に取り入り、彼らは彼らで過去の名誉回復の手段の一つとして、喜んで彼の説得力ある論駁に——さらに胡散臭い歴史家たちの仕事にと同様——跳びついたのだった。

一九九〇年代初頭の共産主義の崩壊、およびそれに続いたあらゆる場所での右翼政党の勃興以降、似たようなプロセスがヨーロッパ中で生じた。一度は遍《あまね》く嘲罵の的となった人物たちが、いまや、単に共産主義とソヴィエト連邦という「より強大な悪」に対抗したというだけの理由でロールモデルとして復活しつつあるのだ。大衆の想像力の裡では、ムッソリーニやルーマニアのイオン・アントネスクのごとき戦時独裁者の犯罪は、彼らの思惑上の美徳に味方して容赦されるか無視されるかするのである。ハンガリーあるいはクロアチア、ウクライナ、あるいはバルト三国の国粋主義者たち——戦中戦後の両時期にユダヤ人と共産主義者、自由主義者を見境なく殺害した男たち——が、いまや国民的民族的英雄として復権しつつあるのだ。これらは、良性の神話と言うにはあまりある。それらは真実の危うい歪曲なのであり、そのようなものとして曝露される必要がある。

戦時中の専制的体制との広範な協力を理解するにせよ、このことは私たちがそれを寛恕すべきだということではない。あれら協力者たちの振る舞いが道徳的に一線を越えたのなら、このことは、ただあれら協力者たちの大まかな政治観が私たち自身のと調和するからという理由だけで容赦されてはならない。同様に、私たちは戦争の直後にパルティザンにより行なわれた残忍な復讐も寛恕すべきでない。しかし、私たちは彼らの行為を今日の基準で裁くこともできない。不正義は事実行なわれた。無辜の人々が事実殺されたのだ。だが、ヨーロッパの人々にとって、長年の抑圧と暴虐によって獣のように残忍になった後では、そのような行き過ぎを回避する能力を持てというのは、もちろん多くを求め過ぎだろう。

原註

（1）*Défense de la France* および Oslo *Dagbladet*; Novick, *Resistance versus Vichy*, p. 31 および Dahl, pp. 154–8に引用。

（2）TNA: PRO FO 371/38896, Major D. Morton, 'Conditions in France and Belgium', 3 October 1944. また、Conway, pp. 137–42も見よ。

（3）Voute, p. 181.

（4）TNA: PRO FO 371/48994, Sir H. Knatchbull-Hugessen to Churchill, 2 July 1945; また、Bodson, pp. 144–5も。

（5）Philip Morgan, pp. 224–6.

（6）Pelle, pp. 193–5.

（7）パリ郊外の the Drancy internment camp に勤務していたある医師による報告書は、尋問の最中激しく打たれ、しこたま殴りつけられ、頭骨と顔の骨を割られ、足裏を焼かれ、ある場合など、膣と直腸へ長々と電気ショックを与えて惹き起こされた傷を耐えた、四九人のリストを与えている。Bourdrel, pp. 109–15を見よ。他の諸例に関しては、ibid., pp. 509–10, 585–6; Fabienne Frayssinet, 'Quatre saisons dans les geôles de la IVe République', Écrits de Paris, July 1949, pp. 114–25; Aron, p. 572; Virgili, pp. 139–40を見よ。

（8）*La Terre Vivaroise*, 29 October 1944, Bourdrel, pp. 316–17に引用。

（9）Beevor and Cooper, p. 63に見えるPhilippe Boegnerにより引かれたDe Gaulleの言葉。一九四四年八月一四日放送のラジオ声明、Bourdrel, p. 346に引用。

（10）*Journal Officiel*, Parliamentary Debates, 27 December 1944, pp. 604–7; 12 March 1954, p. 831. また、Novick, *Resistance versus Vichy*, p. 84および、Berlière, pp. 321–5にある議論も見よ。

（11）Beevor and Cooper, pp. 111–12.

（12）Judt, p. 65; Sonja van't Hof, 'A Kaleidoscope of Victimhood - Belgian Experiences of World War II', in Withuis and Mooij, p. 57.

（13）ベルギーについては、Judt, p. 44を見よ。チェコスロヴァキアについては、Annex 19 in Schieder, vol. IV: *Czechoslovakia*, p. 276を見よ。イタリアについては、Alessandrini, p. 64を見よ。

（14）Novick, *Resistance versus Vichy*, p. 77.

（15）TNA: PRO FO 371/49139, Duff Cooper to Anthony Eden, 11 January 1945.

（16）*Le Peuple*, 5 September 1944, 'Une proclamation des partis…'.

(17) Huyse, p. 161; Judt, p. 46; Rioux, p. 34, Derry, p. 405. 一九〇二年のノルウェー、および一九三〇年に至ってもデンマークでは、依然死刑が民刑法典の一部をなしていたものの、どちらの国でも一九世紀以降一例も執行されていなかった。Dahl, pp. 152–3; and Nøkelby, p. 319 を見よ。

(18) Dondi, pp. 97, 102 に見える届け出のあった殺人に関する諸統計を見よ。

(19) TNA: PRO WO 106/3965A, memo from Sir Noel Charles to Foreign Office, 11 May 1945. もっと最近のイタリアの研究は、トリノに関しては一三二二人、ミラノに関しては一三二五人という数字を提唱している。Pansa, pp. 55, 117 を見よ。

(20) Philip Morgan, p. 218 に引用。

(21) Testimony of Benito Puiatti and Eraldo Franza, Pavone, pp. 508, 768 fn. 11 に引用。

(22) Judt, p. 42.

(23) より詳細な数字、およびそれら数字にどのようにして達したかの議論については、Rioux, p. 32, Rousso, pp. 93–7, 119 および、Novick, *Resistance versus Vichy*, pp. 202–8 を見よ。

(24) 一万二〇〇〇人から一万五〇〇〇人という戦後の殺人の数字については、Pansa, p. 371 および、Philip Morgan, p. 167 を見よ。20,000 に達するという数字については、Pansa, p. 371 を見よ。諸々の数字に関する議論については、Pansa, pp. 365–72 および、Philip Morgan, pp. 216–18 を見よ。

(25) Philip Morgan, p. 218.

(26) Roberto Battaglia letter to the police chief of La Spezia, Pavone, p. 509 に引用。

(27) Philip Morgan, pp. 85, 205; Jonathan Dunnage, 'Policing and Politics in the Southern Italian Community, 1943–1948', in Dunnage, pp. 34–9; Woller, pp. 90–91.

(28) 司法制度改革に対するイタリアの挫折の概要については、Achille Battaglia, *passim*; および、Modona, pp. 48–58 を見よ。また、Claudio Pavone, 'The General Problem of the Continuity of the State and the Legacy of Fascism', in Dunnage, p. 18 も見よ。

(29) Modona, pp. 53–4.

(30) Pansa, p. 369. Judt, pp. 47–8 は、わずかに五〇件の執行例しか見積もっていない。

(31) Dondi, pp. 142–4; Pansa, pp. 316–26.

(32) Testimonies of Valentino Bortoloso and Pierina Penezzato, Sarah Morgan, pp. 154–5 によるインタヴュー。

(33) Rousso, p. 103.

(34)割合と統計については、ibid., pp. 106–8を見よ。少しばかり異なった数字については、Judt, p. 46; Rioux, p. 34を見よ。

(35)Conway, p. 134; Huyse, pp. 161–2.

(36)Conway, pp. 134, 140, 148; Huyse, pp. 161–2.

(37)TNA: PRO FO 371/47307, British Embassy in Copenhagen to Foreign Office, 3 August 1945.

(38)*Le Monde*, 13 January 1945; Farge, pp. 243–50; Novick, *Resistance versus Vichy*, pp. 76–7.

(39)Nøkelby, pp. 319–20; Derry, pp. 405–6; Judt, p. 45.

(40)MacDonogh, pp. 359–61; Judt, p. 52.

(41)Maddison, pp. 38–9からとられた人口統計。チェコ諸領（ボヘミアおよびモラヴィア）の人口は、Maddison, p. 96より推定され、チェコ国勢調査はGyurgyík, pp. 38–9に転載されている。他の転用されたデータは以下の通り。デンマークおよびノルウェー：Dahl, p. 148. ベルギーおよびオランダ：Huyse, p. 161. フランス：Rousso, pp. 108, 110, 119–20は、欧州司法裁判所により実施された七六七件の死刑執行と軍事裁判により実施された七六九件のそれを含んでいる。イタリア：Judt, pp. 47–8, Pansa, p. 369; より穏当な制裁の数字は知られていない。チェコ諸領Czech lands：Frommer, pp. 91, 220, 243. オーストリア：MacDonogh, pp. 359–61; およびJudt, p. 52.

(42)Frommer, p. 38; Huyse, pp. 165–6.

(43)Judt, p. 51; Huyse, pp. 163, 166–8; Frommer, pp. 272–7.

(44)これら並びに他の法的問題については、Novick, Resistance versus Vichy, p. 209; Huyse, pp. 159–69; Judt, pp. 44–5; Nøkelby, pp. 320–21を見よ。

(45)TNA: PRO FO 371/48994, Sir H. Knatchbull-Hugessen to Churchill, 2 July 1945.

(46)Huyse, p. 163.

(47)Tony Judtの独創性に富んだエッセイ、'The Past is Another Country: Myth and Memory in Postwar Europe', in Deák et al., pp. 296, 298を見よ。

(48)MacDonogh, pp. 348–57; Judt, pp. 53–61; Botting, pp. 315–53.

(49)Judt, p. 61.

(50)たとえば、Fabienne Frayssinet, 'Quatre saisons dans les geôles de la IVe République', Écrits de Paris, July 1949, pp. 114–25; および、ヴィルデュー・シュランドルでの四三歳の女性のレイプと拷問の物語、in La Gerbaude, 1951, issue 2, Aron, p. 572に引用を見よ。これらを、アンドル収容所およびポワティエのショヴィヌリー抑留収容所、それにパリ市内のドラ

ンシー抑留収容所での当局による取り調べにより生じたより激情的な物語と比較せよ、Virgili, pp. 139–40; and Bourdrel, pp. 109–15, 509–10.

(51) これら相容れないあらゆる数字については、Rioux, p. 32; Rousso, pp. 93–7, 119; Novick, *Resistance versus Vichy*, pp. 202–8を見よ。

(52) たとえば、Mungone, p. xを見よ。かかる数字に関する議論については、Pansa, pp. 365–72; Philip Morgan, pp. 216–18を見よ。

(53) Philip Morgan, pp. 166–7.

(54) 上記註24を見よ。

(55) Pansa, p. x.

第14章 女性と子供たちへの復讐

西欧のほとんどの地域で、対独協力者への復讐は小規模な出来事に留まるきらいがあった。通常は、特定の恨みを晴らすべく個人またはパルティザンの小集団によって行なわれた。集団復讐――つまり、町か村全体で共同で行なわれる復讐――は、現実にはかなり稀で、概して解放のプロセスがことさらに暴力的だった地域に限られていた。全体的には、私が示してきたように、西欧のコミュニティは多かれ少なかれ対独協力者を適宜当局に引き渡すのに甘んじたのだった。人々が当局を信頼せず、そのため法を自らの手の内に納めようとした地域では、秩序を回復するべくかなり迅速に警察か連合軍の介入があったのだった。

主だった唯一の例外は、西欧中で起こったことだが、ドイツ兵と寝た女性が扱われた仕方だった。そのような女性は遍《あまね》く裏切り者と見なされた――フランス語の言い回しを使えば、「水平的協力者」と見なされた――ものの、必ずしも彼女たちは法的な訴追を受けるに足る何か犯罪を犯していたというわけではなかった。戦後、彼女たちのコミュニティが攻撃してきたとき、彼女たちの擁護にくるのを厭わなかった人々はほとんどいなかった。居合わせた警官や連合軍兵士たちは、ほとんどつねに棒立ちして暴徒らがしたい放題するのを許した。それどころか、いくつかの町では、当局がこれら女性の虐待を大衆の怒りを和らげるのに好都合な圧力弁と見て奨励する場合すらあったのである[1]。

西欧で対独協力者に遂げられたすべての復讐のうちで、断然これが目につき、かつ最も普遍的だった。女性たちがなぜこの仕方で選り出されたかについてはたくさんの理由があり、とはいえ、そのすべてが彼女たちが犯したことにされていた実際の裏切り行為に関係しているわけではない。彼女たちの処罰、そしてそれに続いた彼女たちの子供の扱いは注目に値する。なぜならばそれは、ヨーロッパ社会が戦後自らを眼差すに到ったそのやり方についてたくさんのことを述べてくれるからである。

女性たちの剪毛

一九四四年秋、フランスはヨンヌ県《デパルトマン》サン＝クレマン出身の少女が、ドイツ人将校と「親密な関係」を持ったかどで逮捕された。警察に尋問されると彼女は率直にことを認めた。「私は彼の情婦となりました」。彼女は言った。「彼は私の父が病気になると、時々家にきては父を助けてくれました。ここを発つとき、彼は私に野戦郵便《フェルトポスト》の番号を置いていきました。私は彼に手紙を書き、他のドイツ人たちに手紙を彼のところに持っていってもらいました。なぜならば、私はフランスの郵便制度を利用できなかったからです。二、三ヶ月の間私は彼に手紙を書きましたが、その後はもう彼の住所を知りません[2]」。

ヨーロッパ中の多くの女性が、戦時中ドイツ人とそうした関係を持った。彼女たちは自分たちの行為を、「愛に基づく関係」は「犯罪ではない」とか、「心情の問題は政治とは何の関係もない」とか、「恋は盲目」とか言って正当化した[3]。だが、彼女たちの所属するコミュニティの目からすれば、これは言い訳にならなかった。セックスは、もしそれがドイツ人とならば政治的だったのだ。それは大陸全体の隷従を表象するに至ったのである。つまり、女性たるフランス、デンマークないしはオランダが男性たるドイツに凌辱されて恍惚となるというわけだ。同様に重要なことには、すでに第4章で触れておいたように、それはまたヨーロッパ人男性の去勢をも表象するに至ったのだった。これらの男たちは、すでにドイツの軍事力を前に不能であるのを証示されていたのに、いまや己が女たちが共同で不貞を働いた身であることに気づかされたのだ。

戦時中ヨーロッパ人女性とドイツ人の間に生じた性的関係の件数は、かなり圧倒的なものだ。ノルウェーでは、一五歳から三〇歳の女性の実に一〇パーセントもの多くに戦時中ドイツ人のボーイフレンドがいた[4]。もしドイツ人兵士に生まれた子供の数についての統計がなにがしかあてになるものならば、これはまったく異常というわけではなかった。西欧中の各地でドイツ人男性と寝た女性たちの数は、優に数十万人に達し得るものだったからである[5]。

被占領諸国の抵抗運動は、女性と少女の振る舞いについてあらゆる種類の弁解を編み出した。ドイツ人と寝た女性らを、彼らは無知や無学、貧乏、それどころか精神的に欠陥があるとさえ性格づけたのだった。女性たちはレイプをされていると、ないしはただ経済的必要からドイツ人と寝ているのだと彼らは主張した。そのいくつかについては疑いもなく事実であったにせよ、最近の調査はドイツ兵と寝た女性があらゆる階級と職業の出であったことを示している。全体として、ヨーロッパ人女性がドイツ人と寝たのは、そう強制されたからでも、彼女たち自身の夫や恋人が不在だったからでも、金か食料が必要だったからでもなく――、ただひたすらドイツ兵の強く、「騎士めいた」イメージが激しく魅惑的に感じられ、とりわけ彼女たち自身の男たちの弱々しい印象に較べるとそう感じられたからだった。たとえばデンマークでは、戦時世論調査員が、五一パーセントのデンマーク人女性が、ドイツ人男性の方が彼女たち自身の同胞に比べより魅力的だと公然と認めたことを知り、衝撃を受けたのだった[6]。

他のどこよりもフランスで、この必要が痛切に感じられた。巨大な、ひたすら男性的なドイツ人男性の現前に、それに相応するフランス人男性の不在が相対した――二〇〇万人のフランス人男性がドイツで捕虜か労働者だった――国では、しばしば占領それ自体が性的関係において見られたとしても不思議ではない。フランスは「ふしだら女」になり果て、自らドイツに身をまかせ、ヴィシー政府の

ヴィシー政権の指導者フランソワ・ダルランがドイツ兵目がけて「彼女の」部屋の鍵を投げる。

方はと言えば彼女のポン引きの役を務めているのだ[7]。戦後ジャン＝ポール・サルトルが書き留めたように、対独協力者側の出版物でさえ、フランスとドイツの間の関係性を「いつもフランスが女性の役を演じている結合」として表象しがちだったのである[8]。

これに直面してもなお愛国心を感じた人々ですら、性的凌辱の感覚を記録せざるを得なかった。一九四二年に、アントワーヌ・ドゥ・サン＝テグジュペリはこう記して、全フランス人男性が戦争により不貞を働かれたという免れがたい気持ちによって汚されたが、この恥辱が彼らの生来の愛国心を破壊するのを許すべきではないと示唆した。

家から家へと隣近所に向かって大声で、妻は売春婦だと泣いて夫は叫んで回るか。彼が彼の名誉を守るのは、かようにしてか。否、というのも、彼の妻は彼の家と一体だからだ。否、というのも、彼は彼女に対する自らの威厳を確立できないからだ。彼をしてわが家の妻のもとへと帰らせてやり、そうして彼の怒りから彼自身を楽にしてやれ。それゆえに私は、きっとしばしば私を辱めるであろう敗北とは離婚しない。私はフランスの一部であり、かつ、フランスは私の一部なのだ[9]。

このような感情は、フランス人だけではなく占領されたすべての国の男たちによっても経験されたのだった。自由フランスのために戦った航空兵として、少なくともサン＝テグジュペリは祖国の解放を助けるなにがしかをしていたのだった。家に籠もり反撃するどんな現実的手段も持たなかった者にとっては、欲求不満はより堪えがたかった。

解放は、このいくつかを正す好機だった。もう一度武器をとり、わが祖国への侵攻に参加することで、フランス人男性は彼らの女たちと世界の両者の目のうちで自らを購《あがな》う機会を得たのである。あるいはこれが、戦時中フランス人にとって、なぜシャルル・ドゥ・ゴールがかくも重要なシンボルとなったかの一つの理由なのかもしれない。ヴィシーの女々しい哀願とは対照的に、ドゥ・ゴールは彼の武人らしい精神を決して譲り渡さず、盟友のそれをも含む他の何者の意にも屈服するのを頑なに拒んだのだった。BBCで放送の彼の演説はやたら男性性への参照で鏤《ちりば》められており、曰く「戦うフランス」、曰く「誇り高く勇敢で、偉大なフランス人民」、曰く「フランスの軍事的強靱さ」、さらに曰く「わが人種の戦争への才能」(10)。Dデイ上陸を目前に控えたアルジェの諮問評議会に向けた演説で、ドゥ・ゴールが賞賛したのは、

わが堂々たる軍の働き……、大戦闘に向けて準備するわが部隊の熱誠。わが艦隊の乗組員全員の精神。わが勇壮《つわもの》なる空軍飛行編隊の武勇。マキの一員として制服なしで、武器なしも同然で、だが最も純なる軍の熱情の炎によって生気づけられた英雄的少年たち……(11)。

このような言葉は、自軍の軍人精神に訴えたい将軍らによってしばしば用いられてきた。しかし、ここでそれらが重要なのは、ヴィシー政権がフランスの軍事的希望を描いた敗北主義的で「女々しい」仕方とはあまりにそれらが強烈な対照をなすからである。

フランス国民の男性性の復権は、ドゥ・ゴールと彼の「自由フランス」の軍勢がとうとうフランスへと帰還した、四四年六月のDデイ上陸後に本格的に始まった。続く数ヶ月で、彼らは相次いで軍事的大穴を当てたのだった。その一番手はパリの解放で、専らフィリップ・ルクレール将軍麾下のフランス軍により実行された(ルクレールの動きをアメリカ軍が阻もうとしたにもかかわらず、だった。

その間、彼らは合衆国師団をもってより高度に調整済み攻撃を準備していたのだった）。第二は、八月一五日のフランス軍のプロヴァンスへの到着で、はるばるアルザスまで切り拓いていき、ついには国境を越えてドイツに入り、シュトゥットガルトを攻め落としたのだった。その途上、彼らはフランス第二の都市リヨンを解放したが、これまた米軍の支援を受けずにだった。ゆっくりと、しかし確実に、彼らは一九四〇年の軍事的当惑に対して自らを購い始めていたのである。

けれども、フランス人の自尊心の最大の押し上げとなったのは、ひょっとすると、英国とアメリカの軍人が持たなかった何ものかの形成だったのかもしれない――フランスその国内部の独立した軍隊で内側から立ち上がり、ドイツ人と戦ったのだ。フランス国内軍（ＦＦＩ）、あるいは、愛情を込めつつかつ貶めて彼らが知られた言い方では、レ・フィフィは、ピエール・ケーニグ将軍の名目上の指揮の下結成された、フランス・レジスタンス活動の最も重要な諸集団すべてからなるアマルガムだった。四四年夏の間に、彼らはしばしば英米の正規軍と並んで闘い、次々と町を支配下に置いていった。彼らは外からのどんな支援もなしにフランス南西部のほぼ全土を解放し、同様にマルセイユから北に猛攻を加える連合国軍のためにリヨン東部地域を一掃したのだった（四五四頁地図8を見よ）。

ＦＦＩの偉業はフランス人の士気に対する、ことに若いフランス人男性の士気に対する巨大な心理的押し上げとなり、彼らは大勢で群れなして入隊したのだった。[12]四四年六月から一〇月の間に、ＦＦＩの軍勢は一〇万人から四〇万人に膨れ上がった。年季の入ったレジスタンス活動家《レジスタン》は習慣でまずまず人目につかない姿勢を保つきらいがあったのに対し、これら新米の新兵は発見したばかりの男らしさをひけらかすのに桁外れに熱心だった。連合軍兵士らはしばしば、彼らが「弾薬帯に弾薬を数珠つなぎにしたのですっかりぐるぐる巻きにして」、あるいは「肩やベルトから手榴弾をぶら下げて」現われ、「あちこちで出鱈目に空中に向けて発砲し続けている」様を報告している。[13]英国陸軍装甲部隊で少佐を務めたジュリアス・ニーヴによれば、ひょっとすると彼らは、自らが値するのをはるかに上回って厄介者だったのかもしれない。「民間人の車に乗って轟音を轟かせて走り回ってはお互いを跳ね飛ばし合い、誰彼構わず会戦をやらかし、それは、彼ら自身、われわれ自身、さらにはドイツ野郎《ボッシュ》にまでおよんだ(14)」。フランス人の村人の中にすら、彼らを「FFIのお守りをぶら下げて行進し英雄気取りのポーズをする［……］若者たち」と特徴づける向きもあった(15)。けれども、もし彼らが少しばかり過度に自らを証明するのに熱心だったとすれば、これはただ、英米の男性とは異なり、何年もの間、ドイツに対して武器をとることができなかったからだけなのだった。いまや、彼らは初めて立派にかつ公然と戦うチャンスに巡り会ったのである――一人前の男子として。

不幸にも、この新発見の男らしさのお披露目には、より暗い一面も備わっていた。レジスタンスの軍勢への若い男たちの突然の流入で、はるかに経験のある数多の女性レジスタンス《レジスタント》活動家が押し出されたのである。たとえば、ジャンヌ・ボエックは、サン＝マルセルで申し分なく尊敬された爆発物の女性エキスパートだったが、突如自らが活動の中心から外された身であるのに気がついた。「私はそのようなことは忘れるようにと丁重に言い渡されました。これほど多くの男性が利用可能なときに女性が戦うことは想定されていない、と。しかし、間違いなく私は軽機関銃の扱いを、やっとこれらの武器を摑んだばかりというたくさんのFFIの志願兵よりもよく知っていたのです(16)」。戦争の最後の冬の間、女性たちは徐々にレジスタンスへの積極的参加を減らされていき、共産党指導下のフランス義勇兵パルティザン（FTP）は、女性たちを段階的にすっかり削除してしまうよう命令を出した。このことはイタリアやギリシアのような国々と好対照をなし、というのも、こちらではかなりの数の女性らがきっかり終戦時までパルティザンのために前線で戦い続けたからだった(17)。

もし「よい」女性たちがフランスの男性性の突然の再肯定のために脇に追いやられたとしたら、国家に「不貞を働」いた「悪い」女性たちははるかに苛烈に遇されたのだった。解放のまさに直後、FFIは突如これら「水平的協力者」に対して一斉攻撃を仕掛けた。ほとんどの場合、彼らの下した罰は髪の毛を剃ることで、巻き込まれた女性の屈辱を最大化しようと公衆の面前で実行された。解放後、剃髪の儀式はフランスのあらゆる県《デパルトマン》で行なわれたのだった。

ある英国軍人砲兵隊将校は、戦後北フランスでの経験を書く段になって、ある典型的な儀式について記述した。

> サンタンドレ・デショフェールで、われわれの行くそばから人々が花を雨あられと降らせるその町で、市場ではぞっとするような光景が演じられていた――言うところの悪い女《ユヌ・モヴェーズ・ファム》の対独協力者一名の懲らしめである。椅子に座らされた彼女の頭を床屋がてっぺんまで剃り上げている間、彼女は多数のひしめき合う野次馬の目を惹きつけていたが、その中には、後になって私は知ったのだが、数人のマキと自由フランス軍の将校一名が混じっていたのだった。その場にはまた女性の母親も居合わせていて、娘の髪の毛を床屋が刈り込んでいる間、見物人の輪の外で地団駄を踏み、喚き散らし、半狂乱の身振りをしていた。女性はなかなかの気骨の人だった。というのも、まる刈りにされた頭で、おもむろに立ち上がり「ドイツ人万歳《ヴィーヴ・レ・ザルマン》」と叫んだのだから。それを聞いた誰かが煉瓦を拾い上げ彼女を殴り倒したのだった。(18)

英国陸軍工兵隊所属のリチャード・ホルボロウ中尉は、ディエップ近郊の小さな町で暴徒の手にかかる似たような光景を目撃し、「その多くが明らかに彼らの解放を日がな一日祝ってきたようで、ほとんどがじかにボトルに口づけて飲んでいた。およそ一八名の女性と少女が仮設舞台まで行進していき、その壇上で各自地元の床屋の前に座らされた」。
折り畳み式の剃刀をポケットから抜きざまに開くと、彼は女性の髪をたくし上げ、二、三の巧みな剃刀さばきでそれを切り落とすと、切れ端を群衆の中に投げ入れた。次に彼女は床屋が頭皮を乾布摩擦し始めるや否や叫び声を上げ、それは彼女の頭皮が完全にまる坊主になるまで続き、かくして彼女は抱き上げられ、いまや怒号を上げ野次を飛ばす暴徒らに向けて披露されたのだった。

これで女性たちの試練が終わりというわけではなかった。二、三日後、部隊が同じ町を出発する際、ホルボロウはいま一度本通りで歌っている別の一群に足止めされ、その際に彼女たちのお仕置きの第二部を目撃したのだった。

彼らはかなりの上機嫌で髪を剃られた女性の一団を見ており、彼女たちの方はと言えば、皆が皆首から紐でプラカードを下げて、忙しそうにバケツに素手で馬糞を詰めるのに携わっていた。バケツが一杯になると蹴り倒されて、同じことをまた始めからやらされるのだった。ドイツ兵との間であるまじき行為をした少女たちに町の女たちがいまでも仕返しをしているのは明白だった[19]。

何十もの町で、女性たちは自らの試練に、半裸か、全裸で耐えなければならなかった。四四年九月の『ラ・マルセイエーズ』紙のある記事には、アンドゥームの若い男の一団が女性一人に、「家の外で遊んでいる無邪気な子供たちの前をまる裸になって通りを駆け抜ける」よう強いたとある。[20] トロワでも同じで、FFIが女性らを駆り集め、裸にし、群衆を前に頭を剃られている姿を披露した。地元の県解放委員会《コミテ・デパルトマンタル・ドゥ・ラ・リベラション》のリーフレットによれば、

ほとんど一糸纏わぬ姿で、鉤十字の焼き印を圧され、ことさらにべとつくタールを塗られ、辛辣な嘲弄の言葉を浴びた後で、彼女たちはいつものお決まりの仕方で頭を刈り込まれるのを堪えることになるのであり、すると、それほどにたくさんの奇妙な囚人がいるように見えてくるのだった。前日晩に始まったこの無慈悲な狩りは、一日中続き、地元人士のしばしば大いに喜んだことには、彼らは通りで列をなして、これらの女性が国防軍《ヴェーアマハト》の帽子を被り通り過ぎていくのをわれ先にと見ようとしたのだった。[21]

この分野でおそらくは随一の専門家であるファブリス・ヴィルジリによれば、少なくともフランス中の五〇の主要な町と市で女性たちは裸にされたのだった。[22]

このような光景は、いかなる意味でもフランスに特有というわけではなかった。似たような出来事はヨーロッパ全土で起きた。デンマークとオランダでは、傷つけられた国民のプライドと地元女性の振る舞いに対する性的ジェラシーとの結合が、数千の女性が頭を剃られるという事態へと結果した。[23] イギリス諸島のうちどうにかドイツが侵略できた唯一の小さな一角だったチャンネル諸島では、ドイツ兵と寝たために女性たちが頭を剃られる事例が数件あった。[24] 北イタリアでは、人々はファシスト連中と寝た女性の剃髪について歌を歌いさえし、それにはヴェネトのパルティザンが歌った以下のようなものもあった。

そして君たち美しいお嬢さんの皆さん
ファシストたちと悪いことをして
君たちの髪の房皆爛燦《らんさん》
ほどなく剃られ刈られるだろうて(25)

かくのごとき懲らしめと、同時にそれらを取り巻いた儀式の非常に大きな人気は、解放された人々の対独協力に対する嫌悪の情を表現したいという深い欲求を指示しているように見える。歴史家のピーター・ノヴィックは、この時期のフランスの客観的研究を開拓した人だが、彼は、これら女性たちの剪毛は、より深刻な対独協力を犯した者らの広範な流血の惨事を防ぐのに役立った感情的はけ口を地元コミュニティに提供したのであり、ほとんど彼女たちはあたかも「犠牲の供物」であるかのようだと主張している(26)。解放の最初の数週間に市の立つ広場で見世物にされた剪毛された女性たちの姿は、しばしば、地元の緊張の知覚可能な低下と、他の協力者たちに対する流血の減少に帰結したのである(27)。歴史家によってはこの考えに疑問を呈してきたものの、女性たちの剪毛は紛れもなくコミュニティを一つに纏め上げたのだった――割合害がなく、非永続的な暴力の形態としては、それは誰もが関与し得たたった一つの復讐の行為だったのだ(28)。いまとなっては、その実践はヨーロッパ史の恥ずべき挿話と見られるかもしれないにせよ、しかし当時は誇りをもって執り行われたのだった。四四年のレジスタンス紙は、剪毛の儀式の放つカーニヴァルのごとき雰囲気を記しており、そこでは群衆によって愛国歌の自然発生的な翻案が歌われたのだった。フランスの少なくとも一地域では、地元住民が儀式を執り行った人々に、彼らの晴れの日の仕事の「記念《スヴニール》」にとナイフと剃刀を進呈したのだった。[29]

後知恵をもってすれば、愛国的復讐劇が話の一面でしかないのは明らかだ。女性の髪の剪毛は新しい現象ではない――戦前にあってすらそれは由緒正しき姦婦への懲罰だったのだ。だが、ヨーロッパの歴史の他のどの時代においても、この懲罰がかくのごとき包括的な規模で行なわれたことはなかった。それゆえ、ドイツ人と寝たことで処罰されたフランス人女性の大多数が結婚していなかったことは重大である。彼女たちの「姦通」は、彼女たちの男たちに対してではなく、彼女たちの国家に対してだったからだ。それゆえに、ある名状しがたい仕方で、フランスは、女々しく従順な存在から雄々しく執念深いそれへとイメージの再変容の途上にあったのである。

儀式自体の性的本質も重要だ。デンマークでは、剃髪の儀式のさなか、女性たちが度々衣服を剝がれ、胸と背中にはナチのシンボルが描かれた。[30] フランスの多くの地域でも同様で、女性たちは尻を叩かれ、胸には絵の具で鉤十字に塗られたのだった。[31] これらの儀式が市の立つ広場か町役場、あるいは市役所の階段で行なわれたという事実は、コミュニティ全体に極めて明確なメッセージを発信することになった。FFIは、これら女性の身体が公有財産であることを改めて主張したのだ。彼らはまた、それらが男性の財産であることも改めて主張した――これらの罰のさなかに撮られた何百という写真は、それらがほとんどひたすら男性によってのみ執り行なわれたことを示している。

フランス人女性の中には、彼女たちがこの象徴的な仕方で利用されていることにあまりにも自覚的過ぎる人もいた。彼女たちはまた、自分たちが戦争とは何の関係もないと信じていた私的な行為で咎め立てされていることに憤ってもいた。フランス人女優アルレッティが、戦時中あるドイツ人将校と私通したかどで四五年に投獄された際、世評によれば、彼女は裁判で、「私の心（臓）はフランスに属しております、しかし私の膣は私のものです」と言って自らを正当化した。[32] 当然、そんな抗議は顧みられなかった。最近の研究によれば、約二万人のフランス人女性が対独協力に対する罰として剃髪され、そのうち一番多かったのはドイツ兵と寝たという理由によったのだった[33]。

七〇年ばかりという歳月の隔たりを置き、これらの女性がこのやり方で処罰されるに値したか、それともそもそも値しなかったか判断するのは難しい。連合国兵士や行政官らは、まず間違いなくその資格がないと感じていた。当時、英国外相だったアンソニー・イーデンの言葉を借りれば、「占領の恐怖」[34]をくぐり抜けてこなかった者には、「一国のすることに意見するいかなる権利も」なかったのである。けれども、否定しようもないのは、これらの女性がスケープゴートだったという事実だ。彼女たちの頭を剃るのは、彼女たち自身の罪ではなく、コミュニティ全体の罪を切り離す象徴的方法だったのだ。フランス人ジャーナリスト、ロベール・ブラズィーヤックの言葉を借りれば、西欧全体が「ドイツと寝て」いたのであり、ドイツの占領を可能ならしめた日々のいく千という行為を通じてそうしていたのだった。それなのに、多くのコミュニティでそのために罰せられたのは、ただ現実のドイツ人と寝た女性たちだけだったのである[35]。

当該の女性たちにとって唯一の慰めは、事態は容易にずっと悪化していたかもしれないという思いだった。私たちは、東欧において、男性性の国家的感覚の再主張が、部分的に広範なレイプによって遂行された様を見ている。西欧では女性の髪を切ることが、同一の政治的目的を達成する性的暴力のはるかに悪意のない形態を表象していたのである。

子供たちの陶片追放

もしヨーロッパ全土で生じた広範な「水平的協力」の証拠がとにかく必要ならば、それはその結果生まれた子供たちのかたちで実在している。デンマークでは、五五七九人の赤ん坊が登録上ドイツ人の父親を持って生まれた——そして、明らかにもっと多くの赤ん坊が父親がドイツ人であるのを匿して生まれたのだった。[36] オランダでは、ドイツ人を父親に生まれた子供の数はともかくも一万六〇〇〇人から五万人と考えられている。[37] ノルウェーでは、オランダ人口の三分の一しかなかったにもかかわらず、八〇〇〇人から一万二〇〇〇人のそのような子供たちが生まれた。[38] そしてフランスでは、約八万五〇〇〇人かもっと多くが生まれたと考えられている。[39] ヨーロッパの占領された土地でドイツ兵を父に生まれた子供の総数は不明だが、諸推計によれば、その数は一〇〇万人から二〇〇万人の間を揺れている。[40]

これらの赤ん坊は、まさしく彼らが産まれ落ちたコミュニティに歓迎されなかったと言っても差し支えはない。軽率な関係は見なかったことにされ、揉み消され、忘れられるかもしれないが、子供の方は、そのまさしく存在が絶えず女性の恥辱を思い出させるのであり——転じてコミュニティ全体のそれを思い出させるのを止めてはくれないのだった。剪毛された女性は、髪はすぐに生えてくるのだからと思って自分を慰撫するかもしれない。対照的に、子供はなかったことにはできなかったのだ。

いくつかのケースでは、国防軍《ヴェーアマハト》兵士の子供たちが地元でひどく困り者扱いされたために、直ちに処分するのが一番だと考えられた。たとえばオランダでは、いく人かの目撃者が、誕生後間もない子供たちが殺された多くの実例があり、通常は過ちを犯したそれぞれの少女の両親によってそうされたのを知っている、と主張している。そのような行為は、思うに、家族の「名誉」回復のためになされたのだろう。しかし時折は、より公然と政治的な行為だったのであって、家族外の人間がより広いコミュニティの名誉回復のために行なったのだった。たとえば、ペイトラ・ラウフロックの説明によればオランダ北部でレジスタンスのメンバー一人によって赤ん坊一人が揺り籠から連れ去られ、床に叩きつけられて殺害されたのである。[41]

ありがたいことに、そのような出来事は稀で、とはいえそれらは、戦時中ドイツ人を父親に持って生まれた地元の子供は彼らが生まれた国に対する公然の侮辱であるというヨーロッパ社会の極めて強い気持ちを反映していたのだった。このような強い感情は、ノルウェーの日刊紙『ロフォートポステン』紙の一九四五年五月一九日付社説に要約されている。[*1]

これらドイツ人の子供たち全員は、ノルウェー人民の身中で大規模な庶子の少数派へと成長し発達すべく運命づけられている。その出自ゆえに、彼らは予《あらかじ》め好戦的姿勢をとるべく宿命づけられている。彼らは国を持たず、父を持たず、ただ憎しみしか持たず、しかもこれが彼らの唯一の遺産なのである。彼らはノルウェー人になることができない。彼らの父親はドイツ人であり、彼らの母親はその思想と行動においてドイツ人である。彼らにこの国に留まるのを許すのは、第五列の招集を公認するも同然だ。彼らは純粋なノルウェー住民の間で永久に苛立ちと不穏の分子となり続けるだろう。最も善いのは、ノルウェーにとってと同様、子供たち自身にとってもそうだが、彼らがその生を、自然に属している空の下で続けていくことだ。(42)

彼らがドイツ兵の「戦争の児」と名づけたものに対するノルウェー人の態度の研究は、ことさらに豊かな分野であり、なぜならば他の国々とは違い、これらの態度はかくも上手に記録されているからである。戦争の直後、ノルウェー当局は戦争児委員会を設立し、そのような子供たちをどうしたものか検討しようとした。(43) そのために、ここでは短期間公然と、ヨーロッパの他のどの場所でもされなかったような仕方でこの問題が議論されたのだった。この主題はまた、もっと最近になってからも真剣な吟味の対象となった。二〇〇一年、戦争児のグループの政治的圧力の下、ノルウェー政府は、これらの人々が戦争の直後どのように扱われたか、彼らの生にどんな影響があったのか、そして、何か少しでも不正の可能性があるならばそれを是正するためには何をすればよいのかを精確に突き止めるために研究計画に基金を拠出したのである。この研究の成果は、現在までのところ、他のいかなる国をも絶して最も完全な戦争児の研究となっている[44]。

戦争のまさに直後、ノルウェー人たちは、女性と少女のいくらかの振る舞いに関して極度に苦々しく感じていた。四五年初夏、ドイツ人と寝たのを告発された数千人の女性が駆り集められ、牢獄と捕虜収容所に押し込められた――オスロだけで、そのうち約一〇〇〇人が閉じ込められたのだった[45]。すでに私たちが見てきたように、その多くが解放のさなか頭を剃られ、暴徒により公衆の面前で屈辱を与えられていた。しかしながら、より悩ましかったのは、彼女たちからノルウェー市民権を剝奪しドイツへと移送せよという人々からの当局への呼び声だったろう。そんな行為はとても正当化できたものではなく、何となればドイツ兵と寝ることはもちろん法に反してなどいなかったからだ。いずれにせよ、犯罪者と裏切り者を裁くための国の委員会は、すでに、市民権の剝奪を処罰のために用いるべきではないことをはっきりさせ始めていた[46]。結果として、ドイツ人と寝た女性の移送を求める声は徐々に収まっていった。

とはいえ、もっと進んでドイツ人と結婚するまでになった女性らは、そう簡単に難を逃れるわけにはいかなかった。四五年八月、ノルウェー政府は二〇年前の法律を復活させ、外国人と結婚した女性は自動的にその夫の国籍を帯びることになるとした。この法律に限定を加えるべく、その適用は、ただ敵国の国民と結婚した者にのみ限られるべき旨修正が加えられた――事実上、ドイツ人である。ノルウェー司法のあらゆる原則に反して、法律は遡及的に適用されることになった。そのため、数百、それどころか数千をさえ数えるかもしれぬ女性が、当人は当時法律の枠内で行動していたと信じていたのに、ほとんど一夜にして自らの国籍を失ったのだった。彼女たちはいまや「ドイツ人」と名指しされ、そのような者としてドイツ移送の可能性に、そして一緒に子供たちまでその可能性に直面したのだった。(47)

ドイツ人兵士の子供たちに関する立場は、はるかに容易にはっきりさせられた。同法律によれば、戦争児の国籍は、彼らの父親により定められていたからだ。たとえ法律を抜きにしても、これらの子供たちにはせいぜいわずかばかりの擁護者しかおらず、無条件に彼らをドイツ人と見なすべきとの合意が国中で広がったのだった。結果、彼らも即時の国外移送の公算に直面したのである。当局内部も含め、たくさんの人が、母親が国内に残ることが許されているかにかかわらず、かかる移送が実施されるべきだと考えたのだった。

当然ながら、そのような提案は、あらゆる種類の道徳的および政治的問題の緒を開くことになった。自ら進んで「ドイツ人」孤児の移送に反対した人はほとんどいなかったのに対して、母親が生存し、なおもノルウェー人のままであった子供たちの追放ははるかに困難だった。四五年七月の初めに戦争児委員会が設立されたとき、子供たちとその母親を追放するための法律の改定を調査するようにことさらに求められたのだった。もしこれが可能でないのであれば、憤懣やる方ない社会から子供たちを守り、同時にまた、ゆくゆくは危険になるかもしれぬ子供たちの集団から社会を守るために、他にどんな措置が実施されるべきか考えられねばならないのである。

戦争児委員会は、これらの問題の吟味に、四五年末の優に五ヶ月を費やしたのだった。彼らが出した答申は、極度に議論の余地のあるものであり、そしていまなおそうあり続けている。一方で彼らは、地元コミュニティにこれらの子供を受け入れるよう政府が公にキャンペーンを打つことを提案し、しかし他方、もし地元コミュニティがそう望めば、子供たちは母親の元から離されノルウェーの別の地域か、あるいは外国にすら送られるべきだとも提案したのだった。委員会はさらに、子供たちも母親も強制的に移送されるべきではないと勧告した。そしてにもかかわらず、委員長のインゲ・デベスは、伝えられるところによれば、全部で九〇〇〇人の戦争児を、明らかにそうした移住を母親らがどう考えるかお構いなしに、オーストラリア移民団へと差し出したのである。（この申し出は、結局は兵站学的な理由から却下されたが、しかしまたオーストラリア側が最終的に、「ドイツ人」の子供を欲しがらないことにはっきりと思い至ったからでもあった。[48]）

見たところこれらの子供たちを政府が移送できる見込みはますます薄かったので、委員会は子供たちをノルウェーに留めておいた場合に出てくる諸帰結について調査し始めた。ノルウェー人たちを最も心配にさせたことの一つは、これらの子供たちが精神的に標準以下かもしれないという可能性だった。他国においてと同様にノルウェーでも、ドイツ兵に誑《たぶら》かされるのを自ら許したいかなる女性も、多分に精神薄弱であると広く信じられていたのである。同様に、そんな精神的に欠陥のある相手を選ぶなんて、そんなドイツ人は誰であれ精神薄弱に違いない。この循環論法をその不可避の帰結にまで辿ってゆけば、彼らの子供たちもほぼ確実に同じ欠陥を抱えているということになる。問題の見極めのために、委員会はエルヌルフ・エーデゴールという名の著名な精神科医を指名し、戦争児の精神状態に関して答申するよう求めた。二、三ダース分の患者のサンプルに基づき、エーデゴールは九〇〇〇のうち四〇〇〇人の戦争児が精神遅滞か、さもなければ遺伝的に劣等であるかもしれないと示唆した。委員会はこの声明を額面通りに受け取りはしなかったものの、委員の一人がある新聞に、母親と子供たち双方に精神的欠陥の公算ありと記すのを思い止めはしなかったのだった。

その結果、多くの戦争児が何の証拠もないのに遅滞のレッテルを貼られ、彼らの中には、ことにドイツ人の運営する古い孤児院では、残りの人生を施設の中で費やして台無しにする者も出た。一九八〇年代にそのような集団の一つを世話したある医師によれば、彼らがもし他の「ドイツ人ではない」人々と同様に扱われていたならば、十中八九、孤児たちは完全に通常の人生を送るに至ったことだろう。[49] 戦争児委員会は、事実、すべての戦争児が彼らの精神衛生の状態を判定するために心理学的評価を受けるよう勧告したものの、あまりに高くつくと考えられて結局一度も行なわれなかったのだった。

国家やコミュニティ、それどころか時には学校教師の手により精神薄弱の烙印を押すことは、ただでさえすでに傷つきやすかった集団に起こり得る迫害の層をもう一枚加えただけだった。後にいく人かは、学校でクラスメートから日常的に侮辱されたり、終戦記念日の式典から締め出されたり、「純粋な」ノルウェー人の子供と遊ぶのを妨害されたり、教科書や鞄に鉤十字を描かれたりしたという。多くの子供が親類縁者から拒絶されたが、それは彼らが子供たちを一族の恥の根源と見なしたからだった。後に母親が結婚すると、「敵の子」[50] だという理由で腹を立てた継父の手で、多くが言葉や、精神的、身体的虐待に苦しんだのだった。

子供たちの中には、母親からの拒絶に苦しんだ者さえいた。母親が彼らを自らの苦しみの全体の根源と見たからだった。たとえば、六歳のトーヴェ・ライラは、戦時中ドイツ人の少女として育てられるべくナチにより母親のもとから連れ去られ、四七年にノルウェー人の家族のもとに戻ったが、その時点で彼女の知っていた唯一の言葉はドイツ語だけになっていた。彼女の母親と継父はわずか三ヶ月のうちにどうにか彼女からドイツ語を叩き出し、以後とことしえに彼女を虐待し、恥をかかせ、苛《いじ》め続けた。今日のノルウェーではほとんど無償で受けられる社会福祉事業の類いの欠如にあって、この不幸な少女は、子供時代の残りの日々を実母から「忌々しいドイツの豚」と呼ばれて過ごしたのである。[51]

戦争児の最もありふれた経験は、彼らの父親についての恥ずべき沈黙のそれだった。この沈黙は、国民的および個人的の両水準で存在した。戦争児の運命に対する当初の関心の後で、ことにあたかも彼らのことを厄介払いできるやもしれぬかのように事態が見えたとき、ノルウェー政府は子供たちのドイツからの遺産に纏わるあらゆる痕跡の抹消を試みたのである。彼らは子供の扶養のためにドイツ人の父親を追跡することをせず、かつ積極的に父親との接触を妨げた。子供がドイツ語の響きのする名前を持つときには、政府はそれをより伝統的なノルウェー語風に改名する権利を主張したのだった。[52]

個人的水準では、こうした沈黙が時に彼らにより大きな傷を与えることもあった。子供たちの母親はしばしば父親について話すのを拒み、かつ、彼ら自身がそれについて話すのも禁止した。子供たちの中には、学校へ行き運動場でからかわれているのに気づくまで、父親の国籍について知らなかった者もいた。この話題に関する沈黙は、子供たちが家庭の外で言葉による虐待を受けるのを滅多に防げなかったように見える。[53]

このような遍《あまね》き拒絶がこれらの子供に及ぼした破壊的な影響は、ようやく最近になって光が当てられるようになってきた。二〇〇一年になってノルウェー政府が後援した研究によれば、戦争児はノルウェーの残りの住民全体に比べより死亡率が高く、より離婚率が高く、しかもより健康に乏しい。彼らは概して、他のノルウェー人に比べより教養に乏しく、より低い収入しか得ていない。彼らはまた、同輩に比べて著しく自殺を図りやすい。死亡者数が最悪だったのは、一九四一年から四二年に生まれた人々の間でだった――この研究の著者たちが、終戦時にはこれらの子供たちは何がわが身に起きているか理解するのに十分なだけ成長していたという事実に、部分的にはその原因を帰している傾向だ。戦争直後の数年間は、これら子供たちに対する苦々しさの念が最も強くなった時期なのだ。[54]

ノルウェーの戦争児たちは、それから何年も除け者のまま留まることとなった。いくつかの決定的な仕方で、彼らは実の母親よりも一層残酷に扱われた。一九五〇年に、新たな国籍法が、あれらドイツ人と結婚した女性らにノルウェー国籍を再取得する権利を与えた。ところが、戦争児にはこの権利が一八歳に達するまでは与えられなかった。優に六〇年代初頭に至るまで、毎年、これらの子供とその保護者は、国内在留の許可を地元警察署に申請するという例年の恥辱を忍ばなければならなかったのだった。

大まかに言って、ノルウェーの戦争児の経験は、全西欧中の戦争児の経験をかなりの程度象徴している。ドイツ人を父親に持った子供は、どこで生まれようが脅され、からかわれ、遠ざけられたのだった。時折は物理的な虐待を受けたものの、より多くの場合、それは言葉によるものだった。「ドイツ野郎の赤ん坊《べべ・ボッシュ》」「ドイツ人の子供たち《ティスケルンゲル》」、または「売春婦の子供たち《モッフェンキンダー》」のような侮蔑的なあだ名で呼ばれたのである。どの国出身の戦争児も、他の子供たち、先生、隣人、そして時折は彼ら自身の家族の一員による苛めについて話す。彼らはしばしば教室で無視され、コミュニティ内で遠ざけられたのだった。

ノルウェーでと同じく、どこへ行っても恥ずべき沈黙の文化がこれらの子供の後をついてきて、それは彼らの私生活においても役所との交渉においても同じだった。たとえば、デンマークの戦争児は後に、「苦痛と恥辱、そして嘘の空気の中に生まれ落ちた」と語った。[55] ドイツ人の父親に関する情報を見つけ出そうとしたデンマーク人たちは、しばしば積極的にそうするのを邪魔された。[56] ヨーロッパ中の政府がつねに内なる「ドイツ人」の子供の数を過少に報告した――事実、ポーランドでは戦争児の公式の数字はいまだにゼロなのだ。この現象についての現実的な推計は、新たに確立さ

れた、占領に対する「普遍的抵抗」についての国民神話とともに快く居座るわけにはいかなかったのである。(57)

もちろん、これが唯一の物語だったわけではない。実の父親ゆえの差別を、ほとんど、ないしはまったくもって受けなかった子供もたくさんいたのである。事実、ベルゲン大学によるある研究には、質問を受けたほぼ半数の戦争児が、己が素性ゆえのいかなる困難も抱えたことがないと答えたとある。けれども、それがなお意味するのは、半分を超える子供が事実困難を抱えたことがあるということなのだ。(58)

非常に多くの場合に、これらの子供たちの味方は実の母親以外に誰もなく、その彼女たち自身、しばしば侮りの対象となっていたのだった。娘を「ドイツ野郎の私生児《バタール・デュ・ボッシュ》」呼ばわりした学校教師と対決したフランス人の母親の勇敢さを、人はただ喝采をもって賞賛することしかできない。「先生《マダム》、ドイツ人と寝たのは娘ではなく、私です。もし誰かを侮辱なさりたいのであれば、むしろ私に対してとっておき、罪のない子供には八つ当たりをしないでください(59)」。

原註

(1) Virgili, p. 173.
(2) Ibid., p. 26 に引用。
(3) 逮捕並びに対独協力の起訴を受け、シャラントのジャイヤ収容所に拘留された人々に関する警察の報告書、Archives Nationales, Paris, 72 AJ 108 (AVIII); Virgili, p. 26; Warring, 'War, Cultural Loyalty and Gender', p. 46.
(4) Kåre Olsen, 'Under the Care of the Lebensborn', p. 24.
(5) ドイツ人を父親に産まれた新生児に関する統計については、下記註 36–40 を見よ。

(6) ドイツ人に対するデンマーク人女性の態度の研究については、Lulu Ann Hansen, '"Youth Off the Rails": Teenage Girls and German Soldiers - A Case Study in Occupied Denmark, 1940–1945', in Herzog, p. 151 を見よ。また、Warring, 'War, Cultural Loyalty and Gender', pp. 44–5 も見よ。

(7) Virgili, p. 238.

(8) Ibid., p. 239 に引用。

(9) Saint-Exupéry, p. 145.

(10) Speech on the BBC, 8 November 1942, de Gaulle, p. 393 に引用。Christmas speech to the French people, 24 December 1943, p. 553; speech to Consultative Assembly, Algiers, 18 March 1944, p. 560.

(11) Speech to Consultative Assembly, Algiers, 18 March 1944, de Gaulle, p. 562 に引用。

(12) See Virgili, p. 80.

(13) Derek L. Henry, IWM Docs 06/126/1, typescript account, pp. 48, 52; Captain Michael Bendix, IWM Docs 98/3/1, typescript account, p. 30.

(14) Major J. A. S. Neave, IWM Docs 98/23/1, typescript diary, entry for 3 September 1944, p. 157.

(15) セーヌ川沿いのボニエール在住女性の言葉、Major A. J. Forrest, 12 September 1944 に引用。IWM Docs 91/13/1, typescript memoir, ch. 10, p. 3 を見よ。

(16) Bohec, p. 186.

(17) Weitz, pp. 149, 170.

(18) Major A. J. Forrest, IWM Docs 91/13/1, typescript memoir, ch. 8, p. 11.

(19) Lt Richard W. Holborow, IWM Docs 07/23/1, typescript memoir, pp. 135–6.

(20) *La Marseillaise*, 3 September 1944, Virgili, p. 191 に引用。

(21) Leaflet from the Comité Départemental de la Libération, Troyes, Virgili, p. 191 に引用。

(22) Virgili, p. 189.

(23) Warring, Tyskerpiger, pp. 156–73; Diederichs, pp. 157–8.

(24) Bunting, pp. 235, 258–9.

(25) Dondi, p. 126 に引かれた通り。よりリテラルな訳は、こんな具合だろう。「そしてお前さんら若い娘さん／ファシストどもと付き合って／お前さんらの美しい髪の房／すぐに刈られるだろうよ」。

(26) Novick, *Resistance versus Vichy*, pp. 69, 78.

(27) Rousso, p. 98. Diederichs によれば、剃髪は、総「清算日」をかろうじて食い止めるべく入念に計画され高度に調整済み企図において、オランダの少なくとも一つの村で行なわれた、p. 157.

(28) Virgili は、暴力の流れの想定された径路づけは決定的ではないと主張しているが、それがコミュニティの団結に焦点を提供したことには同意している、pp. 93–4, 172.

(29) Virgili, pp. 65, 94. また、Brossat, *passim* に挙げられているたくさんの例も見よ。

(30) たとえば、Warring, *Tyskerpiger*, pp. 100–101, 161 に見える写真を見よ。

(31) Virgili, p. 192.

(32) Rousso, p. 98. また、いろいろに伝えられてもいる、曰く「私の心（臓）はフランスのもの、でも私の身体は私のもの」、Arletty obituary, *Daily Telegraph*, 27 July 1992; また Buisson, p. 9 によれば、「私の心（臓）はフランスのもの、でも私の尻はインターナショナル」['Mon coeur est français mais mon cul est international']。

(33) Virgili, p. 52.

(34) Anthony Eden interview in Marcel Ophüls's film documentary *Le Chagrin et la Pitié*, part II: 'Le Choix'.

(35) Virgili, p. 239 に引用。

(36) Warring, *Tyskerpiger*, p. 146.

(37) 高い方のオランダの数字については、Johr, p. 71 を見よ。Diederichs, p. 153 は、わずかに一万六〇〇〇人という数字の見積もりである。

(38) ノルウェーの数字については、Kåre Olsen, *Schicksal Lebensborn*, p. 7 を見よ。Olsen は真の数字は一万人から一万二〇〇〇人の間だと考えている。しかしながら、これらの子供のうちわずかに八〇〇〇しか戦時中ドイツの生命の泉協会により公式に登録されず、さらに九〇〇〇人という数字はノルウェー戦争児委員会により用いられた標準的な数字だった。

(39) Johr は八万五〇〇〇人から一〇万人の範囲を与えている、p. 71. 八五〇〇〇という数字は、一九四三年一〇月一五日付のドイツ語文書からきているように見える。もっと後の推定は、二〇万もの高い数字を出してきている——Buisson, pp. 116–17; Roberts, p. 84 を見よ。

(40) Drolshagen, p. 9.

(41) Diederichs, p. 157 を見よ。

(42) *Lufotposten*, 19 May 1945, Ericsson and Ellingsen, p. 94 に引用および翻訳。

(43) この委員会 commission の仕事に関する記述については、Kåre Olsen, 'Under the Care of the Lebensborn', pp. 307–19 を見よ。

(44) 二〇〇一年の研究計画とその成果に関する記述につ

いては、Ericsson and Ellingsen, pp. 93–111 を見よ。

(45) Kåre Olsen, 'Under the Care of the Lebensborn', p. 26.

(46) Borgersrud, pp. 71–2.

(47) Ibid. 戦時中のドイツ人とノルウェー人女性間の結婚に関する精確な数字は存在しないものの、Kåre Olsen はその数を三〇〇〇件程度と見積もっている、'Under the Care of the Lebensborn', p. 26 を見よ。

(48) Borgersrud, p. 87.

(49) 一九九〇年の医師の声明、Kåre Olsen, 'Under the Care of the Lebensborn', p. 29 に引用。

(50) これら、および多くの他の逸話については、Ericsson and Ellingsen, pp. 93–111 を見よ。

(51) Drolshagen, p. 101.

(52) Borgersrud, p. 85.

(53) Ericsson and Ellingsen, p. 109.

(54) Ibid., pp. 105–6.

(55) Drolshagen, p. 96.

(56) Arne Øland, 'Silences, Public and Private', in Ericsson and Simonsen, p. 60.

(57) Ibid.

(58) Drolshagen, p. 118.

(59) Ibid., p. 137.

訳註

＊1　Such strong feelings are summed up in an editorial in Lufotposten, a Norwegian daily newspaper, on 19 May 1945—おそらく Lofotposten.

第15章 復讐の目的

復讐は、大いに非難されてきた、しかしいまだほとんど理解されていない戦後直後の時期の一側面である。今日、私たちが復讐をそのあらゆる形態において嘆かわしく感じるにせよ、それがいくつかの目的のためには役に立ち、そのすべてが必ずしも否定的だったわけではないということを認めておくのは重要である。勝利者にとって、それはドイツとその協力者たちの敗北を際立たせ、いまでは権力の手綱を握っているのが誰なのか寸毫《すんごう》の疑いもなくはっきりさせた。ヒトラーの犠牲者にとっては、それは道徳的平衡の感覚を、たとえそれがいくつかの道徳的優位を放棄するという代償を支払ってのことだったとしても、回復させたのだった。そして、ヨーロッパのコミュニティ全体にとっては、ナチの圧政の歳月を通じ積み上げられてきた不満のいく分かに、ついに表現を与えたのである。

復讐行為は間違いなく、コミュニティに対してと同様個々人にも、最早出来事に対する受け身の傍観者ではないという感覚を与えた。正しかったにせよ間違っていたにせよ、プラハの通りでドイツ兵をリンチしたり、あるいはミラノの通りで黒い旅団のメンバーをリンチした暴徒らは、集団的満足を得たのだった。単にファシズムに一つお見舞いしてやったというだけでなく、わが掌中に権力を取り返しもしたのである。同様に、ドイツでの虜の身から解放された数百万の外国人強制労働者の多衆は、通常ドイツ人民家から食料や貴重品を盗むことに喜びを覚え、時にそこで出会われたドイツ人一家を虐待もしたのだった。彼らはこれを、自身飢えと虐待に苦しめられた歳月の後では己が権利と目したのである。

ヨーロッパのいくつかの地域では、人々が法と秩序の諸制度へのあらゆる信頼を失ってしまっていたので、復讐に頼ることは少なくともなにがしかの種類の正義は可能だという感覚を与えたのだった。他の地域では、時に、より暴力の度の小さな形態の復讐が社会にかなり積極的な効果を与えることができると考えられた。西欧における最もありふれた形態の復讐——女性の剃髪——は、当時、暴力を減らし、占領された町や村に新たな自尊の念を与えると信じられた。今日私たちはそのような出来事は非難されるべきだと考えるけれども、それらがコミュニティを一致団結させ、再び力が与えられたとついに感じさせたという点は否定できないのである。このような事実を認めることは、私たちが復讐を寛恕《かんじょ》せねばならないという意味ではない。しかしもし、それらを認めそこなうことがあれば、この混沌とした時期を通じて、諸々の出来事を駆り立てた暴力的な力についての適切な理解を私たちが持つことは、決してないだろう。

復讐の問題は、つねに第二次世界大戦の直後の極度に論争の多い部分であり続け、今日もなお政争の具《ポリティカル・フットボール》として利用されている。このことの最も露骨な指標は、いんちきの統計をもとにした度重なる再利用である。誇張され感情的になった主張が、戦争の直後にあっての正真正銘の被害者と、その苦しみにつけ込みたい特定の集団の双方により行なわれてきた。たとえば、フランスの政治的右派出身の書き手らは数十年来、一〇万人を超える対独協力者の嫌疑をかけられた人々が解放のさなかとその後にレジスタンスにより殺害されたと主張してきた——戦時中殺害されたレジスタンス活動家の人数に匹敵する数である。殺害された対独協力者の本当の数は、おそらくはその一〇分の一で、わずかに一〇〇〇人か二〇〇〇人が現実に復讐による襲撃によるものとカテゴライズされ得る。フランス右翼は数字を弄《もてあそ》ぶことで、戦時中の自分たちの役割から効果的に注意を逸らし、ひょっとするとそれへの赦免を勝ち取ろうとさえしているのかもしれない。

同様に、終戦時に故郷を追われたドイツ人も、しばしば東欧で起きた極めて有名な残虐行為の数々に関する誇張した主張を行なっている。彼らは、アウスィヒで二〇〇〇人の民間人が、ラムスドルフの捕虜収容所では六五〇〇人の民間人が殺害されたと言う（事実は、よりありそうな数字はそれぞれ一〇〇人と一五〇〇人だったというにもかかわらず、である）。「ジェノサイド」や「ホロコースト」といった言葉が故意に用いられ、ドイツのために犠牲者性の概念の再要求を企てている。そして、問題の核心を痛感させようと、凄惨極まる話が、そのいくつかはほとんど風聞に過ぎないにもかかわらず、繰り返し繰り返し語られるのだ。そんな誇張は不必要で、かつ反生産的だ。真の数字、そして本当の物語は、十分に恐ろしく、潤色の必要などないからだ。

私たち共同の不面目だが、歴史家たちは時にこれらの主張に疑問を突きつけるのにしくじってきた。それというのも、信頼に足る史資料が不足しているか、たまたまその誇張が私たち自身の政治観に適合するということがあるからだ。これは、第二次世界大戦の歴史それ自体を悩ませているのとちょうど同じように、戦後史を苦しませている問題である。（もう一つ別の例として、一九四五年のドレスデン爆撃の間に一〇万もの多きが死んだと主張する本や記事が今日定期的に出版されているが、事実は、二〇〇九年のドイツ政府の公式委員会も含め、ここ一〇年ないし一五年間の最も信頼に足る史料は、約二万人という数字を出している）。かくのごとき誇張された数の問題は、以下の章で何度も何度も浮かび上がってくることだろう。

しかしながら、もし戦後起きた復讐の規模を誇張する人がいるとすれば、時にはその反対も正しい。多くのユダヤ人は、復讐はかなり稀だったと指摘して手早く済ませようとする。「私たちは復讐できませんでした、さもなくば同じ穴の貉《むじな》となるでしょう」と、テレージエンシュタットで解放後ベレク・オブホフスキは主張した。「生き残ったあれらの人々すべてのうちで、五パーセントを超えてドイツ人に対する復讐に手を染めた者がいたとは私には思えません[1]」。当時ですら、ユダヤ人はそのような主張をしていたのだった。「われわれは復讐を望まない」、とザルマン・グリンバーグ博士*1は、四五年五月の終わりにダッハウでユダヤ人の仲間内の会合に宛てたスピーチで宣言した。「もしわれわれがこの復讐に手を染めるならば、それはわれわれが、ここ一〇年間にドイツ国民が堕ち込んだ倫理と道徳の深淵に堕ちるということを意味することでしょう。われわれは女性や子供を殺戮することはできません！　われわれは何百万という人々を燃やすことはできません！　われわれは何十万という人々を飢え死にさせることはできません！[2]」

ほとんどの歴史家がこのような主張には同意するだろう――すなわち、復讐は、事実、少数派しか選ばなかった小径だったのだ。ヨーロッパ中の多くの地域で、兵士たち、パルティザンたち、そして元囚人たちが注目すべき仕方で自制を働かせ、そのために多かれ少なかれ法の支配は無傷だった。たとえば、ノルウェーとデンマークでは、戦後ほとんど暴力が起きなかった。だがこれらの国にあってさえ、他のもっと南方および東方の地域とほとんど同じだけの物理的道徳的破壊を蒙りはしなかったにもかかわらず、復讐は行なわれ、とくにドイツ兵と寝た女性に対してはそれが果たされたのだった。比較的それが穏当な形態だったという事実は、いささかたりともその現前を弱めはしないのである。

同様に、ユダヤ人が戦後ヨーロッパの他のいかなる集団に比べてもはるかに復讐の責めが小さいというのも、おそらくは正しい。だが、復讐の小径を選んだ人々は、それを真心をこめて抱き締めたのであり、それは彼らが自分自身の生と無辜の人々のそれとをともに危険に晒すのを厭わぬまでにおよんだのだった。ダッハウでのスピーチの中でグリンバーグ博士があれほどに力強くこの主題を語ったという事実は、その場のユダヤ人たちの間に復讐への欲望が極めて強く脈動していたということを示している。そして、私たちが知っているように、この欲望はダッハウで、収容所の被収容者とアメリカ軍の両者により発揮されたのだった。

ユダヤ人による復讐の問題は、依然として微妙な主題である。当時、ほとんどのユダヤ人は、グリンバーグ博士のスピーチに一文字一文字綴られた理由をもって、速やかに誘惑を退けたのだった。彼らはナチその連中と同一の道徳的汚水溜めに沈み込みたくはなかったのである。けれども今日、ユダヤ人は復讐の実在を少しばかり違った理由であしらおうとする。彼らは世界が彼らの行為をどのように知覚しかねないか不安に思っているのだ。他の宗教を信仰する人々には、あるいは、ユダヤ人が自らのイメージに関して覚えるこの不安を理解できないだろう。一九三三年から四五年の間のナチの一連の中傷活動が単にその遠地点に過ぎないところの、何世紀にもわたる反ユダヤ主義的侮辱と陰謀論に苦しんできたがゆえに、ユダヤ人がいかなる種類の論争であれ必要のないものは避けようと決意したのも無理からぬことだ。諸研究の示すところでは、いつ何時、何かしらイスラエル問題についてのごとき論争が起きてしまえば、ヨーロッパ中の隅々で、いま一度伝統的な反ユダヤ主義が忽然と表面化するのであり、二〇〇六年のレバノン南部へのイスラエルの侵攻後に起きた多数のユダヤ人への襲撃がこれを証拠づけているのである。[3]

それゆえ、一九九〇年代にジャーナリストのジョン・サックがユダヤ人による復讐について本を出したときに、ユダヤ人コミュニティで、とりわけアメリカで大騒ぎになったのも驚くにはあたらない。サックは、戦後ポーランドの捕虜収容所組織内で目立つ存在となった数人のユダヤ人にインタヴューし、彼らはそれに答えてドイツ人囚人を拷問したことを認めたのだった。彼の著作は、その文体において煽情的であるにもかかわらず、史料による証拠で裏打ちされており、しかもその全インタヴューはテープに記録され、公開されている。にもかかわらず、彼のエージェントは本の代理を拒絶し、アメリカの出版社はサックに前金を支払っていたにもかかわらず、遅れ馳せにそれを取り消した。同様に、連載権を買った雑誌も、出版の二日前に記事を引っ込めたのだった。彼自身ユダヤ人であったにもかかわらず、サックは活字媒体とテレビの両方で、反ユダヤ主義とホロコースト否認のかどで告発された。ヨーロッパでも、彼の本に関し似たような論争が起こり、サックのポーランド語版の出版社が悪い評判を怖れて出版をキャンセルし、同様に、キャンセルしたドイツ語版の出版社はすでに刷っていた六〇〇〇部をパルプに溶かしたのだった。こうしたことにもかかわらず、彼の本に含まれる基本的な情報は、他の国際的に認知された歴史家らにより繰り返し立証されている。

戦後の復讐を認めることは、いかなる歴史家にとっても極度に居心地の悪い問題であり、たとえ国民的ないしは宗教的感受性によってそれが曇らされていない場合でさえそうなのであり、おそらくこの問題を議論することは、同時に誰かの爪先を踏んでその気分を害することなしには不可能なのである。第一に、ある行為を応報的と性格づけることによって、それを歴史家が部分的に正当化し正統化するのではないかという不安がある。それゆえ、たとえば、ソヴィエト兵によるドイツ人女性のレイプが復讐と記述されると、それはより理解しやすいものとなり、かつ、ひょっとすると多少はより受け容れやすいものとなるのである。ドイツ人女性は――そう議論は進むのだ――ドイツ人男性がそうであったのとちょうど同じだけナチ体制の一部だったのであり、レイプはそれゆえ、時折は、彼女たちが自ら招いた出来事なのだ。これは、多くのソヴィエト兵が当時用いた議論である。

逆に、復讐行為はあまりに恐ろしいと考えられかねず、すると、もともとの犯罪の影が薄くなりかねない。そのため、同じ例を使えば、ドイツにおける大量レイプはあまりに厭わしいので、現代の読者は、レイプを受けた女性の多くもまた悪の体制の一部だったということを忘れてしまうだろう。私たちの心理の裡では、ナチズムの名においてなされた残虐行為は――ホロコーストと同程度に巨大な犯罪ですら――少なくとも部分的には、一度戦争が終わればドイツの人々が堪え忍んだ苦痛により「帳消し」にされかねない。これは、確かにドイツの大学研究者が抱いている不安である。一例として、大量レイプに関して草分けとなったドキュメンタリーが一九九二年に放送されるや、それはドイツのマスメディアに騒動を巻き起こした。憤慨した批評家らが、ドキュメンタリーは決して放送されるべきではなかった、なぜならば、もしドイツ人が自らを残虐行為の犠牲者と見なし始めるなら、彼らは同時に犯罪者でもあったのだという事実を見失うことになるであろうからだと論じたのである。(4)

これら二つの両極端の狭間を縫う小径伝いに進むのを避けようと、多くの歴史家がいかさまをする。たとえば、第二次世界大戦の多くの歴史書が戦後生じた復讐行為について何の言及もしていない。同様に、戦後ドイツ人のレイプと殺害を記述するほとんどの書物が、この見たところ抑えの効かぬ復讐への欲望を最初に産み出した東欧での戦時残虐行為を垣間見ることとすらせずに、そうするのである。復讐を、それが所属するより広い文脈から引き離すことの問題は、戦争の直後、なぜ人々がそのようにしたのか、理解することが不可能になるということにある。現代的、政治的観点からすれば、それが犠牲者性をめぐっての競争を惹き起こすということもある。

遅かれ早かれ、議論は国民的民族的ないしは政治的路線に沿って抑えが効かなくなりがちである。ポーランド人とチェコ人は、無理もないことだが、歴史家が民族ドイツ人の苦しみについて話し始めると腹を立てるが、それはもちろん彼ら自身があれらドイツ人の多くの手で野蛮な占領の歳月を耐えるのを余儀なくされたからだ。フランス共産主義者は、彼らの行き過ぎを右翼が強調すると憤るが、それはもちろん何万人という共産主義レジスタンスの闘士の逮捕や拷問、処刑を司ったのがフランス右派だったからだ。ロシア人は、ルーマニア人とハンガリー人が戦後どのように扱われたかについての怒りを、ルーマニアとハンガリーはまずもってソヴィエト連邦に対する戦争に決して加わるべきではなかったと論じてあしらう。云々。

真実は、戦争によってつくり出された道徳的泥濘は何者をも容赦しないということだ。あらゆる国民と民族、そしてあらゆる政治的主義と党派が――無論、甚だ違った度合いでだが――同時に犠牲者でもあり犯罪者でもあったのである。もしいまだに歴史家がこれらの問題を、それらの適切な理解のために不可欠な多々変化する灰色の陰影のうちで見ることに苦労しているとすれば、当時ほとんどの人が、いまだ戦争の出来事から傷の癒えぬままに、大抵の場合物事をひたすら白か黒かでしか見られなかったのというのも、ひょっとすると避けようがなかったのかもしれない。

だが、戦後の暴力に関する議論がそれほどにしばしば人種ないしは政治の問題で身動きがとれなくなるという事実は、偶然ではない。それは、戦争それ自体とそのまさに直後の両者の背後に横たわっていたより深い主題のいくつかを指示するのである。ヨーロッパ中の人々の思考と動機において復讐がどれほど目立つものであったにせよ、それだけで戦争の直後に起きた暴力の十全たる説明になるわけではない。他の、よりイデオロギー的な力もまた、そこには働いていたのだ。時には、暴力は戦争によりもたらされた猛烈な変化に対する反応ではなく、その継続だった。時には、復讐はそれ自体が目的だったのではなく、単により過激な目標を達成するための手段に過ぎなかった。

これら諸目標の追求、およびそれらの背後にしばしば横たわっていた強烈な人種的偏見が、第3部の主題である。

原註

（1）Berek Obuchowski interview, IWM Sound, 9203, reel 5.
（2）Dr Zalman Grinberg の言葉。Gilbert, *The Day the War Ended*, pp. 391–2 に引用。
（3）'Attacks on Jews soar since Lebanon', *The Times*, 2 September 2006; および、'Anti-Semitic Attacks Hit Record High Following Lebanon War', *Guardian*, 2 February 2007 を見よ。
（4）Laurel Cohen-Pfister, 'Rape, War and Outrage: Changing Perceptions on German Victimhood in the Period of Post-unification', in Cohen-Pfister and Wienroeder-Skinner, pp. 321–5.

訳註

＊1　'We do not want revenge,' declared Dr Zalman Grinberg ―おそらくリトアニア系ユダヤ人。後に合衆国に帰化。リトアニア語名では、Zalmanas Grinbergas（ザルマナス・グリンベルガス）。

第3部

民族浄化

あなた方は［……］彼らが自ら望んで逃亡したいという諸条件を創り出すべきだ。(1)*1

ヨシフ・スターリン

第16章 戦時の選択

第二次世界大戦は、単に領土をめぐる争いに過ぎなかったわけでは決してなかった。それは、人種と民族性の戦争でもあったのだ。戦争の決定的出来事のいくつかは物理的な土地の獲得や維持とは何の関わりもなく、すでに保持された土地の上に自分たちの民族的刻印を圧すことに関わっていた。ユダヤ人のホロコースト、ウクライナ西部の民族浄化、未遂に終わったクロアチア系セルビア人のジェノサイド。これらは、どの点から見ても軍事的戦争と同じだけ熱烈な精力をもって追求された出来事である。膨大な数の人々が——ことによると一千万人かそれ以上——が、たまたま間違った民族ないしは人種集団に属していたという他にどんな理由もなしに、故意に絶滅させられたのだった。

人種戦争を追求する者にとっての問題は、ある人物の人種なり民族なりを決定することがつねに簡単ではないということで、とりわけ様々なコミュニティがしばしば解きほぐしようもなく絡まり合った東欧においてはそうなのだった。たまたまブロンドの髪と青い目を持って生まれたユダヤ人は、ナチの人種的ステレオタイプの先入見に適合しなかったがゆえに網の目をすり抜けることができた。ジプシーは、ただ服を換え行動を変えるだけで、自らを他の民族集団の一員と偽ることができ、事実、偽った——ハンガリーのスロヴァキア人が、セルビアのボスニア人が、ウクライナのルーマニア人が、そして他の少なからぬ人々がそうしたように。ある人の民族的友か敵かを同定する最もありふれたやり方——彼らの話す言語——が、つねに精確な基準というわけでもなかった。コミュニティの混淆の中で成長した人々は、数種類の言語を話し、誰に話しかけているかに応じて一から次へと切り替えることができた。戦争とその直後の最も暗い日々に、いく多の生命を救うこととなった技能である。

ヨーロッパの住人をカテゴリー化しようと努めて、ナチ党はあらゆる人々に民族ごとに色分けされた身分証明書の配布を強硬に主張した。彼らは全住民を人種で類別しようと途方もなく巨大な官僚機構を拵えた。たとえば、ポーランドでは、帝国《ライヒ》ドイツ人を頂点に、民族ドイツ人が次、その次に特権を付与されたウクライナ人のような少数民族、さらにポーランド人、ジプシー、そして最後にユダヤ人へと至る人種的階層制度が考案された。類別はそこで終わりはしなかった。たとえば民族ドイツ人は、さらに下位範疇に分解される。すなわち、極めて純粋であるがゆえにナチ党に入党する資格のある者たち、十分に純粋であるがゆえに帝国《ライヒ》公民権を取得できる者たち、ポーランド人の血またはポーランドの影響で汚染された者たち、そして最後に、ただその身体的外観ないしは生活の仕方ゆえにのみ民族的にドイツ人と見なされることとなるあれらポーランド人たち。[1]

自分がどの民族に属するかを選ばれなかった人々は、自身で決断を下さなければならなかった。このことはいつも簡単というわけではなかった。多くの人々に多様な選択肢があり、それは彼らが混血の両親なり祖父母なりを持っていたからか、あるいは、彼らが同時にたとえば、生まれはポーランド人で、国籍はリトアニア人、そして民族はドイツ人であるということに何ら矛盾を見なかったからだった。どれか一つに決めるように強いられると、彼らの決断はしばしば、せいぜい無邪気なくらい行き当たりばったりで、あるいはひょっとすると、両親か配偶者、それどころか友達にさえ吹き込まれたのかもしれなかった。より計算高い連中は、一つのアイデンティティを、それがもたらすかもしれぬ利益に応じて選んだ。たとえば、ドイツ民族であると主張することは時に、労働に駆り集められることからの免除と特別な配給と、さらには減税措置の資格とをもたらすことがあった。他方、それは軍の徴兵に応じる義務をも意味しかねなかった。要するに、決断は時に、詰まるところロシア戦線が強制労働収容所よりましか否かという点に落ち着いたのだった。

自らの民族性に関して人々が下した選択は、戦争の終結をはるかに越えた含意を伴うこととなった。ヨーロッパの交戦状態が公式には一九四五年五月に終わりを見たにもかかわらず、人種と民族をめぐる種々の諍《いさか》いはその後何ヶ月も、時には何年も続いたのだった。時折は、これらの諍いは強度に局所的で、それどころか個人的でさえあって、小さな町や村の住人は隣人がどの民族に属するか知っており、相応に振る舞った。しかしながら、諍いはますます地域的ないし国家的水準で争われることになるだろう。戦争の直後、住民全体がまるまる数世紀にわたり住み慣れた土地から追い払われることになる――ただひたすら、戦時身分証に何と書かれてあったかということにのみ基づいて。

人種的純粋性に対するファシストの強迫観念は、あれらドイツによって占領された地域だけでなく、他の場所でも、ヨーロッパ人の態度に途方もない衝撃を与えたのだった。それは、それ以前では決してなかったような仕方で人々に人種なるものを意識させたのだった。それは、望むか望まぬかの別なく、人々に敵味方に分かれるよう無理矢理に仕向けたのだった。そして、何世紀もの間、多かれ少なかれ平和裡に一緒に暮らしてきたコミュニティにあって、それは、人種を問題へと変えたのである――それどころか、最重要の問題へと格上げしたのだ――解決が必要な随一の問題へと、である。

戦争が人々に教えていたように、その解決法のいくつかは、時に根本的かつ徹底的で、かつ最終的となり得たのだった。

章扉原注

（1）いかにしてドイツ人をポーランドから一掃するか、ポーランドの戦後指導者ヴワディスワフ・ゴムウカに向けた、スターリンのアドヴァイス、*Fires of Hatred*, p. 109.

章扉訳註

＊1　ノーマン・M・ナイマーク『民族浄化のヨーロッパ史』山本明代訳、刀水書房、二〇一四年、一五一頁を参照。

原注

（1）Burleigh, *Third Reich*, pp. 449–50.

第17章 ユダヤ人の逃亡

一九四五年五月の初め、ロマン・ハルテルという名前の一八歳のポーランド系ユダヤ人がロシア軍の手により解放された。彼ともう二人別のユダヤ人は、死の行進を逃れた後、彼らを匿ってくれたドレスデン近郊在住のドイツ人夫婦の許に身を寄せていたのだった。アウシュヴィッツを含む様々な労働収容所を生き延びてきた彼は、衰弱し切っていた。だが、彼は生きていて、自分が極度に幸運な身であることを知っていた。

解放の翌日、ハルテルは彼を保護してくれた夫婦に別れの挨拶を言った。彼は是が非でも、家族の誰か一人でもホロコーストを生き延びた者がいなかったか探り出したかったのである。自転車を手に入れ、人気《ひとけ》のない農場に肉の入ったガラス瓶が保存されているのを見つけた彼は、二、三それをハンドルに括りつけると、ポーランドへの旅路へと就いたのだった。

旅を始めてほどなく、彼は、自分を解放してくれたロシア人の一人に出くわした。その時、ロシア人はオートバイに乗っていたのだった。ハルテルはロシア人が自分を救ってくれたことに度を越して感謝の念に絶えなかった。彼は、彼らをユダヤ人の友達、解放者、「よき人々」だと思っていた。彼は自分でもロシア語を少し喋ってみさえしたが、それは子供時代に覚えたのをまだ忘れずにいたからだった。不幸にも、間もなく思い知ったように、彼の友愛の情は報われることがなかったのである。

私は彼を見つけて嬉しかったのだ……。私は両親から習ったロシア語をまだ憶えていた。「ルスキー、イェ・ヴァス・リュブルー！」（「ロシア人よ、私はあなた方を愛しています」）と言い、それからこう付け加えた。「ズドゥラーストゥヴィーチェ・タヴァリシュ」（「こんにちは、友よ」）。彼は私のことを胡乱《うろん》げに眺めると、ひどく早口でロシア語を捲し立て始めた。私はにっこりと微笑みポーランド語で、彼の言っていることが分からないと言った。彼は私のことを爪先から頭のてっぺんまでじろじろと眺めていき、それからまた爪先まで降りてきた。それから私の自転車を見て言った。「ダヴァイ・チュスイ」（「時計を寄こせ」）。私にはそれが分かった。彼はシャツの袖をたくし上げ前腕の時計でいっぱいに巻かれたのを示し、もう一度二つの単語を繰り返した。「ダヴァイ・チュスイ」。

私は彼の両眼を見やった。それらは厳しく冷ややかに光っていた。彼は私にポーランド語で話し始めた。私は時計は持っていないと言い、痩せこけた二本の前腕を示した。彼は自転車の心棒に結わえた毛布の膨らみを指差し、何ごとかをロシア語で言った。私は行って一瓶取り出し彼にそれを差し出した。「ミヤッソ」、私は言った。「タヴァリシュ、ミヤッソ」（「同志よ、肉です」）。肉がガラス越しに見えていた。「タヴァリシュ、あなたのものです、どうぞ召し上がってください」。

彼はガラス瓶を持ち上げ一秒かそこらの間頭上に翳《かざ》していたが、すぐに地面に叩きつけそれを粉々にした。ガラスと肉があたり一面に飛び散った。ロシア兵の方を見た私の心臓に恐怖が刺し込んできた。何と言えば彼は私を放っておいてくれるだろう？　束の間、私はぼんやりとした。

「ズボンを下ろせ」。彼がロシア語で言ってきた。私はその場で震えながら立ち尽くしていたが、実のところ、彼の言っていることが分からなかった。彼は命令を繰り返し、身振り手振りで私に何をさせたがっているかを示した。

［……］私は小袋に入れておいたガラス瓶を壊さないようにそっと自転車を置き、ズボンを下ろし始めた。「彼はなぜ私にこんなことをやらせているのだろう？」私は訝しがった。もしかしたら彼は、私が腰に時計をつけたベルトを巻いていると踏んでいるのかもしれない。私がポーランド語を話せるだけのドイツ人ではないことを彼に伝えなければならない。そこで、ズボンを下ろしベルトも時計も腰に着けていないのを彼に示しながら、ゆっくりとポーランド語で私がユダヤ人であることを伝えた。私は「イェブリー」という単語を知っていた。「イェ・イェブリー」、私は繰り返し言った。「イェ・イェブリー、イェ・タヴァリシュ」（「私はユダヤ人です、私は同志です」）。

いまでは彼を前に腰から下を剥き出しにして立ち、とはいえ私の本能は教えていた、私の上等の編み上げ靴を彼に持ち去られて裸足のまま置き去りにはされぬよう、履いたままでおくようにと。裸足ではホデチにまで到達することはできなかったのだ。そのため、私はズボンと下着が靴下とブーツの上に垂れ下がるままにしておいた。もう一度、私は彼の両眼を見やった。私の身体の露にされた部分を見ているその両眼には侮蔑の色が滲んでいた。私はそこに殺人者の虚無を見た。

彼はホルスターから拳銃を抜くと、私の頭目がけて引き金を引いた。撃鉄の鳴る大きな音がした。私に一言だって言うこともなく、彼はオートバイを発進させて走り去っていった。私はズボンと下着を下ろしたまま一時そこに立ち尽くし、彼が彼方に去って見えなくなっていくのを見て

いたのだった。(1)*1

この出会いの記憶は、その後死ぬまでハルテルの人生に憑きまとうことになった。ドイツ人の犠牲者という経験を分かち合っていたにもかかわらず、かつ、ハルテルからの進んでの友情の申し出にもかかわらず、この無名のロシア人は、親衛隊の将校だったらまさしくそうしたかもしれないやり方で彼を扱ったのだった。つまり、まずは彼がユダヤ人であるのを割礼の有無で確かめ、次いでその頭に銃口を突きつける。ハルテルの命が救われたのが銃の不具合によるものだったのか、それとも単に弾切れだったのかについては、ついに彼が知ることはなかった。

その後数ヶ月にわたり、このような光景はヨーロッパの至るところで繰り返されることとなった。あらゆる国籍のユダヤ人が、ドイツの支配の終わりが迫害の終わりを意味するわけではないことを悟ることになった。それどころではない。ユダヤ人の被ったあらゆる苦痛にもかかわらず、戦後、多くの地域で反ユダヤ主義は増大することになるのだ。ユダヤ人に対する暴力が、あらゆる場所で再表面化することになる——一度たりとも占領されたことがない、英国のような場所でさえ。ヨーロッパのいくつかの地域では、この暴力は最終的かつ決定的だった。自分たちのコミュニティから永久にユダヤ人を一掃するという課題は、ナチでさえしくじったにもかかわらず、地元住民により完遂される運びとなるのだ。

家に帰るという選択

戦争の直後、ヨーロッパのユダヤ人は、ついいまし方彼らが経験したばかりのことから得られる教訓に思いを馳せ始めた。ユダヤ人思想家のいく人かは、ホロコーストが可能だったのは、ただ戦前、戦中のユダヤ人があまりに自分自身を人目につきやすくしたからに過ぎないと考えた。同じような破局が未来に起こる可能性を避ける唯一の方法は、彼らの生きる様々な国々に完全に同化することで、自らを不可視の存在とする以外にないと論じたのだった。

シオニストたちは、しかしながら、これはナンセンスだと主張した。十分によく同化したユダヤ人でさえヒトラーの三下に発見され、他の皆諸とも殺害されたからだ。彼らは、身の安全を確保する唯一の方法は、ヨーロッパをすっかり後にし、自分たちの国家を樹立する以外にないと論じた。

第三のグループは、これらのアプローチのどちらも、事実上敗北の承認であると考えた。故国に戻りできる限り最善を尽くし自らのコミュニティの再建に努めるのを、彼らは自らの責務と心得たのである[2]。

ヨーロッパで生き存えたユダヤ人の非常に多くが、当初、最後の見方に賛同するきらいがあった。何も特殊なイデオロギーからではなく、単に追放と監禁の歳月を家に帰るという可能性を夢見ることに費やしてきたからだった。ほとんどが、感情的にではなくても知的には、彼らが後《あと》にしてきたコミュニティが最早存在しないことを知っていた。けれども、いずれにせよ、ユダヤ人の大多数は帰ったのだ。いく分かは彼らの故郷への愛着の感情から、そしていく分かは彼らがかつて知っていた正常性の唯一の表現を再建したいという願望からだった。故郷に到着した後も、彼らがこれらの希望を育み続けたかどうかは、彼らが受けた歓迎に大いに依存していたのだった。

ユダヤ人の観点からすれば、戦後ヨーロッパは混乱した場所だった。ドイツの敗北以来多くの変化があったが、しかしまた多くがそのまま残ってもいたからだ。一方で、ユダヤ人の迫害に捧げられた組織が彼らを支援する組織によって置き換えられていた。アメリカ軍のユダヤ人共同配給委員会は、数百万ドル分の価値ある食料や、医薬品と医療、さらには衣服を持ち込んでいたし、大陸中でシナゴーグやユダヤ人の文化的中心施設の再建を助けてもいた。ＵＮＲＲＡと赤十字のような非ユダヤ人援助機関も、的を射た支援を提供しており、ユダヤ人専用のＤＰ収容所の設立や、友人や家族の捜索等を行なっていた。それどころではない。新生ヨーロッパの国家諸政府ですら、反ユダヤ立法の全廃のごときユダヤ人に対する態度の変化を見せ始めていたのである。

他方で、長年のナチのプロパガンダがわずか数週か数ヶ月で覆されるわけもなく、あらゆる場所で依然としてあからさまな反ユダヤ主義が存在していた。時々は、これがかなり衝撃的な仕方で表現された。たとえば、一九四五年にギリシアの都市テッサロニキに帰還したユダヤ人は、時に「ああ、生き延びたのかい？」、ないしは「お前たちが石鹸になっていなかったなんて何たる残念！」とさえ言われ出迎えられたのだった。(3) アイントホーフェンでは、ユダヤ人帰還者は登録の際、「ユダヤ人はお呼びでないよ、奴らはお前たちをガス室送りにするのを忘れたに違いないな」と役人が言ってくるのに対峙する羽目となった。(4) ドイツのガルミッシュとメミンゲンの街では、映画館で、六〇〇万人のユダヤ人の死に触れたニュース映画が、「連中は奴らを十分に殺しそこなった！」という叫び声を誘発し、後には耳を劈《つんざ》かんばかりの拍手が続いたのだった。(5)

帰還するユダヤ人の抱いた最大の恐怖は、政府および援助機関により実施されたあらゆる措置にもかかわらず、深く根づいた反ユダヤ主義の真の争点は決して消え去りはしないだろうということだった。経験は、民主主義も、一見したところ明らかな権利の平等も、それどころか彼ら自身の愛国心の発露でさえも、迫害に対する保障とはならないことを彼らに教えていた。彼らにとって最大の挑戦は、小さな出来事の一々を「将来の爆発の徴候」ないしは「新たな大量殺人が準備されている」ことの証拠として扱わないということだった。(6) 万一不覚にもそうせねばならないとしたら、彼らは、再度参加しようとしているコミュニティからの助けを必要としたのである。

それゆえ、家に帰ったその場でユダヤ人が要求したのは、他の何にもまして安心だった。万一もう一度人生をやりなおせるというなら、単なる食料品や避難所、医療ケアより以上のものが彼らには与えられて然るべきであって、一方、それらのほとんどは一般に他の帰還者に対するのと同様の路線で提供されていたのだった。彼らが必要としていたのは、歓迎されることだった。

ユダヤ人の中には、プリーモ・レーヴィのように、「生命力ある友人たち、確固たる食卓の暖かさ、日々の労働の具体性、語ることとの解放感」の許へと実際に帰還した者もいた。[7][*2] ユダヤ人たちが、あたかも奇跡によって、愛する人と再び一緒になれたたくさんの話がある。自ら進んで、彼らに食糧か避難所の提供をするか、彼らの話に耳を傾けるかした見知らぬ人物の思いやりについてのたくさんの話もある。そうは言っても、不幸にも、そのような物語は、必ずしも本来そうあるべきであったほどにはよくは行なわれず、ほとんどのユダヤ人の経験はいく分か違っていたのだった。

帰還——オランダ

戦時中、強制収容所に移された一一万人のオランダ系ユダヤ人のうち、わずかに五〇〇〇人ほどしか還らなかった。彼らは一九四五年にオランダへと帰った七万一五六四名のオランダ人強制追放者の間に混じり、その大半がアムステルダムへと向かう途上《アン・ルート》にあったのだった。[8] 市中央駅に到着するなり、彼らは面接を受け、登録され、配給券と衣類切符が与えられた。時に、どこに滞在すればよいか、あるいはどこで助けを見つけられるか助言も与えられたものの、時に、種々の援助機関の窓口には担当者の姿がないこともままあった。当局による歓迎は手際はよかったが、冷淡だった。旗も花も、吹奏楽もなく、ただ一列に机が並んでいるだけで、質問もそこそこに外へと追い出されると、市中心部の通りへと送り出されるのだった[9]。

当初から、帰還者の間には曰く言いがたい区別があった。とはいえ、冷遇されていたのはユダヤ人ではなく、対独協力者と目された帰還者たちだった。自ら志願してドイツで働いた人々(vrijwilligers《フライヴィリハース》)は、引揚げ証に一文字Vと押印された。その後、彼らは歓迎の食べ物の包みと食料切符を断られ、以後、実質的に彼らが接触するいかなる制度や組織からも遠ざけられることになったのだった。

その他の人のうち、つまりはonvrijwillig《オンフライヴィリフ》のうち、何らかの種類のファンファーレで出迎えられた唯一の人々は、レジスタンスの一員と見なされた人々だけだった。レジスタンスのメンバーに対する特典は覿面《てきめん》だった。彼らはしばしば、ヴィルヘルミナ女王の宮殿の一翼を含む、豪奢に設えられた特別な中央回復施設へと送られた。彼らは、メディアで、政府内で、そしてまた通りでも賞賛された。「もし君が抵抗活動の出身なら、何だって可能だった!」、かつてのレジスタンスの活動家、カロゥ・デ・フリースは叫んだ。「誰にでも金を所望することができたんだ。たとえば、あらゆる建築資材が稀少で調達するのが難しかったのだけど、もし君が、『これは強制収容所から帰還するレジスタンスの闘士のためなんだ』[10]と言えば、やれやれ、それなら仕方がないね、と、こう瞬く間に手に入れることができたんだ!」後に、彼らはレジスタンス活動の功績が認められて、特別年金の支給をさえ認められたのである。

帰還するユダヤ人にとって、オランダ人の関心がある唯一の区別は、対独協力者と抵抗者の間の違いだということが直ちに明らかになった。ユダヤ人を含む他の全カテゴリーは、ただひたすら一絡《から》げにされたのだった。これは決してオランダに特有というわけではなかった。イタリア人強制移送者たちがイタリアに帰ったときも、同じように皆「政治囚」と一緒くたにされ、その際ユダヤ人だったのか、強制労働者だったのか、あるいは戦争捕虜だったのかということは顧みられなかった[11]。同様に、フランス人帰還者らも一纏めに単一の集団に纏められ──事実、今日この時期を扱った最も人気のある大衆向け歴史書の中では、彼らはいまなおそうなのである[12]。これは、それ自体としてはユダヤ人に対する差別ではなかったものの、ほとんど同じくらい悪いものだ。それは彼らをすっかりまるごと無視しようとする企てだからだ。あるオランダ人の収容所の生き残りが述べたように、「憐れみがあるべきところで、私が出会ったのは、乾いた、近づきがたい、虫の好かない、官僚主義という名前で知られた不定形の塊だった[13]」。

オランダ当局がなぜ帰還しつつあったユダヤ人に、彼らが必要とし値もした特段の支援を与えなかったかについては、たくさんの理由がある。第一に、彼らは連合軍の、とくに英国軍の指導を受けており、その公式方針がユダヤ人を別個のカテゴリーとは扱わないというものだったということがある。ユダヤ人は帰還者全体のほんの小さな割合しかなしておらず、それゆえ優先事項とは見なされなかったのだった。加えて当局は、帰還に向けた準備をかなりの慌ただしさの中でしなければならず、というのも、オランダはもちろん、ヨーロッパで解放されることとなった最後の国々の一つだったからである。

彼らがもし状況をもっと注意深く考えていれば、ユダヤ人が他のいかなる集団にもまして、特段の扱いを受ける権利があるのを見てとったことだろう──道徳的かつ人道的両見地から。彼らは、間違いなく、オランダ社会の他のどの集団にも比較を絶して大なる苦痛を被っていたのだ。第二次世界大戦の二一万人のオランダ人犠牲者のうち、半分がユダヤ人だった──しかもこれは、戦前の人口に占めるユダヤ人の割合[14]が、わずかにやっと一・五パーセントを超える程度だったという事実にもかかわらず、なのである。ほとんどの地域でユダヤ人コミュニティはすっかり一掃され、アムステルダムですらほんの一握りが生き存えただけだった。他の帰還者には歓迎してくれ拠りどころにできるコミュニティがあったのに対し、多くのユダヤ人には一つとしてそれがなく、それどころか彼らには家族すらいなかったのである。

これらの事実を無視したのは、ただに「官僚主義」ばかりではなかった。普通の人々も同様に、まったく驚いたことに無感覚で心なくありがちだった。歴史家のディーンケ・ホンディウスは、普通のオランダ人が帰還するユダヤ人に向けた態度を示す一連の実例をそっくり集めた。たとえば、リタ・コープマンはかつての知り合いから、「君はここにいなくて幸運だったね、僕たちはあんなにひどい飢えに苦しんだのだから！」という随分な挨拶で迎えられたのだった。アップ・カランザは、以前の勤め先に戻ってきた際、「君たちは」アウシュヴィッツでは、「頭の上には屋根があり、いつでも食べ物にありつけたんだから！」という理由で、前もって雇い主から復職を断られたのだった。ほとんどのユダヤ人は、彼らがくぐり抜けてきた恐怖の数々を説明しようとはせず、ゲアハルト・ドゥアラッハーのように[*3]、ただひたすら他の人々の話に耳を傾け、自身の苦難については「慎み深く沈黙」を保つことで、「受け入れられることを贖った」。「人々は理解できなかった」。別のあるオランダ系ユダヤ人は明かす。「さもなければ、彼らはあなたを信じなかったということなのだから[15]」。

これらの物言いの多くは、純粋に無知から生まれたものだった。東欧とは違い、つまりホロコーストが人々のまさに目と鼻の先で起こったのとは違い、西側では多くの人が、移送後のユダヤ人に何が起きていたのかまったく気づかずにいたのである。強制収容所で撮影されたフィルムが公開される以前は、産業的大量殺人の物語は、しばしば誇張と片づけられていた。だが、それらのフィルムが映画館で上映された後でさえ、生き残った人々に対しそれらが現実に何を意味するのかについて、まったくの理解の欠如が幅を利かせていたのだった。

とはいえ、人々の無知より重要だったのは、そのような物語が不可避に惹き起こしてしまう居心地の悪さの感覚だった。フランク・カイゼルによれば、オランダの人々は、テレージエンシュタットで投獄された彼の話を聞いて、「そんなことは知りたくもない。いまではすべてが終わったんだ。生き延びたことに感謝しろ」と言って応じてきたのだった。[16] 他の国々に戻ったユダヤ人も、同様の反応を報告した。フランスでも同様に、アウシュヴィッツを生き延びたアレクサンドレ・コーヌによれば、「世間一般は無関心で」、ユダヤ人らは彼らの経験を清算するよう急き立てられた。[17] ハンガリーでは、帰還するユダヤ人は、もし彼らがキリスト教徒の隣人よりも多くの苦しみに遭ったことを敢えて仄めかしでもしようものならば、打ち据えられる羽目となったのだった。[18] アメリカにおいてさえ、移住したユダヤ人の生き残りたちが、しばしば苛立ちをもって遇された。「戦争は終わったんだ、『もうたくさんだ！』[19]」

　忘れてはならないのは、普通のヨーロッパ人も、戦時中、ことにその最後の年にひどく苦しんでいたということである。だが、少なくとも思考のうちでは、彼らは皆で一丸となって切り抜けてきたのだといういく許《ばく》かの慰めがあった。解放後、大陸全体が逆境にあっての団結の神話の構成にかかった。これらの神話はほとんど誰にとっても都合がよく、古巣に戻してもらうチャンスを窺っていたかつての対独協力者から、戦争を切実に忘れたいと願う疲れ切った国民、さらには国民的自負の念を再建したいと思う政治家に至るまでそれは変わらなかったのだった。国際的水準においてさえ、ヨーロッパの様々な国民と民族がナチズムの下で共に苦しんだという観念は、痛めつけられた国民間で友愛の共通感覚を再建する上で好都合だった。だが、ユダヤ人の現前が、そのような神話を笑いものにしたのである。単に他の誰よりも彼らがずっと、ずっと苦しんだというだけでなく、他のあらゆる集団の誰一人として、彼らの救援には駆けつけなかった。ヨーロッパ人は「皆そのうちに一緒に」いたのだという居心地のよい考えは、明らかに真実ではなかったのだ。

ひょっとすると、ここに、帰還するユダヤ人の苦境が、何ゆえ戦争の直後、ただにオランダだけでなく、西欧中のあらゆる場所でそれほどまでに当然に無視されたかについての鍵があるのかもしれない。抵抗活動の物語が人々に自らを心地よく感じる機会を与え、彼らだって英雄たちの公平な取り分を生み出したのだと請け合ったのに対し、ユダヤ人の物語はその正反対の効果をもたらしたのだ。彼らは、社会のあらゆる水準におけるかつての失敗を思い起こさせる存在なのだった。彼らのまさにその現前が、あたかもいつ何時にでも人を当惑させる秘密を曝露しかねないかのように、居心地の悪さをもたらすには十分だったのだ。それゆえに、ユダヤ人に降りかかったことは、実は他のあらゆる人に起こったこととまさしく同一だったとひたすら言いつのることの方が、はるかに容易だったのである。歓迎されたなどと言うのからはほど遠く、彼らは無視され、脇に追いやられ、沈黙させられたのである。

ユダヤ人の財産をめぐる戦い

時には、還ってきたユダヤ人が歓迎されなかったより暗い理由もあった。戦争の直後、ハンガリーで広まったジョークがあった。それはこんな風に始まるのだった。収容所を生き延びたあるユダヤ人がブダペシュトに帰るなり、キリスト教徒の友人の許に駆け込んだ。「ご機嫌いかが？」とその友達は尋ねた。「まったくひどいなんてものじゃありませんよ」、ユダヤ人は答えた。「私は収容所から帰ってきたのです。そして、いまや私が持っているのは、あなたが着ているその服だけなのです」[20]。

同様のジョークは、東欧のほぼどんな都市でも——加えて、かなり多くの西側の都市でも——語られないということはなかったかもしれず、しかもその意味が理解されないということもなかったろう。戦時中のユダヤ人財産の略奪はあらゆる国で起こり、しかも社会のあらゆる水準で生じたのだった。この略奪の包括的性質はかなり驚くべきものだ。たとえば、アムステルダムの旧ユダヤ人地区では、家々がすっかり木窓と戸枠に至るまで何もかも剝ぎ取られた[21]。ハンガリーとスロヴァキア、ルーマニアでは、ユダヤ人の土地と財産がしばしば貧民に分配された[22]。時には、人々はユダヤ人がいなくなるのを待ちすらしなかった。ポーランドでは、戦争中ユダヤ人に知り合いがこんな風に持ちかけてきた例がある。「どのみちあなたは死ぬことになるのだから、なぜ誰か他人にあなたのブーツを奪《と》らせるのです？　どうしてそれを私に、あなたの形見にと下さらないのですか？[23]」

戦後一握りのユダヤ人が家に帰り始めたとき、時折は騒ぎらしい騒ぎもなしに財産が返還されることもあった——ものの、これは常例というよりはむしろ例外でありがちだった。ヨーロッパのこの時期の史書は、ユダヤ人が当然に彼らに所属するはずのものを取り返そうと奮闘し、挫折する話で溢れている[24]。不在の間ユダヤ人に貴重品の管理を約束した隣人や友人は、しばしばその返還を拒んだ。それだけの歳月が経過するうちに、彼らはそれらを自分のものと見なすようになっていたのである。戦時中ユダヤ人の土地を耕していた村人は、帰還するユダヤ人がなぜ彼らの労働の賜から利益を得るのか、いかなる理由も見つけられなかった。戦時当局により空き家となったアパートの部屋を与えられていたキリスト教徒は、それらの部屋が当然に彼らのものであると考え、かつそれを証明する書類を持っていた。これらの人々のすべてが度合いは様々な憤懣をもってユダヤ人を見がちであり、戦争中「消えていなくなった」全ユダヤ人のうちで、なぜ彼らのばかりが帰ってきたユダヤ人でなければならなかったのか己が不運を呪ったのだった。

ユダヤ人の財産が戦時中結局どのように散逸する結果になったか、かつどれほど怖ろしい帰結をこれがもたらし得たかの好例が、ハンガリーはクンマダラシュの小邑で起こった。開戦時には、ここには二五〇〇人のユダヤ人が住んでおり、約八〇〇〇〇人の村人の中でそれだけを占めていたのだった。一九四四年四月、全員が強制移送され——ある者はアウシュヴィッツへと、ある者はオーストリアへと送られ、これら不幸な人々のうち、わずかに七三名しか生き残らなかった。彼らの不在の間に、財産は地元当局に「押収」され、まずは私腹を肥やすのに用いられ、しかし同時に貧者への施しにも使われたのだった。何軒かの家屋や店舗はコミュニティによってすっかりまる剝ぎにされ、しかも当局による暗黙のお墨付きさえそこにはあったのだった。その他の財産は通過する様々な軍隊により接収され、家具等の細目は地元コミュニティの間で散逸した。赤軍が到着すると、今度は彼らが中、上流階級の屋敷を略奪し、より価値の高い品物の多くが懐に収まった。彼らが獲得した財産のいくらかは食料との交換に用いられるか、単に進軍を機に棄てられるかし、ために——廻り廻って——地元農民の手のうちに落ち着いたのだった。このこんがらがった網の目の仕上げをしようと、入ってきた共産主義者たちが私用のためか、でなければ党の利益のためにと財産を徴発し、これがまた時折は地元での取引材料となったのだった[25]。

それゆえ、押収と略奪、窃盗と転売の結合を通じて、ユダヤ人の財産は町中の至るところに四散したのだった。ブダペシュトのようなもっと大都市では、混乱がしばしば帰還するユダヤ人に財産の追跡を不可能にした。しかし、クンマダラシュのような小さな町では、誰かある人の財産を見つけ出すのは難しくなかった。問題だったのは、新たな所有者にそれを返してもらうことだった。人によっては「にべもなく」それを断り、その後はユダヤ人の存在を非難と潜在的脅威の両者と見なした。他の人々は、財産を返還するよう警察に命じられはしたものの、任意で応じた者でさえ厭々そうしたのであって、その後とこしえに根に持って忘れなかった。貧しい人たちはとりわけ腹を立て、ことに以前より比較的裕福な暮らしをしていたユダヤ人に財産の返還を強要された場合にはそうだった。「ユダヤ人が戻ってきたとき、彼らは何も持っていなかった」。地元紙にインタヴューされたクンマダラシュ在住の一女性は言った。「それがいまや、彼らは精白パンを食べていて、一方私の方はと言えば、鼻で畑を耕して、何か食べられるものが落ちてやいまいか嗅いで回る真似までしてるのに、いまだ何も持ってはいやしない」(26)。

一九四六年の冬と春を通じ、クンマダラシュには反ユダヤ主義の張り詰めた空気が醸成され出した。それは、五月も末頃になって、一団の女性が、クンマダラシュの市場に店を出していたクティ・フェレンツという名のユダヤ人の卵売りを襲い、露店の卵を残らず叩き割ったときに頂点に達した。襲撃の先頭に立ったのは、トート・カバイ・エステルという女で、自分の行動を血の中傷を引き合いに出して正当化した——要は、ユダヤ人が儀式でキリスト教徒の子供を犠牲にしたという時代がかった神話に訴えたのだった。ユダヤ人が子供を誘拐しては殺し、果ては「人間の肉でできたソーセージ」を売っているという馬鹿げた噂が地域中を駆け巡った。木靴を片手にクティを打ちつけながら、カバイは叫び始めた。「私の姉(妹)の子供はユダヤの奴らに連れて行かれちまってそのままだよ」。ユダヤ人ではない他の露天商のいく人かが、クティの助けに駆けつけはしたものの、今度は彼らが襲われたために、クティは店を捨て自宅へと逃げ帰った(27)。

クティの家はすぐさま暴徒に取り巻かれた。群衆は少しの間、彼が銃を持っているかもしれないと怖れ、家に入るのを抑えていた。だが、警察が入っていき、実際には彼が武装していないのを発見し——それを群衆に告げるという愚を犯すと、衆愚は怒濤のごとく家の中へと雪崩れ込んだ。伝えられるところでは、クティはどうやら闖入者たちに慈悲を乞うたらしいが、カールマン・ボラージュという名前の男にあえなく殺された。彼は、「お前にハンガリー人の肉でできたソーセージをくれてやる!」と叫びつつ、彼を鉄棒で打ち殺したのだった(28)。

クティ・フェレンツに対する襲撃は、少なくとももう一人別のユダヤ人が殺され、さらに一五人が重傷を負ったポグロムの開始を標しづけるものだった。[29] ユダヤ人の家屋は押し入られて強奪され、ユダヤ人の商店も略奪された。子供の誘拐と血の中傷の噂は、ポグロムの間中何度も何度も喚起され、「ユダヤ人打つべし、なんとなれば奴らはわれらが子供たちを盗むであろうがゆえに！」に倣う、種々のスローガンを愚民らが叫ぶのが聞かれた。とはいえ、暴動の背後に構えた真の動機は、ユダヤ人財産の略奪であったようだ。ある衣料品店に群衆が押し入った際、彼らはそこに監禁されていると見られていた三人の子供の返還を要求した——だが、行方不明の子供を探すどころか、彼らはすぐに在庫の衣服を失敬するのにかかったのだった。ローゼンベルク夫人とかいう一人のユダヤ人女性が、ケレペシ・シャーロと呼ばれた女に襲われたが、それというのも、彼女は戦後法廷により所有物をローゼンベルク夫人に返すように命じられていたために、特別な恨みを抱いていたからだった。ローゼンベルク夫人は襲撃者が彼女を打つ間、「これはアイダーダウンのお返しよ！」と叫んでいたのを忘れずにいたのだった。[30]

クンマダラシュで起きたことは、戦争の直後、ヨーロッパ中で見られた一現象の一際《ひときわ》凶暴な例である。財産を奪還し保持するのに骨折りが必要だったのは、帰還するユダヤ人だけではなかった。だが、大陸中に巣喰っていた反ユダヤ主義が、他のどの集団にもまして彼らを危うい立場に置いたのである。ハンガリーの他の地域では、裁判所が、ユダヤ人の農場から収奪された馬と他の家畜は、それらを「救った」者のもとに留まるものと定めた。[31] イタリアでは、当局がユダヤ人の店をその正当な所有者に返還するのを躊躇《ためら》ったばかりでなく、その後も、戦争中それらの「面倒を見た」「管理手数料」を請求しようと試みたのだった。[32] ポーランドでは、かつてユダヤ人が所有したいかなる「見捨てられた」財産も、地元当局の管理下に入れられた——言い換えれば、地元当局は、戦後帰ってきたユダヤ人が再度追い払われるよう確実を期すことに抜き差しならぬ関心を抱いていたのである。[33] こうした例は、ヨーロッパのほぼどんな国においても見つけることができる。

戦時中、ユダヤ人はカモであり、その財産は誰もが分かち合える資源と目されていた。多くの人々が、そして政府によっては、一度戦争が終結してもなお同じ仕方で彼らを見ていたということは、まったく明らかである。

資本主義者としてのユダヤ人、共産主義者としてのユダヤ人

クンマダラシュのポグロムは、戦後すぐにハンガリー中で起きたいく多の似たような事件の一例に過ぎなかった。反ユダヤ主義の暴力は、家屋や店の略奪（たとえば鉱山町オーズドでの）や、リンチや殺人（ミシュコルツでのように）、およびシナゴーグのごときユダヤ教の建物の焼き討ち（マコーでのように）を含んだ。暴力に加えて、ユダヤ人たちはあらゆる日常的形態の非暴力的反ユダヤ主義に苦しむのを余儀なくされた。差別、強迫、言葉による虐待などである。人種主義的憎悪の水位はあまりに高く、かつ普遍的であったので、明らかに単なる財産めぐりの小競り合いと言い逃れることはできない。何かもっと深いものが動いていたのである。

第一に、このような行き過ぎに耽った人々は、しばしば彼ら自身耐え難い苦難に耐えていたのだった。この地域全体の経済が一九四六年にはメルトダウン寸前だった中で、ハンガリーはとくにひどく、伝えられるところによれば、ピーク時にはインフレ率が一日あたり一五万八四八六パーセントにもはね上がったのだった。[34] その回顧録の中で、作家のファルディ・ジョルジュは、普通の人々にとってこれが何を意味したのかそのヒントを与えてくれている。出版社が四六年に彼の本の一つを増刷したとき、ファルディには三〇〇〇億ペンゴが支払われた――一九三八年ならば、米ド

ルでおよそ六〇〇億にあたる金額だ。そしてにもかかわらず、この印税を掻き集めるや否や彼は市場へと急行せねばならず、というのも、そこに着くまでに少なくとも九〇パーセントは金の価値が減るのを知っていたからだった。有り金全部をはたいてやっと買えたのは、鶏一羽、オリーヴオイル二リットル、それに野菜一掴みだけだった。[35] かくのごときインフレは、普通の人々の生活に壊滅的な打撃をおよぼし、ために、彼らは食べ物と財産を交換する他なくなったのだった。労働者は、しばしば工場の食堂で受け取る食事を当てにしたが、なぜならば彼らの賃金は事実上無価値だったからだった。挙げ句の果てに、雇い主によってはすっかり金を諦め、労働者に食料で給料の支払いを始める者まで出た。

この状況に対する非難は、概して二つのグループに向けられた。第一に、ソヴィエト側が矢面に立たされた——彼らがもたらしてきた破壊に対して、広範な略奪に対して、そして戦争の賠償に彼らが要求した懲罰金の総額に対して非難が向けられたのだった。共産主義者たちは連想により有罪であり、人々の心裡では共産主義者はほとんど遍《あまね》くユダヤ人と見なされていた。これはハンガリーにとくに限った話でもなかった。共産党は東欧中で「ユダヤ人の党」と目されており、しかも必ずしもそれはまるっきり故なしというわけではなかった。[36] だがしかし、共産党は広く憎まれていたので、このことはユダヤ人によい印象を与えはしなかった。たとえば、共産党のユダヤ人指導者ラーコシ・マーチャースが、経済状況について演説をしにミシュコルツにやってきた際には、工場の壁に落書きがされ、彼のことを「ユダヤ人の王」で「国をロシア人に売った」男呼ばわりしたのだった。[37]

ハンガリー国内の絶望的な経済情勢のために非難されることになる第二のグループに属する人々は、価格の高騰を見込んで食料品を退蔵した闇商人と投機筋だった。大衆の考えでは、これらの人々もまたユダヤ人なのだった。たとえば、クンマダラシュの女性らが市場でユダヤ人の卵売りを散々殴りつけ出したとき、彼女たちが浴びせた言いがかりの一つは、彼が卵に法外な高値をふっかけているということだった。どこにあれ、ユダヤ人は顧客にふっかけたかどで、経済的災難を食い物にしたかどで、さらには食料と金を退蔵したかどで告発されたのだった。そのような主張は、数世紀来のステレオタイプに訴えた。すなわち、守銭奴としてのユダヤ人、だ。[38]

共産主義者たちは、「ユダヤ人の党」としてのイメージの払拭を願っていたので、この後者のステレオタイプを、大いに必要だった人気をいくらか勝ち取る好機と見た。四六年夏、彼らはユダヤ人を暗に「投機家」と糾弾する反闇市の演説を始めた。この主題についてのポスターを彼らが印刷した際、これら「投機家たち」は誇張されたセム的特徴をもって描かれた。実際、これらのポスターとナチ時代の「ユダヤ人の寄生虫」のイメージとの間にはほとんど違いがない。それどころか、共産主義者らが、大衆の怒りを方向づける実験としてミシュコルツでのユダヤ人のリンチをお膳立てしたという、腑に落ちる証拠さえ存在するのである。[39]

四六年の政治的経済的混迷の中にあって、ハンガリーのユダヤ人には頼りとすべきところがほとんどなかった。ヤーノシュハルマ出身のユダヤ人、レイハルト・モールは、その秋ハンガリー・ユダヤ人事務局の長官に宛てた手紙の中で自らの苦境をこう要約したのだった。

遺憾ながら、ミシュコルツの出来事と他の同様な事件を追う限り、ユダヤ人が共産党からも小自作農党からも等しく憎まれているのは明らかです。一方のスローガンとポスターは「共産主義者とユダヤ人どもに死を！」と言い、他方のスローガンとポスターは「小自作農とユダヤ人どもに死を！」と言います。ユダヤ人は遍く嫌われていて、あらゆる政党は有罪か無罪かを問わず、いつでも最後の一人まで殲滅する用意ができているのです……。私の見立てでは、占領軍からの保護を期待する以外にどんな見込みもありません。ここでは——それはつまりハンガリーの地では、ということですが——、ユダヤ人が存在することは不可能です。それゆえに、私たちは去らねばなりません。私たちは移住せねばなりません。私たちはソヴィエト軍当局に国を去るのを許可するよう請願する必要があるのです……。そして移住が行なわれている間は……、私たちに彼らの保護を提供できるよう、赤軍はハンガリー国家の占領を継続せねばなりません。(40)

この手紙は、ヨーロッパ全土の何十万というユダヤ人によって抱かれた気持ちの完璧な表現であり、彼らは、大陸がもう一度、生きるのに安全な場所になることは最早あるまいと考えていたのである。

キェルツェ・ポグロム

もし戦後ハンガリーの反ユダヤ主義がひどかったとすれば、ポーランドはなお一層ひどかった。四五年夏、ナチ労働収容所を転々として生き延びた、一六歳のベン・ヘルフゴットと彼のいとこはテレージエンシュタットからポーランドへと旅して戻ってきた。ところが、チェンストホヴァで列車の乗り換えをしている際に、武装した二人の制服姿のポーランド人に呼び止められ、身分証明書の呈示を求められたのだった。彼らは書類を検めると、誰にでもやっている検査をするからと警察署への同行を求めた。二人は何かまずいことがあったかしらなどと怪しむ理由がまるでなかったので、彼らについて市中に入った。ヘルフゴットは少しの間見知らぬ男たちと会話を試みてはみたものの、あろうことか男たちの一人が乱暴に彼の方に向き直ると、こう言い放ったのだった。「そのくそ忌々しい口を閉じやがれ、このくそ忌々しいユダヤ人め」。少年たちは、面倒なことになったぞと即座に悟ったのだった。

男たちが彼らを連れて行ったのは警察署ではなく、暗いアパートの一室で、そこで彼らはスーツケースを開けるよう命じられたのだった。発見できた貴重品を奪えるだけ奪うと、男たちは彼らを夜の闇間に連れ戻し、今度こそは警察署に連れて行くと言い張った。少年たちはもちろん、彼らの言うことなど最早信じてはいなかったが、男たちが武装していたので従う他なかった。男たちは彼らを町中の見捨てられて人気のない場所に連れて行くと、拳銃を抜き、少年たちに一番近くの壁に向かって歩くよう命じた。ベン・ヘルフゴットはすぐさま彼らに哀願を始め、彼らの愛国心に訴え、声を大に、僕らは皆戦争中一緒に苦しんだポーランド人の仲間で、いまや戦争は終わったのだからお互いに助け合うべきじゃないかと言った。結局、男たちの一人が憐れに思い、「あいつらは放っておこう。まだほんの子供じゃないか」と相棒に言った。彼らはそれで拳銃を仕舞い、笑い声を上げ、歩いて去って行った。いとこたちは、方々の体で、その場から鉄道駅まで辿り着いたのだった。(41)

戦後ポーランドは、ユダヤ人にとって断然最も危険な国だった。ドイツの降伏から四六年の夏の間に、少なくとも五〇〇人のユダヤ人がポーランド人によって殺され、ほとんどの歴史家は約一五〇〇人という数字を出している。(42) 確実を期せないのは、ベン・ヘルフゴットが述べたような個別の事件は稀にしか報告されず、さらに――殺人に結果した場合ですら――一層稀にしか記録されなかったからだ。ユダヤ人は列車から投げ落とされた。彼らは所持品を奪われ、森に連れられ射殺された。地元国粋主義者のグループから複数のユダヤ人のもとに手紙が送られ、出ていくかさもなくば殺すと通告された。遺体にはポケットに書き置きが残され、「これが生き残った全ユダヤ人の運命となるであろう」と書いてあった。(43)

ハンガリーでと同様に、旧い、血の中傷の誹謗が繰り返し繰り返し喚起された。ジェシュフでは、「収容所から帰ってきて血を必要としたユダヤ人ども」が、人身御供の殺人を行なっているという噂が流れた。これらの殺人は、当時そう思われていたのだが、ブロニスワヴァ・メンドンという名前の九歳の女児の殺害も含んでおり、その「血液」は、四五年六月に「儀式の目的のために搾り取られた」。これらの噂に続いた騒動の間に、ユダヤ人数人がしこたま殴られ、ユダヤ人の財産は略奪され、ひょっとすると一、二のユダヤ人が殺害されもした(44)。クラクフでは、シナゴーグ内部でキリスト教徒の子供が一人殺されたという話が流通した後で、本格的なポグロムが勃発した。ポーランド警察と民兵が、シナゴーグに押しかけユダヤ人を街中追い回した暴徒の間に混じっていた。そこから結果した暴力で、何十人ものユダヤ人が傷つけられ、ひょっとすると五人もの多くが殺害された。病院に収容されたユダヤ人は、またもや殴られ、その間、看護師たちはその様子を傍観し、彼らを「射殺されるべき」「ユダヤの屑」と呼んだのだった(45)。

　けれども、戦後最も悪名高い――かつ断然最悪の――ポグロムは、ポーランド中南部のキェルツェで起きた(46)。それは、四六年七月四日の朝に、ヘンリク・ブワシュチクという名前の八歳の少年が偽って、地元のあるユダヤ人を、彼を誘拐しプランティ通り七番のユダヤ人委員会会館の地階に監禁したかどで告発した後で始まった。少年に訴えられた他ならぬそのユダヤ人は、すぐさま捕らえられ散々に殴りつけられた。リンチに逸る暴徒が、建物に押し入り、誘拐されて儀式の犠牲になるのを待っているはずの他の子供たちを救出すべく集められた。子供たちが掠われ、ユダヤ人が「キリスト教徒の子供一人」を殺しているという噂が、コミュニティ中を忽然と駆け巡った。事態を鎮静化しようというユダヤ人委員会委員長の試みは顧みられなかった。

　一時間後、警察が問題の建物の捜索にくると、彼らはそこにキリスト教徒の子供が一人だに含まれていないのを発見した――それどころか、事実は、地階すらなかったのだ。彼らは少年を叱りつけ家へと帰したものの、時すでに遅かった。いまや、建物の外には大群衆が集い、窓に石を投げつけ始めていた。それから少し経ってから一〇〇名を超える兵士が到着し、おそらくは秩序の再確立を目的としていたはずだが――、一発の銃声が鳴るや（誰が銃を鳴らしたのかは不明である）これらの兵士らは、警官と一緒になって建物の内部に雪崩れ込み、そこで発見した男女を引っ捕らえ、外で唸り声を上げる暴徒どもの手に無理矢理引き渡したのである。

バルーフ・ドルフマンは、建物の四階にいて、彼と他の二〇人からなるグループがその一室にバリケードを築き、立て籠もっていた。

しかし、彼らは扉越しに私たちに発砲を始め、一人を負傷させ、後にその人はその怪我が元で亡くなった。彼らは押し入ってきた。これらの人々は制服姿の兵士と若干の民間人からなっていた。私はそのときに負傷した。彼らは私たちに外へと出るよう命じた。階段のところにはすでに民間人と、それに女性たちも来ていた。兵士らが私たちをライフルの台尻で打ってきた。民間人、男たちと女たちもまた私たちを叩いた。私は制服にそっくりのチョッキを着ており、あるいはそれでそのとき彼らに殴られずに済んだのかもしれなかった。私たちは広場に降りてきた。私と一緒に連れられてきた他の人々は銃剣で突かれ、撃たれた。私たちは石礫《せきれき》を浴びせられた。そのときでさえ、私には何も起こらなかった。私は広場を突っ切って出口へと向かったが、建物から連れ出されたユダヤ人と分かるような表情をしていたに違いなかった。なぜならば、一人の民間人がこう叫んだからだ。「ユダヤ人だ！」すると、彼らはようやくそれから私を攻撃してきたのだった。石礫が飛んできて、銃の台尻で殴られた。私は倒れ、意識を失った。周期的に、私は意識を取り戻した。すると、彼らはまたもや石とライフルの台尻で私を殴るのだった。私が地面に転がっているときに一人が射殺したがったが、誰かがこう言うのが聞こえた。「撃つな、どっちみち奴はくたばるさ」。私はまた気絶した。私が正気づいたとき、誰かが私の両脚を引っ張りトラックの上に投げ入れた。これは誰か別の軍隊だった。なぜならば、私はキェルツェの病院で目覚めたからだった[47]。

数人の目撃者は、ユダヤ人たちが窓から下の通りに投げ落とされたのを憶えている。ユダヤ人委員会の委員長は助けを求めて電話をかけているところを背後から撃たれた。その後、正午を過ぎて間もなく、ルドヴィクフの鋳物工場から六〇〇人の労働者が到着すると、一五人か二〇人のユダヤ人が鉄棒で打たれて死んだ。他のユダヤ人は石礫を投げられるか、警官か兵士によって撃たれるかした。死亡者のリストには、ポーランドのために戦い、最高位の武勲章を勝ち取ったユダヤ人兵士三名と、見たところユダヤ人と見間違われた一般のポーランド人二名が含まれていた。その日はまた、身重の母親一名と、生まれたての赤ん坊と一緒に撃たれた女性一名も殺害されたのだった。総計で、四二名のユダヤ人がキェルツェで殺害され、さらに八〇名もの多くが負傷した。さらに、三〇名かそこらが関連した鉄道での襲撃で殺されたのだった[48]。

この虐殺に関し目立つのは、コミュニティ全体が参加したということで、男たちばかりでなく女たちも、また、民間人ばかりでなく警官や民兵、さらには兵士らもそれに与ったという事実である——まさしく法と秩序を維持するものと想定されていた人々だ。血の中傷という人種差別主義的神話が喚起されたにもかかわらず、カトリック教会はこの神話を却《しりぞ》けるべくいかなる論駁もせず、あるいはポグロムを難ずべくいかなる糾弾もしなかった。それどころか、ポーランドの首席大司教だったアウグスト・フロンド枢機卿は、大虐殺には人種主義的な動機はなく、そして、いずれにせよ、社会に何か反ユダヤ主義のごときものがあるとすれば、これは大いに「今日ポーランド政府で指導的地位を占め

まるまると太ったフランス人夫婦が帰還する強制収容所の囚人に挨拶をする：
「ねえ、お若いの、あれもだめこれもだめで、こっぴどい制限に苦しんだのだよ、私たちもね」
（1945年6月13日付『ラ・マルセイエーズ』紙）

ているユダヤ人ら」の過失によるのだと主張したのだった[49]。

地元並びに全国の共産党の指導者は、もう少しばかり助けになった——主だった参加者数名を告訴し、負傷者をウッチへと救出すべく保護と特別列車を手配した——ものの、そのまさに当日は、彼らは押し黙ったままだった。地元党書記の明かした理由は、彼は「[党が]ユダヤ人の擁護者と人々が言うのを望まなかった」というものだった[50]。内務大臣ヤクプ・ベルマンは、彼自身ユダヤ人だったが、ポグロムのいまなお打ち続くさなかにそのことを知らされたにもかかわらず、彼もまた暴徒を止めるために思い切った措置がとられるべきであるとの忠告を撥ねつけたのだった。それゆえ、かの国の最高の権威でさえ、救援できない、もしくはしたくないというのを自ら立証したのである。ちょうどハンガリーにおいてと同様に、ポーランド共産党員らは——ユダヤ人だった党員ですら——思いつき得るいかなるユダヤ人との連想からも距離をとるのに余念がなかったのだ。

逃亡

東欧での反ユダヤ主義的暴力に対する反応は、劇的だった。戦後ポーランドに帰った多くの生存者が、彼らを最初に迫害した国にいる方が故郷にいるよりも安全だという理由で、すぐさまドイツに舞い戻ったのである。彼らが語った物語は、他の人々が同じ旅路を辿るのを思い止まらせた。「何はともあれ、ポーランドには戻るな」、というのがマイケル・エトキンドに与えられた忠告だった。「ポーランド人が収容所から帰ってきたユダヤ人全員を殺している[51]」。ハリー・ボルサムも同じことを言われた。「帰りたいと望むなんて、ポーランドではまだ奴らがユダヤ人を殺しているのだから、きっと私たちは頭がおかしいのに違いない、と彼らは言った……。彼らは私たちに、ポーランド人らはドイツ人がやろうとしてできなかったことをやっており、生きて出てこられた自分たちは幸運だったと語った[52]」。早くも四五年一〇月には、共同配給委員会のジョセフ・レヴィーンがニューヨークに向けて、「誰もがポーランド人による殺人と強奪を語り、全ユダヤ人がポーランドから逃れるのを望んでいる旨を伝えてくる」と書いていた[53]。

多くのポーランド系ユダヤ人にとって、そして事実、東欧の他のいくつかの国の出身のユダヤ人にとってとても幸運だったのは、彼らのために脱出路が一筋設えられていたということだった。戦争の直後、意を決したユダヤ人のいくつかのグループがブリハ（「逃亡」）と呼ばれる組織を設立し、ポーランドとチェコスロヴァキア、ハンガリー、そしてルーマニアの各所に一連のアジトと輸送手段、非公式の越境地点をまるごと確保し始めたのである。当初彼らは甚だ秘密裡の組織で、金とアルコールで守衛を抱き込んでは大量のユダヤ人を密航させていたが、四六年にもなる頃には東欧諸政府間で半ば公式の地位を獲得していた。その年の五月、ポーランド首相エドヴァルト・オスプカ＝モラフスキが公然と、政府はパレスティナへの移住を望むユダヤ人の行く手を阻むことはないだろうと述べた――キェルツェ・ポグロム以降、これは繰り返し彼が断言したことだった[54]。ポグロムの直後、正規の越境地点が、ワルシャワ・ゲットー蜂起の司令官の一人イツハク・「アンテック」・ツケルマンとポーランドの防衛相マリアン・スピハルスキの間で取り決められた。ブリハに参加した他の著名人も同様の越境地点を、ハンガリー側やルーマニア側、さらにはドイツ国内のアメリカ軍当局とともに組織し、さらに、チェコ側はユダヤ人難民の輸送のために国内を横断する特別列車を調達することを応諾したのである[55]。

西側へと逃亡するユダヤ人の数は相当なものだったが、キェルツェ・ポグロムの直後に劇的に増加した。四六年五月、ブリハはポーランドからの三五〇二名の逃亡を組織した。これが六月には約八〇〇〇人にはね上がった。しかし、七月の、ポグロム後になると、その人数は、二倍どころではない一て一万二三七九人へと落ち着いた。これらの数字は、他の手段でポーランドを逃れた一万から二万人は含まず、というのも、その中には自らをダフ屋や密輸業者に委ねた者も含まれていたからだった。加えて、ブラティスラヴァの共同配給委員会は、キェルツェ後の三ヶ月で、約一万四〇〇〇人のハンガリー系ユダヤ人がチェコスロヴァキア経由で逃亡したと報告した。総じて、九万人から九万五〇〇〇人のユダヤ人難民が、四六年の七月と八月、九月の間に東欧から逃れたと考えられている[56]。

終戦後二年間で西側へと逃れたユダヤ人の総数は、おそらく、ポーランドからは約二〇万人、ハンガリーからは約一万八〇〇〇人、ルーマニアからは約一万九〇〇〇人であり、そしてひょっとするとチェコスロヴァキアからはさらに約一万八〇〇〇人である――もっとも、この最後のグループの大半はユダヤ人だったからだというわけではなく、チェコ人が彼らをドイツ人と考えたからだった[57]。かつまた、一九四八年から五〇年の間に同じ国々を逃れた四万人かそこらのユダヤ人を勘定に入れると、私たちは反ユダヤ主義的迫害のために国を逐われた人々の、三〇万人にはおよぼうという総計に辿り着くのである。これは、むしろ少しばかり控えめな推計である[58]。

これらすべてのユダヤ人はどこへ行ったのか？　短期的には、ドイツとオーストリア、そしてイタリアの強制追放者の収容所を目指したのだった。だが、彼らに救済をもたらすであろうのが、これらかつての枢軸国であるなどというアイロニーが彼らに気づかれないはずもなかった。彼らの長期的目標は、ヨーロッパ本土をすっかり後にすることだった。多くが英国か大英帝国内の諸地域に行くのを望んだ。さらに多くが合衆国に辿り着くのを望んだ。だが、大多数は断然パレスティナに行くのを望んだのだった。彼らはシオニストたちがユダヤ人国家の樹立を迫っているのを知っており、そのような国家だけが現実に反ユダヤ主義から安全でいられるかもしれない場所と見なしたのである。

彼らはこの目標に向けて、まさしく英国以外のあらゆる国によって支援されたのだった。ソヴィエト側は、彼らのもとにいるユダヤ人がヨーロッパから脱出するのにすっかり満足だったので、その行く手の邪魔はせず、ユダヤ人のために国境を開き——しかし唯一ユダヤ人だけに——立ち去らせた。ポーランド人とハンガリー人は、すでに私たちが見ておいたように、ユダヤ人の人生を居心地悪くできるなら何であれそれをし、再度あらゆる可能な手段を用いて彼らに立ち去るよう奨励した。ルーマニア人やブルガリア人、ユーゴスラヴィア人、イタリア人、それにフランス人は、ユダヤ人が聖地へと向かう船に乗り込めるよう皆で港を提供し、彼らを思い止まらせようという努力は滅多にしなかった。だが、これらすべての国のうちでユダヤ人の救援に与って最も力があったのは、アメリカ人だった——合衆国の入国許可を与えることによってではなく、英国管理下のパレスティナへの彼らの旅路を容易ならしめることによってである。彼らは少なからぬ外交的圧力を英国側にかけ、トルーマン大統領によるDPに関する特別指令の下、彼ら自身はわずかに一万二八四九人のユダヤ人しか正式にアメリカへの入国を許可しなかったにもかかわらず、一〇万人のユダヤ人をパレスティナへと受け入れさせようとしたのである。[59]

英国人は、東方からのユダヤ人の流入を塞き止めようと腐心した唯一の人々だった。彼らは、件のユダヤ人の大多数はヒトラーの強制収容所の生き残りではなく、戦争の日々をカザフスタンやソヴィエト連邦の他の地域で過ごしたユダヤ人だと指摘したのである。いまや故郷に戻るのが「安全」だというこことなのだから、なぜ他でもない彼らがユダヤ人のために駆け込み寺を提供せねばならないのか、英国人には分からなかった——ソヴィエト連邦と東欧諸国も同様に公平に負担してしかるべきだろう。ドイツ国内のヒトラーの犠牲者には喜んでシェルターを提供していたのに対し、戦争とほとんど関係なかったユダヤ人難民の新たな一波を歓迎することに対しては、彼らは一線を画したのである。アメリカ人とは違い、彼らは自らの管理下にあるＤＰ収容所にこれら新たなユダヤ人が流入するのを拒絶したのである。

英国人は――その後明らかになるように、誤って、このユダヤ人難民らの新たに押し寄せた波が、反ユダヤ主義に対する恐怖によってではなく、自らの大義のために新入りを先導するべくイスラエルから東欧へと旅したシオニストたちによって吹き込まれたと信じていたのだった。英国人のために公正を期せば、ブリハの運動は、実際に大半がパレスティナ人シオニストにより拵えられたものだった――だがしかし、パレスティナへ逃れたいという新たな欲望が彼らに端を発すると想定した点において、彼らは完全に間違っていたのである。イェフダ・バウアーのような歴史家が断固として示したように、逃走への衝動は、専ら彼ら難民自身にのみ発していた。シオニストらが行なっていたのは、ただ、彼らに目指すべき場所を提供することだけだったのだ。[60]

英国人はまた、ヨーロッパのユダヤ人がパレスティナに逃れることを許すのは、ことにホロコーストの直後にあっては、道徳的に間違っていると熱っぽく論じた。外務省によれば、それは「確かに窮余の一策」だった「のであり……それどころか、その含意するところを考えれば、ナチという存在は、ヨーロッパにはユダヤ人のための場所はないと考えた点で正しかったと認めることに資してしまったろう」。英国外相アーネスト・ベヴィンその人が、「もしユダヤ人が、その大陸の再建において死活にかかわる役割を果たすところのそのヨーロッパに留まることができないのであれば、第二次世界大戦を戦うことにはいかなる意味もなかった」と強く信じていたのである。[61]

道徳哲学への訴えにもかかわらず、英国側の嫌気の背後にあった本当の理由は、政治的なものだった。彼らは、中東でアラブ人とユダヤ人の間に一触即発の危険を秘めた状況をつくり出したくはなかったのである。しかし、いずれにせよ、ヨーロッパ内の彼らのパートナーの確固たる協力なしに、西方への逃走が続くのを止めるのに彼らにできることは、事実大してなかった。ユダヤ人がパレスティナに辿り着くのを阻もうという努力の方は、もう少しばかり上首尾で、数万人のユダヤ人移民を乗せた地中海上の船舶に英海軍が乗り込み、キプロスの特別DP収容所に向けて進路を変更させることができたのだった。

だが、これは、単にクヌート王の潮を止めようと試みるの故事に倣うに過ぎなかった——とどのつまりは、事の成り行きを押し止めるべく英国人にできたことはほとんどなかったのだ。一九四六年の夏、シオニストたちはパレスティナの英国人に対する一連のテロ作戦を開始した（戦後英国で、反ユダヤ主義の高まる主たる原因となった作戦である）。翌年、英国側はイェルサレムにおける軍事的プレゼンスを縮小し始めた。一九四七年一一月末、シオニストらの烈しいロビー活動の末に、国連はユダヤ人に彼ら自身の国家の形成のためにパレスティナの一部を与える票決をした。そしてついに、四八年に、ユダヤ人とアラブ・パレスティナ人の間の際どい内戦を経た後、イスラエル国家が強固に樹立された。ユダヤ人は、世界のささやかな一隅を意のままに自身のものとできたのだった。

ここは、爾来、イスラエル国民とアラブ人の間にずっと存在し、今日私たちの新聞紙面を埋め続けている残忍な争いについて議論に乗り出す場所ではない。ユダヤ人には、逃すにはあまりに大きな好機が提示された、と言えば十分である。彼らの最近の歴史を顧みれば、自分たちの国家を創立したいと彼らが望んだとてほとんど非難するにはあたらず、たとえアラブ人たちが、パレスティナ人の歴史家の言を借りれば、「ホロコーストの代償をなぜ彼らが支払わなければならないのか分からない」としても、そうなのだ[62]。良きにつけ悪しきにつけ、膨大な数のヨーロッパ・ユダヤ人が、彼ら自身が主人であり、迫害の恐れがなく、アジェンダの追求が許されるであろう国家のうちに自身が存在するのをついに見出したのである。イスラエルはただ単に約束の地だったのではない。それはまた、約束さ

地図5◆ユダヤ人のパレスティナへの逃亡

れた地でもあったのだ。

とはいえ、このプロセスの結果として、かつてユダヤ人が住み生きていたヨーロッパの諸地域は、取り返しようもなく変わってしまった。ことにポーランドは、戦前それがそうであった文化的かつ民族的坩堝とは、ほとんど見違えてしまった。より程度は小さいとはいえ、同じことが東欧全体についても当てはまった。

一九四八年までに地域の多くは、ヒトラーの時代よりもさらに一層、ユダヤ人のいない状態と「文字通りには、ユダヤ人から自由に」なっていたのだった。

原註

（1）Roman Halter, letter to Martin Gilbert in The Boys, pp. 266–8. また、IWM Sound, 17183, reel 10 も見よ。
（2）Blom et al., p. 337.
（3）Lewkowicz, p. 260.
（4）Hondius, p. 104.
（5）Report in *Neue Welt*, no. 1, Gringauz, 'Our New German Policy', p. 512 に引用。
（6）Bauer, p. 36 に引用の Abba Kovner の言葉。Gringauz, 'Jewish Destiny', p. 504.
（7）Primo Levi, p. 373.
（8）Hondius, pp. 55, 77.
（9）Ibid., pp. 78–82.
（10）Ibid., p. 80.
（11）Fabio Levi, p. 26.
（12）たとえば、Beevor and Cooper, p. 172; Hitchcock, pp. 267–72; Rioux, pp. 13–16 を見よ。
（13）Hondius, pp. 76, 79–80, 93–5.
（14）F. C. Brasz, 'After the Second World War: From "Jewish Church" to Cultural Minority', in Blom et al., p. 337.
（15）Hondius, p. 100 に引用の、Rita Koopman, Ab Caransa, Gerhard Durlacher および Mrs't Hoen の言葉。
（16）Ibid. に引用。

(17) Hitchcock, pp. 271–2.
(18) Pelle, pp. 228–9 に引かれた新聞記事の話。
(19) Shephard, *Long Road Home*, p. 393 に引かれた Ethel Landerman の証言。
(20) Kenez, p. 158 に引用。
(21) Hondius, pp. 77–8.
(22) Myant, p. 103; Pelle, 151; Jean Ancel, 'The Seizure of Jewish Property in Romania', in United States Holocaust Memorial Museum, pp. 43–55.
(23) Gross, p. 44.
(24) たとえば、Kovaly, pp. 56–7; Dean, p. 357; Gross, pp. 39–51; Lewkowicz, p. 260; Gilbert, *The Boys*, pp. 268, 274 を見よ。
(25) クンマダラシュでの諸々の出来事についてのより詳細な分析については、Pelle, pp. 151–68 を見よ。
(26) Eszter Toth Kabai interview in *Haladás*, ibid., p. 161 に引用。
(27) Pelle, pp. 157–60.
(28) Ibid., p. 160.
(29) Kenez, pp. 159–60; ユダヤ人歴史家たちは、三人が死亡、さらに一八人が負傷したと主張する。Éva Vörös, 'Kunmadaras Újabb adatok a pogrom történetéhez', *Múlt és jövő* no. 4 (1994) を見よ。
(30) Pelle, pp. 161, 162.
(31) Ibid., p. 173.
(32) Fabio Levi, pp. 28–9.
(33) Gross, pp. 47–51.
(34) Siklos, p. 1.
(35) Eby, p. 287 に引用。
(36) たとえば、ハンガリーでは、共産党序列の最上層全体がユダヤ人だったばかりでなく、一九四五年時点において一般党員の約一四パーセントもそうであったのに比較して、人口全体では一から二パーセントに過ぎなかったのである。Kenez, p. 156.
(37) Pelle, p. 206.
(38) Ibid., p. 160.
(39) Kenez, pp. 159–61; Pelle, pp. 212–30.
(40) Letter, Mór Reinchardt to the president of the Hungarian Jewish Bureau, 5 August 1946, Pelle, pp. 166–7 に引用。
(41) Ben Helfgott, personal interview, 19 May 2008.
(42) Gross, p. 35.
(43) Bauer, p. 15; Gross, p. 36.
(44) Gross, pp. 74–5.
(45) Ibid., p. 82.
(46) 以下の記述は、虐殺に関するポーランド語証拠文書 documentary evidence の Gross による要約に基づいている。

(47) Ibid., p. 89 に引用。

(48) Ibid., pp. 93, 113.

(49) Bauer, p. 210; Gross, p. 138.

(50) Gross, p. 98. 当日の共産主義者の行動についてより好意的な見方については、Bauer, pp. 206–11 を見よ。ポグロムに対する責任についての対立する見解に関する議論については、Kochavi, p. 175 を見よ。

(51) Gilbert, *The Boys*, p. 275.

(52) Ibid., p. 271.

(53) Report, Joseph Levine to Moses Leavitt, 24 October 1945, Hitchcock, p. 334 に引用。

(54) Kochavi, pp. 173, 227–8; Gross, p. 218.

(55) Kochavi, pp. 175, 187; Bauer, pp. 216–23; Shephard, *Long Road Home*, pp. 186–9, 235–6.

(56) Bauer, pp. 211–12. 他の著者たちは異なった数字を掲げ、というのも異なった基準に基づいているからだが、にもかかわらず全員が、七月と八月で大規模な増加を見るという同一のパターンを示している。たとえば、Gross, p. 43 を見よ。

(57) Gross, p. 43; Bauer, pp. 295, 298; Kochavi, p. 185.

(58) Bauer, pp. 318–20. いろいろな時期に基づく似たような諸統計については、Prażmowska, p. 176; and Kochavi, p. 227 を見よ。Proudfoot の表35は少しばかり大きな数字を掲げているが、イスラエルへの入植者統計に基づくからである。

(59) Shephard, *Long Road Home*, pp. 190–99; Bauer, p. 319.

(60) Bauer, pp. 319–21.

(61) British Foreign Office to Washington, 5 October 1945, TNA: PRO FO 1049/81. Bevin quoted in Shephard, *Long Road Home*, p. 191.

(62) Walid Khalidi, quoted in Shephard, *Long Road Home*, p. 356.

訳註

＊1　この箇所のロシア語表現に関しては、本書ドイツ語訳 p. 240 を参考にした。

＊2　friends full of life, the warmth of secure meals, the solidity of daily work, the liberating joy of recounting my story—プリーモ・レーヴィ『休戦』竹山博英訳、朝日新聞社、一九八八年、二五四頁を参照した上で、字句を少し変えさせて戴いた。

＊3　like Gerhard Durlacher—ドイツ生まれのユダヤ人、オランダに移住。

第18章　ウクライナとポーランドの民族浄化

ユダヤ人は、戦争の直後、自らの故郷を逐われることとなった唯一の人々というわけではなかった。かつ、彼らは暴徒や警官、そして武装民兵からの暴力を被ることとなった唯一の人々というわけでもなかった。もしホロコーストの生存者が、戦時中彼らは選別されたのだと主張するのが正しかったとすれば、これは最早戦争の終結後においては正しくなかった。ユダヤ人は確かに、私が示していたとおり、虐待されてはいたものの、解放後の国粋主義的な暴力はいまや他のマイノリティの上に降りかかってきたのである。

キェルツェでの出来事と、その同じ年にポーランドの他の地域で起きたことを比較してみさえすればよい。一九四六年一月末、スタニスラフ・プルート連隊長麾下のポーランド第三四歩兵連隊の兵士が、ポーランド南東部のサノク近郊に位置する、ザヴァトカ・モロホフスカ（またはウクライナ語では「ザヴァトカ・モロヒフスカ」）の村を包囲した。村は専ら民族ウクライナ人によって住まわれており、そこで起きた出来事の唯一の理由は、彼らのエスニシティなのだった。目撃者らによれば、軍の到着は、どこから見ても戦争中起きたどの出来事とも同じだけ血腥《なまぐさ》い虐殺の先触れをしたのだった。

彼らは明け方に村に来ました。男性たちは皆森へ逃げ始め、残された者は屋根裏や地下室に隠れようとしたものの無駄でした。ポーランド兵はあらゆるところを虱潰しに捜し出し、見つけられずにやり過ごせる場所は残っていませんでした。男性たちは誰であれ捕らえられるなり、即座に殺されました。男性が見つからないときには、女性や子供たちを打ち据えました……。私の父は屋根裏に隠れていましたが、ポーランド人たちは母に梯子に登り、彼を探すように命令したのでした。こうしたことを命じつつ、彼らは母を数度ライフル銃の台尻で殴りました。母が梯子を登り始めると、思いがけずそれが壊れ、彼女は下に落ちて肘を折ってしまいました。ポーランド人五人がまたもや銃の台尻で母を打ち据え、彼女が身を起こすことができなくなると、重いブーツの底で蹴りつけたのです。私は四歳の娘とともに母のもとに駆け寄り、彼女を守ろうとしましたが、兵士は私と娘を打ち始めました。間もなく私は意識を失い、気がついたときには母と娘は殺されており、村全体が燃えていたのです！(1)

ウクライナ人パルティザンが翌日その場所に着いたとき、彼らが見たのはまったき荒廃の光景だった。「黒く燻る廃墟と、人間というよりは幽霊に似た二、三の影が動く他には、何もなかった」(2)。村を徹底的に略奪して回り、家畜のほとんどを盗んだのに加えて、ポーランド兵は数十人の村人を殺しており、その大半は女性や子供だった。彼女たちの殺害の事実よりもたちが悪いのは、それら殺害が行なわれたその仕方だった。多くが死ぬまで打たれ、腸《はらわた》を抜きとられ、あるいは火をつけられていた。いく人かの女性は胸を切りとられており、一方で目を刳り抜かれるか、鼻を削がれ舌を切りとられるかしている女性もいた。虐殺に参加したポーランド兵の一人によれば、「われわれの中にはこの殺戮を楽しんでいる者もいた」[3]。

この虐殺についての歴史的資料のほとんどはウクライナ側からきており、ポーランド人の残忍さを描くことに対する抜き差しならぬ関心が働いているものの、一定の潤色を許す場合でさえ、それは否定しようもなく恐ろしい出来事だった。かつ、それがそこで停止したというわけでもなかった。二ヶ月後、ザヴァトカ・モロホフスカに軍が戻ってきて、生き残った村の住民全員に、身の回りのものを纏め、国境を越えてソヴィエト側ウクライナへと向かうよう指示した。残る建物は学校と教会を除きすべて燃やされ、万一居残ればどうなるか村人への警告として、一一人の男性からなる一団が射殺されたのだった。最後に四月に、さらに数人の村人が殺害された後、教会と学校も破壊され、住民全体が狩り出され、ポーランド領から強制的に追放された。これらの作戦の経過のうちで、五六人とも言われる人が殺され、他にも多くが重傷を負った。村は地図から消されたも同然だった[4]。

ザヴァトカ・モロホフスカの虐殺とキェルツェのポグロムの間の違いは、前者が軍により遂行され、手に負えぬ暴徒によって行われたのではない、ということだ。ポーランドでのユダヤ人の虐待と殺害は、広く行なわれた反ユダヤ主義に吹き込まれた大衆的現象だった。それは政府の行為の結果ではなく、無為の結果だった。反ユダヤ主義者らは心置きなくユダヤ人を襲撃したが、そんなことをしても処罰されることはなかろうと高を括っていたからだった。最終的には、キェルツェ・ポグロムの犯人のうち数名は裁判にかけられ、その罪過ゆえに処刑されさえもしたのだった。対照的に、ザヴァトカ・モロホフスカでのウクライナ語話者たちの虐殺は、政府の公式方針から直接結果していた。軍は、ポーランド南東部にはっきりとその地のウクライナ系住民を片づけるべく派遣されていたのだった。ユダヤ人とは違い、というのも、彼らは単に逃亡するように奨励されただけであったからだが、ウクライナ人は故意に追い出された——そして、彼らが立ち去ることを拒絶したときには、殺害されるか強制的に排除されたのだった。もし、ザヴァトカ・モロホフスカでのように、軍がいくらか自分たちの活動において熱心に過ぎたとしても、一般的に言って、それらの行為のために軍が制裁を受けたわけではなかった。最も重要なことは、政府の観点からすれば、それらの活動が上首尾だったということだった。

ザヴァトカ・モロホフスカは、何千とあるうちのほんの一つの出来事に過ぎなかった。エスニック・マイノリティに対する迫害や追放はヨーロッパ全域で生じ、とりわけ大陸中央部および東部地域でひどかった。だが、ポーランドでの出来事はとりわけて重要だった——一つにはここが最も包括的な民族浄化が起きた場所だったからであり、しかしまた、ポーランド／ウクライナ問題がヨーロッパの残りの土地に対して実に重大な帰結をもたらしたからである。ナショナリズムを己が諸目的のために利用するよう——それも、ポーランドだけでなく東側ブロック全体において——ソヴィエト側の考えを最終的に改めさせたのは、ここで解き放たれた国粋主義的緊張だったのだ。そして、大陸全域で民族浄化のテンプレートを提供することになったのは、ポーランド人とウクライナ人の相互放逐だったのである[5]。

とはいえ、ザヴァトカ・モロホフスカのような村での出来事を真に理解できるようになるのは、まさしくその開始時へと戻ってからのことである。多くの歴史家が指摘してきたように、ポーランドの民族浄化は孤立して起こったわけではなく、空前絶後の大戦争の直後に生み出されたのである。ポーランド人はウクライナ人をただそのためにのみ一掃したわけではなかった。そのような根扱《こ》ぎを望ましいか、あるいは可能にしたのは、ただ戦争という巨大な出来事だったのだ[6]。

ポーランド／ウクライナの民族的暴力の諸起源

ポーランド東部の国境地帯は戦争中一度ならず、三度侵略された。最初はソヴィエトに、次いでナチに、最後に再びソヴィエトによってである。多様性に満ちたこの地域に住んでいた種々のエスニック・コミュニティは、それぞれの侵略に種々の仕方で反応した。ポーランド系住民のほとんどはナチにもソヴィエトにも等しく抵抗し、それは、ポーランドがいかなる仕方でか、その戦前の状態に回帰可能かもしれないという希望を抱いてのことだった。対照的に、ウクライナ系住民はそれほど一枚岩ではなかった。彼らのほとんど全員が、一九三〇年代にウクライナのソヴィエト側地域を支配した残忍なやり方ゆえにロシア人を怖れ、憎んでいた。しかし、多くのウクライナ人がドイツ人を、少なくとも最初は解放者と見なし歓迎したのだった。他方、ユダヤ人たちはどこに信を置けばよいか分からずにいた。ソヴィエト軍の侵攻が、ポーランド人とウクライナ人の反ユダヤ主義から救出してくれるのではないかと多くが期待した。後に、いくらかはドイツ軍の侵略がソヴィエトの迫害から彼らを救ってくれるのではないかと期待した節がある。四三年末にこの地域が三度目の侵略を受けた時には、なお生き存《なが》らえていた一握りのユダヤ人は、その国籍がどこであれ、あらゆるよそ者に対する信頼を失っていたのだった。

ソヴィエトとナチはともに、これら種々様々の民族集団を互いに嗾《けしか》け合った。とりわけナチはウクライナ人の国粋主義的感情を利用しようとし、その他の住民を抑圧しようと試みた。侵略以前ですら、彼らはウクライナの極右集団と接触を持ち、ことにウクライナ民族組織（ＯＵＮ）との接触には恬《てん》として恥じなかったのだった。これは非合法の極右の運動で、クロアチアのウスタシャないしはルーマニアの鉄衛団にも似、目標の達成のためならば暴力の使用も厭わなかった。ナチは、目の前にウクライナ人の独立の約束をぶら下げて、その見返りに彼らの協力を得ようとした。この胡散臭い組織の最強の一派がドイツ人の意図を信頼したことは一度たりともなかったものの、他の諸派は熱狂のあまり食い物にされるがままだった——一つには、ナチが彼らに望むものを与えてくれると考えたからであり、しかしまた、ナチのより暗い意図のいくらかを彼らが分有もしていたからなのだった(7)。

ＯＵＮとナチの最も恥ずべき協力は、ユダヤ人を根扱ぎにすべく彼らが協同して取り組んだその仕方である。何年もの間、ＯＵＮは民族的純潔について、「ウクライナ人のためのウクライナ」について、そして革命的テロの利益について語っていた。最終的解決の、ことにヴォリニア地方でのその実装は、ＯＵＮの信奉者に彼らのスローガンが単なるレトリックではないことを示した。これらの虐殺は、一般民衆の面前で生じたばかりに、地域の将来の民族浄化すべてのテンプレートを提供することとなった。かつてなら考えられなかったであろうことが、いまでは優に可能なこととなったのだ。

一九四一年と四二年が経過する中で、およそ一万二〇〇〇人のウクライナ人警官が、二〇万人を超えるヴォリニアのユダヤ人を殺害すべくナチが用いた戦術に精通することとなった。対独協力者として、作戦の立案に参加したのである。彼らは地元住人に請け合って誤った安心の念を与えようとした。彼らはユダヤ人の村や集落を急包囲するのに雇われ、それどころか、そのいくらかは殺しそれ自体にさえ参加したのだった。ユダヤ人の虐殺は、その後に起こることのための完璧な実地訓練だった(8)。

四二年末、ドイツ軍の勢力にはっきりと最初の翳りが見えてくると、同じこれらのウクライナ人警官が大挙して職を捨てた。彼らは武器を手に、ＯＵＮの新たな武装パルティザン集団、ウクライナ反政府軍（Ukrains'ka Povstans'ka Armiia《ウクラインスカ・ポヴスタンスカ・アルミア》、またはＵＰＡ）に加入しに行った。彼らはナチのもとで学んだ技能を自分たちの民族の敵に対する戦いの継続のために用いた——つまり、地域にわずかに残ったユダヤ人に対してだけでなく、今度は多数のポーランド系住民に対しても用いたのだった。

ポーランド人の虐殺は、ウクライナ人警官がユダヤ人の虐殺に最も密接に関わったのと同じ地方で始まった。ヴォリニアである。なぜこの地で民族浄化が始まったのかについては、たくさんの理由があった――この地方は広大な森林と沼沢地を備え、それゆえにパルティザン活動にはことのほか適していたこと、点在するポーランド人コミュニティが他の地方に比べてずっと守りにくかったこと――ものの、しかし、ユダヤ人に対するそれ以前の行為が間違いなくその本分を尽くしていたのだった。禁忌《タブー》はすでに破られていたのだ。この地のウクライナ人男性は殺しの訓練を受けていたし、大量殺人にも慣れていた。四二年末にこの地域の浄化に乗り出したとき、それゆえ、彼らは外的並びに個人的制約の両方から相対的に自由だったのだ。

それから二、三年にわたり起こることになる虐殺の狂宴にあって、ポーランド人コミュニティは、老人と女性からまさしく新生児に至るまでその全体性において破壊し尽くされたのだった。たとえば、オレクシェンタの村は四三年のイースターの期間に、ポーランド系住民の間に恐怖をもたらすべく入念に計画された作戦において焼き討ちにされた。[9] ヴィソツコ・ヴィジュネでは、子供たち一三人がカトリック教会に閉じ込められ、その後火を放たれた。[10] ヴォラ・オストロヴィエツカでは、ポーランド人コミュニティ全体が地元の校庭に狩り集められた。男たちが一度に五人ずつ移送され、隣接する納屋で滅多切りにされて死んでいく間に、女性と子供は学校の中に追い立てられて、手榴弾で爆破され、その後火をかけられたのだった。[11]

ポドカミェンの村では、遠隔の農場と辺鄙な小村への一連の夜間空襲作戦が、村人たちを家から追い出した。当初、彼らは野に寝て奇襲を避けようとしたが、結局は地元修道院に庇護を求めることになった。だが、四四年三月一二日に、修道院の建物自体がＵＰＡの軍勢に包囲された。窓から跳び出てどうにか難を逃れた数名を除いて、全コミュニティが——修道僧も含めて——嬲《なぶ》り殺しにされた。彼らの死体は修道院を囲んで足から吊るされ、ポーランド人コミュニティの残りの人々全員に対して、この地に残れば何が待っているか警告とされたのだった[12]。

これらは、一九四三年と四四年に民族的暴力を被った何百というポーランド人の村を象徴するに違いないほんの一握りの例である。ポーランド側の史料ばかりでなくドイツおよびソヴィエト側のそれにも拠れば、ウクライナ人パルティザンは犠牲者の首を刎ね、磔にし、手足を切断し、腸を抜き、かつしばしば、居留まり続けるポーランド人コミュニティを恐れ慄かせようと故意に死体を晒した。彼らは家と教会を焼き、村を取り壊し、手当たり次第略奪した。これは、東ポーランド／西ウクライナの全域で起きたことだ。ポーランド人の隣人を保護しようとしたどんなウクライナ人も、同様に殺害されたのだった[13]。

UPAの報告書ですら、ユダヤ人がすでに絶滅させられたのと同じ徹底性をもって、ポーランド人を絶滅させようと計画したのを正式に認めているのであり、しかも多くの地方でそれが成功したのだった。UPAの最高司令官の一人、ドミトロ・クリアチキフスキは、麾下の司令官らに、一六歳から六〇歳までの全「ポーランド人」男性住民を片づけるよう勧告し、「森の中と隣接した村を壊滅させるよう」命令を下した。ザビホスト地域の現地司令官、ユリイ・ステルマシュチュクは、彼が「ウクライナの西部全地方のポーランド人住民の全体的物理的絶滅」のための命令を与えられ、OUN指導者たちのこの命令を履行しようと、UPAの数個部隊から編制された戦力が、四三年八月に、一万五〇〇〇人を超えるポーランド人を虐殺した」ことを認めた[14]。

このような出来事に対応しようと、地元ポーランド人の中には自己防衛のための独自の民兵の設立に掛かる者も出た。ポーランド人地下組織も、占領への抵抗運動から手持ちの資源を転用し、ポーランド人コミュニティをUPAから保護しようとした。ヴォリニアのポーランド人の中には得難い復讐の機会を窺おうと、ドイツ人を頼って警官の職を求める者もいた。(ドイツ人たちは確かに彼らを採用することを喜んだように見え、その結果、新たな対独協力のうねりが生まれたのだった――皮肉にも、いまや殺意に燃えて暴れ狂っているかつての協力者を統御するという名目で、だ。)四四年にソヴィエト軍が到着すると、多くのポーランド人が赤軍またはNKVDに加入した――もう一度、彼らが蒙ったすべてに対して復讐をするという目的で、である。ウクライナ人の村は燃やされ、何千人というウクライナ人小作農が殺され、UPAの行為に対する同時に公式かつ非公式の復仇がなされたのだった(15)。

これらの報復は、もちろん、ウクライナ人パルティザンによって、ポーランド人やその村を標的にすることのさらなる正当化として用いられた。そしてそれゆえに、状況は悪循環へと堕ち込んだのだった。戦争の最後の年と、そのまさに直後において、地域全体が事実上の内戦とも言うべき状況にのみ込まれた。ヴォリニアで始まったことがガリツィアと中央ポーランドへと拡がった。ポーランド人とウクライナ人が互いに殺戮し合い、互いの村を燃やし合い、その熱狂は、ドイツかソヴィエトの占領者に対する彼らの行動のそれの比どころではなかった。当時ポーランド人パルティザンの一人だったヴァルデマル・ロトニクは、この闘争について剝き出しの言葉で語っている。

奴らは二晩前に七人の男を殺していた。その晩、われわれは奴らの男一六人を殺した……。一週間後、ウクライナ人らはポーランド人の集落一つをすっかり消し去り、家に火をかけ、逃げ遅れた住民を殺し、奴らの手の内に落ちた女たちをレイプすることで応えた……。われわれはもっと大きなウクライナ人の村一つを攻撃することで仕返しし、部隊に所属する二、三人の男が女や子供たちを殺した……。ウクライナ人どもは今度は五〇〇人が住むポーランド人の村を破壊し、奴らの手に落ちた者を残らず拷問し殺害することで復讐とした。われわれは奴らのさらに大きな村を破壊することで応えた……。これが、戦いがどうやって過熱していったかだ。毎回より多くの人間が殺され、より多くの家屋が焼かれ、より多くの女が強姦された。男たちは極めて短期間に鈍感になり、他には何一つ知るところがないかのごとく殺した。[16]

本章の冒頭で私が記した、ザヴァトカ・モロホフスカでの虐殺を私たちが見なければならないのは、このコンテクストにおいてだ。孤立させて見ると、容易くそれは冷血な、純粋にポーランド人による犯罪で、民族浄化の名の下に行なわれたのだという結論に至ってしまうだろう。少しばかり時間枠を拡げて、かつ、虐殺に関わった部隊がわずか一日前のUPAパルティザンによる襲撃の間に人的犠牲を蒙っていたことに気がつくと、それは最早、必ずしもそれほど冷血の仕業には見えなくなってくる。[17]そして人が時間枠をさらに拡げると、かつ、虐殺に関わった人々の中には、ポーランド人とウクライナ人間《かん》のヴォリニア内戦で古参兵だった者もいることに気がつくと、復讐がはるかに強力な動機と見えてくるのである。[18]このコンテクストがザヴァトカ・モロホフスカで生じたことを正当化することは決してなく、かつそれどころか、四六年のポーランド南東部での他のいかなるウクライナ人村落に対する襲撃を正当化することも決してない――にしても、途中まではそれらの出来事の解明に同行するのである。

最も控えめな推定ですら、約五万人のポーランド人民間人がヴォリニアでウクライナ人パルティザンによって殺されたと、さらに二万人から三万人がガリツィアで殺されたと示唆している。合算すると、九万人に達しようというポーランド人が内紛のさなか辺境地帯全域で殺害されたと考えられているのである。ウクライナ人の死者も数千人には達するものの、ポーランド人はジェノサイドを実行する表だった計画を携えずに戦闘に入ったので、ウクライナ人の徒党の損耗は彼らが殺害したよりもずっと少なかった――多分、全部で二万人かもしれない。(19) 戦時ヨーロッパ史の他のあれほど多くの地方でと同様に、これらの数字には議論の余地があり、どちらに犠牲者を名乗る資格があるのかという、ポーランド人とウクライナ人の歴史家の間で進行中の問いをめぐる議論に左右されている。ある意味で、無名数は本当は問題になっていないのだ――凶暴な内戦が生じ、両陣営で何千人という人々が亡くなったということを登録してしまえば、それで十分なのである。だが、また別の意味では、数字は絶望的なほど重要であり、とりわけヨーロッパ全土でナショナリズムがもう一度息を吹き返してきているという風潮にあってみれば、そうなのである。ウクライナ人はもちろん、暴力のサイクルを開いたというOUNやUPAの役回りを認めたがらず、ポーランド人死者数を最小化しようと企て、時折は数字を歪めることがある。片やポーランド人の中には、統計を内戦それ自体の修史的再上映時の武器のように振るう者もいる。(20) このような高度に張り詰めた空気の中にあっては、数字をめぐるどんな合意にも達することができるとは思えない――上で私が挙げたのは、利用可能な最も公平な推定である。

ソヴィエト式の解決

四四年にウクライナとポーランドに再侵攻し、その際当地の民族紛争の規模に気づくと、ソヴィエト軍は動揺させられた。確かなのは、いまだ戦争が継続している中でそのような混沌によって補給線が寸断されることなど彼らにとってあってはならぬことだ、ということだった――かつまた、UPAがソヴィエトの配置した部隊の襲撃を始めてもいたのだから、状況を安定させるためには何ごとかがなされなければならないのだった。

彼らの解法は、シンプルだった。もし異なった民族を同一の領土上に平和裡に住まわせることができないのであれば、彼らは引き離されるべきなのだ。この引き離しは、全国家的規模でなされなければならなかった。すなわち、ポーランド人はポーランドに、ウクライナ人はウクライナ・ソヴィエト社会主義共和国に住まうべきなのである。

この二者間の境界線は、一九三〇年代からの旧ポーランド国境線とはならないだろう。すなわち、西方へとそれは動かされ、それゆえ、ウクライナ人が「西ウクライナ」と見なしていたものの大半が「東ウクライナ」へと再統合されることになるのである。これは、ただ単にソヴィエト領を拡大するだけでなく、まさにそれを求めて彼らが戦ってきたところのものをウクライナ人に与えることによって、OUN／UPAのお株を奪うことになるものだった。この国境線をまたいで間違った側に住むいかなるポーランド人も、ポーランドへと追放されることになる。そして同じく、国境線のもう一方の側のウクライナ人も「本国送還させ」られることになるのである。

当時これが議論の多い解法だったと述べるのは、甚だしく穏当な言い方になったろう。ロンドンのポーランド亡命政府にとって、ウクライナ／ポーランド国境をそれほど遠く西側へと変更するというアイディアは、ほとんど考えられないことだった。ソヴィエト側提案の国境線はいわゆるカーゾン線で、バルト三国――エストニア、ラトヴィア、そしてリトアニア――全部の面積を足し合わせた広大な土地が東ポーランドから切り離されることになるのだった。その後、ポーランドの都市ルヴォフはウクライナに授けられ、ブレスト＝リトフスクはベラルーシに与えられ、ヴィルノ（今日のヴィルニュス）はリトアニアに割譲されることになるのだった。そんな国境線を受け入れることは、事実上、三九年のソヴィエトのポーランド侵攻を裏書きすることになるのである。

この解決案に直面した西側連合国もそのような解決策に反対した。チャーチルとローズヴェルトはかつてともに、この土地をソヴィエトが手放さないでいるのが許されると仄めかすどんな物言いにも憤りの念を表わしていた[21]。そしてにもかかわらず、両政治家とも現実主義者であって、ソヴィエトに反対することは、土地全体をすでに彼らが占領している以上、いまやほぼ不可能であろうことを知っていた。この問題をめぐりスターリンに挑戦する代価について、どちらの首脳も深くは考えたくなかった。「君は私にロシアと戦争を始めろというのかね?」と、この問題に関してアメリカは断固譲歩すべきではないとポーランド駐在大使が提言したとき、ローズヴェルトはぴしゃりと撥ねつけたのだった[22]。

早くも四三年一一月には、チャーチルとローズヴェルトがテヘランで初めてスターリンと会談し、ともに、ポーランド東部辺境地帯をソヴィエト連邦に編入するという彼の計画に反対ではないとスターリンに仄めかした。チャーチルはこのことについてまったく明け透けで、その後間もなくこれを既成事実《フェタコンプリ》として受け容れるようポーランド首相スタニスワフ・ミコワイチクに説得を試みた——ミコワイチクが断固受け容れるのを拒んだ何ごとかをである。ローズヴェルトはしかしながら、より計算高く、翌年再選される後までは自らの態度を明らかにしなかったが、それは数百万のポーランド系アメリカ人有権者の支持を当てにしていたからだった。この問題をめぐるポーランド側の希望に対する最後の一撃は、四五年二月のヤルタでの次の三巨頭会談にて見舞われ、その際彼らは、ポーランド東部国境地帯がカーゾン線に沿うべき旨を合同でかつ正式に宣言したのだった[23]。

この過程に関して悲劇的なのは、それがポーランド人民その人たちの願いへのいかなる参照もなしに貫徹されたということである。選挙で選ばれた彼らの代表たちですら意見を求められたのは、ようやくテヘランで協定が結ばれた後だった。世界中のポーランド人にとって、これは英米の裏切り以外の何ものでもなかった。チャーチルとローズヴェルトが四一年に大西洋憲章に署名したとき、彼らは「自由に表現された当該の国民の願いと一致しない」いかなる領土的変更も決して是認しないと約束していたのである。テヘランとヤルタでソヴィエトの要求に同意することで、彼らはその約束を紛うことなく破っていたのだった。英米の支配層の中にも、これらの心情を共有した多くの人々がいた。ポーランド駐在合衆国大使だったアーサー・ブリス・レインは、それがスターリンへの「条件付き降伏」であり、戦前のヒトラーへの宥和と同類の「宥和」政策であり、さらにはポーランド人盟友へのアメリカの「裏切り」であると呼んで憚らなかった[24]。英国では、労働党議員だったジョン・リース・デイヴィーズが下院で、「われわれはこの戦争を偉大な動機と高邁な理想をもって開始しました。われわれは大西洋憲章を発表したのに、その後それに唾し、それを踏みつけ、あたかもそれが火刑柱であるかのように燃やしたのであり、いまやその何ものも残されてはいないのです」と痛烈に言ってのけたのだった[25]。

強制「送還」

この国境の変更が地域の住民に対してまさしくどんな意味を持つことになるのかについて、ヤルタではほとんどまったく顧みられることがなかった。それはスターリン自身の用件であって、西側連合国が現実に影響をおよぼすことができる何ごとかとは見なされなかったのである。事実、その地域に到着するや否やソヴィエト側はすでに、いつもの手口を用いて人々を拘束し、移送するのを始めていた。だがスターリンは依然用心深く、大がかりなポーランド人の移送はヤルタ協定に署名されるまでは本格化することはなかったのだった。

これは、ソヴィエトに関する限り、何かしらかなり目新しいことだった。ソヴィエト人たちはその国民性ないしは民族性ゆえに住民全体をある地域から別へと移送することにかけては精通していた。一九二〇年代と三〇年代の全体を通じて、ソヴィエト連邦内のコミュニティ全体がチェス盤上の駒のように動かされたのだった。[26] そのような移動の最も最近のものは、四四年五月のクリミア（当時はウクライナ領ではなかった）からのタタール人の移送である。[27] けれども、いまに至るまでそのような移送はつねに純粋に民族的理由というよりは、むしろ政治的ないしは軍事的理由によって実行されてきたのだった。その上、それらはいつもソヴィエト領内でしか実施されてこなかった――それ以前は、ソヴィエト人たちはただの一つの少数民族も彼らの領土から他国へと追放したことはなかったのだ。ウクライナとポーランド間で生じることになる住民交換は、それゆえ、ソヴィエトの政策の著しい変化を反映していたのである。[28]

一九四四年から四六年の間に、七八万二五八二人ばかりのポーランド人がソヴィエト領ウクライナからポーランドに再定住させられた。その上、二三万一一五二人がベラルーシから、さらに一六万九二四四人がリトアニアから追放された――総計で、ほぼ一二〇万にも上ろうという人数だ。[29] これらの人々の多くが当局による嫌がらせを受けて退去するのを余儀なくされた。けれども多くがまた、四五年と四六年に至ってさえ猖獗《しょうけつ》を極めた民族的暴力の継続から逃れるために、自発的に立ち去るべく奨励されたのだった。ソヴィエト人とUPAは共通の目標を達成すべく、一風変わった仕方で連携し働いていたように見えた。たとえば、マリア・ユゼフォフスカと彼女の家族は、故郷のチェルヴォノグルートの村を、四五年七月にUPAに焼き払われた際に立ち退きを迫られた。その襲撃後すぐさま、ソヴィエト当局は特別列車を仕立てて、彼らをウクライナから離れたポーランド領ガリツィアのヤロスワフへと輸送しようとしたが、これは、あたかもそれを逃すにはあまりによい機会であるかとほとんど言わんばかりである。[30]

ソヴィエト側の承諾を得て、ポーランド人らも、その大半が南西部はガリツィア出身の四八万二〇〇〇人のウクライナ人を「本国送還」することで応えた。[31] ザヴァトカ・モロホフスカの虐殺はこの過程の一部で、その遂行がいかに残忍であったかを示している。またしても、ポーランド政府の公式の活動は、国粋主義者の集団や地下組織のアルミア・クラヨーヴァ（「国内軍」）による非公式の活動に伴われていた。罪のない民間人に残虐行為が揮われ、自分自身をまったくもってウクライナ人とは考えない人々にすらそれは揮われたのだった。たとえば、レムコはカルパティア山脈のベスキディ山系に属する民族集団で、ウクライナにも他のいかなる種類のナショナリズムにも歴史的な関心を抱いておらず、自分たちの土地がただそのまま放っておかれることだけを望んでいた。にもかかわらず、彼らは標的にされ、他のウクライナ語話者と一緒に移送されたのである。地元指導者たちがウクライナ人とレムコの間の違いを説明しようとしても、聞き入れられなかったのだった。

当然ながら、ウクライナ人とレムコの中には移送に対する保護を求めてUPAに頼る者もいた。ポーランド領ガリツィアのUPAはウクライナ領内へと国境を越えた場合ほどに無差別に残忍だったわけではなかったものの、それでもなお、敵の殺害や拷問、手脚の切断を行なって恥じることがなかった。当時ポーランド人兵士だったヘンリク・ヤン・ミェルツァレクは、仲間の兵士らがUPAに死ぬまで打たれたり、両眼や舌を抜かれたり、あるいは樹に括りつけられて死ぬのにまかせられたりした様を、激しい調子で書いている。[32] だが、他に誰も彼らを助けてくれる用意のある者がいなかった以上、多くのウクライナ人にとって、そうしたパルティザンのグループに合流するか、せめて彼らを支援する以外に選択肢はなかったのだ。ガリツィアでのUPAの人気のこの昂まりは、状況を激化させただけだった。それは、軍と当局に彼らのコミュニティを追放する政策にさらなる正当化を与えたのである。

四五年から四六年のポーランドの「本国送還」作戦は、いつも通りに残忍だったが、まずまずの成果を上げて終わった。けれども、それが重大な問題に際会しなかったというわけでは実際なかった。四五年の暮れにかけて、すでに自発的にポーランドを離れていたウクライナ人の一部が舞い戻り始めたのである。これらの人々の多くが、ウクライナでの生活は彼らが離れてきた地域よりはるかに悪いということに気づいたのであり、たとえポーランド人による嫌がらせを勘案してもそれは変わらなかった。ウクライナがポーランド南西部に比べずっと発展していなかったというだけでなく、戦争の間、繰り返し所有者が変わったその仕方がウクライナを荒れ放題にさせていたのだった。一層悪いことに、ソヴィエト側は多くのポーランド系ウクライナ人に、彼らが「帰還」することになっていたまさにその国に定着することを許していなかった。OUN／UPN問題が拡大するのを防ごうと、七五パーセントを超えるポーランド系ウクライナ人がソヴィエト連邦の他の場所に定住させられたのである。結果、何千というウクライナ人が、村の仲間に対して向こうへは行かぬよう警告するために四五年から四六年にかけて戻ってきた。このことは、なぜあれほど多くのウクライナ人がいよいよ凶暴な人種差別的攻撃に直面してさえ移送に抵抗したかを説明する、一つのようすがとなる[33]。

一九四六年の末、ついに、ウクライナ語話者をその全体性において国内から追い払おうと望んだポーランド当局のための時間は尽きた。送還を終わらせるために、ソヴィエト側はウクライナ／ポーランド間の国境を閉鎖した。これはポーランド当局にはまったく不都合で、というのも、彼らはまだ国内に送還を逃れた七万四〇〇〇人ばかりのウクライナ人がいると推定していたからだった。実際には、その数はずっと大きく——合計でおよそ二〇万人だった[34]。ポーランド政府はソヴィエト側にもう少しばかりこのプロセスの継続を許すよう嘆願したものの、その甲斐はなかった。

ウクライナ人をそれ以上追放することの不可能性を思えば、問題がそこで終わっていたとしてもおかしくはなかった。ひょっとすれば、もしUPAのテロ活動が停止していたら、ポーランド政府は残っているウクライナ人とレムコを構わずにおくことに、十分な確信を抱いたかもしれない。国内ベースで追放を継続する計画は、すでに四七年の初めには存在していたが、取り止められたかもしれず、そうなれば、何世紀ものガリツィアのウクライナ人文化は存続が許されたのかもしれない。ひょっとすれば。

そのような思弁は、けれども抽象的で無意味だ。なぜならばポーランド人と彼らのウクライナ語話者のマイノリティ間の緊張は和らぐことがなかったからだ――それどころか、それは高まりさえしたのである。頂点は、一九四七年三月二八日に訪れた。その日、ポーランド防衛副大臣の、カロル・シヴィエルチェフスキ将軍がUPAによって暗殺されたのだ。この殺害はポーランドのウクライナ人にとって災厄であることが判明し、彼らに対するありとあらゆる抑圧的措置の正当化として用いられた。翌日には、ポーランド人将校らが「ポーランドの南西国境地域のウクライナ人住民の残余の完全な絶滅」について公然と語り始めた[35]。ポーランドの行政当局はすぐさま居残ったウクライナ語話者を根扱《こ》ぎにすべく新たに地域の掃討に乗り出した。

作戦はアクツィア・ヴィスワと呼ばれることになった――ヴィスワ作戦である。その目標は、ポーランドUPAを壊滅させるだけでなく、作戦の策定者らがかなり冷ややかに、ウクライナ人問題の「最終的解決」と呼んだところのものを達成することだった[36]。

強制同化

ヴィスワ作戦は四七年四月末に始まり、その晩夏に至るまでずっと続いた。その目的は、「UPAの一団を壊滅させる」のみならず、国家送還局との連携の上で、「ウクライナ国籍を有するすべての人間をその地域から北西部の領土へと立ち退かせ、彼らをそこに可能な限り疎らに再定住させる」ことだった。作戦の唯一の目的をUPAに対する支援の除去と主張する歴史家たちは、これらのあからさまな言明を無視しており、そもそも、これは国家安全局自体から出された声明なのであって、それが国内の民族浄化を公然たる、かつ独立の目標と宣言しているのだ[37]。

　作戦の目的は、国内に居残っている全ウクライナ語話者をその最後の男、女、そして子供に至るまで根扱《こ》ぎにすることで、その中にはポーランド人とウクライナ人の混血の家族さえ含まれていた。これらの人々は荷造りに数時間与えられ、その後登録のために一時滞在集線装置《ハブ》へと連行された。彼らはここから、かつてドイツ領で、いまではポーランド領の一部である西部および北部地方中の様々な場所に輸送された。理論上は、家族は一緒に輸送されるはずだったが、実際には全員に番号が割り振られ、同時に登録した人が同じ組になって移送されたのだった。このやり方だと、しばしば別々に登録した家族同士が、一緒にいられるよう役人を説得できぬ（あるいは袖の下を渡さぬ）限り、何キロも離れた町や村に送られることがあった。家族はまた、衣服や貴重品を携えて、それどころか一定数の家畜をも連れて行けることになっており、それは彼らが新居で生命を維持できるようにということだった。現実には、彼らにきちんと荷造りする十分な時間が与えられることは稀で、しばしば大事な品物をポーランド人の隣人の略奪にまかせるべく家に置いていく他なかったのだった。多くがまた、道中で破廉恥な守衛かさもなければ地元のギャングに強盗されることを訴えている。

　村全体を駆り集め大陸のどこか別の場所に追放することに、ことさら独特なところはない——戦争はこの実践をありふれたものにし、かつ、四七年までにウクライナ人に特化された追放はすでに二年を超えて続いていた。加えて、その規模も独特ではなかった——それどころか、次章で私が記すであろう大陸規模のドイツ人の放逐に比べれば、比較的小さな出来事だったのだ。この追放を他のすべてからとくに異なったものにしたのは、その目的である。つまり、ポーランド当局は単にこの民族集団を追い出すことを望んだだけではなく、別個のナショナリティを主張するあらゆる申し立てを放棄するよう強要したのである。彼らは、話し方を、装い方を、拝み方を、そして学び方を変えるように強制されることになった。当局は、彼らにもはやウクライナ人であることもレムコであることも許さないだろう――「なぜならば、彼らは私たち皆にポーランド人になることを望んだのだから」だ[38]。

その全過程は、ひどく痛ましく、そのことは最近になって行なわれたウクライナ語話者のポーランド人とのインタヴューが明示しているとおりだ。ガリツィアのベドナルカの村から移送されたアンナ・クリマシュとロザリア・ナイドゥフにとって、最も痛ましかった出来事は追放それ自体で、とりわけポーランド人の隣人の振る舞いだった。彼女たちを支えたり助けたりするどころではなく、地元ポーランド人たちはただ彼女たちから免れることにあまりに熱心なばかりで、彼女たちが立ち退く前ですら熱に浮かれて家や財産を略奪したのだった。略奪者を家に入れるのを拒絶した仲間の村人は打たれ、他の村人は目の前で家が漁り回られるのを傍らに立って見ていなければならなかった。中には、移送先へ持って行こうと荷車に積んでいる中から盗まれた者さえおり、しかも、その際にはこんな言葉まで飛んできたのだった。「これを持って行くな、あれを持って行くな。もうお前にはこれは必要ないのだから……」[39]。

他の人々にとってストレスの最も多かった時間は、村を去った後でむさ苦しい一時滞在収容所に入り、どこに追放されることになるのか分からない当てのない期間だった。この期間は数日から数週間までいかようにも続き得た。ガリツィアのグロンジョヴァ出身のウクライナ人オルガ・ズダノヴィチは、トシュチャニエツの一時滞在収容所で、三週間にわたり戸外で眠らなければならなかった[40]。ベドナルカ出身の村人らは、ザグジャニの収容所に二週間にわたり同じくシェルターなしで、しかも食料は自分たちで携えてきたわずかばかりのものを食べて過ごすことを強いられた。ロザリア・ナイドゥフは地元小作農から飼葉を盗み動物に食ませる羽目となった。アンナ・シェフチクとミコワイ・ソカチは、家畜に並んで荷車の下で眠ったのを覚えている。それしか雨風を凌ぐ方法がなかったからだ[41]。この間、被移送者の全員がポーランド人の役人によって尋問され、彼らがまさにそのエスニシティゆえに潜在的なＵＰＡのテロリストになるのではないかと勘ぐっていたのを、暗に暴露したのだった。

パルティザン活動への関与を疑われることの最も大きかった人々が拘束されたのは、一時滞在収容所でだった。これらの人々にとって追放のストレスはいまや悪夢となった。彼らは刑務所と抑留収容所に送られ、そのうち最も悪名高かったのはヤヴォジュノで、そこはポーランド当局により接収された元ナチのための捕虜収容所なのだった。ここで、彼らは打たれ、略奪され、粗末な食事、粗末な衛生、それに粗末な扱いの体制の下に従属させられたのだった。収容所の司令官の一人は、悪名高いサロモン・モレルで、ズゴダのドイツ人収容所の任期の後ここへ転属させられたのである（第12章を見よ）。ズゴダでと同様に、囚人たちはサディスティックな看守に拷問され、これら看守らは彼らをパイプから吊るし、ピンで突き刺し、様々な液体を無理矢理飲ませ、金属の棒や電線、ライフル銃の台座およびその他種々の器具で打ち据えたのだった。ヤヴォジュノのウクライナ人下位収容所では、一六一人の囚人が直接に栄養不良の結果で、五人がチフスで亡くなり、さらに二人の女性が自殺したのだった[42]。

一方、ウクライナ人の大多数にとって次の段階は、彼らの新居への旅だった。友人と知人は別々にされ、家畜と一緒に列車に乗せられ――有蓋車一輛につき四家族とその動物である――、ポーランドの反対側に位置するかつてのドイツ領の東プロシア、ポメラニア、シレジアへと輸送された。その旅はヤヴォジュノへと送られた者たちに待ち受けていた試練の恐怖とは比べるべくもなかったが、列車がアウシュヴィッツから数キロばかりのところを掠めると、束の間パニックが起きた。その旅路は二週間ばかりかかることもあり、その間、被移送者らは痩せ細り虱にたかられたのだった。[43]

その旅路の当てのなさと不快さとにもかかわらず、時に、新たな見知らぬ土地への到着の不愉快さには到底およばなかった。システムの作動の仕方は、想定によれば、以下のようなものだった。すなわち、各家族に行き先が与えられ、その場に着いたら地元の国家送還局に届け出ることになっている。彼らは住まいとする家屋敷を割り当てられ、または時折はこの家屋敷を籤引きによって授けられることになる。かつてのドイツ人所有者が見捨てたものなのだから、これらの屋敷は備えつけがあることになっている――その考えは、追放されたウクライナ人とレムコが後にしなければならなかった家具は、彼らの新居のそれにより代替されることになる、というものだった。現実にはしかし、使い物になるか値打ちのある品はずっと以前に略奪されるか、腐敗した役人により没収されていた。一九四七年までには、最上の屋敷のすべてが追放されたポーランド人によって拝借され、遺棄された建物か、漁り回られたアパートメントか、絶望的に痩せた土地の農家しか残っていなかった。辿り着いた家族はしばしば割り当てられた場所を諦め、何かしらよりよいものを求めて田舎を漂浪した。[44]

彼らに対する歓迎は、通常温かいどころではなかった。これらの人々をコミュニティから取り除く目的が彼らの分散にあった以上、同一の村出身の家族が同一の地域に住むことは想定されていなかった。それどころか、しばしばただ核家族だけが一緒に住むのを許され――拡張家族はコミュニティ全体と同一の仕方で引き裂かれたのだった。したがって、ほとんどの場合、家族は気づいたときにはもう完全に孤立させられていて、彼らが生い育ち助けてくれるいかなるコミュニティも残されてはいなかったのだった。通常彼らは、これよりさらに酷かったことには、自らが積極的に侮蔑した、敵意ある人々に取り巻かれているのに気づくのだった。最近になってヴォリニアとソヴィエト領ウクライナの他の地域から移送されてきたポーランド人の多くも、同じようにこれらの地域に再配置されていた。己が故国で野蛮な内戦を生き延びてきた後で、これらのポーランド人が一番隣人にしたくなかった人々が、よりにもよって、より多くの人口を抱えるウクライナ人だった。ヴィスワ作戦で移送された人々の中には、新居を構えた町のポーランド人に殴られたと語る者もおり、他は単に遠ざけられた――ほとんどすべての人が、仕事を探すか友達をつくるのが難しいことに気づかされたのだった。

反ウクライナ的偏見は、至るところにあった。ミコワイ・ソカチは、彼をUPAのメンバーと確信した民兵らに拘束され打たれたことを覚えている。彼はそれを平静に対処する以外に選択肢がなかった。というのも、彼の説明するように、「レムコはしこたま打たれた」からだ。ヤヴォジュノへ送られた人々は、地元住民に石を投げられ唾されたことを覚えている。なぜならば、彼らはシヴィエルチェフスキ将軍の暗殺に責任があると思われたからだった。(45) テオドル・シェフチクは、彼がそこで働いていたポーランド人の小自作農が、「俺はあいつらく〔伏字〕忌々しいウクライナ人になんか払うもんか！　働かざる者食うべからずだ」と言い張るのを偶然耳にした。(46) 等々。

ウクライナ人やレムコが彼らに似た他者と実際に際会したときには、相互扶助や、それどころか基本的な社交すら稀だった。UPAに対する当局のパラノイアは、ウクライナ人話者が二、三人より以上で集まるのを禁止する規定を設けるに至った。ウクライナ語を話しているところを誰か他人に見つかった者は誰でも、自動的に謀議を疑われた。正教会およびユニエイト教会も同様に禁止され、そのためウクライナ人は礼拝を外国語で、カトリック教会でなさねばならず、あるいはまったく礼拝ができなかった。

ヴィスワ作戦の眼目はウクライナ人をポーランド共産主義国家に同化することであった以上、子供たちはある意味で当局の注意の主たる焦点だった。子供たち皆が学校でポーランド語を話すことを強いられ、ウクライナ語の文学は締め出された。ウクライナ語を喋っているところが見つかった少年や少女は叱責され、時に罰せられた。彼らはしばしばカトリシズムの授業を必修化され、これにさらに児童皆の教育の一環であった通常のスターリン主義的共産主義の教科が加わった。公式のポーランド人のそれに替わるアイデンティティを漏らすものは例外なく禁じられたのだった(47)。

そしてにもかかわらず、これらすべてを行なってさえ、同化は不可能だった。というのも、彼らの級友がしばしば、彼らがポーランド人ではないことを忘れさせてはくれなかったからだ。子供たちは彼らの訛りを嗤い、嘲り、時には物理的に虐めた。「ウクライナ人」の子供はポーランド人の子供の家には招かれなかった。級友との違い、そして、彼ら自身に似た他のいかなる子供たちからも孤立しているということが、彼らの状況をスカンディナヴィアの「ドイツ人」の子供たちのそれと実によく似たものにした。これらの子供たちの人生の可能性についての研究は、依然、ノルウェーにおいてのように公にはなっていないものの、おそらく、その後の人生で彼らが同じように高い率で不安やストレス、抑鬱に苦しんだであろうことを想定するのに無理はないだろう。ノルウェーのドイツ人の子供と比べても一層、今日、多くのウクライナ人が再度公然と自分自身をポーランド社会の中の別個の集団と語るのである——何かしら五〇年代初頭には考えられなかったことだ。

これらすべての人を一つにした唯一の経験——そして、実のところ第二次世界大戦後自分たちの土地から散り散りにされた何百万という他のすべての人々を一つにしたそれ——は、「家」に帰りたいという強い希望だった(48)。とはいえ、これは、他の何ものにもまして許されないたった一つの行為だった。ガリツィアの自分たちの村に帰ろうとした人々は、自分たちが怒れる民兵と対峙していることに気づき、暴力か投獄で脅されたのだった。他の人々にとっては、それは単に的外れだった。生い育ったコミュニティが不在だった以上、彼らの村は最早忘れられぬ理想化された場所ではなかったのだ。オルガ・ズダノヴィチが多年の後にグロンジョヴァを訪ねようとしたとき、そこには何もなかった。「村は燃やされていました――最早、存在していなかったのです(49)」。

四七年のポーランドの民族浄化は、何かしら孤立して考えられるものではない。それは長年にわたる内戦と、三九年にドイツ軍がポーランド西部にほとんど侵攻するや否や始まった、七年を超える人種差別的暴力の賜《たまもの》なのである。その基礎は、ポーランド系ユダヤ人のホロコーストに、ことにヴォリニアの虐殺に、そして、これらとそれに続く残虐行為におけるウクライナ人国粋主義者の協力にあった。戦後、ポーランドの少数民族の放逐はソヴィエト連邦の明確な支援のもとに遂行されたが、それに続くウクライナ人の追放と同化は、何かしらポーランド人が自分たちのイニシアティヴで実施したものだった。ヴィスワ作戦は、実質的に、ヒトラーにより開始され、スターリンにより継続され、そしてポーランド当局により完遂された人種戦争の最終的行為だったのだ。

四七年末の時点で、ポーランドにはほとんどいかなる少数民族も残っていなかった。皮肉にも、最初の機動力の多くはウクライナ人の方に責めがあったのに、この国はその隣人よりもずっと民族的に同質になっていた。OUNに信奉された「ウクライナ人のためのウクライナ」は達成されたためしがなかった――ことに共和国の東部地域ではそうで、西ウクライナがポーランドとの住民交換に忙しかった時期ですら、この地はポーランド人およびユダヤ人マイノリティの大集団を抱えていたのだった。対照的に、「ポーランド人のためのポーランド」は四〇年代の終わりまでには、単に熱望であったばかりでなく、事実でもあったのだ。

いく世紀にもわたる文化的多様性をわずか数年の短時間で破壊したこの過程は、五段階で完成された。最初はユダヤ人のホロコーストで、ナチによりもたらされ、しかしポーランド人の反ユダヤ主義により促進されたのだった。第二はポーランドに帰還するユダヤ人への嫌がらせで、前章で私が論じたように、彼らがポーランドだけではなくヨーロッパ全体から逃げ出す原因となった。第三と第四は四四年から四六年のウクライナ人とレムコの排撃と、四七年のヴィスワ作戦の間の彼らの同化だった。

　ポーランドの人種的ジグソーの最後のピースは、そして私がまだ触れていないのは、ドイツ人の放逐である。これが、全ヨーロッパ中での他の国々による同様の行為と並び、次章の主題なのである。

原註

（1）Dushnyck, pp. 15–16 に引用された匿名の目撃証言。また、Misiło, *Repatriacja czy deportacja?*, vol. II, pp. 24, 31, 39, 43; および Snyder, p. 194 も見よ。

（2）Dushnyck, pp. 16–17 に引用された匿名の目撃証言。

（3）Dushnyck, p. 21 に引用の 2nd Lieutenant Bronisław Kuzma の証言。

（4）Snyder, p. 194. Dushnyck により七〇人分の名前が一覧表に挙げられているが、数名は負傷を生き延びた者もいた、pp. 18, 19, 31–2 を見よ。

（5）Snyder, pp. 182–7.

（6）たとえば、ibid., esp. pp. 177, 200 を見よ。Gross は戦後の反ユダヤ主義について同一の論点を出している、pp. 260–61.

（7）Stepan Bandera（OUN-B）の信奉者と Andrii Melnyk（OUN-M）の信奉者間の解きほぐしがたい分裂に関しては、Snyder, pp. 164–8; Yekelchyk, pp. 127–8, 141–4 を見よ。

（8）Snyder, pp. 158–62.

（9）Testimony of Jan Szkolniaki, AWK II/2091.

（10）Testimony of Mirosław Ilnicki, AWK II/3327.

(11) Piotrowski, p. 89.

(12) Testimony of Mieczysława Woskresińska, AWK II/2215/p.

(13) たとえば、AWK に収められている諸証言を見よ：II/36, II/594, II/737, II/953, II/1144, II/1146, II/2099, II/2110, II/2353, II/2352, II/2451, II/2650, II/2667. ドイツ側、ソヴィエト側およびポーランド側報告については、Snyder, pp. 169–70 および関連する巻末註を見よ。

(14) Statiev, p. 86 引用の Kliachkivs'kyi および Stel'mashchuk の言葉。

(15) たとえば、ポーランド人民兵による Piskorowice、Pawłokoma および Wierzchowiny でのウクライナ人の虐殺：Misiło, Akcja 'Wisła', p. 13; Piotrowski, p. 93; Statiev, p. 87 を見よ。

(16) Lotnik, pp. 65–6.

(17) Bronisław Kuzma の証言、Dushnyck, p. 21 に引用。

(18) Snyder, p. 194.

(19) Statiev, pp. 87–8; Snyder, p. 205. また、Siemaszko and Siemaszko, vol. II, pp. 1038, 1056–7; および Siemaszko, p. 94 も見よ。他の、ひどく違いの大きい諸推定については、Piotrowski, pp. 90–91 を見よ。

(20) たとえば、Siemaszko and Siemaszko, esp. Professor Ryszard Szawłowski's introduction, pp. 14–20, 1095–1102 を見よ。また、それら数字に対する Tsaruk の疑義、pp. 15–26 も見よ。

(21) Rees, *Behind Closed Doors*, pp. 222, 236.

(22) Lane, p. 66.

(23) Rees, *Behind Closed Doors*, p. 236; and Lane, pp. 55–88.

(24) Lane, pp. 84–8.

(25) House of Commons debate, 1 March 1945, Hansard, Series 5, vol. 408, col. 1625.

(26) Conquest, pp. 133–4.

(27) Uehling, とりわけ pp. 79–107 を見よ。

(28) Snyder, pp. 182–7.

(29) Statiev, p. 182. Snyder, p. 187. Yekelchyk, p. 147 は、ウクライナからの被追放者を八一万〇四一五人とするより高い数字を挙げている。

(30) Testimony of Maria Józefowska, AWK II/1999.

(31) Statiev, p. 182; Snyder, p. 194; Yekelchyk, p. 147.

(32) Testimony of Henryk Jan Mielcarek, AWK II/3332.

(33) Statiev, p. 182. また、たとえば、Anna Klimasz と Rozalia Najduch の目撃証言を見よ、AWK I/344.

(34) Snyder, p. 196; Miroszewski, p. 11.

(35) Wacław Kossowski, Snyder, p. 196 に引用。

(36) Misiło, *Akcja 'Wisła'*, doc. 42: Radkierwicz and Żymierski memo dated 16 April 1947, outlining 'Special action "East"', p. 93.

(37) Misiło, Akcja 'Wisła', doc. 44, pp. 98–9: Office of State Security document dated 17 April 1947. Ryszard Szawłowski は、ヴィスワ作戦に含まれるいかなる種類の民族浄化も否定している。Siemaszko and Siemaszko, pp. 15, 1096 への彼の解題を見よ。

(38) Rozalia Najduch, interview, 1990, AWK I/344.

(39) Anna Klimasz and Rozalia Najduch interview, 1990, AWK I/344.

(40) Olga Zdanowicz, manuscript, AWK II/2280/p.

(41) Anna Szewczyk, Teodor Szewczyk and Mikołaj Sokacz interview, 1990, AWK I/790.

(42) Miroszewski, pp. 19–22.

(43) Olga Zdanowicz, manuscript, AWK II/2280/p. ヤヴォジュノへ送られてゆく人々はアウシュヴィッツにも停車したのだった。Miroszewski, p. 16 を見よ。

(44) かつての送還局員 Leon Dębowski の証言を見よ、AWK II/457.

(45) Miroszewski, p. 17.

(46) Anna Szewczyk, Teodor Szewczyk and Mikołaj Sokacz interview, AWK I/790.

(47) Anna Klimasz に拠る、AWK I/344. また、Karolina Hrycaj, typescript, AWK II/3404 も見よ。

(48) 理想化された「家」の概念がいかにして強制追放された人々にとってほとんど神聖かつ不可侵になるかの素晴らしい分析について、Uehling, とりわけ ch. 7 を見よ。

(49) Olga Zdanowicz, manuscript, AWK II/2280/p.

第19章 ドイツ人の放逐

ポーランドの東側国境が、一九四五年に動いた唯一のそれというわけではなかった。テヘランで三巨頭が相見えたとき、ポーランドの西側国境に何が起きるかもまた話し合われたのだった。チャーチルとローズヴェルトはポーランド人に、スターリンに対して彼らが失うであろうものをドイツのいくつかの地域と東プロシアをかわりに与えることで是が非にでも償いたかった。チャーチルはこの提案を会談の最初の日の深夜の会で説明した。「ポーランドは西へと移動するかもしれません」、彼は言った。「ちょうど兵士たちが二歩『左《レフト・クロース》』するようにです。もしポーランドがドイツの爪先を少し踏んだとて、それは仕方がないでしょう……」。言わんとすることが何かを明らかにするために、彼は三本のマッチ棒をテーブル上に並べてから、それを一本ずつ左へと移していった。言い換えれば、スターリンがポーランドの東側からとっていくものを、国際社会はその西側で与え返す、ということである。[1]

この思いつきにスターリンは大喜びだった。なぜならば、それは彼がポーランドの東側国境地帯を占有するのを正当化しただけでなく、モスクワと西側連合国間の境界線をさらに一層西へと押しやってくれたからである。領土のかなりの部分を失うことになる唯一の国はドイツであって、それは彼らにぴったりの罰と見なされたのだった。

またしても、「当該の国民の自由に表明された希望」への諮問は、大西洋憲章で約束されたようには行なわれなかった。ドイツ東部の人々の間でのそのような諮問は、戦争が続いている間はもちろん不可能だった――だが、超大国のどれ一つとして、戦争が終わるのを待ってから先に進める必要があるとは考えなかった。議会で英外相がこれらの計画を正当化して述べたごとく、「大西洋憲章には、型どおりの言い方では勝者と敗者に同じように言及している若干の箇所があります……。しかしわれわれは、ドイツが……憲章のいかなる箇所をもかの国に適用されると申し立てできるなどとは認めることができません」[2]。ポーランドとドイツ間の国境をめぐる議論は、それゆえ、四五年初めのヤルタに続けられ、そして――いつかは結論づけられることになる限りにおいて――その次の夏に、ポツダムで結論づけられた。

これらの議論の結果、オーダーおよびナイセ川の東岸に位置するあらゆるものが、ポーランドに帰属することになった。そこには旧ドイツ属領のポメラニア、東ブランデンブルク、下部並びに上部シレジア、東プロシアの大部分（ロシアが自分たちのために保持することになる一部を除いて）、そしてダンツィヒの港が含まれていた。これらの地域すべては何百年にもわたってドイツ領と見なされてきたのであり、ほとんど専らドイツ人によってのみ住まわれていた――公式統計によれば、ドイツ人の一一〇〇万を超える人々が住んでいたのである[3]。

これらの人々に対するその帰結は、容易ならざるものだった。他の国々内部のドイツ人マイノリティの歴史を顧みて、かつ、これらのマイノリティがどのようにヒトラーによって戦争を先導するための口実として用いられたかを考えれば、一一〇〇万のドイツ人が新生ポーランドの国境内部に住み続けることが許されるであろうはずもなかった。この主題をヤルタで議論している際にチャーチルが述べたように、「ポーランドの鵞鳥にこんなにいっぱいのドイツの食べ物を詰めるなんて、消化不良を起こせと言っているようなもので、遺憾千万なことでしょう」[4]。これらのドイツ人が取り除かれるべきであるということは、当事者全員により理解されたのだった。

これほど大人数の人間を先祖代々が住み慣れた故国から追いやることの実際性と、人道性に関する懸念がヤルタで提起されたとき、スターリンはもの柔らかに、これらの地域のドイツ人のほとんどは「すでに赤軍から逃げ出してしまっている」と述べた。大ざっぱに言えば、彼は正しかった——これら地域の住民の大多数は、ソ連軍の報復を恐れて逃げ出してしまっていたからだ。だが、終戦までに依然そこには四四〇万人のドイツ人が住んでおり、戦争のまさに直後には、一二五万人がさらに戻ってくることになる——大半はシレジアと東プロシアへと——以前の生活を取り戻すことができるようになると信じて。ソヴィエトの計画によれば、これらの人々すべてがドイツの戦争賠償金の支払いのために強制労働に徴用されるか、移住させられることになるのだった[5]。

厳密に言えば、ソヴィエト側とポーランド側は、これらの地域からのドイツ人の放逐を国境線の最終的な承認後を俟って開始することが想定されていたわけではない。暫定的な国境線でさえ、四五年夏のポツダム会談に至るまで合意されていたわけではなかったのだ。期待されていたのは、最終的な国境線は苟《いやしく》もドイツとの講和に全連合国が調印して初めて引かれるであろうことだ。だが、ソヴィエト側と西側の冷戦のさなかの関係の途絶と、その結果生じたドイツの分割ゆえに、そのような講和条約は、現実にはさらに四五年の間調印されることがなかった。

そうこうするうちに、ポーランド側とソヴィエト側は、自分たちの追放の計画に国際的な合意を顧慮することとなしに乗り出すことになる。このことは、アメリカの外交官アーサー・ブリス・レインには、四五年の初秋にヴロツワフを訪ねた際に明白だった。ヴロツワフは、ほんの数ヶ月前まではドイ

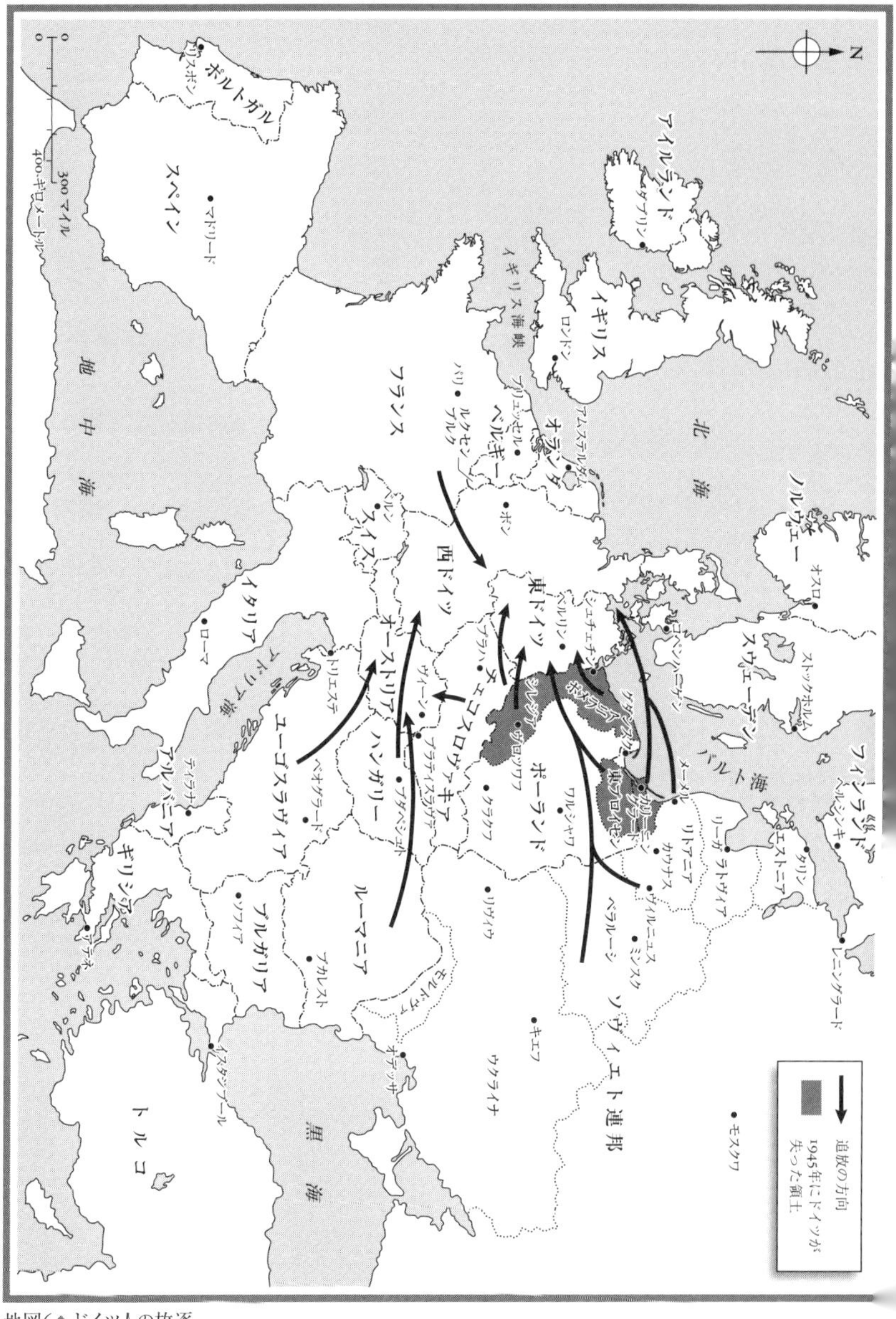
N
0 300マイル
0 400キロメートル
アイルランド
ダブリン
イギリス
ロンドン
イギリス海峡
北海
ノルウェー
オスロ
スウェーデン
ストックホルム
フィンランド
ヘルシンキ
バルト海
コペンハーゲン
ポルトガル
リスボン
スペイン
マドリード
フランス
パリ
ベルギー
ブリュッセル
ルクセンブルク
オランダ
アムステルダム
ボン
西ドイツ
東ドイツ
ベルリン
シュチェチン
スイス
ベルン
オーストリア
ヴィーン
チェコスロヴァキア
プラハ
ブラティスラヴァ
ポーランド
ワルシャワ
クラクフ
ヴロツワフ
シレジア
ポメラニア
グダンスク
東プロイセン
メーメル
リトアニア
カウナス
ヴィルニュス
ラトヴィア
リーガ
エストニア
タリン
レニングラード
ベラルーシ
ミンスク
ソヴィエト連邦
モスクワ
キエフ
ウクライナ
リヴィウ
オデッサ
イタリア
ローマ
トリエステ
アドリア海
ユーゴスラヴィア
ベオグラード
ハンガリー
ブダペシュト
ルーマニア
ブカレスト
ブルガリア
ソフィア
アルバニア
ティラナ
ギリシア
アテネ
トルコ
イスタンブール
黒海
地中海
追放の方向
1945年にドイツが失った領土

地図6◆ドイツ人の放逐

ツの都市ブレスラウであったにもかかわらず、すでにポーランド化の進行した段階に入っていた。

ドイツ人らは日々強制的にドイツ領へと移送されていた。ポーランド人がヴロツワフを一時的に占領しており、講和会議の最終的承認を受けねばならないことを顧みていないのは明らかだった。あらゆるドイツ語の標示が撤去され、ポーランド語に置き換えられつつあった。ポーランド人がポーランドの他の地域から、送還されたドイツ人と置き換えるべくヴロツワフに連れられてきていた。(6)

事実、その地域中での追放はこの時点ですでに何ヶ月も起きていたのだった。戦争が終わるとほぼ同時に、ポーランド人らはドイツ人を彼らの家から追い立て、その財産を自分自身のものと主張し始めた。ドイツ人を思うがままにレイプし略奪したのは赤軍だけではなく、ポーランド人もまたそうなのだった。シュチェチン（シュテティン）、グダンスク（ダンツィヒ）それにヴロツワフのような都市では、ドイツ人らはゲットーに入れられた――一つには、ポーランド人が彼らの財産を騒ぎなしに拝借できるように、しかしまた、自身の防護のためでもあった。(7) 多くの地方で、奴隷労働として使用するためか、正式に移送できるまで留めておくかするために、ドイツ人は駆り集められ収容所に入れられた。ポーランド人の中にはあまりにせっかちなために正式な認可を待つことができず、ドイツ人コミュニティをまるまる国境越しに急き立てる者もいた。ポーランド側の公式記録によれば、四五年六月の最後の二週間だけで、二七万四二〇六人のドイツ人が、不法にもオーダー川を越えてドイツ国内へと移送されたのだった。(8)

こうした行為は、いかなる意味でもポーランドに特有ではなかった。一九四五年の春と夏、チェコ人らは何十万というズデーテンのドイツ人を、同じように逆上したやり方でわが国境越しに駆り立てるのに忙しかった。これらの「電撃」追放が遂行された思いがけなさは、その大衆的本質を就中《なかんずく》チェコスロヴァキアにおいて証し立てている。それらは中央当局によって組織された出来事ではなく、地元の憎悪で発火した自発的追放だったのだ。[9] それらを特徴づけた急迫は、ポーランド人もチェコ人も等しく、いかなる外部の媒介者も介入する前に、ドイツ人マイノリティを厄介払いしたいと熱望していたことを含意している。

三巨頭がドイツ人移送を遂行する仕方について、公式の声明を出さざるを得ないと感じたのは、この理由からだった。一九四五年七月と八月のポツダムで、彼らは、ポーランドとチェコスロヴァキア、そしてハンガリーからのすべての追放が、「秩序立った人道的方法で」引き受けられるようになるまでは停止することを要求した。問題だったのは、これらの人々が放逐される残忍な仕方だけでなく、ドイツ国内の連合国にとって膨大な難民の流入が手に負えなかったということでもあった。彼らはこれら新入りたちを統合し、彼らをドイツの異なった地域に限なく公平に分散させるシステムを組織する時間が必要だったのだ。

この声明はドイツ人の移送のスピードをどうにか遅らせたとはいえ、それを停止させることに関しては著しくしくじった。とりわけポーランド側は、シレジアとシュチェチンからのドイツ人の追放の停止を拒絶した。[10] その上、追放が「引き受けられねばならない」であろう旨を承認するにあたり、ポツダム宣言は、関係する国々すべてにその行為に対する正式な裏書きを与えてしまったのだ——即座でなければ、少なくともきわめて近い将来に、という裏書きである。結果、ヨーロッパ中でのドイツ人の追放は、自発的な、しかし時間の経過とともに尻すぼみになる、一時的出来事に局限されはしなかった。それはいまや、ヨーロッパのその他すべての一隅からのドイツ人男性と女性、子供たちの公式で、永久かつ全的な除去へと繋がりかねない可能性を秘めていたのである。『ニューヨーク・タイムズ』紙のアン・オヘア・マコーミックが、「人権の擁護に捧げてきた諸政府により、かつてなされた最も非人間的な決定」と呼んだのは、これがゆえであった[11]。

追放の人間的現実

四五年七月一日の日曜日、夕方五時半を回った頃、ポーランド軍がポメラニアのマッフスヴェルダーの村にきて、人々に荷物を纏めて出て行くまでに三〇分だけやると言った。この村のほぼ全住民がドイツ人で、男たちの大半が久しく戦争で死んでいたので、主だったところは女性と子供、そして老人だけになっていた。狼狽《うろた》え、怯えた村人たちは、貴重品と家族の写真、衣服と靴、そして他のありったけの必需品を鞄と手押し車に詰め込めるだけ詰め込み始めた。彼らは戸外に出て、村を抜ける道路に集まった。それから、ポーランド人の監視の下、六〇キロ離れた新たなポーランド／ドイツ国境の方角へと歩き始めたのだった。

その中には、アナ・キーントプフという名の農場主の妻で、三人の子供の母親がいた。彼女は後に、ドイツ政府に対する宣誓録取書で、自分と村の残りの人々が耐えなければならなかった試練の次第を説明している[12]。旅は、と彼女は言う、六日間続き、いまだ戦争の残骸に覆われた荒れ果てた風景と、他の避難者がその前に移動した名残とを抜けていった。彼らはランツベルクを過ぎてすぐのところで、その最初の死体に出くわした――女性で、顔は青ざめ、身体は腐敗のために膨れ上がっていた。その後、遺体はありふれた光景となった。森を抜ける途中で、彼らは動物と人間の死体がともに浅い墓土の中から頭や脚を突き出しているのを見た。時折、彼女と一緒に移動する旅の仲間が疲労困憊して斃れた。何人かは途次、彼女自身の娘のアネローレもそうだったが、飼葉桶や井戸の汚染された水を飲み病気になった。他には飢えで死ぬ者もいた。

のろのろと難儀な旅をする人々の大半は、ただ野で見つけたものからのみ生き存《なが》えるか、道端の青いままの果実を食べて凌いでおりました。私たちにはパンがほとんどなかったのでした。その結果、たくさんの人が病気になりました。一歳に満たない小さな子供たちはほとんど皆移動で亡くなりました。次に、天候の変化が、最初は照りつける太陽が、そして今度は冷たい俄雨が命取りでした。私たちは毎日少しずつ前へ、時には九キロ進み、一日などあるいは三キロしか進まなかったかもしれず、それから二〇キロかもっと……。しばしば私は、人々が街道脇に横たわり、青ざめた顔で苦しそうに息をしているのを、他の人は疲労から倒れ込んでしまい、そして二度と起き上がれなくなったのを目にしたのでした。

彼らは空襲で焼き払われた家か納屋で夜を過ごし、しかし、これらは不潔でありがちだったので、アナ自身は戸外に出ているのを好んだ。他の人々がすし詰めになっているのから離れて眠ることはまた、ポーランド人たちの略奪から守りもした。ポーランド人らは夜の暗がりに紛れてやってきては、避難者からふんだくっていくのだった。彼女はしばしば夜中に銃声を聞いたが、財産を守ろうとした人々が襲撃者によって、かかる末路を迎えたということなのだった。

彼女を取り巻く状況の剣呑さは、ある日、彼女とその一行が武装した男たちの集団に行く手を塞がれたときに痛感させられた。

「……」そして恐ろしい光景が私たちの目前に現われ、心をいたく深く痛めつけたのでした。

四人のポーランド兵が一人のうら若い少女を両親から引き離そうとし、捨て鉢になった両親は彼女に縋《すが》りついたのです。ポーランド人らは両親をライフル銃の台尻で殴り、とくに男親の方には容赦しませんでした。彼がふらふらになったところを、彼らは道路を横切り土手のところまで押していきました。彼が崩れ落ちると、すぐさまポーランド人の一人が自動拳銃を抜き、続けざまに数発発砲しました。束の間、死んだような静寂があたりを覆い、それからすぐ二人の女性の叫び声があたりの空気を劈《つんざ》きました。彼女たちは瀕死の男性のところに押しかけ、その後、その四人のポーランド人は森に消えたのです。

アナ・キーントプフは、男たちが若い少女をレイプしようと目論んだのではないかと睨んだが、彼女をただ何らかのかたちの強制労働に徴用しようとしただけという可能性もある。もちろん、このことは彼女がいかなる場合であれレイプされなかったであろうことを意味するわけではなく、そのようなことは何百という、ことによると何千人という他の少女たちに起こったのだ。一九四〇年代末と五〇年代初めに、被追放民・難民および戦傷者に関するドイツ連邦省に自身の物語を語った人々の多くが、似たような状況で性的暴行を受けたと証言しており、しかも、しばしば繰り返しだったという。彼女たちは実際上、国境への移動中に農場か地元の工場で働かせるために拉致され——、けれども、一度周囲に家族がいなくなると、監督責任のある兵士や職長の格好の餌食となったのだった。

アナ・キーントプフがタムゼルに着いて目撃したのは、おそらくはそのような強制労働への駆り出しの一つだったのだろう。もっとも、彼女は当時これが何なのか見当もつかなかったのだが。

私たちはポーランド兵がつくる人垣の間を通り抜けねばならず、人々はその間に縦列から連れ出されるのでした。これらの人々は脱落させられ、手押し車と携えてきたものすべてを持って街道を農場へと向かわねばなりませんでした。誰一人これが何を意味するのか知らず、しかし誰もが何かしら悪いことを予期しておりました。一同皆が従うのを拒みました。しばしば、留め置かれるのは単一の個人で、とりわけ若い少女でした。母親らは少女たちに縋り泣きました。すると兵士らは強引に彼女らを引き離そうとし、これがうまくいかないと見るや、可哀想な恐怖に怯える人々をライフル銃の台尻と乗馬用の鞭で叩き始めました。あれら鞭打たれる人々の叫び声が、はるか遠くまで聞こえてきました。私は生きているうちは決してそれを忘れないでしょう。

ポーランド兵らは、私たちのところにも同じように乗馬用の鞭を手にやってきました。彼らは赤らんだ顔をして、私たちに列を出て、農場へ行くように命じました。エルゼとヒルデ・ミッタークは泣き始めました。私は言いました。「お出で、抵抗したって無駄だわ。彼らは私たちを死ぬまで叩くわよ。私たちは後で逃げてみることにしましょう」。ロシア人らは、その場を皮肉めいた顔で傍観していました。捨て鉢になった私たちは彼らに助けを乞いました。彼らは肩を竦め、ポーランド人が主人だと身振りで示しました。何もかもがもう望みがないと思われたちょうどそのとき、年長のポーランド人将校の姿が見えました。私は三人のわが子を指差し、私に何ができるというのでしょう、私には三人の子供がいるというのに、と訊ねました。私は絶望の淵で自分が何を言ったのか最早すべてを思い出すことはできません。けれども、彼はこう言ってくれたのでした。「街道を行きなさい」。私たちは手押し車をつかむと、できるだけ早くその場を離れたのです……。

アナと彼女の子供たちは、七月六日についにキュストリン（あるいは今日呼ばれるところのコストツィン・オドジャンスキ）に辿り着いた。彼女たちはオーダー川を越えようとしたが、国境の守衛が橋を渡るのを許さず、彼女たちを追い払った。捨て鉢になった彼女らは、フランクフルト・アン・デア・オーダーに向けて南に進んだ。その夜、ひどい雷雨に見舞われた。彼女たちはその夜を川縁りで、雨除けもなしに、食べるものも飲むものもなく、しかも長い移動の果てだというのに、最終的にドイツに渡るのを許されるのかどうかどんな保証もなしに過ごしたのだった。

結局のところ、アナ・キーントプフはかなり幸運だった。繰り返し強奪を受けたにもかかわらず――その最後は、とうとう渡ることを許された国境の橋のロシア人守衛によってでだった――比較的迅速に国境を渡り、しかも比較的無傷でそうできたのだから。村を追われた人々の多くは、国境を越えるのをもっと積極的に邪魔された。自国管轄下のドイツ占領地区にごった返す大群衆に恐慌をきたした当局により、ロシア人守衛には、もうこれ以上避難者が川を渡ることがないようにと指示されていたのだった。ある証人は、四五年六月二五日に追放された後に、ポーランド人の護衛に伴われて国境へと向かいはしたが、その後、ソ連軍によりポーランド人護衛の武装解除をされ、被追放者を村に返すよう護衛に申し渡されただけだったと語っている。その翌週、彼は精確に同じ過程をやり直さねばならなかった。何千というドイツ人民間人が、国境地帯のそこここで行きつ戻りつの行進を余儀なくされ、「畜牛のように追い立てられた」[13]。なぜならば、誰一人、彼らに庇護を提供したくも、あるいはできもしなかったからである。

目撃証人の説明の大多数が、旅の間彼らを取り巻いた絶対的な無法状態を強調している。「毎日涙に濡れたドイツ人が私のところへやってきて、ポーランド人が全所持品を奪っていったと語った」。「ポーランド人の振る舞いはヴァンダル人のようだ……略奪に、漁り回り、レイプ」。「ポーランド人たちは私たちの所持品から手当たり次第強奪し、私たちを罵り、顔に唾を吐き、そして鞭を振るい叩いた」。「私たちは野次馬に繰り返し繰り返し苛められ強奪された」[14]。かくのごとき犯罪行為は、ドイツ人が携行しようとした貴重品は何であれ没収するという当局の方針により輪をかけられた。ポーランド政府によって策定された規則によれば、ドイツ人は国内から五〇〇ライヒスマルクを超えて持ち出すことが禁止され、他の通貨の持ち出しはまったく許可されなかった[15]。積極的にポーランド贔屓だった、ないしは戦時中ナチに反対した人々に対するいかなる譲歩も行なわれる予定はなかった。反ファシズム主義者とドイツ系ユダヤ人は、他のいかなるドイツ人とも精確に同じ扱いを受けた――彼らは自らの「ドイツ人性」により定義されることになるのであって、戦績か政治観によりそうされるということはなかったのである[16]。

当初、追放は自然発生的で、極度に纏まりを欠き、しばしば村を単に一掃し、楽に略奪できるようにと実施されたのだった。コミュニティは国境へ向けて強行軍をさせられたが、それは他の形態の輸送手段が利用できなかったからだった。国家による正式な組織化の要素が導入され、列車による輸送が最終的に手配されたのは、一九四五年も暮れにかかり四六年に入ってからだった。

公正を期せば、ポーランド当局は何が起きていたか単に知っていただけではなしに、それを深く気遣ってもいたのだった――少なくとも、いくつかの方面ではそうだったのだ。移送をより「秩序立って人道的」なものにしようと、政府は四六年初めに一群の規則からなるリストを策定した。曰く、たとえば、付き添いのない子供、年寄りおよび病人は、夏場、医薬品を乗せた列車でのみ移送すること。出産間近の女性は無事出産してからのみ移動を許可すること。ドイツ語を話す医療スタッフが各輸送に付き添うこと、かつ、十分な食糧と水が提供されねばならない。基礎的な（もし不十分なら）安全対策のため、各列車はポーランド人の護衛一〇名により保護されることになった[17]。

ポーランド当局と英軍間のさらなる合意において、暫定的な予定表が策定され、再度、ただつらい旅路に耐えられる健康な人々だけが旅を許可されるであろう旨の合意がされた[18]。これは、その前の夏に、東プロシアの孤児院と病院が空にされ、十分な支給も医療設備もないのにそのまま列車に乗せられたのを、数十の国際的報道機関が曝いたことに対する答えだった[19]。しかしながら、そのような露骨な虐待は抑制されたものの、規則を完全に守らせるのは不可能であることが分かった。ポーランドの国を是が非にでも発ちたかったドイツ人は、輸送に乗り遅れまいと病気や虚弱、妊娠を隠すためならば何が何でも全力を尽くそうとしたのだった。同時にまた、送還を担ったポーランド人の役人の中には、共謀の上彼らを行かせた者もいた。単にこれらの役人に対する要求が絶望的に過大だったというだけでなく、ポーランド支配層の全体が、ポーランドの国内労働のために、若者と壮健な者たちを確保しておくことに抜き差しならぬ関心を寄せてもいたのだった。まずは年寄りと病人が移送されるべきで、なんとなればこれらの人々は誰も使いようがなかったからだ。結果、国家送還委員会はしばしば地元の役人に、送還の規則が守られていないとこぼす羽目となったのだった[20]。

ドイツ人の視点からすれば、列車内の状況はこの上なく恐ろしいものだった。被追放者たちの国境への到着を目撃したあるドイツ人聖職者は、彼が目の当たりにしたものをこう記した。

人々は、男性も女性も、子供たちも皆一緒くたになって、鉄道車両にすし詰めになり、これら畜牛用の無蓋貨車は、外側から鍵がかけられていた。何日間も、人々はこのように輸送されてきたのであり、ゲーリッツに着いて初めて貨車は開けられたのだった。私は、貨車一台だけで一〇人の遺体が運び出され、手近な棺桶に放り込まれるのをこの目で見たのである。さらに、数人の気が触れていたのに気がついた……。人々は排泄物に塗れており、その姿から、彼らはあまりにぎゅうぎゅう詰めになっていたので、指定された場所で用を足すことなどもはやどうやってもできなかったのだ、ということに思い至った。[21]

被移送者らは四日分の食料を携帯するようにと言われてはいたものの、列車は時に、ドイツのソヴィエト占領地区への通関手続きを待つ間、数日間側線に、ひどいときには数週間も留め置かれることがあった。ナイセから来たある避難者は、四六年初めの冬のさなかに移送されたのだが、彼の列車は国境近くに三週間停め置かれたと述べた。食糧が尽きた彼は、何か食べるものはないかと、持ってきたものを土地の村人と交換する羽目になった。毎日、ポーランド人民兵が仲間の旅人から貴重品を奪おうと無蓋貨車に乗り込んできた。時には、奪われたのは金や腕時計だけだった。別の時には、靴やブーツであって、それどころか、彼らがやっと最近どうにかこうにか手に入れた食糧であることさえあったのだった。

だが、これらポーランド人による襲撃は、私たちが空腹や寒さに耐えた苦しみに比べれば何ほどでもなかった。三週間、私たちは無蓋貨車の中で過ごし、氷のような風や雨、さらには雪が隙間越しに入ってきた。夜は恐ろしく、終わりがないように思われた。私たちは立っている場所にもこと欠くあり様で、腰を下ろしたり、横になるなどもっての外だった……。毎朝明け方にトラックの鍵がポーランド人護衛の手で開けられると、夜を生き延びられなかった死者たちが運び出されるのだった。彼らの人数は、日毎不安になるほど増えていった。時々は一〇人もの多きだった。[22]

国境の反対側のぞっとするような天候と避難者のための設備の欠如のために、ソヴィエト側はドイツ人旅客の入国を全力で拒絶した――にもかかわらず、ポーランド側は「本国送還」のプロセスの維持に熱心なあまり、ともかくも移送を続けたのだった。別の被追放者は、彼らのグループが国境付近で列車から降り、残りの道のりをロシア占領地区まで歩かされた経緯を語っている。「午後三時に私たちがフォルストに到着すると……ロシア人らは私たちが町に入るのを拒絶し、戻らせようとした。彼らが防寒用のシェルターを探すのをとうとう許したのは、ようやく夕方八時になってからだった(23)」。

ドイツ人避難者に国境を越えるのを断り、一度彼らがそこに至ればシェルターを拒む残酷さは、ひょっとすると、国境沿いに広がるソヴィエト占領地区がすでに避難者で溢れかえっていたという事実を勘案すれば、より理解可能かもしれない。あるシレジア人工場主は、財産をいくばくか救い出そうとナイセ川を行きつ戻りつして四五年の夏を過ごすうちに、ゲーリッツ郊外の電信柱に据えつけられた、その地の封鎖を警告する掲示に出くわしたのだった。この地の当局は状況が彼らのコントロールを超えて悪化するのを防ごうと、避難者の立ち入りを禁止していたのだった。「避難者の問題を解決しようとするこの土地のあらゆる試みは挫折した。家へ帰ろうとするすべての人とすべての避難者は、これをもって、食糧問題が深甚ではない場所へと向かうよう勧告されている。もしこの警告を無視すれば、あなたはおそらく餓死することになるだろう」。

当時彼が書き留めたメモによれば、はるばる川沿いに進んだ状況は、まさしくひどいの一字だった。避難民らは、国境を越えれば苦難もお仕舞いだろうと望みを持って渡ってきたのだった。

だが、ついにナイセ川に到達したいまとなっては、彼らの希望は地に砕かれたのである。誰一人彼らを助けられる人はいない。誰一人どこで雨除けを見つけられるか教えられる人も、一時のシェルターを提供できる人もいない。彼らは運命のまま留め置かれて、ハンセン病者のように、あちらからこちらへと無慈悲に駆り立てられているのだ。[24]

避難民の中にはどうにかドイツのより深いところまで入り込んだ者もいたものの、どこへ行けども彼らを迎えたのは同じように絶望的な状況だった。四五年の夏、ウィリアム・バイフォード＝ジョウンズ中佐は東方からの避難民の旅客が到着するのを目撃した。「列車は畜牛貨車と鉄道貨車のないまぜになったもので、そのどれもがあまりにぎゅうぎゅう詰めになっているので、人々は屋根に横たわったり、側面にしがみついたり、あるいは緩衝器に縋《すが》ったりしていた。子供たちはロープで通風口の口や暖房管、鉄製のフィッティングに縛られていた」。列車が停車場に着いたとき、彼らは歓迎されなかった。ホームはすでに先に到着した避難者で溢れ返っており、彼らとて同様にどこに行く当てもなかったのだ。バイフォード＝ジョウンズによれば、群衆はあまりに密だったので誰もが列車から降りるのにまる一分かけねばならなかった。

数日前より到着していた人々は、場所をつくるために彼らを押し返し、しかも無言で見ていた。間もなくホームは、新入りたちがいかほど欺かれたことに、あるいは自らを欺いたことに気づいた幻滅の叫びでいっぱいになった。彼らは集団で立ち尽くし、所持品をしっかりつかむか、その上に座るかしていた。彼らの髪は縺《もつ》れていた。彼らは汚らしく、煤と埃に塗れていた。子供たちは腫れ物が膿み、絶えず掻きむしり、しかもどうやらそれが愉しいようなのだ。老人らは、伸びた髭に赤い目をして、さながら薬物中毒者のようで、感じも聞こえも見えもしていなかった。確かなことは、もしこれらの人々の半分が、なぜベルリンの剥奪された人々の軍隊に加わろうとやってきたのか問われたとしたら、彼らには答えるところがなかったであろうということだった。[25]

同様の光景をドイツ中の駅で何十も目撃した後で、英米の監視員たちは各国政府に何ごとかそれをめぐってなすように迫った。米対独政治顧問のロバート・マーフィーは、国務省に、「ポツダムにおいて取り違えようもなく明確に表明されたがごときの態度を」アメリカがポーランドおよびチェコ政府に対して「とる」よう勧告を書き送った。「精神は、世界を震撼させた他の最近の大量移送へと先祖返りしています」。彼は書いた。「ナチによって巧みに実行されたあれら大量移送は、それに基づきわれわれが戦争を遂行し、それがわれわれの大義に力を与えもした道徳的基礎の一部を提供しました……。他の実例においてわれわれがしばしば糾弾してきた組織的方法に対しわれわれが共犯者であると指摘する記録が存在するとしたら、この上なく嘆かわしいことでしょう[26]」。

国務省は実際に、省内の外交局員にアメリカの不興をポーランド側に表明するよう指示はしたものの、ワルシャワ駐在米英両大使はそのような要求に「ドイツ贔屓」との印象を与えたくはなかったために抵抗した。当時、彼らは共産主義者の攻勢下にあり、彼らは西側諸政府に「ファシスト」の烙印を押すことでかなりの利を上げていたのだった。残酷に見えるかもしれないが、英米の外交局員はドイツ人避難民の大義を擁護することで件《くだん》の印象を増進したくなかったのである——ことに、どんな不満だって聞き届けられそうにはないと彼らが信じていたからには。[27]

より効果的だったのは、四六年初めに実施された、列車の手配監督と、そもそもが病人と付き添いのない子供たちが電車に乗ることの防止を目的とした英国の医療チームの急派だった。加えて、その年の瀬に気温が低下した際には、西側軍当局は、列車の運行をキャンセルするようチェコおよびポーランド政府をどうにか説得するに至った。こうすることで、彼らはその前の冬に起きた最悪の低体温症の例のいくつかが繰り返されるのを阻んだのだった。赤十字国際委員会も、四七年一月に状況が受け入れ可能な水準を下回った際、移送を先延ばしすることにいくらかの成功を収めた。[28] しかし、状況一般が真に改善したのは、ただ時の経過とともに、国境の両側でより効果的な組織系統の発達を見たからだった。一時収容所と避難民収容所が本式に建設され、鉄道線が改修され、客車には暖房が据えつけられた。ポーランド側は大勢の人をより短時間で運ぶことに上達を見せ、ソヴィエト側や英国側、アメリカ側は、一度彼らが到着した暁には彼らを受け入れ、分散させることに練達を見せたのだった。

これは、ポツダムで三巨頭が要求したことのすべてであった——一時休止であり、その合間に双方の当局が自らを効果的に組織化できるようにということである。悲劇の大半が起きたのは、その休止が遵守されなかったからだった。ドイツ人マイノリティの厄介払いに辛抱を切らすあまり、追放を指揮したポーランド側とチェコ側は自らの行為の帰結にはとんと関心を寄せていなかった。その結果、計り知れない数のドイツ人避難者らが——だが確実に、いくいく千もの避難者らが——想像し得る最も低劣な環境のいくつかの中で、その必要もないのに死んだのだった。[29]

帝国《ライヒ》への「家路」

一九四五年から四九年にかけてのドイツ人追放に纏わる統計は、想像を許さない。その断然最大の数は、新生ポーランドに編入されたオーダー川とナイセ川の東岸の地から来る——ドイツ政府の統計によれば、ほとんど七〇〇万人にも達するのだ。さらに、ほぼ三〇〇万人がチェコスロヴァキアの地から一掃され、一八〇万を超える人々が他の土地土地から追い出されて、合計で一一七三万人の避難民が追放されたのだった。[30]

ドイツのそれぞれ別の占領地区は、人々のこの巨大な流入に各自めいめいに対処した。おそらく最も準備が悪かったのはソヴィエト占領地区で、町や都市は戦争により最も包括的に破壊されたもののうちに入り、かつそこは、ソヴィエトに対する戦争賠償金のために、ありとあらゆる価値あるものを搾り尽くす過程にあったからだった。避難民の洪水は戦争の直後に、大半は新生ポーランドから、しかしまたチェコスロヴァキアからも流れてきた。四五年一一月末には、そのうち一〇〇万人がすでにどうにかここで食べていこうとし、あてどなく無一文も同然だった。戦争の終結から四年のうちに、少なくとも三二〇万人の避難者がこの地区に定着し、ひょっとしたら四三〇万もの多くがそうしたかもしれない。さらにまた三〇〇万人かそこらが一時そこで休止し、ことによると、その後ドイツの他の地域に移っていったのかもしれないのだった。[31]

英占領地区は、移送を行なっているどの国とも国境を接していなかったので、少しばかり余計に準備の時間があった。四五年秋と冬に、英国人はさらに何百万という避難民を受け入れるコード名ツバメ作戦を策定した。四六年二月から四七年一〇月にかけて、そのそれぞれが合計で二〇〇〇名を収容できる有蓋貨車からなる、八本の列車が、シュチェチン–リューベック間を往復したのである。他の列車は避難民を、カワフスカからマリーエンタール、アルヴァースドルフ、そしてフリートラントへと運んだ。また、四六年四月からは、避難民は海路でもリューベックへと輸送されるようになった。この仕方で、およそ六〇〇〇人の「東方」ドイツ人が、ほぼ毎日、まる一年半にわたり英国地区へと輸送されたのだった。[32]四〇年代末には、四二五万人を超える人々が新たにこの地に定着したのである。

さらに南では、アメリカ側が、チェコスロヴァキアとハンガリー、ルーマニア、さらにはユーゴスラヴィアからの避難民の受け入れを続けていた——総計で、三五〇万人を超える受け入れである。この地の当局は対応に苦慮し、五〇年代初頭になってもまだ何十万という人々が難民収容所での惨めな生活を送っていた。西ドイツのアメリカ軍総督だったルシアス・D・クレイ将軍によれば、避難民の流入は西ドイツの英米占領地区の人口の二三パーセントを上回る押し上げを見せた。東ドイツでは、初代大統領ヴィルヘルム・ピークによれば、人口の増加は二五パーセントにも上った[33]。これがドイツ全土にもたらした（フランス地区は例外として、というのも、比較的少数の避難者しか受け入れなかったからだ）結果は、まさしく破滅の瀬戸際にあった。都市の大部分は戦時中の連合軍の爆撃によって瓦礫の山と化しており、粉砕された国のインフラは必要に全然対処できていなかった。その到着後でさえ、避難者らは、西方へのオデュッセイアの後でシェルターや医療支援、あるいは命を繋ぐ食糧を見つけることができなかったがゆえに、何千人という規模で死亡し続けたのだった。

仕事を探すこともドイツ社会に自らを統合することも最も能わぬ人々にとって——大部分は、病人や年寄り、あるいは子連れの未亡人たち——、避難民収容所での数年間は、彼らが当てにすることのできたすべてだった。これら収容所の状況は、時に、崩れ落ちた建物で風除けを探すよりずっとましだというわけではなかった。たとえば、バイエルン赤十字によるディンゴルフィング収容所に関する報告書は、甚だしき数の廃疾者と結核患者がすし詰めになって暮らす様を記している。彼らはまともな靴も、服も、さらには寝具も持ち合わせてはいなかった。シュペルルハンマーにあった別の収容所では、水漏れを防ぐためにバラックの壁に厚紙を貼らねばならなかった[34]。

けれども、これより悪かったのは、避難者らが経験した社会的および心理的諸問題だった。東方またはズデーテン地方からきた人々は、時に、他のドイツ人からは外国人と見られ、しばしば両者の間で緊張が高まった。一九五〇年にクレイ将軍がこう記したように、いく世代にもわたりドイツから引き離されていたがゆえに、被追放者は別の言葉で話しさえした。彼は最早、共通の風習と伝統を有せず、ドイツを家郷とも心得てはいなかった。彼は自らが永遠の流刑にあるとは信じられなかった。その目と思いと希望は、家路へと向かった[35]。

ハンガリーから移送されたある男性によれば、仲間の被追放者にとって、自分たちのために新しい生活を鍛造するのは困難だった。「単に彼らが故国を失い、実際上、物質的全財産を失ったからというばかりではなく、自分たちのアイデンティティをも失っていたからだった[36]」。社会民主主義者のヘアマン・ブリルは、目にした避難民らが深く衝撃を受けた様子にあるのを記した。「彼らは足下の地面を完全に喪っていたのだった。私たちが当然と見なすこと、人生経験からの保障の感覚、彼ら個々人の自由と人間的価値に対するある種の個人的感情、それらすべてが消え去ってしまったのだった[37]」。四六年七月、ライプツィヒの政治に関するソヴィエトのある報告書は、避難民らがいまだ「深い抑鬱状態にあり」、「ライプツィヒの住民のあらゆる集団の中で政治に対して最も無関心」であると述べた。彼らは新しい環境に順応することができず、国境を越え、彼ら古来の故国に帰るのを夢見る以外にほとんどなすところがなかったのである[38]。

全追放

帰還の権利は、これらのドイツ人にどうしても認められなかった、たった一つのものだった。彼らの追放はそもそもの始まりから永久のものとして計画されたのであり、これを念頭に一層厳しい国境管理が組まれたのだった。つまり、ドイツ人には立ち去ることは許されたものの、戻ってくるのはどうしても許されなかったのである。

その上、彼らの移送は、はるかに広範な作戦の単に最初の段階に過ぎなかった。彼らが立ち去った後で、さらに、その存在の痕跡すべてを消去しようという企てもまた行なわれたのである。それどころか、ポーランドとチェコスロヴァキアからドイツ人が放逐される以前ですら、町や村、さらには通りが改名されつつあったのだった。かつてポーランド語かチェコ語の名前を一度たりとも持ち合わせなかった村の場合、新しい名前が拵えられそれらにあてがわれた。ドイツ語の記念碑は取り壊され、その跡地にはチェコ語かポーランド語の記念碑が新たに建立された。至るところで鉤十字が取り下げられ、しかしその気配はその後もなお何年も多くの壁に見てとることができた。ドイツ語を話すことが禁止され、(ドイツ国籍を放棄することで)在留を許された少数のドイツ人は、内々でさえポーランド語かチェコ語で話すよう勧告された[39]。

学校では、ズデーテン地方またはシレジアのごとき地方のドイツ人の歴史を教えることが禁止された。かわりに、ドイツ人は、歴史的につねにポーランドかチェコのものだった土地への侵略者として描かれた。新たにポーランドに編入された地域は「回復された領土」と称され、その地のポーランド人の子供には、「われらかつてここにあり、われらいまやここにあり、われらいざやここに留まらん」とか、「ここが地域は取り戻された財産なり」とかいう国粋主義的なスローガンが叩き込まれた。国境地域の学生はドイツ語を学ぶことが許されず、外国語としてすらもそれは許されなかったのだった――その学習が許されていたポーランドの他の地域とは好対照だった[40]。

この新たな、国粋主義的な神話体系が教えられたのは、学校だけではなかった――成人住民もまた、桁外れな規模のプロパガンダを仕込まれたのである。たとえば、ヴロツワフでは「回復された領土の展示会」が催され、およそ一五〇〇万人が訪れた。ポーランドーソヴィエト間の友愛を強調するあらゆる義務的な政治的展示に混じって、主としてポーランドとドイツ間の関係に捧げられた巨大な歴史的一画が設けられていた。これが強調したのは、二カ国間の千年にわたる軋轢と、ポーランドのその「ピャスト朝の道」への還帰（ドイツ諸王に叛き、シレジア周辺を中心に独立ポーランドを創建した中世ポーランドの王朝への参照のもとに、である）、そして「回復された領土へのわれわれの記憶されぬほど昔からの権利」と題された展示だった(41)。

これは単なる領土権の主張、ないしは再主張ですらなかった。それは、歴史の書き換えだったのだ。国粋主義的な新生ポーランドでは、土着のドイツ人文化のいかなる痕跡も根扱ぎにされなければならなかったのである。つまり、これは、唯一ポーランド人のためのポーランドとなるよう定められていた、というわけである。当時の公式方針が認識していたように、領土の再主張は易しい部分だった。「われわれは一層困難で複雑な目標を狙っているのである。すなわち、これらの土地に長大な年月を経て浸透したドイツ化の痕跡の除去である。それは、単に標識ないしは記念碑の除去より以上のことであって、生活のあらゆる場面からのドイツ化の液汁の浄化、人々の魂《プシケ》からのドイツ化の除去なのだ(42)」。同じことはチェコスロヴァキアにも当てはまった。すなわち、ベネシュ大統領は単に「ドイツ人の」のみならず、「わが国からのドイツ人の影響の」「決定的排除」をも要求したのである(43)。

こんな具合に、ズデーテンの、シレジアの、ポメラニアの、あるいはプロシアのドイツ人の故国への帰還が一層困難にされたばかりでなく、ついにはすっかり的外れにされてしまったのだった。彼らが後にしてきた場所は、最早存在しなかった。彼らのコミュニティ、文化、歴史、言語、そして時折は、戦争で引き起こされた破壊を顧みれば、彼らのまさに織地《ファブリック》さえも完全に抹消されていたのである。これらすべてが、何かまったく馴染みのないものによって置き換えられていた。つまり、ほとんど完全に、別の民族集団のメンバーにより住まわれた新たな社会によってである。

一九四五年のポーランド人またはチェコ人のドイツ人マイノリティに対する人種差別的態度を糾弾するのは容易いことだ。しかし、思い出しておかねばならないのは、これらの態度はどこからともなく生じたものではないということである。それらは主として、戦時中彼ら自身がドイツ人の人種差別的政策のもとで蒙った、残酷な扱いへの反動だったのだ。ポーランド人とチェコ人が用いた方法が否定しようもなく残忍であった一方で、その背後に控えたイデオロギーはナチのそれに比べれば温和だった。どちらの国も、より極端な著述のいくつかが追放に関していかなる主張をしていようとも、ドイツ民族に対するジェノサイド政策を追求はしなかった。彼らの目的はただ、永久にドイツ人マイノリティを取り除くことだけで、彼らを絶滅させることではなかったのだ。また、その除去は純粋に復讐にのみ動機づけられていたわけでもなかった。それは当初、将来国民同士に軋轢が生じるのを防ぐための実際的措置として考えられたのである。今日、ちゃちな国粋主義的なイデオロギーのために何百万という人々を根扱《こ》ぎにするという考え方を私たちが忌み嫌うにしても、戦争の直後にあって――膨大な数の人の移送がありふれたものになり、ヨーロッパ全体が何百万という強制追放者で溢れ返っていたその時代にあって――は、あるいは、その考え方はかつて以前そうであったよりは、あるいは爾来ずっとそうであるよりも受け容れやすかったのかもしれないのだ。

ポーランドとチェコスロヴァキアで起きたことは、両国に特有というわけではなかった。似たようなプロセスは他の国々でも生じるだろう。とりわけハンガリーとルーマニアにおいてであり、そこではドイツ語を話すドナウ・シュヴァーベン人が、ドイツとオーストリアに向けて同じように放逐されたのだった。ルーマニアではとくに、これがほとんど熱狂を伴わず行なわれた――ドイツ人に対する真の敵意はここには存在しなかったのである[44]。だが、人々の心情なぞ無関係で、それというのもドイツ人の追放は同国の公式方針の一部だったからだ。戦後数年間、ヨーロッパでドイツ人を歓迎してくれる唯一の場所は、ドイツその国だけになるだろう。

求められぬ国々でかくのごとき扱いを受けたのは、ドイツ人マイノリティに限らなかった。事実これは、第一次大戦の直後企てられたこととは正反対だった。地域住人に沿うように国境を動かそうとするよりはむしろ、ヨーロッパ諸政府はいまや、国境に沿うように地域住人を動かそうと決意したのである。

浄化された風景

ヨーロッパ全土で進行しつつあった出来事を示す典型例は、スロヴァキアのハンガリー人マイノリティの扱いだった。というのも、彼らはドイツ人とまさしく同じだけ嫌われていたからだった。スロヴァキア人は、戦争を目前に控えたハンガリーが彼らの国の一部を併合したやり方が許せなかった。それゆえ、これらの土地がスロヴァキアに返還されるや否や、彼らは一九三八年以来この地方に移り住んだ三万一七八〇人のハンガリー人全員の追放に掛かったのである。[45] だが、大多数のスロヴァキア人にとって、これで十分ではなかった。政府当局はハンガリー人の「全追放」を要求したのだ――彼ら六〇万人の全員をである。[46] 彼らは、ハンガリー問題の「最終的解決」の発見について冷ややかな言葉で語り、他方あからさまに、「われわれはナショナル・マイノリティを認めない」とも述べた。大衆紙も同意した。「スロヴァキアとその南部国境地帯は、ただスロヴァキアのものでしかあり得ず、それ以外ではない」。[47]

一九四六年、政府軍が約四万四〇〇〇人のハンガリー人をスロヴァキアの国境地帯から追い出し、ポーランドの強制同化計画と似た作戦で、チェコスロヴァキアの残りの地域のあちこちへと分散させた。[48] その後すぐさま、約七万人のハンガリー人が住民交換計画の一環でハンガリーへと送られた（時同じくして、ほぼ同数のスロヴァキア人がチェコスロヴァキアへと「送還」された)。さらにまた、六〇〇〇〇人のハンガリー人が度合いは様々の迫害を逃れようと同国を後にした。[49]パリ講和会議でチェコスロヴァキアの代表団はことの仕上げに努め、さらに二〇万人を移送する権利を要求した。この時は、ひょっとするとドイツ人の移送から教訓を得ていたのか、英米は許可を与えるのを拒絶した。その結果、チェコスロヴァキアはそれが望んだほどには同質な国民国家になれなかった。彼らの行動のそれ以外の唯一の選択肢は、「再スロヴァキア化」政策だった――ハンガリー人に公民権を回復した計画ではあったが、ただそれは、彼らがハンガリー人としてのアイデンティティを放棄し、公にスロヴァキア人であることを宣言するという条件をのむ限りにおいてのことだった。言うまでもないが、この計画はハンガリー人をチェコスロヴァキア社会に統合する上で何ごともせず、彼らをさらに疎外することにかけては随分なことをした。無理もないが、彼らは、戦時中の己が対独協力者的な振る舞いから注意を逸らすためにスロヴァキア人が用いているスケープゴートとして、自らを見出したのである。[50]

これらがヨーロッパ全域で生じていた種類の行為である。ハンガリー人はルーマニアからも放逐され、逆もまた然りだった。アルバニアのチャム族はギリシアから放逐された。ルーマニア人はウクライナから放逐された。イタリア人はユーゴスラヴィアから放逐された。フィンランド人二五万は、終戦時、西部カレリア地方がついにソヴィエト連邦に割譲された際に立ち去るのを余儀なくされた。一九五〇年に至ってもなお、ブルガリアは約一四万人のトルコ人とジプシーをトルコとの国境越しに放逐するのを開始する始末だった。そして、そのようにリストは続くのだ。[51]

この強制的な人口移動全体の結果、東欧は近代のいかなる時にそうであったよりもはるかに多文化性の度合いを減じた。わずか一、二年の間に、ナショナル・マイノリティの割合は半分より以下となった。過ぎ去っていったのは、旧い帝国の坩堝で、そこでは、ユダヤ人とドイツ人、マジャール人とスラヴ人、そしてさらに何十もの人種と国民が、可能な限り申し分なく互いに混淆し、ごっちゃになり、摩擦し合っていたのである。その場所に、いまや単文化的国民国家の集合体がのさばり、その住民は果たして多かれ少なかれ民族的に均質なのだった。東欧は自らを巨大な規模で浄化していたのである[52]。

原註

（1）De Zayas, Nemesis, p. 42.

（2）Parliamentary debate, 23 February 1944, Hansard, Series 5, vol. 397, col. 937.

（3）Schieder, vol. I: *Oder-Neisse*, p. 62.

（4）Rees, *Behind Closed Doors*, p. 338.

（5）Schieder, vol. I: *Oder-Neisse*, p. 62.

（6）Lane, p. 185.

（7）AP Szczecin, UWS, file ref. 939, ‘Sytuacja ludności niemieckiej na Pomorzu Zachodnim według sprawozdania sytuacyjnego pełnomocnika rządu RP na okręg Pomorze Zachodnie’, article from June 1945, pp. 13–15.

（8）Centralne Archiwum Wojskove, Warsaw, IV/521/11/54, ‘Sprawozdanie liczbowe z akcji wysiedlania ludności niemieckiej za okres od 19 do 30 czerwca 1945 roku’.

（9）同じことがポーランドでも言えた。Prażmowska, p. 182 を見よ。

（10）Lane, p. 153.

（11）*New York Times*, 13 November 1946, p. 26.

（12）以下の物語は Anna Kientopf 一九五〇年八月一五日付の立証済み複写に因るもので、Schieder, vol. I: Oder-Neisse, doc. 291, pp. 289–95 に縷々引用されている。

（13）Kaps, Reports 136 and 162, pp. 405, 478.

（14）Ibid., Reports 70, 71, 72 and 125, pp. 260–62, 379.

（15）Białecki et al., docs. 27 and 30, pp. 64–9, 71–4.

（16）doc. 217 in Schieder, vol. I: *Oder-Neisse*, p. 233 を見よ。

(17) Instructions from the Republic of Poland's Ministry of Recovered Territories regarding the resettlement of Germans, 15 January 1946, doc. 27 in Białecki et al., pp. 64–9 として転載された。また、docs. 21 and 30 ibid., pp. 57, 71–4 も見よ。

(18) Agreement between British and Polish representatives of the Combined Repatriation Executive, doc. 30 in Białecki et al., pp. 71–4 として転載された。

(19) これら報道機関の諸報告を選りすぐったものについては、de Zayas, *Nemesis*, pp. 107–14 を見よ。

(20) たとえば、docs. 51 and 115 in Białecki et al., pp. 114–16, 192–4 を見よ。また、de Zayas, Nemesis, pp. 121–2 に引用された *Manchester Guardian* の報告も見よ。

(21) Davies and Moorhouse, p. 422 に引用。

(22) Kaps, Report 51, pp. 234–5.

(23) Ibid., Report 66, p. 253.

(24) Ibid., Report 2, pp. 128, 130.

(25) Byford-Jones, p. 50.

(26) *FRUS*, 1945, vol. II, pp. 1291–2.

(27) Ibid., pp. 1317–19.

(28) De Zayas, *Nemesis*, pp. 122–4.

(29) 避難民の死者数に関するいかなる精確な集計も存在しない。ドイツ政府による漠然とした推定、並びにドイツ人被追放者集団による二〇〇万人に上るという大いに誇張された主張については、Spieler, pp. 53–4 を見よ。また、de Zayas, *Terrible Revenge*, p. 156.

(30) de Zayas, *Terrible Revenge*, p. 156 に引かれた German Federal figures。

(31) Naimark, *Russians*, pp. 148–9.

(32) Agreement between British and Polish representatives of the Combined Repatriation Executive, doc. 30 in Białecki et al., p. 72 として転載された。

(33) Clay, pp. 314–15; Naimark, *Russians*, p. 149 に引用された Pieck の言葉。

(34) Red Cross reports in de Zayas, *Terrible Revenge*, pp. 131–2.

(35) Clay, p. 315.

(36) Franz Hamm の言葉、de Zayas, *Terrible Revenge*, p. 136 に引用。

(37) Naimark, *Russians*, p. 149 に引用。

(38) Ibid., p. 149.

(39) Testimony of Josef Resner, de Zayas, *Terrible Revenge*, p. 141 に引用。

(40) Ibid., p. 142. また、Snyder, p. 210 も見よ。

(41) Davies and Moorhouse, p. 447.

(42) H. Schampera, 'Ignorowani Ślązacy', *Res Publica*, no. 6

（1990）, p. 9 に引用。

（43）Beneš, *Speech... May 16th 1945*, pp. 5, 19.

（44）Schieder, vol. III: *Romania*, p. 68.

（45）Janics, p. 120.

（46）Ibid., pp. 133, 177. ハンガリー人マイノリティに関する統計については、Gyurgyík, pp. 38–9 にある表1–3を見よ。

（47）*Čas*, 26 February 1946; *Obzory*, 11 October 1947; *Východoslovenská Pravda*, 3 November 1946: quoted in Janics, pp. 133, 152, 188.

（48）Janics, p. 172.

（49）ハンガリー人–スロヴァキア人の住民交換に関する対照的諸観点については、Gyurgyík, p. 7, および Marko and Martinický, pp. 26–7 を見よ。両者ともに同じような数字を挙げている。

（50）Janics, pp. 136–9.

（51）ブルガリアの諸統計については Marrus, p. 353 を見よ。Karelian Finns については Proudfoot, p. 41 を見よ。

（52）Pearson, p. 229.

第20章　ミクロコスモスの中のヨーロッパ
ユーゴスラヴィア

もし東欧中での民族住民の移送と交換がしばしば残忍であったとしても、それは起こり得たうちの最悪ではなかった。事実、そのような移動がこれほど多くの、西側連合国のそれらをも含む政府により是認されたのは、それが最も最悪でない選択肢と広く見られていたからだった。開戦時、ドイツ人は他国にあった彼らのマイノリティを侵略の口実に用いたのだった。あれらマイノリティを取り除くことは、将来軋轢が勃発するのを防ぐ唯一の実際的方法と考えられたのである。戦争がことに人種差別の気配を放った地域では、住民の移送は——つねに意地悪な動機からというわけではなく——危うい立場の住民を危険な道から取り除く最善の方法と考えられていた。故国を発つのを余儀なくされた人々でさえ、しばしば逃亡を彼らの唯一の選択肢と受け容れた。彼らの生はあまりに耐え難くされていたので、首尾よく他国へと移送されるのを幸運な脱出と見なしたのである。

とはいえ、住民の移送は、戦後提起されたあらゆる民族問題への解答では断じてなかった。いくつかの集団は、いかほど彼らが鼻つまみ者であるかにかかわらず追い出すことができなかった。なぜならば、彼らには行くべき「自分の」国などなかったからだ——それはたとえば、ジプシーであり、どこにあっても彼らはほとんどユダヤ人と同じくらい歓迎されなかったのである。いくつかの国は、戦争中にほころびた内的亀裂を押し隠そうと骨折る中で、個々別々に存立するコミュニティを統合せざるを得なかった——たとえば、チェコ人とスロヴァキア人であり、あるいはより小さな度合いではあるが、ベルギーのフラマン人とワロン人である。最も極端な場合、政府は民族問題はまったく存在しないと言い張らねばならず、なぜならばそれらを認めることは政治的に不可能であったろうからだ。これはソヴィエト連邦とユーゴスラヴィアの場合で、戦争の暴力は民族的差異というよりは、むしろ階級の差異の結果であったことを住民に得心させるべく当局は腐心していたのだった。

ユーゴスラヴィアが特段の注意を要するのは、それがこれらすべての問題を包含し、しかもそれ以上を含みもするからだ。戦時暴力に責任のあった集団のほとんどが「部外者」ではなかった以上、彼らを追放することはできなかった——それどころか、中には国を逃れようとしてそれを阻まれた者さえいたのだ。加えて、それらの集団はユーゴスラヴィア国内で互いに引き離すこともできなかった。当時、これをすべきと提唱した者はいた。「いく人かの人物は、セルビア人がなぜ彼ら独自のスラヴォニア連邦を持ってはいけないのかと尋ねている」と、ユーゴスラヴィアの情報部局、人民保安局による報告書は述べた。「あるいは、なぜクロアチア人がクロアチアへと移り、セルビア人がセルビアへと移ってはいけないのか、と」[1]。だが、ユーゴスラヴィア連邦を再確立する全目的は、これら別個の民族を単一の旗印の下に一纏めにすることだった。ティトー将軍はどうしたら、一方で各民族をばらばらに国の隅に追いやって、しかも同時に「友愛と団結」について語ることができただろう？異なった民族集団が、それゆえ、それぞれが他を隠しようのない憎しみの目で見つつも相並んで暮らし続けることを余儀なくされたのである。

ユーゴスラヴィアは、戦中戦後にあって、ヨーロッパの最悪の暴力のいくつかが生じた場所だった。この地の状況を比類ないものにしたのは、軋轢をかたちづくったいく重もの重なりである。ユーゴスラヴィアの抵抗活動のグループは、単に国民解放戦争において外国の攻撃者に対し闘ったばかりでなく、革命戦争においては自国政府の軍勢とも戦ったのであり、イデオロギー戦争においては他の相容れない抵抗活動のグループと、また、法と秩序を押しつける戦争においては賊の一味とも闘ったのだった。これらの種々別々の縒り糸は互いにあまりに絡み合っていたために、しばしば互いを互いから識別することは不可能だった。だが、この暴力のタペストリーには他のすべてに際立つ一条の縫い糸があった。民族憎悪の問題である。この憎悪の力は、それに代わるアジェンダが何であれ、戦時にあってあらゆる陣営で利用された。「民族浄化」という言葉を世界にもたらすことになるかの内戦のほとんど半世紀も前に、ユーゴスラヴィアは、二〇世紀の最も邪悪な民族紛争の一つの終幕[1]へと巻き込まれていくのである。

歴史的背景

ユーゴスラヴィアにおける第二次世界大戦とその直後は、二〇世紀史上最も複雑な分野の一つであり、道徳的歴史的まぬけ落とし《ブービートラップ》で敷き詰められたそれである。国内各地で残虐行為が生じた他の国々と同様、かつてのユーゴスラヴィアその国に発する報告は、偏向のきらいがあり、どの民族集団も競って犠牲者たる権利を求めている。多くの原資料がそれらを手に入れた人々の国民的ないしはイデオロギー的展望に沿うように改変されてきた。そのような陥穽を免れてさえ、当代の公平な歴史家ですら解きほぐしようがないと見る真の論争の領域が残るのである[2]。

そもそも、「ユーゴスラヴィア」という概念全体が当時から議論の的であり、かつ今日もそうあり続けているということがある。この国は、一九一八年以降になって初めて存在し始めたのであり、第一次世界大戦の廃墟の中から築き上げられたのだった。それは、一九世紀の偉大な三つの強国の残骸の狭間に走る断層線と筋交いに横たわっていた——ロシア、オーストリア-ハンガリー、およびオスマン帝国である——。それゆえ、それは三つの偉大な宗教の逢着点だった——すなわち、キリスト教正統派、カトリック、およびイスラム教である（あるいは実際には、もし戦争により抹消されたも同然だったユダヤ教の小マイノリティも含めれば、四つである）。それは、半ダースを超える国民的ないしは民族的大マイノリティにとっての故郷だったのであって、そのすべてがいく世代にもわたってけちな対立と悋気《りんき》を育んできたのだった。両大戦間期の最も強力な二つの政治勢力——セルビア人君主制主義者とクロアチア人農民党——は、ユーゴスラヴィアが単一の王国に留まるべきか、もしそうならば各地域にどれだけの自治権が認められるべきかについて、際限なく議論していたのだった。

　第二次世界大戦のさなか、これらの国民、民族、政治並びに宗教間の分裂が燃え上がり、「ユーゴスラヴィア人」はまさしく外国の占領者を殺害するのと同じくらい進んでお互いを殺害するまでになった。クロアチア人はセルビア人をカトリックの名のもとに皆殺しにした。セルビア人はボスニアのムスリムの村とヴォイヴォディナのハンガリー人の村を焼き討ちにした。君主制主義者のチェトニクは共産主義パルティザンを前に会戦を戦った。これだけではまだ十分でないとでも言うかのように、民兵らはしばしば彼らの残虐行為の責めを互いに負わせようとした。ムスリムの民兵はセルビア人チェトニクの制服を身に着け、クロアチア人ウスタシャはムスリムの変装をし、チェトニクはセルビア人パルティザンのふりをした。それゆえ、つねに誰が誰を虐殺しているのか真っ直ぐに同定するわけにはいかなかった[3]。全体を主宰していたのは、ドイツ人やイタリア人、そしてユーゴスラヴィア国家の他の占領者たちであって、彼らは自らも戦争犯罪に手を染めたばかりでなく、種々別々の集団同士の内輪もめも奨励したのだった。

暴力的抗争のこのスープの中から、対抗する二大勢力が現われた。その第一は、ウスタシャで、戦時中にイタリア人によって新独立クロアチア国家の傀儡政府に据えられた極右政治集団だった。ウスタシャは大陸にあって最も厭わしい体制の一つだった。戦争中彼らは民族および宗教浄化にうつつを抜かし、その規模はただナチその体制の他には凌駕するものがなかった。彼らには何十万という民族セルビア人を組織立って殺害し、さらに数十万人をカトリックへと改宗するよう強要した責任があった。その最も悪名高いヤセノヴァツの捕虜収容所は、約一〇万を数える人々の殺害の舞台であり、その半数を超える人々がセルビア人だった。[4]ウスタシャは、決してユーゴスラヴィアで唯一の対独協力者ではなかった――数個のセルビア人やスロヴェニア人、モンテネグロ人の極右集団および民兵があった――ものの、しかし彼らは断然最も強力なそれなのだった。

ウスタシャに対するは、ユーゴスラヴィア第二の大勢力で、ゆくゆくはこれが勝利を収めることになる。つまりは、共産主義パルティザンである。パルティザンらは、ドラジャ・ミハイロヴィッチの王党派チェトニクを含む他のすべての抵抗運動に段々と優るようになり、連合国の支援を得て巨大な戦闘力となった。彼らはあらゆる民族マイノリティに属する男女からなったが、大多数は迫害を逃れるセルビア人だった。その後、多数のチェトニク――とセルビア人――が戦争中にパルティザン側に寝返った。これは一つには、勝ち馬の尻に乗るのを確実にしたいというシニカルな欲望からのことだったが、同時にまた、クロアチア人ウスタシャを滅ぼさねばならぬという彼らの切実な思いが、セルビア人同志との間に生まれたかもしれないあらゆる政治的差異を乗り越えさせたからでもあった。それゆえ、ユーゴスラヴィアにあって戦争の終わりは、ことさらに民族主義的な気配があった。パルティザン指導部は、クロアチア国家をユーゴスラヴィアの囲いの中に戻すのに集中していたかもしれぬ一方で、多くの兵卒には他を圧して優先すべき事柄があった。つまり、一般にはクロアチア人に対する復讐で、とりわけウスタシャ政権に対するそれである。

「ブライブルクの悲劇」

戦争の最後の六ヶ月間に、ドイツ軍はバルカン半島全体からの叙事詩的なまでに壮大な撤退をやってのけた。四五年四月にユーゴスラヴィアを抜けて退却するうちに、彼らは地元の様々な対独協力者の集団や兵士、民兵らと合流した。これらの集団すべての目的は、オーストリアと北東イタリアの英軍占領地域までの道を一路切り拓くことだった。戦ったばかりの厳しい戦争の後で、彼らは、英国軍は降伏したらティトーの軍隊よりは情けをかけてくれそうだと推案したのだった。

五月六日にウスタシャ政権がとうとうザグレブを放棄すると、若干のヒステリーが民間の住民を襲った。ウスタシャがわざとパニックを拡げて、もっと大がかりな総脱出を惹き起こそうとしているのではないかとの仄めかしがあったのである。いずれにせよ、多数の避難民が逃走軍に加わったのであり、その中には明らかに銃を与えられたものもあった――後日、そのせいで善人を悪人から選り分けるのが甚だ困難になることになる事実だった。(5) この膨大な数の群衆は数十万を数え、スロヴェニアを抜けてオーストリア国境へと北へ移動した。彼らは是が非でも降伏前にオーストリアに到達しようと心懸けていた。ために、ヨーロッパの残りの場所で戦争が終わった後も長く戦闘を続けたのである。戦いは四五年五月一五日まで猖獗《しょうけつ》を極め、ようやくその日、クロアチア人の最初の部隊がオーストリアのブライブルクの地を踏んだのだった。ここで彼らはすぐさま英国軍に自らの身を引き渡そうと画策した。だが、英国軍は彼らの投降の受け容れを、あらゆる枢軸国の軍隊はそれが戦っていた軍に投降しなければならないと連合国の方針が定めていたがゆえに、拒絶した。切り抜けてきたばかりの絶望的な行軍にもかかわらず、ウスタシャとその取り巻きたちは、結局、自らをパルティザンの手に引き渡す以外にやり様がなくなったのだった。

ブライブルクでの出来事は、長く神話と論争の主題であり続けてきた。戦後数年を経てクロアチアクロアチア人移住者《エミグレ》たちは、クロアチア軍全体がオーストリアの地に到達し、而《しか》して英国軍は彼らを武装解除し絶滅をさせるべくパルティザンの手に返したと主張した。多くが英国軍の「裏切り」は戦争犯罪を構成し、なんとなれば、彼らの保護に対する拒絶は一九二九年のジュネーヴ条約違反だからだと言いつのった。けれども、現実には、クロアチア軍のわずかに小部分と避難民しか、かつてオーストリア領に首尾よく到達することができなかったのである——多分、二万五〇〇〇人だけかもしれない。それ以外の一七万五〇〇〇人かそこらは、およそ四五から六五キロメートルも延々と縦に一列になって延びていたのだった。英国軍には、パルティザンに身を委ねるよう彼らに指示する以外にほとんど選択肢がなかった。なぜならば彼らは、これほど莫大な数の避難民をこのオーストリアの僻地に収容するだけの設備も供給も持ち合わせていなかったからである。かてて加えて彼らは、自分たちがティトーのパルティザンに対し軍事作戦を実行する必要のある場合に備えて、その地域を清浄に保っておきたかった。なんとなれば、パルティザンらはすでにオーストリアと北東イタリアの諸地域に侵出し、それらの土地をユーゴスラヴィア領に併合するべく脅しをかけてきていたからだった[6]。

裏切りの告発はまた、英国側が投降した人々を扱うやり方にも向けられてきた。クロアチア人到着の数日前、およそ一万から一万二〇〇〇人の対独協力者からなるスロヴェニア郷土防衛隊（その少し前にスロヴェニア民族軍からそう改名していた）がオーストリアに辿り着いていた。英国軍は彼らの武装解除をし、クラーゲンフルトの南西ほんの数キロメートルのところにある小邑ヴィクトリング（ヴェトリニェ）近郊の収容所に押しやったが、そこに置いておくどんな意図らしき意図も持ってはいなかった——それよりも、一番手近な機会をつかまえてユーゴスラヴィアへと差し戻そうと計画していたのだった。彼らを送り返そうといういかなる企てにもスロヴェニア人らが抵抗するであろうことを悟った英国軍は、彼らをイタリアの収容所へと移送しているふりをした。似たようなだましの手口はその地で捕らえられたコサックに対しても採られた。将校たちは、事実はソヴィエト軍に引き渡されることになるまさにその時に、会議へと連れて行っているのだと申し渡されたのだった。英国側がこのような図々しい誤魔化しによって、それに続くことになる虐殺を逃れたないしは生き延びた人々によって慕われるようになったなどということは、まったくなかった。それはただ、これら囚人の身に降りかかろうとしているのが何か、英国軍が精確に知っていたことを示唆する証拠本体に、さらに重みを加えるだけなのである。(7)

オーストリアの国境越しに送り返された者や、スロヴェニア最北端の地域でティトーのパルティザンに捕らえられた者には、叙事詩的でかつしばしば悲劇的な試練が待ち受けていた。大部分はドラーヴァ川沿いにマリボルに向けて行進させられた。というのも、パルティザンらはその地に一時収容所を設けていたからだった。最初、これらの行進はかなり乱れなく整然と行なわれたが、生存者らによれば、連合軍の前線に設けられた安全地帯からはるかに遠ざかるにつれて危険は増していった。囚人たちはパルティザンの護衛から水も食料も与えられず、しかもしばしば、ペンや時計、結婚指輪、ブーツ、あるいは靴のような貴重品は残らず巻き上げられたのだった。隊列が途切れてしまうのは避けようがなく、するとそこに、後続の者たちには追いつけと命令が飛ぶのだった。もっと速く動くよう彼らに奮起させようと、後ろでぐずぐずした人々はしばしば警告もなしに射殺された。

一九六〇年代に入り、クロアチア人の被追放者ジョン・ペルツェラは、強行軍をしてユーゴスラヴィア領内へと帰還させられた経験をした人々の証言を大量に収集し、その大半がこれら細部について意見の一致を見ている。(8) 六〇年代にドイツ政府の委員会により集められたドイツ兵の証言も、さらなる裏づけを与えている。[9] これら「死の行進」の状況は、残忍さの極地だった。重い足取りでマリボルへと歩く間、クロアチア人兵士も民間人も等しく、考えつく限りの口実を設けては撃ち殺された。逃げ出そうと試みた者は、もちろん格好の餌食とされたが、ちょっと用を足そうと列を抜け出すのすら命取りになりかねなかった。地元の村人の中には途次、彼らに水と食べ物を置いていく者もあったが、それらを掻き集めようと動いた者は誰であれ銃弾を受けかねなかった。精根が尽き果てるというのも選択肢にはなかった。スタンコヴィッチという名の生き残りの男性は、あまりの疲労でそれ以上歩くことができなくなった以外にどんなましな理由もなく殺害された、五〇歳の聖職者の話をしている。[10]

人々は時々行き当たりばったりに選び出されているようにも見えた。

共産党の将校が、通常はセルビア人だが、時にはスロヴェニア人で、出し抜けにこう叫んだものだ。「残りの山賊全員の奴らの中から、おつむを上に突き出しているあいつを殺せ！」すると、別のがまたこう叫ぶ。「あそこのちびのちんちくりんを殺せ！」他の誰かは、あごひげを蓄えている者は誰であれ、さもなければ、シャツを脱がされた誰かを始末するよう命ずるのだ。[11]

別の目撃者によれば、「赤軍はたまたま思いつきで誰彼かまわず撃ち始めた。初め、彼らは隊列から個々人を連れ出し近くの森で殺した。後になると、彼らは直接に囚人の列に発砲した。この銃撃は完全に無差別だった」。[12]

とはいえ、パルティザンの中には疑いもなく無差別殺人に耽る者がいたとはいえ、しばしばこれらの殺害には、目に留まったというよりはるかに多くの方式が存在した。これら囚人を検める理由の一つは、貴重品を盗むという見え透いた動機は別に、どの囚人が将校またはウスタシャ精鋭の隊員であるかを突き止めることにあった。将校の中には、身分証明書や写真を携行したままでいるほどの愚か者もいた。他に比べて貴重品を持っている者は明らかにより高位の階級で、多くの将校が制服を投降前に投げ捨てていたにもかかわらず、時折は勲章や記章を手放す気になれないでいたのだった。そうした一人が、マルク・ストイッチという名のウスタシャ将校で、彼の身を守ろうと義理の姉妹がそれらを脚に括りつけていた。不運にも、これらが緩み道に落ちてしまった。それを護衛の何人かが目に留め、それらは誰のものかストイッチの義理の姉妹に質した。彼女が答えるのを拒むと、護衛の一人が彼女の頭蓋骨を列の残りの者がすっかり見守る中で粉々に砕いたのだった[13]。

多くの生存者が、男たちが小さな集団に分かれて森に連行され射殺されたと語っている。証言のほぼすべてが犠牲者自身からきている以上、私たちはパルティザンの将校が、これらの集団に誰を含めるのかいかにして決めたのかは確証できないけれど、多くの場合、何らかの原始的な選別の形式が事実存在していたようである。パルティザンの将校一名による数少ない同時代の説明は、彼の同志がいかにして囚人の中から将校五四名を選び、森に連れ出し殺害したかを語っている。「何が起きたのか確かめようと、私がそちらへと行くと、その時にはすでに兵士数名が埋めにかかっていた五四体の死体を発見したのです。私は血の海を見、ナイフで刺された一体の死骸を見つけ、しかし、私の判断するに、残りもまたナイフで刺し殺されたのではないか。というのも、私は拳銃の銃声はただ二、三発しか聞いておらず、しかもそれなのに五四人が死んでいたからです[14]」。

フラーニョ・クラケという名の囚人は、ウスタシャの兵士も同じくいかにして、特別の処置のために選り出されたかを語っている。彼自身、ウスタシャの指揮官と間違われ、すぐさま似たような男たちの一団とともに森の中へと連行され射殺されそうになった。彼は、他の男たちの一人が注意を逸らそうと護衛に向かって走っていった隙に抜け出したのだった。

クラゲの物語が興味深いのは、彼がパルティザンの手から一度ならず四度も逃れたからである。逃れる度ごとに彼は、飢えに襲われもう一度投降しなければならなかった。最初の回は、危うく死に瀕したのを、ことさらにサディスティックな兵士の一団の手に落ちたまったくの不運に帰している。見境のない殺人が、より広範なパルティザンの方針の一環であることを悟るのは、ようやく二度目の処刑をされかけたときである。この時、彼は後ろ手に縛られ、仲間の囚人とともに数台のトラックに乗せられたのだった。

二〇分ばかり乗せられた後、私たちはマリボル島で小麦袋のように下ろされたが、そこは果たして町の上流なのだった。この場所に近づくにつれ、私たちは機関銃がスタッカートで発砲され、そこに時折単発でライフル銃の音が混じるのが聞こえた。それで、いまや自分たちの運命にどんな疑いもなくなったのである。

トラックから投げ出されたとき、うまい具合に私は両足で立つことができた。そのため、二〇世紀のダンテに霊感を与えたであろう恐怖の光景に存分に目を凝らすことができたのだった……。私の興味を奪ったのは、三〇〇メートルばかり離れたところに掘られた数個の集団墓地だった。死体でほぼいっぱいだったから、それらがどれくらい深いのかは測りかねた。私が判断するに、それぞれがひょっとすると三〇〇体くらいの死体を含んでいたのではないか。これら大量の死骸の上に、何ものかが動くのをはっきりと見分けることができた。犠牲者の中にはまだ息のある者もいたのだ！　これら身の毛のよだつ穴の中からは、叫び声が聞こえてきて、それがこう訴えるのだ。「兄弟、俺を殺してくれ！　もう一度撃ってくれ！」あの叫びが数度繰り返されるのを忘れることができない。加えて、墓穴の中には無傷の男たちもいて、上から死体が降ってくるものだからそれにつれて窒息していく。彼らも何とか聞き届けてもらおうとする。指名された何人かの犠牲者は森の中に逃げようとして、そこをパルティザンらが撃ちにかかる。

トラック数台が別の囚人の一団を連れてやってきた。護衛が彼らを下ろし始めると同時に、ライフルと機関銃の音が猛烈に大きくなり、というのも、これらの囚人らは地面を踏むなり急ぎ逃げようとするからだ。両手はまだ後ろ手に縛られたままだったが、私も同じように飛び上がって逃げ出した。銃弾が私の周囲の樹々を強打し、低木を切り裂いた。私は落ちた枝に躓き、真っ逆さまに倒れ込んだ。多分、これが私を救ったのだろう。なぜならば、護衛らは明らかに私が仕留められたと思い、注意をどこかよそへと向けたからだ[15]。

このような説明から明らかなのは、クロアチア人囚人の殺害は孤立した少数の個人の行為などでは断じてなく、部隊全体の兵士による仕業だったということである。かつそれは、かなりよく組織化もされていた。囚人たちは単に個人や小さな集団ばかりでなく、大規模に処刑されたのだった。かくのごとき大虐殺は、パルティザンの指揮系統上位に位置する、当局による中央の組織化の要素なしには不可能だったろう。

これら当局の地元司令部は、近隣のマリボルの町にあったようだ。ここでも、そしてスロヴェニアの他の中心部でも、パルティザンの軍隊は囚人を一掃する前に標準的な手続きに従った。最初に、初歩的な形態の選別が行なわれ、まずは兵士から民間人を選り出し、その後通常の郷土防衛隊《ドモブラン》または正規兵からウスタシャの軍勢を分離し、最後に兵卒から将校らを選り分けた[16]。「最も罪のないもの」たちはその後列車に乗せられ、ツェリェとザグレブに向けて送り返されることになった。数万人が一連の強行軍へと追いやられ、スロヴェニア中に設えられた捕虜収容所に到着するまで、数日か、ひどいときには数週間もかかることすらあった。いくつかの集団の男たちはそのまま地元に留めおかれて、つらくて不愉快な強制労働に駆り出される運びだった。だが、残りの者全員にとっては、これは旅の終わりだった。

町の近くには、パルティザンに対する土壇場での防備の砦としてドイツ軍によって掘られた対戦車壕の長い線が走っていた。囚人たちはここにトラック一台ずつで連れられてきて、壕の端に沿って一列になり撃ち殺された。これら囚人たちは目前にどんな運命が迫っているか精確に知っていた。なぜならば、壕の底には彼らに先立った囚人の集団の遺体が横たわっていたからだ。彼らの多くは衣服をすべて剝ぎ取られ、後ろ手に縛られていた。そのようにすることで、逃げ出すか、護衛に食ってかかるかするのを防ごうとしたのだった。

以下の説明は、あるクロアチア人将校によるもので、ユーゴスラヴィアを逃れたものの冷戦のさなか、身内を依然そこに残していた多くの人々と同様に、匿名であり続けるのを望んだのだった。

夕刻、パルティザンたちは私たちの服を脱がせ、ワイヤーで後ろ手に縛り、その後私たちを二人一組で縛った。それから私たちは、トラックでマリボルの東へと連行された。私はどうにか両手をほどいたが、それでもまだもう一人の将校に縛りつけられたままだった。私たちはすでに死体が山積みになっている巨大な掘割へと連行された。パルティザンらは私たちを背後から撃ち始めた。稲妻のように素早く、私は死体の山の頂上目がけて飛び込んだ。さらなる死体が私の上に降ってきた。私たちのグループを首尾よく撃ち終えると、彼らは離れていった。彼らは私たちを埋めはしなかったが、もっと多くの者のための余地が残っていたからだった。それで、彼らはもっと多くの犠牲者を求めてマリボルへと発ったのである。私は死んだ相方から身をほどき、この大量墓地の中から這い出した。裸で、他の犠牲者の血を浴びて、そのため、あまり遠くまで歩けないのではないかと恐れでいっぱいだった。私は処刑場からそれほど離れていない一本の木に登った。それから三度、パルティザンらは将校と聖職者たちを連れて現われ、彼ら全員を殺害した。日の出とともに、私はそこから立ち去った[17]。

マリボルでの殺人は数日間続き、対戦車壕がいっぱいになると、特殊埋葬班がそれらのてっぺんに山と土をかけ、その後それを均す任に就いた。死体はまた、漏斗孔や弾孔、さらには特別に掘られた集団墓地にも埋葬された。

かつてのパルティザンの一人が、その後ユーゴスラヴィアを逃れ、これら埋葬部隊の一つで働くことがどういうことか、その様子を生々しく述べている。

われわれがぞっとするような義務を果たしている間、別のグループには複数の壕が終わったところから始まる大きな穴を一つ掘る任務が与えられた。恐ろしいことに、この穴もまた、死体でいっぱいだった。この穴の中の死者たちはすっかり強張ってすでに腐敗の悪臭を漂わせ始めていたので、多分数日前には殺されていたのだろう……。

午後五時になってもまだわれわれは死体を埋める任務に就いていたが、そこに一〇〇人の囚人が新たに掘られた屠畜場に連れてこられた。われわれには、彼らが死者の埋葬を手伝ってくれるのだと言う。その後しかし、これらの囚人らは、より古い遺体が横たわる穴の縁に一列に並ばされた。次に、彼らは所持品を残らず奪われた。最後に、一〇〇名の囚人たちは機関銃で撃たれ

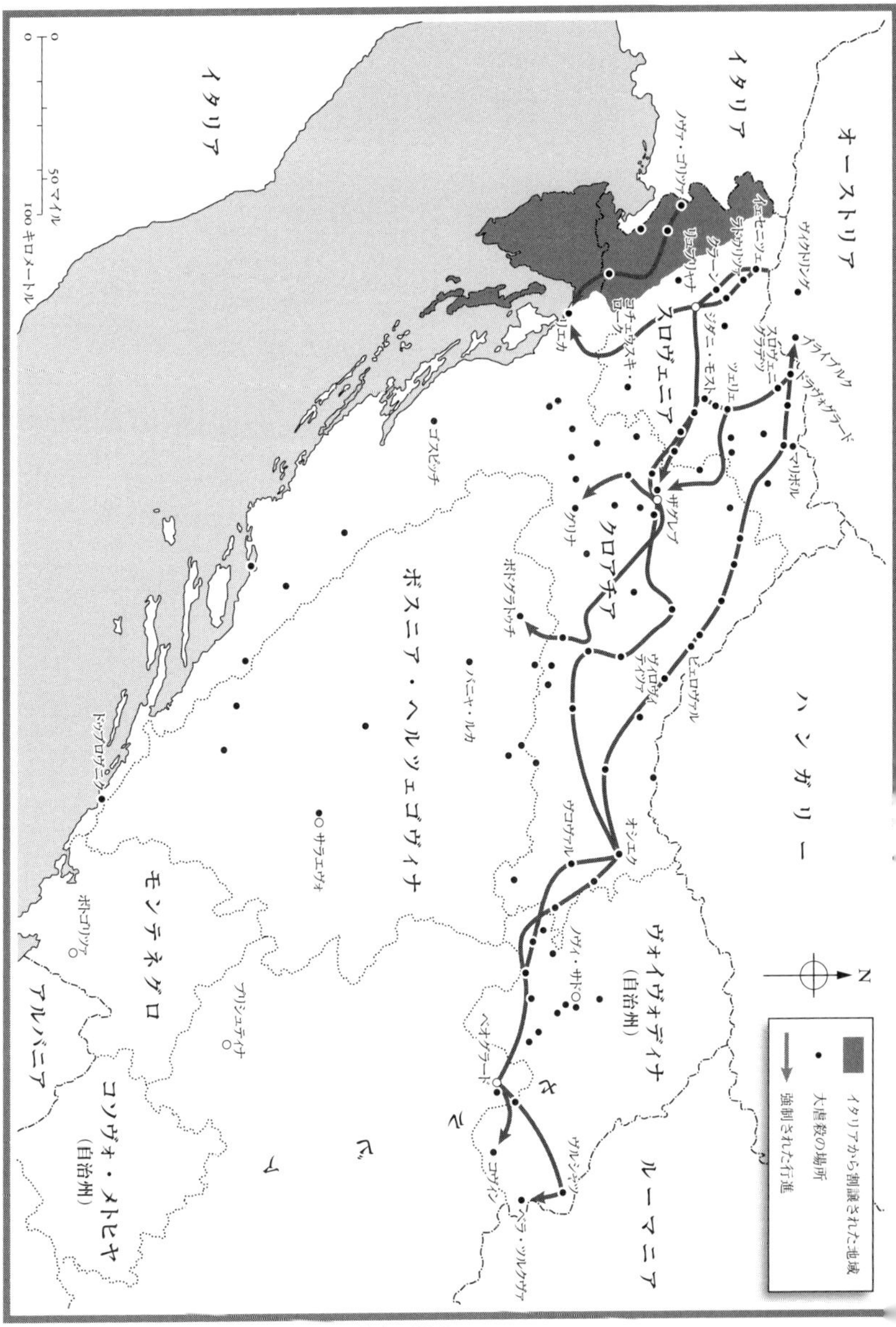

地図7◆1945年、ユーゴスラヴィアにおける虐殺の場所

た。私はこの虐殺を一〇〇メートルかそこらの近くから見ていた。何人かの囚人は身を投げて平たくなって機関銃の銃火をやり過ごした。彼らは死んだふりをしていたが、パルティザンらは一見死体に見える者から次へと順繰りに移り、生きていると踏んだ者全員を銃剣で刺していった。叫び声が空気を劈《つんざ》き、機関銃の銃火をかわせた者も長くは死を避けられなかったことの厳然たる証拠なのだった。新たな犠牲者の全員が、穴の中の古い遺体の上に放り入れられた。パルティザンらはそれから、機関銃の集中射撃をさらに数度、誰も生かしておいてはいないのをただ念押しするためにのみ、死体の山に放ったのだった。(18)

人口統計学者のヴラディミル・ジェリャヴィッチによれば、というのも、彼は広くユーゴスラヴィアの戦時損害数の最も客観的で信頼の置ける権威と目されているからだが、およそ五万人から六万人におよぶ対独協力者が、その多くはクロアチア人とムスリムの軍勢であったが、第二次世界大戦の終結直後の日々に、ブライブルクとマリボルを結ぶ地域で殺害されたのだった。これは、一九四五年五月にオーストリア国境沿いにパルティザンに投降した、あれらユーゴスラヴィア軍全体の約半数に当たる数である。(19)

マリボルは断じて、このような虐殺の起こった唯一の場所ではなかった。オーストリアへと脱出し、その後英軍によりパルティザンのもとに返されたスロヴェニア軍一万二〇〇〇人の隊員の大多数は、コチェーウィエ近郊の森で殺された。彼らはコチェウスキ山嶺《ローク》の底深い峡谷の縁まで連行され、撃たれるか、生きたまま縁越しに投げられたのだった。峡谷の壁はその後、下の遺体を目がけて岩の塊を落とすためにダイナマイトで爆破された。目撃者の話によれば、将校と一般兵士の間にも、異なった政治宗派の人々の間にも、いかなる区別も行なわれなかったのだった。「囚人に対するいかなる尋問もなく、彼らの誰一人としていかなる種類の審理も受けられず、彼らの間にいかなる選別も行なわれなかった。コチェーウィエに連れて来られた者は誰であれ死ぬ運命にあった」[20]。少なくとも八〇〇〇人から九〇〇〇人のスロヴェニア人国粋主義者がこのやり方で殺害され、同様にいくらかのクロアチア人やモンテネグロ人チェトニク、さらにはセルビア義勇兵軍の隊員も殺害されたのだった[21]。犠牲者の中にはまた、一握りの女性や、一四歳から一六歳の、およそ二〇〇名のウスタシャ青年運動の隊員も含まれていた[22]。

似たような出来事が、リュブリャーナの外わずか数キロメートルのところにあるポドゥティークの底深い谷でも起きた。ここでは、大量の死体の腐敗がリュブリャーナの上水道を汚染し始め、そのため六月にはドイツ人戦争捕虜の一団が死体を掘り起こし、新たに掘られた集団墓地に正式に埋葬させられたのだった[23]。パルティザンらは犠牲者を殺すにあたり、ありとあらゆる方法を使用した。ラーシュコとフラストニクでは、クロアチア人対独協力者は坑道に投げ落とされ、その後を追って手榴弾が投げ込まれた[24]。リフニクでは、囚人らは掩蔽壕の中へと追い立てられ、その後彼らを中に入れたまま壕が爆破された[25]。ベジグラートの戦争捕虜収容所では、囚人らが塞き止められた貯水槽内部に閉じ込められ、その後全員が溺死するまで水浸しにされた[26]。ユーゴスラヴィアとイタリアの国境地帯イストリアでは、数百名のイタリア人囚人が深い窪みや峡谷に投げ落とされて死んだ[27]。

当然のことながら、マリボルでのように、中にはどうにか生き残る者もいた。他の何百という人々とともにカームニクで撃たれたある生存者は、もしその恐れを催すような状況がなければほとんど滑稽とも思えるような話を語っている。彼と仲間の囚人は円陣をつくるよう命じられ、その後護衛らは彼らに向けて射撃を始めた。彼は額を撃たれたが、どういうわけか生き延びた。死にゆく同志たちの間に横たわりながら、彼にはパルティザンが内輪で言い争っているのが聞こえた。

彼らはすっかり動転していて、なぜといって、馬鹿者たちが私たちを円形に並ばせてから発砲し始めると、それらがまた円を描いて拡がり、私たちを越して飛んでいったからだった。それゆえ、事実は、彼らは私たちに対してと同様にお互いを撃ち合っていたのだ。このいささかの愚かさがゆえに、パルティザン二名が殺され、別の二人も重傷を負ったのだった。(28)

こうした証言の途轍もない豊かさは、まさしく圧倒的である。そのうちいくつかは信じるに難儀だが、たとえばミラン・ザイェッツによる申し立てなどがそうで、彼は脱出できるまでの五日間を集団墓地の中で過ごしたと言うのだが、けれども、大多数はまことしやかなばかりでなく非常に多くの検証可能な細部を含んでいる。(29) それらは似たような、ドイツ人囚人による説明や、大虐殺が起きた土地の住民の成員によるそれや、あるいは多種多様なパルティザンの文書や証言からさえも裏づけられているのである。(30) もし何かしらもっと証拠が必要ならば、この地域一帯で見つかった大量の集団墓地がそれを提供してくれている。ユーゴスラヴィアでの共産主義の崩壊以降これら集団墓地のうちいくつかが掘り起こされ、今日ではスロヴェニアとクロアチア中の各地で、ティトーの犠牲者の死を記念するたくさんの碑が建てられているのである。

残る最大の疑問は、何がこれらの虐殺を動機づけたのか、ということだ。単に、かつての軍事的敵手に対する復讐か、あるいは残虐さのサイクルのそもそもの端を開いた責めを負うべき政権に対する、乱暴な正義に過ぎなかったのか。それらの殺人は政治的に動機づけられていたのか、それとも民族的憎悪の帰結だったのか。簡単な答えは、これらの動機すべてが同時に存在し、かつしばしば互いに識別不可能だった、というものだ。クロアチアのウスタシャ政権は、極度のナショナリズムと民族的憎悪のイデオロギーを土台に築かれていた――この政権と繋がりのあった兵士と官吏たちの処刑は、それゆえ、同時に政治的かつ民族的行為であって、かつ、復讐に満ちしばしば的外れではあったものの、戦時中ウスタシャ自身が行なった民族浄化に対する似合いの罰だったのだった。

とはいえ、このような機微は、しばしば実際に殺した側では失われ、彼らの犠牲者の側でもそれは同じことだった。私が引いてきた犠牲者の全員が、クロアチア人であるという理由で選別されたことを強調している――もしかすると、意外でも何でもないのかもしれない、あれら犠牲者自身の多くの猛烈に国粋主義的な見方を考えれば。けれども、共産主義側の資料ですら、エスニシティが、戦後生じた非公式の暴力の多くにおいて決定的な要因であったことを認めているのである。四五年七月、クロアチア内のユーゴスラヴィア情報部局は、「ショーヴィニスティックな憎悪」が「セルビア人とクロアチア人の村々の間で燃え上がり、彼らはほとんど互いに争い合うまでになっている」と報告した。純粋に民族的理由による戦後の殺人や暴力の報告はありふれたものであり、とりわけ、村に戻って己が偏見ゆえに、クロアチア人とボスニア人の隣人に八つ当たりをしたセルビア人ナショナリストたちによるそれはそうだった。「クロアチア人の奴らを皆殺しにしてやらないか?」と、戦後バニヤで帰還するセルビア人は仲間の村人に尋ねたと考えられている。「何をぐずぐずしてやがるんだ?」[31]

汎ヨーロッパ的暴力の象徴としてのユーゴスラヴィア

大小両方のスケールにおいて、すべてこの殺人は、ユーゴスラヴィアを唯一無比に残酷な場所とする一般的知覚を産み出すのを手伝ってきた――一九九〇年代を通じてその地で生じた獰猛な内戦により強化されてきた知覚である。ヨーロッパ中で「バルカン的暴力」という言葉が、ことに邪悪な種類の血への渇きを標示するのに用いられ、歴史から持ち出されてきた種々のエピソードがこの仮説の支持のために引き合いに出されたのだった[32]。

戦後ユーゴスラヴィアに纏わる統計が、他のいかなる国よりも悪いのは間違いない。約七万人の対独協力者の軍と民間人が、戦争の直後、パルティザンによって殺害されたのである。人口を全体として比較した場合、これはイタリアの一〇倍を超えて悪く、フランスの二〇倍を超えてひどい[33]。最初見たときには、戦後期に発する逸話もまた、ユーゴスラヴィアの残忍さについてのステレオタイプを裏書きするように思われる。ドゥーシャン・ヴーコヴィッチは、いとけなき一一の齢でパルティザンに加わり、ウスタシャ一名が生きたまま皮を剝がれ、その後木の枝から彼自身の皮で吊されているのを見たと言う。「この目で私は、パルティザンたちが鼻と耳を削ぎ、目を刳り抜くのを見た。彼らは多種多様なシンボルを捕虜の肉に刻み込むこともし、とりわけゲシュタポの人員を手中に収めたと思ったときにはそうだった[34]」。他の目撃者たちは、日常の一部となったサディズムについて語り、それはたとえば、護衛が犠牲者をゆっくりとナイフで殺したり、囚人に馬乗りになったり、あるいは男女を一緒に縛って川に投げ込み、溺れ死ぬのを見届けるがごときであった[35]。

とはいえ、数字を別にすれば、終戦時ユーゴスラヴィアで起きた暴力は、他の国で起きたそれよりも残忍だったというわけではない。反対に、この地に浸透した同一の主題が大陸中で現前していたのである。上述の逸話と、ドイツ占領期にレジスタンスの闘士を拘束したということになっているフランス人民兵《ミリシャン》との間にいかなる違いもなく、それら闘士たちは「両眼を切り取られ、眼窩に虫を入れられ、その窩を縫い合わされた」のだった[36]。チェコ人の暴徒は摑まえた親衛隊員の肉にちょうど同じくらいナチのシンボルを刻み込み、ベルギー人マキ《マキザール》は対独協力者を生きたまま焼くことを何ほどとも思わなかった[37]。それゆえ、諸々のステレオタイプにもかかわらず、バルカン諸国のこの不幸な場所で生じた残忍さは、唯一無比と考えるわけにはいかない――むしろ、それは大陸中で生じた非人間化の象徴なのだ。

加えて暴力の民族的次元も、ユーゴスラヴィアを他から引き離すわけではない。かかる民族的緊張は西欧のほとんどの場所では見られなかったかもしれないが、私が示してきたように、チェコスロヴァキアとポーランド、ウクライナでは戦争とその直後の不可欠の部分をなしていた。かつ、マイノリティを巻き込んだより小さく、より地域的な紛争も大陸中に夥しく存在したのであり、そのいくつかは、局所的尺度ではどの点から見ても同じくらい暴力的だったのである。

事実、ユーゴスラヴィアに関して唯一、唯一無比なのは、それが本書でこれまで私が議論してきたテーマすべてをどれほど巧みにカプセル化したか、という点にある。ヨーロッパの残りの場所と同様、ユーゴスラヴィアの暴力の多くは復讐への単純な欲望に動機づけられていた。ヨーロッパの残りの場所と同様、戦争によって惹き起こされた不和は、戦争が終わると居心地のよい神話の層の下に入念に隠蔽された。戦後の法と秩序の瓦解は、この地と大陸のひどく傷ついた他の地域とでいかなる違いもなかった。新たな警察への信頼の欠如は、というのも人々は彼らが略奪をこととする暴徒になるのではないかと怖れたからだが、ポーランド人やルーマニア人、オーストリア人、それに東方ドイツ人が彼ら自身の民兵に対して（か、それどころかソ連軍兵士に対して）感じた恐怖と何ら変わるところがない。[38] 法廷に対する信頼の欠如は、フランスやイタリアと同じで、かの国々と同様に、しばしば人々に私的制裁を執るように誘導した。非合法で、非公式の監獄が対独協力者のために設立され、それはまさしくフランスとチェコスロヴァキアでと同様だった。戦争捕虜のためにはグラークが創立されたが、それはまさしくソヴィエト連邦でそうされていたのと同じだった。ドイツ人とハンガリー人住民は追放されたが、それはまさしく大陸中の他の国々からそうされたのと同じだった。

いまだ私がその深みにおいて議論していない新たな主題への道を指示するのは、唯一、ユーゴスラヴィア国家の関与という点だけだ――暴力の多くが政治的に動機づけられていた、という観念である。いままでに記述されてきた出来事のほとんどすべては、国家のコントロールの外側で活動していた個々人か集団がもたらしたのであって、結局は、連合軍と旧来の政治家らの協同により線のこちら側へと送り返されたのだった。ユーゴスラヴィアにあっては、暴力を指揮したのは国家それ自体であり、連合軍は不在で、かつ旧来の政治家は革命家たちによって取って代わられていた。これらの闘士たちが、国家を法と秩序のもとへと戻すのに明瞭に巧妙さに欠けたアプローチをとったのも、ひょっとすると驚くには当たらないのかもしれない。

ティトーの右腕だった男ミロヴァン・ジラスは、一九七九年出版の英国の雑誌で、その方法論を簡潔に披露している。「ユーゴスラヴィアは混沌と破壊の状態にあった。ほとんどどんな民間行政当局もなかった。正式に構成されたいかなる法廷もなかった。二万人から三万人の事件がそのうちで信頼に足る仕方で取り調べられたであろういかなるやり方も、存在してはいなかった。だから、手近な打開策は、彼ら全員を射殺させ、それでその問題はお仕舞い、というものだった[39]」。フランス人とイタリア人が法廷を通じて対独協力者と縁を切ろうと試み、その後絶えず粛清の不十分さを嘆いたのに対し、ティトーは彼の司法制度の不備を認め、それをまるきり用なしとしたのだった。「私たちはそれを終わりにしたのです」、彼は後に思い出を語った。「これを最後に、と[40]」。

戦後ユーゴスラヴィアで起きた虐殺が、少なくとも部分的には、政治的に動機づけられたものであったことにいかなる疑いもない。共産主義者らが、クロアチアとスロヴェニアにユーゴスラヴィア連邦に再加入するよう強いるのに余念がなかった以上、何万という忠実なクロアチア人およびスロヴェニア人ナショナリストにその再結合を危うくするのを許す、いかなる道理もなかった。しかしまた、ティトーは、ミハイロヴィッチの王党派チェトニクが存在し続けることで、共産主義ユーゴスラヴィアという彼の展望を危険に晒すのを許すこともできなかった。両集団はそれゆえ、どうにかして処断されねばならなかった。射殺されなかった者は、何年も、あるいは時折は何十年も獄に繋がれたのだった。

国家による政治的に動機づけられた暴力は、ユーゴスラヴィアに唯一無比というわけではなかった。ヨーロッパ中の他の共産主義のグループは、権力の追求にあたってより巧妙であったかもしれないが、同じくらい無慈悲で、必要と思わばちょうど同じだけ暴力に頼るのも厭わなかった。大陸の東半分中の数え切れない何百万という人々にとって、それゆえ、戦争の終わりは「解放」の前兆などでは寸毫《すんごう》ほどもなく、単に国家的抑圧の新たな時代を先触れしたに過ぎなかった。ナチの恐怖は終わった。共産主義の恐怖が始まろうとしていたのだ。

原註

(1)Report of district committee of Communist Party of Croatia in Nova Gradiška, 2 June 1945, Rupić et al., doc. 52, p. 151 に転載された。

(2)Pavlowitch, pp. vii-xi. 私はこの本と、それに Tomasevich's *War and Revolution in Yugoslavia* に負っており、後者はどの言語でも入手可能な、ユーゴスラヴィアにおける戦争とその直後の最も公平な報告の一つたり得ている。

(3)Pavlowitch, p. ix.

(4)かくのごときあらゆる統計と同様に、ヤセノヴァツでの死者数は政治的目的のために大いに誇張されてきた。信頼できる数字については Žerjavić, pp. 20, 29–30; Pavlowitch, p. 34; Tomasevich, pp. 726–8 を見よ。一九九七年、the Belgrade Museum of Victims of Genocide と the Federal Statistical Office の研究員たちが、ヤセノヴァツ収容所で亡くなった名前が分かる七万八一六三人のリストを纏めた。Croatian State Commission, p. 27 を見よ。

(5) Tomasevich, p. 753.

(6) Ibid., pp. 757–63; Bethell, pp. 118–22. 英国側の人数の推定については、TNA: PRO WO 170/4465, WO 106/4022 X/L 03659 および FO 371/48918 R 8700/1728/92 を見よ。ユーゴスラヴィア側の推定はそれに同意しているように見える——Tito's communication with Field Marshal Alexander of 17 May 1945 in Rupić et al., doc. 31, p. 116 を見よ。

(7) Alexander's telegrams to AGWAR and AMSSO, 17 May 1945, TNA: PRO FO 371/48918 R 8700/G; and to the Combined Chiefs of Staff, TNA: PRO WO 106/4022 を見よ。また、Bethell, pp. 131–5, 147–55; Tomasevich, pp. 773–4; Pavlowitch, p. 264 も。英国軍によるペテンについての目撃者報告に関しては、Nicolson, pp. 120–22 および testimonies by A. Markotic and Hasan Selimovic in Prcela and Guldescu, docs. XXIV and XXVII, pp. 279, 292 を見よ。

(8) Prcela and Guldescu, *passim*.

(9) Kurt W. Böhme in Maschke, vol. I: *Jugoslawien*, *passim* により集められた証言を見よ。

(10) In Prcela and Guldescu, doc. XIV, p. 215.

(11) Account of 'Ivan P.', ibid., doc. XXXIV, p. 335.

(12) Account of 'G.', ibid., doc. LV, p. 417.

(13) Account of Hasan Selimovic, ibid., doc. XXVII, p. 294.

(14) Branko Todorovic account, 25 June 1945, TNA: PRO FO 1020/2445.

(15) In Prcela and Guldescu, doc. XXII, pp. 265–6.

(16) Accounts of M. Stankovic, Zvonomir Skok and Ante Dragosevic, ibid., docs. XIV, XXIII and XXVI; pp. 213, 274 and 289.

(17) Karapandzich, pp. 72–3 に引かれた誰とは定かでない将校の言葉。

(18) Account of 'L.Z.' in Prcela and Guldescu, doc. XXXII, p. 325. 上記すべてのドイツ人証人による確証については、Kurt W. Böhme in Maschke, vol. I: *Jugoslawien*, p. 108 を見よ。

(19) Tomasevich, pp. 761, 765; Pavlowitch, p. 262 を見よ。

(20) Account of 'I.G.I.' in Prcela and Guldescu, doc. XLIV, p. 375.

(21) Tomasevich, p. 774.

(22) Accounts of 'I.G.I.' and 'M.L.' in Prcela and Guldescu, docs. XLIV and XLVI, pp. 375, 381.

(23) Account of Ignac Jansa ibid., doc. XLV, pp. 377–9.

(24) Report of Vladimir Zinger and others, Karapandzich, pp.

91–113. Accounts of ‘J.F.’ and ‘S.F.’ in Prcela and Guldescu, docs. XLII and XLIII, pp. 369–70.

(25) Kurt W. Böhme in Maschke, vol. I: *Jugoslawien*, p. 108.

(26) Account of ‘K.L.V.’ in Prcela and Guldescu, doc. XXXIX, p. 360.

(27) Petacco, pp. 90–94.

(28) Account of ‘M.M.’ in Prcela and Guldescu, doc. XXXVIII, p. 358.

(29) Account of Milan Zajec ibid., doc. XLVII, p. 385.

(30) たとえば、Kurt W. Böhme in Maschke, vol. I: *Jugoslawien*, pp. 107–34; および Rupić et al., doc. 87, p. 249を見よ。

(31) Minutes of the first conference of the head of Odjel za zaštitu narodna for Croatia, July 1945, in Rupić et al., doc. 80, p. 236.

(32) Mazower, *Balkans*, pp. 143–51.

(33) Tomasevich, p. 765. 七万人の殺害は人口の一〇万分の四六六にあたり、これに比較してフランスでは二二、イタリアでは二六から四四の間である——ch. 13を見よ。Werner Ratzaは‘Anzahl und Arbeitsleistungen der deutschen Kriegsgefangenen’, in Maschke, vol. XV: *Zusammenfassung*, pp. 207, 224–6の中で、八万人の戦争捕虜を挙げ、そこにはドイツ人は含まれているもののユーゴスラヴィア人民間人は含まれていない。

(34) Account by Dusan Vukovic in Prcela and Guldescu, doc. LXVII, pp. 461–4.

(35) Accounts of Ivan S. Skoro and Franjo Krakaj ibid., docs. XXI and XXII, pp. 258, 268; および Kurt W. Böhme in Maschke, vol. I: *Jugoslawien*, p. 121に引用の a Red Cross nurse による。

(36) Marcel Ophüls’s film documentary *Le Chagrin et la Pitié*, part II: ‘Le Choix’ に引用。

(37) Bodson, p. 145.

(38) Report of Interior Ministry for Federative Croatia to Central Committee of the Communist Party of Croatia, 10 July 1945, in Rupić et al., doc. 67, p. 188.

(39) Interview in *Encounter*, vol. 53, no. 6, reproduced in Karapandzich, p. 170.

(40) Djilas, *Wartime*, p. 449に引用されたティトーの言葉。

第21章 西の寛容、東の不寛容

第二次世界大戦とその直後は、ヨーロッパの東西間の新しくかつ不穏な対照の先駆けをした。西側では、かつて戦前の住民がとても想像できなかったくらいコスモポリタンな雰囲気が広がった。ロンドンはヨーロッパの全亡命政府の外交的集線装置《ハブ》へと、かつ世界の武装部隊の合流点へと様変わりした。パリないしベルリンのカフェはつねにヨーロッパ全土からの客で賑わっていた。戦後、それらはまたオーストラリア人やカナダ人、アメリカ人、アフリカ人でごった返し、黒い顔と白い顔でいっぱいだった。戦前、ほとんど外国人がいなかったドイツの田園地帯は、いまやポーランド人やウクライナ人、バルト人、ギリシア人、そしてイタリア人で溢れていた。以前一度も黒い顔を見たことがなかったオーストリア人は、いまや黒人のアメリカ人やモロッコ人、アルジェリア人、そしてセネガル人部族民と折り合ってゆくのに慣れねばならなかった。いくらかの不可避のレイシズムと、「酔っ払いのポーランド人」ないしは「無法者のウクライナ人」についてのたくさんの不平にもかかわらず、この新しいコスモポリタニズムは概して許容されたのだった。(1)

対照的に、東側では、何世紀もの間実在してきたコスモポリタニズムが部分的に――そして多くの地域では完全に――破壊されたのだった。戦争はこの地域のユダヤ人とジプシーの大部分を一掃していた。それは、隣人を互いに対して未曾有の度合いで焚きつけていた——スロヴァキア人をマジャール人に対して、ウクライナ人をポーランド人に対して、セルビア人をクロアチア人に対して焚きつけ、そして、そのようにさらに地域中で続くのだ。これらの出来事の結果、戦後諸々のコミュニティ全体が、単にその人種または民族性ゆえのみによりスケープゴートにされ、あるいは対独協力者とファシストの烙印を押されたのだった。数世紀を経るうちに東欧社会に統合されていたマイノリティは、いまや引き抜かれ追い出され、時にそれはわずか数日のうちに運んだのだった。

ヨーロッパの東西間の差異は、ある程度までは長期の歴史的過程の結果である。少数民族の問題は、東側でつねに一つの問題より以上のものであり続け、とりわけ旧ロシアおよびオーストリア＝ハンガリー二重帝国の崩壊以降はそうだった。一九三九年以前ですら、東欧の多くの場所で国粋主義的な暴力を警告する類いの勃発が方々で起こってはいたのだ。だが、これらの問題は、戦争の到来により頂点へともたらされた。ナチとその同盟者らは、ただに人種主義的態度に新たな、殺人的性質をもたらしたばかりでなく、拮抗する民族集団間の憎悪を、それら集団を分割し征服する手段として助長もしたのである。それゆえ、ウクライナのＵＰＡないしはクロアチアのウスタシャのような集団は、ただにホロコーストに肉薄して目撃することを通じて、どのように大規模な虐殺を指揮するか教わったばかりでなく、彼ら自身のジェノサイドを実施する機会を与えられもしたのだ。これらの出来事のどれ一つとして西欧では起こらなかった。西側でのナチの残忍さは断然穏やかであったし、ユダヤ人のジェノサイドは住民の目から十分離れたところで生じていたし、相競い合う国粋主義者同士の緊張は滅多に問題にならなかったのである。

けれども、戦争の遂行の違いが、なぜ民族的緊張が西より東でそれほどにはるかにひどかったのかということの唯一の理由というわけではない。それぞれの地域の戦後体制もまた大変異なり、それらがまた己が責任を分かち合わねばならないのである。西側では、連合国は単に異なった民族集団間の調和を求める体制を押しつけたばかりでなく、かかる調和の実例を行動でもって示したのだった。西側連合軍には、数十の国と全六大陸出身者が含まれていた。軍政府には、世界の列強四ヵ国の使節団が含まれており、その全員がお互いにうまくやっていかざるを得なかった。また、西側当局のまさにそのコスモポリタニズムが、うまく住民の偏見の注意を逸らしたということもある。たとえば、ベルギーのワロン人はアメリカ兵に娘を誑《たぶら》かされるのをあまりに心配していたがために、彼女たちとフランドル人との交際についての、それに比べればずっと不安にさせるわけではない問いを気にかける暇がなかったのである。[2]

人は、似たような態度をソヴィエトがヨーロッパの東半分に押しつけたのを期待するだろう。彼らのインターナショナリズムの教義は、万国の労働者たちが共通の目標を追求すべく団結するのを要求したからだ。だが、事実は、彼らはマイノリティの迫害をソヴィエト連邦その国内部においても、間もなくソヴィエトの衛星国になることになる東欧諸国内部においても助長したのだった。ポーランドの「回復された領土」からのドイツ人の追放を支持し、東欧の残りの土地からのドイツ人の同じような追放に固執したのは、ソヴィエトだった。パリ講和会議のさなか、英国人とアメリカ人がチェコスロヴァキアにハンガリー人マイノリティを放逐する権利を与えるのを拒んだ際、ソヴィエトの代表団は強くそれに賛成し、さらには彼らが支配的な勢力となっていた国すべてでの同じような民族移送を支持したのである。[3]

自らが支配した地域で人種的並びに民族的憎悪に抗して戦うよりはむしろ、ソヴィエトはそれを利用すべく試みた。戦後東欧をなめ尽くした、ナショナリスト的並びにレイシスト的政策がソヴィエト側に好都合だった仕方はたくさんある。第一に、強制追放された人々は、故国と伝統のうちで守られていた人々を支配するよりもはるかに簡単だというのがあった。移送によってつくり出された混沌もまた、革命を唱道するのに理想的な雰囲気だった。後に残された土地と商店は小分けされ、労働者と貧者に再分配され、それゆえ共産主義のアジェンダを進捗させた。それはまた、土地を受け取った人々の間で新たな忠誠を産み出し、彼らは共産党を恩人と見たのだった。ヨーロッパ全域で共産主義を促進することで、ソヴィエトはまた、モスクワへの、つまりは国際共産主義運動の故郷への忠誠をも促していた。

不幸にも、大部分のナショナリストらは、そう簡単にすっかりソヴィエトの大義に役立てられはしなかった。彼らは己が移送政策を後援してくれる超大国を持つことに喜んではいたものの、ソヴィエトに自由裁量を与えることに乗り気ではなかった。かつ、権力を地元の共産主義者に譲り渡すことにも乗り気ではなかった——彼らをソヴィエトの傀儡と正しく見抜いていたのだ——闘争を続けることなしには、である。

西側連合国を納得させるのも同じく難しかった。彼らはソヴィエトの権力が東欧で行使される様を目の当たりにした後、その「自由に表明された希望」をソヴィエト側が無視するのを厭わないのは、移送されたドイツ人だけではないのではないかと疑い始めていたのだ。

それゆえ、戦争の直後、民族的暴力の憂鬱な増加を見た一方で、新たな、より大きな軋轢もまた起ころうとしていたのだ。局所的尺度では、それは個々の国での国粋主義者と共産主義者の一連の権力闘争を伴うことになるだろう。だが、ヨーロッパ的尺度では、それは超大国の衝突を伴い、大陸大の内戦の新時代を先触れすることになるのである。

原註

(1) Shephard, *Long Road Home*, p. 158; Hitchcock, pp. 50–55.

(2) Hitchcock, pp. 92–7.

(3) Snyder, pp. 186–7; Janics, pp. 136–9.

第4部

内戦

ヨーロッパの解放を見たわれわれは、
人びとは自由に縋《すが》りつくであろうという共産主義者の恐怖が、
十分に根拠づけられていることを知っている。
この真実が、個人的自由に基づくあらゆる統治構造を粉砕しようという
共産主義者の側での攻撃的な意図と見えるものに対する理由であるというのは、あり得ることである。
ドワイト・D・アイゼンハワー、一九四八年(1)

第22章 戦争の中の戦争

一九四三年の秋、イタリア人パルティザンがヴェネト州内陸部のアルプスの森に潜んでいたときに、彼らの忠誠心を厳しく試すことになるある出来事が起きたのだった。部隊は共産主義者旅団の一部で、ドイツ軍ばかりでなく、北イタリアを名目上預かっていたファシストの支配階級との戦闘にも打ち込んでいた。旅団は最近になってやっと組織されたもので、ゲリラ戦力としてはまだ不慣れなのだった。

ある日部隊は、この地域で療養中に、森に散歩に出かけ、「賊」の危険にまったく気づかずにいた三人のドイツ兵と出くわした。パルティザンらは彼らを捕虜にとらざるを得ず、いまや彼ら自身がディレンマのうちに立たされているという事実がなければ、彼らを虜にしたことに満足を覚えたことだろう。彼らは捕虜をどうすべきだろう？　通常の流れなら、彼らは囚人を何らかの種類の捕虜収容所に監禁したことだろう。だが、ゲリラ戦の現実がこれを不可能にした。長く議論を重ねた末に、ドイツ兵を射殺する以外に選択肢はないと結論づけられたのだった。

その決定はすぐさま、部隊を大混乱に陥れた。パルティザンの誰一人として、このぞっとするような任務を遂行したがらず、判決に重大な懸念を表明する者も数多くいた。尋問の間、三人のドイツ兵は、平時には皆普通の労働者であったことを明かしていた。よもや共産主義者が労働者の同志を殺すなんてことが、たとえ相手がドイツ兵だからと言って、正しいなんてことがあるまいな？　さらには、彼らは皆徴集兵だったのだから、彼らをその意志に反して戦うよう強要した資本主義勢力の犠牲者たる同志なのだった。たくさんの議論を積み重ね、なおかつさらなる尋問を行なった後で、部隊はもう一度票決を行ない、結果、ドイツ人捕虜を解放する決定が下されたのである。

この物語は、次に起きたことがなければ、敵同士間の共感を描く、得がたくも清々しい実例となっていたかもしれない。三日後、解放されたドイツ兵の情報を基に行動を開始した国防軍《ヴェーアマハト》は、地域全体を急襲し、鼠一匹逃さぬ山狩りを始めた。ドイツ人捕虜に情けをかけてやることで、パルティザンらは国際共産主義運動の大義を前進させはせず、却《かえ》って彼ら自身の全滅の危機を招いただけだった。彼らは二度と同じ過ちを犯すことはなかった。その日以来、彼らは一切のためらいなしに、捕虜は残らず撃ち殺したのだった(1)。

二一世紀の安穏さからすると、私たちは第二次世界大戦を、連合国を一方に、枢軸国を他方に争われた、単一でかつ曖昧なところがない紛争と想像するきらいがある。私たちの集団的記憶にあっては、双方の側の動機と献身は紛れもない。つまり、ナチとその共犯者はヨーロッパの支配のために戦い、他方、連合国は「自由な世界」のために戦ったのである。それは、正義の不正義に対する戦争だったのであり、あるいはもっと単純化すれば、善の悪に対する戦争だった。

現実は、もちろんずっと複雑だった。この物語においてイタリア人パルティザンには、少なくとも三つの同時に存立する闘争の理由があった。第一に、ドイツ軍を半島から放逐すること。第二に、ファシストを打倒すること。彼らは一九二〇年代からこの国を支配してきたのだった。そして最後に、社会革命をもたらすこと。それにより彼らの資本主義的支配者と諸制度が駆逐され、イタリアの尋常の労働者と小作農に権力が返還されることだろう。お隣のユーゴスラヴィアで、ティトーのパルティザンがまさにそうしたように。それゆえ、彼らは平行して三つの別々の戦争を戦っていたのである。(2) 件の物語が証示しているように、パルティザンの一団にとって時に、これら三つのうちどれが優先すべきか悟るのは困難だったのだ。

似たような状況が、第二次世界大戦中と後の両時期でヨーロッパの全土で起きていた。主たる抗争のうちに隠れていたのは、何十という他のより局所的な戦争であり、各国と各地域においてそれらは異なった趣と異なった動機を有していた。いくつかの場合、それらは階級または他の政治的諸差異をめぐる抗争だった。またすでに私が示しておいたように、それらは人種もしくはナショナリズムをめぐる抗争でもあった。これらの交互の、平行した紛争は従来ほとんど注目されてこなかったが、それは、第二次世界大戦に関する私たちの小綺麗な想定のかくも多きを転倒させるからである。

数度にわたり私は、私たちの戦争の記憶が国民的団結の神話の上に建てられていることに触れてきた。いま、まさしくあれら神話がどれほどお粗末なものであるかを説明するのは、時宜を得ている。たとえば、フランスは戦中戦後、断じて団結などしていなかった。物理的には、連合軍により解放された北部および南西部の諸地域と、自力で解放した中央および南西部の諸地域と、当面、ドイツ占領下であり続けた東部および大西洋沿岸の様々の囲い地とに分かれていた。政治的には、フランスをただその戦前の原状に復帰させることだけを望む集団と、共産主義者のように、本式の社会革命を求める集団とに分かれていた。レジスタンスの国内武装勢力——フランス国内軍《フォルス・フランセーズ・ドゥ・ランテリウール》——*1は、ヴィシーの追放を見たいという共通の願いを別にすれば何ら共通項を持たない、種々ばらばらの集団に継ぎをして一纏めにしたものだった。一度これが達成されれば、組織を一つにしておくいかなる強力な理由も最早なく、レジスタンスの種々の分子は、間もなくお互いの間の闘争に戻ったのだった。

フランスの内紛の主たるものは、とりわけ強力な義勇兵パルティザン《フランティルールゼ・パルティザン》（ＦＴＰ）を擁する左翼勢力と、ドゥ・ゴールの中道右派支持者からなるそれとの闘争だった。だが、これらの集団の内部にあってさえ暴力的な分裂は存在した。たとえば、左翼は相争う諸党派に引き裂かれていて――無政府主義者に対する共産主義者、スターリン主義者に対するトロツキー主義者、等々――、しばしばお互いにヴィシー当局のスパイを買って出ていると糾弾し合った。今日に至るまで、内通者として射殺された人々の中に本当にヴィシーの手先がいくらか含まれていたのか、それとも単に共産主義者内部の局所的粛清の犠牲者に過ぎなかったのか断言することはできていない[3]。スペイン内戦終了時にフランスへと逃れてきたスペイン人共産主義者は、ことにこの点で容赦ないと考えられていた。ある史料には、およそ二〇〇人のスペイン人避難民が、一九四四年の最後の三ヶ月に暗殺されたとある――占領に関連する事由によってではなく、スターリン主義者らが解放を、非スターリン主義者のライヴァルたちを厄介払いする好機と見たからだった[4]。

国民的水準での団結の見かけにもかかわらず、それゆえ、フランスの地域地域ではこの団結はあらゆる水準で欠けていた。同じことはイタリアでも言え、共産主義パルティザンとより穏健な反ファシスト間の連合は、戦争が終わるや否やたちまち崩れ落ちた。同じことはギリシアについても言え、様々な抵抗集団がまさしく当初から互いに暴力的に対立し合い、それどころか、彼ら自身の私的な戦争に集中すべくドイツ軍と局所的な協定を結ぶあり様だった。同じことはスロヴァキアについても再度言え、ドイツ軍に対する一九四四年の蜂起は、まちまちであるのが明瞭な地元住民からの応答を引き寄せ、住民はわが命運をソヴィエトか、ナチか、でなければチェコ人と共にするのを望むか、それとも彼ら全員に対抗するのを望むか確信が抱けなかったのだった。そして、そのようにリストは続くのだ。

これら局所的な〈戦争の中の戦争〉の並行的本質を認めるのは、つねに問題含みだったが、それは相当に巨大な帰結をもたらすからである——ただに歴史家にとってだけでなく、一般のより広範な世界に対してもまたそうだからである。第一に、第二次世界大戦に纏わる私たちの諸々の物語と神話に対する政治的次元がある。もし私たちが戦争を極度に単純化された善と悪の戦いと記憶しているのなら、それには理由がある。それが記憶されるやり方に何か変化があれば、私たち自身についての知覚もが変わるのである。ただに私たちが最も大事にしてきた、誰が正しく誰が間違っていたかについての観念のいくつかを引き千切るだけでなく、それはまた、良きにつけ悪しきにつけ、かつての「悪党」に己が復権の機会を許しもするのである。ヨーロッパ中のネオ・ファシストのグループは、戦時中の行動をつねに、ただ国際共産主義運動の「より強大な悪」と戦ってきただけなのだと言い張り正当化してきた。一九九〇年代初頭のソヴィエト連邦の解体以降、彼らの主張は広く受け入れられてきている。

第二に、そしてより直截には、これら平行する諸戦争の認容は、第二次世界大戦とはまさしく何であったかということについての、私たちの概念全体への挑戦なのである。もしドイツに対する国際的戦争がこの戦闘の単に一つの縒り糸に過ぎなかったとしたら、ドイツの敗北が必ずしも戦闘の停止をもたらさなかったのも理にかなっている。主たる戦争が終わったからといって、それだけで色々の下位戦争も同じく終わりを迎えたということを意味はしなかった。それどころではない——時には、外部の敵の不在はひたすら、地元住民がより効果的にお互いを殺し合うことに傾注できたということを意味したのだった。私たちはすでにこれがどれほど正しいか、異なった民族集団間に特殊な軋轢が存在する地域的水準において見てきた。しかしまた、それは右翼と左翼間のヨーロッパ大の闘争という、より一般的な水準においても正しかったのである。

以下に続く章で、私は戦後史の最も暴力的なエピソードのいくつかを素描し、かついかにそれらが全然「戦後」ではなかったか示そうと思う。そのいくつかは、第二次世界大戦のさなかに生まれなお頂点に辿り着きはしなかった、政治的闘争の単なる継続だった。他のいくつかは、数十年来いましも爆発しそうだった緊張の最高潮であって、戦争が終わって後も、そのまま高潮し続けることになるのである。

各事例において、少なくともある程度までは、結末は最初から分かり切っていた。一度、チャーチルとローズヴェルト、スターリンが、モスクワとヤルタ、ポツダムにて、彼らの個々独立した勢力圏のあらましを荒いはけの一振りで描いた後では、三巨頭の大国のいずれとして自らに呈示した政治体制からのいかなる主だった逸脱も大目に見る気にはならなかったのである。時あたかも、超大国の時代であり、局所的政治的差異は超大国の政治の背後で二の次の扱いを受けねばならなかった。個別の国内部の内戦は、ソヴィエト連邦の支援を受けた共産主義勢力と、アメリカ合衆国の支援を受けた資本主義勢力間の、新たな大陸大の闘争の単なる一表現に過ぎなくなることだろう。「自由な人民」が「自らの運命を自分自身の仕方で決定する」ことが許されるであろうことを真に望んだ、あれら理想主義者たちは、いまにもひどい失望を味わうところだったのだ。[5]

章扉原註

（1）Eisenhower, p. 521.

原註

（1）Interview with former partisan ‘G.V.’, in Alessandrini, p. 68. 似たような事例については、Pavone, pp. 465–6を見よ。

（2）Pavone を見よ、彼はこの観点の草分けだった、*passim*.

（3）たとえば、Bourdrel, pp. 216–27 に読まれるトロツキー主義者の指導者 Joseph Pastor と Jacques Méker の扱いを見よ。

（4）Pike, p. 73 を見よ。

（5）トルーマン大統領の有名な「トルーマン・ドクトリン」の演説、Kennan, p. 320 に引用。

訳註

＊1　The national force of the Resistance— the Forces Françaises de l’Intérieur—本書ドイツ語訳 p.337（Der bewaffnete nationale Widerstand）を参照した。

第23章 フランスとイタリアの政治的暴力

第二次世界大戦の終了時、ほとぼりもいくらかは冷めた頃に、ヨーロッパの人々はついいまし方経験したばかりの出来事の説明方法を求めて辺りを見回し始めた。戦争の歳月を通じてずっと休眠状態だった問いが、いまや公然と口をついて出た。いかにして世界は、最初のそれが終わるや否や、第二の破壊的な抗争へと自らが引きずり込まれるのを許してしまったのか？　なぜヒトラーをもっと早く止めなかったのか？　なぜ政治家たちは彼らを占領や搾取、荒廃から護らなかったのか？　誰に責任があり、なぜ彼らは釈明を求められていないのか？

当然のことながら、多くの人々がいまでは旧体制を侮蔑の目で見ていた。大陸の諸制度を浄化する試みが行なわれたが、これで十分ではないと見る人々もいた。彼らは、政治体制全体が間違っており、そして、人々がもし未来の戦争と不正義を避けたいのなら、彼らは自らを統治する、新しく、より包括的な仕方を見つけなければならないと主張した。過激な風が荒《すさ》び始めており、戦後期の最も暴力的で悲劇的なエピソードのいくつかをそれは相携えることになるのである。

もし連合国が人々の態度がどれほど変化していたかの証明を必要としたならば、大陸本土に踏み入れるなりほとんど間髪を容れずその一つを手にするのだった。四三年九月、イタリア南部からドイツ軍を追い出すのに掛かり切りだった英米軍は、解放した村の多くがいまや反乱に立ち上がっているのに気がつき驚いたのだった――連合軍に対してではなく、それどころかドイツ軍に対してですらなく、イタリア国家それ自体に対してだったのだ。二〇年にわたるファシストの支配と、いく世代にもわたる不在地主の搾取の後で、これらの村の多くは、よそ者はもうたくさんなのだった。その完璧な一例は、カンパーニア州のカリートリの村だった。解放後、カリートリの人々は会合を持ち、将来、自分たちの問題は自身で統治したいという意図を満場一致で宣言したのである。己が決意のほどを示そうと、彼らは村の周囲の地域を指導者の名をとってバトッキオ共和国と改称し、イタリアの残りの地域からの独立を宣言したのだった(1)。

大事物の尺度では、もしこれが唯一の事例に留まったのであれば、かなり詰まらない出来事だったろう。しかし実際には、そのような行動をとった、イタリア南部とシチリア、サルディーニャの多くの村のうちのわずかに一例に過ぎなかったのだった。各事例において、村人たちが行なったほとんど最初のことは、土地の貴族か、国ないしは教会に属していた未耕作地の断片の占有に掛かることだった。彼らには、そうする真っ当な理由があった。村人たちは腹を空かせており、彼らの見るところ、未耕作地は、自給自足ができ、かつコミュニティのために少しばかりの金をつくることができる資源の無駄使いだったのだ。多くの地方で小作農は、いまだ、強突く張りの貴族によってイタリア統一運動《リソルジメント》の間に共有地が強奪されたことを覚えていた――彼らに関する限り、自分たちのものを取り返すことで単に歴史的な間違いを糺《ただ》しているに過ぎなかったのである。

言うまでもないが、地主たちは物事を同じように見ていたとは到底言えなかった。より重要なことには、新当局（その多くは、私たちが見てきたように少しもそんなに新しくはなかった）は、議論の余地なく現状維持の側に立っていた。カリートリでは、わずか数日のうちに連合軍と憲兵隊《カラビニエリ》が村に入り、共和国を鎮圧し――いまだ作つけがされぬままの――土地をかつての所有者のもとへと返還した。同じことは他の場所でも起こった。サルディーニャのオニフェーリでは、二日間続く戦いが勃発し、村人一人が殺され数人が負傷する仕儀となった。カラブリアでは、カウローニアの農民共和国が、スティニャーノやスティーロ、モナステラーチェ、リアーチェ、プラカーニカ、ビヴォンジ、カミーニ、パッツァーノ、そして多くの他の場所で反乱を見たが、同じく力ずくで圧さえつけられたのだった。(2)

このような出来事がまさに可能であったという事実が、南イタリアがまさしくどれほど戦争の結果ばらばらになっていたかを証し立てている。個々の村は、独立の意思を表明する正当性をすっかり感じ切っていたのだが、それは、物理的にも政治的にもそれらが中央政府から切り離されていたからだった。彼らは戦争が生み出したリーダーシップの不在を権力を、自らの手に握るちょっとした機会と見たのだった。

けれども、より重要なことには、これらの出来事は、社会改革を成し遂げようとしたいくつかの村々がそこまで進むのを厭わなかったその範囲を示しているのである。人が期待するかもしれないのとは対照的に、これらの蜂起のごくわずかしかイタリア共産党によっては組織されておらず、事実、彼ら自身の認めるところによれば、一九四五年以前には、南イタリアではほとんどどんな影響力も持ち合わせてはいなかったのだった。それらは自然発生的な異議申し立てだったのであり、社会的不正義にうんざりしていた人々によって、その土地土地で組織されていたのである。(3)

戦後、社会改革への欲求は――イタリアだけでなくヨーロッパ全域で――桁外れだった。それは大陸中で何十もの新政党を産むに至った欲求だった。左翼の著述家たちが、どうすれば一番よく社会の変革をもたらせるか議論することのできた、何百という新しい新聞を産卵した欲求だった。労働者の権利、経済改革、さらには社会的・法的不正義に対する直接行動を支持するデモを鼓舞した欲求だった。戦後期は、左翼的表現の爆発を見、事実上それは、ナチ占領期にあれほどに残忍に抑圧されていたあらゆる事物の復活だった。英国人でさえ、自分たちの国が占領されたことは一度としてなかったにもかかわらず、戦争の直後には社会改革に賛成票をした。一九四五年の夏、彼らはチャーチルの中道右派政府を追い払い、英国史上最も過激な左翼政府を選んだのである。

大部分のヨーロッパで、この左への振幅に乗じる最もよい位置につけていたのは、様々な共産主義政党だった。社会改革に対する大陸大の熱意を利用するのに理念的に適していただけでなく、ナチ支配に対する武装抵抗の中枢だったという道徳的称賛も勝ち得ていた。第二次世界大戦の真の勝者と見なされていたソヴィエト連邦との連合を勘定に入れると、共産主義はヨーロッパ政治の止めようのない力のように多くの人に見え始めていた。私たちの冷戦についての記憶は、事実をむしろ見えにくくしてしまったが、ヨーロッパ人口の巨大な部分が共産主義者を英雄と見、悪党とは見ていなかったのだ。

加えて、彼らの人気は、結局は東側ブロックを形成することになるあれらの国で最大だったばかりでなく、ついには鉄のカーテンの西側に落ち着くことになる国々でもそうであったのだった。ノルウェーとデンマークの戦後の選挙で、共産主義者は一般投票の一二パーセントを獲得し、ベルギーでは一三パーセントを、イタリアでは一九パーセントを、フィンランドでは二三・五パーセントを得、四六年一一月のフランスの選挙では、投票数の二八・八パーセントという堂々たる達成を見、彼らはこの国で最大の政治勢力となったのだった。[4]より重要なことには、共産党はヨーロッパ全域で莫大な要員の献身的な活動家を抱えていたのである。たとえば、フランスには九〇万人、イタリアには二二五万人の党員がいた——ポーランドをどころか、ユーゴスラヴィアさえはるかに上回る数である。西欧にあって共産主義は、大いに人気があり広く民主的な運動だったのだ。[5]

とはいえ、この人気をいたく悩ましく感じた多くの人々がいた。チャーチルは社会主義、「ないしは、そのより暴力的な形態であるところの共産主義」の全体主義的悪に対して毒づき、しかもそれはミズーリ州フルトンでの彼の有名な「鉄のカーテン」の演説のはるか以前のことなのだった。[6] シャルル・ドゥ・ゴールが信用しなかった多くの集団のうち、共産主義者は断然リストの首位を占めた。イタリアでは、キリスト教民主主義の指導者アルチーデ・デ・ガースペリが友人たちに、「将来の共和国があまりに左に寄り過ぎはしないかと怖れ」ていると打ち明けた。「共産主義者らの団結、彼らの勇気、組織、資金力により、彼らは旧式のファシズムと同じだけ手強い邪魔者になる」。[7] 合衆国国務省でさえ、「ヨーロッパで展開しつつある、実数とは不釣り合いな影響力を揮い、公然と汚名を着せるか、可能なら粛清することで敵対者を排除するための、共産主義者による［諸々の］企図のパターン」に気を揉んでいたのだった。[8]

このような恐怖と不信は、共産主義が、イデオロギー的には、多くの人々が終始戦争を通じそのために戦い続けてきた、まさにそのものの対極に立っているという事実に端を発していた。すなわち、彼らが国家主権である。共産主義の究極の目標は、フランスやイタリアの解放ではなく、超国家的友愛における万国の労働者階級の融合だった。多くのヨーロッパの政治家が悩ましく感じていたのは、それゆえに、共産主義者らが階級の利益を国民のそれの上位に置きかねないということだった。とりわけドゥ・ゴールは、三九年と四〇年に、フランス共産主義者らが、当時ドイツが依然ソヴィエトと同盟していたがゆえに、ドイツと戦うのを拒否したことを忘れられずにいた。言い換えれば、フランスとソヴィエト連邦の二者択一にあって、彼らはソヴィエト連邦を選んだのだった。

より散文的な水準では、共産主義者は、ヨーロッパの住民の大多数にとってあまりに多くの感じやすい箇所に触れていたので、彼らが一躍目立つ場所に躍り出てくるのに心中穏やかではいられなかったのだった。宗教や家族、そして私有財産の神聖さのような、中産階級が最も大切にしてきた事物すべてに対立しただけでなく、彼らはまた、目標の達成のためとあらば暴力も厭わなかった。彼らの宣言によれば、共産主義者は、少なくとも「あらゆる実在する社会的諸条件の力ずくの打倒」くらいのことは望んでいたのである。[9]

いく年にもわたる野蛮な戦闘の後で、大方の人々が一番望まなかったのが、新たな階級闘争だった。不幸にも、いくつかの地域でまさしくこれが、いまにも人々に降りかかろうとしていたものだったのだ。

政治的暴力の標的

フランスとイタリア共産党については、中には法外な主張もなされてきたので、二、三の物事を直ちに明らかにしておくことが必要である。第一に、これらの国の共産党指導部が戦後直ちに権力を掌握するつもりであったいかなる証拠も存在していない。加えて、彼らは政治的暴力を公認もしなかった――それどころか、それを思いとどまらせるためになら、できることは何であれ行なったようにさえ見えるのである。イタリア共産党（ＰＣＩ）の指導者、パルミーロ・トリアッティは、国内の最も手に負えない地域を個人的に訪問しては、地域および地方のＰＣＩ指導者たちに党員をもっとよく監督し、殺人の停止を保証するよう言い聞かせようとした。彼は定期的に、私的にも公的にも、社会の変化を求めるいかなる運動も、民主的な、非暴力的手段で遂行されねばならないと断言した。彼は、暴力を唱道したいく人かを党から追放することまでさえしたのである。[10]同様に、フランス共産党（ＰＣＦ）の指導者、モーリス・トレーズも、「われわれは国民の団結を、われわれ自身が大事にしているものよりも大切にしておかねばならない」ことをすっかり明らかにした――言い換えれば、共産主義者は国家の再建のためならば急進的な社会変化を求める彼らの欲望を犠牲にせねばならぬ、ということだった。彼と党の指導部全般は、公共の秩序の再建のための骨折りゆえに、繰り返し政府内で称賛されたのだった。[11]

しかしながら、党指導部が政治的ライヴァルと協力する希望を表明したからといって、それだけで平の党員も同様の意志を持っていたということにはならなかった。イタリアでもフランスでも、「政治家たち」と「パルティザンたち」の間には分裂があった。後者は、すべての戦闘を行なってきた以上、前者に政策や方針を指図する権利を勝ち取ったと感じていた。イタリア・パルティザンの指導者の一人だったヴァルテル・サッケッティの言を借りれば、「お前らを解放したのは俺たちだろう《スィアモ・ノイ・ケ・ヴィ・アビアーモ・リベラート》」なのだった。[12] 両国の解放の当初から、幹部の間には、党指導部が導いてゆく方針に幻滅した者が多くいた。フランスとイタリアの諸地域に散らばる多くのパルティザンは、指示を無視して法を手中に納める者も出始めた。ある少数派などは、自分たちの領分にある伝統的な階級の敵を少しばかり粛清するよう嗾《けしか》けることまでもした。これらは事実上、ミニチュアの革命だった。

この暴力的な少数派が、まさしく何を達成しようと目論んでいたかを見るのは困難だ。指導部からの支持がない中では、彼らの行動が何らかの長期的な政治的利益に帰結するなどということは、ありそうにないからだ――そしてにもかかわらず、彼らの動機はしばしば否定すべくもなく政治的だった。多分、彼らの照準と目標を了解する最善の方法は、誰が彼らの犠牲者だったかを見つめ、もしあればそれらが何を共通にしていたか示すことなのかもしれない。

これらミニチュア革命における共産主義者の最初の標的は、しばしば警察だった。あるいはこれは、信任を失った戦時政府を支持する上で警察が果たした役割を思えば驚くことではないかもしれない。けれども、これらの襲撃の多くは、問題の警官が対独協力したかどうかには何ら関係なく、より積年にわたる恨みの結果であるように見えるのだ。たとえば、フランスの多くの地域で、共産主義者は開戦時に警察に狩り集められたが、それは彼らのスターリン（当時いまだヒトラーと同盟を結んでいた）への忠誠が、彼らを国家の安全に対する潜在的脅威にしていたからだった。解放後、フランス共産主義者の中には故意にこれらの検挙に参加した警官を標的にした者もいたが、それはただ、報復への好機を逃すにはあまりに惜しかったからに過ぎなかったのだった(13)。

そのような犠牲者の一人が、コニャックの警察署長だったアベル・ボネだった。ボネは、第一次世界大戦で負傷し叙勲された誠忠の愛国者で、占領期には勇ましくも様々のレジスタンス活動に参加していた。けれども地元の共産主義者らは、三九年に彼が、好戦的な同志数人の検挙を命じていたことも忘れてはいなかったのだった。四四年九月にＦＴＰのメンバーによりコニャックが解放されると、この事実が舞い戻ってきて彼について回った。ボネは拘束後、近くのアングレームに連行され、地下の貯炭庫に二ヶ月間留め置かれたのだった。ここで彼は頭部のあたりを拳銃で叩かれ、危うく絞め殺されるところだった。解放されたときには、彼は最早助けなしには歩くことができず、繰り返し殴られ続けたことで鼓膜の破裂に苦しんでいた。いついかなる時にも彼は尋問されず、それどころかどんな罪にも訴えられなかった。一度、地元のＦＴＰの指導者「ピエール司令官《コマンダン》」の前に連れて行かれたときに、なぜ拘束されたのか尋ねてみたものの、受け取った答えは、「私はスターリンの指令しか受けない」という暗号めいたものだった(14)。

ボネの物語は、同じアングレームの地下室に監禁された別の男性によって裏づけられている。フェリクス・サンギネッティはレジスタンス《レジスタン》活動家だったが、ドゥ・ゴール主義者の秘密軍《アルメ・スクレット》に所属し

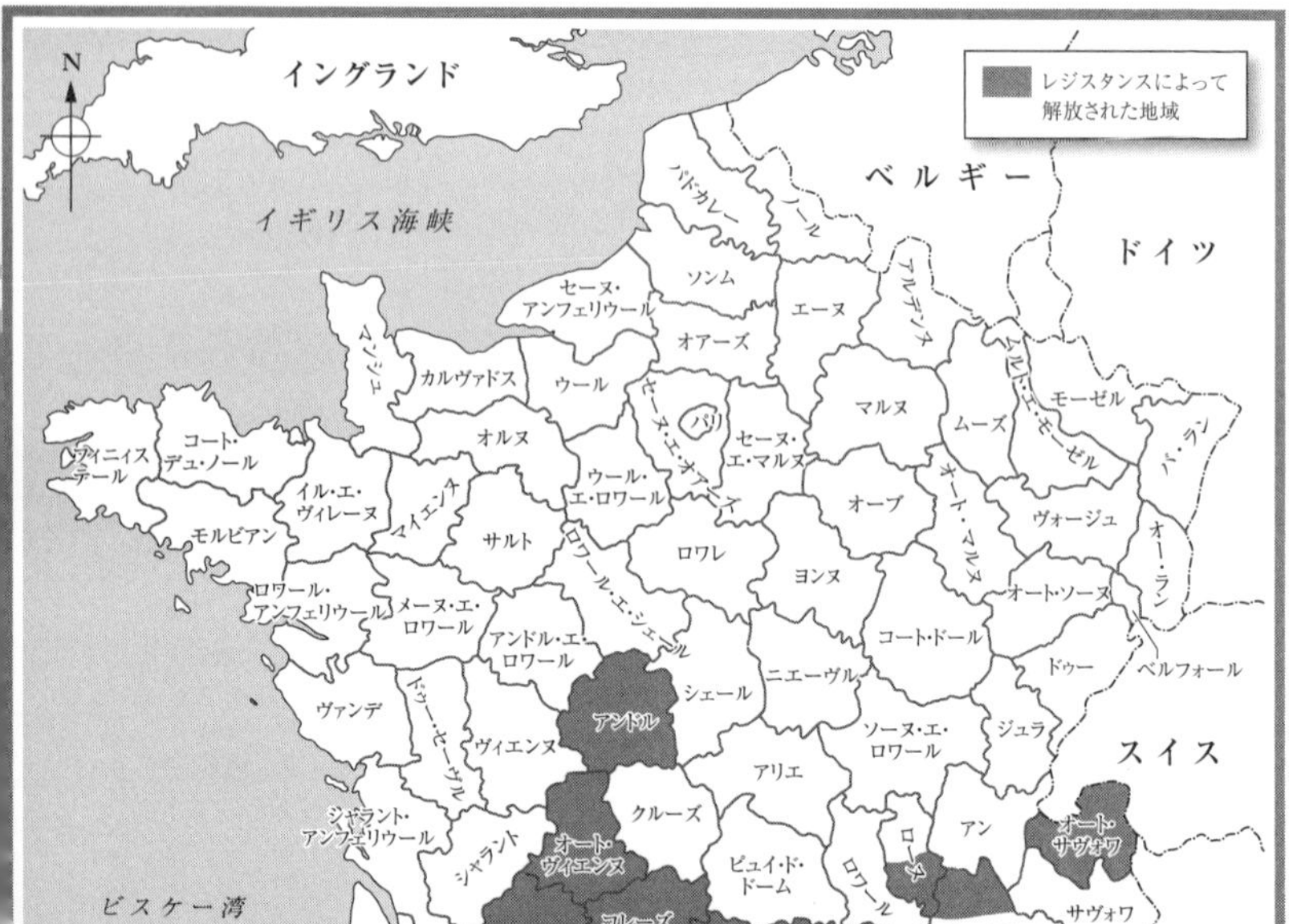

地図8◆フランス・レジスタンス単独で解放された地域、1944年8月23日現在

ていた――お互いのイデオロギーの違いにもかかわらず、おそらくはＦＴＰと同盟していたグループである。ピエール司令官の前に連れ出されたとき、サンギネッティも同じことを言われた。「ドゥ・ゴール、ケーニグ、それに残りの奴らなどくそ喰らえだ。私にはただ一人の首領しかいない、それはスターリンだ」。その後彼も同じ地下室に押し込められ、彼を捕えた者どもの打ち続く野蛮な振る舞いに立ち会ったのだった。[15]

フランスとイタリアの警官のどれほど多くが、占領者との何らかの実際の協力よりは、むしろ彼らの反共の過去ゆえに標的にされたかを決するのは不可能である。しかし、逸話風の証拠にはこと欠かぬことで、両国でかなりありふれていたと見てよさそうだ。同様に、他の多くの人もまた単にその権威を傷つけんがために、「ファシスト」ないしは「対独協力者」呼ばわりされたというのもかなりありそうだ。もし警察を信頼できないならば、法と秩序の維持のためには、パルティザンの民兵にかわりに頼るということはずっとありがちになるのである。確かにこれは、東欧で用いられて絶大な効果を挙げた共産主義者の戦術だった。

伝統的なもう一つ「階級」の敵は、上役たちだった――利潤のために労働者を搾取した工場所有者と管理職たちである。北イタリアと中央および南フランスの多くの産業都市が戦後一時的な権力の逆転を経験し、委員会を設立した労働者らが雇用主の戦時中の行動を調べ上げようとした。リヨンだけで、四五年初めの時点で、市の工場や企業内部に一六〇の「愛国的委員会」があり、地元知事の正式な許可なしには事実彼らがこれを行なうのは認められていなかったにもかかわらず、取締役や雇用主数十人の拘束を買って出たのだった。[16] トリノでは、フィアットの工場を労働者が乗っ取り、常務取締役が間一髪のところで作業現場で撃ち殺される難を逃れた。合衆国国務省からの視察員一名が四五年五月に報告したところでは、工場は銃で武装した警衛によりパトロールされ、「経営陣は実質的に無視されている」のだった。[17] 解放後の数ヶ月で、著名なイタリア人実業家数名が殺害され、その中にはキリスト教民主主義者の産業資本家ジュゼッペ・ヴェルデーリ、およびエミリア・ロマーニャ州で最大の産業複合体の取締役だったアルナルド・ヴィスキがいた。[18]

さらに一層攻撃を受けやすかったのが貴族たちで、ごくわずかでもファシストとの繋がりが見つかった場合にはとりわけそうだった。エミリア・ロマーニャ州だけで、一〇三の地主が戦争の直後殺害された。[19] その最も有名な例が、ラヴェンナ県はルーゴ近郊の田園邸宅で殺害されたマンツォーニ伯爵たちである。伯爵たちは三人兄弟で、その三人が三人とも公然たるファシスト党員で、地元の大土地所有者で、地域で最も強力な一家だった。彼らはどうにか解放時巻き起こった大衆の正義の方は避けることができた。だが、戦争の直後、彼らは借用者との間で小作契約の再交渉を拒絶し、あるいは彼らの土地を見舞った戦時損失を正すのを断り、結局これが命取りとなったのだった。一九四五年七月六日、しびれを切らしたかつてのパルティザンの一団が家に押し入ると、三兄弟だけでなく、彼らの母親、女中、そして犬までもを撃ち殺した。この殺害の後、地元の村の住民全員が屋敷に押しかけ、一家の服や所持品を山分けした。このエピソードには、数十年来彼らを抑圧してきた封建制に対する小作農の反乱の趣があった。[20]

フランスでも貴族は標的にされ、そこに彼らが対独協力したかどうかの区別はなかった。たとえば、レヴィ=ミルポワ公は、爵位以外に何ら罪に陥れられるものがなかったにもかかわらず、パミエの「人民法廷」により危うく死刑判決を言い渡されるのを、アリエージュの県知事が閉廷を命じたお陰で逃れたのだった。トゥールーズの北はタルブの伯爵だったピエール・ドゥ・キャステルバジャックは、それほど幸運とは言えなかった。この人物が積極的にドイツに協力した証拠はほとんどないかに見えるのに、彼の拘束者らが火の十字団《クロワ・ドゥ・フー》（戦前の極右政党）の隊員証を発見すると、これが有罪の決め手と判じられたのである。彼はしこたま打たれ、その後間もなく処刑されたのだった。[21]

似たような事件はフランス中で起こり、とはいえ、小貴族が標的にされるのはとりわけシャラントとドルドーニュ、リムーザンおよびプロヴァンスで凄まじかった。[22]ヴィエンヌでは、アンリ・レーユ＝スルトという名の男爵が数週間豚小屋に閉じ込められ、日常的に打ち据えられ、挙げ句の果てに四四年一〇月に処刑された。彼は戦時中、対独協力者どころではなく、英国の諜報網の一角として働いていたのだった。[23]クリスチャン・ドゥ・ロルジュリル伯爵は、叙勲されたカルカソンヌの英雄で、見たところ、ただ爵位と君主主義的見解ゆえに処刑されたようだ。人民共和派の日刊紙『ローブ』によれば、彼は死を目前に身の毛のよだつほどの拷問を受けた。手と足の指を股裂きにされ、手と脚は潰され、赤熱の銃剣で繰り返し刺された彼は、最後にガソリン風呂に入れられ点火されたのだった。[24]

もう一つお気に入りの標的で、共産党の旧くからの敵は、聖職者だった。トゥールーズでは、ファシスト民兵団が地元教会の塔に機関銃台を設置したという噂が市内全域を経巡った──四四年八月の蜂起の間、市内の教会がなぜ荒らし回られ、機銃掃射されたのかをいくらか説明するよすがとなる噂である。南西フランス中でレジスタンスの隊員によって聖職者が打たれ、拷問され、処刑された非常に多くの実例が存在し、しばしばそこには彼らがいかなる仕方であれ対独協力したという納得のいく証拠はなかった。[25]イタリアでも時に聖職者は標的にされ、それはファシストへの援助を疑われたか、説教壇上で共産党を糾弾して譲らなかったからだった。[26]

最後に、そして最も重要なことには、より過激な共産主義者の分派のいくつかが、民主主義のライヴァルへの攻撃を始めたのだった。フランス解放のまさに直後にあって、様々な共産主義の指導者が地元地域を支配下に置こうとする明からさまな企図を示し、とりわけフランス南西部ではそうだった。トゥールーズのドゥ・ゴール主義者の共和国委員は、共産主義者の指導者たちが彼を略取しようと一斉に協調して企てたのを、レジスタンスの司令官の一人からいまわの際に軍事支援を得られたことで、かろうじて撃退する羽目に陥ったのだった。(27) ニームでは、ドゥ・ゴール主義者の県知事が地元の共産主義指導者によって繰り返し脅迫され、一時などほとんど彼らに拘束されそうになった。彼が危うく難を逃れられたのは、共和国委員のジャック・ブナンが折良く到着したからに過ぎなかった。(28)

イタリアでは、政敵に対する暴力はもっと過激だった。この暴力の中心は、「赤い三角形」、または「死の三角形」としてさえ知られることになる場所である――エミリア・ロマーニャ州のボローニャとレッジョ・エミリア、フェラーラの間のあの地域だ。一九四五年夏、その地で一連の殺人が起こり注目の的となった結果、キリスト教民主主義者と共産主義者の脆弱な同盟関係に深刻な緊張をもたらした。六月二日、アントーニオ・リッツィという名の技師とその息子エットレが、ノナントラで殺害された。両者は反ファシスト党であるのが確認された――エットレは、それどころかパルティザンでさえあったのだ――ものの、同時に彼らはキリスト教民主主義者でもあった。これらは激情犯罪ではなく、むしろイタリア人が優れた殺人《オミチーディ・エッチェレンティ》（言い換えれば、邪魔な有名人の「やらねばならぬ」殺害）と呼ぶところの特殊な種類の政治的殺人だった。六週間後、同じ町で、解放委員会のキリスト教民主主義者のメンバーがさらに一名殺された。キリスト教民主主義者の同様な殺害は、ボンポルト（六月八日）、ラーマ・モコーニョ（六月一〇日）、さらにメドッラ（六月一三日）でも起きた。(29)

その翌年、反共産主義的感情がすでに硬化し始めた後で、同地域で優れた殺人《オミチーディ・エッチェレンティ》の第二弾が起こった。それは、四六年六月に前記キリスト教民主主義者のジュゼッペ・ヴェルデーリの惨殺で始まり、八月に自由主義者の法律家フェルディナンド・フェリオーリと社会主義者のカザルグランデ首長ウンベルト・ファッリ、および憲兵隊長フェルディナンド・ミロッティの殺害で終わりを迎えたの

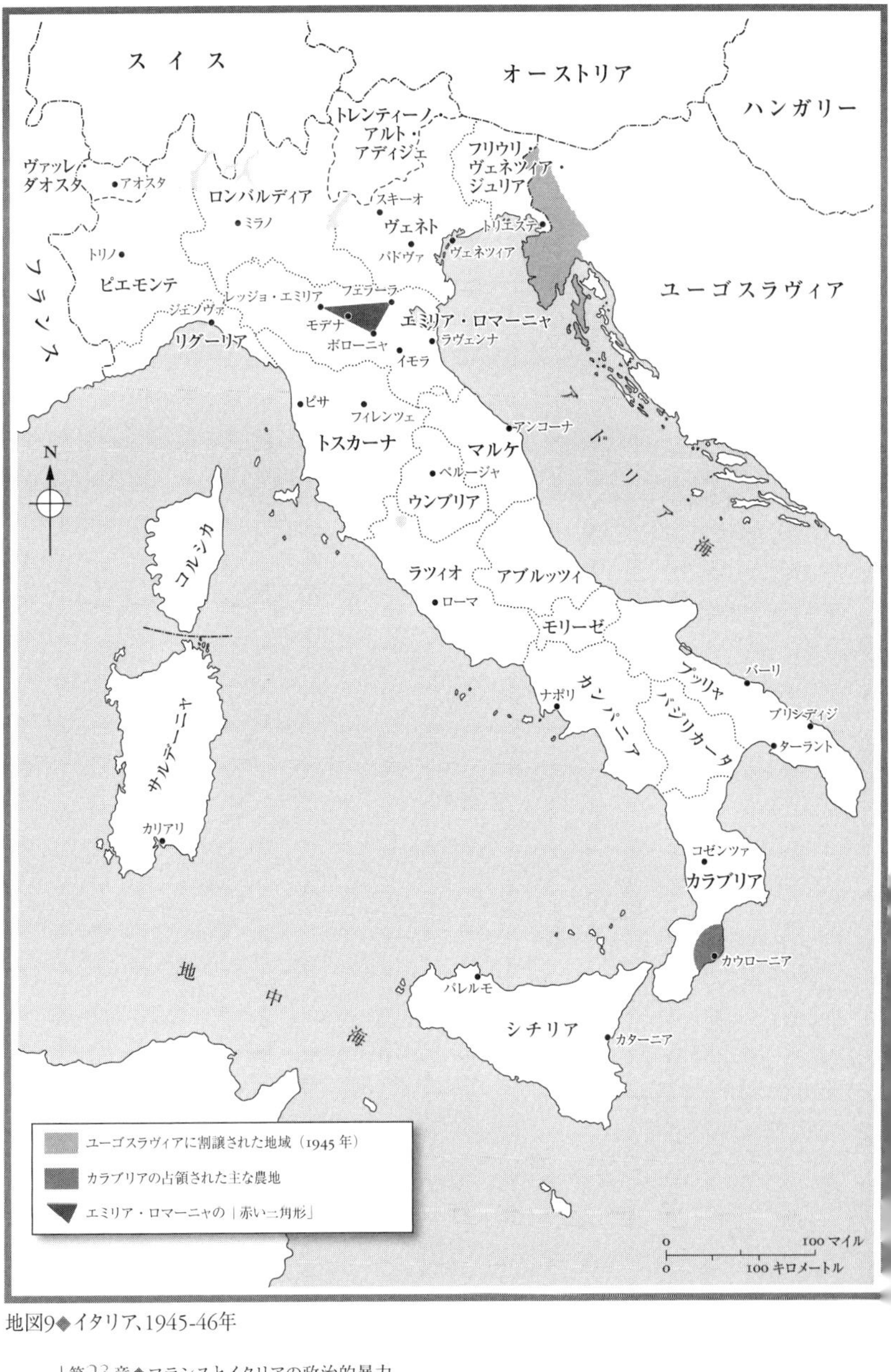

地図9◆イタリア、1945-46年

だった。(30)

強調されねばならないのは、上記の話すべてが逸話風のものであり、それらを足し合わせたところで、フランスでもイタリアでも、全国的水準では共産主義者が権力を握ろうとしていたという陰謀論を意味することにはならないということである――それどころか、すでに私が触れておいたように、共産党指導部はより過激な派閥を周辺部に追いやっておこうと最善を尽くした観さえあるのだ。彼らは、中にはそれを理解できなかった党員もいたのとは違い、革命の客観的条件は両国のいずれにも存在していないことを理解していたのだった。

もっとも、地元指導者の中には、視野のこの広大さが欠けていたために、革命の時はすでに到来したと信じた様子の者もいた。フランス、イタリア両国になる暴力的な物語の純然たる数は、党のかなりの割合が暴力にコミットしたままであったことを示している。いく人かの党員は復讐か、さもなければ、彼ら自身の手で行なわなければ正義は果たされないであろうという感覚に突き動かされていたように見える。他はもっと計算高く階級の敵を標的にし、その際、犠牲者が占領期に演じた役割については顧みられることがなかった。いく人かは政敵を怖じ気づかせて黙らせたかった。他の者らは、ちょうど戦時中そうしたように、住民間に恐怖の状態を誘発しようと試みたようだった。彼らの活動が一方で焦点を欠き、見たところ動機が様々ある中で、公分母は、革命は単に間近に迫っているだけでなく、すでに到来しているという確信だった。

この先数年間、イタリアとフランス共産党内の多くが、彼らの指導部を、かかる即座の、暴力的行動のポテンシャルを了解しそこなったかどで非難することになるだろう。彼らは局所的水準での成功で得意になっており――共産主義者らは一時、イタリアとフランスの数個の都市と一ないし二の地域全体を支配していたのである――、もし党の指導者らが主導権を握ってさえいれば、これが全国規模の成功へと変換されていたかもしれないと信じていた。だが、中央からの適切な調整なしには、革命への断片的な企図は、躓き、最終的には尻すぼみに終わる運命だった。

このことは、しかしながら、戦後すぐの時期の政治的暴力にいかなる影響もなかったということを意味するわけではない。とんでもない。その影響は遠大で、しかし地元の煽動者らが期待してきたのとは甚だ異なっていたのである。

反動

かつてのパルティザンと平の共産党員の間の闘争は、気づかれずにすんだわけではなかった。戦争のまさに直後にあって、それは解放に伴う自然発生的な無法状態の一般的雰囲気に帰された――今日、なお多くの歴史家が同意する主張である。[31] 後に、暴力の継続が、これが一時的な現象に過ぎないわけではないのを証明すると、恐怖がつのり始めた。共産主義者らは制御を失っている。あるいは、一層悪いことには、彼らが権力奪取に向けたより組織化された陰謀の一翼を担っているという噂が拡がった。パリでは、国の南西部がテロの支配を受けている、トゥールーズは自らを共和国と宣言し、彼の地のドゥ・ゴールの代理人、ピエール・ベルトーは共産主義者によって拘束されたという話が経巡った。この作り話を打ち消すのに、ベルトーは自らパリを訪問しなければならなかった。[32] イタリアでは、ミラノとトリノで反乱の風説が拡がり、それとともに、いまにも経済が崩壊し共産主義者が全国を乗っ取るとの噂が流れた。党の敵は間違いなくそのような風聞を自らの最も有利になるように利用し、人々の恐怖を掻き立てたのだった。イタリア人反共主義者の中には、自らそうしたデマが事実無根であって、「反共産主義的感情を焚きつけるのに熱心な右翼分子」によって故意に喧伝されたことを認める者もあった。[33]

イタリア南部では、地主や実業家、警察署長、判事、それに他の中産階級の名士らが、左翼行政官の法制定に対抗すべく四三年の土地占拠の記憶を利用した。彼らは財産、富、そして有力者としての地位を案じたのである。だが、新たに解放された地域の連合国軍政府を最も動揺させたのは、共産主義が政情不安をもたらしたという彼らの主張だった。その結果、右翼の候補や、それどころか、かつてのいく人かのファシストでさえ、単に共産主義を寄せつけぬための方便として地元権力の地位に任命されたのだった。[34]

北イタリアでは、解放期の暴力がより一層強烈だったので、右派と中道右翼政党は左翼の暴力を彼らの運動の要石とした。四七年一月から二月の間に、エミリア・ロマーニャの「死の三角形」への言及が『ラ・スタンパ』紙や『コリエーレ・デッラ・セーラ』紙のような新聞紙面に現われ始めた。[35]三月には、『ルマニタ』紙掲載の記事が、「赤い黒シャツ隊《スクワドリスティ》」が「イデオロギー的かつ物理的テロ」のキャンペーンを実施している旨を語った。[36]これは、かつてのパルティザンを英雄ではなく凶暴な殺し屋として描くことで、道徳的優位を掠め取ろうというあからさまな企てだった。

フランスでも、四〇年代末にパルティザンの暴力のどぎつい物語が新聞雑誌の紙誌面を賑わした。四七年には、社会主義者の首相ポール・ラマディエがストライキ活動の急増を指して——主として悪性インフレと食料不足、生活水準の急激な落ち込みによるものであったにもかかわらず——、それをひたすら共産主義者の煽動の結果と主張した。五月五日、彼は共産主義者らを政府から追放した。その後になって、数件の共産主義者の「陰謀」が暴露され、その中には退役軍人省への潜入のようなものも含まれていた。フランス国内で「インターナショナル旅団」が結成されたなどという噂さえ拡がったのだった。[37]

とはいえ、フランスとイタリアの政治家が、国内の水準でどれほど共産主義者による煽動を糾弾しようとも、本当の懸念の種は、国際舞台における共産主義者の活動だった。中道および右派の人々を真に怯えさせたのは、彼ら自身の地域都市における断片的暴力ではなく、東欧で生じつつあるより大仕掛けな抑圧だった。フランスとイタリアの新聞はハンガリーやルーマニア、ブルガリアのごとき国に発するいよいよ悩ましい物語を掲載し、同様の抑圧が、一度共産主義者が権力を握るのが許されようものなら、イタリアとフランスを呑み込むであろうことを暗に仄めかした。

これはまた、西側連合国を悩ませた主題でもあり、ことにアメリカ人がそうだった。二月一九日、駐仏アメリカ大使はパリが「コミンテルンの手先の紛れもない巣窟」であり、「ソヴィエトのトロイの木馬」は「あまりに巧みにカムフラージュされて」いる「がゆえに、何百万という共産主義者の闘士、シンパ、さらには日和見主義者は、フランスを防護する最善の方法は、フランスの国益をソヴィエト連邦の諸目標と同一視することだと信じるまでになっている」と述べた(38)。その後間もなく、ディーン・アチソンは、社会のあらゆる領域を占める共産主義者の力量を顧みるに、ソヴィエトによるフランスの乗っ取りはいついかなる瞬間にも起きかねないとまで言った(39)。その間、イタリアでは、ローマ駐在の外交官らが「恐怖の精神病」が国内で鬱積しつつあると言い、合衆国国務省に、五万ないしはそれ以上の訓練し武装した共産主義者が、北イタリアで起こり得る反乱のために準備していると警告した(40)。これが示しているのは、もしイタリアおよびフランス社会の内部でデマが蔓延《はびこ》っているならば、それは連合国のサークルのうちでたっぷりと反映されたということである。事実、アメリカ側がこれらの国の政情不安を、フランス人やイタリア人よりもはるかに懼れていた節がいく度かあるのだ。彼らは自らの権威を笠に着て反共産主義政党にかなりの援助をし、もし共産主義者が選挙で権力を得ようものなら、あらゆる支援を引き揚げるぞと脅迫したのだった(41)。

両国にあって、このような恐怖に対する政府の反応は、強引ではあったが効果的だった。四七年秋にいま一度ストライキと暴動の多発と、パリ－トゥールコワン間の急行の脱線のごとき恐怖を感じるようないくつかのサボタージュ活動を受けて、フランス内務相のジュール・モックは機動隊の全面的な動員を布告し、その中にはフランスの全予備兵および徴集兵の動員も含まれていた。喧囂《けんごう》たる議会での議論の間、エロー県の共産主義者の下院議員が院内から追放され、鎮撫を狙ったまるまる一連の非常事態措置を通じて、政府は監視下に置かれたのだった。(42)

イタリアでは、一九四八年の選挙での党の大敗と同年七月のパルミーロ・トリアッティの暗殺未遂によって共産主義者の憤怒が燃え上がっていたために、市民の不安はフランスよりも一層ひどくなった。共産主義者らは不満を知らしめるべく、一連のストライキや暴動、誘拐、さらにはイタリア国内を南北に走る鉄道の破壊活動をさえ厭わなかった。(43) これに対抗して、イタリア政府は反共措置のプログラムに着手し、労働組合員やかつてのパルティザン、および共産党員が十把一絡げに逮捕された。これは露骨な脅しの企てで、逮捕の結果を見ればそれが分かる。四八年の秋から五一年にかけて逮捕された、九万から九万五〇〇〇人の共産主義者とかつてのパルティザンのうち、わずかに一万九〇〇〇のみがかつて訴追され、そして七〇〇〇のみが何らかの罪で有罪とされた――残りはいろいろの期間にわたり「予防拘禁」に留め置かれたのだった。一番苛酷な扱いを受けたのは、筋金入りのメンバーと、とりわけかつてのパルティザンだった。四八年から五四年に逮捕された一六九七人の元パルティザンのうち、八八四人が合計で五八〇六年の禁固刑の判決を受けた。その中には、一九四六年に授けられたはずの恩赦にもかかわらず、解放期に行なった犯罪のかどで裁かれた者もいた。これらの人々がその判決に見合ったかどうかにかかわらず、この「レジスタンス裁判」は、かつてファシストの粛清がそうであったよりもはるかに苛烈だった。そのメッセージは明白だった。一九四五年の「英雄たち」は、北イタリアをファシストの支配から解放したにもかかわらず、ついに新たな敵となり果《お》せたということだった。(44)

共産主義者の「失われた勝利」の神話

戦争の直後、フランスとイタリアのあらゆる水準で蔓延《はびこ》った恐怖の強さを思えば、次の問いが浮かんでくるのは避けられない。すなわち、共産主義者が権力を握ったかもしれないというのは、まさしくどれくらいありそうなことだったのか、という問いである。当時、その脅威は明らかにひどく真剣に受け取られてはいたものの、後知恵をもってすれば、そのような結果は決して現実には起こりそうになかったということは言わねばならない。共産主義者らは両国いずれにおいても、一度として投票数の三分の一ほども獲得したことはなく、社会主義者を味方につけてすら、かろうじて束の間フランスで絶対多数の獲得に迫ったに過ぎなかった。彼らが持ち得た権力掌握に至る唯一の現実的希望は、連立相手に首相の職のみならず、重要全閣僚の統制をも譲るよう納得させる以外になかった。だが、連合国の監視員が四五年七月に記したように、右派および中道諸政党がこの事態を許すはずも決してなく、というのも、彼らは共産主義者が一党独裁国家の創建に余念がないのを確信していたからだった。「左翼に権力につくのを許すのは、自らの破滅を招くも同然だろう」(45)。仏伊両国にあって、共産主義者は繰り返し政府の要職の大半から締め出しを喰らったのである。

共産主義者が絶対多数を勝ち得たかもしれない唯一の方法は、したがって、本式の革命による以外になかった。仮にイタリアとフランスの住民が、そのような結果の方へと心惹かれたとしても、何かしらこれは西側連合国が決して許すはずもないことだった。解放後の数ヶ月間、英米両軍は仏伊両国に大規模な陸軍を駐留させており、それは共産主義者の反乱を抑えつけるだけの力を有して余りあった。もっと後になって、駐留連合軍が縮小すると、アメリカは自らの権威を主張するのに軍事力よりはむしろ経済力をもってするようになった。デ・ガースペリによるイタリア政府からの共産主義者の追放は、イタリア国内への莫大な支援の注入なしには不可能だった。同様に、フランス人も、もし粉々になった経済を立て直す何かしらの希望があったとすれば、アメリカ人の金に頼らざるを得ないであろうことは知っていたのである。(46)

共産主義者が権力を勝ち得たかもしれない、あるいはその掌握が可能だったかもしれぬとする考えは、したがって、幻想以外の何ものでもなかった。両国は連合国に依存しており、両政府ともアメリカの支援なしにはいかなる現実の力も持ち合わせてはいなかった。両国の共産党員でもっと目先の利いた者はこれを了解していた。かつてのPCIの北部指導委員会の一員だったピエトロ・セッキアが、一九七三年にこう書いたように。

われわれの解放戦争をロマン化したさる歴史物語を読む今日の若い人は、われわれが権力を保持しており、しかも、われわれがそれを(何か知られていない理由で)持ち続けることができなかった、ないしはもっと悪いことには、持ち続けようとはしなかった、という印象を持っており、プロレタリア革命をもたらすためでなければ、というのもそれはまるで問題ではなかったのだから、少なくとも漸進的民主主義体制をもたらすために、そうできも、もしくはそうしようともしなかったと思っている。事実は、そのうちでイタリアおよびヨーロッパで解放戦争が発展した諸条件ゆえに、われわれは(私が「われわれ」と言うとき、私は反ファシスト主義者のこと、つまりCLNAIのことを言っているのである)決して権力を保持しなかったのであり、それを獲得することもできなかったということだったのだ。(47)

トリアッティとトレーズは、戦後彼らの党を舵取りして民主主義的な経路を下らせる決断をしたかどで、左翼陣営から大いに批難されてきた。同志の多くが彼らを、イニシアティヴを摑みそこね、あれほど多くが待ち焦がれた社会改革をもたらすのにしくじったかどで非難した。しかし両指導者は現実主義者で、フランスとイタリアにおける諸条件が暴力的社会革命にうってつけではないのを見抜いていた。彼らは、民主主義的経路のみが唯一フランスとイタリアで共産主義へと進む道であり、たとえその経路によりいつか彼らが何か現実の権力を勝ち取ることがありそうにはないとしたところで、そうであると固く信じていたのである。

歴史は、彼らの決断の正しさを証明したように見える。彼らがもし革命の道を降り下ったとすれば後に続いたかもしれぬ混沌の一例が欲しければ、人はただ、アドリア海のもう一方の側で同時代に生じつつあった出来事へとじっとわが視線を向けてみさえすればよい。ギリシアでは、共産主義の政治家たちが民主主義のアレーナから立ち去る決定を実際にしたことで、ナチの野蛮な占領よりもはるかに悪質であることが判明する、血腥《なまぐさ》い内戦が始まりつつあったのだ。次章で私が示すように、英米人の支援を得て、この内戦は、ついにはギリシア共産党の完全な全滅となり、その後三〇年にわたる容赦なき左翼政治の抑圧となるものだったのである。

私は本章を、一九四三年から四四年のイタリア南部での小作農による自発的な土地占拠についての記述から始めたが、あれらの出来事がその先何ヶ月も何年もどのようにその地域に影響をおよぼしたかを説明して、それを締め括るのが有意義であると思う。ギリシアでの出来事ほど劇的では到底ないものの、これらの土地占拠とそれに対する反動は、ひょっとすると西欧の残りの場所中で進行していた事柄の種類をより多く代表するものであるかもしれない。また、それらは、マルクス主義の教義とは反対に、社会主義者と「反動主義者」の間の最重要の闘争の多くは、都市ではなく田舎で起きるであろうことを証示してもいるのである。

小作農の蜂起には、多くの人が深く胸を躍らせた。南イタリアの小作人階級側からの新しく、思いがけなくも断定的な調子をはっきりと響かせたのだった。その瞬間の空気を捉まえようと、イタリア農業相のファウスト・グッロ――共産主義者だった――は、農業改革に関する一綱領を提唱した。忽然として、搾取の最たるものだった分益小作契約が禁止された。小作農と地主の間の仲介人――小作農を搾取し脅迫することにかけては名うてだった――も禁止された。加えて、小作農はもしわずかでも超過生産物を政府の穀物倉に売れば、特別賞与が与えられ始めた（小作農に単に生活賃金を保証したばかりでなく、極度に有害な食料品闇市を部分的に掘り崩しもした一手だった）。けれども、最も決定的な命令は、すべての未耕作地または不完全な耕作地は、もし小作農がまず自ら協同組合を結成したならば、限られた期間、占有し耕作し得ることを明記したことである[48]。

あまりに長い間無視され搾取されてきた南イタリアの小作人階級は、ついに国家によって認知されたのを大いに賞賛し、そして直ちに自らを協同組合へと動員していった。グッロの土地改革は、共産党にとっての巨大なプロパガンダの成功となった。「一年もする以前は、小作農は完全にわれわれにとってよそ者であって、大部分敵対的だった」と、コゼンツァPCI連盟（カラブリア）は四五年夏の報告書で述べている。「だがいまや、彼らはわれわれのところにやってきて、信頼し切っており、しかも大挙してでである……。これはとりわけ、未耕作地の譲渡のためにと、土地の所有契約についての問いに関して、地方で行なってきたわれわれの広範な活動のお蔭である[49]」。共産党人気のこの急騰は、東欧の広い地域で、貴族か教会、中産階級、あるいは民族ドイツ人《フォルクスドイチェ》の農場主から同じように土地が再配分されたときに起きたことの反映となっている。
　イタリアの小作農にとっては不幸なことに、彼らの底なしの貧困を軽減しようというこのような法的措置は、完全に失敗したのだった。土地の役人たちは、その多くがファシストの時代から変わらず居残ったので、法律が彼らに要求した社会改革の実装をひたすら拒絶したのである。未耕作地の耕作を求めるあらゆる請願は、地元委員会に聴許《ちょうきょ》されねばならず、いつだってそれは地主たち自身と地元判事によって支配されていたのだった。結果、たとえばシチリアでは、九〇パーセントの請願が聴き入れられなかったのである。[50]
　地元当局が法の精神に黙従するのを怠ったことに不満を募らせたメッツォジョルノの小作農は、四九年に二期目の土地占拠へと乗り出し、最初のそれより一層広範な拡がりを見せるに至った。いくつかの推計によれば、およそ八万人の小作農が参加し、しかしその大多数は占拠した土地から、四三年がそうであったよりも一層残忍に排斥されたのだった。[51]カウロニアでは、彼らを追い散らそうと自前の自警団員を連れてきた地元農場主に威嚇された。ストロンゴリでは、軍が催涙ガスを用いて追い散らそうとした。イゾラでは、労働組合の書記官の義父が小作農たちへの警告として暗殺された。だが、最悪の出来事はメリッサ近郊で生じ、一見して平和裡に集ったことが明らかな約六〇〇人に向けて憲兵隊《カラビニエリ》が射撃を始め、その殺害者数は分かっていない。いくつかの報告によれば、あれら殺害されたり怪我をした人々の大多数は、逃げ出そうとして背後から撃たれていたのだった。[52]
　このような出来事に照らしてみれば、あれほど多くの左翼イタリア人がなぜ、腐敗した既成の政治体制に信を置いたかどで共産党を批難したか容易に見てとることができる。その後数十年間、有権者からの持続的人気にもかかわらず、共産主義者はつねに脇へと追いやられ、彼らの支持した改革主義的アジェンダは棚上げにされた。政治的な苛めはその後十年間とそれ以降も続き、貧困とて同様で、とりわけ南イタリアの小作農の間でひどかった。トリアッティは、国が内戦に陥るのから救ったかもしれない。だが、多くのイタリア人にとって、解放の直後は、いく世代にもわたる不正義を覆す機会をみすみす逃したことを意味していたのだった。

原註

（1）Ginsborg, p. 89.
（2）Ammendolia, pp. 22–8.
（3）Ginsborg, p. 88.
（4）唯一チェコスロヴァキアでのみ共産主義者は自由選挙で実際により大きな勝利を収めたのであり、一九四六年に投票数の三八パーセントを達成した。Rioux, p. 110; Ginsborg, p. 82; Judt, pp. 79, 88; Hodgson, p. 212 を見よ。
（5）Judt, p. 88.
（6）Party political broadcast, 4 June 1945, Cannadine, pp. 271–7 に引用。
（7）Letter, Alcide De Gasperi to Luigi Sturzo, April 1946, in De Gasperi, vol. II, p. 44.
（8）Telegram from State Dept to Rome Embassy, 16 May 1945, Ellwood, pp. 184–5 に引用。
（9）Marx and Engels, p. 120.
（10）Philip Morgan, p. 213; Dondi, pp. 175–6.
（11）Rioux, p. 55 に引用された Thorez の言葉。Novick, pp. 74–5.
（12）Dondi, p. 175 に引用。
（13）Novick, p. 76; Bourdrel, pp. 679–84 を見よ。
（14）Bourdrel, pp. 486–9.
（15）Ibid., pp. 489–90.
（16）Veyret, p. 194.
（17）Report in telegram, Kirk to State Department, 28 May 1945, Ellwood, p. 186 に引用。
（18）Dondi, pp. 168, 176.
（19）Ibid., p. 157.
（20）*L'Unità*, 24 February 1953; また Alessandrini, pp. 65–6; Philip Morgan, p. 211; および Pansa, p. 258 も見よ。
（21）Bertaux, pp. 63–6; Bourdrel, p. 571.
（22）Aron, p. 564.

(23) Ibid.

(24) *L'Aube*, 16 November 1950, Bourdrel, p. 543 に引用。

(25) たとえば、Bourdrel, pp. 546–7, 559–60, 573 に読まれる、トゥールーズおよびペルピニャンでのいく多の聖職者たちの扱いを見よ。

(26) たとえば、一九四六年六月一八日にエミリア・ロマーニャでの聖職者 Umberto Pessina の殺害を見よ、Dondi, pp. 176–7.

(27) Bertaux, pp. 22–4.

(28) Bourdrel, pp. 523–4.

(29) Dondi, pp. 168–9.

(30) Ibid., pp. 174–7.

(31) たとえば、Storchi, and Crainz, *passim* を見よ。また、Piscitelli, pp. 169–70 も見よ。

(32) Bertaux, pp. 109–10.

(33) American intelligence report by AFHQ Operations Division, Ellwood, p. 187 に引用。

(34) Jonathan Dunnage, 'Policing and Politics in the Southern Italian Community, 1943–1948', in Dunnage, pp. 34–40.

(35) Sarah Morgan, pp. 148, 158.

(36) *L'Umanità*, 29 March 1947; Ambassador Dunn to Secretary of State, 1 April 1947, *FRUS*, 1947, vol. III, p. 878.

(37) Rioux, pp. 123–5.

(38) Ambassador Caffery to Secretary of State, 19 February 1947, *FRUS*, 1947, vol. III, p. 691.

(39) Rioux, p. 113 に引用された Acheson の言葉。

(40) Ambassador Dunn to Secretary of State, 7 May 1947 and 18 June 1947, *FRUS*, 1947, vol. III, pp. 900, 924.

(41) *FRUS*, 1948, vol. III, pp. 853–4.

(42) Rioux, pp. 129–30.

(43) 'Blood on the Cobblestones', *Time* magazine [sic!], 26 July 1948.

(44) Alessandrini, p. 64; Dondi, p. 180.

(45) Psychological Warfare Bureau report, 5 July 1945, quoted in Ellwood, p. 193.

(46) Juan Carlos Martinez Oliva, 'The Italian Stabilization of 1947: Domestic and International Factors' (Institute of European Studies, University of California, Berkeley, 14 May 2007), pp. 18–30; Rioux, p. 114.

(47) Ellwood, p. 190 に引用。

(48) Ginsborg, pp. 91–2.

(49) Ibid., p. 94.

(50) Ibid., p. 96.

(51) Ammendolia, p. 39.

(52) Ibid., pp. 45–9.

第24章　ギリシア内戦

歴史にあっては――ありがたいことに稀だが――、何百万という人々の運命がたった一人の男の決断にかかっている瞬間ということがある。そのような瞬間の一つが、一九四四年一〇月九日の晩、モスクワでチャーチルとスターリンの会談中に起きた。この会談は、テヘランとヤルタおよびポツダムでの「三巨頭」会談のいずれよりも小規模で、重要度も低かった。アメリカ人らは居合わせず、ローズヴェルトはチャーチルとスターリンの両者に電報を打ち、いかなる合意も「われわれ三人」により、「かつ、われわれ三人」によって「のみ」なされるべきであると迫った。これにもかかわらず、チャーチルは、彼がそう呼ぶところの「行儀の悪い文書」を取り出したのである――一枚の紙を半分にしたもので、その上には彼が記した、戦後世界で英国とソヴィエト連邦の各勢力圏を示す一連の数字が並んでいた。たとえば、ルーマニアは九〇パーセントがロシアの勢力下に入り、一〇パーセントだけが「他の国々」のそれに入ることになる。ブルガリアは七五パーセントがロシアの下に、二五パーセントが「他の国々」のそれに入ることになる。ハンガリーとユーゴスラヴィアは、ともに五〇／五〇の分割だ。その中で、たった一つ、しかと英国の勢力下に入ることになる国があった。ギリシアは、九〇パーセントが（合衆国との合意の下で）英国の下に入り、一〇パーセントしかロシアの下には入らない。これら百分率の数字に対して自らの同意を表わすべく、スターリンはその文書に手を伸ばすと、大きく青くチェックを付けたのだった[1]。

これら五カ国の戦後の運命が決定された、見たところカジュアルな仕方が重視されてはきたものの、現実は、単に両国の外交官の数ヶ月にわたる秘密協議の頂点に過ぎなかった。にもかかわらず、それは極端に重大だった。私は、ハンガリーとルーマニアで何が起きたのか次章で触れることにしよう。目下重要な点は、スターリンがギリシアにおける英国の影響力を喜んで承認しようとしていたことである——その後三〇年にわたり、かの国に深甚なる影響をおよぼすことになる決定だったのだ。

英国人はつねに、ギリシアに関心を抱いてきた。地中海東部と中東およびスエズ運河への進入路を支配したギリシアは、それがゆえに、英国の戦略的関心の死活に係わっていたのである。チャーチルは四一年のドイツ軍侵攻の際、危険を承知で進んでギリシアの支援を買って出て、悲惨な敗北にもかかわらずつねに捲土重来を期していた。四四年一〇月、モスクワ会談が始まるわずか数日前に、英軍はペロポネソス半島に再上陸した。この点に関して、スターリンの大きく青いチェックマークは単に現状の追認に過ぎなかった。すでに英軍はアテネに向け進軍中だったのだ。

とはいえ、ギリシアにおける英国軍の権威はそう見えたほど、すっかり既成事実化《フェタコンプリ》されていたわけではなかった。英国軍はギリシアの国の支配を求めて戦っている唯一の勢力ではなかった。イタリアとフランスにおいてそうであったように、ここにはかなりの数のパルティザンもいたのだ——それどころか、英軍が到着するはるか以前から、これら反逆者《アンダルテス》たちはすでにギリシア本土の大部分を支配し、ドイツ軍占領者に主だった町を死守するよう強いていたのである。抵抗活動の断然最大の集団は、民族解放戦線すなわちＥＡＭと、その軍事部門たるギリシア人民解放軍すなわちＥＬＡＳだった。[2] これらの集団は、表向きは多種多様なアンダルテスの教派を代表していた一方で、現実にはともにギリシア共産党により支配されており、それがまた今度はスターリンに忠誠を抱いていたのだった。英軍は戦争中、左翼の力を、それに代替する抵抗組織に武器と資金を提供することで徹頭徹尾、相殺しようと試みてはいたものの、いかほど資金を提供したところで、共産主義者に率いられたEAMとELASが、[3] 広く他の抵抗組織全部を束にしたより人気があるという事実を変じることはできなかったのだった。

したがって、この国におけるロシアの影響力はすでに英国の影響力とちょうど同じだけ重要で、確かにチャーチルの紙切れが認めた一〇パーセントより大きかったと言って差し支えなかった。スターリンがギリシアの共産主義者にギリシア国家の支配を掌《つかさど》るよう指示していれば、彼らが実行したというのはかなり考えられる話である。すでに赤軍はブルガリアとの国境をなすギリシア北辺部に届く距離内部にまで入っており、ユーゴスラヴィアの共産主義パルティザンも北ギリシアの同志と連携をしていた。四四年一〇月の英軍の存在は、EAM／ELASのそれに比べれば小さかった。そして、彼らがアテネに到着したとき、アンダルテスはすでに目の前の市を解放していたのである。これにもかかわらず、全国的水準では共産党によるいかなる権力掌握の企ても存在しなかった。これは、一部には抵抗運動はかなり無秩序であったこと、また一部にはEAMの構造内部には多くの非共産主義者もおり、万一組織が自らのために権力を握るようなことがあれば支援の手を引っ込めるぞと脅したということがあったからである。だが、最も大きかったのは、スターリンが約束を守っていたからだった。モスクワ会談を目前に控える中、彼は英国軍と協力するようその地の共産主義者に指示する遣いをギリシアに送っていたのだった。[4]

フランスとイタリアでと同様に、共産党の一般党員の中には多くの――そして指導部の内部にさえ

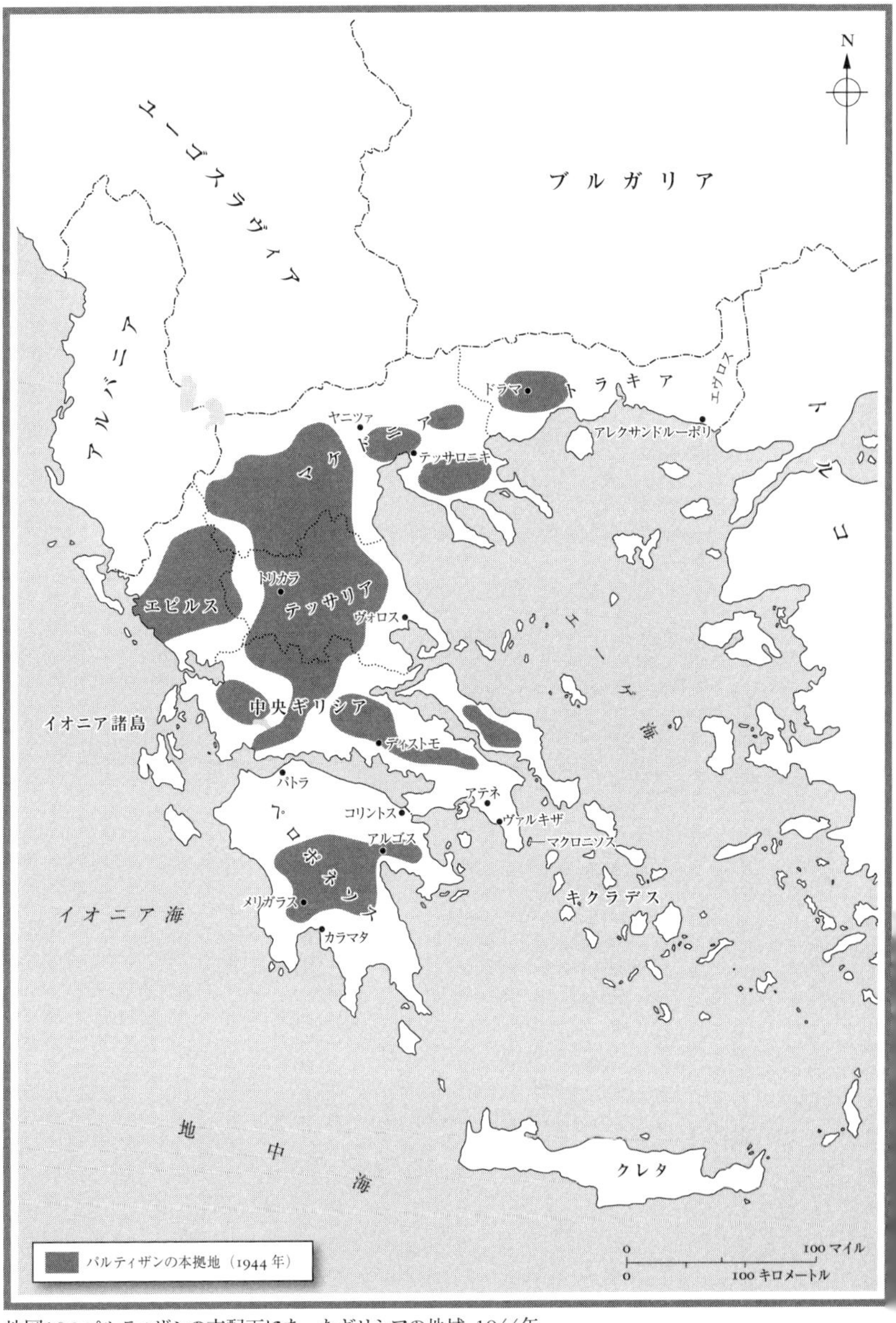

地図10◆パルティザンの支配下にあったギリシアの地域、1944年

いくらかの――、なぜ他人が支配権を握るのを指をくわえて見ていなければならぬのか理解できない者がいた。四四年夏の共産党中央委員会での憤懣やる方ない演説の中で、ＥＡＭの書記長のタナシス・ハジスは抵抗活動は裏切られつつあると訴えた。ＥＡＭ／ＥＬＡＳは占領者と戦い、ギリシアの大半の地で権力を確立するのに数年間を費やしていた。なぜその彼らが、いまになって英国人に兜を脱がなければならないのか？「われわれは、二つの路を辿ることはできない。われわれは、われわれの選択をせねばならない」[5]。多くのギリシア人抵抗運動の指導者が、英国人はドイツ人がちょうど彼らより以前に行なったのと同じく、ギリシアを傀儡政府によって支配された、実質的な植民地へと格下げするのを望んでいるのではないかと疑っていたのである。

解放後数週間で、英軍とＥＡＭ／ＥＬＡＳの間の緊張は高まった。英国軍上層部はアンダルテスの動機を不信の目で見ており、フランスでと同様、彼らを激しやすく見たところそのために発砲しがちなところのある素人の集団と見ていた。チャーチル自身、ＥＡＭとの衝突を完全に予期していると公言し、ギリシア駐留連合軍の指揮に当たっていた将校のロナルド・スコービー将軍に指示を送って、いつ何時にでもクーデターを予期しておくようにと命じた。もしそれが具体化すれば、スコービーに対する指令は、「ＥＬＡＳを潰すために」必要な戦力はすべて使え、というものだった[6]。

逆に、ＥＡＭ／ＥＬＡＳのメンバーらは、英側の動機を極度の不審の目で見ていた。彼らは、英国人がギリシア王の帰還に対する支援を継続していることに、しかも、かつての対独協力者のいく人かを裁判にかけるよりはむしろ保護しているように見えることに気づかずにはいられなかったのだった。加えて彼らは、いく人かの猛烈に反共主義的な役人を治安機構の要職に就けるのを支持しているようにも見えた。たとえば、解放に続くゲオルギオス・パパンドレウのいわゆる「民族統一政府」が、四四年一〇月にパナヨティス・スピリオトプーロスをアテネ地方の軍司令官に任命したとき、英側は介入を拒絶した。スピリオトプーロスは、占領期積極的に右翼反共グループ間の調整役をし、ELASからは対独協力者と目されていた。また、イタリアにいるギリシア人高級軍将校の一団がパパンドレウ政府の転覆と極右政権によるその代替について公然と語り始めたときにも、彼らは介入しなかった(7)。そのような姿勢が、いく人かの英国人官吏の不幸な傾向、すなわちかのアメリカ人大使の言を借りれば、「この狂信的なまでに自由を愛する国を……あたかも英国領インド統治《ラージ》下の土着民からなっているかのように」扱いがちな性向と相俟って意味していたのは、何らかの種類の劇的な分裂が起きるのは時間の問題に過ぎないということだった(8)。

その分裂は、アテネ解放から二ヶ月にも満たない一二月の初め、パパンドレウ内閣でEAMを代表する閣僚が一斉辞任したときに起こった。彼らの不満は、フランスとイタリアで抵抗活動に携わった諸党派のそれと同じだった。彼らは自らの武装解除と新たに結成された国民軍への支配権の譲り渡しに気乗りがせず、少なくとも右翼の元対独協力者らが一般の警察官から包括的に取り除かれるまではそうなのだった。にもかかわらず、フランスとは違い、共産主義者と警察の両者の粛清を引き受けるのに十分なだけの強靭さと狡知を兼ね備えたカリスマ的指導者が、ただの一人もいなかった。また、イタリアとは違い、共産主義者その人らが、いかに嫌々であれ、妥協済みのアジェンダに合意するのに十分なだけの団結を見せていたとは言えなかった。さらに、連合軍も、双方に合意に至るよう強制するのに十分なだけの強力なプレゼンスを誇ってはいなかった。ギリシア国内の英軍の戦力は、目下フランスおよびイタリアに駐留していた巨大な連合国軍の規模のほんのはしたに過ぎなかった。政治的手詰まりは、社会のあらゆる水準で触知可能な緊張状態をつくり出した。作家ゲオルギウス・テオトカスが日記にこう記したように、「アテネがガソリンタンクのように燃え上がるには、マッチの一本もあれば十分である[9]*1」。

一二月三日、EAMの閣僚が政府から離脱した翌日、デモの参加者たちがアテネの街路に繰り出した。彼らはシンタグマ広場に群れなして集い、そこに、今日でも依然謎なままの理由で警察が発砲を始め、少なくとも一〇人を殺害し、五〇人を超える人々が負傷したのだった。居合わせた英国軍は、これをひたすらアテネ警察が怖じ気づいたためだったと言い張るが、ギリシア人左翼の中には意図的な挑発行為と主張する者もいた[10]。発砲を始めた動機が何だったにせよ、それはわずかに数週間ばかり休止していた同じ暴力のサイクルを解き放ったのである。

占領期ギリシアの治安部隊の残忍さを忘れられずにいたEAMの支持者らは、市中全域の警察署を直ちに封鎖し襲撃した。法と秩序のために、英国軍はいまや介入を余儀なくされた。彼らは当初ELASのスナイパーのためにアテネ中心部に留め置かれたが、市の南部へと徐々に脱け出し、「赤の」郊外へと強行突破し、そこで続けざまにかつてのギリシア人抵抗活動の闘士と街路戦を戦った。それは、西欧の連合国軍隊が、彼らが解放したとされるまさにその抵抗活動のグループと自ら戦っているのに気づいたただ一度切りの機会だった。真性の植民地的尊大さ《オトゥール》をもって、チャーチルはスコービー将軍に、「あたかも君は地元で反乱が進行中の征服された都市にでもいるかのように」自由に「行動」できると告げた[11]。然るべく、二五ポンド砲を携えた英国軍砲兵中隊がケサラニアニの「共産主義者の」郊外に向けて砲撃を始め、RAF《英国空軍》の戦闘機は、アテネ市内中心部を見下ろす松林やアパートの棟に陣取ったELASの拠点を猛爆撃さえする始末だった。自分たちが十字砲火に捉まったことに気づき怯えた非戦闘員にとって、これはあまりと言えばあまりであった。女性や子供たちは、見たところ完全に無差別であった英軍の攻撃によって負傷し、殺害されたのである。英軍衛生兵がキプセリ郊外の応急診療所を訪ねた際、彼らは怒れるアテネ市民のリンチを免れるべくアメリカ人を装わねばならなかった。英国空軍が地元の一区画を猛爆撃した際負傷した人々の中には、「われわれはイギリス人が好きだったが、いまではドイツ人が紳士であるのを知った」と語る者もいた[12]。

四四年一二月から四五年一月までの経過を通じて、戦いはとうとう階級闘争へと発展し始め、しかもそのあらゆる最悪の性格を備え始めるのだった。一方には、猛烈に狂信的なEAM／ELASの闘士がおり、いまとなっては英国側が君主制と右翼独裁制を共に復権させようとしているのだと確信していた。他方には、英国軍とギリシア人君主制主義者、および反共主義者らの居心地の悪い連合があり、その多くがこちらも負けず劣らずEAMはスターリン主義的革命を上演しようとしていると確信していた。事態は、英軍が約一万五〇〇〇名を左翼シンパの嫌疑で検挙し、その半数より以上を中東の収容所へと移送したときに激化した。アンダルテスはこれに、アテネとテッサロニキで何千というブルジョワ中産階級の人質を捕らえ、彼らに雪深い山中を行進させることで応えた。これら「反動主義者」と目された人のうち数百名——しばしば、ただ彼らの相対的裕福さゆえにそう同定された——は、処刑され、共同墓地に埋められたのだった[13]。

一月も末頃となると、両陣営は戦闘のために疲弊していた。その年の二月、彼らは海辺のヴァルキザの町で和平協定に調印し、その中で、ELASは解散し武器を置くことに同意し、暫定政府は対独協力者の粛清の強行に同意した。四四年一二月三日から四五年二月一四日の間に犯されたあらゆる政治的違反に対し恩赦が宣言され、とはいえその際、「当該の政治犯罪の達成のために絶対に必要ではない、生命および財産に対する慣習法による諸犯罪」は除外されたのだった[14]。

両陣営がもしこの協定のもとに留まっていたならば、あるいは事態はそこで済んでいたかもしれない。だが、ほどなく明らかになるように、政府は、いまや国中で結成されつつあった右翼団体に対する、それどころか自分たちの治安部隊に対する権力すら持ち合わせていなかったのだった。EAM／

ELASに対するバックラッシュはいまにも始まろうとしていた。それが、ゆくゆくは内戦へと繋がるのだ。

共産主義抵抗運動の性格

勇敢に戦い首尾よく国家を解放し、しばしば戦後政府によりどんな見返りも与えられなかったばかりでなく積極的に弾圧されもした、フランス、イタリアそしてギリシアの抵抗運動の闘士に共感を覚えるのは易しい。共産主義抵抗運動のメンバーは、これら三カ国すべてのどの戦後政府内でも現実的権力を備えたいかなる地位をも占めることを阻まれた。かつての英雄たちが、多くが合法的な戦争行為と見なした行ないゆえに逮捕され、当局による対独協力者らの扱いには著しく欠けていた獰猛さをもって訴追された。さらに踏んだり蹴ったりだったことには、彼らの英雄的な戦功の物語が、ヨーロッパ中で行なわれた様々な粛清の間に、共産主義者の「犯罪」に関するもっとうさんくさい神話の利益のために払い除けられたのだった。右派の有力者らは、共産主義的無秩序が、さらには革命の脅威さえ誇大視されるよう、あらゆる可能な機会を捉まえては念押ししたのだった。

しかしながら、右派によって行なわれたあらゆる主張を簡単に退けてしまわないことが重要である。左翼抵抗運動の諸集団は、専ら無邪気な理想主義者からなり、よりよい世界を求めて僭主政治の勢力と格闘していたばかりではなかった――彼らのイデオロギー的改革を完遂しようと自ら僭主政治を利用するのを厭わなかったどころではない者も、中にはたくさんいたのだ。右派と左派の間の闘争を、白か黒か割り切った言葉で描くのは不可能だ。両陣営の手段、動機、そして忠誠はあまりに密に絡まり合っているので、何かしら近似的単純さのようなものでもって解きほぐすことはできない。このことを他のどこよりもよく例証しているのが、戦中戦後のギリシアなのである。ここでは、他のいかなる国にも比して、あらゆる陣営により進んで、肝をつぶした住民に向けてテロが用いられ、片や住民の方では、イデオロギーの戦争にのみ込まれずにいるのがいよいよ困難であることに気づいたのだった。

戦時のＥＡＭの興隆は、何かしらギリシアで完全に新規なものだった。この国は占領以前にはいかなる大規模なイデオロギー運動も存在せず、政治は何かしら上から国に押しつけられたきらいがあって、労働者階級、ことに田舎のそれにはほとんどどんな繋がりもなかった。しかしながら、戦時中、ドイツ人とイタリア人、ブルガリア人による残忍な占領が、飢餓と窮乏も相俟って、ギリシア人住民を急進化させる深甚な効果をもたらしたのである。農園主、職人、そして女性たちですら、以前は政治になどほとんど何ら用がなかったのに、いまでは唯一それのみが、破壊とともに気が違ってしまった世界に正気をもたらす道と見ていたのだった。彼らはＥＡＭに大挙して救いを求めた。なぜなら、ＥＡＭは、単に占領への抵抗の可能性をばかりでなく、一度戦争が終わった暁にはよりよい世界の到来の約束をも提供したからだった。

局所的水準でのＥＡＭの達成は驚異的であって、ことに、彼らのまさにその存在が、占領当局により違法と見なされた残忍な戦争のさなかに現われ出でて以降はそうだった。[15]飢餓の際には、彼らは土地改革と食料備蓄の公平な分配を組織した。彼らは新しく高度に民衆的な形態の「人民裁判」を設立し、そこでは、高くつく弁護士や判事よりはむしろ地元の陪審により審理され、それも格式張った公用語よりはむしろ民衆の話し言葉で進められたのだった。というのもほとんどのギリシア人小作農にとって、それは外国語にも等しかったからである。彼らはギリシア中で約一〇〇〇にも上る村人からなる文化集団を創立し、数十の移動劇団を後援し、国内各地で読まれた新聞を発行した。彼らは数え切れない学校と託児所を創建し、以前は決してその機会がなかった人々に教育が提供された。彼らは青年団と、女性の解放を奨励した――事実、ギリシア人女性に一九四四年に選挙権を与えたのはEAMだったのだ。彼らは道路を補修し、未曾有の交通網を創出した。彼らの達成はことに、戦前の政治家によっては無視されてきたも同然だった、より遠隔のギリシアの山岳地帯で顕著だった。戦中英国の諜報部員だったクリス・ウッドハウスによれば、「EAM／ELASは、ギリシア政府が顧みてこなかった何ごとかを創造することにかけては模範を示した。すなわちギリシアの山地における組織化された状態である」。「文明化と文化の利益が初めて山地にぽつぽつ漏れ入った」のは、ひたすらEAMのお蔭だった。[16] ギリシアの多くの地域での彼らの人気は、人々の生活をよりよく変えることのできる能力と、村の名士たちばかりでなく普通の人々にも携わろうとするやる気とに基づいていたのである。

とはいえ、EAMにはそれほど親切とはいえない別の一面もあった。第一に、彼らは頑として競争を受けつけようとしなかった。フランスやイタリアとは異なり、つまり、一般的に言ってそこでは、様々な抵抗運動の集団が互いに協力してドイツ軍の駆逐を目論んでいたのに対し、EAM／ELASは占領者とよりはむしろ他の抵抗集団と戦うのに時間の多くを費やしたのだった。たとえば、四四年四月には、ELASの部隊がルメリでディミトリオス・プサロス大佐を処刑したが、それは彼が裏切り者だったからではなく、彼がライヴァルの抵抗集団の首領だったからなのだった。このグループの生き残りの多くが（国民社会解放運動［EKKA］というのがそのグループの名前だったのだが）、即座に対独協力者の「防衛大隊」に加入したのは、いまやEAM／ELASはドイツ軍よりも強大な悪であると彼らが信じていたからだった。[17] 共産主義者らはまた、ギリシア中央および西部の抵抗集団だったギリシア民族共和同盟、つまりはEDESも標的にし、メンバーの食料や動物を徴発し、ついには彼らがもしEDESを離れてかわりにEAMに加入しなければ命はないぞと脅すことまでするありさまだった。結果、多くのEDESのメンバーがまた防衛大隊のもとに走ることとなった。そうこうするうちに、指導者のナポレオン・ゼルバスを含むEDESの著名なメンバーも同じく、非公式の反共産主義同盟のうちで対独協力者政府と、それどころかドイツ軍とさえ親密な繋がりを育むに至ったのである。(18)

　戦争が終わると、EAMのメンバーは、彼らの行き過ぎを、単に「愛国的不法行為」に過ぎず、「それらは愛国的闘争に結びついているのだから……罰せられるべきと見なすことはできない」と主張した。(19) だが、彼らが他の抵抗組織に対してそれほどに暴力的に振る舞ったという事実は、彼らのナショナリスティックなレトリック――ELASという頭字語までもが、ギリシア語でギリシアを表わす語「Ελλάς《エラス／ヘラス》」への意図的な喚起であった――にもかかわらず、抵抗運動の指導部の大多数は、国民解放戦争をよりは階級闘争をこそ気遣っていたということを示している。それどころではない。共産主義者らは英側とすら対立したのであって、あらゆる政治宗派からなるギリシア人抵抗集団に対して彼らが武器と金を供与していたにもかかわらず、チャーチルの君主主義に対する共感を胡乱げに見ていたのである。(20)

　EAM／ELASが絶対的権力を維持した地域では、人々はしばしば自分自身が、その支配が怖ろしいほど血腥《なまぐさ》い、けちな共産主義の独裁者の気まぐれに従属していることに気がついた。たとえば、ギリシアのはるか北東部では、「オデュッセウス」の変名《ノン・ドゥ・ゲール》を担った、ELASの一団の指導者が、どうも権力を持って気を違えたらしい。エヴロスの大半の地域で闇市の活動を踏み潰すと、彼は「裏切り者」に、つまりは誰であれ彼の権威を疑った者か、あるいは、いかなる種類の英国趣味であれ、それをひけらかした者を含むように見えるカテゴリーへと注意を向けた。多くの人が、単にオデュッセウスの一味から個人的恨みを買ったという理由だけで殺害された。特殊装備に身を包んだ

「死の大隊」が「内通者」のリストを携えて派遣されたとき、大隊のメンバー間でリストに載った名前のいくつかに関して議論が起こった。彼らの部隊長「テレマコス」の仲裁は冷ややかなものだった。「これは革命なんだ」。彼は言った。「そして、物事はなされねばならない――たとえ罪のない人が二、三殺されたところで、長い目で見れば何てこともない」。エヴロスの状況があまりにひどくなったために、ついにはELASはその地域に新たな指導者を送らなければならなかった。オデュッセウスは逮捕され、裁判にかけられ、処刑され、そして、より控えめな形態の法と秩序がその地で回復されたのだった[21]。

ひょっとすると、最も名高い戦争アンダルテは、アリス・ヴェルヒョティスだったかもしれない。というのも、彼は中央ギリシアの広範な地域を専制君主のごとく支配したからである。ELASの創始者の一人だったアリスは、戦争の開始前の数年間に警察が共産主義を弾圧した折に、支配の方法としてテロを用いる術を学んでいた。彼は逮捕され、党員としての活動を放棄する旨の声明書に署名する気になるまで拷問されたのだった。彼の被った蛮行は、彼に伝染したらしい。自らが権力の座についたいまとなっては、彼は鶏を盗むがごとき特段害のない罪で麾下の兵士を処刑するのを何ごととも思わなかった――一種の懲戒的正義でもって、隊の兵卒どもの無規律をほぼ一掃したのである。加えて彼は、裏切り者ないしは罪人と見なした人々を処刑したり拷問にかけたりすることにさして煩悶することもなかった。たとえば、四二年の秋、彼はクレイツォの村で尊敬をあつめた所帯持ちの男性四人の逮捕を命じ、彼らをほぼ一週間にわたり間断なく無慈悲な拷問にかけ続けた。彼らの罪は、村の貯蔵室から小麦を少々盗んだことだった――けれども、何年も経って、貯蔵所の守衛の一人が村の聖職者に告白したことには、四人は全員が無実であって、なんとなれば、まさにその守衛こそがその小麦を盗んだ当の犯人だったからだった[22]。

EAMのために弁明を買って出る人々は、そのような行き過ぎをしばしば、戦争によって断片化された国では制御不可能だったごろつきや一匹狼のせいにする。けれども、そのような抑圧がより中央よりに組織されたものであったことを仄めかす証拠はいくつもある――全国的水準でなければ、少なくとも地域的水準においては。中央ギリシアのいくつかの地域とペロポネソス半島では、テロは住民をコントロールする、EAMの意図的で、かつ半公認の手法だった。委員会で名簿が作られ、他の委員会に承認に出され、その後特殊暗殺班へと回付され、しばしば彼らが何で有罪とされているのか知ることとすらせずに、班が名簿上の人物の処刑に赴くことになる。ついには「赤色テロル」として知られることになるものの官僚的本質には、寒気がしてくる。[23]

ペロポネソス半島では、テロは裏切り者だけでなく「反動主義者」にも向けられた――言い換えれば、誰であれ過去に共産党に対する反対を表明していた者である。区別は、「能動的」反動主義者で、そのために処刑された者と、「受動的」反動主義者で、そのために山地の強制収容所に送られた者の間でつけられた――だが、結局は、山送りにされた人々の多くが到着するなり、処刑されたのだった。[24] 多くの村の長、村医者、商人、そして他の名士たちが、かつて共産党に対立したかしてまいがお構いなしに殺害され――、彼らが潜在的にEAM／ELASに不忠であるというので十分だったのだ。

セオドロス・ゼンゴスのようにアルゴスとコリントス周辺の地域を支配したような、地元のELASの指導者の中には、彼らの管轄区にある各村から処刑されることになる「反動主義者」の決まった割り当てを要求した者もいたようだ。[25] 反動主義者と対独協力者の留守にあって、その留守を預かっていた家族が標的となったのだった。四四年二月、アハイア県の共産主義紙は、対独協力者の防衛大隊のメンバーに抵抗運動側へと寝返るよう警告する記事を掲載した。「さもなければ、われわれは彼らを根絶やしにし、家を燃やし、一族を皆殺しにするであろう[26]」。

かかるテロは住民を困惑させた。なぜならば、それは完全に新しい現象だったからだ。政治的論争、暴動、果てはクーデターでさえかつてギリシアで生じてはいたものの、それらは比較的血を流さずに済んでいた。それらは確かに、突如いまになって標準となった規模での、ギリシア人がギリシア人を殺すことになどまったく帰結していなかったのだ。反動主義者を疑われた者は、しばしば遠隔の修道院だった山地の収容所へと連行され、果たせるかな、そこはどの点から見てもゲシュタポの監獄と同じくらい身の毛のよだつ場所だった。ここで彼らは、度々拷問され、飢えに苦しめられ、最後は喉を掻き切られて処刑された[27]。時々は、村全体が裏切り者と見なされて、住民を虐殺が見舞った。たとえば、ペロポネソス半島の村ヘリでは、ＥＬＡＳが六〇人から八〇人の捕虜をとり、その大半は年老いた男女だったが、彼らを屠り、その遺体を井戸に投げ込んだのだった[28]。

かかるテロは、もちろんギリシアに特有ではなかった。テロは、占領ヨーロッパの大半の地域にナチが押しつけた支配の方法で、ギリシアもその例外ではなかった。大規模なパルティザン運動を見た他の国々とまさしく同じように、ナチがこの戦術をとった唯一の勢力というわけでもなかった。それはまた、国家を解放すべく戦っていると考えられていたまさにあれらギリシア人によっても採用されたのである。そして、少なくとも一時は、それが機能したのだ——意見の相違は、ＥＡＭの支配する地域からは排除され、反動主義者と家族は町へと逃れ、共産主義者の支配は絶対となった。しかしまた、それは多くの人をドイツ軍の腕《かいな》のうちへと、そしてわけてもドイツ軍の後ろ盾を得た防衛大隊の腕のうちへと追い立てもしたのだった。たとえば、ペロポネソス半島駐留のある大隊は、レオニダス・ヴレッタコスにより設立されたが、彼の主たる動機は、四三年秋にＥＬＡＳに殺害された兄弟の復讐を果たすことだった[29]。「私はドイツ軍のところへ行った」。両親をともにＥＡＭに殺された別の大隊員はそう説明した。「頼るべき相手が他に誰もいなかった以上、私にどうすればよかったと言うのだ？[30]」

四三年から四四年の間に、対独協力者の防衛大隊は発展し拡大し始めたが、主としてそれは共産主義の恐怖に応えてのことだった。不幸にも、大隊もしばしば同じように残忍で、多くの地域で手当たり次第の逮捕や拷問、処刑、ＥＡＭ支持者を疑われた者の家の破壊、さらには広く食料や家畜、所有物の略奪を始めた。時々は、これは単に町の乱暴者から補充した軍内部の無規律にかかわる事例でしかなかったが、他の事例では、罪のあるなしを区別しない気違いじみた反共主義により焚きつけられてのことだった。

ペロポネソス駐在のある英国人連絡将校は、二陣営間で激化する暴力を以下のように概括している。

> ＥＬＡＳはついに本当の敵を見出した――武装右翼分子である……。彼らに対するＥＬＡＳの姿勢は、極度の敵意の一つだった。そして、ＥＬＡＳの最悪の残虐行為はＳＢ（防衛大隊《セキュリティ・バタリオン》）の囚人とその家族に対して揮われ、通常彼らは強制収容所へと移送されていたのだった。防衛大隊に対するＥＬＡＳの憤怒は、それが餌にしたものにより育まれたのであって、大隊自身負けず劣らず威嚇と恐怖の技芸の達人であることを証明したのだった。[31]

さらに北へと進み、テッサリアとマケドニアまで来ると、反共主義感情の生長はドイツ軍を後ろ盾にした他の組織の結成へと至り、たとえばそれは、公然とファシズムを標榜する反共行動全国農業連盟、すなわちＥＡＳＡＤなどであり、このＥＡＳＡＤがヴォロス市で恐怖の統治を主宰したのだった。[32] マケドニアでは、ゲオルギオス・プロス大佐に率いられた極右準軍事集団が数え切れぬ残虐行為を働き、その中にはヤニツァでの七五人の同胞ギリシア人の虐殺も含まれていた。[33]

両陣営から発するかくのごとき極度の暴力に直面して、ギリシアの普通の市民にとっていかなる種類の中庸を保つのもいよいよ困難になった。同じく共産主義者とファシスト党員が争ったイタリアのあれらの地方と同様に、多くのギリシア人が、対独協力者の民兵に加わるか（そして共産主義者のブラックリストに記載されたのに気づくか）、EAM／ELASに加わるか（そして家族の生命、自由、財産を危険に晒すか）の難しい選択に直面した。しばしば、どんな中間の道も存在しなかった。これはドイツ軍にとっては申し分なく好都合で、というのも彼らの意図が、ギリシア人の間に不和の種を撒き、そうして「観客として傍観し、戦いを平和裡に見守ることができる」ことにあるのを、公然と認めていたからだった。[34]

もしかすると、このすべてで最も悲劇的な側面は、暴力の高度に個人的な本質かもしれない。ギリシア国中の村がその政治的見地により引き裂かれ、かつてなら地元のカフェニオ《カフェニオ》の議論で落ち着いていたかもしれない意見の相違が、いまでは一族全員の抹殺を見るかもしれぬ血讐へと至ったのだった。その上、同じ村内部の異なった家族がしばしば一ないしは他の政治的集団と同定された一方で、しばしば彼らの議論は政治とはまったくもって関係がなかった。分益小作人は互いにEAMに訴え合い、お互いの作つけに手をつけようとした。村人はお互いを裏切りのかどで告発し合い、個人的な口げんか積年の恨みを晴らそうとした。職業上のライヴァルはお互いを糾弾し、競争を排除しようとした。このような事例では、コミュニティにすでに存在していた緊張が、EAM／ELAS（または彼らの対抗者）が触媒の働きをすることで、あらゆる平衡を超えて増進することが可能となったのだった。

政治的影響力がいかにして純粋に個人的な恨みを手の届かぬ場所へとやるのを許したか、それを示す数え切れない実例がある。私はただ一つだけを挙げてよしとすることにしたいが、それはドリス家とパパディミトリウ家の間で起きた血の復讐劇で、歴史家スタティス・N・カリヴァスにより解明されたものである[35]。

一九四二年、ヴァシリス・ドリスという名前の若い羊飼いが、アルゴスの西の山間の村ドウカに住む少女ヴァシリキ・パパディミトリウを好きになった。不幸にも、彼女は彼の好意には応えてくれず、かわりに彼の兄弟のソティリスを好きになった。失意のドリスは、彼女に復讐してやることに決めた。彼は地元に駐屯していたイタリアの軍勢のいくらかに、ヴァシリキが武器を隠し持っていると告げ口をした。その結果、軍勢は彼女の家に向かうと、彼女をしこたま殴りつけたのだった。

その翌年、EAMがこの地方へ来ると、ヴァシリキの一家はEAMの名だたる支援者となった。今度は、彼らがドリスのしでかしたことへの恨みを晴らす番で、そのためにEAMの地方委員会に繰り返し彼を裏切り者と告発した。最終的に彼らの報告の一つがEAMの地方委員会に届いた。これが四四年七月のことで、そのときには地域共産主義委員会がその地方の反動主義者を根絶する計画を開始していた。それに従って、ヴァシリス・ドリスと彼の兄弟のソティリスはともに拘束され、フェネオスの聖ゲオルギウス修道院内に設けられたEAMの収容所に連行された。それから一週間後、看守が監房にやってきて二〇人の名前を叫び、その中にはドリスと彼の兄（弟）の名前もあった。彼らは地元のELASの本部へと連行されるところだと告げられたが、事実は、山を登って洞穴まで行進してゆき、そこで喉を掻き切られる運命なのだった。

ドリスはなかなかどうして抜け目がなく、何がわが身にまさしく迫りつつあるのか推断をした。一団のメンバーが二人組で連れて行かれる隙にどうにか彼は両手をほどくことに成功し、その結果、とうとう彼の処刑人と相見えた際に、看守を打ち据え逃げ出すことができたのだった。放たれた銃弾を背に彼は山を逃げ下り、アルゴスへと落ち延びた。彼が脱出した翌日、EAMは仕返しに彼の別の兄（弟）のニコスを処刑したのだった。

　数ヶ月後、ギリシア解放後に、ドリスは、ヴァシリキ・パパディミトリウと彼女の家族にこれを最後にと復讐を果たすつもりで、自ら武器を手にその地域へと舞い戻った。四五年四月一二日、彼とその友人および親族の一団はパナヨティス・コスタキスを殺害した。パパディミトリウ一族の身内だった彼を、ドリスは自分をEAMに売ったのに関与したと信じていたからだった。これに応えて、その年の六月、パパディミトリウ家の兄弟の二人がドリスの義理の兄（弟）を殺害した。翌年二月、ドリスとその一団はパパディミトリウの家を襲い、ヴァシリキの母親とその幼い息子ヨルゴスを殺害した――そしてその三ヶ月後、彼らはまた山狩りに出かけ、ヴァシリキの兄弟の一人と彼女の義理の兄（弟）、それに三歳の姪を射殺した。ある村人の言葉を借りれば、「ヴァシリス［ドリス］とヴァッソ［パパディミトリウ］が事の次第全体を始めた。二人は生き残った。だが、周りの者は皆、殺されてしまった」。

　この気の毒な物語全体は、ペロポネソスの小さな村に自らを圧しつけた戦争、および政治的力が、いかにしてとるに足らぬ個人的問題を暴力と殺人の一サイクルへと変容せしめたかの完璧な例証となっている。この地域のイタリア人占領者たちが、もしドリスの意地の悪い告げ口に基づき行動していなければ、ヴァシリキに拒まれたという彼の怨念はおそらく、時とともに溶け失せて害のないものに変わっていただろう。同様に、EAMがもし同程度に底意地の悪いヴァシリキの家族による告発に過剰に反応していなければ、状況は流血を伴うようなものにはなっていなかったろう。そして最後に、戦後右翼地元当局が、ドリスに彼の敵を狩り出す白紙委任状を渡さず、却《かえ》って彼を逮捕していれば、暴力のサイクルはその場で止まっていただろう。ドリスと彼の取り巻きがとうとう逮捕され裁判にかけられたとき、彼らはＥＡＭの暴力的な革命論者に対して、純粋に愛国心から行動したと嬉々として主張した。彼らの犯罪のあからさまに個人的な性質にもかかわらず、ドリスとそのぐるが無罪放免にされたことは、一九四七年までに反共主義のバックラッシュがまさしくどれほどに包括的たり得ていたか、そのしるしである。

ギリシアにおける共産主義の敗北

政治的スペクトラムの両端を占めるあれら凝り固まった立場と、その二者間で発展した強烈かつ個人的な憎悪を考えれば、戦後、挫折した中道へと国家の舵を向け直そうとした企てにはまったく驚くべきところはない。パパンドレウの「国民団結政府」は、両陣営からのいや増しに増す攻撃に晒された。英国軍でさえコントロールすることができず、国内の多くの地域が戦後数年間、度合いは様々の混沌に陥ったのである。

英国人はしばしば、ギリシアの右派の人々を下支えし、それに続く彼らの恐怖支配を容易ならしめる上で自らが演じた役割ゆえに咎められてきた。けれども、共産主義に対する英国人の不信にもかかわらず彼らがより罪深かったのは、無遠慮な抑圧よりはむしろ政治的素朴さの方だった。彼らの最大の間違いが起きたのは、一九四四年一二月の一月の間に、君主制主義者の軍司令官らが出した、アテネ郊外の収容所に捕らえられていた防衛大隊と他の右翼対独協力者の民兵を再武装させたいという要求に屈したときだった。ゲリラ部隊の攻撃下にあった英国軍は、たとえそれが怪しげな出所のものであれ、援助の申し出を断れる立場にはなかった。しかしその結果、彼らは新たな国家警備隊が、ようやく最近になり彼らが打ち負かしたばかりの、あれら同一の右翼対独協力者たちで突如溢れ返るようになるのを許してしまったのだった。

ＥＡＭも同じようにまた素朴さの罪を犯していた。パパンドレゥ政府から辞職することで、彼らは一連の重大な政治的誤りを犯していた。彼らの行動は、皮肉にも、それを避けるべく彼らが異議申し立てをしていたところのまさにその展開をもたらすのに一役買ったのである——すなわち誰憚ることもない右翼の国家警備隊である。以後数ヶ月を通じ、これらの警備隊員の多くが右翼団体の軍勢に参加し、ギリシアの田舎で白色テロを解き放った。防衛大隊のメンバーは監獄から解放され、左翼の嫌疑をかけられた者とその家族は襲撃され、左翼グループの事務所は漁り回られた。

ＥＡＭの第二の誤りは、もっともそれで彼らを責めるのはほとんどお門違いというものだが、ヴァルキザ停戦協定の合意を守り、彼らの武器の少なくともいくらかを当局に引き渡したことである。一度武装を解いてしまえば、かつてのアンダルテスも最早身を守れる立場にはおらず、しばしば敵に無慈悲に狩られる一方なのだった。アリス・ヴェルヒョティスのように解散を拒んだ者は、共産党により糾弾され、最後は政府軍に追い詰められ虐殺された。中世的蛮行の光景のうちで、アリスの切断された頭部がトリカラ市内の目抜き広場に晒されたのだ。(36)

対照的に、ギリシア人右翼たちは、一度たりとも停戦合意を守ろうなどという素振りすら示さなかった。彼らは、英軍が「いかなる状況でも、かつあらゆる状況で」自分たちを支持するだろうと疑わず、それゆえ、何でも思いどおりに行動できると感じていたように見えた。(37) ヴァルキザ協定の一年後、当局の資料によれば、右翼団体は一一九二名を殺害し、六四一三名を負傷させ、一五九名の女性を強姦した——もっとも、本当の数字は間違いなくもっと大きい。(38) いくつかの地域では、とりわけ北部とペロポネソスでだが、ＥＡＭとの繋がりを疑われた者は例外なく大量に逮捕する計画に警察が乗り出した。このような見え透いた迫害に対してはつねに大いに批判的であった一方で、英国軍はそれを止めるようギリシア政府にも右翼サークルにもほとんど圧力をかけなかった。(39) これに照らせば、共産主義者らがギリシアの地に英軍が駐留していることに憤懣やる方なくなったのも、驚くべきことではない。その後何年も、彼らは「白色テロ」の時代を、「君主制ファシズムの巨大なテロリスト的オルギアと外国の帝国主義者によるギリシア人民のまったき奴隷化」として特徴づけることになるだろう[40]。

翌数ヶ月間、ギリシア人右翼は、国軍、国家警備隊、憲兵隊、および警察の支配を確実にするべく、一斉に協調した行動をとった。パパンドレウ政府の内部資料によれば、共産主義者たちはこれらの制度のいずれにも参加するのを阻まれたが、それは彼らがギリシアの国益を裏切ることはないと信用されていなかったからだった――だが、「共産主義者」という言葉はすぐに、誰であれ控えめにすら左翼的信念を持つ人を指す言葉になった。すでに軍か警察にいて左翼シンパを疑われた人々は、直ちに予備隊へと移し替えられた。右派によるこれらの異動はあまりに広範だったので、多くの連合国監視員が彼らはクーデターを計画しているのではないかと恐れ始めた。最小でも、彼らは来たる四六年三月の選挙に不適切な影響力を行使しようとしているようには見えたのだ[41]。

このことは私たちを、ギリシア共産党の最後の重大な誤りへともたらす。ヴァルキザ協定への度重なる違反に激怒した共産主義者らは、ソヴィエトの助言に逆らい、その三月の選挙の棄権を決め、ために王党派右派へと圧勝を許したのである。その秋、君主制主義者らは大いに疑わしい国民投票において王の帰還を確実にした。局所的水準では、右翼の役人らが職権を用いて反共主義の抑圧を強化しようとした。憲兵隊は急速に膨張し、四六年九月には前年の三倍の規模を超えていた[42]。暴力が激化し、政府は最早地方で起きていることをコントロールできなくなった。四六年末には、多くのギリシア人左派にとって、家を逃れ、いま一度山に赴く以外に選択肢のないことが明らかだった。共産党はギリシア民主軍（Δημοκρατικός Στρατός Ελλάδας／Ελλάδος あるいはＤＳＥ）――ＥＬＡＳの自然な後継者――を結成し、内戦がギリシアの国に舞い戻ったのだった[43]。

私は翌二年間に関して逐一説明はしないつもりだが、その間、暴力と対抗暴力のサイクルは一般に戦争中にそうであったのとほぼ同じ仕方で継続したのだった。主たる違いは、いまや、反共主義の維持を二つの悪のよりましな方と見ているのが、共産主義者に対抗する右派勢力を支援したドイツ人やブルガリア人、イタリア人では最早なく、英国人とアメリカ人だったという点である。西側の援助が国内に流入し、同様に英米の物資も入り込んで、ついにはギリシア政府は反乱鎮圧のために年代物の英国式の方法を採用するに至った――何万人という村人を強制的に抑留収容所に移転し、ゲリラを兵糧攻めにしようというあの方法である。対照的に、ギリシア人共産主義者らは、何とか国外から支援を得ようと足掻《あが》いていた。スターリンが支援を断ると、彼らはかわりにティトーのユーゴスラヴィア人パルティザンを頼りにし始めた――取り決めは、一九四八年まで続いた。しかし、ティトーとスターリンが袂を分かった後、ギリシア共産党がスターリンの側につくと、この後ろ盾さえ引き揚げられ、それによって壁にものが書かれたがごとく、彼らの運命は決したのだった。ギリシア内戦は、四九年についに左派の完全なる崩壊とともに終結を迎えたのである。

ひょっとすると、ギリシア史のこの時期全体で最も衝撃的な側面は、司法制度内に実在したダブルスタンダードかもしれなかった。ギリシア人対独協力者の訴追は多くが四五年には終わったのに対し、ギリシア人共産主義者は引き続き厖大な数が逮捕され訴追されたのだ。四五年九月には、公式の統計によれば、獄中の左翼主義者の数は対独協力者と言われた者のそれを上回ること七倍を超えていた。処刑された人数に至ってはさらに酷かった。一九四八年までに、米側の資料によれば、ギリシアでわずかに二五人の対独協力者と四人の戦争犯罪者しか司法により処刑されなかった[44]。その百倍より以上の数の死刑判決が、一九四六年七月から四九年九月の間に左翼主義者に執行されたのだった[45]。

処刑されなかった者らは、しばしば数年か、それどころか数十年を獄中で惨めに暮らす羽目になった。四五年末現在で、約四万八九五六人のEAM支持者が収監されており、その数は四〇年代の終わりまでおよそ五万人を下回ることがなかった。(46) 一九五〇年に悪名高いマクロニソスの抑留収容所が閉鎖されて以降ですら、ギリシアには依然二万〇二一九人の政治囚がおり、三四〇六人が流謫《るたく》の身にあった。(47) 六〇年代に至ってもなお、何百人という男女が、抵抗活動のグループの一員としてドイツ軍と戦ったという罪だけでギリシアの監獄に囚えられていたのだった。(48)

イタリアの歴史家たちがそう呼ぶような、この「レジスタンス裁判」は、戦後数カ国で起こった――ものの、ギリシアほど苛烈だったのは、他にどこにもなかった。二五年にわたり、ギリシアの国は保守政治家と軍、そしてアメリカに支援された、得体の知れない準軍事的組織の結合体により支配された。底の底は、六七年から七四年で、ギリシア国家は軍事独裁政権に乗っ取られたのだった。この時期、戦時中ギリシアの解放のために戦った男女に対して、最後の侮辱をもたらす一本の法律が可決された。EAM／ELASのパルティザンは正式に国家の「敵」と認定され、他方、かつての防衛大隊のメンバーは、ドイツ軍の側に立って戦ったのに、公的年金受給の資格を与えられたのである。(49)

カーテンが降りる

ギリシアの内戦は、残りのヨーロッパの全地域に深甚なる影響をもたらす運命にあった。それは、ほどなく東西の、左右の、共産主義と資本主義の間の新たな冷戦となるものにおいて、最初のかつ最も血腥《なまぐさ》い衝突だった。いくつかの点で、ギリシアで生じたことが冷戦を規定したのだった。ただに、鉄のカーテンの南境界線を引いただけでなく、イタリアとフランスの、それどころか西欧中至るところの共産主義者に、もし支配を試み握ろうという気になれば何が起こるかもしれないか、明確な警告を発しもしたのである。とはいえ、ひょっとすると最も重要なことには、孤立主義が最早選択肢ではないことを理解させることで、それはアメリカ人をヨーロッパへと引き戻したのだった。英国人が共産主義に対するギリシア政府の戦争に資金を調達し続ける余裕がないのを告げたとき、アメリカ人は介入を余儀なくされた。彼らはギリシアに、引いては大陸中の戦略上の要所にその世紀の残りの期間居座り続けることになるのである。

トルーマン・ドクトリンが持ち上がることになったのは、アメリカがギリシアへ突如関わらざるを得なくなったからだった――アメリカ人外交官ジョージ・F・ケナンが、ヨーロッパ全土を洗い流す勢いだった共産主義の「洪水」と呼んだものを封じ込める合衆国の方針である。[50] 一九四七年三月一二日、トルーマン大統領は議会で演説し、「軍事少数派により、または外部からの圧力により企てられた征服に抗している、自由な人々を支援する」ことがいまや合衆国の方針であるべきで、かつ、ギリシアとトルコに巨大な援助のパッケージを供することから始めるべきであると宣言した。[51] これは事実上、砂上に線を引き、その一線を越えれば何が起こるか知れたものではないと宣言することだった。東欧は共産主義からの救出がかなわないかもしれないが、地中海東部はそれに倣うのが許されなくなるのである。

アメリカのこの新方針の論理的帰結は、四七年六月、現職の合衆国国務長官ジョージ・マーシャルにあやかってマーシャル・プランとして知られる欧州復興計画の発表だった。この巨大な援助のパッケージは、表向きは、互いにより大きな経済的協力へと乗り出すならば、ソヴィエト連邦を含むあらゆるヨーロッパの国々に対して開かれていた。だが、マーシャル・プランの目的は大陸中の飢えと混沌と闘うことと明記される一方で、国務長官が厳かに暗示したところによれば、優先順位は「人間の悲惨さを、政治的にそこから利益を得るために永遠化しようとしている政府、政党ないしは集団」への抵抗に苦心している国々に与えられることになるであろうということだった。[52]言い換えれば、経済的援助のパッケージと称していたにもかかわらず、マーシャル・プランの真の目的は、ほとんど完全に政治的だったのである。[53]

ソヴィエト側は、このような外交的指し手に激怒した。スターリンのチャーチルとの合意に従い、彼らはギリシアには近づかずにおく用意があった。というのも、英米の確固たる「勢力圏」下にそれはあったからだが、西側からのいかなるお節介も自身の勢力圏に受け入れる準備はなかった。スターリンはソヴィエトの直接の支配下にあった国々すべてに、アメリカからのマーシャル援助の申し出を断るよう指示し、チェコスロヴァキアとフィンランドにも同様にするよう、一斉協調した圧力をかけた。そのため、最終的に一六カ国がマーシャル・プランに参加したものの、将来の共産主義国家のどれ一つとしてそれに加わったものはなかった。かわりに、ソヴィエトからのさらなる圧力のもとで、それらの国々は、ソ連邦との間の通商条約を成立させたのだった。ヨーロッパの両半分間の分裂が拡大し始めたのである。

あるいは、これら出来事の連鎖の最も重要な帰結は、ヨーロッパの他の共産主義政党に対する支配を正式化しようというソヴィエトの決定かもしれない。マーシャル・プランの発表からわずかに三ヶ月後、ソヴィエト側はポーランドのシュクラルスカ・ポレンバの町に共産党の指導者全員を会合に呼び出した。彼らはこの地で、共産主義インターナショナル、すなわちコミンテルンを、新しく共産党および労働者党情報局、すなわちコミンフォルムの名称のもとにつくり替えたのだった。同時に、彼らは実質的に西側共産主義者らに反米感情の煽動へと乗り出すよう指図した——イタリアとフランスで四七年末から突如ストライキが増加した主たる理由の一つとなった指示だった。ヨーロッパの共産主義政党間の自立と多様性の時代は、完全に終わりを迎えた――爾後、すべてソヴィエトが差配することになるのである(54)。

この出来事の連鎖がいずれにせよ生じたということはかなりありそうなことではある一方で、触媒であったのが分かったのは、ギリシアの状況だった。ギリシア内戦は、それゆえ、単に局所的悲劇たるのみを得ず、真に国際的重要性を持つ出来事でもあったのだ。西欧列強はこれを悟り、共産主義を寄せつけぬ限りにおいては、ほとんどいかなる不正義をも是認する用意があるように見えた。

ギリシアの一般の人々にとって、このことは単に彼らの経験に、より一層の悲惨さを加えただけだった。単に――第二次世界大戦が終了したと見なされたずっと後になるまで――同胞の極端主義的傾向の合間にとらわれたというだけでなく、いまや彼らは超大国間の新たなゲームの遊び道具《フットボール》にもなってしまっていたのである。

原註

（1）モスクワ会談については、Dallas, pp. 285–94 を見よ。

（2）EAM は Ethniko Apeleftherotiko Metopo の略。ELAS は Ethnikos Laikos Apeleftherotikos Stratos の略。

（3）Mazower, *Inside Hitler's Greece*, pp. 140–42.

（4）Michael S. Macrakis, 'Russian Mission on the Mountains of Greece, Summer 1944（A View from the Ranks）', *Journal of Contemporary History*, vol. 23, no. 3, pp. 387–408; Mazower, *Inside Hitler's Greece*, pp. 296, 359–60.

（5）Mazower, *Inside Hitler's Greece*, pp. 295–6 に引用。

（6）TNA: PRO WO 204/8832, SACMED to Scobie, 15 November 1944. また、Churchill to Eden, 7 November 1944, TNA: PRO FO 371/43695; Alexander, p. 66 も見よ。

（7）Mazower, *Inside Hitler's Greece*, pp. 364, 413 fn. 24.

（8）Iatrides, *Ambassador MacVeagh Reports*, p. 660.

(9) Mazower, *Inside Hitler's Greece*, p. 362 に引用。

(10) Ibid., p. 352.

(11) TNA: PRO PREM 3 212/11, Churchill's order to Scobie, 5 December 1944: Clogg, p. 187 を見よ。

(12) TNA: PRO WO 170/4049, 'Report on Visit to Greek Red Cross F.A.P., Platia Kastalia, Kypseli, 12 Dec 1944'; report by Ambassador Lincoln MacVeagh, 6 December 1944 in Iatrides, *Ambassador MacVeagh Reports*, p. 658.

(13) TNA: PRO FO 996/1 に読まれる ELAS の人質に関する多くの報告を見よ。また、WO 204/8301, 'Account of military and political events in Western Greece during the independent mission of 11 Ind Inf Bde GP', esp. appendix C.10; WO 204/9380, 'Report by Captain WE Newton on a visit to Kokkenia on 12th January 1945' も見よ。

(14) ヴァルキザ協定の英語訳については、Richter, pp. 561–4 を見よ。また、Woodhouse, pp. 308–10.

(15) Mazower, *Inside Hitler's Greece*, pp. 271, 279–84 を見よ。

(16) Woodhouse, p. 147.

(17) Ibid., pp. 84–6; Mazower, *Inside Hitler's Greece*, pp. 318, 325. EKKA は Ethniki Kai Koinoniki Apeleftherosi の略。

(18) Hagen Fleischer, 'Contacts between German Occupation Authorities and the Major Greek Resistance Organizations', in Iatrides, *Greece in the 1940s*, pp. 54–6 を見よ。また、Mazower, *Inside Hitler's Greece*, pp. 142, 329–30. EDES は Ethnikos Dimokratikos Ellinikos Syndesmos の略。

(19) EAM のメンバー Konstantinos G. Karsaros の言葉、Kalyvas, p. 171 に引用。

(20) Mazower, *Inside Hitler's Greece*, p. 290.

(21) Ibid., pp. 318–20.

(22) John Sakkas, 'The Civil War in Evrytania', in Mazower, *After the War Was Over*, p. 194.

(23) Kalyvas, pp. 161–2.

(24) Ibid., pp. 157, 159.

(25) Ibid., pp. 148, 163.

(26) *Odigitis*, 8 February 1944, Kalyvas, p. 157 に引用。

(27) Kalyvas, pp. 153, 159.

(28) Ibid., p. 154.

(29) Mazower, *Inside Hitler's Greece*, p. 327.

(30) Kalyvas, p. 151.

(31) TNA: PRO HS 5/698 'General Report', pp. 8–9.

(32) EASAD は Ethnikos Agrotikos Syndesmos Antikommounistikis Draseos の略。

(33) Mazower, *Inside Hitler's Greece*, pp. 334–9.

(34) TNA: PRO FO 188/438, 'Summary of a Letter dated Athens 22nd November 1944 from Mr Justice Sandström, Chairman of the Greek Relief Commission to the Supervisory Board of the Swedish Red Cross'.

(35) 以下のドゥカ村の例は、Kalyvas, pp. 171–5 によりはるかにつぶさに解剖されている。

(36) Mazower, *Inside Hitler's Greece*, p. 373.

(37) Report of Charles F. Edson, to Lincoln MacVeagh, 29 March 1945, Clogg, p. 192 に引用を見よ。

(38) Voglis, p. 75.

(39) Reports by Charles F. Edson to Lincoln MacVeagh, 29 March and 4 July 1945, Clogg, pp. 192, 196 に引用、および Richter, pp. 148–50 に引用の Woodhouse report を見よ。

(40) Democratic Army of Greece radio proclamation to the Greek people, 24 December 1947, Clogg, p. 205 に引用。

(41) Report by Charles F. Edson to Lincoln MacVeagh, 4 July 1945 を見よ、Clogg, pp. 195–6 に引用。

(42) Mark Mazower's introduction in Mazower, *After the War Was Over*, p. 11 を見よ。

(43) Ibid., p. 7 を見よ。

(44) Eleni Haidia, 'The Punishment of Collaborators in Northern Greece, 1945–1946', ibid., p. 54.

(45) 英国側の推定によれば、三〇三三名の人々が一九四六年から一九四九年の間に特別軍法会議による判決で、三七八名が民事裁判による判決で処刑され、総計で三四一一名の処刑を見たのだった。TNA: PRO FO 371/87668 RG10113/11, Athens to Foreign Office, 6 April 1950 を見よ。

(46) P. Papastratis, 'The Purge of the Greek Civil Service on the Eve of the Civil War', in Baerentzen et al., p. 46. また、Mark Mazower, 'Three Forms of Political Justice, Greece 1944–1945', in Mazower, *After the War Was Over*, pp. 37–8 も見よ。

(47) TNA: PRO FO 371/87668, RG 10113/28. Voglis はこれらの数字を間違って引用しているように見える、p. 75。

(48) Mazower, *Inside Hitler's Greece*, p. 376.

(49) Ibid.

(50) George F. Kennan's statement to the War College, 28 March 1947, Kennan, pp. 318–20 を見よ。

(51) Truman, p. 129.

(52) George Marshall's speech at Harvard, 5 June 1947, ibid., p. 138 に引用を見よ。また、Rioux, p. 114 を見よ。

（53）Milward, *Reconstruction*, pp. 5, 56–61 を見よ。

（54）Judt, p. 143. フランスおよびイタリアにおける共産主義者による煽動の記述については、Rioux, pp. 129–30; 'Blood on the Cobblestones', *Time* magazine, 26 July 1948; *FRUS*, 1948, vol. III（Western Europe）, pp. 853–4 を見よ。

訳註

＊1　As the writer George Theotokas wrote in his diary, 'It only needs a match for Athens to catch fire like a tank of petrol.'—It を it（小文字）と読んだ。

第25章 巣の中のカッコウ——ルーマニアの共産主義

西側諸政府の戦争の直後の行動を批判することは容易い。後知恵をもってすれば、彼らが偏執症的で、それが、彼らが支持していると主張するまさにその民主主義的原則の留保を意味する場合でさえ、左翼による合法的な異議申し立てを過度に粉砕する用意があるように見えた時があった。不正義は事実起こった。人生は事実台無しにされた。だが、西側が直面した脅威は極めて現実的だったのだ。西側諸政府の手荒く、しばしば乱暴なアプローチにもかかわらず、彼らは自分たちが最も最悪でない針路を辿っているものと心底信じ切っていたのだった。

スターリン主義的共産主義と、西側の採用した民主主義と権威主義の瑕疵ある混淆との二者択一では、疑いなく後者の方が二つの悪のうちよりましな方だった。東欧の共産主義者らは権力の追求にあたり無慈悲さを披露し、それに比べれば西側諸政府など下手なアマチュアのようだった。鉄のカーテンの背後に落ちた一ダースかそこらのいかなる国であれ、このことの証明には役立つかもしれないものの、ひょっとするとその最良の例は、ルーマニアのそれかもしれず、なぜならば、共産主義者による乗っ取りはこの地ではことさらに迅速で、ことさらに邪悪だったからである。

ルーマニアは、第二次世界大戦によって比較的損なわれぬままに済んでいた数少ない東欧諸国の一つだった。国の土地土地は連合軍により広範に爆撃され、さらに北西部は赤軍の侵入で荒廃していた――ものの、ポーランドやユーゴスラヴィア、さらには東ドイツとは対照的に、というのもそれらの地では旧来の権力構造が戦争によりほとんど完全に一掃されたからだが、ルーマニアでは諸制度は広く無傷のまま残ったのだった。この地で共産主義者が絶対的権力を握るのは、それゆえ、単に真っさらなスレートに新たなシステムを圧しつけるというような問題ではなかった――まずは旧いシステムの解体ということがあったのである。ルーマニア伝来の諸制度が精算され置き換えられてゆく残忍かつ恐ろしげな様は、これぞ全体主義的メソッドのマスタークラスであると言わんばかりの趣である。

八月クーデタ

戦後ルーマニアの物語は、一九四四年の夏、突然のかつ劇的な政権交替とともに始まる。この時点に至るまで、ルーマニア国家はイオン・アントネスク元帥による軍事独裁政権に支配されており、ドイツとの確固とした同盟関係でがちがちに固められていた。かなり熱狂的に戦争に参加し、国防軍《ヴェーアマハト》と並んではるばるスターリングラードまで戦いに出ていた。けれども、いまや形勢は逆転し、ドイツの頽勢はいよいよ鮮明になってきた。ルーマニア国内の多くの人が、赤軍による荒廃を免れるには唯一相手側につくしかないのを悟った。広く野党が秘密裡に提携し、アントネスクはヒトラーと一蓮托生であろうことを確信し、彼の追放を決定したのだった。

クーデタを背後で駆り立てている勢力は、民族農民党の指導者ユリウ・マニウだった。計画を最初に唆《そその》かしたのはマニウで、かつ、連合国との秘密裡の和平協議に最も関与が深かったのもマニウだった。彼の党は戦中および戦後、断然人気を誇り、もしクーデタが成功した暁には政府の要職のほとんどを占めるものと思われていた。主だった他の計画者は、社会民主党と国民自由党、共産党に所属する政治家たち、そして——一団の表看板として——ルーマニア国家の若き君主、ミハイ王だった。

数週間の準備を経て、クーデタの決行は八月二六日と決められた。計画は、アントネスクを昼食に招き、連合国との新たな交渉を開始するようミハイ王に命令させるというものだった。もし彼が断れば、王は直ちに彼の職を解き、野党政治家からなる新政府を任命することになっていた。この政府は前もって準備しておき、そうすれば、彼らは権力の手綱を即座に、かつ継ぎ目なく引き受けることができるはずなのである。

不幸にも、事態はすっかり計画通りというわけにはいかなかった。軍事情勢があまりに急速に悪化し始めたので、元帥は八月二四日に急ぎ前線へと発つ決断をしたのである。即興を余儀なくされた王は、クーデタを数日早める決断をした。二三日の午後、彼はアントネスクを宮殿へと招き、短いが張り詰めた対峙の後で、独裁者をその場で逮捕させた。この一手は、完全にアントネスクの不意を打ったように見える。数ヶ月後、王がある英国人ジャーナリストのインタヴューを受けた際、彼らは「その夜、アントネスクを宮殿の金庫に放り込んだが、その際の彼の言葉遣いは、余に申したところでは、城の衛兵により賞賛をもって記憶されている」と王は述べたのである(1)。

とはいえ、急ぎ足の出来事であったために、陰謀家たちは新政府をどのように形成すれば一番よいか依然合意に漕ぎつけてはおらず、そのため王はいま一度即興を演じるべく残された。助言者らと急ぎ会談を済ませると、彼はその場で暫定内閣を指名した。その晩、一〇時をわずかに過ぎたところで、ミハイ王はラジオでクーデタを発表した。事前に準備してあったコンスタンティン・サナテスク新首相による宣言文も読み上げられた。これらの発表は、ルーマニアが連合国との休戦合意を受け入れたことを明らかにした。さらに彼らは、新政府は、アントネスクの独裁政権とは対照的に、「そのうちで公的自由が尊重され保証されもする民主主義的政権」であるであろうことも約束したのだった。[2]

ここまでの出来事で共産主義者はほぼ最小限の役割しか演じてこなかったにもかかわらず、一度クーデタが遂行されると、断然彼らが迅速に反応したのだった。クーデタの後最初に宮殿に到着した人物は、共産主義の指導的政治家ルクレッツュ・パトラシュカヌで、彼は即座に法務相の職を要求し――そして、それは認められたのだった。それは、理由のない要求ではなかった。パトラシュカヌには法律の素養があり、国民に対する王の布告の起草を手伝っていたのだった。とはいえ、他の政党の代表者のどの一人としてずっと後になるまで特定の閣僚職を与えられなかった以上、この指し手はどう見ても大胆不遜なものだった。同時に、それは、共産主義者は指導的役割を果たしているがゆえに見返りを得ているような印象も与えた。それどころか、後にパトラシュカヌは、来たるクーデタについて彼が相談を受けた唯一の反対勢力の代表者だったとの偽りの主張をすることで、この印象を利用しもしたのだった。[3]

共産主義者らにとって思いがけもなくも幸運だったのはまた、一度クーデタが終わるや、彼らにアントネスクおよび他の囚人の監督が委されたという事実だった。再度、これにはもっともな理由があった。軍部にアントネスクと彼の内閣を預けるのを許すのはよい考えだとは思われなかった。というのも、兵士たちはいまだいくらかは年来の指揮官に忠誠を感じており、彼を解放するかもしれないからだった。警察も同一の理由で信用できなかった。陰謀家たちはそれゆえ、囚人らを民間人からなる民兵団へと引き渡す決定をした。一番お誂え向きだったのは、マニウの民族農民党の志願兵の一団だった。けれども、クーデタの時点で彼らはすでに、ドイツ軍との戦闘の支援のためにトランシルヴァニアに派遣されていたのだった。他に反ファシズム主義の民間人民兵は、唯一、共産主義者に訓練された「愛国防衛隊」だけだった。独裁者をこの集団に引き渡すのは、いま一度クーデタにあたり共産主義者が、現に彼らがそうであったよりもはるかに大きな影響力を持っているという印象を与えたのだった。

しかしながら、共産主義者への最大の贈り物は、休戦交渉の間に連合国よりもたらされた。クーデタ時にはすでにすべての陣営が休戦協定の大まかな条件は受け入れていたものの、実際の文言が最終的に承認されるにはさらに三週間が必要だった。難題の一つは、連合国中で誰がルーマニア国家の責任を担うことになるのかというものだった。ソヴィエト側は、ルーマニアを占領したのはソヴィエト軍である以上、われわれがそれを支配する者であるべきだと論じた。英米の高官の中には、ソヴィエト側があたかもルーマニアが「ロシア自身の領分」であるかのように振る舞っているとの懸念を示す者もいた。彼らは主要連合国の三カ国すべてが合同責任を担うべきだと論じた。けれども結局は、我を通したのはソヴィエト側だった。最終的な休戦協定の言葉遣いが明記したことには、ルーマニア国家は、「連合国（ソヴィエト軍）最高司令部の一般的指導および命令下にある」連合国管理委員会により監督されることになる、と言うのだった。これが後に、ルーマニア国家をソヴィエトによる支配へと明け渡すことになるのである。(4)

共産主義者の権力への闘い

四四年八月二三日のクーデタ後、矢継ぎ早に三つの政府が交替した。最初は、サナテスク将軍下の暫定政府で、わずか一〇週間しかもたなかった。ソヴィエト側はこの政府を、そのうちで共産主義者がいかなる権限のある地位もほとんど占めていないという単純な理由で、強く退陣させたがっていた。サナテスクには、二、三攻撃を受けやすいところがあった。第一に、彼はソヴィエト側の賠償請求に応じるにあたって大変な困難を抱えており、これが、彼が休戦協定で述べられたがごとき言質を違えているという非難へと繫がった。[5] だが、彼の本当の失墜は、社会からの「ファシスト分子」の粛清に失敗したことにあった。八月クーデタ後の最初の六週間で、アメリカ戦略情報局の報告によれば、ドイツ軍への協力ゆえにわずかに八名のルーマニア人官吏しか免職されなかった。[6] 一握りの高級情報部員は逮捕されたが、国家保安機構の大部分は温存された。一層悪いことには、ファシスト民兵団の鉄衛団の元隊員らが、依然としてブカレストの酒場やホテルで、「どんな政府も敢えて彼らに手出しはできないと怪気炎をあげている」のが見られたのだった。[7] 内閣のメンバーの中には、戦争犯罪者の審理のために即座に法廷を開設するように求めた者も実際にいたものの、これらの要求はユリウ・マニウが律法主義的反論を持ち出すと取り下げられた。農民党の指導者は、そのような粛清に対する彼の反論はさらなる流血を避けるためだと主張したが、彼は本当は、何千というかつての鉄衛団員が一夜にして、共産主義者へと乗り換えようとするのを惹き起こすような何ごとをもひたすら避けようとしているだけなのではないか、と広く疑われたのだった。[8]

当然ながら、住民の一部には、このような不作為に激昂した者もあり、事実それに比べれば、弱々しいイタリアの粛清でさえ効果的に見えたのだった。ルーマニア人共産主義者は大衆のこの怒りに乗じ、これを焚きつけるべくあらん限りを尽くした。一〇月八日には、彼らはブカレストで最初の大きなデモを組織し、約六万人の抗議者が市の中心部に集い、サナテスクと彼の政府に辞任するよう迫った。多数が正真正銘の抗議者であったことに疑いはない――だが、共産主義者らは、労働組合内部での影響力を行使し、より多くの人が参加するように強制しようともしたのだった。[9]

ソヴィエト側と国内の勢力の両者からの板挟みにあって、サナテスク将軍は一一月二日に辞任した。けれども、その直後に彼は王より、選挙の準備が整うまでの間、新たな暫定政府を組織するよう頼まれたのだった。サナテスクの新政府はより多くの共産主義者のためのポストを含んでおり、そのうち最も重要だったのは、彼らの指導者ゲオルゲ・ゲオルギュ＝デジを交通相に任命したことだった。共産党の手先で、耕民戦線の指導者だったペトル・グローザは副首相になった。しかしながら、欠くべからざる内務省は、というのもそれは国家の警察力を支配するからだが、民族農民党のものであり続けた。共産主義者にとって大いにうんざりさせられたことには、その職はニコラエ・ペネスクに与えられたのであり、何となれば、彼は熱烈な反ソヴィエト主義者だからなのだった。新内務相の信用を傷つけようと、さらなるデモが組織され、その際抗議者たちには「打倒ペネスク」と繰り返し歌うよう明確な指示が与えられていた。(10)こうした煽動は、レトリックと威圧の両者を用いていよいよ多くの人を動員しようと共産主義者が労働組合への締めつけを強めるにつれ、着実に増えていった。

第二次サナテスク政権は、第一次よりもさらに一層短命だった。一一月末、労働組合員二名が酒の席の喧嘩のさなかルーマニア人兵士に射殺され、共産主義者に率いられた国民民主戦線（NDF）が存分にこれを活用する出来事となった。死んだ二人の男のために大々的に葬儀が企画され、再度それが政府に対する大衆デモとなった。他方、共産主義の新聞雑誌は、支配階層に巣くう「ヒトラー主義者のファシストども」が文字通りいかにしてまんまと殺人をやり果《おお》せているかを痛罵し、彼らを直接に支持しているかどで民族農民党を告発した。NDFからのこのような嫌がらせに対し抗議しようと、農民党と自由党のメンバーらが一斉に内閣から退出した。打ちのめされたサナテスクは辞任せざるを得ず、今度はそれきりだった。(11)

クーデタ後の三つ目の政府は、四四年一二月二日に成立した。ミハイ王は今回、彼の参謀長ニコラエ・ラデスク将軍を指名した――ソヴィエト側の承認を受けた無党派の人物だった。打ち続く内乱に終止符を打つべく、王はソヴィエトの外務次官だったアンドレイ・ヴィシンスキーに、もし共産主義者の煽動が続くようならば余は退位しルーマニアの国を後にしなければならぬことになると告げた。ヴィシンスキーは、そのような手はソヴィエトの前線の背後で混乱をもたらすことになるであろうし、ソヴィエトが正式にルーマニア国家を監督するのを余儀なくされるかもしれないことに気づいていた――英米の盟友によくは思われないであろう出来事だ。それゆえ彼は、ルーマニア人共産主義者たちにいくらか熱を下げるよう、そして少なくとも一時の間は街頭デモを止めるように指示したのだった。(12)

しかしながら、共産主義者は実際には、内閣改造を利用してさらに深く権力へと食い込もうとした。確かに彼らは内務省に対する全般的支配をすっかり奪い獲ることはできなかったものの、というのもラデスクが自分自身のために留保していたからだが、実のところ彼らはある著名な共産主義者を彼の政務次官補に指名させたのだった。新任のテオハリ・ジョルジェスクは、間髪を入れずに、できるだけ多くの支配権を共産主義者のために掌握した。彼は一六の地方の県のうち九つに自分の部下を就任させ、彼以外の何者からも命令を受けることがないようにきつく言いつけた。彼は共産主義者により訓練済みの「愛国防衛隊」をルーマニアの秘密警察シグランツァへと導入することを始め、保安機構の他の部門への共産主義者の浸透も加速させた。この時点までにラデスクは、彼の政務次官補が何を心得ているか勘づいたものの、すでに遅きに失していた。「愛国防衛隊」の解散を命じても、単に無視されたのだった。ジョルジェスクの辞任を要求したときも、同様に彼は無視された――ジョルジェスクは執務室に入り浸り地方の知事に対してひたすら命令を出し続けたのだった。(13)

ほどなく、ラデスクの別の政務次官補に対するコントロールの欠如も明らかになった。四五年初め、副首相のペトル・グローザが、将来の土地改革計画を見越して、大土地所有者から土地を剥奪するよう公然と小作農に奨励し始めた。二月一三日、共産主義紙『スクンテイア』が、プラホヴァとダンボヴィツァの伯爵領の地所が小作農により占拠されたと伝えた。二日後の閣議で、ラデスクは政務次官補を内戦を煽動していると非難した。[14]

共産主義者らはまたしても、ラデスクの辞任を求めるデモを組織し、そしていまでは、彼らの権力はこれらの集会をルーマニア国内中の数個の都市で主催するのに十分なだけ強大なのだった。状況は、二月二四日に、内務省その省の外で行なわれた大規模なデモで重大な局面を迎えた。建物の中にいたラデスクは、群衆を散らすよう護衛に空に向けて発砲するように命じた。それに続く混乱の中で、今度はさらに未知の一角から発砲があり、群衆に含まれていた数人が殺された。ラデスクは共産主義者からの挑発が止まないことにうんざりし、いまや殺人犯呼ばわりもされていることに度を忘れ、その晩、国民に向けたラジオ放送で、共産主義の指導者アナ・パウケルとヴァシレ・ルカを「ハイエナ」で、「国なしで神なき」外国人と呼んだのだった。彼が引き合いに出したのは、ルーマニア人共産主義者の多くが、住民の目には、本当は「ルーマニア人」ではなく、ロシア人か、ウクライナ人、ドイツ人、あるいはユダヤ人の血筋と映っていたという事実である。だが、同時に彼は遠回しに、彼らのソヴィエトの後ろ盾をも引き合いに出していたのである。[15]しかしながら、ルーマニア人ナショナリズムに対するこの訴えは、彼に何の益ももたらさず、共産主義者らは引き続き彼の逮捕を求めた。これらの出来事の直後、ソヴィエトとルーマニアの医師からなる合同委員会が、ラデスクの護衛はほぼ間違いなく群衆に向けて発砲していない、というのも、犠牲者の身体から採取された弾丸はルーマニア軍が用いるのとは異なったタイプのものだからだ、という事実を立証した。だが、このことが知られるようになった時点では、それは疾《と》うにものの数ではなかった。ラデスクは、彼以前にサナテスクが陥ったのと同じ罠にかかっていたのであり、彼の政府は急速に持ちこたえることができなくなってしまった。

ルーマニアで起きた多数のストライキとデモは、本質的にはフランスとイタリアで生じていたものと同一だった。違いは、フランスとイタリアでは連合国が政府の後ろにしっかと控えており――一部には政治的理由から、しかし大部分は法と秩序の維持のために――、死活的に重要な道徳的、財政的および軍事的支援を提供したということである。対照的に、ルーマニアでは、政府に対する連合国の支援は目立って欠けていた。ソヴィエト側はルーマニア国家に財政的な援助を提供しなかった――反対に、彼らは絶えざる徴発と賠償要求でルーマニアの国の最後の一滴まで搾り取るのに余念がなかったのである。彼らは道徳的支援を提供することもせず、また政情不安を鎮めるために少なからず軍事的影響力を行使するかもしれないという仄めかしもなかった。デモがいよいよ暴力の度を増してきているというのに無為に傍観することで、ソヴィエト側は意図してルーマニア政府が掘り崩されるままになるのを許していたのだった。

とはいえ、共産主義の煽動者に対する支援は単に受動的なばかりでなかった。二月危機の間、ソヴィエト側は多かれ少なかれ立場を明確にした。四五年二月二七日、ソヴィエト外務次官のアンドレイ・ヴィシンスキーは直にミハイ王に謁見し、ラデスクを解任し、かわりにペトル・グローザを首相に就任させるよう要求した。王が時間稼ぎをしている間、ソヴィエト側はブカレストからルーマニア軍部隊を外し、かわりにソヴィエト軍を入れることで圧力を強め、いまでは市の要所を占めるに至った。脅威の暗示は明確で、ヴィシンスキーからのさらなる圧力に耐えかねたミハイは、二月二八日にラデスクを解任せざるを得なかった。彼はグローザと共産主義者が支配する内閣の叙任についてはさらにのろのろと時間を稼いだが、ヴィシンスキーがソヴィエト側はルーマニア国家を自ら簒奪する用意があると明らかにすると、ミハイには降伏する以外にほとんどいかなる選択肢もなかった。グローザの政府は、四五年三月六日に政権を握った。クーデタのきっかり六ヶ月後に、ＮＤＦはどうにか自らが権力の座に就いたのを見果《おお》せたのだった。

民主主義の解体

その翌年とさらに半年、グローザの政府は、ルーマニア国内の民主主義の迅速な解体を主宰した。民族農民党と自由党は、グローザ新内閣からほぼ完全に締め出された。一八ある内閣のポストのうち一四がＮＤＦのメンバーに与えられ、残りの最後の四つは他党からの転向組に与えられた。たとえば、自由党反主流派のゲオルゲ・タタレスクがそうで、彼は副首相に任命されたのだった。最も重要な閣僚職は共産主義者らが余さず握り、そこには法務省、逓信省、宣伝省のそれら、そして由々しきことには、内務相も含まれていたのだった。加えて彼らは、農務ならびに逓信省の副大臣のポストも確保した。[16]

いまや、ついに、政府の機構は、共産主義アジェンダに依拠する組織的粛清と再編成に従属することになった。内務省の完全な支配をとうとう握ると、テオハリ・ジョルジェスクは直ちに治安部隊から「ファシスト」と「妥協分子」を排除する計画を発表した。六三〇〇名の内務省官吏のうち、ほぼ半数が予備要員に回されるか解雇された。新政権が権力の座についてわずか二、三週で、数百人の警察官と反スパイ活動要員が逮捕された。[17]捜査隊には、依然として活動的なかつての鉄衛団のメンバー全員を捜し出すという特殊任務が与えられた。このような粛清が必要だったことに疑いはないにしても、それが実行されたやり方には、また偶《たま》さかに他の共産主義者とソヴィエト側の目標に資するところがあった。何千という鉄衛団員は、いまやついに警察と国家安全機構への加入が許された。ソヴィエトのスパイ、エミル・ボドナラシュは、いまに至るまで愛国防衛隊を預かる身だったのに、嫌われ者の特殊情報部《セルヴィチウル・スペチアル・デ・インフォルマツィ》（ＳＳＩ）の実権を与えられた。ソヴィエトの別のスパイ、アレクサンドル・ニコルスキーは捜査隊を、ほどなく悪名高いセクリターテとなるべきものの礎へと成型するのを任された。ここに、将来のルーマニア警察国家の基礎が築かれたのだった。

政府とその治安部隊の両者を乗っ取った上で、共産主義者らは、いよいよあれら民主主義社会の二つの支柱の解体に乗り出した。自由な報道と独立した司法部である。夏の間、法務相のルクレッュ・パトラシュカヌは、ルーマニア国内中で一〇〇〇名を超える裁判官を粛清、免職ないしは早々と退職に追い込んだ。その空いた場所に、彼は共産党に忠誠を示す役人たちを送り込んだ。彼は、自らの判決を書き取らせるために最高裁判所判事を事務室に呼ぶのを何ごととも思わなかったようで、最終的には、法廷でどの判事にも二人の「参審員」が付き添うことになる制度を制定し、彼らには、もし判事の決定が党の方針とそぐわないようであればその判決を破棄する権限が与えられることになるのである。[18]

報道の征服は、一層容易く達成できた。事実、それはすでに進行していたのだ。八月クーデタ後の極めて早い時期から、ソヴィエト側は頻《しき》りに、敵対的だと考える新聞の発行を停止するか、まるきり閉鎖していた。たとえば、民族農民党最大の新聞紙『クリエルル』は四五年一月一〇日に閉鎖され、事務所の空間の一部が共産主義紙『スクンテイア』にかわりに与えられた。同様に、リベラル紙の『デモクラトゥル』は、赤軍によって征服されたと伝えられた多くのルーマニアの地域が、実際にはルーマニア人自身により占拠されているということを暴露した記事を掲載したがゆえに、出版禁止にされた。至極、馬鹿馬鹿しかったのは、自由党機関紙の『ヴィートルル』が二月一七日から一八日の夜間発行停止にされたことで、これはソヴィエト側が、同紙が暗号化されたメッセージを印刷していると思ったからだった。これらのメッセージは、最終的に、英軍代表の空軍少将、ドナルド・スティーヴンソンの「疑わしい」省略形と判明したのだった。[19]

グローザの政府になって一年後、民主主義的報道はさながら途絶えたも同然だった。四六年六月七日に合衆国国務省が報告したところでは、ルーマニアで発行される計二六紙のうち、民族農民党と国民自由党はわずかにそれぞれ日刊紙を一紙発行できただけだった。対照的に政府は、ブカレストだけで一〇の日刊紙と九つの週刊または隔月紙を持っていた。独立社会民主党は、新聞の発行をまったく認められなかった。情報省への無数の請願にもかかわらず、利用可能な新聞用紙が十分ではないという口実でもってそれらは誤魔化されたのだった。[20]

グローザ政府は、それまで、単なる選挙までの暫定政府としか考えられていなかった。けれども、NDFは選挙での勝利が約束されるまで選挙をやりたがらなかった――そのため、グローザは引き続きぐずぐず先延ばしをし、その間に舞台裏の共産主義勢力は対抗する全勢力の掘り崩しを続けていた。その支配の二〇ヶ月の間に、自由党員や農民党員、独立社会党員、さらには敵対した者は誰であれ組織的に弾圧された。四五年八月、政府は、好都合にも民族農民党の党員を含む二つの「テロリスト」の陰謀を曝いた。四六年三月一五日、元首相のラデスクが棍棒で武装した一群の男たちにしこたま殴られ、これが彼に国外逃亡が賢明だろうと確信させる出来事となった。四六年五月、第一次サナテスク政権で内務相を務めたアウレル・アルデア将軍が、「ルーマニア国家の破壊を謀っている」かどで逮捕された。彼は五五人の「共犯者」とともに裁かれ、四六年一一月一八日――選挙が行なわれることになっていたその前日に――無期懲役の刑を言い渡されたのだった。[21]

選挙を目前に控える中で、共産主義者と協力者たちは可能な限り野党の立場を困難にした。民族農民党は繰り返し国際社会に、堪えるのを余儀なくされた政治的状況の種類について訴えた。

集会は自由にはできなかった。政府の理解と雅量とをもって、とりわけ内務省のそれをもって、武装した集団が組織されてきた。これらの集団は公開の集会と野党の指導者を襲撃する。彼らは政権の敵対者を殺害し、重傷を負わせ、手荒く扱う。彼らは自動式の武器を持っている。彼らは鉄の棒や、ナイフ、棍棒を使用する。彼らは金で雇われている。関係者の大半は前科持ちの犯罪者だ。彼らは、殺人さえ含むいかなる残虐行為からもすっかり免責されるだけでなく、警察と憲兵隊《ジャンダルムリー》の庇護のもとで行動もするのだ(22)。

このような報告を読むとき忘れずにいなければならないのは、それらが、特定の政治的アジェンダを持つ人々により、申し立てと反申し立てとの応酬で一杯になった空気の中で書かれたということだ――にもかかわらず、もっと中立的な史料からそのような記述がそれほど的を外してはいないことを示唆する証拠が存在する。英国政府による公式の抗議文は、「荒くれ者の一団」が野党の選挙運動を妨害し、反対派の集会を解散させたと主張した。さらに、出版メディアとラジオ局を野党に使わせずにおいていることの、および、選挙名簿の広範な捏造に関する英米両国からの申し立てもあった。選挙それ自体に関して言えば、『ニューヨーク・タイムズ』紙のある社説によれば、「有権者への脅迫、野党の弾圧、そして選挙結果の捏造は、ブルガリアにおけるのよりも一層はっきりと目立ち、ユーゴスラヴィアのティトー元帥の標準にほぼ等しかった」のだった(23)。

共産主義者らは、四六年に、彼らが「民主政党ブロック《ブロクル・パルティデロル・デモクラテ》」と呼んだところのものに参加を納得させた、他の数個の左傾政党とともに単一候補者名簿を作成し、選挙に打って出た。票が集計されると、ブロックは公式には約七〇パーセントの得票数と新議会の八四パーセントの議席数を獲得した。

対照的に、民族農民党はわずか一二・七パーセントの得票数と七・七パーセントの議席数しか得なかった。残りは他の小政党へと行った[24]。しかしながら、当時の独立筋は、共産党自身のアーカイヴをもとにしたより最近の研究と軌を一に、本当の結果はまさしくその正反対だったことを示唆している。得票数の過半数を得ていたのは民族農民党だったのだ。選挙は、まるっきりただのいかさまだった。たとえばソメシュでは、民族農民党にはわずか一一パーセントの得票しか認められていなかったところが、実際には五一パーセントを超える得票数を勝ち得ていたのだった。選挙結果をこんな風に偽造することで、共産主義者らは権力独占へのさらなる巨大な一歩を踏み出していたのだった[25]。

いまや、西側からの協調したいかなる圧力もなければ、ルーマニア国内での共産主義者の絶対的支配に挑戦するためにできることは誰にも何もなかった。ルーマニアの民主主義にとって不幸なことに、西側の反応は憤然とはしていたものの、何の効き目もなかった。選挙に先立つ二年間、英米は数度正式に抗議文を提出したものの、それらを真剣な行動によって裏打ちするであろう仄めかしすら一度として行なわなかった。ルーマニア共産党が選挙結果を捏造した鉄面皮なやり方は、彼らがどれほど西側が無関心なままあり続けるか確信を持ち得たかの証拠である——そして実際、英米側は選挙を無効と見なすと公然と述べた一方で、両国ともルーマニア政府の正式な承認を撤回するほど肝が据わってはいなかったのである。ソヴィエト側は彼らの訴えが所詮こけおどしに過ぎないのが分かっており、歴史は即座に彼らの正しさを証明した。一〇週間後、連合国はルーマニアと正式に平和条約を結び、爾後西側はルーマニア国家に対する責任から実質的に手を引いたのである[26]。

選挙と平和条約の正式さを後ろ盾に、共産主義者はいまや逮捕の最終ラウンドへと乗り出し、今度ばかりは反対勢力をこれを最後にと亡き者にする意図をもって臨んだのだった。三月二〇日、野党の党員三一五名がでっち上げの告発で逮捕された。五月四日の夜、さらに六〇〇名が逮捕された。六月二日、クルジュの警察は共産党に反対した労働者二六〇名を逮捕した。そのうちの一人、民族農民党の青年組織の一つのあるメンバーによれば、彼らは地元の軍兵舎に連れて行かれ、その後ソ連邦へと向かう列車に乗せられた。もっとも、そのうち何人かはその前に鉄道貨車の床板を剝がして難を逃れたのだった。逮捕された人々の多くは一度として正式に告発されなかった。大半は六ヶ月後に解放されたが、思うに、その時には当局は当初の目的を達していたからだろう[27]。

その後ほどなく治安部隊が野党の指導部を標的にし始めた。七月一四日、民族農民党所属の元内務相のニコラエ・ペネスクが、同党の約一〇〇名の他の党員と共に逮捕され、その中には副党首イオン・ミハラケや、民族農民党の新聞『ドレプターテア』の編集者もいた。党と新聞社双方の土地家屋は警察に占拠され、新聞は発行禁止にされた。

七月二五日、民族農民党の指導者その人のユリウ・マニウが同じく逮捕された。その秋の見せしめの裁判で、彼と民族農民党指導部の残りの者たちは、英米と気脈を通じ、ルーマニア国家を離れ外国で代替政府を打ち立てようと企て、そしてルーマニア政府を掘り崩そうと謀った罪で告発された。これに抗弁したマニウは、まったく正当にも、彼が告発されている「違反」は、政治家ならば単に誰でも果たさねばならない通常の民主主義的職務であると主張した。それは何の違いももたらさなかった。彼とミハラケは無期懲役を言い渡された。彼らの共同被告人らも、二年間から終身の懲役刑ないしは禁固刑の判決を受けたのだった[28]。

主たる最後の反対勢力、すなわち王その人は、二、三ヶ月後に無力化された。その年のまさに末、彼は強迫の下、退位法案への署名を余儀なくされ、その数日後ルーマニアの国を逃れたのだった。彼は、一九九二年の共産主義の崩壊後まで戻らなかった。

解き放たれたスターリン主義

敵対勢力の最後の名残がついに除かれ、共産主義者らは気兼ねなく真のアジェンダへと乗り出すことができた。個人の思想と表現に対する攻撃は、教師の粛清や、あらゆる外国人ないしは宗教学校の閉鎖、非共産主義的教科書の締め出し、およびマルクス－レーニン主義の教義のスターリン主義的解釈を叩き込む授業の強要を見た。ブルジョワの子弟は労働者の子供の利益にと教育を拒絶され、学生の中には祖父母がかつて家屋敷を所有していたという理由で総合技術学校を放校になった者もいた。図書館からは、スターリン主義的世界観と一致しないいかなる本も一掃された。詩人と小説家は共産主義紙『スクンテイア』紙上で攻撃され、その作品は甚だしく検閲されるか禁圧された(29)。

宗教はとくに標的にされた。教会は資産を剝奪され、その学校は国家により接収された。当局は、洗礼式や教会での結婚、それにクリスマスとイースターを公に祝うことを禁止し、共産党員には教会の礼拝に決して出席することがないよう指示が出た。カトリック教会は新たに設立された「カトリック・アクション委員会」の統制下に置かれ、委員会の命令を是認しない者は逮捕された。正統教会は粛清され、その教階制度は共産党員と他の体制シンパで占められた。ユニエイト教会は約一五〇〇万人の教会員を擁したが、国家の統制の下、正統教会との合併を強いられた。ユニエイト教会の司祭が彼らの宗教的信念のこの乗っ取りを認めるのを拒絶すると、彼らは一纏めに逮捕された。四八年一一月時点で、約六〇〇〇人のユニエイト教会の聖職者が収監されていた。三つの宗派のいずれからも、殺害されるか拷問で死亡した司祭と主教が出た(30)。

言論の自由の抑圧には、中央集権化と私的所有の廃止へと向かう巨大な流れが伴っていた。輸送や工業、鉱業から保険と銀行に至るまで、ありとあらゆるものが国有化された。一九五〇年までだけで、主要な一〇六〇の企業が国家の統制下に置かれ、ルーマニア国家の工業生産総額の九〇パーセントが国家に取り込まれた。その過程で、市場メカニズムは破壊され、小企業はほぼ消失し、経済は「国家計画委員会」とスターリン主義「五カ年計画」の奴隷となったのだった。[31]

とはいえ、ルーマニア国家の最大の激変は、ひょっとすると集団農場化によってもたらされたのかもしれない。四五年三月にグローザ政府が導入した土地改革は、農村部で共産主義者に指導されたNDFへの支持を増やすべく入念に計算されたものだった。公式統計によれば、一〇〇万ヘクタールを超える土地が「戦争犯罪人」、つまりはドイツ軍と協力した人々と、先立つ七年を超えて土地を未墾のままで放っておいた土地所有者から没収された。五〇ヘクタールを超える土地を所有した者は誰であれ、国家にそれを引き渡さなければならず、今度は、国家がこれをより貧しい小作農に小分けした。総計で、一〇五万七六七四ヘクタールの土地が七九万六一二九人の受益者へと分配され、その平均は各々一・三ヘクタールだった。これが極度に人気のあった政治的指し手だった一方で、経済的にははるかに成功の覚束ないものだった。つまり、小分けした土地は極度に非効率的で、以前の大農場が備えていたのと同量の農業機械類へのアクセスがなければ、食料生産は劇的に落ち込んだのだった。[32]

四年後、国家の絶対的支配を達成した後で、共産主義者らはついに農村部に対する真のアジェンダを明らかにした。四九年三月初め、彼らは五〇ヘクタール以下の全農場が、以前はグローザの土地改革から免除されていたにもかかわらず、いまや同様に補償なしに没収されることになる通告をした。地元民兵と警察が直ちに押し寄せ、農業を生業とする推計で一万七〇〇〇戸の家族を家から立ち退かせた。[33] グローザ土地改革とは対照的に、これらの土地財産の没収は広く抵抗を喚起した。

ドルジュやアルジェス、ビホル、ブカレスト、ティミショアラ、ヴラシュカ、フネドアラといった地域、さらにはトランシルヴァニア西部の土地土地では、小作農たちが土地を手放すまいと会戦を戦い、事例によっては彼らの鎮圧のために軍が呼び入れられた。後年のゲオルゲ・ゲオルギュ＝デジの言葉によれば、小作農の大量逮捕はルーマニア国内各地で行なわれ、その結果「八万人を超える小作農が……裁判に送られた」[34]。だが、これらの人を政府で代表するいかなる者も最早いない、あるいは、彼らを野蛮な治安部隊から守るいかなる者も最早いないいまとなっては、その抵抗も虚しかったのである。

これらの小作農から没収された土地は、ほぼ一〇〇〇に上る集団農場の設立に用いられ、土地を持たぬ、ないしは貧しい小作農がそこで働かされた。計画は最初から惨憺たる大失敗だった。政府はトラクターや他の農業機械類のための十分な共同ステーションの設立にすっかりしくじったのだった。その結果、作物は適切に播種もされず、収穫もされず、国中で劇的な食料不足へと帰結した。人民の意志に反してこの政策を推し進めたのに、わずか一年後に、政府は計画を劇的に縮小するのを余儀なくされた。集団化の推進は翌年本格的に再開され、一〇年後デジは、国内の耕作可能な土地全体の九六パーセントがいまや国営農場と集団農場および農業組合に所属している、と発表することができたのだった[35]。

釣り合いをとるためには、より貧しい小作農の中には、新たな制度化で暮らし向きがましになった者もいたというのを心に留めておくことが重要である。同時にまた、何千人というルーマニア人小作農が土地改革に反対して戦っていたその同じ年に、イタリアではそれが積極的に妨害されたがゆえに、彼らが多数で異議申し立てをしていたということを思い出しておくのも有意義なことだ。けれども、このどれ一つとして、ルーマニアで集団化が遂行されたその粗暴で反民主主義的なやり方を赦免するものはない。経済的に、かつ人間のまったき悲惨さの点の両者において、計画は手酷い大失敗だったのだ。

一九四四年から四九年にルーマニアに襲いかかった変容には、まったく仰天させられる。あれら二、三年の短い間で、ルーマニアの国は芽吹いたばかりの民主主義的政府から満開のスターリン主義的独裁制へと変態を遂げたのだった。共産主義者がこれを、主として巧みに操作されたものではあれ政治的プロセスにより達成できたということ、むしろそれがいかなる種類の暴力革命によるものでもなかったということは、並外れたことだ。だが、ルーマニアがギリシアをのみ込んでいたのと同種の内戦に陥らなかったという事実は、その過程がいかなる意味でも平和裡だったということを意味するものではない。労働組合員の威嚇から政治家の逮捕に至るまで、都市での大規模でしばしば手に負えないデモから農村部の小作農と農家の抑圧に至るまで、暴力、ないしは暴力の脅威は、戦後ルーマニアに遍在していたのである。

この暴力の脅威の背後に、まるでルーマニア共産党の影のごとく、まともに立っていたのは、ソヴィエト連邦の威勢だった。来たる数章で私が示すように、ルーマニアの従属、およびそれどころか東欧の残りの地域のそれは、この聳え立つ現前なしには不可能だったろう。そもそもアントネスク元帥を権力から追放したクーデタからして、ただ赤軍による絶滅の脅威の回避のためでなければかつて実行されなかったのだ。この脅威は、私が記述してきた出来事の一部始終の背景に居座り、なぜ共産党の政治的策略に対する抵抗がもっと大きくはならなかったかの第一の理由なのだった。

来たる数年を通じ、ルーマニア政府は東側ブロックにおける最も抑圧的な体制の一つとなることになる。四四年八月のクーデタが、ルーマニアで民主主義を確立する目的で行なわれたにもかかわらず、アントネスクの独裁政権の方がそれに比べれば断然恵み深く見える、四〇年より以上にわたる圧政をそれが先触れしたというのは、いたく皮肉なことだ。

原註

(1) Cedric Salter, interview with King Michael of Romania, *Daily Express*, 23 November 1944. Michael のクーデタのより詳細な記述については、*New York Times*, 27 August 1944, p. 12; Deletant, pp. 46–50; Ionescu, pp. 83–4 を見よ。

(2) Declaration of the new Romanian government, 23 August 1944, *FRUS*, 1944, vol. IV, p. 191.

(3) Deletant, pp. 36–7, 49.

(4) The Romanian Armistice の全文については、TNA: PRO WO 201/1602 を見よ。

(5) Ionescu, p. 88; Hitchins, pp. 502–5.

(6) Deletant, p. 59.

(7) *Daily Express*, 23 November 1944.

(8) Ibid. および TNA: PRO WO 201/1602, digest of OSS reports sent from Foreign Office to Minister Resident, Cairo, 16 September 1944.

(9) Ionescu, p. 98; Deletant, p. 57.

(10) Ionescu, p. 103; Deletant, pp. 56–9.

(11) Deletant, pp. 59–60. 一連の出来事の Penescu 版については、James Marjoribanks' minute to the Foreign Office on 2 December 1944, TNA: PRO FO 371/48547 を見よ。

(12) 休戦はわずか三週間しか続かなかった。The report by the Chief of Polish Intelligence, 1 February 1945, reproduced in Giurescu, doc. 1, pp. 134–44 を見よ。

(13) Deletant, pp. 61–3; とりわけ Georgescu の地方長官宛電報の引用「Rădescu 将軍ニヨリ与エラレシ……諸命令ヲ遂行スルコトナカルベシ、将軍ノ独裁的行為ニヨリ我ガ人民ノ敵ト判明シタガ故」を見よ。

(14) Ibid., pp. 63–4.

(15) Rădescu の演説原稿については Giurescu, doc. 4, pp. 174–5 を見よ。また、Judt, p. 135 も見よ。

(16) Tismaneanu, pp. 89–90.

(17) Deletant, p. 72: 二八五一人の内務省官吏が予備要員に回され、一九五名が解雇された。

(18) Rumanian National Committee, *Suppression of Human Rights*, pp. 67–8.

(19) Ibid., p. 27; Winterton, p. 96.

(20) Rumanian National Committee, *Suppression of Human Rights*, pp. 27, 36–7.

(21) Deletant, pp. 68 fn. 32, 75–7.

(22) Rumanian National Committee, *Suppression of Human Rights* p. 40に引用。

(23) *New York Times*, 25 November 1946. 選挙が行なわれた状況の簡潔な記述については、Hitchins, pp. 530–34を見よ。

(24) 一九四六年の議会で割り当てられた正確な議席の数は、ルーマニア人および他の歴史家の両者により争われている。この理由のため、私はただ議席数のパーセンテージのみを挙げてきた、議席の数に比べてむしろそれは大体において同じままに留まるからである。Hitchins, p. 534; Deletant, p. 78; Ionescu, p. 124; Betts, p. 13を見よ。

(25) Deletant, p. 78; Tismaneanu, pp. 287–8 fn. 10.

(26) Tismaneanu, p. 91. Fischer-Galati, p. 99; E. D. Tappe, 'Roumania', in Betts, p. 11.

(27) Deletant, p. 79; *Le Figaro*, 18 March 1948; Rumanian National Committee, *Suppression of Human Rights*, p. 54.

(28) Ionescu, pp. 133–6; Rumanian National Committee, *Suppression of Human Rights*, pp. 77–81.

(29) Deletant, p. 88; Le Figaro, 26/27 March 1949; Rumanian National Committee, Suppression of Human Rights, pp. 109–10; Tismaneanu, p. 91.

(30) ルーマニアにおけるキリスト教会の全三分派抑圧の詳細な記述については、Rumanian National Committee, *Persecution of Religion*を見よ。また、Deletant, pp. 88–113.

(31) Ionescu, pp. 161–70.

(32) Ibid., pp. 111–12; Tismaneanu, p. 108.

(33) Rumanian National Committee, *Suppression of Human Rights*, p. 90; Deletant, p. 87.

(34) 一九六一年一二月七日付『スクンテイア』紙で報道されたこれらの主張は、いくらか注意して扱われねばならない、なぜならばその数字はDejのかつてのライヴァルのAna PaukerとTeohari Georgescuを罪に陥れるための証拠として用いられていたからである、Ionescu, p. 201. 一九五三年のセクリターテの報告は、一九五一年と五二年だけで、三万四七三八人の小作農が逮捕されたことを示している、Deletant,

p. 140 を見よ。

（35）Ionescu, p. 335; Deletant, p. 141.

第26章 東欧の隷従

ルーマニアでの共産主義の押しつけは残忍であったかもしれないが、断じて唯一無比ではなかった。様々な国籍の歴史家たちは、自国の共産主義の経験が自分たちの周囲のそれとは違ったその仕方に集中するきらいがある。たとえば、戦後遠からぬ時期のフランス人やイタリア人、チェコ人、およびフィンランド人の経験は、大いに民主主義的な共産主義運動のそれで、指導者たちは投票箱を通じて権力を勝ち取ろうと努めた。対照的に、ギリシア人とアルバニア人、そしてユーゴスラヴィア人共産主義者は、誰もが、厳密に力ずくで伝来の権力構造を打破しようと献身する革命運動の担い手だった。他の国々では、共産主義者はこれら二つのアプローチを組み合わせることで権力を獲得しようとした。民主主義的表層に、革命的底流を、である。東ドイツの共産主義者の指導者、ヴァルター・ウルブリヒトの言葉を借りれば、「[……]民主主義的に見える必要はあるが、われわれはあらゆるものを支配下に置いておかねばならない[1]」のだった。

けれども、もし戦争の直後にあって、共産主義に至る多くの異なった道程があるように見えるとしても、これらの差異よりもそれぞれの国の間の類似の方が勝っている。東側ブロックの国々が共有する、最初で最重要の類似は、そのほぼ全員が赤軍に占領されていたということだ。ソヴィエト側はつねに、軍はただ平和維持のためにのみ駐留していると主張したものの、彼らの平和維持活動にははっきりとした政治的倍音が響いていた――この点で、彼らの方針はギリシアでの英国軍の使用の鏡像だった。たとえば、ハンガリーでは、共産主義の指導者ラーコシ・マーチャースが赤軍を撤退させぬようモスクワに泣きついたが、これはその駐留なしには、ハンガリー共産主義は「宙吊り」になるのではないかと怖れたからだった。[2] チェコ共産主義の責任者だったクレメント・ゴットワルトもまた、一九四八年二月の乗っ取りの間派遣されたソヴィエト軍を、チェコ国境に向けて移動させるよう求めたが、もっともこれはただ、心理的効果を狙ってのことだけだった。[3] たとえ赤軍が、現実に東欧の住民に社会主義を押しつけるためには用いられなかったとしても、その脅威は言わずもがなだったのである。

赤軍と連れ立ってやってきたのは、ソヴィエトの政治警察、NKVDだった。共産主義支配の押しつけのためのソヴィエト軍の使用が、直接的な現実よりはしばしば脅しだったのに対して、NKVDはもっとずっと実地にかなったアプローチをとり、とりわけ戦争がなお継続している間はそうだった。前線の背後で政治的安定性を確保するのがNKVDの担当で、その分彼らには、誰であれ潜在的脅威と見なした者を逮捕し、投獄し、処刑する白紙委任状が与えられていた。額面では、彼らの目標は西欧における英米の行政当局のそれと同一だった――前線から資源を割くかもしれない内部のいかなる種類の内紛をも予防すること――ものの、彼らとその地元支持者らが、「政治的に信頼できない」と見なした者全員を狩り出し始末する、組織的で容赦ないやり方は、そこに秘めた動機があったことを証し立てている。

このことは、とりわけポーランドで明白で、国内軍（アルミア・クラヨーヴァ、あるいはAK）のメンバーは追い詰められ、武装解除され、逮捕され、投獄され、そして移送されたのだった。AKは潜在的には貴重な戦力だが、ポーランドにおける代替的な権力基盤としては、それは将来のその地のソヴィエトの影響力に対する脅威でもあったのである。[4] そのレトリックにもかかわらず、ソヴィエト側は一度たりとも、ただ戦争に勝利することにのみ関心を寄せたことはなかった。彼らはつねに片方の目を、占領の過程にある国々の将来の政治的姿形に留めていたのである。

共産主義支配を確保するさらなる方法は、連合国管理委員会（ACC）の利用を通じてのやり方だった。終戦時、連合国はこれらの暫定委員会をかつての枢軸国すべてに設立し、現地の行政当局の業務の監督をさせようとした。ドイツとオーストリア国内のACCは、アメリカ人と英国人、フランス人、ソヴィエト人のメンバーの間で、多かれ少なかれ等しく分裂し、これら代表者間の議論はしばしば千日手《せんにちて》に――そして、究極的にはドイツの分割へと至った。イタリアでは、ACCは西側連合国のメンバーに牛耳られていた。フィンランド、ハンガリー、ルーマニアとブルガリアでは、対照的に、確固たる支配を握っていたのはソヴィエト側で、英米側のメンバーは単に政治的監視員として振る舞っていただけだった。

これらの国の休戦協定によれば、連合国管理委員会は各国政府の政策決定を承認し、加えて政府の特定の役職への任命を是認もしくは否認する権限を備えていた。このことの厳密な理由は、民主主義的諸原則が堅持されるように念押しし、これらのかつての敵がファシスト贔屓のやり方へと戻れないようにするためなのだった。しかしながら、何が「民主主義的」で何がそうでないかは、ACC次第なのだった。フィンランドと東欧では、ソヴィエト側は日常的に権力を濫用し、共産主義的政策が採用されるように、また、共産主義者の職員が政府要職に指名されるよう念押ししようとした。ACCは、事実上のワイルドカードで、地元共産主義者は彼らの計画が他の政治家により妨害されたと思えば、いつでもそれを用いることができたのだった。[5]

その完璧な実例が一つ、一九四五年のハンガリーから提供されている。そこでは、約一〇〇〇人の委員からなる連合国管理委員会が実質的な並行政府を形づくっていた。その年、選挙の早期の実施を迫ったのがACCで、なんとなれば、共産主義者にとってはこれが好都合であると信じていたからだった。彼らにとっては驚きだったことに、小農業者党が五七・五パーセントの多数を得ると、ACCは、死活的に重要な内務省の支配を求める共産主義者らを支援して、前者が政府をいかように形成しようか自由に選ぶのを妨げた。ソヴィエトに支配されたACCはまた、土地改革や検閲、プロパガンダや戦時官吏の粛清の仲裁に踏み切り、ハンガリー国家に関するソヴィエト側の計画と一致しない若干の内閣の組閣をハンガリー政府が行なうのを阻止しさえしたのだった[6]。

戦後共産主義者が権力へと到達したところではどこでも、彼らの手口《モドゥス・オペラーンディー》は共通のパターンを辿った。最も重要なことは、権力ある地位に自分たちが任命されることだった。戦争の直後、東欧中で当初、連立政府が成立し始めたとき、それらは非常にしばしば非共産主義者が率いていた。ところが、内務相のそれのような真に権力を備えた地位となると、ほとんど決まっていつも共産主義者たちに与えられたのだった。内務省は、ハンガリー首相であったナジ・フェレンツが「全能の閣僚職」と呼んだところのものだった——警察と治安部隊をコントロールし、パスポートと出入国ヴィザを発給し、新聞社に免許を与える神経中枢だったのだ[7]。それだから、世論と人々の日々の生活に最大の支配力を揮ったのはこの省だった。反共感情の粉砕のために内務省を利用するのはルーマニアに限ったことではなく——戦争の直後にあって、東欧の全域で起こった。チェコスロヴァキアでは、四八年二月の危機は、直接に、チェコの内務大臣だったヴァーツラフ・ノセクが、とくに限って共産党の大義を進捗させるために警察を利用し続けているとの不満が原因だった[8]。フィンランドの内務大臣だったユルヨ・レイノが公然と認めたことには、警察が粛清された際、「新顔はもちろん、可能な限り共産主

義者だった」――一九四五年一二月には、共産主義者がフィンランド警察の四五から六〇パーセントを占めたのである。(9)

もう一つの重要閣僚職は、法務省のそれで、というのも、判事の雇用と解雇を管理し、加えて行政当局からの「ファシスト分子」の粛清をも監督していたからだった。以前私が示しておいたように、これはルーマニアで共産主義者の支配下に入った最初の省だった。また、それはブルガリアでの共産主義者による乗っ取りにおいても鍵となる省だった。四四年九月にソフィアで祖国戦線のもと権力を握った瞬間から、共産主義者は警察と結託して、いかなる者であれ敵対する可能性のある者をブルガリアの国全土から一掃するために法務省を利用した。三ヶ月のうちに、約三万人のブルガリア人官吏が職を解かれていた――警官や公務員ばかりでなく、聖職者や医師、教師も等しく免職になったのだった。終戦時には、「人民法廷」が法務省により認可され、一万一一二二名の個人を審理し、ほぼ四分の一（二六一八名）に死刑を言い渡していた。このうち、一〇四六名が実際に執行された――だが、非公式の執行件数は三〇〇〇から一万八〇〇〇件に上るという推計がある。人口割合から言えば、これはヨーロッパのいかなる国家にあっても最も迅速かつ包括的で残忍な、「正式」な粛清であって、ブルガリアは一度として全面的に占領されたことなどなく、その地域の残りの国々を呑み込んだいかなる大仕掛けな蛮行にも掛かり合いにはなっていないという事実にもかかわらず、依然そうなのだった。これは単純に、他の残りの国ではすでに、ゲシュタポないしは土地でそれに相当する連中によってインテリゲンチャが撃滅されていたのに対し、ブルガリアでは共産主義者がそれらすべてを手ずからやらねばならなかったからだった。(10)

他の国々では他の省が標的になり、それはたとえば、チェコスロヴァキアでの情報省やポーランドでの宣伝省などで、なぜならば、これらは大衆への情報の流れを制御していたからだった。ルーマニアにおいてと同様に、チェコスロヴァキアとハンガリーでも、農務省への任命も極めて重要で、というのも、共産主義者らは即座に、新たな人員の獲得のために土地改革が持つポテンシャルに気づいたからだった。すでに私は、共産主義者たちが南イタリアで土地改革のために闘うことでどれほど迅速に支持を獲得したかを示しておいた。東欧では、彼らはもっと遠くまで進むことができた。単に法律を変えたばかりでなく、大地所ないしは立ち退きを迫られたドイツ人家族から没収した土地を切り分けて、それを直に手渡したのである。文字通り、何百万という小作農からの支持を買ったのだった。

もし共産主義者が権力を全国の舞台で獲得しようとしていたならば、彼らは同じことを地元の水準でも行なっていたのだった――だが、つねに、いかにその権力を、彼らの大義の進捗のために操作できるかという目論見でもってそうしていたのだった。戦争の直後にあって、ヨーロッパのいかなる政府にとっても唯一最重要の課題は、経済を破綻させずに回すということだった。これは、工場と炭鉱の操業を維持し、かつ、ヨーロッパ中に財貨が行き渡るのを確保することを意味していた。共産主義者はそれゆえ、労働組合と工場内の労働者委員会に浸透することにより、産業と輸送の両面で締めつけをはかるのを目標にした。このやり方でもって、共産党は、政府内のライヴァルに対して全国の指導部が大衆の支持の「自発的」なショーを必要とするときにはいつでも、大規模なストライキを組織することができたのだった。チェコスロヴァキアでは、そのようなデモンストレーションが、四八年二月のクーデタが真性の革命のように見えるように意図的に用いられた。東側ブロックのすべての国において、また、フランスとイタリア、そしてフィンランドにおいても、労働者たちはあからさまに政治的目標を追求しては定期的にストライキに向かった。飢餓の瀬戸際を始終漂っているような大陸にあっては、労働力の支配は極度に強力なツールだったのだ。

共産党の次なる主要目的へと導いたのは、大集団の人々を動員したいというこの欲望であり、できるだけ多くの人員を、なるたけ早く入党させるというものだった。戦争が終わって間もない日々、共産党はどれも加入するのが誰なのかことさらに注意することはなかった。彼らは兇徒やけちな犯罪者を入党させた。なんとなれば、彼らの新しい治安組織の兵卒を埋めるのに有用だと考えたからだった。同様に、前体制の構成員も入党させたが、彼らは戦争犯罪の訴追を免れるためならば必要なことはどんなことだって喜んでしたのだった。銀行家に実業家、警官に政治家、それどころか聖職者でさえ、対独協力者という告発に対する最高の保険証書を得ようと急ぎ共産党に入党した。フランス人が言うところの、「身の潔白のために赤くなる《ドゥヴニール・ルージュ・プール・ス・フェール・ブランシール》」である。[11] また、単にどの方向に風が吹いているのかを見て入党した「旅仲間」もたくさんいた。それでも、これらのことを勘案してさえ、中欧および南欧全域での共産主義者の人数の急速な爆発的増加を説明するには十分ではない。ソ連軍の戦車が一九四四年にルーマニア国境地帯に近づいていたとき、ブカレスト市内にはたかだか八〇ばかりの共産党員しかおらず、全国でも一〇〇〇人に満たない党員しかいなかった。四年後、党員数は一〇〇万人に達していた――一〇〇〇倍の増加である。[12] ハンガリーでは、たった一年でわずか三〇〇〇人ばかりの党員数が五〇〇万人へと増加した（一九四五年）。[13] 一方、チェコスロヴァキアでは、四五年五月現在で五万人の党員が、三年以内に一四〇万人へと増加した。[14] これら新規党員の大部分が、真性の熱狂的支持者だったに違いない。

　自らの権力基盤を拡大するのと同時に、共産主義者らは敵対者の権力を弱体化させるべく懸命に働いた。これが達成されたのは、一つにはライヴァルの政治家を報道機関を通じて中傷したからで、彼らはその統制をソヴィエトによる検閲と、マスメディアの労働組合内部のいや増しに増す共産主義者の影響力の両者を通じて行なったのだった。たとえば、チェコスロヴァキアにおける四八年の二月危機の間には、共産主義者によるラジオ局の統制により、大規模デモを訴えるクレメント・ゴットワルトの演説と呼び声が、世間の最大限の注目を浴びるよう確実が期された。対照的に、残りのすべての党の訴えは、製紙工場と印刷工場内部の組合員が彼らの新聞の印刷をすら阻むと、沈黙させられた。[15]組合員による似たような「自発的」検閲は、東欧のほぼどの国でも起こった。[16]

　政敵のすべてを一度に貶めることが不可能なのを悟ると、各国の共産党は端から齧りとっていくことにした。これは、ハンガリー人が「サラミ戦法」と呼んだものだった——ある人のライヴァルを一度に一切れずつ片づけようというわけである。一切れごとに、考え得る限りでは対独協力のかどで、あるいはそれどころか他のいかなる罪でも告発し得た集団が始末されることになる。これらの人の中には本当に対独協力をした人もいたものの、他の多くはでっち上げの罪で逮捕されたのであり、たとえば、ポーランド国内軍の一六人の指導者（四五年三月に逮捕）や、ブルガリアの社会民主主義者の指導者クルストゥ・パストゥホフ（四六年三月に逮捕）、あるいはユーゴスラヴィア農民党の指導者ドラゴリュブ・ヨヴァノヴィチ（四七年一〇月）などがそうであった。

　次に、共産主義者らはライヴァル間の分裂工作を仕掛けることになる。彼らは他の政党の若干の派閥を貶め、その指導者にこれらの派閥と縁を切るよう圧力をかけることになるだろう。あるいは彼らは、自らに合流し統一「戦線」に加わるようライヴァルを招待し、共産主義者を信用した者としなかった者との間に亀裂を生じさせようとするだろう。この戦術はことに、左派における共産主義者の最強のライヴァル、つまりは社会主義者および社会民主主義者との間で成功を収めた。結局、再三にわたる分裂劇の挙げ句、共産主義者はこれらの党に残されたものをまるのみするに至ることになる。東ドイツ、ルーマニア、ハンガリー、チェコスロヴァキア、ブルガリア、そしてポーランドの社会主義者たちは皆、正式に共産党にのみ込まれて終わりを迎えたのである。

このような巧みな計略にもかかわらず、ヨーロッパの共産党のどれ一つとしてかつて投票箱で絶対的権力を勝ち取るのに十分なだけの人気を得たものはなかった。チェコスロヴァキアでさえ、というのも彼らは一九四六年に三八パーセントという印象的な得票数を合法的に勝ち取ったからだが、その彼らでさえ対抗勢力との妥協を通じての統治を余儀なくされた。[17] 他の国では、選挙民からの信頼の欠如がしばしば共産主義者の不意を突いた。たとえば、四五年一〇月のブダペシュトの市会議員選挙での惨敗は、「破滅」同然と捉えられ、その指導者ラーコシ・マーチャースは椅子に頽れたまま「死人のように青白く」なっていた。[18] 彼は、共産党人気に関する自前の宣伝報告を信じるという愚を犯したのだった。

かくのごとき広範な懐疑に直面した共産主義者に、力に頼るのを避けることはできなかった——最初は内密の手段により、その後は剝き出しのテロを用いて。他党の人気のある敵は脅迫され、威嚇され、あるいは偽の「ファシズム」の告発をもって逮捕された。いく人かは不審な状況で死に、たとえば、チェコの外相ヤン・マサリクがその一人で、彼は四八年三月に外務省の窓から転落死したのだった。[19] 他の者たち、たとえばブルガリアで最も強力な野党政治家だった、ブルガリア農民同盟の指導者ニコラ・ペトコフは、えせ法廷《カンガルー・コート》で裁かれ処刑された。ハンガリーのナジ・フェレンツやルーマニアのニコラエ・ラデスクのように、多くがついには西側へと逃亡することで脅迫に応えた。そして、苦しんだのはただにライヴァルの指導者だけではなかった。国家的テロ活動の十全たる力は、彼らに反対した誰彼構わず放散された。たとえば、ユーゴスラヴィアでは、秘密警察の長アレクサンダル・ランコヴィッチが後に、一九四五年に実行された逮捕のうち四七パーセントが正当化されていないと認めたのだった。[20]

かくのごとき抑圧が経過する間、この地域中の選挙は瞬く間にまがいものになった。「望ましくない」候補者は、選挙名簿から単に除かれるだけだった。別の選択肢を与えるはずの政党は、単一の「ブロック」で共産主義者とともにリスト化され、有権者には然るべき政党間の選択肢が与えられなかった。選挙自体は投票所で治安警官の一団により、また、投票が匿名でないのを確保することにより脅かされた。他のすべてがしくじったら、票が単に不正に集計されるだけだった。結果、共産主義者とその盟友らはついに、率直に言ってちょっと考えられないくらいの票差をつけて「選出」されたのだった。すなわち、ブルガリアで七〇パーセント（四六年一〇月）、ルーマニアで七〇パーセント（四六年一一月）、ポーランドで八〇パーセント（四七年一月）、チェコスロヴァキアで八九パーセント（四八年五月）、そしてハンガリーでは馬鹿馬鹿しくも九六パーセント（四九年五月）を獲得したのだった。[21]

ルーマニアでそうであったように、共産主義者がついに彼らの真の改革の計画に乗り出したのは、ただ一度政府の無敵の支配を握ってからだった。この時点までは、ヨーロッパの大半中で彼らが明言した政策はつねにかなり保守的なものだった。土地改革、すべての人に対する「平等」の曖昧な約束、そして戦間期に行ないの悪かった者らの処罰である。一九四八年以降は（そしてユーゴスラヴィアではるか一層早くに）、彼らはより過激な目的を露にし始め、たとえば企業の国有化や土地の集団農場化がそうであったが、それらは共産主義ヨーロッパの残りの地の隅々で、ルーマニアと大体同じ要領で進んだのだった。さらにまた、彼らがすでに滅ぼした人々と制度に対し空の法律を制定することで、以前の行動を正当化し始めたのも、このあたりの時期だった。

ジグソーパズルの最後の一ピースは、党の構造自体の内部から生じかねないあらゆる脅威を根扱《こ》ぎにするであろう、恐るべき内部粛清へと乗り出すことだった。このやり方で、多様性の最後の名残が除かれた。ポーランドのヴワディスワフ・ゴムウカやルーマニアのルクレツュ・パトラシュカヌのような不羈《ふき》の共産主義者は、逮捕され、審理にかけられ、そして処刑された。このやり方で、アルバニアの先の内務大臣コチ・ヅォヅェが除かれ、それはブルガリア共産党のかつての指導者であったトライチョ・コストフにしたところで同じだった。一九四〇年代末と五〇年代初めに東欧全土が恐るべき粛清の嵐へと陥り、何人たりと雖《いえど》もそこでは嫌疑を受けない保証はなかった。ハンガリーだけで、九五〇万人に満たぬ人口しかもたないこの国で、およそ一三〇万人が、四八年から五三年の間に裁判を受けなければならなかった。ほぼ七〇万人——全人口の七パーセントを上回る人々——が、正式に何らかの種類の懲罰を受けたのだった(22)。

戦争に先立つ数十年にあってソヴィエト・ロシアを襲ったのと、これがまさしく同一のプロセスであることは、いかなる偶然の一致でもない。一九九〇年代に入ってからのロシアのアーカイヴの開放以降ますます明白になってきたのは、影で糸を引いていたのがソヴィエトだったということである。これを裏づける証拠は、今日では争う余地がない。人はただ、モスクワと、ブルガリアの後の首相ゲオルギ・ディミトロフの間で戦後交わされた往復書簡を読むだけでよい。というのも、そこでは実質的にソヴィエト外相がブルガリアの内閣の組閣を指図しているのであり、それだけで東欧諸国の内政問題に対するソヴィエトのお節介の広汎さを見てとることができるからだ(23)。

赤軍が東欧に入ったその瞬間から、スターリンは己が国家の体制をそっくりそのまま反映する政治体制をこの地に据えつける決意を固めていた。ティトーの代理人ミロヴァン・ジラスとの会話の中で、彼がこう述べたのは有名な話だ。すなわち、第二次世界大戦が過去の戦争と違うのは、「誰であれ領土を占領する者がまた、その上に彼自身の社会体制をも圧しつけるからだ。誰もが彼自身の体制を彼の軍隊が到達できる限り圧しつけるのだ(24)」。赤軍の脅威は確かに、その地域全土で共産主義の確立を確保するのに与って力ありはしたものの――、その政策をはるばるその論理的帰結にまでもたらしたのは、共産主義の政治家や、ソヴィエトや何かの持つ無情さだった。テロの使用と、あらゆる種類の反対に対するまったき不寛容さを通じて、彼らは単にソヴィエト連邦と西側の間の緩衝器を造り出したばかりでなく、ソヴィエト連邦自体の一連のレプリカをも産み出すに至ったのだった。

原註

(1)Judt, p. 131に引用。
(2)Kenez, p. 224に引用されたRákosiの言葉。
(3)結局のところ、かかる軍事的指し手は必要なかった。Fowkes, p. 23を見よ。
(4)John Micgiel, '"Bandits and Reactionaries": The Suppression of the Opposition in Poland, 1944–1946', in Naimark and Gibianskii, pp. 93–104を見よ。
(5)Jan Gross, 'War as Revolution', in Naimark and Gibianskii, p. 31.
(6)Nagy, pp. 160–64; Kenez, pp. 61–6, 102.
(7)Nagy, p. x.
(8)Igor Lukes, 'The Czech Road to Communism', in Naimark and Gibianskii, p. 258.
(9)Upton, p. 258に引用。
(10)Crampton, pp. 309–11.
(11)Novick, p. 75 fn. 38.
(12)Tismaneanu, p. 87; Schöpflin, p. 65.
(13)Kontler, p. 392. Schöpflinの数字では、一九四四年一一月に二〇〇〇人だった共産党員が一九四八年五月には八八万四〇〇〇人へと膨れ上がった、p. 65.
(14)Myant, pp. 106, 222. Schöpflinの数字では、終戦時四万人だった共産党員が一九四八年一〇月までに二六七万人へと膨れ上がっていた、p. 65.
(15)Myant, p. 204.
(16)ルーマニアについては、Rumanian National Committee, *Suppression of Human Rights*, p. 28; Deletant, p. 58 fn. 10; Giurescu, pp. 34–5を見よ。
(17)Myant, pp. 125–9.
(18)Bela Zhilitski, 'Postwar Hungary 1944–1946', in Naimark and Gibianskii, p. 78に引用されたZ. Vasの

言葉。

（19）Masarykの死はおそらくは自殺だったが、汚いやり方《ファウル・プレー》が関わっていたという噂が絶えなかった、Myant, p. 217; Judt, p. 139を見よ。

（20）Fowkes, p. 28.

（21）Crampton, p. 315; Tismaneanu, p. 288; Davies, God's Playground, p. 426; Myant, p. 225; Kontler, p. 409.

（22）Molnár, p. 303. 私はMolnárの総人口一〇〇〇万人という推定を、Maddison, pp. 96–7にしたがい下方修正した。

（23）Correspondence between Dimitrov and Molotov in Dimitrov, diary entries for 15–29 March 1946, pp. 397–402.

（24）Djilas, *Conversations with Stalin*, p. 105.

第27章 「森の兄弟たち」の抵抗活動

共産主義者による東欧の乗っ取りは、平和裡の過程ではなかった。ソヴィエトのシンパと彼らに抵抗しようとする人々の間にしばしば戦いが起き、労働者が共産主義者の残忍さに応じて暴動を起こし、小作農は集団農場化に対抗すべく新当局に対して自ら武装した。大半の事例で、これらは大衆の怒りのかなり自発的な表現であり、忽《たちま》ちにして鎮圧された。それでも、時折はより組織化された形態の抵抗活動が生い育ちもしたのだった。

このことは、ことにソヴィエトに隷従するのがどのようなことかすでに知られていたヨーロッパの土地土地ではそうだった。とりわけバルト諸国と、西ウクライナとなる地域では、国粋主義的な運動が沸き起こり、そのメンバーは高度に組織化され、猛烈に愛国的で、死ぬまで戦う用意ができていた。彼らの南の隣人とは違い、彼らはスターリンの意図にいかなる幻想も抱いていなかった。開戦時にはすでにソヴィエトの占領に苦しんでいたがゆえに、彼らは戦争の直後の歳月を何かしら新規なものとは見ず、むしろ一九三九年と四〇年に始まった一過程の継続と見なしていたのである。

反ソヴィエト抵抗活動の苦闘は、二〇世紀の最も正当に評価されていない紛争の一つであり、とりわけ西側ではそうだった。一〇年を超える歳月を、何十万という国粋主義的なパルティザンがソヴィエトの占領者を相手に、土壇場で西側が彼らの支援にやってきてくれるのではないかという頼りない希望を胸に、破滅を運命づけられた戦争を戦ったのである。この戦争は優に五〇年代に入るまで続き、あらゆる陣営に何万という死をもたらすことになるだろう。

最大の抵抗活動は西ウクライナで起こった。その地では、一九四四年から五〇年の間にパルティザン活動に関わった男女の総数は、おそらく四〇万人に達した。[1] ウクライナの状況は、しかしながら測り知れぬほど込み入っており、民族浄化の諸要素を巻き込んでいたのは、すでに私が示しておいたとおりである。

反ソヴィエト抵抗活動の「より純粋」なヴァージョンはバルト諸国で生じ、とりわけリトアニアがそうだった。この国は、スウェーデン情報部の報告によれば、「あらゆる反共主義的ゲリラ集団の中で、最もよく組織され、訓練され、規律の行き届いたそれ」を誇っていたのだった。[2] バルト三国全体で、パルティザンらは一纏めに「森の兄弟たち」として知られていた。一九九〇年代以降優勢であり続けている誇り高くも国粋主義的な雰囲気のうちにあって、彼らの偉業は、まさしく文字通り伝説的となったのだった。

カルニシュケの闘い

一九四四年の秋、赤軍がバルト諸国を手早く済ませた後、数万人のエストニア人とラトヴィア人、リトアニア人が姿をくらました。彼らは軽々にそうしたわけではなかった。家と財産を捨て、長期にわたり家族や友人との連絡を失い、しばしば飢えに陥ったのである。中には、知人の許を数週間ごとに転々とする者もいたが、長居して嫌われるのを避けるのと同時に、探知を避けるためでもあった。

大多数は森に逃げ、そこでしばしば風雨を凌ぐ場も十分な衣服もなく暮らしているのに気づくのだった。秋には雨が降り、多くの森林地帯が沼沢地も同然のあり様だった。そして冬は――とりわけ戦後最初の二つの冬は、ヨーロッパのこの北部では極端に寒かった。負傷者や病人が、十分な処置を受けられる望みが大きかったことなどほとんどなかったのだった。

こうした状況に身を曝した誰もが独《ひと》り愛国心からのみそうしたなどと想像するのは、ナイーヴというものだろう。一九四四年、彼らの人員数は赤軍への徴兵を免れようとする地元の男たちと、過去の政治的交際ゆえにソヴィエト人を恐れる理由のあった者らで膨れ上がった。その後、強制移送を逃れた家族ないしは集団農場化に抵抗する農家、ないしはソヴィエト連邦の政治的敵からなる新集団がそこに加わった。だが、これらの人々の中心には強靱で組織化された核があり、民主主義と国家の独立のためにひたむきに戦っていたのだった。彼らの多くが何らかの種類の軍人だった。あるリトアニア人パルティザンのリーダーによれば、「よい兵士たち」で、「祖国のために命を捧げるのを恐れなかったのだった。(3)この中心グループは、人員の部隊への軍隊式分割や掩蔽壕掘り、森林待避壕の構築、食糧および装備の調達、そして――一等大事なことには――パルティザン作戦の編成を監督したのである。

のっけから、これら恐れ知らずの男どもと女どもは、実に野心的ないくつかの作戦へと乗り出した。とりわけリトアニアではそうで、かの国の北西部では、八〇〇名かそれを上回る男たちからなるパルティザンの部隊が赤軍を相手に会戦を戦った。中央部では、大集団の戦士たちがソヴィエトの役人を恐怖に陥れ、さらにはカウナス中心部の役所や治安部隊の建物への襲撃を実行しさえしたのだった。南部では、彼らはＮＫＶＤの部隊に対する入念に仕組まれた奇襲を仕掛け、共産党指導者らを暗殺し、さらには捕虜になっていた同志を解放しようと監獄を襲撃しさえしたのだった。

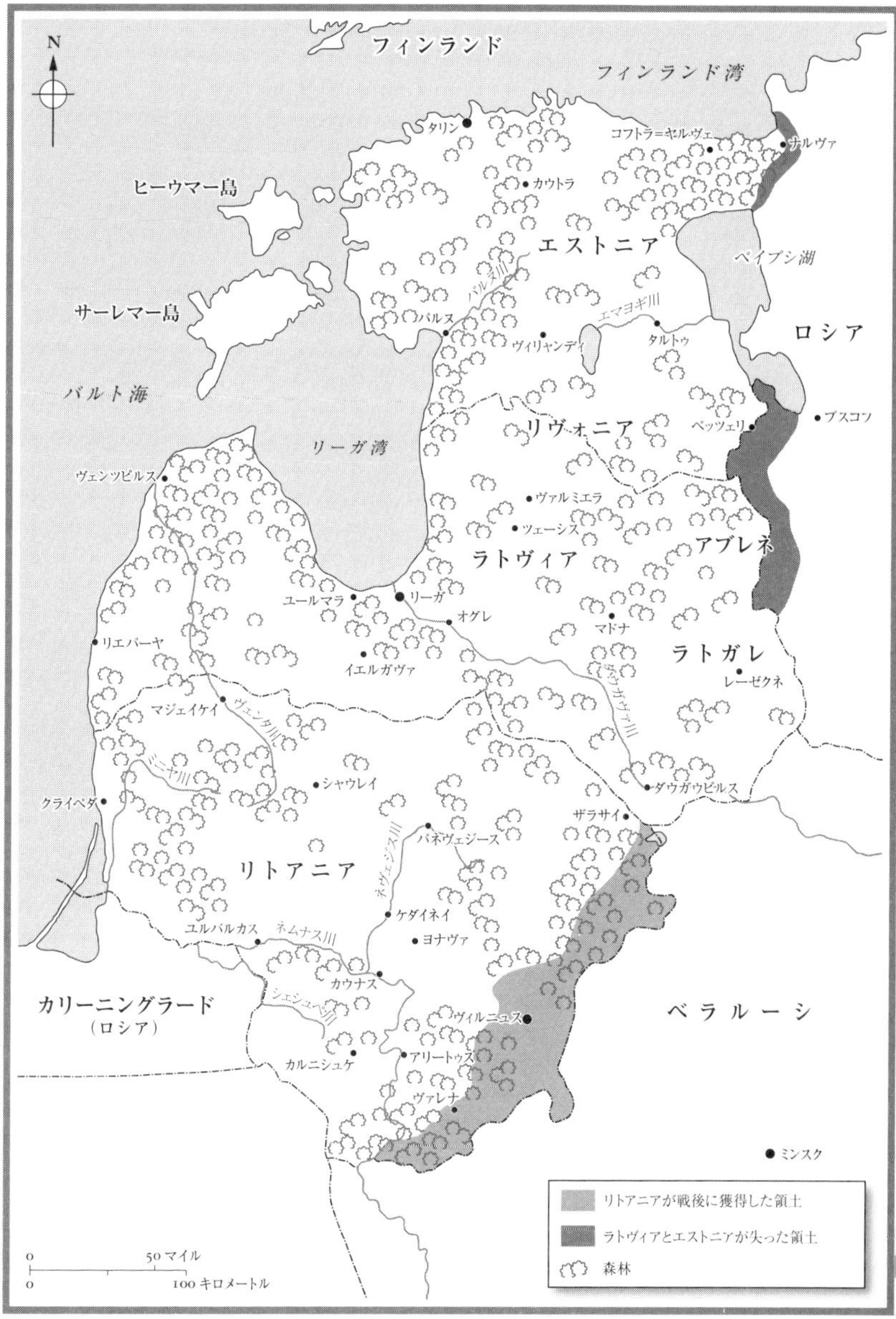

N
フィンランド
フィンランド湾
タリン
コフトラ=ヤルヴェ
ナルヴァ
ヒーウマー島
カウトラ
エストニア
ペイプシ湖
サーレマー島
パルヌ川
エマヨギ川
パルヌ
ヴィリャンディ
タルトゥ
ロシア
バルト海
リヴォニア
ペッツェリ
プスコフ
リーガ湾
ヴェンツピルス
ヴァルミエラ
ツェーシス
ラトヴィア
アブレネ
ユールマラ
リーガ
オグレ
マドナ
リエパーヤ
ラトガレ
イエルガヴァ
レーゼクネ
ダウガヴァ川
マジェイケイ
ヴェンタ川
ミニヤ川
シャウレイ
ダウガウピルス
クライペダ
ザラサイ
ネヴェジス川
パネヴェジース
リトアニア
ケダイネイ
ユルバルカス
ネムナス川
ヨナヴァ
カウナス
カリーニングラード
（ロシア）
シェシュペ川
ヴィルニュス
ベラルーシ
アリートゥス
カルニシュケ
ヴァレナ
ミンスク
リトアニアが戦後に獲得した領土
ラトヴィアとエストニアが失った領土
森林
0 50マイル
0 100キロメートル

地図11◆バルト三国*1

ソヴィエト軍が到着後、最初の一二ヶ月間に戦われた戦闘と小競り合いの、完全な一覧のようなものを与える余裕はここにはない。(4) かわりに、そのうちのただ一つだけを記述することにし、というのも、歳月を経るうちにそれは他のすべてを象徴するに至ったからである。カルニシュケの戦いは、第二次世界大戦が正式に終わりを迎えた精確に一週間後に、リトアニア南部の森で起きた。戦闘は、近くのスィムナスの町の駐屯地から派遣されたNKVDの部隊の大分遣隊と、ヨナス・ネイファルタ、暗号名ラクーナス（「パイロット」）に率いられた、こぢんまりとはしていたが決然とした地元パルティザンの集団の間で生じたのだった。

ネイファルタは霊感に満ちた指導者で、その地域ではナチとソヴィエトの両者に抵抗したことでよく知られていた。かつての陸軍将校で、一九四〇年の最初の占領以来彼はソヴィエトの暗殺リストに載り続けていた。四四年夏に捕らえられ、胸部を銃弾で負傷していたが、ソヴィエト軍が監視下に置いた病院から彼はどうにか抜け出したのだった。親族の農園で回復後、彼と妻のアルビナは、その秋隠れ家を求めて森へと赴いた。彼らは翌六ヶ月を、信奉者を集め、訓練し、地元に居座るソヴィエト軍とその協力者に対して奇襲作戦を行なうのに費やしたのだった。

ネイファルタの活動にこれを最後にと終止符を打つ決意を固めたNKVDの部隊の大軍勢が、四五年五月一六日、カルニシュケの森へと進軍した。彼らはネイファルタの潜む一帯を包囲し、徐々にそれを狭め始めた。罠にかけられたと気づいたネイファルタと信奉者らは、森の奥深くにある丘へと退き戦闘に備えた。彼らは自らを守ること英雄のごとく、小火器と手榴弾でソヴィエト側に多数の死傷者を負わせた――パルティザン自身に言わせれば、四〇〇名を超えるとのことだ（もっとも、ソヴィエト軍は本当の数字はほんのこのはしたであると主張する）。けれども、数時間にわたる戦闘を経て、彼らの弾薬は底を尽き始めた。ネイファルタは、彼らが生き延びる唯一の望みは、ソヴィエト軍の哨兵線の突破を試みる以外にないのを悟った。残り最後の弾薬を使い、二ダースかそこらがどうにか陣中突破に成功し、難を避けるべく近くのジュヴィンタスの沼沢地に逃げ込んだ。彼らはパルティザン四四名の遺体を後に残してきたのであって——彼らの全兵力の半数より以上だ——、その中にはネイファルタの妻も含まれていた。彼女は、機関銃を両手にかかえたまま死んでいたのだった。

ネイファルタ自身には生きて再び戦う日があったものの、運命が彼を捉えるまで長くはかからなかった。その年の一一月、孤立させられた近くの農場で、彼とその同志はまたしても包囲され、そこから結果した火戦のさなか殺害されたのだった(5)。

リトアニアの人々が四〇年代と五〇年代の反ソヴィエト反乱を思い出すとき、これらが彼らの話してくれる物語である。このような戦闘は、彼らの勇敢さと大義《おお》の高貴さについて、リトアニア人が記憶しておきたいと願うありとあらゆるものの象徴になり果せたのだった。

とはいえ、客観的に眺めてみれば、カルニシュケの戦いは、そのような抵抗活動が破滅を運命づけられていた理由の多くも証示するのである。第一に、ソヴィエト軍はパルティザンより補給が行き届いていた——弾薬が尽きたのは、彼らではなかったのだ。ソヴィエト軍はまた、カルニシュケでパルティザン側を数の上で甚だしく上回っており、事実上これはその時期の他のあらゆる戦闘でも同じことだった。一九四四年から五六年のリトアニア人抵抗活動で、約一〇万人が——そしてエストニアとラトヴィアではさらにそれぞれ二万人から四万人が——関与したと考えられている一方で、一度ドイツが打ち負かされてしまえばソヴィエト軍が招集できた何百万人という兵士に比べれば、これは何ほどのものでもなかった(6)。局所的水準では、このことは、ソヴィエト側は単一の戦闘で数十の、ないしは数百の兵士を失おうが構わないということを意味していた。パルティザン側はそうではなかったのだ。

リトアニア人抵抗活動がどれほど高貴か勇敢であったと私たちが信じたところで、ソ連軍に対する彼らの作戦遂行には重大な瑕疵があった。パルティザン側は奇襲攻撃には大変長けていた一方で、会戦のさなか敵の兵力に渡り合えるなどという希望を彼らが持てたことなど一度たりともなかった。カルニシュケの戦いは、そのような集団がソヴィエト側の条件で戦うのを余儀なくされたとき何が起こるのか、その申し分ない実例だった。もっとずっと気の利いた戦い方は、小集団に分かれ、攻撃の直前になって初めて集合し、その後再び分散するというものだったろう——実際、これらはパルティザン側がその後切り換えることになる戦術だった。だが、四五年夏までは、彼らは大集団の戦士を特定の場所に集結させておくのに固執したのだった。自らを犠牲にネイファルタが学んだように、より大なる集団は見つけるのが一層容易で、滅ぼすのが一層簡単なのだった。

カルニシュケで起きたことは、リトアニア国内全土で進行しつつあったことに関して徴候的だった。ソ連軍はパルティザンの集団を見つけ出すと、一つまた一つと狙い撃ちにしていったのだ。パルティザン側はこれに抵抗するのが非常に困難なのに気づいたが、それというのも彼らには全国レヴェルでのお互いに調整済みの戦略がなかったからだった。早い時期に彼らの指導をした国民委員会は、ソヴィエトの秘密警察によって四四年から四五年の冬に一掃されており、抵抗活動を再統一しようという企ては四六年になるまでは再度具体化しなかった。ヨナス・ネイファルタのような地元パルティザンの指導者は、それゆえ、孤立化するきらいがあった。彼らは他の地区の指導者と実にわずかな接触しか持たず、純粋に局所的目的のために戦っていたのだった。彼らの活動を他のパルティザンの集団と大尺度で互いに調整することなど、不可能だったのである。

カルニシュケでの絶望的な袋小路は、それゆえ、抵抗活動の側でのあらゆる種類の失敗を象徴していた。物資の不足、高い死傷率、瑕疵ある戦術、そして首尾一貫し全国的規模のいかなる戦略も不在だったこと。彼らがその攻撃者よりも唯一有利だったのは、戦うに値する大義への情熱と、狂信的なまでの勇気だった。そのような資質は、しかしながら、過小評価されるべきではない。とりわけ後世の抵抗者たちを鼓舞する力量の段となってはそうなのだ。

ヨナス・ネイファルタ自身について言えば、彼もまた、パルティザンの勇敢さと瑕疵の両面の象徴だった。彼は最前線から指揮することで信奉者を鼓舞し、部下とあらゆる危険と艱難を同じくした。これは、あまり長く続くように設計された様式の指揮ではなかった。ネイファルタはカルニシュケで斃れた同志よりは生き長らえたものの、それもわずかに六ヶ月のことだった。

ソヴィエトの恐怖

パルティザンに対するソヴィエト側の軍事行動は、彼らの東欧での政治権力の掌握とどの点から見ても同じくらい効率的で、かつ、どの点から見ても同じくらい無慈悲だった。そうでなければならなかったのだ。ソヴィエト側は、リトアニアで出合った抵抗活動の規模と決意の両者を極度に気にかけていた。彼らの初期の主要優先事項はドイツとの戦争でなければならず、前線への補給線をパルティザンに寸断されるのをとにかく許すわけにはいかなかったのだった。一九四四年、NKVDの長官ラヴレンツィー・ベリヤは、リトアニアから「二週間以内」にパルティザンを一掃するよう命じ、彼らを組み打つべく彼が最も信頼する部下のセルゲイ・クルグロフ大将を急派した。[7] クルグロフが自由にできた軍勢の中には、いまし方クリミア・タタール人のカザフスタンへの大量移送の指導を終えたばかりの特殊部隊も含まれていた。

クルグロフは無慈悲なものの赫々《かくかく》たる戦略家で、本能的に、軍事的アプローチだけではパルティザンを打倒することはできないことを理解していた。まさしく当初から、できるだけ多くの反乱鎮圧作戦に地元リトアニア人民兵を巻き込み、就中《なかんずく》、これはソヴィエトの占領に対する戦争であるよりはむしろ内戦であるとの印象を与えようと目論んでいた。彼の指揮の下、もしそれが反パルティザンの大義を進捗させるのであれば、ありとあらゆる方法が裁可され、彼の軍勢は意識的かつ意図的な恐怖の作戦行動に打って出たのだった。

ソヴィエト側の方法の要石の一つは、拷問の使用だった。これは通常囚人を打ちつけるかたちをとったが、あまりにもありふれて、あまりにも強暴な実践であったがゆえに、ラトヴィアのある地区では警察の被疑者の一八パーセントが尋問の間に死亡したと報告されている。[8] 拷問法は他に、電気ショックや煙草の火で皮膚を燃やすこと、囚人の手と指に向けていきなりドアを閉めること、および水責めを含んでいた。元パルティザンの一人は、ジョージ・オーウェルの『１９８４年』の主人公と同じ拷問を受けた。エレオノラ・ラバナウスキーネは、電話ボックス大のトイレ房に閉じ込められ、そこに籠から放された鼠を入れられたのだ。[9] このような拷問は、公式には当局が難色を示していたが、現実にはソヴィエト行政当局のあらゆる水準で認可されていた。スターリン自身が戦争の開始前に、拷問の使用は「絶対的に正当かつ有益」であって、なぜならば、それは「結果をもたらし、大いに人民の敵の仮面を剝ぐのを早める」からだと主張していた。ソヴィエト秘密警察は、少なくとも四〇年代の終わりまでは、スターリンによる裏書きを拷問の口実に用い続けたのだった。[10]

拷問は事実当局に情報をもたらしはした一方で、他の、より歓迎せざるべき結果も伴った。パルティザンの回顧録すべてが、「森の兄弟たち」は降伏するくらいならばむしろ死を選んだであろうとはっきりと矜恃をもって述べ、また、おとなしく投降するくらいならば、むしろ銃撃をもって絶望的な状況に活路を拓こうとするパルティザンの部隊の非常に多くの物語が伝えられている。これは単なる神話ではなかった。ソヴィエト側の報告も同様に、ウクライナおよびリトアニア両国のパルティザンの、戦って死を迎えんとする並外れた決意を記している。たとえば、四五年一月のリトアニア警察による報告は、火をかけられた後でさえ降伏を拒絶した二五名のパルティザンが居残った家を治安部隊が包囲した様を描いている。これらのパルティザンのうち五人が家を抜け出して、腹這いで戦場を機関銃隊に向かって進み、その銃撃を沈黙させようとした。一人また一人と撃ち殺されたが、彼らは最後の一人が死ぬまで前進するのを諦めなかった。グループの残り全員は、燃えさかる屋敷から銃撃を続け、ついには家が崩れ落ち彼らを下敷きにした[11]。このような決意は勇敢さから生まれたものではあったにしても、単に部分的にでしかなかった。拷問されるであろうことの確実さ、そして、ひょっとしたら尋問のもとで何か白状してしまうかもしれないという恐怖が、パルティザンたちに生きて虜囚には決してならぬようにという強い誘因を与えたのだった。

拷問の使用は、パルティザンと、民間の住民の間をめぐる彼らの支援網をともに恐怖に陥れるようデザインされたシステムの、ほんの一要素に過ぎなかった。威嚇の方法は他に、地元ゲリラ指導者の公開絞首刑や、抵抗活動への繋がりを疑われた人々の移送、そして市場の広場で死体を見せしめにするやり方を含んだ。その回顧録の中で、ユオザス・ルクシャは、住民を脅す方法として、パルティザンの死体を時には卑猥な姿勢で村うちに立てかけておく半ダースほどの例を挙げている——実に、彼自身の兄（弟）さえこの仕方で扱われたのだった。時には、NKVDは地元住民に是が非にでも来て死体を見つめるよう無理強いし、彼らの忠誠心が奈辺にあるか見極めようとその反応が観察された。「もし死体の前を通り過ぎる人々が思わず悲しみか憐れみを漏らすのが見えたら、彼らは出て行って捕らえて拷問し、死んだ男たちの姓名を白状するように迫るのだ」。死んだ子供を見せられた両親が、思わず秘密を漏らしてしまうのを恐れて、感情を表に出さぬよう強いられた様子を伝える非常に多くの物語がある。[12]

このような状況にあって忠誠心のありかを漏らしてしまう代償は、高くつきかねなかった。治安当局は熱中のあまり、既知のパルティザンの友人や家族を標的にすることなど、もしそれが反徒をどっと炙り出すかもしれないと考えれば、何ほどのこととも考えなかった。そのような人々の期待できたまさに最小限は、逮捕と尋問で、シベリア送りの脅しがそれに続いた。これは、ひょっとするとパルティザンが包囲中にあれほどに投降するのを嫌がったもう一つ別の理由なのかも知れない。包囲されたことに気づいた多くが、手榴弾を頭に何としてでも自爆しようとし、とりわけそうすることで、ソヴィエト側が彼らを同定し家族を標的にできないようにしようとしたのだった。ソヴィエト側は時に外科復元手術を施そうとしたものの、「父親でさえ、かかる状況下では彼の息子と認めることができなかった[13]」のだった。

時に、ソヴィエトの治安部隊は、一般住民の間でこそ一層残忍な方法に訴えようとすることもあった。家と農園を焼くのは、リトアニアではパルティザンを疑われた人を懲らしめてコミュニティを恐怖に陥れる方法として、かなり広く行き渡っていた。この実践は最終的には治安部隊の隊長自身によって禁止されはしたものの、彼の反対の主だったところは、どうも違法だからという理由ではなく、部隊の中には本物のパルティザンと戦うのを避けるために無辜の民間人を標的にしている者もいたからだというものであったらしい。[14] ある内部調査が明らかにしたところによれば、焼き討ちにされたのは単に建物だけでなく——時に、同時に民間人も焼かれることもあったのだった。一例として、四五年八月一日、リーピン少尉に率いられたNKVDの一部隊が、シャウレイ近隣のシュヴェンドレイの村の一家屋に火を点けたということがある。居合わせた他の兵士たちの一人によれば、その家の所有者の家族はその時部屋の中にいたのだった。

兵卒ヤニンが外から家に火を点けた。老女が一人、十字を切りながら家から出てきて、少女が一人その後に続いたが、リーピンは彼女らに家に戻るように言った。すると、老女と少女は走り出した。リーピンは拳銃を抜き、彼女たちをそれぞれ撃ち始めたが、狙いそこなった。一人の兵士が老女を撃ち殺し、その間にリーピンは少女の後を追って走り、至近距離から撃ち殺した。それから彼は二人の兵士に、二人の死体を持って運んで行き窓越しに投げ入れろと命じた。兵士らは老女の両手両足を持っていくと燃え盛る家に投げ入れ、その後すぐに同じことを少女の遺体にもやった。ほどなく、老人一人と年長の息子が別の扉を抜けて家から駆け出してきた。兵士らは銃撃を始めたが仕留めることはできなかった。すると、私と他の二人の兵士が息子の方を捕まえて殺すように命じられたが、暗かったのでしくじり、彼は逃げ延びた。家へ戻るとその足でライ麦畑を徹底的に捜索した。われわれは老人がそこにいるのを見つけたが、彼は負傷し、ライ麦の間を腹這いになって進んでいた。兵士の一人が彼を片づけ、われわれは遺体を家へと運んでいった……。

翌朝、兵士らは焼け落ちた家に戻り、「賊」の一味を除去した証拠にと老人の死体を持ち帰ろうとした。家の中で、彼らは生きたまま焼かれた十代一人の遺体を見た。焼かれた死体を拾い上げたくなかった彼らは、かわりに家族が所有していた豚一頭と羊二頭をくすね、自分の持ち場へと帰って行ったのだった[15]。

同様に、〝パルティザン〟が投降を拒否して生きたまま家の中で焼かれた例も、もちろん数多く存在するものの、このような証言は、ソヴィエト側が裁可する用意のあったのをすら越えて、この実践が無差別であったことの証拠たり得ている。出たとこまかせのテロにつきものの問題は、それが人々を抵抗活動へと参加するよう駆り立てたということであり、それは彼らが目の当たりにするのを強いられた物事に対するまったくの嫌悪によるものでもあって、同時に、彼ら自身が治安部隊の次の餌食になって仕舞うのではないかという恐怖によるものでもあった。またそれは、パルティザンの決意を堅め、彼らに真に戦うに値する大義を与えた。ソヴィエトの教義は目標をはるかに絞った形式のテロを唱道し、抵抗運動を支持したことが立証された人々にのみそれが向けられるよう主張した。その他の人は皆、いかなる代償を支払ってではあれパルティザンを遠ざけておく限りにおいては、比較的安全に感じるようにすべきとされたのである。しかしながら、公式の方針は決してしっかりと守られず、サディスティックな地元将校らは、しばしば長年にわたり手当たり次第テロ行為を働いて、しかも逃げ果《おお》せたのである。

パルティザン戦争が進展するにつれて、ソヴィエト軍の反乱鎮圧の手段はより一層洗練を見せるようになった。一九四六年、偽パルティザンの部隊がまるまる数部隊本物のそれらを捕らえるべく設立された。このような集団は、他の地域から来たゲリラであると偽り、本物のパルティザンとの会合の手筈を整えた後、目撃者もろとも彼らを皆殺しにすることだろう。加えて、彼らはパルティザンの名の下に民間人を殺害し、強奪し、それによってその運動全体に悪評をもたらしたのだった(16)。

偽のパルティザン部隊を造り出すのに加えて、ソヴィエト側は自分たちの手先を本物のパルティザンの諸細胞に送り込む方法も発展させた。時に彼らは共産主義者か、はたまた戦争のさなかソ連邦内に住むバルト諸国の人々を用いようとすることもあったものの、かつての同志を裏切らせるべく抵抗活動の元メンバーをリクルートしようとすることの方がはるかに多かった。彼らのリクルートのプール中最大のものは、四五年と四六年の恩赦から来ていた。これらの恩赦の諸条項によれば、もし彼らがこれまでのやり方を棄てて少なくとも一つの武器を引き渡せば、パルティザンには訴追免除が与えられることになっていたのである。しかしながら、実際に実践する段になると、治安機構はこれらの人々を強制移送でもって脅迫し、加えて彼らが同志の情報を提供し、しかもＮＫＶＤの手先としてパルティザンのグループに再加入するのにさえ同意させようとした。これら二つの等しく不快な選択肢を前にして、大部分は、彼らにできた唯一のことをした。治安部隊のために働くことに同意し、而してその後何もしなかったのである。しかしながら、中には圧力に負け、かつての友人らの裏切りに手を染めてしまい出す者もいたのである。

ひょっとすると、ソヴィエトのスパイ活動中での最大の成功は、リトアニア抵抗活動の中央組織体への浸入かも知れない。四五年春、諜報部はユオザス・マルクリスという名前の医師を新たに採用し、果たして彼が最も貴重な手先の一人となったのだった。マルクリスは翌数ヶ月を費やし、パルティザンらに彼がとある地下諜報集団を率いていると信じ込ませることにどうにか成功し、その信頼たるや、パルティザンらが新たに運動全体の中枢となるべき地下組織、共同《ベンドレス・》民主抵抗運動《デモクラーティニス・ペスィプリエシニモ・サユディス》（ＢＤＰＳ）の設立を企てた際、彼がその最高指導者の一人に選ばれたほどだった。警察はマルクリスを通じてこの委員会に対する相当量のコントロールをおよぼし、後者は自分の立場を利用してパルティザンらに隊の解散と武器の放棄を促した。部下にいんちきの書類を作ると約束することで、首尾よく彼はパルティザンの隊員のリストと、あろうことか写真をさえ手に入れた。これらと、そして他の活動を通じて、数人の地域指導者が拘束され、殺害され、さらには、リトアニア東部の一地域の場合では、マルクリスの仲間の手先による乗っ取りが行なわれた事例も

あったのだった。(17)

一九五〇年代初頭までには、ソヴィエト側は、特定の場所におけるパルティザン細胞の発見と監視に献身する特殊班を設立していた。これらの特殊班は、彼らが狩り出すパルティザンらの完璧な似像《にすがた》を作り上げ——彼らの名前と暗号名、振る舞い、カムフラージュと信号送受信の手段、彼らの支持者と他の諸集団内部との接触——、然る後、踏み込み、彼らを取り除くべく献身したのである。(18)パルティザンの数が次第に減少へと転じ、一般住民間での彼らへの支援が干上がると、抵抗活動がこれらの特殊班に対して身を守る術はほとんどなかった。一人また一人と、パルティザンの最後の生き残りが狩り出され、亡き者にされたのだった。

パルティザンか「賊」か?

エストニア人パルティザンについてのその史書の中で、かつてのエストニアの首相、マルト・ラールは、「恐るべきアンツ」として知られるようになった抵抗活動の伝説的人物、アンツ・カリュランドの物語を語っている。物語によれば、アンツには、特定のいかなる地域を訪れる際にも郵便でもって予告するという習慣があった。ある時、彼はパルヌのあるレストランの支配人に、某日某時間に昼食に訪れるつもりであり、格別に美味しい食事を期待していると通知した。レストランの支配人は、すぐさま地元当局に通報した。当日、地味な装いをしたNKVDの大群がレストランを包囲し、跳び出して行っては名にし負うパルティザンの指導者を捕まえる準備ができていた。だがアンツは、ロシア軍の標章のついたロシア製の車で到着し、ソヴィエト軍高級将校の制服を纏って現われることで彼ら全員をかついだのだった。そうとは露も疑わず、NKVDの兵士らは彼の好きにさせていた。心尽くしの食事を楽しんだアンツはチップをはずむと、皿の下に書き置きを残し出て行った。曰く、「昼食をどうもありがとう、恐るべきアンツ」。何が起きたのかNKVDの兵士の合点がいったときには、彼と盗んだロシア製の車ははるか遠くへと走り去っていたのだった(19)。

このような物語が証示しているのは、バルト諸国におけるパルティザン戦争のさなか何が起きたのか捉まえることに纏わる主だった問題の一つである。いかなるパルティザンの指導者も自分自身の訪問を郵便でもって予告する習慣があるだろうなどとは、あるいは、単に食事のためだけにかかる離れ業を演じる危険を冒すだろうなどとは、到底考えられない――そしてにもかかわらず、そのような物語は、あたかもそれらが本当であるかのようにいく度もいく度も語られているのである。リトアニア人パルティザンのユオザス・ルクシャは、そうした神話の人々を鼓舞する際の重要性を悟ったものの、その多くがナンセンスであることを認めた。「人々はパルティザンに共感を寄せていた」と、彼は四九年に書いた。「それゆえ、彼らの英雄譚はしばしば誇張され、わずかに真実の骨組みだけを遺すまでになっていた(20)」。

ソヴィエトの抑圧に抗い苦闘したすべての人々に対する私たちの今日日《きょうび》の共感を思えば、英雄崇拝の罠に落ち込むのは容易いことだ。だが、私たちがいかほどパルティザンをロビン・フッドの形姿で想像するのを好もうとも、彼らの大多数はこのロマンティックなイメージにはまったく似つかわしくなかった。そのほとんどは勇敢さからではなく、逮捕か強制移送、ないしは赤軍への徴募を免れるために抵抗活動に参加したのである。そして、彼らはただ利益が危険を上回る間しか森に残りはしなかった。非常に多くのパルティザンが、二年以内に市民生活へと戻ったのである(21)。

ほとんどのパルティザンがナショナリズムの意識から抵抗を選んだ一方で、一つないしは別のやり方でドイツ人に協力し、単に処罰を免れたいがゆえにのみソヴィエト軍から身を隠した者も多くいた。いく人かは、戦争中、反ユダヤ主義的ポグロムや虐殺に大いに関わっていた。ウクライナ人パルティザンの運動はわけても、猛烈に人種主義的イデオロギーに基づいていた――だが、バルト諸国においても、パルティザン部隊のいくつかには暗い歴史があった。たとえば、リトアニアの「鉄の狼」連隊は、戦間期、ファシストの組織から出発していた。四五年夏には、この集団の人種主義的基礎は大幅に衰えていたものの、彼らの語る物語には依然として反ユダヤ主義的要素が含まれていた。(22) 西側の大立て者の中には彼らの動機を訝しく思う者がいたとしても、あるいは驚くことではなかったろう。たとえば、英国では、カンタベリー大主教が演説で、バルト諸国のパルティザンはファシストでその移送は正当化されると匂わせた。彼のコメントが心得違いであったのは間違いないとしても、保守主義者のいくらかにとってはそれらは十分な真実を含んでいたのだった。(23)

パルティザンたちにとってさらに一層問題含みだったのは、彼らが自由の闘士などではなく、単なる「賊」だというソヴィエト側の断定だった。彼らがソヴィエト軍の部隊に対する会戦に従事している間は、そのような主張を駁《ばく》するのは易しかった――だが、一度自らの骨折りを民間人の標的に差し向けるのを余儀なくされると、それははるかに困難なことだったのだ。私が示しておいたように、リトアニアのパルティザンは初期にあまりにひどい損害を蒙ったので、戦術の変更を余儀なくされた。四五年夏以降、彼らが殺害した人々の非常に多くは民間人だった――大半は、共産主義者の役人や公然とソヴィエト側に協力した人々である。同様のパターンは、西ウクライナでも生じ――そしてラトヴィアとエストニアでも起こり、そこでは、抵抗活動は一度として公然とソヴィエトの軍勢に挑戦するだけに十分なだけの強靭さを備えたことはなく、まさしく当初から民間人の対ソ協力者が主たる標的だった。無辜の人々が避けようもなく殺され、パルティザンに対する好意は干上がり始めた。

パルティザンたちは、それゆえ、か細い線上を歩くのを強いられたのだった。成功のためには、彼らは、人々に自身の意志を強いることのできる新政府の代替権威と自らを描かねばならなかった。そ

年	標的	西ウクライナ	リトアニア	ラトヴィア	エストニア	西ベラルーシ	総数
1944	ソ連軍*	3,202	413	データなし	10	251	3,876
	民間人	2,953	262	—	57	76	3,348
1945	ソ連軍*	2,539	1,614	509	175	332	5,169
	民間人	4,249	1,630	262	141	296	6,578
1946	ソ連軍*	1,441	967	231	129	116	2,844
	民間人	1,688	2,037	177	125	135	4,162

表3◆パルティザンによってもたらされた総死者数、1944–46年(24)
注*「ソ連軍」には、赤軍のメンバー、NKVDの部隊、警察、民兵、地元ソヴィエトの活動家が含まれる。

して、にもかかわらずこれは、あれらの人々を疎外することなしに行なわれなければならなかったのである。一方で、彼らは誰であれあまりに熱心にソヴィエト側に協力した者は処罰せねばならず、しかし他方、これら土地の役人たちの多くには協力する以外にいかなる選択肢もなかったのを認めなければならなかった。その支配が十分に強力だった地域では、彼らは、少なくとも一時は、彼ら自身の法と秩序の形態を農村部に押しつけることができた。けれども、それが弱かった地域では、彼らがとれた唯一の進路は法と秩序の壊乱にしかなかった。長年にわたる混沌と流血に疲れた住民の間で、支持を維持するのはますます難しくなったのだった。

彼らのソヴィエト側の片割れと同様に、パルティザンたちも時には意志を押し通そうとテロに訴えることがあった。このテロは時に、単なる怒りか不満、あるいは戦闘の熱気の帰結でしかないこともあった。たとえば、四六年三月、エストニアの町オスラでは、パルティザンらが地元の「殺戮大隊」、すなわちエストニア人の志願民兵に攻撃を加えた。この攻撃は、一つには地元地域に自分たちの権威を刻印しようという抵抗活動による企てであり、しかし同時に若干の民兵による残虐行為に対する復讐行為でもあった。パルティザンの指導者らは罪のある役人の一覧表を作成し、処刑までの間、地元の薬局に監禁した。目撃者らの証言によれば、パルティザンの作戦はほどなく狂乱へと堕落した。

森の兄弟たちは、彼らの表にしたがい残りの者全員の殺害に取りかかった。ほどなく彼らは、表には彼らの求める者全員が含まれていないことに気がついた。何人かの男たちは人殺しに熱狂した挙げ句、表にはない女性や子供たちを射殺し始めた。森の兄弟たちの二、三に例外的な苦痛をもたらした当局の数家族全体が一掃された。一時、女性たちはこの流血の惨事を止めるのに成功した。ある事例では、彼女らは、身重の女性は殺されるべきではないと言って、殺戮大隊の指揮官の妻のもとから、パルティザンらを追い払ったのである。(25)

全部で一三名の人々が、パルティザンらが散開し隠れ家に戻るその前日に処刑されたという話である。

別の折には、個々のコミュニティを恐怖で脅すのには、より冷酷な、より政治的な理由があった。たとえば、ソヴィエトの土地改革を停止させようという明白な企図があったリトアニアのパルティザンは、時折、より大きな地所から没収された土地を譲渡された小作農を襲うことがあった。アリートゥス郡からのソヴィエト側の報告によれば、四五年八月に、約三一の家族がこの理由でパルティザンに襲撃され、四八名が殺害されたのだった。

殺害された人の中には、六〇歳から七〇歳が一一名、七歳から一四歳の子供が七名、一七歳から二〇歳の少女が六名含まれていた。犠牲者全員が貧農でクラークから「没収された」土地を受け取っていた……。殺害された人々の誰一人として、党か他の行政機関のために働いた者はいなかった。[26]

後年、農地が強制的に集団化されると、パルティザンらは作物を焼き、共同農機械類を破壊し家畜を殺す挙に出た。けれども、これら集団農場は依然、政府の貯蔵庫にその割り当てを供給するのを期待されていた以上、苦しむことになる唯一の人々はしばしば農家自身でしかなかった。この時期、必需品の収集のために、パルティザンらにはしばしば、共同商店に押し入る他に選択肢がなかった。これらの店はいまではコミュニティ全体に属していた以上、苦しんだのはコミュニティ全体だった。何人かの歴史家によれば、月日が経つにつれ、パルティザンの行動は抵抗活動のようには見えなくなり、社会的な阻害要因と映り始めたのだった。[27]

多くの人々はまた、打ち続く暴力と混沌が何を達成するということになっているのか、疑義を呈し始めた。パルティザンが失われた大義を戦っているのはいよいよ明白で、大多数の民間人はただただ暴力が已むのを望んでいたのだった。どの陣営につくか嫌々強制された挙げ句、いまでは多くが安定のために自らの国粋主義的な理想を犠牲にしたのである。抵抗活動集団を密告するのは四〇年代末にかけてますますありふれたものとなり、金を支払われた密告者や陣営の変更を強いられたかつてのパルティザンによるばかりでなく、世間の普通の人々によっても行なわれたのだった。四八年ともなると、パルティザンの逮捕と殺害の大部分――十分の七より以上――が、諜報活動の結果生じていた。言い換えれば、彼らは裏切られたのだった。[28]

抵抗活動の終わり

バルト諸国のパルティザンの最大の間違いの一つは、彼らの戦っている戦争を卓越して軍事的それと想像したことだった。現実には、彼らは一時に数個の戦線で攻撃されていたのだった――単に軍事的にのみならず、経済的にも、また、社会的、政治的にも攻撃されていたのである。ソヴィエト側は当初より、ゲリラ兵がどれほどに彼らの地元の、農村共同体に支援を頼っているか理解していた。彼らはそれゆえ、これら共同体の無慈悲な解体へと乗り出し、闘士らは浮き足だったのである。

最初の一撃は、戦争のまさに直後に訪れた。その際、共産主義者らは、ヨーロッパの他の場所で実施していたのと同様の土地改革の計画へと乗り出したのだった。これは住民を真に分断した争点で、貧者と土地なしの人々はもちろん、財産の一部の引き渡しを強いられるであろう人々よりもはるかにそれに乗り気だった。中産階級である農家は、より貧しい小作農に比べてはるかにパルティザンに加わりがちだった――これは階級闘争の萌芽を生み出し、当局にパルティザンを反動主義者と描く余地を与えた[29]。これは些細な点に見えるかもしれないが、共産主義者にとっては重要な政治的勝利であって、彼らは自らを貧者の擁護者と主張することができたのだった。リトアニアへのヴィルニュスの授与――彼らがつねに自らの権利を主張してきた、而して一度として支配できなかった都市――のごとき他の政治的スクープとも相俟って、それはバルト諸国のいくらかのナショナリストがそう主張したであろうようには、誰もがパルティザンの支援に乗り気だったとはいえないということを意味したのである。

第二の打撃は、四〇年代遅くに訪れた。その際、ソヴィエト側はまたしても政敵を移送する方針に訴えたのだった。四八年五月二二日から二七日の間に、四万人を超える人々がリトアニアから移送された。翌三月、さらに二万九〇〇〇人が彼らに合流した[30]。ラトヴィアでは、四万三〇〇〇人のシベリア移送が抵抗活動の希望を事実上終わらせた[31]。短期的にはこれらの出来事は森へと逃げ込みパルティザンに加わろうという人の数を膨れ上がらせたものの、一般住民間をめぐる彼らの支援網を破壊したのだった。爾来、パルティザンは最早彼らのコミュニティに食糧と他の必需品の供給を頼ることができなくなった。かわりに彼らは出て行って必需品を徴発せざるを得ず、それによって当局の注意を自らの存在へと引きつけてしまったのである。

パルティザンの供給線に対する最後の一撃は、土地の集団化政策だった。それによって、農業は事実上個々人の手からまるきり離れてしまったのである。一度すべての農地が国家により所有または支配されると、パルティザンに共感し彼らの頼るべきいかなる個別の農家も最早存在しなくなった。バルト三国における集団農場化は、共産主義ブロックに属する他の国々よりも一層迅速だった。一九四九年の初めには、リトアニアのわずかに三・九パーセントの農地しか集団化されておらず、エストニアのわずかに五・八パーセントの農地、また、ラトヴィアのわずかに約八パーセントの農地しか集団化されていなかった。集団化政策が正式に発表されると、多くの農家が抵抗したが、彼らの多数が移送でもって処罰されると残りの人々は大慌てで新たな統治に従った。年末には、リトアニアの農地の六二パーセントが国家の支配下に置かれていた。エストニアとラトヴィアでは、パルティザンがそれほど強力ではなく、抵抗活動の組織化の程度もより低かったので、その数字は、それぞれ八〇パーセントと九三パーセントだった。[32]

土着の支援網が破壊されたことで、パルティザンの大義の唯一可能な救済は西側からの支援を取りつけることだった。[33]捨て鉢になった彼らは、西側に使節を送り、鳴り物入りで支援を得ようとした。これらの使節のうち最もよく知られたのはリトアニア人パルティザンのユオザス・ルクシャで、徒歩で旅してポーランド国境を越え、四八年の初めにとうとうパリへと辿り着いた。彼は故国で起きている残忍な移送の状況を記した教皇と国際連合宛ての手紙を携えていた。だが、己が大義へと西側を説き伏せてやろうという彼の企図は水泡に帰した。西側情報機関による気もそぞろな二、三の骨折りを別にすれば、バルト諸国のパルティザンは多くが自分の身は自分で守るべく捨て置かれたのだった[34]。

一九五〇年、ルクシャがリトアニアに戻ると、闘争には見込みがなくなってしまっていた。四四年から四七年の間に森をいっぱいにした現役パルティザンの大群――絶頂期にはその数は四万人にまで達した――は、いまではわずか二、三〇〇〇にまで落ち込んでいた。五二年の夏には、おそらくはわずか五〇〇人しか残っていなかったろう[35]。ルクシャの帰還はソヴィエト側に大事件として扱われた。彼は、文字通り何千というNKVDの部隊により追い詰められ、部隊はルクシャの捜索にプニャとカズルールーダの森を徹底的に洗ったのだった。最終的には、彼は友達だと思っていた何者かにより裏切られ、待ち伏せ場所へとおびき出されて撃ち殺された[36]。一人また一人と、同じ運命がリトアニアの残りのパルティザン指導者たち全員に降りかかった。彼らの闘争が開始してから一二年後の一九五六年には、リトアニアにおける最後のパルティザン集団が最終的な撃滅を見たのだった[37]。

殉教者たちの国

ソヴィエトの治安部隊の恐怖に駆られてくるような効率のよさにもかかわらず、パルティザンの大義は決して完全には打ち負かされなかった。一九五六年に最後の偉大なパルティザン指導者だったアードルファス・ラマナウスカス――暗号名ヴァーナガス（「鷹」）――が捕らえられた後でさえ、四五人ばかりのパルティザンが捕まることなく森に残った。一九六五年に至ってもなお、二人のリトアニア人ゲリラ兵が警察に包囲された。彼らは捕虜になるのを避けようと自らを撃ち抜いたのだった。最後のリトアニア人パルティザン、スタスィース・グイガは村の女性に三〇年余り匿われ、一九八六年の彼の死までどうにか捕獲を免れたのだった[38]。

エストニアでは、フーゴとアクセル・ムットゥスの二人の兄弟が、とうとう六七年に警察に捕らえられた。彼らは二〇年間、冷たく、湿った森の掩蔽壕で暮らし、その間に父親と兄弟、そして姉（妹）を飢えと病気で喪っていたのだった。彼らはその一人一人を森に葬った。一九七四年の夏には、ソヴィエト当局がヴォル県の村で偶《たま》さか出くわしたカレヴ・アロというパルティザンを射殺した。だが、エストニア人パルティザンの最後の一人が殺害されたのはその後四年を経てからで、七八年の九月、ＫＧＢがアウグスト・サベを逮捕しようとした。サベは彼らから逃れようとヴォハンドゥ川に飛び込み、しかし溺れ死んだのだった。(39)

冷戦酣《たけなわ》の頃、バルト諸国はソヴィエトの支配下に確固として置かれており、このような男たちが人生を無駄にしたという結論を免れるのは不可能だった。一九七〇年代に至るまで遠く離れた太平洋の島々で引き続き持ちこたえていたあれら忘れられた日本兵と同様に、あるいは、一九六九年に至るまでフランコから隠れていたスペイン人共和主義者マヌエル・コルテスの孤独な形姿と同様に、これら最後のパルティザンは、残りの世界が先へと進んでしまったずっと後になっても戦いを続けていたのだった。(40) 彼らは米ソ間で新たな紛争が勃発することに賭け、その判断の誤りの代償を自らの人生と愛する人々の移送をもって支払ったのだった。その勇気と愛国心とにもかかわらず、ソヴィエト当局に対する彼らの抵抗活動は、究極的にはいかなる差異ももたらさなかったように見えた。(41)

そしてにもかかわらず、パルティザン戦争が後の抵抗活動の運動にもたらした影響を人は否定することはできないのだ。パルティザンとその家族の扱いは、短期的には容赦なく効率的であったものの、とこしえに不満を抱く巨大な人溜まりをつくり出しただけだった。後年、バルト諸国の反体制運動において最も活発なメンバーのいく人かになったのは、これらの人々であって、彼らは正常な社会参加から排除され、その子供たちは適切な職に就くことや高等教育を受ける機会を拒まれていたのだった。(42)

一九六〇年代、七〇年代、そして八〇年代を通じて、バルト諸国の人々はソヴィエトの抑圧に抵抗し続け、もう二度とソヴィエト側に抗して武器を手にはしなかったものの、依然としてパルティザン戦争の記憶によって鼓吹されていたのだった。パルティザンの物語は語られ、また語られた。パルティザンの歌は内密に歌われ、その実践は後にタリンにおける「歌う革命」に反映された。ユオザス・ルクシャの『パルティザンたち《パルティザーネイ》』のごときパルティザンの回顧録は再版され、その地域中の至るところで配布され[43]、一九九〇年の独立宣言後、間もなくこれはリトアニアで大ベストセラーになった。パルティザン戦争は、ソヴィエト時代後のエストニア首相の一人をひどく鼓吹したので、後に彼もそれに関する本を一冊ものしたのだった[44]。

カルニシュケの戦いの物語は、この章の冒頭で私が詳述したとおり、パルティザンの戦争がいかに後の世代を鼓吹したか、かつそうし続けているかということの完璧な実例である。戦闘後数年のうちに、物語は地元の民間伝承の中に入り込み、英雄的な最後の抵抗を記念しようと歌が書かれた。時とともに色褪せるどころか、物語は事実、反響を集めたのだった。一九八〇年代、かつてのパルティザンが帰り、斃れた同志のために礼拝堂を造り、戦いの記念日には追悼式典が開かれた。一九八九年、これはソヴィエト側との新たな緊張の源泉となった。近隣のソ連軍駐屯地駐留の兵士が、記念日の間わざと射撃演習を行ない、そこに集まった人々の頭上目がけて発砲した。その後夜間に、兵士らは礼拝堂を取り壊した。それでも、独立後には、新たな記念碑が建立され、カルニシュケで殺害されたパルティザンの死体が掘り起こされ正式に埋葬された。今日もなお、戦いは毎年の記念日に祝賀され、かつてのパルティザンとその家族、リトアニア政府および軍の代表、並びに地元政治家や学童らが出席する。その出来事は、独りリトアニア人パルティザンの英雄的資質ばかりでなく、ほとんど半世紀続いたより広範なリトアニア独立闘争をもまた象徴するに至ったのである[45]。

いまでは、森の兄弟たちの闘争を的外れな犠牲と切って捨てるのはそれほど簡単ではない。破滅を運命づけられた彼らの反乱は、最早、悲劇的幕切れを迎えるであろう単なる自己完結した物語ではない――一九九〇年代初頭以降、それはまた、ついにはバルト全三国の独立へと至る一層遼遠な物語の一部となったのである。この文脈にあっては、パルティザンと彼らのコミュニティが払った犠牲は、少なくとも部分的には正当化されている。あらゆる陣営から出た何万という死、流浪のうちに費消された生、そして世を忍ぶのに使い果たされた生にもかかわらず、リトアニアとラトヴィア、エストニアの人々は、いまでは森の兄弟たちの偉業を費やすに値する大義と振り返り、国家の誇りの源泉と回顧するのである。

原註

(1) Statiev, p. 106.

(2) Laima Vincė, afterword Lukša, p. 403 に引用。

(3) Gaškaitė-Žemaitienė, p. 44 に引かれた Lionginas Baliukevičius の言葉。

(4) パルティザンの戦闘の数多の例については、Lukša, pp. 103–24 を見よ。年代記が www.spauda.lt/voruta/kronika/chronic1.htm にて利用可能である、二〇一一年一〇月一七日にアクセスした。

(5) Kalniškė の戦いの記述については Lukša, pp. 119–21 を見よ。また、www.patriotai.lt/straipsnis/2009-05-22/jonas-neifalta-lakunas-1910-1945, 最後に閲覧したのは二〇一一年一〇月一七日。

(6) 高い方の推計については Misiunas and Taagepera, p. 86 を見よ。低い方の推計については Strods p. 150, および Mart Laar, 'The Armed Resistance Movement in Estonia from 1944 to 1956', in Anušauskas, p. 217 を見よ。

(7) Starkauskas, p. 50 に引かれた Beria の言葉。

(8) Statiev, p. 247.

(9) Eleonora Labanauskienė testimony in Laima Vincė's

afterword to Lukša, p. 375.

(10)たとえば、一九四七年七月、秘密警察に対する監督責任のあった大臣ヴィクトル・アバクモフ Viktor Abakumov は、スターリンの拷問への「指令」をその使用の正当化として引き合いに出した、Statiev, pp. 32–3, 247–9, 291–2 を見よ。

(11)Statiev, pp. 107–8, 112–13.

(12)Lukša, pp. 210–11, 226–30, 305, 331, 335.

(13)Lukša, p. 335. これの他の例については、ibid., pp. 203, 225, 228, 230, 240, 273; Vardys and Sedaitis, p. 84; Gaškaitė-Žemaitienė, p. 35; Statiev, p. 108 を見よ。

(14)Statiev, p. 289; Starkauskas, p. 51.

(15)Testimony of Private Strekalov, Starkauskas, pp. 50–51 に引用。

(16)このような諸集団の実在は、西側およびソヴィエト側史料により確認されている、Misiunas and Taagepera, p. 91; Gaškaitė-Žemaitienė, p. 31 を見よ。

(17)Gaškaitė-Žemaitienė, p. 32; Statiev, p. 237.

(18)Starkauskas, p. 60.

(19)Laar, pp. 117–19.

(20)Lukša, p. 124.

(21)Misiunas and Taagepera, p. 86.

(22)Lukša, pp. 101–3, 147.

(23)Alfred Käärmann に拠る、Laar, pp. 183–4 に引用。

(24)Statiev, p. 125 を翻案した表。

(25)Ilse Iher, Laar, p. 98 に引用。

(26)Memo from Beria to Stalin, Statiev, p. 132 に引用。

(27)Statiev, pp. 132–4, 137–8; Misiunas and Taagepera, pp. 92–3.

(28)Starkauskas, p. 58.

(29)Statiev, pp. 101–2.

(30)Gaškaitė-Žemaitienė, p. 37.

(31)Strods, pp. 154–5.

(32)Misiunas and Taagepera, pp. 99, 102–3.

(33)三カ国すべてのパルティザンが初めからこのことを知っていた。たとえば、Laar, p. 108 に引かれた、Relvastatud Võitluse Liit（'Armed Combat Alliance'）の計画を見よ。

(34)Lukša, pp. 24–7.

(35)Gaškaitė-Žemaitienė, pp. 38, 42. 一九八九年以前の数字に基づいて、Misiunas and Taagepera は、むしろ楽観的に、一九五〇年でも五〇〇〇人がなお生きていたと見積もっている。

(36)Laima Vincė's afterword to Lukša, pp. 385–8 を見よ。

(37)最後の大物パルティザンの指導者 Adolfas Ramanauskas は一九五六年に捕らえられ、一九五七年一一月二九日に処刑された。Gaškaitė-Žemaitienė, p. 44 を見よ。

(38) Gaškaitė-Žemaitienė, pp. 43–4.

(39) Laar, pp. 196–206 を見よ。

(40) 'Japan: The Last Last Soldier?', *Time* magazine, 13 January 1975; および Ronald Fraser, *In Hiding: The Life of Manuel Cortés*（London: Allen Lane, 1972）を見よ。

(41) 抵抗活動は単にソヴィエトの抑圧を酷くしただけだったという議論については、Alexander Statiev によるリトアニアとベラルーシの比較、pp. 117, 137–8 を見よ。

(42) Vardys and Sedaitis, p. 84.

(43)『森の兄弟たち』として翻訳され改訂された、Bibliography を見よ。

(44) Laar, *passim*.

(45) www.patriotai.lt/straipsnis/2009-05-22/jonas-neifalta-lakunas-1910-1945 を見よ。

訳註

＊1　Pelsen を Petseri（ペッツェリ）とした。

第28章 冷戦の鏡

一九四八年一月二九日、政治的抑圧の大規模な計画の一環として、一六歳の少女――今日もなお存命で、しかし匿名のままでいたいと望んでいる――が、母親とともに逮捕され流罪に処された。遠方の政治犯収容所で一年を過ごした後、彼女は「女性の再教育のための特別学校」と呼ばれた場所へと移転させられた。ここと、それに続いた政治犯収容所で、彼女は残忍な教化と拷問の体制に服従させられ、とうとう彼女が以前の政治信条からの改悛の宣言に署名するまでそれは已まなかったのだった。「あれは私の人生で最も悲劇的な瞬間の一つでした」。数十年後、彼女はインタヴューで聞き手に語った。「一月の間、私はベッドから出られませんでした……。私の寝間着はピンクだったのに黒く変色しました。私は身体を洗ったり着替えたりさえしたくなかったのです。私は精神の崩壊を味わったのです」[1]。

これらの出来事は鉄のカーテンの背後でではなく、ギリシアで起きたのだった。政治犯収容所はカザフスタンないしはシベリアにではなく、エーゲ海では、イカリア、トリケリおよびマクロニソスの島々にあったのだった――それらは、共産主義者による迫害にではなく、共産主義者の迫害に捧げられた場所だった。件の少女は左翼的見解を持つことで知られた一家の出で、かくてギリシア国家に対する危険と見なされたのだった。

西欧のいくつかの地域で共産主義者が扱われた仕方と、東側で「資本主義者」が扱われた仕方の間には、面白くもない対称がある。第二次世界大戦の直後、ギリシア当局により遂行された大量の拘束は、バルト諸国と西ウクライナで生じた大量のそれに似ていないわけでもなく、しかもそれらは同じ理由でもって実行されたのだった——抵抗活動の基盤を破壊しようとしたのである。鉄のカーテンの西側の多くの国と同様に、ギリシアも何万人という政治的容疑者を外国へ移送した——ソヴィエト方《がた》のシベリアへよりはむしろ、英国方の中東へと。政府の後ろ盾を得た民兵は住民の大部分をレイプと略奪、殺人のうねりへともたらし、それは、どこから見ても、東欧で生じたいかなる出来事にも引けをとらぬくらい出鱈目で残忍なのだった。

同様に、ギリシアで右派が権力を握った仕方と東側ブロックで左派が権力を握った仕方の間には平行線がある。右翼保守主義者はギリシア政界内での支配的勢力ではなく、そしてにもかかわらず、もっとずっと人気のあった共産主義者の勢力をどうにかくじくことができたのだった——ちょうどハンガリーとルーマニア、ブルガリアで強力な在来政党がくじかれたのと同様に。政治的利得のために入念に計画された警察への浸透は、両陣営できっかり同じくらいシニカルだった。ギリシアでは早くもこれが四四年一二月の共産主義者の内閣からの辞職に繋がった——そのわずか三年あまり後に、同一の争点で在来政党がチェコの内閣から辞職した際、これはその鏡像を見出した出来事だった。ギリシアの右派は、東欧での共産主義者たちと同じく、政敵を悪霊化し懲らしめるべくマスメディアと法廷との両者を用いた。彼らはどちらも民主主義的プロセスの破壊活動をしないでいられるほど高潔ではなかった。四六年三月のギリシアの選挙は有権者の棄権と脅迫により台無しにされ、それはちょうどバルト諸国における選挙がそうであったのと同じだった。そして、同年、後に行なわれたギリシア君主制の復権に関する国民投票は、どこから見ても、ルーマニアでの選挙と同じくらい八百長だったのである。

各事例においてこのような振る舞いが可能だったのは、偏《ひとえ》に支配的権威に外来の超大国の後ろ盾があったからに過ぎなかった。鉄のカーテンの背後では、共産主義者の活動を指図していたのはソヴィエト連邦だったし、他方、ギリシアでは右派の活動を保証したのは英国軍、後にはアメリカ軍だった。よそ者の介入なしには、かつて共産主義者がいかにして東欧のほとんどの土地で権力を獲得できたろうか見るのは困難であり――それはちょうど、彼らがいかにしてギリシアでは権力の獲得にしくじり得たか見るのが困難であるのと同じことだった。両体制下の住民が外国人のお節介を苦々しく感じたのもほとんど驚くにはあたらない。もしルーマニア人やポーランド人が「神なしで国なしの外国人」に陥れられていると抗議したならば、同様に、ギリシア人の中には「外国の帝国主義者による……奴隷化」を正当にも嘆くことのできる者もいたのである。(2)

「民主主義的」政権が東欧の共産主義政府の振る舞いの鏡像となったのは、ギリシアにとどまらなかった。政敵の勢力をくじき悪霊化する風潮は大陸中の至るところで変わらず、たとえギリシアでそうであったほどには極端とは言えないとしてもそうなのだった。たとえば、一九四七年のイタリア、フランス、ベルギーおよびルクセンブルク政府からの共産主義者の追放は、東欧諸政府からの旧来の政治家の放逐の鏡像となっている。民主主義に対するその諸帰結はそれほどに破滅的であったとは言えないかもしれないものの、その意図は変わらなかった。反対者を無力化し、超大国の支援者のご機嫌をとるということだ。切り札すべてを握っていたのはこれら超大国だったのであり、その影響力はヨーロッパの両半分でまさしく同じだけ強力だった。西側の政策を指図しようというアメリカの試み

地図12◆冷戦期のヨーロッパの分割

は、東側諸政府を支配しようというソヴィエトの企てとまさしく同じだけ要らぬお節介だった。違っていたのは、その方法だけだった。アメリカはマーシャル援助の「人参」を用い、対してソヴィエトは軍事的強制の「笞」を揮ったのだった。

私はこの比較をあまりに遠くまで押し進めたくはない。なぜなら、スターリン主義的共産主義に比べ資本主義的政治モデルの方がより包括的で、より民主主義的で、かつ、究極的にはより大きな成功をもたらすというのは自明の理だからだ。だが、あれら「民主主義的」国々の戦争直後の行ないがしばしば完璧どころではなかったと言うのもまた正しいのである。いくつかの事例では、それは明らかに共産主義者のより悪かった——たとえば、南イタリアでの小作農の扱いがそれであり、政府によって約束済みの土地改革が拒絶されたのであって、共産主義者支配の早い時期での、東欧での前進的態度とはとても較べるべくもなかった。どちらの陣営も徳の独占はできなかった。ヨーロッパのような広大で多様な大陸において、一般化はつねに浅はかだ。

そしてにもかかわらず、かかる一般化はますます明白なのだった。左派のイデオローグは、その世界観を共有しない者全員を「ファシスト主義的帝国主義者」や「反動主義者」、並びに「吸血動物」と性格づけた。右派のイデオローグは、ほどほどに左翼的見方をする者ですら例外なく「ボリシェヴィキ」ないしは「テロリスト」として描いた。その結果、あれら中道を行く人々は、いよいよ一か他の陣営につくのを余儀なくされた——一般的には、どちらの側であれその時最強と見えた方についたのだった。国際共産主義運動の父の一人の言葉を借りれば、「人は誰でも帝国主義の側か社会主義の側のどちらかに傾《かし》いだ。中立は単なるカムフラージュで、第三の道は存在しなかった」(3)。間違った側を選んだ場合の結果は、ことに東欧またはギリシアでは、致命的になりかねなかった。

私が示してきたように、このイデオロギーの衝突は戦後期に新しいものではなかった。左翼パルティザンと右翼民兵は、依然として主だった戦争が進んでいる間も互いに定期的に戦闘を交え、そして時には、お互いの闘いにもっとどっぷりと集中できるようにと、ドイツ軍と局所的停戦を結ぶことさえあった。局所的内戦は、主戦争の隣で、ギリシアだけではなく、ユーゴスラヴィアやイタリア、フランス、スロヴァキア、そしてウクライナでも戦われた。両陣営の狂信者たちにとって、本当に問題だったのは、ドイツの占領に抗しての国民戦争ではそれほどなくて、国粋主義的な理想を掲げた者らと共産主義的それを掲げた者らの間のより根深い闘争だったのである。

左右の間のこのイデオロギー闘争にあって、一九四五年のドイツの敗北が重要だったのは、単にそれがヨーロッパにおける右派の最も強力な支援者を排除したからに過ぎなかった。それは、イデオロギー戦争の終結を意味したわけではなかった。それどころではなかったのだ。多くの共産主義者にとって、第二次世界大戦は個別の出来事ではなく、すでに数十年来続いていたはるかに大きな過程の単に一発展段階に過ぎなかったのである。ヒトラーの敗北はそれ自体では終わりではなく、闘争の次の段階がそこから開始するであろう踏み切り板なのだった。東欧中至るところでの共産主義者による支配の掌握は、同じ過程の一部分と観ぜられることとなり、それは、マルクス主義の教義によれば、世界中至るところでの共産主義の「不可避の」勝利で終わるはずなのだった。

共産主義のヨーロッパ中でのさらに一層の拡大を防いだのは、ひたすら西側連合軍の、とりわけアメリカ軍の駐留でしかなかった。それゆえ、戦後何年も共産主義者がアメリカ人を帝国主義的陰謀家として描いたのに、ちょうど彼らがハンガリーないしはルーマニアのブルジョワ敵対勢力を「ヒトラー的ファシスト」と悪霊化したのと同じく、いかなる驚きもない。共産主義者の頭の中では、ヒトラーのような独裁者と、トルーマン大統領、ないしはナジ・イムレやユリウ・マニウのような、より民主主義的な人物の間に、いかなる根本的差異もなかった――その全員が労働者を搾取し、引き続き社会主義を撲滅しようとする国際的システムの代表者なのだった。

アメリカ側について言えば、彼らはすぐに自分たちがその対極へと引っ張っていかれているのに気がついた。共産主義に対する戦争は、何か当初から計画していたものではなく、第二次世界大戦に巻き込まれるにようになるにつれ、必然的に彼らは左派に対する右派のより大きな政治的過程に巻き添いになっていったのだった。戦争直後の時期、ヨーロッパを警察管理する中で、彼らは自分たちが不可避に二つの党派間で勃発する数多の局所的紛争に足をとられて身動きできなくなっているのに気がついた――そして、そのどの場合においても、本能的に彼らは右派の側を選び、ギリシアにおいてそうであったように、残忍な独裁制の後援となるのを意味する場合でさえそれを厭わなかったのだった。時、および経験とともに、彼らもまた敵対者を悪霊化し始め、五〇年代ともなると、ディーン・アチソンやジョージ・C・マーシャルのようなアメリカ人の控えめなアプローチは、ジョー・マッカーシー上院議員により典型化された暴力的なレトリックに取って代わられていた。マッカーシーによるアメリカ人共産主義者の肖像は、「あまりに巨大な尺度での陰謀論であるがゆえに、人類史上先行するかかるいかなる冒険的事業もそれに比べれば小さく見えてしまう」代物で、どこから見ても東欧の反アメリカ主義と同じくらい非合理的なのだった。(4)

二〇世紀後半の規定的性格となることになったのは、ヨーロッパの、そして究極的には全世界のこれら二つの陣営への分極化だった。冷戦は、かつてそれ以前に行なわれたいかなる戦闘にも似ていなかった。その尺度において、まさしく二つの世界大戦のいずれにも劣らぬくらい広漠だったのであり、そしてにもかかわらず、それは、卓越して銃と戦車ではなく、市民の心と頭を介して戦われたのだった。これら心と頭を勝ち取るべく、両陣営とも必要ならばどんな手段でも採る用意があるのが明らかとなり、マスメディアの操作から暴力による威嚇、ないしはうら若いギリシアの乙女の政治囚収容所への監禁をさえ彼らは厭わなかったのである。

　ヨーロッパにとって、かつヨーロッパ人にとり、この新たな戦争は、世界の舞台でのこの大陸の重要性と不能とを同時に示すものになるだろう。先立つ三〇年間の両世界戦争におけると同様に、ヨーロッパは依然として戦闘の表舞台であり続けた。だが、その歴史上初めて、ヨーロッパ人は陰で糸を引く者ではなくなるだろう。爾後、彼らは自らの大陸の縁の外にある超大国の掌中の単なる質草に過ぎなくなるのである。

原註

（1）Tassoula Vervenioti, 'Left-Wing Women between Politics and Family', in Mazower, *After the War Was Over*, pp. 109, 115.

（2）Democratic Army of Greece radio proclamation to the Greek people, 24 December 1947, 引用は Clogg, p. 205; Deletant, p. 67 により引用の speech by Nicolae Rădescu; Giurescu, doc. 4, pp. 174–5.

（3）Mao Zedong, 1 July 1949, Conrad Brandt, Benjamin Schwartz and John K. Fairbank, *A Documentary History of Chinese Communism*（London: Allen & Unwin, 1952）, pp. 453–4 に引用。

（4）McCarthy, p. 168.

結論

一九七八年ロンドンでの、悪名高い「仕込み傘暗殺」事件に続き、その死後出版された、一九四〇年代末と五〇年代の回顧録の中で、ブルガリア人反体制派作家のゲオルギ・マルコフは、戦後期を象徴する物語を語った——彼の故国、のみならずヨーロッパ全体におけるそれを象徴する物語である。それは、彼の友人の一人、すなわち、パンを求める列に割り込んだ共産党の役人に異議申し立てをしたがために逮捕の憂き目に遭った友人と、ブルガリア共産民兵のある将校との会話を含んでいた。

「ところで君の敵は誰か私に教えてくれるね?」民兵隊長は尋ねた。

Kはしばらく考えてから答えた。「あまりよくわからないんです、私にはどんな敵もいないと思います」。

「敵がいない!」隊長は声を荒げた。「君が言っているのは、君は誰も憎まず、誰も君を憎んではいないということか?」

「私が知る限り、誰も」。

「君は嘘をついている」不意に中佐は声を荒げ、椅子から立ち上がった。「どんな敵もいないいなんて、君はどんな種類の人間なんだ？　君は明らかにわが若者たちの一員ではない、君はわが市民の一人たり得ない、もし君に敵がいないのなら！……そしてもし君が本当にどうやって憎むか知らないというのなら、われわれが君に教えてくれる！　われわれが頗る《すこぶ》迅速に君に教えてくれる！[1]」

ある意味で、この物語の民兵隊長は正しい——第二次世界大戦から敵なしで抜け出るのは、事実上不可能だった。戦争の道徳的かつ人間的遺産のこれ以上に見事な証明は、ほとんど存在し得ない。地域全体の荒廃の後で、三五〇〇万を超える人々の凄惨な殺し合いの後で、国籍か人種、宗教、階級、あるいは個人的偏見の名の下の数え切れぬ虐殺の後で、事実上、大陸に住むあらゆる人が何らかの種類の喪失または不正義を被っていたのだった。ブルガリアのように、直接の戦闘をほとんど見なかった国々ですら、政治的騒乱や隣人との暴力的な言い争い、ナチからの強圧、そして、最終的には世界の超大国のどちらか一つによる新たな侵略に曝されていたのである。これらすべての出来事の真ん中で、誰かの仇を憎むのはすっかり自然なことになっていた。それどころか、各陣営の指導者と宣伝広報者は六年という長い年月を、憎悪を勝利の追求のために欠くべからざる武器へと昇格させるのに費やしてさえいたのである。このブルガリア人民兵隊長がソフィア大学で若い学生を脅迫していた時分には、憎悪は最早単なる戦争の副産物ではなくなっていた——共産主義者の物事の見方において、それは義務へと格上げされていたのである。

戦争の直後にあって、誰かの隣人を愛さないことにはたくさんの、たくさんの理由があった。彼はドイツ人かもしれない。その場合、彼はほとんど誰からも嘲罵されることになるだろう。あるいは彼はドイツ軍に協力していたのかもしれない。それもまさしく同じくらい悪かった。戦争の直後にあって復讐のほとんどは、これら二つの集団へと向けられたのだった。彼は間違った神を崇拝しているのかもしれない——カトリック教会の神あるいは正教会の神を、ムスリムの神を、ユダヤ教徒の神を、あるいは、いかなる神も全然崇拝していないのかもしれない。彼は間違った人種ないしは国籍に属しているのかもしれない。戦中、クロアチア人はセルビア人を皆殺しにし、ウクライナ人はポーランド人を殺害し、ハンガリー人はスロヴァキア人を抑圧し、そしてほとんど誰もがユダヤ人を迫害していた。彼は、間違った政治的信念を持っているのかもしれない。ファシストと共産主義者はともに大陸中の数え切れない残虐行為に責任を負っており、かつ、ファシストと共産主義者のいずれもが自らも残忍な抑圧に曝されていたのだった——事実、これら両極端間に入る政治的イデオロギーの、事実上あらゆる色調に署名する人々がそうであったように、である。

一九四五年に存在した悲嘆のまったき多様性は、戦争がどれほど普遍的であったかばかりでなく、それを理解しようという私たちの伝来のやり方がどれほど不十分であるかも証示している。戦争を枢軸国と連合国の領土をめぐる単純な争乱と描くだけでは十分ではないのだ。戦争で働かれた最悪の残虐行為のいくつかは領土とは何ら関係がなく、人種または国籍絡みだった。ナチはソヴィエト連邦を単に生存圏《レーベンスラウム》のためにのみ攻撃したのではなかった。ユダヤ人やジプシー、スラヴ人に対するドイツ人種の優越を明証したいという已むに已まれぬ衝動を表出してもいたのだ。同様に、ソヴィエト軍もまた、ポーランドとバルト諸国にただ領土のためにのみ侵攻したのではなかった。共産主義をできる限り西方へと伝播したかったのである。最も邪悪な戦闘のいくつかは、枢軸国と連合国の間では全然なく、地元住民の間で生じたのであり、はるか古からの不満のはけ口にしようと、これを機会にとより広範な戦争が戦われたのだった。クロアチア人ウスタシャは人種的純粋性のために戦った。スロヴァキア人、ウクライナ人およびリトアニア人は国民解放のために戦った。多くのギリシア人とユーゴスラヴィア人は君主制の廃止のために戦った——あるいは、その再興のために戦ったのだった。多くのイタリア人は中世封建制の軛《くびき》から自らを解放すべく戦った。第二次世界大戦は、それゆえ、単に領土のための伝統的闘争ばかりではなかった。それは、同時に人種の戦争であり、さらにはイデオロギーの戦争でもあったのであり、そして、純粋に局所的理由で戦われた半ダースほどの内戦をも織り込んでいたのである。

ドイツ人は種々の闘争からなるこの巨大なスープの単に材料の一つに過ぎなかったことを考えれば、彼らの敗北が暴力の終結をもたらしはしなかったのも当然である。事実、戦争はドイツが四五年五月に降伏したときについに終わりを迎えたなる伝統的な見方は、まったくもって人を惑わせるものだ。現実には、彼らの降伏はただ戦闘の一つの側面にのみ終わりをもたらしたに過ぎなかった。人種と国籍、そして政治をめぐる関連した闘争は、その後何週間も、何ヶ月も、そして時には何年間も続いた。イタリア人の一団は、一九四〇年代に入ってもなおファシストをリンチしていた。ギリシア人共産主義者と国家主義者は、最初、敵対勢力か対独協力者として互いに戦い、四九年になってもお互いの喉頸につかみかかっていた。ウクライナ人とリトアニア人のパルティザン運動は、戦酣《いくさたけなわ》の頃に生まれ、優に五〇年代半ばに入ってもなお戦っていた。第二次世界大戦は、まるでヨーロッパの水を蹴立てて進む巨大な超大型タンカーのようだった。あまりに巨大な能率を備えていたがゆえに、エンジンは四五年五月に逆回転させられていたにしても、その混乱に満ちた針路は、その後数年を経るまでついぞ停止を迎えることはないのである。

ゲオルギ・マルコフの物語の中で、ブルガリア人民兵隊長によって要求された憎悪は、極めて特殊な種類のものだった。それは、イリヤ・エレンブルクやミハイル・ショーロホフのごときソヴィエトの宣伝広報者が戦時中要求したのと同一の憎悪で、かつ、この時期を徹して政治将校らが東欧の軍内部で促進しようと試みたのと同一の憎悪だった。彼が脅迫していた学生にスターリン主義理論についてのなにがしかの知識があれば――来たる数年のうちにあらゆるブルガリア人学生の教育の中心部分となるであろう何ものかである――彼は、敵が誰か精確に知っていたことだろう。

戦争の直後、ヨーロッパの隅々にまで浸透した憤怒の空気は、革命を煽るには申し分ない環境だった。暴力的でかつ混沌としていたにもかかわらず、共産主義者はこの空気を呪いではなく好機と見たのだった。一九三九年以前、資本家と労働者、領主と小作農、支配者と臣下の間にはつねに緊張が走っていた――ものの、それらは通常、局所的で、短時日の問題だった。戦争は、何年にもわたる流血と剝奪をもって、これらの緊張を戦前の共産主義者が想像だにできなかった水準にまで燃え上がらせたのだった。人口の大部分が彼らの古びた政府を、奈落越しに戦争へと引き摺り込んだかどで咎め立てた。彼らは実業家と政治家を敵と協力したことで軽侮した。そして、ヨーロッパの多くが飢餓の瀬戸際にあったとき、彼らは、戦時中自分たちよりうまく立ち回ることで暮らし向きをよくした連中は誰彼なく憎んだ。もし労働者が戦前搾取されていたならば、戦中その搾取は最大の極限へと達した。数百万もの労働者がその意志に逆らって奴隷化され、さらに数百万がまったく文字通り死ぬまで働いていたのだった。大陸中で、戦後あれほど多くの人が共産主義に救いを求めたのも驚くべきことではない。その運動は、先立つ面目を失った政治家に対する清々しくも過激な選択肢を訴えたばかりでなく、あれら恐るべき歳月に降り積もったあらゆる憤怒の情を吐き出す機会を、人々に与えもしたのである。

憎悪はヨーロッパにおいて共産主義者の成功の鍵だった。党の活動家にそれを増進するようせっつく無数の文書が明らかにしているように。共産主義は、ドイツ人とファシスト、および対独協力者に対する敵意を喰らい肥えたばかりでなかった。それはまた、貴族社会と中産階級に対する、地主とクラークに対する新しく激しい嫌悪を育みもしたのである。後に、世界戦争が徐々に冷戦へと変わってゆくと、これらの情念は容易にアメリカと資本主義、および西側に対する激しい嫌悪の情へと翻訳された。お返しとばかり、これらの集団すべてがまた共産主義を同等の尺度でもって忌み嫌ったのだった。

暴力と混沌を好機と見たのは共産主義者ばかりではなかった。国粋主義者たちもまた、戦時中点火された緊張がそれに代わるアジェンダの促進に使用できるのが分かっていた――彼らの場合、国家を民族浄化するというアジェンダなのだった。多くの国民が戦争直後のドイツ人に対する新たな憎悪を、数百年にわたり東欧の各地で生きてきた旧い民族ドイツ人《フォルクスドイチェ》のコミュニティの駆逐に利用した。ポーランドはウクライナ人に対する戦時中の憎悪を追放と強制同化の計画に乗り出すのに活用した。スロヴァキア人とハンガリー人、ルーマニア人は一連の住民交換に着手し、反ユダヤ主義の集団は残っていたわずかなユダヤ人を大陸から追い出すのに暴力的な空気を利用した。これらの集団は、少なくとも、中欧および東欧中で一連の民族的に純粋な国民国家を創設するくらいのことは目標に据えていたのだ。

国粋主義者たちは、戦争の直後、目標を一度として達成できなかった――一つには、国際社会がどうしてもそれを許さなかったからであり、しかしまた、冷戦の入用《にゅうよう》が他の何ものにも増して優先されたからだった。だが、冷戦が終わりを迎えると、古い国粋主義的な緊張が再度表面化し始めた。多くの人が疾《と》うに息絶えたかと思っていた諸争点が突如蘇り、しかもそこには五〇年前の出来事が昨日のように思える情念も伴っていたのだった。

その最も華々しい実例は、共産主義の崩壊後、ユーゴスラヴィアで起こった。ユーゴスラヴィアは、戦後民族追放や強制移送の計画を実行しなかった東欧で唯一の国だった。その結果、セルビア人とクロアチア人、およびムスリムがいまだ地域中のコミュニティが混在する中で暮らしていた――一九九〇年代初頭に内戦が勃発すると、破滅的な帰結をもたらすことになる事実だった。この内戦の犯人たちは、第二次世界大戦とその直後を彼らの行為の直接の正当化として用い、一九四五年に由来する民族的緊張の古い象徴の多くを復活させた。あれら時代の意識的な再演のうちで、彼らは集団レイプ、民間人の虐殺、さらには巨大な規模での民族浄化を恣《ほしいまま》にしたのである。

他の、より劇的ではないが劣らず重要な出来事が、共産主義の崩壊以降ヨーロッパの多くの地域で起きている。たとえば、二〇〇六年にはスロヴァキアのヘドヴィガ・マリノヴァという名前の学生が、母語のハンガリー語を使ったせいでさんざんに殴りつけられたと警察に話した。告発は広く公表され、スロヴァキア国内のスロヴァキア人とハンガリー人の間の緊張が再覚醒した。スロヴァキアの内務相は、学生は嘘をついていると告訴し、警察は彼女を偽証罪で告発し、スロヴァキアと国内のハンガリー人マイノリティ間の不穏な関係は、まさしく、かつて一九四六年にそうであったくらいに生気づいているように見えた(2)。

国境を越えたハンガリーは、似たような、しかし一層油断ならぬ国民的憎悪の回帰を目の当たりにしている。一九四〇年代以降では見られなかったような仕方で、反ユダヤ主義が沸騰しているのだ。二〇一一年初めの『ワシントン・ポスト』紙に宛てた書簡の中で、いく重にも卓越したハンガリー人ピアニスト、シフ・アンドラーシュは、母国が、ジプシーとユダヤ人に対するいや増しに増す憎悪によって特徴づけられる「反動的ナショナリズム」の波に洗われつつあると述べた(3)。あたかもそのアイロニーに気づかないかのように、ハンガリーの右翼媒体は即座に、ハンガリーをかかる罪状で告発できるのは偏《ひとえ》にユダヤ人だけだと主張してそれに応えた。たとえば、バイェル・ジョルトは『マジャール・ヒーラップ』紙上にこう書いた。「どこかイギリスのあたりから来たコーエンとかいう臭い排泄物が、ハンガリーから『胸のむかつくような悪臭が漂ってくる』と書く。コーエン、そしてコーン＝ベンディット、そしてシフ……。不幸にも、彼ら全員がオルゴヴァーニの森で首まで埋められたわけではなかったのだ」(4)。

このような感情が示しているのは、ヨーロッパ各地での反ユダヤ主義の最近の勃興は、単に中東での比較的新しい緊張の産物に過ぎないわけではないということだ。ユダヤ人に対する憎悪の伝統的形態もまたぴんぴんしているのだ。同じことは、共産主義崩落以降のジプシーに対する敵意の復活にも言うことができた。とりわけチェコ共和国、ポーランドおよびハンガリーでひどく、ブルガリアでは二〇一一年の秋、ジプシーに対する一連の人種差別的デモの後、暴動が勃発した(5)。

かくのごとき問題の再発生は、ひょっとすると一九四〇年代の国粋主義者らは民族的に均質な国家をつくろうと企てた点で結局は正しかったのではないかと人に考える気にさせる。もしスロヴァキアないしはハンガリーのような国にいかなる国民的マイノリティもいなければ、かかる争点は決して立ちのぼりはしなかったろう。この考えの問題は、明白な道徳的含意は別に、民族的に均質な国家などというものはほとんど達成不可能だということである。ポーランドは戦争の直後、国内のドイツ人、ユダヤ人およびウクライナ人住民を追放または放逐することによって、最もこれに近づいた。だが、この地においてさえ、誰だって望み通りに追放できるわけではないことが判明したのだ――とりわけウクライナ人マイノリティはであり、というのも、多分、彼らはポーランド社会に最も深く浸透した民族集団であったかもしれないからだった。ついには、ポーランド人はヴィスワ作戦に訴えることになり、これはウクライナ人コミュニティを破砕して、ポーランド北部および西部中に散り散りにするという問題の多い強制同化計画だった。この抑圧的措置は、当時、完全な成功と目されていた——そしてにもかかわらず、今日同化計画が機能しなかったのはすっかり明白になってきている。一九九〇年代以降、レムコとウクライナ人はますます彼らの民族共同体としての権利を主張してきた。彼らは政治的院外団と圧力団体を結成し、戦後彼らのもとから奪われた財産の返還を繰り返し求めてきた。問題を解決するどころではなく、ヴィスワ作戦は単に新たな問題を将来に向けて蓄えておいたに過ぎなかったのだ。

それどころか、一国家からの民族的マイノリティの全追放ですら、かかる争点に対する保証とはならないことがはっきりしてきている。一九四〇年代に行なわれた多くの国からの、ことにポーランドとチェコスロヴァキアからのドイツ人の追放は、おそらく、戦後すべての民族移送の中で最も広範かつ完全だったろう。それは、ドイツ国内に、以降決して晴らされることのない憤りの念をもたらした。一九五〇年代から八〇年代にかけて、被追放者らはドイツで最も強力な圧力団体の一つを結成し、それは、ルシアス・クレイの言葉を借りれば、「大いに反動的で、間違いなく帰郷を計画していた」のだった。[6] ポーランドのレムコとウクライナ人に大いに似たこれらの人々は、戦争の直後彼らのもとから盗まれた土地および財産の返還を求める院外活動を続けているのである。これら被追放者の権利申し立てを処理せねばならないという見通しは、ほとんどの東欧諸国の政府を恐れでいっぱいにしている。たとえば、二〇〇九年、チェコ共和国大統領ヴァーツラフ・クラウスは、ヨーロッパ連合に新たな権限を与えるリスボン条約への署名を拒否したが、それは、その一定の箇所がドイツ側に、彼の国に対する法的権利要求を俎上に載せる扉を開きかねないという怖れがあったからだった。クラウスは数週間を引き延ばし、それはチェコ側に関連条項からの選択的離脱が与えられるまで続いた。戦争直後のドイツ人追放は、チェコスロヴァキアにおけるマイノリティの問題を、当時そうであったのと同様、解決はしなかった――単に、それを輸出しただけだったのだ。

人は、被追放者の問題が旧世代が死に絶えるにつれ徐々に朧《おぼろ》になるのを期待するかもしれない。だが不幸にも、これですら起きつつあるようには見えないのだ。ドイツや他の場所で最も喧《かまびす》しい「被追放者」の多くは、実際に追放を経験した人々ではなく、その子供や孫たちである。国粋主義的な緊張が世代を下り伝えられていった様を見たければ、人はクリミアで起きてきたことを見やりさえすればよい。一九四四年、クリミア・タタール人はスターリンにより故郷から移送された。スターリンは、彼らを戦中対独協力した罰として、旧ソヴィエトの中央アジア中に追い散らすよう命令を下したのである。九一年のソヴィエト連邦の解体後、二五万人のタタール人が故郷のクリミアへと帰る決意をした。彼らは荒れるにまかせていた家屋に転居しその修繕をした。彼らは空き地に違法な集落を形成し、ウクライナ当局に正当な所有者と登記するよう絶えずせっついた。警察が退去させようと脅しにかかったときには、暴力的な抗議をし、中には自らガソリンをかぶって点火する者さえいた。これら「帰還者」について目につくのは、彼らの大多数が、厳密に言えば「帰ってくる」というわけでは全然なかったということだ。彼らは中央アジアで生まれ育てられていたのだった。彼らは、そこでのそこそこ裕福で安全な暮らしを捨て、かつて一度たりとも見たこともなく、歓迎されることもない故郷へと移ろうとしたのである。(7)

国民神話の重要性

これらの人々を駆り立てる情念は、彼らが接してきた、そして彼らのコミュニティ中の至るところで繰り返し語られてきた物語と神話から来ている。タタール人は移送の苦悶を母親の乳とともに吸収したのであり、これらの物語を毎日、六〇年を超える歳月にわたって繰り返し語ってきたのだった。

彼らの頭の中では、クリミアはある種の約束の地へと昇格していたのである。あるタタール人の言葉を借りれば、「ソヴィエトの人々にとって、それらはいまだ……。彼らは歴史を生きているんだ」[8]。同様に、ドイツ人被追放者は彼らの西方への苦難の道のりの恐怖について際限なく追憶し、片やウクライナ人はヴィスワ作戦の残忍さについてあたかもそれが昨日であったかのように語る。これらの物語がこれほどにしばしば繰り返されるのは、単にそれが起きたことだからばかりでなく、ある目的に適いもするからだ。それらは、これら国民集団を結びつける膠《にかわ》なのである。

西側がこのような神話構築を免れているわけではない。ノルウェー人、デンマーク人、ベルギー人、フランス人、そしてイタリア人は皆、第二次世界大戦中彼らが被った不正の周囲に物語を築いてきたのであって、それらを際限なく繰り返すことで、どうにかこうにか各人が多かれ少なかれファシストとナチの侵略者に対して団結したなどという印象を築くことができたのである。そのため、数十年にわたり、広範な対独協力という、より汚らしい現実に都合よくないものとされたのだった。対独協力者たち自身もまた、解放後彼らが被った不正に関する神話を築いてきた。政治的右派の無実のメンバーに対する極度の暴力の物語は、もし十分に頻繁に繰り返されれば、これらの国の誰もが等しく苦しんだのであり、彼らの政治的主義宗派によらずそうであったのだという印象を与えもするのである。

勝者たちにも、独自の神話がある。第二次世界大戦は、英国ではちょっとした国民的産業になっている。戦争に関する映画に、ドラマ、ドキュメンタリーが日毎テレビに現われ、関連本は年中ベストセラーのリストを飾っている。戦争はあらゆる国民的行事の折に現前し、ワールドカップのさなかのイングランド人フットボールファンのチャントや歌にか、国の式典でのスピットファイアーとランカスター爆撃機の儀礼飛行でか、ともかくもそうなのだ。アメリカ人と似て、英国人も第二次世界大戦を、彼らの「最も偉大な世代」がナチズムの悪から世界を救った時と振り返る。アメリカ人と似て、英国人も彼らがほぼ独力でこれをなし遂げたと考えたがる。たとえば、民族の記憶は、英国人が一九四〇年―四一年のブリテンの戦いで、ただ独り英国人のみが抵抗したなどと言う。英国を護った戦闘機のパイロットの五人に一人がポーランドないしはチェコスロヴァキア、ベルギー、フランス、あるいは大英帝国の諸地域の出身であったことが、その際何かしら認められることはほとんどないのである。

こうした深く愛おしまれた神話につきものの問題は、それらが仕舞いには不可避に誰か別の人の等しく愛おしまれた神話と衝突することになるということだ。ある男の復讐は別の男の正義である。もしズデーテン地方のドイツ人がチェコ国境地帯からの追放を暴虐の時と記憶するならば、チェコ人はそれを歴史的誤りがついに糾《ただ》された時と記念するのである。もしいくらかのポーランド系ウクライナ人がリベラル紙上でのヴィスワ作戦への謝罪を賞賛するとすれば、いくらかのウクライナ系ポーランド人はそれらを国家的裏切りと見るのである。そして、もし英国人がランカスター爆撃機をプライドの象徴と見るならば、多くのドイツ人はそれをただ無差別破壊の象徴としてのみ思い出すのである。

セルビアの新聞『ヴレメ』紙のあるコラムニストはそれをかように述べているが、折しもかつてのユーゴスラヴィアの解体直後のことであった。

報いか赦しか。記憶か忘却か。これら戦後の挑戦は、一度として天来の正義にしたがって遂行されたことはない。つまり、さらに多くの不当な復讐と不相応な赦免があるだろう、ということだ。すでに記憶と忘却の政策は平和と安定に資するであろうような仕方では追求されてはいない。セルビア人はまさしくクロアチア人かボスニア人が記憶したいであろうあれら物事を忘れたいだろうし、その逆もまた然りだ。もし思いがけず両陣営のいずれもが同一の出来事を思い出すとしたら、それは一方にとっては犯罪であり他方にとっては英雄的な行ないなのだ(9)。

この感慨は第二次世界大戦の直後、およびヨーロッパの東半分中の他のほとんどの国々に等しく当てはまる。

国民的神話を絶えず繰り返すのにつきもののもう一つ別の問題は、それらが不可避に半真実と、それどころか真っ赤な嘘とあまりにごちゃ混ぜになってしまい、しばしば解きほぐすのが不可能であるということだ。傷つけられたと感じる人々にとって重要なのは、彼らの物語の事実内容ではなく、その感情的反響である。本書で引かれたほとんどどの統計も何らかの国民集団により異議を唱えられている。たとえば、ドイツ人被追放者の組織は、いまでも東欧からの追放の間に二〇〇万人のドイツ人が虐殺されたと主張しているが、彼らが引照したと主張する政府統計を一目見るだけですらこれが事実の甚だしい歪曲であるというのが分かる。「ホロコースト」とか「ジェノサイド」といった言葉が、その実際の意味などお構いなしに撒き散らされ、ワンビノヴィツェとシフィエントフウォヴィツェのようなポーランドの捕虜収容所が「絶滅収容所」と称され、あたかもそこで死亡した数百人が、どういうわけかソビボル、ベウジェツそしてトレブリンカで、シャベルでもって死体焼却炉に放り込まれた数百万人と同等であるがごとく言われるのである。

ヨーロッパ中で相競い合う国民集団は、日常的に自らの統計を増進し、自らの仇のそれを軽侮するが、そこには蓋然的現実への顧慮はほとんどない。かくして、戦中ウクライナ人ナショナリストに殺害された六万—九万人という一般に受け入れられた数は、しばしば両陣営の「歴史家たち」には無視されるところのものだ。つまり、ポーランド人はこの数字に五を掛け、ウクライナ人はそれを五で割るのである。[10] 同様に、セルビア人は歴史的につねに彼らの戦時死者数を七〇万人分ばかりつり上げてきた。[11] その間、同様にクロアチア人も終戦後ユーゴスラヴィア人国家に殺害された人数をつり上げる。西側の政治諸党派もまた、まがいものの統計を使うのを厭わない。数十年にわたり、フランス右翼は戦後レジスタンスにより冷酷に殺害された一〇万五〇〇〇名のヴィシー政権支持者についての物語を垂れ流してきた。現在受け入れられている数字は、実のところわずかに数千に過ぎない。[12] これらいんちきの数字はあまりに広く行き渡っているので、まじめな歴史家でさえ時にはそれを復唱し、かくしてなお一層それらを蔓延させてしまうのである。

もしこうした神話と偽の数字が比較的小さな国民的および政治的マイノリティ間の反目を煽るとすれば、一度それらが主流派へと浸透を始めると、一層油断ならないものとなる。二〇世紀の終わり以来ヨーロッパ全体が右への著しい変転を経験しており、その際、第二次世界大戦来のいかなる時分よりも大きな影響力を極右集団が獲得するに至っている。これらの集団が図っているのは、残虐行為と反-残虐行為の全サイクルを稼働させるに至ったナチとファシストから責めの重荷を外し、彼らの左翼のライヴァルに肩代わりさせるということだ。だが私たちは、極右がある特定の歴史の見方を増進し始めるとき、共産主義者が同じことをするときに私たちが習い性となっているのとまさしく同じくらい用心深くあるべきだ。

政治的利益のためにどのように歴史が操作されたかの一例が、二〇〇五年、イタリアで起こった。同年、政府閣僚らが国家の真新しい追悼記念日を発表したのだった。彼らが記念したがってやまなかった出来事は、一九四五年に起こった。イタリア北東部の国境地帯がユーゴスラヴィア人パルティザンに蹂躙された年である。ユーゴスラヴィアの他の場所で起きていたことに似た民族浄化の逆上の中で、数千人のイタリア人民間人が虐殺され、あるいは、生きたままこの地域の底深い天然の溝へと放り込まれたのである。これらの出来事から六〇周年と、さらにはイタリア北東部の片隅を譲り渡した条約の記念日をしるしづけようと、当局は一連の記念式典を催す計画を立てた。これら式典の一つがトリエステで行なわれ、というのも、国境近くのその土地は、ユーゴスラヴィア人による残虐行為のいくつかの舞台となっていたからなのだった。物議を醸しつつも、式典はイタリアの外務大臣、ジャンフランコ・フィーニの出席を見た。彼の所属政党――国民同盟――が戦後ネオファシスト運動の後継者だったからだ。

公式記念日の演説の中で、イタリア首相、シルヴィオ・ベルルスコーニは国民に向けて、「もしわれわれが二〇世紀を振り返るならば、われわれがむしろ忘れていたい歴史の頁がわれわれの目に入ってくる。だが、われわれは、忘れることができないし忘れるべきでもない」と語った[13]。この仕方で歴史を召喚して、とはいえ、イタリア政府はそれが記憶したいと望む事柄に関しては極度に選択的であったのだった。数千人のイタリア人が事実、一九四五年ユーゴスラヴィア人パルティザンに虐殺された――だが、さらに四年ばかり振り返って見さえすれば、人は問題の過程を稼働させたのがユーゴスラヴィア人でも共産主義者でもなかったことが分かる。そもそもユーゴスラヴィアを侵略し、最初の残虐行為を働き、そしてウスタシャ――戦時ヨーロッパで最も胸のむかつく体制の一つ――を権力の座につけたのは、イタリア人ファシストだったのだ。

事実、記念祭は「歴史」とは何の関係もなく、大いに政治と関係していた。東欧からの移民の流入にイタリアがいよいよ神経をつのらせつつあった当時、彼らのスラヴ人の隣人を悪党と描くのはイタリア人ナショナリストらの都合に適っていたのだ。だが、それは外国人を悪霊化するちょっとした企て以上のものだった。全行事は、アウシュヴィッツ解放の国際記念日のわずか一週間後に行なわれた。それは、イタリアに自家製ホロコーストを提供しようという計画的な企てなのだった。イタリア人は自ら犠牲者に扮し、隣人には残虐行為の犯人役を割り振るのだ。ちょうど同じだけ重要なことには、とりわけジャンフランコ・フィーニの観点からすればそうなのだが、それは、イタリアの人々がファシストの残虐行為の犠牲者であるという従来からの強調に挑戦したのである。この記念祭において、悪党は政治的右派からではなく、左派から来るのだ。それは、戦争中の出来事に対する責めをジャンフランコ・フィーニの御先祖様、イタリア人ファシストから転嫁する狡猾なやり方だった[14]。

　歴史家の中には、ヨーロッパの相競い合う国民的および政治的集団間の憎悪と拮抗は、私たちが戦争とその直後の出来事を記念し続ける限りつねに存在し続けるであろうと示唆してきた人もいる。二〇〇五年の記念祭は、確かにイタリアの北東の隣人との友好的な関係を何ら促進するところがなかった。ひょっとすると、ジョージ・サンタヤーナの名高い警句「過去を忘れずにいることのできない人々は、それを反復するべく運命づけられている」は、裏返しにされるべきなのかもしれない――すなわち、私たちが須《すべから》く過去を反復すべく運命づけられているのは、私たちが過去を忘れずにいるからだ、というわけだ。最近二〇年間での国粋主義的な憎悪の憂鬱な再発生が、そう暗示しているように見えるかもしれないのである[15]。

　もし私が本当に、記憶が継続する憎悪の原因だと信じているのなら、しかしながら、私は本書を決して書きはしなかったろう。古い戦争の話を蒸し返したり、これほど多くの反目の源たるまさにそれら物語を繰り返したりするのは、この上なく無責任であったろう。もし人がこの議論の論理に従えば、この時期に関するいかなる本もまったく存在すべきでなく、いかなる新聞記事も、映画も、テレビドキュメンタリーも存在すべきではないことになる――これらの物語が一つの世代から別へと伝達されることは、悪循環の反復よりよいことには少しもならない。想起が、それどころか記憶自体が罪となる――唯一善なる方策は、意図的に忘れるというそれしかないだろう。

だが、忘却は選択肢ではない。第一に、この本で記述された規模の出来事を忘れるというのは不可能である。冷戦中、文化的記憶を抑圧しようとした共産主義者による多種多様な努力が示してきたように、過去を忘れようという企ては、単にさらなる憤りへと、そして究極的には事実の危険な歪曲へと繋がるだけである。歪曲された事実は、現実のそれよりもはるかに危険なのだ。だがまた、私たちは忘れたいと願うべきでもない。私たちをとりまく世界を形成してき、かつ、今日世界をかたちづくり続けている出来事は、単に歴史家にとってのみならず誰にとっても重要なのだ。私たちを、単に国民的水準でのみならず強烈に個人的それにおいても、私たちであるところの者にしているのは、私たちの過去の記憶なのである。

戦後すぐの時期は、私たちの最近の歴史のうちで最も重要な時機の一つである。もし第二次世界大戦が旧大陸を破壊したとすれば、そのまさに直後は、そこから新たなヨーロッパが形成された、プロテウスのように変幻自在な混沌だった。私たちの希望の、熱望の、偏見の、そして憤りの多くが最初にかたちをなしたのは、この暴力的で、復讐に燃えた時機のさなかのことだったのだ。誰であれ今日そうあるようなヨーロッパを真に理解したいと思う者は、まずもってこの決定的に形成的な時期のさなかにここで何が起きたかの理解を持たねばならない。困難な、あるいは微妙なテーマに尻込みすることに何ら価値はなく、それというのも、これらはもちろん現代のヨーロッパがその上に打ち建てられたところの建築用ブロックだからである。

憎悪をもたらすのは、過去の罪を私たちが忘れずにいることではなく、それらを忘れずにいるその仕方である。戦後すぐの時期は私たち皆によって日常的に無視され、記憶違いをされ、そして悪用されてきた。ベルルスコーニとフィーニ版の歴史は、イタリア人による悪事についてどんな真剣な認知をも省略して澄まし顔でいる。クリミア・タタール人による歴史の見方は、タタールの人々のナチへの協力を巧みに言い繕っている。ドイツ人被追放者らは、彼ら自身の苦難の歴史をユダヤ人のそれと等価なものと呈示しようと試みている。

己が利益のために憎悪と憤怒を利用しようと望む人々は、つねに歴史の一と他の版の間の適切なバランスを歪めようとする。彼らは出来事を文脈から切り離す。彼らは一方的な責めを負わせる。そしてその上で、彼らは私たちに歴史問題は今日の問題だと確信させようとするのである。もし私たちが憎悪と暴力のサイクルに終止符を打つことになるとすれば、私たちは精確にこれらのことの正反対を行なわなければならないのだ。私たちはいかにして相競い合う歴史観が相並んで存在し得るか示さなければならない。私たちはいかにして過去の残虐行為がその歴史的文脈に組み込まれ、いかにしてその責めが必然的にただに一方の側だけでなく、一から他の様々の側に付着することになるか示さなければならない。私たちはつねに真実を発見するよう励まねばならず、ことに統計が問題になるときにはそうであり、その上で、その真実を寝かしつけなければならない。結局のところ、それは歴史なのであって、現在を毒するがままにさせるべきではないのだ。

いかにして歴史が古い憎悪を復活させるべく用いられてきたかを例証する多くの気の重い実例にもかかわらず、希望の象徴もまた存在する。私が引けるであろう多くの例のうち、一つを選ぼう――ドイツとポーランド間の関係のそれである。戦争の直後、ドイツ人とポーランド人の間の憎しみは永久でかつ取り返しのつかないもののように見えた。ポーランド人は、ポーランドの領土で、彼らの国を荒廃させ、その何百万という民間人を殺害し、一連の強制収容所を建設して回った――ひょっとすると、二〇世紀全体で最も強力な悪の諸象徴かもしれない――国民を大いに嫌っていた。ドイツ人の方はと言えば、そのお返しとばかりに、「スラヴ的」残虐性を苦々しく感じており、この残虐性は、数百万という彼らの民間人のレイプと殺害に加えて、ポメラニアやシレジア、東プロシアの彼らの家屋や農園の略奪、さらには、数千平方キロにおよぶドイツ領の移転を見、その土地はいまや国際社会によってポーランドへと割譲されているのである。

けれども、一九六五年に、ポーランド司教らがドイツに対して和解と赦しの申し出をした。一九七〇年、ポーランドと西ドイツの間で条約が作成された。数百万のポーランド人が隣近所を訪問し、尋常のドイツ人がどんな人たちなのか自ら発見する術を得た。ポーランド-ドイツ委員会が設立され、歴史教科書の改訂、不正確な統計の修正、そして政治的理由により歴史的なエピソードがあからさまに操作されることの防止が目論まれた。過去の出来事は忘れられてはいないが、適切な文脈の内部へと納められたのである。今日、ドイツ人とポーランド人は一般にお互いの国民を友好的と見ている。敵意の名残は小さな集団に限られるきらいがある――つまり、一方で被追放者に、他方でポーランド人旧世代にである。これら両集団ともいまでは死に絶えつつあり、あるいは、時の経過とともに衰え始めている。

ポーランドとドイツ両国の大半の若者にとって、戦争とそのまさに直後の出来事は、最早大して問題ではない。国民的競争は、いまでも時折はフットボールの試合の間中は生き返ることがあるかもしれないにせよ、ポーランド人とドイツ人のフットボール・ファンのチャントとスローガンは、一般にただフットボール自体と同じくスポーツに興じているだけだ。本物の憎悪については――政治将校と退役軍人により義務として要求されるのが習いであった種類の――それは、いまや大半の若者には、ほとんど古代史ほどのものとしか見られてはいないのである。[16]

原註

（1）Markov, p. 16.

（2）*The Economist*, 13 November 2010, p. 48.

（3）*Washington Post*, 1 January 2011; また、István Deák, 'Hungary: The Threat', *New York Review of Books*, vol. 58, no. 7（April 2011）, pp. 35–7 も見よ。

（4）Ibid., pp. 35–7 に引用。Orgovány は一九一九年の虐殺の地であり、その際反革命軍の将校が共産主義者の疑いをかけられた者と政治的信条を持たないユダヤ人を殺害したのだった。Cohn-Bendit はハンガリー政府の左翼の政敵だった。

（5）European Union Agency for Fundamental Rights, pp. 9, 15, 167–70（http://fra.europa.eu/fraWebsite/attachments/eumidis_mainreport_conference-edition_en_.pdf にて入手可能、最後の閲覧は二〇一一年一〇月一二日）。

（6）Clay, p. 315.

（7）Uehling, pp. 8–9.

（8）Ibid., p. 10.

（9）Jedlicki, p. 230 により引用。

（10）上記第18章、註19を見よ。

（11）Žerjavić, *passim*、Jurčević, p. 6. また、Tomasevich, p. 761 および上記第12章を見よ。

（12）上記第13章、註51を見よ。

（13）*Guardian*, 11 February 2005.

（14）Philip Morgan, p. 231.

（15）Jedlicki, p. 225.

（16）Ibid., p. 227.

謝辞

この本のための調査と研究は記念碑的課題であり続け、ヨーロッパ中の諸兄諸姉や諸機関諸施設からの膨大な支援なしには決して完成させられなかったろう。私は、気前よく補助金をはずみ、調査研究のかなりの部分の支払いを許して下さったK・ブランデル・トラストに深く感謝の念を捧げたい。私はことにヨアンナ・ピワト、バルバラ・ヘルヒェンレーダー、カシャ・ピェカルスカ、イレナ・コラルそしてアンナ・プレバンに、ポーランド語およびウクライナ語文書の収集と翻訳とを手伝って下さったことを、さらには戦後の出来事の数多くのポーランド人目撃証人と接触させて下さったことを負っている。私は、チェコ語およびスロヴァキア語史料のこみ入り具合を、ミヒャエラ・アンデロヴァとマルティーナ・ホラーチュコヴァ、それにデイシャ・コノリーのお力添えなしには決して理解できなかったろう。そして、アレクサンドラ・シャーレイはクロアチア語文書を翻訳する段になって天の賜だった。イタリア語とフランス語、そしてドイツ語史資料の合間を苦労して進もうという企ての難しさは、ジェニー・コンデル、ジョン・コノリー、そして多言語話者である私の姉妹ナタリーとサラのお蔭で大いに軽減された。私の義理の母、ズジ・メッシングもまた、ハンガリー語書籍と文書の厖大なパッセージの翻訳に疲れ知らずに取り組んでくれた。

ヨーロッパ中の、および合衆国の数十にもおよぶ諸機関諸施設のスタッフは、一様に助けになって下さり、けれども大英図書館のことはとくに触れておかねばなるまい。というのも、その驚くばかりに広汎な外国語コレクションは他に劣るところがないからだ。また私は、ロンドン大学スラブ東欧研究所のリチャード・バターウィック博士とボヤン・アレクソフ博士に大いに感謝しており、お二人は上述の研究員諸賢のいく人かに私を紹介して下さったのである。そして、帝国戦争博物館のピーター・ハートには、調査研究の初期にその専門的知見を無私に分かち合って下さったことに大いに感謝している。

私がどうしても特段の謝意を表わしておきたいのが、しばしば苦痛に満ちた自らの経験について、インタヴューに同意して下さった方々の全員である。わけても、ベン・ヘルフゴット、アンジェイ・C（匿名のままでいたいと願っていらっしゃる）、バルバラ・パレオログ、ステファ・バチュコフスカ、ハンカ・ピオトロフスカ、マリア・ビエリツカ、マリルカとアリク・オソフスカ、そしてズビグニェフ・オグロジンスキである。それがなければより無味乾燥であったろう私の文書研究と調査が生気づいたのは、彼らの入力《インプット》のお蔭である。

つねと同じく、私は私の著作権代理人たる、ユナイテッド・エージェンツのサイモン・トレウィンとアリエラ・フェイナー、それにサンフォード・J・グリーンバーガー・アソシエーツのダン・マンデルに大いに恩義を受けている。彼らは私の最も無能とするあらゆる領域において衆に抜きん出ているのである。

私はまた、等しく赫々たる私の編集者、エレオ・ゴードンにも謝意を示さねばならない。彼の助力なしには、この本は長さは倍で面白さは半分になっていたことだろう。だが、感謝の念はペンギン社の陰の英雄たちにも当然示されねばならない。販売、マーケティング、デザイン、そして製本にあっての彼らの専門的知識と技術は、いかなる本にとってもそれほどに本質的なのだ。ほとんど独力で、この本を商業的に見込みあるものにして下さったペンギン社の翻訳権チームのことにはとくに触れておかねばならない。

最後に、私の人生の他のあれほど多くの領域と同じく、私の最大の謝意は、わが妻ライザに対し、この本を書くのに必要だった歳月を一貫した、彼女の助力、辛抱強さ、愛、そして多方面の支援について示されなければならない。彼女なしには、それは不可能だったろう。

訳者あとがき

本書はKeith Lowe, *Savage Continent: Europe in the Aftermath of World War II*（Viking, Penguin Books, 2012）の全訳である。

著者キース・ロウは一九七〇年生まれ、ロンドン在住の著述家である。マンチェスター大学で英文学を学び、歴史関連の出版業に一二年間携わった後、作家および歴史家として著作を発表し続けている。小説としては、*Tunnel Vision*（2001）に邦訳がある（『トンネル・ヴィジョン』、雨海弘美訳、ソニーマガジンズ、二〇〇二）。本書以前に史実を扱ったものとしては、連合国によるハンブルク爆撃によって生じた一九四三年の空襲大火に関する著作、*Inferno: The Devastation of Hamburg, 1943*（2007）が知られている。本書は、英紙『サンデー・タイムズ』のトップ一〇ベストセラーとなり、英国で優れた歴史ノンフィクション作品に贈られるヘッセル＝ティルトマン賞も受賞した。すでにドイツ語、オランダ語、イタリア語、スペイン語、ポルトガル語、ポーランド語、スロヴェニア語、中国語といった複数の言語に翻訳されている。著者の近作としては、*The Fear and the Freedom: How the Second World War Changed Us*（2017）がある。

本書は、第二次世界大戦終結直後のヨーロッパの状況、とりわけ各地で行なわれた夥しい数の残虐行為を扱うものである。時期的にはドイツ降伏が近づく頃から一九四〇年代終わりに焦点が当てられ、その関連において一九三〇年代や戦時中に遡ったり、近くは二〇〇〇年代に至る出来事までも扱われる。すなわち国や地域ごとの通史的な歴史書ではなく、各々の現象を理解するために、場所や時間軸を行ったり来たりする構成となっている。その時期にヨーロッパの広範囲で荒れ狂った蛮行の詳細を一つ一つ取り上げることによって、著者は、戦争終結後すぐにヨーロッパは平和に向かって歩き始めたわけでは決してなく、そこでは戦いの一つの局面が終わったに過ぎなかった、それどころかむしろ戦争終結がさらなる別の残虐行為の起点にもなったことを強調する。「シュトゥンデ・ヌル（ゼロ時間）」、すなわち一九四五年五月にすべてがいったん白紙となったという見方に疑義を呈し、新たなヨーロッパの再建と復興へと着手されるまでに存在した混沌の状況に着目するのである。

著者はまず、第二次世界大戦で引き起こされた物理的破壊の規模および実態を叙述することから始め、さらに「不在」、すなわちいかに膨大な数の人々やものが戦争で姿を消したのかを叙述することによって、戦争の残した遺産を把握するための枠組みを提示する。その際、死者数や破壊されたインフラの割合など具体的な統計の数字を多く挙げることと、体験・目撃した個々人の語りを引用することの両方によって、出来事の全体像に迫ろうとする。数々の事例に関して引用されている個人の語りには、印象的なものが少なくない。また、とりわけ第2章での統計および数字の扱いに関する文章に、著者は自身を従来の歴史学の流れのうちにというよりは、歴史家であると同時に作家と位置づけていることが読み取れる。

本書の第2部では、ナチ・ドイツの暴虐が各地に呼び起こした反応として、ドイツ人並びに対独協力者に向けられた報復の数々の具体例が記述される。復讐と報復の波は、第二次世界大戦直後の残虐行為の主要なものの一つだった。著者は、報復がいくつかの目的のためには役に立ったことを認めつつも、荒れ狂った残虐行為が復讐と記述されることによってより理解しやすいものとなること、あるいは逆に復讐の非人道性があまりに強調されることによってもともとの犯罪の影が薄くなることのもつ危うさに言及し、また当然ながら「ホロコースト」と戦後のさまざまな報復行為の同一視には与しない。

後半の第3部では、ウクライナ、ポーランドといった東欧諸国、旧ユーゴスラヴィアにおける民族浄化、すなわち民族的に均質な国家をつくるための強制的な人口移動や虐殺、戦後も存在し続けた反ユダヤ主義的言動が扱われ、人種と民族をめぐる戦いの側面が検討される。第4部では、フランス、イタリア、ギリシア、ルーマニア、バルト諸国での内戦の事例が論じられ、混沌の中での権力の逆転や共産主義者の闘争の様子が描き出される。また、そこでは対独協力の有無とは無関係に、ずっと以前から自分たちを苦しめてきた者たちに対する反乱が生じていたことが指摘される。戦後の混沌と憎悪を活用した指導者たちの姿に関する記述は、第二次世界大戦が領土拡張をねらった闘争だっただけでなく、イデオロギーの戦争でもあった側面を思い起こさせる。

本書を貫く視点は、戦後直後は私たちの最近の歴史のうちで最も重要な時機の一つであり、今日のヨーロッパを真に理解するためには、まずこの決定的に形成的な時期のさなかに何が起きたかを理解しなければならないというものである。とりわけ、現在でも続いている憎悪や不和の根幹にあるものは何なのかを探るためには、この時代に関する理解が不可欠であり、憎悪と暴力のサイクルに終止符を打つためには、私たちはいかにして相競い合う歴史観が相並んで存在し得るかを示さなければならないと著者は主張する。全体の記述を通じて描かれるのは、第二次世界大戦がヨーロッパ社会にもたらした変容であり、これを読み解くには、権力や暴力ないしはイデオロギー的な力との関係を解きほぐすことが肝要であろう。

第二次世界大戦後のヨーロッパ史に関する著作は、大戦そのものを対象とする著作の豊富さには及ばないものの、近年では年を追うごとに充実してきている。その多くが戦後の比較的長いスパンでの、ナチズムとの決別の過程、戦争が残した負の遺産とのさまざまな局面における取り組み、被害者への補償などに関する記述に力を注いできた中で、本書のように、戦後直後の時期に、異なる宗教、人種、国籍、政治的信念の人々に向けられた憎悪や残虐行為の記述にこれほど多くのページを割いた書物は、少なくとも日本語においてはこれまでに存在しない。類書と比較すると、たとえばトニー・ジャット『ヨーロッパ戦後史（上）1945−1971』（みすず書房、二〇〇八）の第一部が寄せる関心と重なる部分もあるが、著者本人も序章で言及しているように、戦後間もない時期を二、三章に要約するのではなく、一つの書物の主要なテーマとして論じている点に本書の特徴がある。

扱われている個々の事例について言えば、そのほとんどで、本書でとくにこれまでになかったような目新しい議論が展開されているわけではない。しかし、第二次大戦直後の蛮行をテーマにした研究で、ヨーロッパ各地の事例をこれほど多岐にわたり網羅的に扱う著作は、従来はほとんどなかったものであると言えるだろう。ドイツ東部地域からの被追放民に対する暴力、ドイツ人女性への赤軍兵士によるレイプ、ポーランドのキェルツェにおけるポグロムなどについては、現在、日本語の文献でもある程度の詳細を知ることができるが、ネマースドルフにおける赤軍の残虐行為、ブライブルクの悲劇、スロヴェニアのマリボルにおける虐殺、リトアニアの「森の兄弟たち」の抵抗活動など、その詳細がこれまであまり取り上げられてこなかった事件についても本書は論じている。これまで個々の事例がばらばらに論じられてきたものを一つの書物の中で概観して論じているという点にも本書の意義がある。

本書の特徴をもう一つ挙げるとすれば、従来、西欧での出来事に集中してきた記述から逃れることとの必要性を念頭に、冷戦終結後に旧ソ連や東欧の史料へのアクセスが容易になったことを背景として、ポーランド語、チェコ語、スロヴァキア語、クロアチア語、ハンガリー語といった多くの東欧言語の史料にあたった点があるだろう。

翻訳の技術的な点にも多少触れておくこととする。本書の扱う範囲は北欧、中東欧諸国、バルカン半島、ギリシアを含む、多くの国々や地域に及んだため、人名や地名、組織名等のカタカナ表記を決定することには、困難と多くの手間を伴った。まず、発音がわからないものに関しては、発音ガイドサイトForvo（www.forvo.com）を頻繁に利用させていただいた。このウェブサイトの運営者および発音を録音してくださった世界中の方々にお礼を申し上げたい。次に、発音がわかっても、それを聞き取ってカタカナに転写することは一筋縄では行かず、さらにカタカナで表した後に他の言語のカタカナ表記との間で整合性を取ることはほとんど不可能に近かった。また、原著の綴りが不正確であると思われる箇所も時折見つかり、前の段階に戻って確認する必要があった。その際には、本書のドイツ語訳も参照した。なるべく原音に近い表記を心がけたが、慣用に従ったものもある。ハンガリーの人名に関しては、原著の名・姓の順ではなく、姓・名の順にしたことを付記しておく。こうした過程を経てなお不明なものや不安が残るものについて、ポーランド語に関しては、東京大学大学院博士課程の衣笠太朗氏に、リトアニア語および他のバルト諸国の地名に関しては、同じく東京大学大学院博士課程の重松尚氏に、旧ユーゴスラヴィアの地名等に関しては、学習院女子大学客員研究員の門間卓也氏にそれぞれご教示いただいた。ここに重ねてお礼を申し上げたい。

最後に、翻訳を完成させるまでには当初の予定を大幅に超過する時間を要してしまったが、非常に辛抱強く待ち続けてくださった編集者の藤波健さんをはじめ白水社の方々に、この場を借りて深く感謝を申し上げたい。

訳者を代表して　猪狩弘美

二〇一八年八月

訳者略歴
猪狩弘美（いがり・ひろみ）
東京大学大学院総合文化研究科博士課程単位取得退学。桐朋学園大学ほか非常勤講師。専門はドイツ現代史。
主要著訳書：「ホロコースト」、森井裕一編『ドイツの歴史を知るための50章』第32章（明石書店）、ユルゲン・ツィンメラー「ホロコーストと植民地主義」（石田勇治と共訳）、石田勇治・武内進一編『ジェノサイドと現代世界』第4章（勉誠出版）、「犠牲者体験を通じてのアイデンティティの揺らぎ――アウシュヴィッツの生き残り、ジャン・アメリーを中心に」、荒川歩・川喜田敦子ほか編『〈境界〉の今を生きる』（東信堂）。

望龍彦（もち・たつひこ）
本名内野健。東京大学大学院総合文化研究科博士課程単位取得退学。翻訳者。

蛮行のヨーロッパ
第二次世界大戦直後の暴力

二〇一八年一二月一五日　印刷
二〇一九年一月一〇日　発行

著者　キース・ロウ
訳者 ©　猪狩弘美
　　　　望龍彦
装丁者　日下充典
発行者　及川直志
印刷所　株式会社理想社
発行所　株式会社白水社

東京都千代田区神田小川町三の二四
電話　営業部〇三（三二九一）七八一一
　　　編集部〇三（三二九一）七八二一
振替　〇〇一九〇・五・三三二二八
郵便番号　一〇一・〇〇五二
www.hakusuisha.co.jp
乱丁・落丁本は、送料小社負担にてお取り替えいたします。

株式会社松岳社

ISBN978-4-560-09657-4

Printed in Japan

人名索引

ア行（ヴで始まる人名も含む）

アードラー、ハンス・ギュンター Adler, Hans Guenther 224‒225
アイゼンハワー、ドワイト Eisenhower, Dwight 146‒147, 195, 438
アインズィーデル、ハインリヒ・フォン Einsiedel, Heinrich von 205
アダムズ、アリシア Adams, Alicia 44
アチソン、ディーン Acheson, Dean 20, 129‒130, 463, 572
アデナウアー、コンラート Adenauer, Konrad 265
アルデア、アウレル Aldea, Aurel 514
アルレッティ Arletty 285
アロ、カレヴ Arro, Kalev 561
アンジェイ・C Andrzej C. 54‒55, 63‒65, 89
アントニチェッリ、フランコ Antonicelli, Franco 251
アントネスク、イオン Antonescu, Ion 268, 503‒505, 521‒522
アンドレアス＝フリードリヒ、ルート Andreas-Friedrich, Ruth 91
イーデン、アンソニー Eden, Anthony 286
ヴァイス、ゲオルゲ Weiss, George 197
ヴァウテ、ペーター Voute, Peter 245
ヴィーズネル、ズデニェク Wiesner, Zdeněk 150
ヴィシンスキー、アンドレイ Vyshinski, Andrei 509, 511
ヴィスキ、アルナルド Vischi, Arnaldo 456
ヴィルジリ、ファブリス Virgili, Fabrice 283
ヴーコヴィッチ、ドゥーシャン Vukovic, Dusan 426
ヴェイション、ジョン Vachon, John 23
ウェルス、アレクサンダー Werth, Alexander 144
ヴェルデーリ、ジュゼッペ Verderi, Giuseppe 456, 458
ヴェルヒョティス、アリス Velouchiotis, Aris 484, 492
ウォルシュ、ウィリアム・P Walsh, William P. 148
ヴォルニー、ギュンター Wollny, Günther 230
ウッドハウス、クリス Woodhouse, Chris 482
ウルブリヒト、ヴァルター Ulbricht, Walter 525
ヴレッタコス、レオニダス Vrettakos, Leonidas 486
エーデゴール、エルヌルフ Ødegård, Ørnulf 291
エッサー、ハインツ Esser, Heinz 237
エトキンド、マイケル Etkind, Michael 340

エメリヒ、ヴィルヘルム　Emmerich, Wilhelm　150
エレンブルク、イリヤ　Ehrenburg, Ilya　143, 201, 577
オグロジンスキ、ズビグニェフ　Ogrodzinski, Zbigniew　49, 90
オスプカ＝モラフスキ、エドヴァルト　Osóbka-Morawski, Edward　341
オソフスカ、マリルカ　Ossowska, Marilka　68–69
「オデュッセウス」（ELASの一団の指導者）‘Odysseus’（ELAS band leader）　483–484
オブホフスキ、ベレク　Obuchowski, Berek　302
オルセン、オルフ　Olsen, Oluf　117

カ行

ガースペリ、アルチーデ・デ　Gasperi, Alcide de　450, 466
カールマン、ボラージュ　Kálmán, Balázs　329
カイゼル、フランク　Keizer, Frank　325
カランザ、アップ　Caransa, Ab　324
カリボヴァー、ミロスラヴァ　Kalibová, Miloslava　51
カリュランド、アンツ　Kaljurand, Ants　552–553
カルステレン、エーリク・ファン　Calsteren, Eric van　229
キーントプフ、アナ　Kientopf, Anna　384–386, 388
キーントプフ、アネローレ　Kientopf, Annelore　384
キセレフ、サルマン　Kiselev, Salman　137
キャステルバジャック、ピエール・ドゥ・　Castelbajac, Pierre de　456
グイガ、スタスィース　Guiga, Stasys　560
グートマン、イスラエル　Gutman, Israel　155
クーパー、ダフ　Cooper, Duff　249
グッロ、ファウスト　Gullo, Fausto　468
クティ、フェレンツ　Kuti, Ferenc　329–330
クデリコヴァー、マリー　Kudeříková, Marie　118
クノア、カール・アウグスト　Knorr, Karl August　103
クノラー、アルフレート　Knoller, Alfred　157–158
クラーマー、ヨーゼフ　Kramer, Josef　149
クラウス、ヴァーツラフ　Klaus, Václav　582
クラケ、フラーニョ　Krakaj, Franjo　416–417
クラツォフ少尉　Kratsov, Second Lieutenant　137
クラップホルツ、クルト　Klappholz, Kurt　159
クリアチキフスキ、ドミトロ　Kliachkivs’kyi, Dmytro　357
クリスプ、R少佐　Crisp, Major R.　108
クリマシュ、アンナ　Klimasz, Anna　369

グリンバーグ、ザルマン　Grinberg, Zalman　302–303
クルグロフ、セルゲイ　Kruglov, Sergei　545–546
グルシュカ、ゲアハルト　Gruschka, Gerhard　229
クルネツ、ピンクス　Kurnedz, Pinkus　156
クレイ、ルシアス・D　Clay, Lucius D.　155, 397, 582
グローザ、ペトル　Groza, Petru　508–509, 511–512, 514, 519
グロスマン、ヴァシリー　Grossman, Vasily　45, 100, 103, 106, 134, 201
ケーニグ、ピエール　Koenig, Pierre　279, 455
ゲオルギウス・テオトカス　Theotokas, George　477
ゲオルギュ＝デジ、ゲオルゲ　Gheorghiu-Dej, Gheorghe　508, 520
ゲッベルス、ヨーゼフ　Goebbels, Joseph　109
ケナン、ジョージ・F　Kennan, George F.　26, 496
ゲムボルスキ、チェスワフ　Gęborski, Czesław　232, 236–237, 239–240
ゴア、マーガレット　Gore, Margaret　94
コヴァーリ、ヘダ　Kovaly, Heda　123
コーヌ、アレクサンドレ　Kohn, Alexandre　325
コープマン、リタ　Koopman, Rita　324
コスタキス、パナヨティス　Kostakis, Panayotis　490
コストフ、トライチョ　Kostov, Traicho　535
ゴットワルト、クレメント　Gottwald, Klement　526, 532
コフナー、アッバ　Kovner, Abba　160
コペレフ、レフ　Kopelev, Lev　102, 106, 136
ゴムウカ、ヴワディスワフ　Gomułka, Władysław　314, 534
コルヴィン、マルタ　Korwin, Marta　179–180
コルテス、マヌエル　Cortés, Manuel　561
ゴンタシュ、シュムレク　Gontarz, Szmulek　157

サ行

ザークス、カロル　Zaks, Karol　230
ザーポトツキー、アントニーン　Zápotocký, Antonín　221
ザイェツ、ミラン　Zajec, Milan　424
サック、ジョン　Sack, John　303–304
サッケッティ、ヴァルテル　Sacchetti, Walter　452
サナテスク、コンスタンチン　Sănătescu, Constantin　119, 504, 506–508, 510, 514
サベ、アウグスト　Sabbe, August　561
サンギネッティ、フェリクス　Sanguinetti, Félix　453, 455
サンダーソン砲兵特務曹長　Sanderson, BSM（soldier）152
サンタヤーナ、ジョージ　Santayana, George　589
サン＝テグジュペリ、アントワーヌ・

ドゥ　Saint-Exupéry, Antoine de　51, 277
シヴィエルチェフスキ、カロル　Świerczewski, Karol　367, 372
シェフチク、テオドル　Szewczyk, Teodor　372
シェフチク、アンナ　Szewczyk, Anna　370
ジェリャヴィッチ、ヴラディミル　Žerjavi, Vladimir　422
シフ、アンドラーシュ　Schiff, András　580–581
シモノフ、コンスタンチン　Simonov, Konstantin　142, 200
ジャット、トニー　Judt, Tony　12, 16
ジャン＝ポール・サルトル　Sartre, Jean-Paul　277
シュッツ、ハンス　Schuetz, Hans　204
シュトーク、ブラム・ファン・デル　Stok, Bram van der　117
シュトロープ、ユルゲン　Stroop, Jürgen　22
シュミット、クルト　Schmidt, Kurt　217–219
ショーロホフ、ミハイル　Sholokhov, Mikhail　201, 577
ジョルジェスク、テオハリ　Georgescu, Teohari　509, 512
ジラス、ミロヴァン　Djilas, Milovan　428, 535
シントラー、オスカー　Schindler, Oskar　47
シントン、デリック　Sington, Derrick　149
スコービー、ロナルド　Scobie, Ronald　476, 478
スターリン、ヨシフ　Stalin, Joseph　30, 120, 130, 192–193, 204–205, 310, 314, 362–363, 373–374, 378, 380, 442, 444, 453, 455, 472–474, 479, 494, 497, 502, 518–519, 521, 535, 538, 546, 564, 570, 578, 583
スタニェク、トマーシュ　Staněk, Tomáš　222–223
ズダノヴィチ、オルガ　Zdanowicz, Olga　374
スタンコヴィッチ、M　Stankovic, M.　415
スティーヴンズ、ジョン　Stevens, John　252
スティーヴンソン、ドナルド　Stevenson, Donald　513
スティムソン、ヘンリー　Stimson, Henry　144
ステルマシュチュク、ユリイ　Stel'mashchuk, Iurii　357
ストイッチ、マルク　Stojic, Mark　416
ストラーンスキー、ヤロスラフ　Stránský, Jaroslav　221
スパークス、フェリックス・L　Sparks, Felix L.　148
スピーロ、ハリー　Spiro, Harry　159
スピハルスキ、マリアン　Spychalski, Marian　341
スピリオトプーロス、パナヨティス　Spiliotopoulos, Panagiotis　476–477
スポッティスウッド大佐　Spottiswoode, Colonel　154
スルコフ、アレクセイ　Surkov, Alexei　200

セッキア、ピエトロ　Secchia, Pietro 466
セドリス、ガビック　Sedlis, Gabik 160
セドン、ルービン　Seddon, Reuben 169
ゼルバス、ナポレオン　Zervas, Napoleon 483
ゼンゴス、セオドロス　Zengos, Theodoros 485
ソカチ、ミコワイ　Sokacz, Mikołaj 370, 372
ソルジェニーツィン、アレクサンドル Solzhenitsyn, Alexander 102

タ行

ダーク、フィリップ　Dark, Philip 27
ダヴィット、ヨゼフ　David, Josef 221
タタレスク、ゲオルゲ　Tătărescu, Gheorghe 512
チャーチル、ウィンストン　Churchill, Winston 74, 119, 191–193, 362–363, 378–379, 444, 449–450, 472–474, 476, 478, 483, 497
ヅォヅェ、コチ　Xoxe, Koçi 535
ツケルマン、イツハク・「アンテック」 Zuckerman, Yitzhak 'Antek' 341
デ・ガースペリ、アルチーデ　De Gasperi, Alcide 450, 466
ティーレ、ハネローレ　Thiele, Hannelore 103
デイヴィーズ、ジョン・リース　Davies, John Rhys 363
ティクシエ、アドリヤン　Tixier, Adrien 266
ティトー、ヨシップ・ブロズ　Tito, Josip Broz 9, 118–119, 137, 408, 412–414, 424, 428–429, 431, 441, 494, 515, 535
ディミトロフ、ゲオルギ　Dimitrov, Georgi 535
デッサウ、マックス　Dessau, Max 159
デミアノーヴァ、ゲニア　Demianova, Genia 100
ドゥ・ゴール、シャルル　de Gaulle, Charles 120, 247, 263, 278, 442, 450, 453, 455, 457–458, 461
ドゥアラッハー、ゲアハルト　Durlacher, Gerhard 324
ドゥルーム夫妻　Druhm, Mr and Mrs 66–67
ドゥルティーナ、プロコップ　Drtina, Prokop 221
トート、ゾルタン　Toth, Zoltan 203–204
トート・カバイ・エステル　Kabai, Eszter Toth 329
ドラクリッチ、スラヴェンカ　Drakulić, Slavenka 122
トリアッティ、パルミーロ　Togliatti, Palmiro 451, 464, 467, 470
ドリス、ヴァシリス　Doris, Vassilis 489–491
ドリス、ソティリス　Doris, Sotiris 489
ドリス、ニコス　Doris, Nikos 490
トルーマン、ハリー・S　Truman, Harry S. 343, 445, 496, 571
ドルフマン、バルーフ　Dorfman, Baruch 337
トレーズ、モーリス　Thorez, Maurice

451, 467
トロツキー、レフ　Trotsky, Lev　442, 445

ナ行

ナイドゥフ、ロザリア　Najduch, Rozalia　369–370
ナウマン、マリー　Naumann, Marie　102
ナジ、イムレ　Nagy, Imre　571
ナジ、フェレンツ　Nagy, Ferenc　528, 533
ニコルスキー、アレクサンドル　Nicolski, Alexandru　513
ネイェドリー、ズデニェク　Nejedlý, Zdeněk　221
ネイファルタ、アルビナ　Neifalta, Albina　542
ネイファルタ、ヨナス（「パイロット」）Neifalta, Jonas（'Pilot'）　542–545
ノヴィック、ピーター　Novick, Peter　284
ノサック、ハンス・エーリヒ　Nossack, Hans Erich　36–37
ノセク、ヴァーツラフ　Nosek, Václav　528

ハ行

バイェル、ジョルト　Bayer, Zsolt　581
ハイドリヒ、ラインハルト　Heydrich, Reinhard　50
バイフォード＝ジョウンズ、ウィリアム　Byford-Jones, William　53, 107, 393
バウアー、イェフダ　Bauer, Yehuda　344
ハウケリード、クヌート　Haukelid, Knut　117
パウケル、アナ　Pauker, Ana　510
ハジス、タナシス　Hadzis, Thanasis　476
パズール、カロル　Pazúr, Karol　220–221
パストゥホフ、クルストゥ　Pastuhov, Krustu　532
バック、ジェイムズ　Bacque, James　198–199, 205–206, 209
バッターリア、ロベルト　Battaglia, Roberto　253
パットン、ジョージ　Patton, George　146
パドーヴァー、ソール　Padover, Saul　63
バドーリオ、ピエトロ　Badoglio, Pietro　253
バネト、エディット　Baneth, Edith　42–43
パトラシュカヌ、ルクレツュ　Pătrăşcanu, Lucrețiu　505, 513, 534
パパディミトリウ、ヴァシリキ　Papadimitriou, Vassiliki　489–490
パパディミトリウ、ヨルゴス　Papadimitriou, Yorgos　490
パパンドレウ、ゲオルギオス　Papandreou, Georgios　476–477, 491–493
ハルシュタイン、ヴァルター　Hallstein, Walter　120
ハルテル、ロマン　Halter, Roman　315, 318
ハレット、ジャック　Hallett, Jack　148

パンサ、ジャンパオロ　Pansa, Giampaolo　267
ハンティング、レイ　Hunting, Ray　80, 174
ピーク、ヴィルヘルム　Pieck, Wilhelm　397
ビーレンバーグ、クリスタベル　Bielenberg, Christabel　100
ピウス12世　Pius XII　130
ピエール司令官　Pierre, Commandant　455
ビェリツカ、マリア　Bielicka, Maria　92
ヒトラー、アドルフ　Hitler, Adolf　9, 21–22, 25, 30, 108–109, 115, 120, 129, 142–143, 149, 158, 166, 221, 228, 260, 299, 319, 343, 347, 363, 374, 379, 446, 453, 503, 508, 571
ビボー、イシュトヴァーン　Bibo, István　124
ヒムラー、ハインリヒ　Himmler, Heinrich　30, 83, 98, 142, 221
ヒューム、キャスリン　Hulme, Kathryn　81
ビュクナー、ハワード・E　Buechner, Howard E.　148
ヒルト、アウグスト　Hirt, August　145
ファッリ、ウンベルト　Farri, Umberto　458
ファルディ、ジョルジュ　Faludy, György　331
フィーニ、ジャンフランコ　Fini, Gianfranco　588–589, 591
フィッツギボン、シオドーラ　FitzGibbon, Theodora　120, 123
フーアマン、ヨハン　Fuhrmann, Johann　232
フーバーマン、アルフレート　Huberman, Alfred　160
フェリオーリ、フェルディナンド　Ferioli, Ferdinando　458
フォー、モーンス　Fog, Mogens　117
プサロス、ディミトリオス　Psarros, Dimitrios　482
ブッシーヘッド、ジャック　Bushyhead, Jack　148
ブナン、ジャック　Bounin, Jacques　458
ブライトブルク、ヴィクトール　Breitburg, Victor　43
ブラズィーヤック、ロベール　Brasillach, Robert　286
ブラッカー、ミルトン　Bracker, Milton　145
ブラッドリー、オマー　Bradley, Omar　146
フランク、ペーター　Frank, Peter　159
ブラント、ロスコウ　Blunt, Roscoe　86
フリース、カロッ・デ　Vries, Karel de　322
プルーイット、アルバート・C　Pruitt, Albert C.　148
プルート、スタニスラフ　Pluto, Stanislav　350
フルシチョフ、ニキータ　Khrushchev, Nikita　58, 205
ブロニスワヴァ・メンドン　Mendoń, Bronisława　336
フロンド、アウグスト　Hlond, August　338

ブワシュチク、ヘンリク　Błaszczyk, Henryk　336
ベヴィン、アーネスト　Bevin, Ernest　344
ベデカー、カール　Baedeker, Karl　21–24
ペトコフ、ニコラ　Petkov, Nikola　533
ベネシュ、エドヴァルド　Beneš, Edvard　221, 400
ペネスク、ニコラエ　Penescu, Nicolae　508, 517
ヘルシュ、アレク　Hersh, Arek　158
ペルツェラ、ジョン　Prcela, John　414
ベルトー、ピエール　Bertaux, Pierre　461
ベルネク、ヤン　Belunek, Jan　150
ヘルフゴット、ベン　Helfgott, Ben　156, 334–335, 595
ベルマン、ヤクプ　Berman, Jakub　340
ベルルスコーニ、シルヴィオ　Berlusconi, Silvio　588, 591
ヘンリー、デリク　Henry, Derek　62, 170–171
ボウム、フレッド　Bohm, Fred　147
ボドナラシュ、エミル　Bodnăraş, Emil　512
ボネ、アベル　Bonnet, Abel　453
ホプキンズ、ハリー　Hopkins, Harry　129
ボルサム、ハリー　Balsam, Harry　340
ポルツ、アラーヌ　Polcz, Alaine　101
ホルボロウ、リチャード　Holborow, Richard　281–282
ボルマン、マルティン　Bormann, Martin　107
ホンディウス、ディーンケ　Hondius, Dienke　324

マ行

マーシャル、ジョージ・C　Marshall, George C.　127, 496–497, 570, 572
マーフィー、ロバート　Murphy, Robert　394
マコーミック、アン・オヘア　McCormick, Anne O'Hare　384
マサリク、ヤン　Masaryk, Jan　533
マシュケ、エーリヒ　Maschke, Erich　198, 206
マシン、ヨゼフ　Mašin, Josef　118
マッカーシー、ジョー　McCarthy, Joe　572
マックロイ、ジョン　McCloy, John　144
マニウ、ユリウ　Maniu, Iuliu　503, 505, 507, 517, 571
マヌス、マックス　Manus, Max　117
マリノヴァ、ヘドヴィガ　Malinova, Hedviga　580
マルクリス、ユオザス　Markulis, Juozas　551
マルコフ、ゲオルギ　Markov, Georgi　574, 577
マロウ、エドワード・R　Murrow, Edward R.　123
マンツォーニ伯爵　Manzoni counts　456
ミコワイチク、スタニスワフ　Mikołajczyk, Stanisław　362
ミハイ王（ルーマニア）　Michael of Romania　504, 508, 511

ミハラケ、イオン　Mihalache, Ion　517
ミュラー、イェンス　Müller, Jens　117
ミェルツァレク、ヘンリク・ヤン　Mielcarek, Henryk Jan　365
ミロッティ、フェルディナンド　Mirotti, Ferdinando　458
ムーアヘッド、アラン　Moorehead, Alan　86–87, 91, 171
ムーン、A・G　Moon, A. G.　176
ムッソリーニ、ベニート　Mussolini, Benito　29, 247, 251, 255, 268
ムットゥス、アクセル　Mõttus, Aksel　560
ムットゥス、フーゴ　Mõttus, Hugo　560
メイン、リチャード　Mayne, Richard　120
モーガン、サー・フレデリック　Morgan, Sir Frederick　96
モーゲンソー、ヘンリー　Morgenthau, Henry　208
モウズリー、レナード　Mosley, Leonard　172
モック、ジュール　Moch, Jules　464
モネ、ジャン　Monnet, Jean　120
モレル、サロモン　Morel, Salomon　227–228, 230, 240, 370
モロトフ、ヴャチェスラフ　Molotov, Vyacheslav　193
モントゴメリー、バーナード　Montgomery, Bernard　184

ヤ行

ヨヴァノヴィチ、ドラゴリュブ　Jovanović, Dragoljub　532
ヨードル、アルフレート・アウグスト　Jodl, Alfred August　195

ラ行

ラーコシ、マーチャース　Rákosi, Mátyás　332, 526, 533
ラール、マルト　Laar, Mart　552
ライラ、トーヴェ　Laila, Tove　292
ラウフロック、ペイトラ　Ruigrok, Petra　287
ラデスク、ニコラエ　Rădescu, Nicolae　508–511, 514, 533
ラバナウスキーネ、エレオノラ　Labanauskienë, Eleonora　546
ラマディエ、ポール　Ramadier, Paul　462
ラマナウスカス、アードルファス（ヴァーナガス）　Ramanauskas, Adolfas（Vanagas）　560
ラム、G・H　Lamb, G. H.　172
ランコヴィッチ、アレクサンダル　Ranković, Aleksandar　533
リーベルマン、ツェリーナ　Lieberman, Celina　46
リーピン少尉　Lipin, Lieutenant　548–549
リッツィ、アントーニオ　Rizzi, Antonio　458
リッツィ、エットレ　Rizzi, Ettore　458
リュバン、イヴェット　Rubin, Yvette　185
ルイス、ノーマン　Lewis, Norman　84–86
ルカ、ヴァシレ　Luca, Vasile　510
ルクシャ、ユオザス　Lukša, Juozas

547, 553, 559–560, 562
ルクレール、フィリップ　Leclerc, Philippe　278
レイノ、ユルヨ　Leino, Yrjö　528
レイハルト、モール　Reinchardt, Mór　333
レイン、アーサー・ブリス　Lane, Arthur Bliss　363, 380
レヴィーン、ジョセフ　Levinc, Joseph　341
レヴィ＝ミルポワ公爵　Duc de Lévis-Mirepoix　456
レーヴィ、プリーモ　Levi, Primo　31–32, 321, 349
レーユ＝スルト、アンリ　Reille-Soult, Henri　457
レオ、フリッツ　Leo, Fritz　150
ローズヴェルト、エリオット　Roosevelt, Elliott　192
ローズヴェルト、フランクリン・D　Roosevelt, Franklin D.　129, 137, 144, 192–193, 198, 208–209, 362–363, 378, 444, 472
ローゼンブルーム、ハスキエル　Rosenblum, Chaskiel　156
ローゼンベルク夫人　Rosenberg, Mrs　330
ロトニク、ヴァルデマル　Lotnik, Waldemar　358
ロビンソン、オースティン　Robinson, Austin　27
ロルジュリル、クリスチヤン・ドゥ　Lorgeril, Christian de　457

参考文献

公文書館

Archives Nationales, Paris

Archiwum Państwowe（AP - State Archive）, Szczecin

Archiwum Wschodnie, Ósrodek Karta（AWK - Eastern Archive）, Warsaw

Bundesarchiv, Koblenz

Centralne Archiwum Wojskove（CAW - Central Military Archive）, Warsaw

Imperial War Museum, London, Department of Documents（IWM Docs） and Sound Archives（IWM Sound）

The National Archives of the United Kingdom（TNA; formerly known as the Public Record Office）, London

Polski Ośrodek Społeczno Kulturalny（POSK - Centre for Polish Arts and Culture）, London

The Sikorski Institute, London

United Nations Relief and Rehabilitation Administration（UNRRA） archives, New York

United States Holocaust Memorial Museum, New York

US National Archives and Records Administration（NARA）, Maryland, USA

Zentrum gegen Vertreibungen, Berlin

官庁出版物

Biuro Odszkodowań Wojennych przy Prezydium Rady Ministrów, *Sprawozdanie w Przedmiocie strat i szkód wojennych Polski w latach 1939–1945*（Warsaw, 1947）

Burger, G. C. E., J. C. Drummond and H. R. Stanstead（eds.）, *Malnutrition and Starvation in Western Netherlands September 1944-July 1945*（The Hague: General State Printing Office, 1948）

Centraal Bureau voor de Statistiek, *Oorlogsverliezen 1940–1945: Maandschrift van het Centraal Bureau voor de Statistiek*（The Hague: Belinfante, 1948）

Central Statistical Office, *Statistical Digest of the War*（London: HMSO, 1951）

Coles, Harry L. and Albert K. Weinberg（eds.）, *Civil Affairs: Soldiers Become Governors*（Washington, DC: US Govt Printing Office, 1964）

Croatian State Commission for Establishing Crimes of Occupying Forces and their Assistants, *Crimes in the Jasenovac Camp*（Banja Luka: Becjead, 2000）

European Union Agency for Fundamental Rights, European Union Minorities and Discrimination Survey: Main Results Report（Vienna: European Union Agency for Fundamental Rights, 2009）

Foreign Relations of the United States（*FRUS*）, available online at http://uwdc.library.wisc.edu/collections/FRUS/

HM Government, *Statistics Relating to the War Effort of the United Kingdom*（London: HMSO, 1944）

House of Commons Parliamentary Debates（Hansard）（London: HMSO, 1942–5）

International Committee of the Red Cross, *Report of the International Committee of the Red Cross on its activities during the Second World War*（*September 1, 1939-June 30, 1947*）, vol. I: General Activities（Geneva: ICRC, 1948）

Istituto Centrale di Statistica, *Morti e Dispersi per Cause Belliche Negli Anni 1940–45*（Rome: Istituto Centrale di Statistica, 1957）

Maddison, Angus, *The World Economy: Historical Statistics*（Paris: OECD, 2003）

Maschke, Erich（ed.）, *Zur Geschichte der deutschen Kriegsgefangenen des Zweiten Weltkrieges*, 15 vols.（Bielefeld: Ernst & Werner Gieseking, 1962–74）

Schieder, Theodor（ed.）, *Documents on the Expulsion of the Germans from Eastern-Central Europe*, trans. G. H. de Sausmarez, 4 vols.（Bonn: Federal Ministry for Expellees, Refugees and War Victims, 1958–60）

United States Army, Office of the Surgeon General, *Preventative Medicine in World War II, vol. V: Communicable Diseases transmitted through Contact or by Unknown Means*（Washington, DC: US Government Printing Office, 1960）

United States Strategic Bombing Survey, *Over-all Report*（*European War*）（Washington DC: US Government Printing Office, 1945）

War Office, *Statistical Report on the Health of the Army, 1943–1945*（London: HMSO, 1948）

Webster, Sir Charles and Noble Frankland, *The Strategic Air Offensive against Germany 1939–1945*（London: HMSO, 1961）

新聞、雑誌

Le Courrier de Genève

Daily Express

Défense de la France

Écrits de Paris

Journal Officiel

Le Monde
Múlt és jövő
New York Times
Newsweek
New York Review of Books
Le Peuple
Res Publica
Time
The Times

映画・テレビ番組

Le Chagrin et la Pitié, two parts（Laboratoires Gennevilliers for Télévision Rencontre, 1969; Marcel Ophüls）
The Last Nazis, part II（Minnow Films for BBC, 2009; Charlie Russell）
Millions Like Us（Gainsborough Pictures, 1943; Frank Launder and Sidney Gilliat）
A Shadow Over Europe（BBC, 2002; Charles Wheeler）

書籍・エッセイ

旅行ガイド

Baedeker, Karl, *Das Generalgouvernement: Reisehandbuch von Karl Baedeker*（Leipzig: Karl Baedeker, 1943）
Ministry of Culture & Art and Ministry of Reconstruction of the Country, *Warsaw Accuses: Guide-book to the exhibition arranged by the Office of Reconstruction of the Capital together with the National Museum in Warsaw*（Warsaw: Muzeum Narodowe, 1945）

歴史書、学術書

Abzug, Robert H., *Inside the Vicious Heart*（Oxford University Press, 1987）
Alessandrini, Luca, 'The Option of Violence - Partisan Activity in the Bologna Area 1945–1948', in Jonathan Dunnage（ed.）, *After the War: Violence, Justice, Continuity and Renewal in Italian Society*（Market Harborough: Troubador, 1999）
Alexander, G. M., *The Prelude to the Truman Doctrine: British Policy in Greece, 1944–1947*（Oxford: Clarendon Press, 1982）

Ammendolia, Ilario, *Occupazione delle terre in Calabria 1945–1949*（Rome: Gangemi, 1990）

Anušauskas, Arvydas（ed.）, *The Anti-Soviet Resistance in the Baltic States*（Vilnius: Genocide and Resistance Research Centre of Lithuania, 2000）

Arad, Yitzhak, *Belzec, Sobibor, Treblinka: The Operation Reinhard Deathcamps*（Bloomington: Indiana University Press, 1999）

Aron, Robert, *Histoire de l'épuration: De l'indulgence aux massacres, Novembre 1942-Septembre 1944*（Paris: Fayard, 1967）

Bacque, James, *Other Losses: The Shocking Truth behind the Mass Deaths of Disarmed German Soldiers and Civilians under General Eisenhower's Command*（Toronto: Stoddart, 1989）

Baerentzen, L., J. Iatrides and O. Smith（eds.）, *Studies in the History of the Greek Civil War, 1945–1949*（Copenhagen: Museum Tusculanum, 1987）

Barber, John and Mark Harrison, *The Soviet Home Front, 1941–1945: A Social and Economic History of the USSR in World War II*（London and New York: Longman, 1991）

Battaglia, Achille, *I giudici e la politica*（Bari: Laterza, 1962）

Bauer, Yehuda, *Flight and Rescue: Brichah*（New York: Random House, 1970）

Beck, Earl R., *Under the Bombs*（Lexington: University Press of Kentucky, 1986）

Beevor, Antony, *Berlin: The Downfall 1945*（London: Penguin, 2003）（アントニー・ビーヴァー『ベルリン陥落 1945』川上洸訳、白水社、2004 年）

———, *Stalingrad*（London: Viking, 1998）（アントニー・ビーヴァー『スターリングラード　運命の攻囲戦 1942–1943』堀たほ子訳、朝日新聞出版、2005 年）

Beevor, Antony and Artemis Cooper, *Paris After the Liberation*（London: Penguin, 1995）（アントニー・ビーヴァー『パリ解放 1944–49』北代美和子訳、白水社、2012 年）

Beevor, Antony and Luba Vinogradova, *A Writer at War: Vasily Grossman with the Red Army 1941–1945*（London: Pimlico, 2006）（アントニー・ビーヴァー、リューバ・ヴィノグラードヴァ『赤軍記者グロースマン　独ソ戦取材ノート 1941–45』川上洸訳、白水社、2007 年）

Benz, Wolfang and Angelika Königseder（eds.）, *Das Konzentrationslager Dachau*（Berlin: Metropol, 2008）

Berlière, Jean-Marc with Laurent Chabrun, *Les policiers français sous l'Occupation*（Paris: Perrin, 2001）

Beschloss, Michael, *The Conquerors: Roosevelt, Truman and the Destruction of Hitler's Germany, 1941–1945* (New York: Simon & Schuster, 2002)
Bethell, Nicholas, *The Last Secret* (London: Futura, 1976)
Betts, R. R. (ed.), *Central and South East Europe 1945–1948* (London and New York: Royal Institute of International Affairs, 1950)
Bischof, Günter and Stephen E. Ambrose (eds.), *Eisenhower and the German POWs: Facts against Falsehood* (Baton Rouge and London: Louisiana State University Press, 1992)
Blom, J. C. H. et al. (eds.), *The History of the Jews in the Netherlands*, trans. Arnold J. Pomerans and Erica Pomerans (Oxford and Portland, OR: Littman Library of Jewish Civilization, 2002)
Borgersrud, Lars, 'Meant to be Deported', in Kjersti Ericsson and Eva Simonsen (eds.), *Children of World War II* (Oxford and New York: Berg, 2005)
Bosch, Manfred, *Der Neubeginn: Aus deutscher Nachkriegszeit Südbaden 1945–1950* (Konstanz: Südkurier, 1988)
Boshyk, Yury (ed.), *Ukraine during World War II: History and its Aftermath* (Edmonton: University of Alberta, 1986)
Botting, Douglas, *In the Ruins of the Reich* (London: Methuen, 2005)
Bourdrel, Philippe, *L'épuration sauvage* (Paris: Perrin, 2002)
Bourke, Joanna, *Rape: A History from 1860 to the Present Day* (London: Virago, 2007)
Brossat, Alain, *Les tondues: Un carnaval moche* (Paris: Hachette/Pluriel, 1992)
Brosse, Thérèse, *War-Handicapped Children* (Paris: UNESCO, 1950)
Buisson, Patrick, *1940–1945: The Erotic Years* (Paris: Albin Michel, 2009)
Bunting, Madeleine, *The Model Occupation: The Channel Islands under German Rule, 1940–1945* (London: HarperCollins, 1995)
Burleigh, Michael, *Moral Combat* (London: Harper Press, 2010)
———, *The Third Reich: A New History* (London: Pan, 2001)
Cohen, Rich, *The Avengers* (London: Jonathan Cape, 2000)
Cohen-Pfister, Laurel and Dagmar Wienroeder-Skinner (eds.), *Victims and Perpetrators: (Re) Presenting the Past in Post-Unification Culture* (Berlin and New York: Walter de Gruyter, 2006)
Conquest, Robert, *A History of Modern Russia from Nicholas II to Putin* (London: Penguin, 2003)
Conway, Martin, 'Justice in Postwar Belgium: Popular Passions and Political Realities', in István Deák et al. (eds.), *The Politics of Retribution in Europe* (Princeton University Press, 2000)

Crainz, Guido, *Padania: Il mondo dei braccianti dall'Ottocento alla fuga dalle campagne*（Rome: Donzelli, 1994）
Crampton, R. J., *Bulgaria*（Oxford University Press, 2007）
Dahl, Hans Fredrik, 'Dealing with the Past in Scandinavia', in Jon Elster（ed.）, *Retribution and Reparation in the Transition to Democracy*（New York: Cambridge University Press, 2006）
Dallas, Gregor, *Poisoned Peace: 1945 - The War that Never Ended*（London: John Murray, 2006）
Dallin, Alexander, *German Rule in Russia 1941–1945: A Study of Occupation Policies*（London and Basingstoke: Macmillan, 1981）
Davidson, Eugene, *The Death and Life of Germany: An Account of the American Occupation*（London: Jonathan Cape, 1959）
Davies, Norman, *God's Playground: A History of Poland*（Oxford University Press, 2005）
———, *Rising'44: The Battle for Warsaw*（London: Pan, 2004）
Davies, Norman and Roger Moorhouse, *Microcosm*（London: Pimlico, 2003）
Dawidowicz, Lucy S., *The War against the Jews 1939–1945*（Harmondsworth: Pelican, 1979）（ルーシー・S・ダビドビッチ『ユダヤ人はなぜ殺されたか』大谷堅志郎訳、明石書店、1999年）
de Zayas, Alfred, *Nemesis at Potsdam*（London: Routledge & Kegan Paul, 1977）
———, *A Terrible Revenge: The Ethnic Cleansing of the East European Germans*, 2nd edn（New York: Palgrave Macmillan, 2006）
Deák, István et al.（eds.）, *The Politics of Retribution in Europe*（Princeton University Press, 2000）
Dean, Martin, *Robbing the Jews: The Confiscation of Jewish Property in the Holocaust, 1933–1945*（New York: Cambridge University Press, 2008）
Deletant, Dennis, *Communist Terror in Romania: Gheorghiu-Dej and the Police State, 1948–1965*（London: Hurst & Co., 1999）
Derry, T. K., *A History of Modern Norway 1814–1972*（Oxford: Clarendon Press, 1973）
Diederichs, Monika, 'Stigma and Silence: Dutch Women, German Soldiers and their Children', in Kjersti Ericsson and Eva Simonsen（eds.）, *Children of World War II*（Oxford and New York: Berg, 2005）
Dondi, Mirco, *La lunga liberazione: Giustizia e violenza nel dopoguerra italiano*（Rome: Riumiti, 2004）
Drakulić, Slavenka, *Balkan-Express: Chroniques de la Yougoslavie en Guerre*（Paris: Éditions Mentha, 1992）

Dreisziger, Nándor (ed.), *Hungary in the Age of Total War (1938–1948)* (New York: Columbia University Press, 1998)

Drolshagen, Ebba D., *Wehrmachtskinder: Auf der Suche nach dem nie gekannten Vater* (Munich: Droemer, 2005)

Dunnage, Jonathan (ed.), *After the War: Violence, Justice, Continuity and Renewal in Italian Society* (Market Harborough: Troubador, 1999)

Dupuy, R. Ernest and Trevor N. Dupuy, *The Harper Encyclopedia of Military History*, 4th edn (New York: HarperCollins, 1993)

Dushnyck, Walter, *Death and Devastation on the Curzon Line: The Story of the Deportations from Ukraine* (New York: Committee Against Mass Expulsion/Ukrainian Congress Committee of America, 1948)

Dutton, Donald G., *The Psychology of Genocide, Massacres, and Extreme Violence: Why 'Normal' People Come to Commit Atrocities* (London and Westport, CT: Praeger Security International, 2007)

Eby, Cecil D., *Hungary at War: Civilians and Soldiers in World War II* (Philadelphia: Pennsylvania State University Press, 1998)

Elkins, Michael, *Forged in Fury* (New York: Ballantine Books, 1971)

Ellwood, David W., *Italy 1943–1945* (Leicester University Press, 1985)

Elster, Jon (ed.), *Retribution and Reparation in the Transition to Democracy* (New York: Cambridge University Press, 2006)

Ericsson, Kjersti and Dag Ellingsen, 'Life Stories of Norwegian War Children', in Kjersti Ericsson and Eva Simonsen (eds.), *Children of World War II* (Oxford and New York: Berg, 2005)

Ericsson, Kjersti and Eva Simonsen (eds.), *Children of World War II* (Oxford and New York: Berg, 2005)

Farmer, Sarah, *Martyred Village* (London and Berkeley: University of California Press, 2000)

Fisch, Bernhard, *Nemmersdorf, Oktober 1944: Was in Ostpreußen tatsächlich geschah* (Berlin: Edition Ost, 1997)

Fischer-Galati, Stephen, *Twentieth Century Romania*, 2nd edn (New York: Columbia University Press, 1991)

Fishman, Sarah, *The Battle for Children: World War II, Youth Crime, and Juvenile Justice in Twentieth Century France* (Cambridge, MA: Harvard University Press, 2002)

Florentin, Eddy, *Quand les Alliés bombardaient la France 1940–1945* (Paris: Perrin, 1997)

Fowkes, Ben, *Eastern Europe 1945–1969: From Stalinism to Stagnation* (Harlow: Pearson

Education, 2000)
Friedländer, Saul, *The Years of Extermination: Nazi Germany and the Jews 1939–1945* (London: Weidenfeld & Nicolson, 2007)
Frumkin, Gregory, *Population Changes in Europe Since 1939* (New York: Augustus M. Kelley Inc., 1951)
Gaillard, Lucien, *Marseilles sous l'Occupation* (Rennes: Ouest-France, 1982)
Gaškaitė-Žemaitienė, Nijolė, 'The Partisan War in Lithuania from 1944 to 1953', in Arvydas Anušauskas (ed.), *The Anti-Soviet Resistance in the Baltic States* (Vilnius: Genocide and Resistance Research Centre of Lithuania, 2000)
Gilbert, Martin, *The Boys* (London: Phoenix, 1997)
———, *The Day the War Ended* (London: HarperCollins, 1995)
———, *The Holocaust: The Fate of European Jewry 1932–1945* (New York: Henry Holt, 1985)
———, *The Routledge Atlas of the Holocaust*, 4th edn (London and New York: Routledge, 2009)
Ginsborg, Paul, 'The Communist Party and the Agrarian Question in Southern Italy, 1943–1948', *History Workshop Journal*, vol. 17 (1984)
Giurescu, Dinu C., *Romania in the Second World War (1939–1945)*, trans. Eugenia Elena Popescu (New York: Columbia University Press, 2000)
Glantz, David, Leningrad: *City under Siege 1941–1944* (Rochester: Grange Books, 2005)
Glanz, Susan, 'Economic Platforms of the Various Political Parties in the Elections of 1945', in Nándor Dreisziger (ed.), *Hungary in the Age of Total War (1938–1948)* (New York: Columbia University Press, 1998)
Gringauz, Samuel, 'Jewish Destiny as the DP's See It: The Ideology of the Surviving Remnant', *Commentary* (Journal of the American Jewish Committee), vol. 4, no. 6 (December 1947)
———, 'Our New German Policy and the DP's: Why Immediate Resettlement is Imperative', *Commentary*, vol. 5, no. 3 (June 1948)
Gross, Jan T., *Fear: Anti-Semitism in Poland after Auschwitz* (New York: Random House, 2006)(ヤン・T・グロス『アウシュヴィッツ後の反ユダヤ主義　ポーランドにおける虐殺事件を糾明する』染谷徹訳、白水社、2008年)
Grüttner, Michael, Rüdiger Hachtmann and Heinz-Gerhard Haupt (eds.), *Geschichte und Emanzipation* (Frankfurt: Campus Fachbuch, 1999)
Gyurgyík, László, *Changes in the Demographic Settlement and Social Structure of the Hungarian Minority in (Czecho-) Slovakia between 1918–1998*, trans. Jószef D.

Lo″rincz (Budapest: Teleki László Foundation, 1999)
Hackett, David A. (ed.), *The Buchenwald Report* (Boulder, CO: Westview Press, 1995)
Harrison, Mark (ed.), *The Economics of World War Two* (Cambridge University Press, 1998)
Hastings, Max, *Armageddon* (London: Macmillan, 2004)
———, *Bomber Command* (London: Pan, 1999)
Herbert, Ulrich, *Hitler's Foreign Workers: Enforced Foreign Labor in Germany under the Third Reich*, trans. William Templer (Cambridge University Press, 1985)
Herzog, Dagmar (ed.), *Brutality and Desire: War and Sexuality in Europe's Twentieth Century* (Basingstoke: Palgrave Macmillan, 2009)
Hionidou, Violetta, *Famine and Death in Occupied Greece, 1941–1944* (Cambridge University Press, 2006)
Hirschfeld, Gerhard, *Nazi Rule and Dutch Collaboration: The Netherlands under German Occupation 1940–1945*, trans. Louise Willmot (Oxford, New York and Hamburg: Berg, 1988)
Hitchcock, William I., *Liberation: The Bitter Road to Freedom, Europe 1944–1945* (London: Faber & Faber, 2009)
Hitchins, Keith, *Rumania 1866 1947* (Oxford University Press, 1994)
Hodgson, John H., *Communism in Finland: A History and Interpretation* (Princeton University Press, 1967)
Hondius, Dienke, *Return: Holocaust Survivors and Dutch Anti-Semitism*, trans. David Colmer (Westport, CT: Praeger, 2003)
Huyse, Luc, 'The Criminal Justice System as a Political Actor in Regime Transitions: The Case of Belgium, 1944–50', in István Deák et al. (eds.), *The Politics of Retribution in Europe* (Princeton University Press, 2000)
Iatrides, John O. (ed.), *Greece in the 1940s: A Nation in Crisis* (Hanover and London: University Press of New England, 1981)
Ionescu, Ghita, *Communism in Rumania, 1944–1962* (London: Oxford University Press, 1964)
Israel, David L., *The Day the Thunderbird Cried* (Medford, OR: Emek Press, 2005)
Janics, Kálmán, *Czechoslovak Policy and the Hungarian Minority, 1945–1948*, trans. Stephen Borsody (New York: Columbia University Press, 1982)
Jedlicki, Jerzy, 'Historical Memory as a Source of Conflicts in Eastern Europe', *Communist and Post-Communist Studies*, vol. 32, no. 3 (1999)
Johr, Barbara, 'Die Ereignisse in Zahlen', in Helke Sander and Barbara Johr (eds.),

Befreier und Befreite: Krieg, Vergewaltigung, Kinder（Frankfurt am Main: Fischer Taschenbuch, 2006）
Judt, Tony, *Postwar: A History of Europe Since 1945*（London: Pimlico, 2007）（トニー・ジャット『ヨーロッパ戦後史（上）1945–1971』森本醇訳、みすず書房、2008 年；トニー・ジャット『ヨーロッパ戦後史（下）1971–2005』浅沼澄訳、みすず書房、2008 年）
Jurčević, Josip, *The Black Book of Communism in Croatia: The Crimes of Yugoslav Communists in Croatia in 1945*（Melbourne: Croatian Herald, 2006）
Kalyvas, Stathis N., 'Red Terror: Leftist Violence during the Occupation', in Mark Mazower（ed.）, *After the War Was Over*（Princeton and Oxford: Princeton University Press, 2000）
Kenez, Peter, *Hungary from the Nazis to the Soviets: The Establishment of the Communist Regime in Hungary, 1944–1945*（New York: Cambridge University Press, 2009）
Kochavi, Arieh J., *Post-Holocaust Politics*（Chapel Hill and London: University of North Carolina Press, 2001）
Kondufor, Yuri（ed.）, *A Short History of the Ukraine*（Kiev: Naukova Dumka, 1986）
Kontler, László, *A History of Hungary*（Basingstoke: Palgrave Macmillan, 2002）
Krawchenko, Bohdan, 'Soviet Ukraine under Nazi Occupation, 1941–4', in Yury Boshyk（ed.）, *Ukraine during World War II*（Edmonton: University of Alberta, 1986）
Krivosheev, G. F.（ed.）, *Soviet Casualties and Combat Losses in the Twentieth Century*（London: Greenhill, 1997）
Kucera, Jaroslav, *Odsunové ztráty sudetoněmeckého obyvatelstva*（Prague: Federalni ministerstvo zahranicnich veci, 1992）
Laar, Mart, *War in the Woods: Estonia's Struggle for Survival*, trans. Tiina Ets（Washington, DC: The Compass Press, 1992）
Levi, Fabio, 'Italian Society and Jews after the Second World War: Between Silence and Reparation', in Jonathan Dunnage（ed.）, *After the War: Violence, Justice, Continuity and Renewal in Italian Society*（Market Harborough: Troubador, 1999）
Lewkowicz, Bea, '"After the War We Were All Together": Jewish Memories of Postwar Thessaloniki', in Mark Mazower（ed.）, *After the War Was Over*（Princeton and Oxford: Princeton University Press, 2000）
Lilley, J. Robert, *Taken by Force: Rape and American GIs during World War Two*（Basingstoke: Palgrave Macmillan, 2007）
Lowe, Keith, *Inferno*（London: Viking, 2007）
Macardle, Dorothy, *Children of Europe: A Study of the Children of Liberated Countries, their*

War-time Experiences, their Reactions, and their Needs, with a Note on Germany（London: Victor Gollancz, 1949）
MacDonogh, Giles, *After the Reich*（London: John Murray, 2007）
Mankowitz, Zeev W., *Life between Memory and Hope: The Survivors of the Holocaust in Occupied Germany*（Cambridge University Press, 2002）
Marcuse, Harold, *Legacies of Dachau*（Cambridge University Press, 2001）
Marko, Augustín and Pavol Martinický, *Slovak-Magyar Relations: History and Present Day in Figures*（Bratislava: Slovak Society for Protection of Democracy and Humanity, 1995）
Marrus, Michael R., *The Unwanted: European Refugees in the Twentieth Century*（New York: Oxford University Press, 1985）
Marx, Karl and Friedrich Engels, *The Communist Manifesto*, trans. Samuel Moore（Harmondsworth: Penguin, 1967）（カール・マルクス、フリードリヒ・エンゲルス『共産党宣言』大内兵衛訳、岩波文庫、1971 年）
Mayne, Richard, *Postwar: The Dawn of Today's Europe*（London: Thames & Hudson, 1983）
Mazower, Mark, *The Balkans*（London: Weidenfeld & Nicolson, 2000）
———, *Inside Hitler's Greece*（New Haven and London: Yale University Press, 1995）
Mazower, Mark（ed.）, *After the War Was Over*（Princeton and Oxford: Princeton University Press, 2000）
McCarthy, Joseph R., *America's Retreat from Victory: The Story of George Catlett Marshall*（New York: The Devin-Adair Company, 1951）
McKinstry, Leo, *Spitfire: Portrait of a Legend*（London: John Murray, 2007）
Milward, Alan S., *The Reconstruction of Western Europe 1945–51*（London: Methuen, 1984）
———, *War, Economy and Society 1939–1945*（Berkeley and Los Angeles: University of California Press, 1979）
Miroszewski, Kazimierz, *Centralny obóz pracy Jaworzno: Podobóz Ukraiński（1947–1949）*（Katowice: Śląsk, 2001）
Misiunas, Romuald and Rein Taagepera, *The Baltic States: Years of Dependence 1940–1990*（London: Hurst & Co., 1993）
Modona, Guido Neppi, 'Postwar Trials against Fascist Collaborationists and Partisans: The Piedmont Experience', in Jonathan Dunnage（ed.）, *After the War: Violence, Justice, Continuity and Renewal in Italian Society*（Market Harborough: Troubador, 1999）
Molnár, Miklós, *A Concise History of Hungary*（Cambridge University Press, 1996）

Moorhouse, Roger, *Berlin at War: Life and Death in Hitler's Capital 1939–45*（London: Bodley Head, 2010）（ロジャー・ムーアハウス『戦時下のベルリン　空襲と窮乏の生活 1939–45』高儀進訳、白水社、2012 年）
Morgan, Philip, *The Fall of Mussolini*（Oxford University Press, 2008）
Morgan, Sarah, 'The Schio Killings: A Case Study of Partisan Violence in Post-war Italy', *Modern Italy*, vol. 5, no. 2（2000）
Morgenthau, Henry, Jr, *Germany Is Our Problem*（New York and London: Harper and Bros, 1945）
Myant, Martin, *Socialism and Democracy in Czechoslovakia, 1945–1948*（Cambridge University Press, 1981）
Naimark, Norman, *Fires of Hatred*（Cambridge, MA: Harvard University Press, 2002）（ノーマン・M・ナイマーク『民族浄化のヨーロッパ史：憎しみの連鎖の 20 世紀』山本明代訳、刀水書房、2014 年）
———, *The Russians in Germany*（Cambridge, MA: Harvard University Press, 1997）
Naimark, Norman and Leonid Gibianskii（eds.）, *The Establishment of the Communist Regimes in Eastern Europe, 1944–1949*（Boulder, CO: Westview Press, 1997）
Nichol, John and Tony Rennell, *The Last Escape: The Untold Story of Allied Prisoners of War in Germany 1944–45*（London: Viking, 2002）
Nissen, Henrik S.（ed.）, *Scandinavia during the Second World War*, trans. Thomas Munch-Petersen（Minneapolis: University of Minnesota Press, 1983）
Nøkelby, Berit, 'Adjusting to Allied Victory', in Henrik S. Nissen（ed.）, *Scandinavia during the Second World War*, trans. Thomas Munch-Petersen（Minneapolis: University of Minnesota Press, 1983）
Nováček, Silvestr, *Drang nach Westen: Vystěhování Němců z Brna a odsun z jihomoravského pohraničí*（Czech Republic［no city］: Orego, 1996）
Novick, Peter, *The Holocaust and Collective Memory*（London: Bloomsbury, 2000）
———, *The Resistance versus Vichy*（London: Chatto & Windus, 1968）
Nowak, Edmund（ed.）, *Obozy w Lamsdorf/Łambinowicach（1870–1946）*（Opole: Centralne Muzeum Jeńców Wojennych w Łambinowicach-Opolu, 2006）
Nurowski, Roman（ed.）, *1939–1945 War Losses in Poland*（Poznań and Warsaw: Wydawnictwo Zachodnie, 1960）
Olsen, Kåre, *Schicksal Lebensborn: Die Kinder der Schande und ihre Mütter*, trans. Ebba D. Drolshagen（Munich: Knaur, 2004）
———, 'Under the Care of the Lebensborn', in Kjersti Ericsson and Eva Simonsen（eds.）, *Children of World War II*（Oxford and New York: Berg, 2005）

Overmans, Rüdiger, *Deutsche militärische Verluste im Zweiten Weltkrieg* (Oldenbourg: Wissenschaftsverlag, 2000)

———, 'German Historiography, the War Losses, and the Prisoners of War', in Günter Bischof and Stephen E. Ambrose (eds.), *Eisenhower and the German POWs: Facts against Falsehood* (Baton Rouge and London: Louisiana State University Press, 1992)

Overy, Richard, *Russia's War* (London: Allen Lane, 1997)

Pansa, Giampaolo, *Il sangue dei vinti* (Milan: Sperling, 2005)

Pavlowitch, Stevan K., *Hitler's New Disorder: The Second World War in Yugoslavia* (London: Hurst & Co., 2008)

Pavone, Claudio, *Una guerra civile: Saggio storico sulla moralità nella Resistenza* (Turin: Universali Bollati Boringhieri, 2006)

Pearson, Raymond, *National Minorities in Eastern Europe 1848–1945* (London: Macmillan, 1983)

Pelle, János, *Az utolsó vérvádak* (Budapest: Pelikán, 1995)

Petacco, Arrigo, *A Tragedy Revealed: The Story of Italians from Istria, Dalmatia and Venezia Giulia, 1943–1956*, trans. Konrad Eisenbichler (University of Toronto Press, 2005)

Pike, David Wingeate, *Jours de gloire, jours de honte* (Paris: Société d'Édition d'Enseignement Supérieur, 1984)

Piotrowski, Tadeusz, *Vengeance of the Swallows* (Jefferson, NC: Macfarland, 1995)

Piscitelli, Enzo, *Da Parri a De Gasperi: Storia del dopoguerra 1945–1948* (Milan: Feltrinelli, 1975)

Porch, Douglas, *Hitler's Mediterranean Gamble* (London: Weidenfeld & Nicolson, 2004)

Prażmowska, Anita, *Civil War in Poland 1942–1948* (Basingstoke: Palgrave Macmillan, 2004)

Proudfoot, Malcolm J., *European Refugees 1939–52* (London: Faber & Faber, 1957)

Ray, John, *The Second World War* (London: Cassell, 1999)

Rees, Laurence, *Auschwitz* (London: BBC Books, 2005)

———, *World War Two behind Closed Doors* (London: BBC Books, 2008)

Richter, Heinz, *British Intervention in Greece: From Varkiza to Civil War* (London: Merlin Press, 1985)

Rioux, Jean-Pierre, *The Fourth Republic 1944–1958*, trans. Godfrey Rogers (Cambridge University Press, 1987)

Roberts, Andrew, *The Storm of War* (London: Allen Lane, 2009)

Rousso, Henry, 'The Purge in France', in Jon Elster (ed.), *Retribution and Reparation in the Transition to Democracy* (New York: Cambridge University Press, 2006)

Rubenstein, Joshua, *Tangled Loyalties: The Life and Times of Ilya Ehrenburg*（London and New York: I. B. Tauris, 1996）
Rumanian National Committee, *Persecution of Religion in Rumania*（Washington, DC: Rumanian National Committee, 1949）
———, *Suppression of Human Rights in Rumania*（Washington, DC: Rumanian National Committee, 1949）
Rumpf, Hans, *The Bombing of Germany*, trans. Edward Fitzgerald（London: White Lion, 1975）
Sack, John, *An Eye for an Eye: The Untold Story of Jewish Revenge against Germans in 1945*（New York: Basic Books, 1993）
Sander, Helke and Barbara Johr（eds.）, *Befreier und Befreite: Krieg, Vergewaltigung, Kinder*（Frankfurt am Main: Fischer Taschenbuch, 2006）
Sayer, Derek, *The Coasts of Bohemia: A Czech History*（Princeton University Press, 1998）
Schöpflin, George, *Politics in Eastern Europe*（Oxford and Cambridge, MA: Blackwell, 1993）
Sebag-Montefiore, Simon, *Stalin: The Court of the Red Tsar*（London: Weidenfeld & Nicolson, 2003）（サイモン・セバーグ・モンテフィオーリ『スターリン　赤い皇帝と廷臣たち　上下』染谷徹訳、白水社、2010年）
Sebald, W. G., *On the Natural History of Destruction*（London, 2004）（W・G・ゼーバルト『空襲と文学』鈴木仁子訳、白水社、2008年）
Service, Robert, *A History of Modern Russia*（London: Penguin, 2003）
Shephard, Ben, *After Daybreak*（London: Pimlico, 2005）
———, *The Long Road Home: The Aftermath of the Second World War*（London: Bodley Head, 2010）
Siemaszko, Ewa, 'Bilans Zbrodni', *Biuletyn Instytutu Pamięci Narodowej*, nos. 7–8（July-August 2010）
Siemaszko, Władisław and Ewa Siemaszko, *Ludobójstwo dokonane przez nacjonalistów ukraińskich na ludności polskiej Wołynia 1939–1945*, 2 vols.（Warsaw: Wydawn. von borowiecky, 2000）
Siklos, Pierre L., *War Finance, Reconstruction, Hyperinflation and Stabilization in Hungary, 1938–48*（Basingstoke: Macmillan, 1991）
Skolnik, Fred and Michael Berenbaum（eds.）, *Encyclopaedia Judaica*, 22 vols.（Farmington Hills, MI: Thomson Gale, 2007）
Snyder, Timothy, *The Reconstruction of Nations: Poland, Ukraine, Lithuania, Belarus, 1569–1999*（New Haven and London: Yale University Press, 2003）

Spector, Shmuel, *Holocaust of Volhynian Jews*, trans. Jerzy Michalowicz (Jerusalem: Yad Vashem, 1990)

Spoerer, Mark, *Zwangsarbeit unter dem Hakenkreuz* (Stuttgart: Deutsche Verlags-Anstalt, 2001)

Staněk, Tomáš, *Internierung und Zwangsarbeit: Das Lagersystem in den böhmischen Ländern 1945 -1948* (Munich: R. Oldenbourg, 2007)

———, *Odsun Němců z Československa 1945–1947* (Prague: Academia/Naše vojsko, 1991)

———, *Retribuční vězni v českých zemích 1945–1955* (Opava: Slezský ústav Slezského zemského muzea, 2002)

———, *Verfolgung 1945: Die Stellung der Deutschen in Böhmen, Mähren und Schlesien* (Vienna, Cologne and Weimar: Böhlau Verlag, 2002)

Starkauskas, Juozas, 'The NKVD-MVD-MGB Army', in Arvydas Anušauskas (ed.), *The Anti-Soviet Resistance in the Baltic States* (Vilnius: Genocide and Resistance Research Centre of Lithuania, 2000)

Statiev, Alexander, *The Soviet Counterinsurgency in the Western Borderlands* (New York: Cambridge University Press, 2010)

Steinberg, Jonathan, *All or Nothing: The Axis and the Holocaust, 1941–1943* (London and New York: Routledge, 1990)

Storchi, Massimo, *Uscire dalla guerra: ordine pubblico e forze politiche, Modena 1945–1946* (Milan: Angeli, 1995)

Strods, Heinrichs, 'The Latvian Partisan War between 1944 and 1956', in Arvydas Anušauskas (ed.), *The Anti-Soviet Resistance in the Baltic States* (Vilnius: Genocide and Resistance Research Centre of Lithuania, 2000)

Takala, Hannu and Henrik Tham, *Crime and Control in Scandinavia during the Second World War* (Oslo: Norwegian University Press, 1989)

Taylor, Frederick, *Dresden* (New York: HarperCollins, 2004)

Tec, Nechama, *Defiance: The True Story of the Bielski Partisans* (Oxford University Press, 2008)

Tismaneanu, Vladimir, *Stalinism for all Seasons* (Berkeley: University of California Press, 2003)

Tolstoy, Nikolai, *Stalin's Secret War* (New York: Holt, Reinhart and Winston, 1981)

Tomasevich, Jozo, *War and Revolution in Yugoslavia: Occupation and Collaboration* (Stanford University Press, 2001)

Tooze, Adam, *The Wages of Destruction* (London: Penguin, 2007)

Tsaruk, Iaroslav, *Trahediia volyns'kykh sil, 1943–1944 rr.* (Lviv: I. Krypiakevych Institute of Ukrainian Studies, 2003)

Uehling, Greta Lynn, *Beyond Memory: The Crimean Tatars' Deportation and Return* (London and New York: Palgrave Macmillan, 2004)

United States Holocaust Memorial Museum, *The Confiscation of Jewish Property in Europe 1933–1945: Symposium Proceedings* (New York: USHMM Center for Advanced Holocaust Studies, 2003)

Upton, A. F., *The Communist Parties of Scandinavia and Finland* (London: Weidenfeld & Nicolson, 1973)

van der Zee, Henri, *The Hunger Winter: Occupied Holland 1944–5* (London: Jill Norman and Hobhouse, 1982)

Vardys, V. Stanley and Judith B. Sedaitis, *Lithuania: The Rebel Nation* (Boulder, CO: Westview Press, 1997)

Vědecká Konference 'Národní podoby antisemitismu', *Retribuce v ČSR a národní podoby antisemitismu* (Prague: Institute of Contemporary History, 2002)

Veyret, Patrick, *Lyon 1939–1949: De la collaboration industrielle à l'épuration économique* (Châtillon-sur-Chalaronne: La Taillanderie, 2008)

Virgili, Fabrice, *Shorn Women: Gender and Punishment in Liberation France*, trans. John Flower (Oxford and New York: Berg, 2002)

Voglis, Polymeris, 'Between Negation and Self-Negation: Political Prisoners in Greece, 1945–1950', in Mark Mazower (ed.), *After the War Was Over* (Princeton and Oxford: Princeton University Press, 2000)

Warring, Anette, *Tyskerpiger - under besættelse og retsopgør* (Copenhagen: Gyldendal, 1994)

———, 'War, Cultural Loyalty and Gender', in Kjersti Ericsson and Eva Simonsen (eds.), *Children of World War II* (Oxford and New York: Berg, 2005)

Watson, Peter, *A Terrible Beauty* (London: Phoenix, 2001)

Weitz, Margaret Collins, *Sisters in the Resistance: How Women Fought to Free France, 1940–1945* (New York: John Wiley & Sons, 1995)

Werner, Hermann, *Tübingen 1945* (Stuttgart: Konrad Theiss Verlag, 1986)

Werth, Alexander, *Russia at War* (London: Barrie & Rockliff, 1964)

Willis, F. Roy, *The French in Germany 1945–1949* (Stanford University Press, 1962)

Wilson, Kevin, *Bomber Boys* (London: Weidenfeld & Nicolson, 2005)

Winterton, Paul, *Report on Russia* (London: Cresset Press, 1945)

Withuis, Jolande and Annet Mooij (eds.), *The Politics of War Trauma: The Aftermath of*

World War II in Eleven European Countries（Amsterdam: Askant, 2010）
Woller, Hans, *Die Abrechnung mit dem Faschismus in Italien, 1943 bis 1948*（Munich: Oldenbourg, 1996）
Wyman, Mark, *DPs: Europe's Displaced Persons, 1945–1951*（Ithaca and London: Cornell University Press, 1998）
Yekelchyk, Serhy, *Ukraine: Birth of a Modern Nation*（Oxford University Press, 2007）
Žerjavić, Vladimir, *Yugoslavian Manipulations with the Number of Second World War Victims*（Zagreb: Croatian Information Centre, 1993）

資料集

Anon., *Komu sluší omluva: Češi a sudetští němci*（*Dokumenti, fakta, svědectví*）
Beneš, Edvard, *Speech delivered by President E. Beneš on the Old Town Square, Prague, on His Return to Czechoslovakia, May 16th 1945*（Prague: Orbis, 1945; repr. Prague: Erika, 1992）
Białecki, Tadeusz et al.（eds.）, *Źródła do dziejów Pomorza Zachodniego: Niemcy na Pomorzu Zachodnim w latach 1945–1950*（Szczecin University, 2004）
Borodziej, Włodzimierz and Hans Lemberg（eds.）, *Die Deutschen östlich von Oder und Neiße 1945–1950: Dokumente aus polnischen Archiven*, 4 vols.（Marburg: Herder Institut, 2003–4）
Cannadine, David（ed.）, *Blood Toil Tears and Sweat: Winston Churchill's Famous Speeches*（London: Cassell, 1989）
Clogg, Richard（ed.）, *Greece 1940–1949: Occupation, Resistance, Civil War: A Documentary History*（Basingstoke: Palgrave Macmillan, 2002）
Dziurok, Adam（ed.）, *Obóz Pracy w Świętochłowicach w 1945 roku*（Warsaw: Instytut Pamięci Narodowej, 2003）
Misiło, Eugeniusz（ed.）, *Akcja 'Wisła'*（Warsaw: Archiwum Ukraińskie, 1993）
———, *Repatriacja czy deportacja?: Przesiedlenie Ukraińców z Polski do USSR 1944–1946*（Warsaw: Archiwum Ukraińskie, 1996–9）
Pustejovsky, Otfrid, *Die Konferenz von Potsdam und das Massaker von Aussig am 31. Juli 1945*（Munich: Herbig, 2001）
Rupić, Mate et al.（eds.）, *Partizanska i komunistička represija i zločini u Hrvatskoj 1944–1946: Dokumenti*（Slavonski Brod: Hrvatski institut za povijest, 2005）
Spieler, Silke（ed.）, *Vertreibung und Vertreibungsverbrechen 1945–1948: Bericht des Bundesarchivs vom 28. Mai 1974, Archivalien und ausgewählte Erlebnisberichte*（Bonn: Bundesarchiv Koblenz & Kulturstiftung der Deutschen Vertriebenen, 1989）

Stalin, Generalissimo Josef, *War Speeches, Orders of the Day and Answers to Foreign Press Correspondents during the Great Patriotic War July 3rd, 1941 - June 22nd, 1945*（London: Hutchinson, 1946）

Trgo, Lt Gen. Fabijan（ed.）, *The National Liberation War and Revolution in Yugoslavia: Selected Documents*, trans. Anđelija Vujović, Karin Radovanović and Madge Tomašević（Belgrade: Military History Institute of the Yugoslav People's Army, 1982）

回顧録、ルポルタージュ、証言、日記、書簡

Acheson, Dean, *Present at the Creation: My Years at the State Department*（New York: Norton, 1969）

Adler, Hans Guenther, *Theresienstadt 1941–1945: das Antlitz einer Zwangsgemeinschaft - Geschichte, Soziologie, Psychologie*（Tübingen: Mohr, 1955）

Andreas-Friedrich, Ruth, *Battleground Berlin: Diaries 1945–1948*, trans. Anna Boerresen（New York: Paragon House, 1990）

Anon., *The Day War Ended: Voices and Memories from 1945*（London: Weidenfeld & Nicolson, 2005）

———, *A Woman in Berlin*（London: Virago, 2006）

Becker, Hans, *Devil on My Shoulder*, trans. Kennedy McWhirter and Jeremy Potter（London: Four Square Books, 1958）

Bertaux, Pierre, *Libération de Toulouse et de sa région*（Paris: Hachette, 1973）

Blunt, Roscoe C., *Foot Soldier: A Combat Infantryman's War in Europe*（Cambridge, MA: Da Capo Press, 2002）

Bodson, Herman, *Agent for the Resistance*（College Station: Texas A&M University Press, 1994）

Bohec, Jeanne, *La plastiqueuse à bicyclette*（Paris: Mercure de France, 1975）

Byford-Jones, W., *Berlin Twilight*（London: Hutchinson, 1947）

Churchill, Winston, *The Second World War*, 6 vols.（London: Cassell, 1948–54）（ウィンストン・S・チャーチル『第二次世界大戦〈1〉～〈4〉』新装版、佐藤亮一訳、河出書房新社、2001年）

Clay, Lucius D., *Decision in Germany*（London: Heinemann, 1950）

De Gasperi, Maria-Romana（ed.）, *De Gasperi scrive: corrispondenza con capi di stato, cardinali, uomini politici, giornalisti, diplomatici*, 2 vols.（Brescia: Morecelliana, 1974）

de Gaulle, Charles, *Mémoires de Guerre*, vol. II: *L'Unité 1942–1944*（Paris: Plon, 1956）

Dimitrov, Georgi, *The Diary of Georgi Dimitrov 1933–1949*, trans. Jane T. Hedges, Timothy D. Sergay and Irina Faion（New Haven and London: Yale University Press,

2003）
Djilas, Milovan, *Conversations with Stalin*, trans. Michael B. Petrovich（London: Rupert Hart-Davis, 1962）
———, *Wartime*（New York and London: Harcourt Brace Jovanovich, 1977）
Donat, Alexander, *The Holocaust Kingdom: A Memoir*（London: Secker & Warburg, 1965）
Ehrenburg, Ilya and Vasily Grossman（eds.）, *The Black Book*, trans. John Glad and James S. Levine（New York: Holocaust Library, 1981）
Eisenhower, Dwight D., *Crusade in Europe*（London: Heinemann, 1948）
Esser, Heinz, *Die Hölle von Lamsdorf: Dokumentation über ein polnisches Vernichtungslager*（Bonn: Landsmannschaft der Oberschlesier e.V., 1969）
Farge, Yves, *Rebelles, soldats et citoyens*（Paris: Grasset, 1946）
FitzGibbon, Theodora, *With Love*（London: Century, 1982）
Frommer, Benjamin, *National Cleansing: Retribution against Nazi Collaborators in Postwar Czechoslovakia*（Cambridge University Press, 2005）
Fuykschot, Cornelia, *Hunger in Holland: Life during the Nazi Occupation*（New York: Prometheus, 1995）
Geddes, Giorgio, *Nichivo*（London: Cassell, 2001）
Grassmann, Ilse, *Ausgebombt: Ein Hausfrauen-Kriegstagebuch*（Hamburg: Haymarket Media, 2003）
Gruschka, Gerhard, *Zgoda: Ein Ort des Schreckens*（Neureid: Ars Una, 1996）
Haukelid, Knut, *Det demrer en dag*（Oslo: Nasjonalforlaget, 1947）
Iatrides John O.（ed.）, *Ambassador MacVeagh Reports: Greece 1933–1947*（Princeton University Press, 1980）
Jacobs, Ingeborg, *Freiwild: Das Schicksal deutscher Frauen 1945*（Berlin: Propyläen, 2008）
Kaps, Johannes, *The Tragedie of Silesia 1945–46*（Munich: Christ Unterwegs, 1952）
Karapandzich, Boriwoje M., *The Bloodiest Yugoslav Spring, 1945: Tito's Katyns and Gulags*（New York: Hearthstone, 1980）
Kardorff, Ursula von, *Diary of a Nightmare: Berlin 1942–1945*, trans. Ewan Butler（London: Rupert Hart-Davis, 1965）
Kennan, George F., *Memoirs 1925–1950*（Boston and Toronto: Little, Brown, 1967）
Klemperer, Victor, *To the Bitter End: The Diaries of Victor Klemperer 1942–45*, trans. Martin Chalmers（London: Weidenfeld & Nicolson, 1999）（ヴィクトール・クレンペラー『私は証言する　ナチ時代の日記 1933–1945 年』小川-フンケ里美、宮崎登訳、大月書店、1999 年）

Kopelev, Lev, *No Jail for Thought*, trans. and ed. Anthony Austin（London: Secker & Warburg, 1977）
Kovaly, Heda Margolis, *Prague Farewell*, trans. Franci Epstein and Helen Epstein（London: Gollancz, 1988）
Lane, Arthur Bliss, *I Saw Poland Betrayed: An American Ambassador Reports to the American People*（New York and Indianapolis: Bobbs-Merrill, 1948）
Levi, Primo, *Survival in Auschwitz and The Reawakening: Two Memoirs*, trans. Stuart Woolf（New York: Summit Books, 1986）（プリーモ・レーヴィ『（改訂完全版）アウシュヴィッツは終わらない　これが人間か』竹山博英訳、朝日新聞出版、2017年；プリーモ・レーヴィ『休戦』竹山博英訳、岩波書店、2010年）
Lewis, Norman, *Naples'44*（London: Collins, 1978）
Lotnik, Waldemar, *Nine Lives*（London: Serif, 1999）
Lukša, Juozas, *Forest Brothers: The Account of an anti-Soviet Lithuanian Freedom Fighter 1944–1948*, trans. Laima Vincė（Budapest and New York: Central European University Press, 2009）
Manus, Max, *Det blir alvor*（Oslo: Steensballes Boghandels, 1946）
Markov, Georgi, *The Truth that Killed*, trans. Liliana Brisby（London: Weidenfeld & Nicolson, 1983）
Moorehead, Alan, *Eclipse*（London: Granta, 2000）
Mosley, Leonard O., *Report from Germany*（London: Gollancz, 1945）
Müller, Jens, *Tre kom tilbake*（Oslo: Gyldendal, 1946）
Mungone, G., *Operazione rossa*（Padua: Tipografia Gori di Tognana, 1959）
Nagy, Ferenc, *The Struggle behind the Iron Curtain*, trans. Stephen K. Swift（New York: Macmillan, 1948）
Nicolson, Nigel, *Long Life*（London: Weidenfeld & Nicolson, 1997）
Nossack, Hans Erich, *Der Untergang*（Hamburg: Ernst Kabel Verlag, 1981）
Olsen, Oluf, *Contact*（Oslo: Erik Qvist, 1946）
——, *Vi kommer igjen*（Oslo: Erik Qvist, 1945）
Owen, James and Guy Walters（eds.）, *The Voice of War*（London: Viking, 2004）
Padover, Saul, *Psychologist in Germany: The Story of an American Intelligence Officer*（London: Phoenix House, 1946）
Patton, George S., *War as I Knew It*（Boston: Houghton Mifflin, 1947）
Polcz, Alaine, *One Woman in the War*（Budapest and New York: Central European University Press, 2002）
Prcela, John and Stanko Guldescu（eds.）, *Operation Slaughterhouse: Eyewitness Accounts of*

Postwar Massacres in Yugoslavia (Philadelphia: Dorrance & Co., 1970)
Robinson, Austin, *First Sight of Germany, May-June 1945* (Cambridge: Cantelupe Press, 1986)
Roosevelt, Elliott, *As He Saw It* (New York: Duell, Sloan and Pearce, 1946)
Ruhl, Klaus-Jörg (ed.), *Unsere verlorenen Jahre: Frauenalltag in Kriegs- und Nachkriegszeit 1939–1949, in Berichten, Dokumenten und Bilden* (Darmstadt: Luchterhand, 1985)
Saint-Exupéry, Antoine de, *Flight to Arras*, trans. Lewis Galantière (Harmondsworth: Penguin, 1961)
Schuetz, Hans A. D., *Davai, Davai!: Memoir of a German Prisoner of World War II in the Soviet Union* (Jefferson, NC, and London: McFarland & Co., 1997)
Sington, Derrick, *Belsen Uncovered* (London: Duckworth, 1946)
Smith, Lyn, *Forgotten Voices of the Holocaust* (London: Ebury Press, 2005)
Toth, Zoltan, *Prisoner of the Soviet Union*, trans. George Unwin (Woking: Gresham Press, 1978)
Truman, Harry S., *Memoirs, vol. II: Years of Trial and Hope* (New York: Signet, 1965)
Vachon, John, *Poland 1946: The Photographs and Letters of John Vachon*, ed. Ann Vachon (Washington, DC, and London: Smithsonian Institute Press, 1995)
von Einsiedel, Count Heinrich, *The Shadow of Stalingrad: Being the Diary of a Temptation* (London: Alan Wingate, 1953)
Voute, Peter, *Only a Free Man: War Memoirs of Two Dutch Doctors (1940–1945)* (Santa Fe, NM: The Lightning Tree, 1982)
Wilson, Francesca, *Aftermath: France, Germany, Austria, Yugoslavia, 1945 and 1946* (London: Penguin, 1947)
Wolff-Mönckeberg, Mathilde, *On the Other Side: To My Children from Germany 1940–1945* (London: Peter Owen, 1979)
Woodhouse, C. M., *Apple of Discord* (London: Hutchinson, 1948)

地図・表・挿絵一覧

写真一覧

26. ルーマニアのいかさま選挙後、ペトル・グローザが勝利演説、1946年
27. セゲドで共産党の暴漢らと戦う準備をする、ハンガリー自由党員たち、1947年
28. リトアニアの英雄ユオザス・ルクシャ、仲間の二人のパルティザンとともに、1950年
29. リヴィウでの記念行進に参加する、ウクライナ蜂起軍の退役軍人ら、2009年

写真提供

United Nations, 1, 2, 3,4, 5, 6, 7,10, 20, 22; Aldo de Jaco, *I cinque anni che cambiarono l'Italia*（Rome: Newton Compton, 1985）, 8; Ullstein, 9, 19; US National Archives, 11,16,17; Alena Králová collection, 12; U.S. Army Signal Corps, 13; Getty Images, 14, 18, 23, 24, 25; Christian Schiefer/Archivio di stato del cantone Ticino, 15; Muzeum Regionalne Tomaszów Lubelski, 21; Associated Press, 26, 27; Museum of Genocide Victims, Vilnius, 28; Ria Novosti, 29.

写真8の著作権者を探し出し、連絡を取るためのあらゆる方策が取られています。この写真に関する情報をお持ちの読者は、出版社に連絡をください。

カバー写真：廃墟のニュルンベルク、1945年